房地产及专项工程建筑物估价方法和应用

王 杜 著

中国建筑工业出版社

图书在版编目（CIP）数据

房地产及专项工程建筑物估价方法和应用/王杜著. —北京：中国建筑工业出版社，2013.12
ISBN 978-7-112-16069-3

Ⅰ.①房… Ⅱ.①王… Ⅲ.①房地产价格-估价 Ⅳ.①F293.35

中国版本图书馆CIP数据核字（2013）第261340号

本书是集作者20余年从事房地产估价及房屋建筑资产评估工作的经验积累，把房屋建筑估价方法研究应用于实践工作的一本实用性书籍。

全书内容包括房地产估价，房屋建筑物、构筑物以及土地成本法估价，道桥工程、井巷工程、水工建筑、水电站、码头等项目的专项工程估价方法和应用，并对"基准单方造价比较法"等新的评估方法也作了介绍，是一本以实际操作作为主题的理论结合实践的应用书。

本书可作为从事房地产估价人员及房屋建筑的评估人员学习参考，也可作为房地产估价师培训的补充教材。

责任编辑：李金龙
责任设计：张　虹
责任校对：王雪竹　党　蕾

房地产及专项工程建筑物估价方法和应用
王　杜　著

*

中国建筑工业出版社出版、发行（北京西郊百万庄）
各地新华书店、建筑书店经销
北京楠竹文化发展有限公司制版
环球印刷（北京）有限公司印刷

*

开本：787×1092毫米　1/16　印张：33¼　字数：825千字
2014年6月第一版　2014年6月第一次印刷
定价：78.00元
ISBN 978-7-112-16069-3
（24812）

版权所有　翻印必究
如有印装质量问题，可寄本社退换
（邮政编码　100037）

前 言

一、内容概述

本书是一本以实际操作为主题的理论与实践相结合的应用型书籍，是笔者集20年从事房地产估价及房屋建筑资产评估工作经验的积累，也是一本笔者从事房屋建筑估价方法研究又应用于实践工作的纪实。本书内容范围宽广，几乎涵盖了所有土木工程建筑物的估价。本书内容除包括房地产的估价，房屋建筑物、构筑物以及土地的成本法估价外，为扩大资产评估项目的范围，还增加了道桥工程、火力发电工程、井巷工程、水工建筑、码头、水电站、风电场等专项工程建筑物的估价方法和应用。估价中应用的各类评估作价方法书中基本上都做了介绍，并且还增加了"基准单方造价比较法"、数据逻辑关系应用于概、预算编制等若干新的方法。书中特别是对重置成本法的若干评估方法进行了展开叙述，目的是使得广大房地产评估人员能够正确地应用这些方法对房屋建筑物进行评估作价。

随着我国国民经济的发展，房地产估价和资产评估事业不断发展，评估人员的队伍也在不断地壮大，评估的质量要求也越来越高。目前，社会上房地产估价的书籍虽数不胜数，但多数都偏于理论性和教材性，真正能够指导实际操作的书籍仍然贫缺，为弥补这方面的不足，笔者特编著这本书。

二、本书的主要特点

1. 本书的内容采用理论与实践相结合的方法，理论叙述力求简明扼要，侧重于操作的实践。为了使广大的房地产估价人员能够正确理解和掌握各种估价方法的应用，全书的各章节列举了较多的应用实例。各章节列举的实例中有部分实例包含内容较广，估价程序复杂，在叙述中，尽量保持内容的独立性、全面性和完整性，使读者阅读以后能够对实物的估价方法和估价过程有一个完整的概念。

2. 笔者在成本法的估价方法方面历经近20年的研究和实际工作积累，使房地产估价方法和应用有了新的创造和发展，本书较详细地介绍了这方面的内容。

3. 本书撰写的估价专业较社会上已出版的同类书籍范围更为广泛，它不仅仅包括房地产及一般建筑工程的估价，并且已将估价的专业范围扩大到房地产及建筑工程专业以外的其他专项工程，这也是本书和当今社会上已出版的同类书籍的一个不同之处。本书增加的其他专项工程有道桥工程、井巷工程、火力发电工程、水工、水电站、风电场等工程项目。考虑到目前各专项工程估价人员不多，很多专项工程的估价工作均由房屋建筑专业的估价人员去做的实际情况，本书尽可能对各专项工程的基本知识作较为详细的叙述，以提高估价人员的专业知识水平，做好专项工程的估价工作。

4. 本书的第一章增设了"基本建设投资的评审"，这也是社会上不曾见过的内容，该部分内容是由笔者的实际经验经过整理后构思成文，虽然内容不很全面，但可以抛砖引玉。

5. 本书对房屋建筑"重置成本法"的计算方法进行了细化，提出了实现重置成本法的其他各种方法，并对各类方法给予了较详细的解释。部分方法采用实例予以说明。

6. 对房地产估价的市场法、收益法、假设开发法等估价方法给予了新的概念，扩大了方法的应用范围，设计了实用的计算表格，建立了各类计算公式。为了表达方法的应用程序，各章节均以实例加以说明。

三、本书在成本法估价方法方面的创新和发展

这部分内容叙述了笔者对成本法估价方法的创新和发展，主要有以下几个方面：

1. 通过笔者多年对房屋建筑"单方造价比较法"估价方法的研究和实践，现已将房屋建筑"单方造价比较法"的估价方法进一步发展到"基准单方造价比较法"的估价方法，从理论到实践建立了一套完整的系统，制定了计算机操作程序和调整系数，实现了房屋建筑造价计算的系统化、程序化、电算化、自动化，不但提高了工作效率，而且保证了估价结果数据的正确性。

2. 通过笔者多年对房屋建筑工程概预算编制方法的研究和实践，发现了房屋几何尺寸之间的数据逻辑关系，利用这种逻辑关系，笔者创立了一套概预算分项项目工程量的计算公式，可以通过计算机进行自动计算，简化了房屋建筑的工程量计算方法，实现了房屋建筑工程量计算的电算化、自动化；同时建立了一套可以使计算内容固定化的计算模式和工程量计算表格，从而简化了烦琐的工程量计算过程，大大提高了计算速度。以往估价人员在短时间内无法编制概预算的难题，现在可以解决了。

3. 在构筑物的估价方法方面，笔者经过多年的估价实践，提出了构筑物的数表查找法的估价方法，就是将一般常用的构筑物工程量数据事先做好数表，然后查表应用，为此可以免去构筑物工程量的烦琐计算过程，这不仅提高了构筑物的估价效率，而且使估价工作更为方便，精确度更高。

4. 在输煤栈桥的估价方法方面，笔者推导了一个计算栈桥单方造价的近似公式，解决了以往栈桥无法估价的难点。尽管计算值是近似准确，但在建筑物估价的应用中一般可以满足要求。

5. 在井巷工程的估价中，笔者创建了一套井巷挖掘和支护的工程量计算公式，简化了随机列式计算的烦琐过程，提高了工程量的计算速度；由于工程量计算公式是严格导出的，从而保证了计算结果的正确性。

6. 本书通过计算公式的推导，建立了一个工业建设项目在分期竣工投产情况下各建设期的贷款利率和建设项目总工期的综合利率计算公式，可以通过计算公式直接计算出不同工期项目的贷款利率和整体建设项目的综合贷款利率。例如火力发电厂，水电站等多机组不同竣工期的贷款利率可以通过计算公式直接计算结果，不需要列表分年计算而后在加总了。

7. 本书对"建安造价系数调整法"的评估方法进行了研究，提出了"建安造价系数调整法"的综合调整系数应由"建安造价调整系数"、"前期和其他费用调整系数"以及"资金成本调整系数"等3个调整系数经过组合计算而成，不容许采用一个物价指数去调整的错误做法，并推导了采用"建安造价系数调整法"确定重置价值的计算公式。特别对其中"建安造价调整系数"的求取方法给予了计算公式和实例。

四、本书内容的应用说明

1. 本书各章之间基本上保持独立关系，某些政策性的公用文件和取费标准均列为附录，其中最主要的是一般房屋建筑成本法的"前期和其他费用"的取费标准均列示在"第五章"附录中，建筑物和构筑物的设计使用年限列示在"第五章第二节三－5表5－

2"中,这部分为本书各章节公用性内容。专项工程的前期和其他费用的取费各部委基本都有规定,应按相应部委规定的标准套用,如果某些取费项目各部委没有规定,应按照"第五章"附录规定套用。

2. 本书第一章第四节"基本建设投资的评审"是集政策、法律、法规、财政、财务、工程、设备等为一体的评审工作,评审面广,政策性强,内容比较复杂。目前国家尚未正式出台评审规范,本书内容是根据笔者参加此项工作的实际操作过程总结整理编写的,其中财务方面的相关评审内容应由财务审计人员去做,不属于建筑工程的评审范围,因此,本书没有编写详细操作方法。本书只编写在整个建设期内与建筑工程支出费用相关的评审项目,例如,招投标、概预算及竣工结算等方面的评审内容,这部分内容必须由房地产评估人员或概预算人员去做。笔者由于参加的评审范围局限性较大,编写的内容不一定完整,请读者多参阅其他相关书籍,以弥补不足,本书编写的内容只能起到"抛砖引玉"的作用。

3. 本书编写的法规性取费文件都是目前在用的,今后可能有新的政策性取费文件出台,请读者及时更新。

4. 专项工程各章节的附图都是电脑制作的,与规范制图所用的断面符号不相符,因为都是示意图,不妨碍图意的表达,就不更改了。

5. 本书没有编写概预算的编制方法和相关内容,而在重置成本法的估价中,经常使用概预算编制法,有关概预算的编制方法和概预算定额的相关内容请读者参阅其他有关书籍。房屋工程量计算方法可以参阅本书"第五章"介绍的内容。

6. 本书新的内容较多,某些方法内容叙述篇幅较长,希望读者仔细阅读,心领神悟。本书第六章系笔者创造的方法,全部为新的内容,篇幅较长,希望读者要前后连贯地阅读,其中各种数表均为 Excel 系统中的应用表格,表与表之间几乎都有链接关系,这种链接关系在 Word 文档中无法表示,只能用文字表述,有时不易理解,读者应细心领会。该方法笔者一直在使用,已使用 10 余年。还有其他章节建立和推导的各类计算公式都是普通的计算公式,大家都能看懂,不需要解释,希望广大房地产估价工作者能够在实际估价工作中正确运用这些公式做好估价工作。

五、本书适用对象

本书是介绍房地产估价、房屋建筑物及专项工程价值评估的方法和实际应用的书籍,其内容不同于通常的教材,但深于普通教材,其中部分内容可以作为房地产估价师培训的补充教材,亦可作为从事房地产估价工作人员学习提高之用。

整个书本的内容丰富,估价方法众多,有不少创造性的内容,可以作为房地产估价师或资产评估界的房屋建筑估价人员及项目经理进行房地产及专项工程估价实际操作参考之用,部分内容亦可作为房地产估价专业的研究生阅读。

本书在著作过程中得到了许多热心同志的关怀,他们为书稿的撰写给予了多次的咨询和帮助,为书稿提供了许多有关估价方面技术资料、定额资料、造价资料和国家相关文件资料等,使书稿能够顺利地出版。为书稿帮助过的同志有吴珺、王蓓、许守澄、闫梅、胡建英、胡文冰、陈颖、王惠等,在此表示衷心的感谢!

由于笔者水平所限,加之撰稿时间匆忙,总有未尽之处,敬请谅解。

目 录

第一章 基本建设价值体系和基本建设投资的评审 ... 1
第一节 基本建设程序和项目类别的划分 ... 1
第二节 房屋价值体系的概念及建设造价估价方式 ... 9
第三节 建筑工程招标与投标 ... 16
第四节 基本建设投资的评审 ... 20

第二章 市场比较法 ... 24
第一节 市场比较法的基本原理及适用范围 ... 24
第二节 房地产市场比较法的估价方法 ... 28
第三节 房地产市场比较法估价实例 ... 37
第四节 房屋租金市场比较法的计算与实例 ... 52

第三章 收益法 ... 57
第一节 收益法的基本原理和应用范围 ... 57
第二节 收益法计算程序和计算公式 ... 60
第三节 收益法在土地估价中的应用 ... 68
第四节 收益法在房屋租赁估价中的应用 ... 72
第五节 收益法在经营性房屋估价中的应用 ... 84
第六节 评估案例——凤祥宾馆收益评估 ... 86

第四章 假设开发法 ... 117
第一节 假设开发法的基本概念 ... 117
第二节 假设开发法的评估计算公式 ... 119
第三节 房地产总价值评估 ... 122
第四节 土地价值评估 ... 128
第五节 房屋建设成本价值评估 ... 139
第六节 房地产产成品价值评估 ... 146
第七节 房地产在产品价值评估 ... 150

第五章 房屋建筑重置成本法 ... 154
第一节 重置成本法的原理和应用范围 ... 154
第二节 重置成本法的计算方法 ... 156
第三节 房屋建筑评估工作程序及其主要内容 ... 168
第四节 建筑工程概预算编制法的估价方法及其应用 ... 174
第五节 建筑工程概预算调整法的估价方法及其应用 ... 187
第六节 在建工程项目成本法评估 ... 199

附录一　国家颁布的部分前期费用取费标准 ………………………………… 201
　　附录二　建设工程监理与相关服务收费管理规定 …………………………… 207
第六章　单方造价比较法和基准单方造价比较法 ………………………………… 220
　　第一节　概论 …………………………………………………………………… 220
　　第二节　基准单方造价的确定方法 …………………………………………… 224
　　第三节　基准单方造价系数表及基准单方造价表的制定 …………………… 232
　　第四节　基准单方造价比较法应用 …………………………………………… 245
　　第五节　应用实例 ……………………………………………………………… 256
第七章　土地成本法 ………………………………………………………………… 269
　　第一节　土地价值类别和土地成本法的基本概念 …………………………… 269
　　第二节　基准地价修正法及其应用 …………………………………………… 274
　　第三节　北京市基准地价在土地估价中的应用 ……………………………… 278
　　第四节　成本逼近法在土地估价中的应用 …………………………………… 287
　　附录一　北京市人民政府关于调整本市出让国有土地使用权基准地价的通知 …… 290
　　附录二　2002年北京市基准地价应用附件 …………………………………… 297
第八章　构筑物及道桥工程的价值评估 …………………………………………… 303
　　第一节　建筑工程构筑物概况 ………………………………………………… 303
　　第二节　飞机场构筑物概况 …………………………………………………… 307
　　第三节　道桥工程构筑物概况 ………………………………………………… 308
　　第四节　构筑物价值的评估方法 ……………………………………………… 316
　　第五节　构筑物价值评估实例 ………………………………………………… 319
第九章　火力发电厂建筑物的价值评估 …………………………………………… 326
　　第一节　火力发电厂的组成和建筑物的结构构造 …………………………… 326
　　第二节　火电厂建筑工程定额及估算指标 …………………………………… 329
　　第三节　电力工程建设预算费用的计算标准和计算方法 …………………… 360
　　第四节　火电建筑评估计算方法 ……………………………………………… 373
　　第五节　火力发电项目评估实例 ……………………………………………… 376
第十章　井巷工程的价值评估 ……………………………………………………… 390
　　第一节　井巷工程的项目分类和基本构造 …………………………………… 390
　　第二节　煤炭工程建设的基本定额 …………………………………………… 392
　　第三节　井巷工程评估的前期工作 …………………………………………… 403
　　第四节　井巷项目工程量计算方法和实例 …………………………………… 404
　　第五节　井巷工程评估计算 …………………………………………………… 417
　　附录一　《关于煤炭建设工程费用定额》和《煤炭建设其他费用规定》（修订）
　　　　　　………………………………………………………………………… 424
　　附录二　煤炭建设凿井措施工程费概算指标 ………………………………… 451
第十一章　水工及水电站建筑物的价值评估 ……………………………………… 464
　　第一节　水工建筑的基本概况 ………………………………………………… 464

第二节　挡水建筑物 …………………………………………………………… 466
第三节　输、泄水建筑物 ……………………………………………………… 475
第四节　水电站建筑物 ………………………………………………………… 479
第五节　码头建筑物 …………………………………………………………… 486
第六节　水力发电工程建设费用计算标准及计算方法 ……………………… 490
第七节　水工建筑评估计算 …………………………………………………… 492
第八节　风电场建筑物的价值评估 …………………………………………… 500
附　　录　风电场工程可行性研究报告设计概算编制办法及计算标准（摘录）…… 505

人生有我的艰辛，也有我的快乐 …………………………………………… 516

第一章 基本建设价值体系和基本建设投资的评审

第一节 基本建设程序和项目类别的划分

一、基本建设程序的概念

基本建设程序在基本建设投资的过程中起着不可忽视的主导作用，因为基本建设从筹建到建设项目竣工验收交付使用为止的全部建设过程中都要耗费一定的甚至巨大的建设资金。这些资金的投入都是随着建设程序的需要和内容来安排的，没有一个合理的建设程序，将会造成资金使用上无目标、无计划的投入，基本建设将会面临因大量资金滥用而造成的浪费，达不到投资预计的效果。在基本建设的房屋和土地的估价中，资产评估的价值也正是基本建设每一个程序中所耗费的资金的累计，这个资金的累计价值就是资产评估的重要依据。由此可知，基本建设程序在房地产估价中发挥了十分重要的作用，这也是房地产估价工作者之所以要懂得而且必须深刻理解基本建设程序的原因所在。

基本建设程序系指基本建设项目从项目筹划至项目完成交付使用为止的全部建设过程中的工作阶段以及这些阶段的先后顺序，以使得整个建设过程能够按科学的规律和阶段目标去进行工作，做到工作井然有序，有条不紊。基本建设是一个庞大的系统，不但建设过程中的内容广泛，而且协作配合建设的环节很多，其中有纵向工作步骤的衔接关系，也有横向配合的协作关系。纵向工作步骤的衔接关系突出表现在与上级项目申请批复、投资、拨款和审批的关系，与地方政府之间工作程序的申报和批复关系等，例如项目立项、规划、土地征购、开工许可、竣工验收、质量监督等，这些都是纵向的程序衔接关系；横向配合的协作关系主要指完成建设项目的各种专业的设计单位、建筑安装单位、社会各界的相关配合单位在整个建设过程中同心协力、密切配合共同完成建设任务的协作关系。如此，它可以形成一个基本建设的工作网络系统，将这个网络系统中的各类工作进行科学归纳，形成一套基本建设的工作程序，依照这样的工作程序去进行工作，可以使工作规范化、加快建设速度，缩短工期，确保工程质量，提高投资效益，使建设经济目标能够达到预期效果。

国家投资的建设项目，每一套建设程序以及每一个程序阶段的资金投入计划都要由国家专门机构审查批准，而且由国家专门机构监督使用，直至全部项目竣工交付使用为止。建设项目完成后的基本建设投资都要进行财务决算审计，按审计确认后的投资数额转为固定资产。国家投资的重大建设项目还需由国家有关部门组织进行投资合法性和合理性审查，按审查确认的最终投资额由国家拨付建设资金款额，这个合法性、合理性的审计阶段称为投资评审，其中涉及建设项目中的建筑工程费用和土地费用两个重大项目的评审，它和房地产估价人员的估价工作密切相关。

二、基本建设工作程序

基本建设程序从总体上可分为三个大的阶段，即规划筹建阶段、前期工作阶段和施工阶段。如果按照建设工作内容的程序来划分，一般可归纳为以下十个工作程序。

1. 立项

（1）提出项目建议书

项目建议书是按照建设者的建设需求，首先提出项目建设的必要性，然后再根据建设者资金筹划的情况、建设条件的许可，在符合国家和地方国民经济发展的总体规划、地区的建设布局的前提下，由建设者提出项目建议书报上级主管部门进行考察、研究，然后得出项目建议是否必要和可行的结论，如果项目可行，审批部门确定立项，并据此开展可行性研究工作。

（2）立项审批

立项审批按建设项目的规模规定审批的机构，其审批的部门为：

1）大中型基本建设项目，由市计委报省计委转报国家计委审批立项；

2）总投资3000万元以上的非大中型及一般地方项目，需国家、市投资、银行贷款和市平衡外部条件的项目，由市计委审批立项；

3）总投资3000万元以下，符合产业政策和行业发展规划的，自筹资金，能自行平衡外部条件的项目，由区县计委或企业自行立项，报市计委备案。

2. 可行性研究

可行性研究是对项目建议书在技术上、经济上、客观条件上是否可能的一种客观论证手段，通过可行性研究，就可以对拟建项目进行下列三种情况的决策。第一种情况是完全可行，可以实施；第二种情况是需要修改方案后去实现；第三种情况是原方案不能成立需另行拟订方案。总之，必须使未来的建设计划能够建立在可能实现的，而且是技术工艺先进的、投资效果好的基础上。可行性研究非常重要，必须深入实际，调查研究，充分掌握可靠的资料，用科学的方法，客观地进行分析，作出正确的结论，最后提出可行性研究报告。

3. 编制计划任务书

经过建设项目的可行性研究以后，建设者就可以根据可行性研究报告的结论和报告书中提出的内容编制一个完成基本建设项目及未来投产准备的总体安排，这个总体安排就是计划任务书。

计划任务书分为编制、报批、下达三个程序。计划任务书必须在上级主管部门批准下达后方可进行建设项目的建设工作。计划任务书的内容随建设项目类型的不同有不同的要求，主要有工业建筑、商业建筑以及一般非经营性民用建筑的用途、投资规模和对水文地质、矿产资源、建设地点等的不同要求。

计划任务书非常重要，整个基本建设的安排均反映在计划任务书中。计划任务书一般包括以下8个方面。

（1）建设目的和建设必要性、可行性的依据。

（2）建设规模，工业建筑的产品方案，生产方式和工艺要求。

（3）矿产资源、水文、地质和原材料。

（4）资源综合利用，"三废"治理的措施。

（5）建设地区占用土地的面积估算。

（6）建设工期的总体安排。

(7) 投资控制数额。
(8) 要求达到的经济效益和社会效益的水平估计。

4. 选择建设地点，完成征地任务

当计划任务书批准下达以后，根据计划任务书的要求选择建设地址，进行征地。建设地址的选择应遵照下列的原则：

(1) 生产性建设项目是否对自然环境有污染，如果有污染，应选择远离人口密集地。
(2) 注意充分利用土地，土地的面积和形状要与规划一致。
(3) 交通方便，靠近公路、铁路、水路，居住区要便于生活。
(4) 能源充足，工业建筑要靠近资源开采地。

5. 编制设计文件

建设地址选好后，根据计划任务书的建设项目要求，开始进行设计文件的编制。设计文件包括从文字规划以及项目规划开始至工程建设竣工，贯穿整个建设时期全部过程的规划设计、勘察设计、施工图纸设计（包括施工过程中增加或修改图纸设计、变更通知单等）。这三种设计相互关联，缺一不可。

6. 建设准备

在工程开工前，应由建设单位做好开工前的准备工作，这项工作大体上有以下几个方面的内容。

(1) 建立相应的组织机构，负责从建设准备开始至工程竣工止的一切建设管理工作。
(2) 完成征地拆迁、场地测量和土石方平整等场地准备工作。
(3) 完成为该项工程服务的暂设工程及通水、通电、通信、通路以及场地平整等工作。
(4) 进行工程招投标，选定施工队伍，签订施工合同。
(5) 复核及补充水文地质勘察资料，同时复查设计基础资料。
(6) 向施工单位提供施工使用的设计图纸及相关技术资料。
(7) 对由建设单位供应的大型设备、专用设备以及进口材料、特殊材料进行编报计划，然后组织加工订货工作。
(8) 做好其他在工程开工前应该做的准备工作。

7. 计划安排

建设项目的计划安排是在总投资、总工期确定的情况下进行总投资和总工期实施计划的控制。

(1) 首先安排建设计划的实施阶段，一般按工期年限划分，确定每年完成的工期进度。
(2) 工期总进度确定以后，应安排当年或当年和下一年的工作量实施计划。如果总工期为一年或一年以下，只安排一次性计划就可以了。
(3) 资金投入计划是根据各年度工期进度编制每年的资金需求数额，如果是国家投资应报上级主管部门备案，如果是贷款应报贷款的信贷单位备案。
(4) 提前安排建设单位供应的成套设备、进口材料、特殊材料等的供应计划和进场计划。
(5) 当由多个施工单位共同完成同一个建设项目时，应做好各施工单位的进场日期计

划和各施工单位之间的工序衔接安排。

8. 施工阶段

施工阶段在建设程序中占据首要的地位，无论是程序的合法、合规，投资控制，还是建设工程质量、工期，都是整个建设程序实施中的关键。

（1）工程开工必须具备的条件

1）招投标程序必须合规，要有中标通知书，项目的施工合同已经签订。

2）土地规划许可证、房屋规划许可证、施工许可证已经拿到。

3）开工报告已经批准。

4）施工图纸已经齐全，并已经会审，设计存在问题已经解决。

5）建设项目施工组织总设计和单项工程施工组织设计已经编制完成，并经建设单位审阅同意。

6）现场水、电、道路已通，障碍物已清理，场地已平整。

7）工程物资、材料、设备等计划已经落实，开工需要的材料已经进场。

（2）施工单位应做的工作

1）根据工程项目内容及计划安排做好施工现场开工前的准备工作，例如修建工地办公室、变电所、敷设临时水电线路、开辟材料堆放场地等。

2）参加建设单位组织的图纸会审，及时提出图纸设计存在的问题和不明确的问题，例如图纸的尺寸标示错误、同一个结构图在不同图纸间的标示不一致、图纸标示有遗漏、图纸设计不合理、缺图等问题。

3）按照施工程序合理组织施工。上道工序如地下工程、隐蔽工程特别是基础和结构的关键部位一定要经过隐蔽工程检验合格并做好记录，才能进行下道工序的工作。

其中，地下工程系指地面以下的结构物，当工程施工完毕以后，埋藏在地下，在地面上无法直接见到实物的工程，例如，地下管道、地下水池、地下室等；隐蔽工程系指房屋结构在施工完毕后无法直接见到的结构物，例如房屋基础、钢筋、基础梁等。

4）严格按照施工验收规范、施工图纸、操作规程进行施工，确保工程质量，力争优质工程，每道工序不留隐患。

5）按照合同双方确定的工期合理安排施工进度，确保工程按期或提前竣工。

（3）建设单位应做的工作

1）组织图纸会审，及时解决图纸中的问题。

2）在合同中明确由建设单位提供的材料、设备等，建设单位必须按期、保质、保量供应。

3）施工中发现的问题，该由建设单位解决的建设单位必须及时解决。对图纸中的错误、缺图、修改等事宜，建设单位应会同设计单位在不影响工程进度及施工质量的情况下按时解决。

4）对现场发生的有关经济方面的问题，建设单位实事求是地及时审查施工单位提出的经济洽商，并签字盖章。

5）负责对施工单位在施工过程中的工程质量、施工进度进行督促、检查。

6）参加隐蔽工程、分部分项工程的检查验收，参加或组织工程竣工验收，并签字盖章。

9. 竣工验收和工程结算

在工程竣工以后，由施工单位向建设单位办理竣工验收和工程结算手续。

（1）竣工验收

国有资产投资项目的竣工验收一般由建设单位组织，邀请建设项目的上级主管部门、地方政府有关部门参加，会同施工单位共同进行工程项目的竣工验收，竣工验收分初验和正式验收两个阶段。

1）初验

施工单位必须按照施工合同中的竣工日期提前数日完工（具体日期一般应在施工合同中注明或双方商定），在工程完工后即通知建设单位对完工工程进行初验。初验主要是对工程质量及工程施工资料进行全面的检查，对不符合验收规范条件的部分由施工单位限期整改直至合格为止。

2）正式验收

在初验的基础上，施工单位对工程初验中存在的问题进行整改，达到施工验收规范的标准后，由施工单位通知建设单位，建设单位通知设计单位、上级主管部门、地方政府相关部门进行工程项目的正式验收，办理竣工验收手续。

3）竣工验收的要求

①大型项目由国家主管部门组织验收，其中特别重要的项目由国家主管部委报国务院组织验收。

②中小型项目按隶属关系，由主管部门负责组织验收。

③单项工程验收，系指单项工程按施工图纸的工程项目已全部完成（特殊情况的甩项除外），工业项目经负荷试运转和试生产达到合格即可办理竣工验收。

④建设项目整体验收，系指整个建设项目已达到全部竣工验收条件时，在单项工程竣工验收的基础上对整个建设项目进行验收。建设项目竣工验收合格，表示建设项目的建设任务已全部完成。

（2）竣工工程结算

工程竣工以后，由施工单位根据招投标确定的标价或施工图概预算确定的造价，即合同标定造价，加上设计变更增减额、现场洽商经济签证的增减额、各种可调人工材料机械费用的差价，便可得到工程项目的最后结算价值，即：

$$J_s = A + B + C + D$$

式中　J_s——工程结算价值；

　　　A——原合同标定造价；

　　　B——设计变更增减额；

　　　C——现场洽商签证增减额；

　　　D——人工、材料、机械差价。

工程结算的各种造价增减额都必须由施工单位提供造价洽商增减清单，经建设单位现场工程或经济人员审核确认签字，并由现场监理人员复核签字生效。

工程结算书由施工单位编制后，经建设单位审查同意，最后报工程造价审查机构进行审查确定。确定后的工程结算作为承建建设项目的施工单位向建设单位最后结清建设项目工程价款的依据。

10. 竣工决算交付使用

建设项目全部完成，经过竣工验收合格以后，应由建设单位编制一个反映竣工项目建设投资情况的财务支出总文件，这个文件称为建设项目财务决算表，由建设单位向使用单位办理财务移交手续，同时将建设项目转为固定资产。而建设项目财务决算表正是建设项目转为固定资产价值的唯一依据文件。

三、建设工程项目的类别

基本建设对建设工程项目的类别划分方法最早是按照建筑物使用功能划分类型，国家实行国有土地出让政策以后，建设工程项目按照土地上部建筑物的收益性功能和使用性功能相结合的方法进行类型划分。这两种划分方法存在一定的区别，现分别进行叙述。

1. 按基本建设规定划分的类别

基本建设一般按建筑物的使用功能、用途划分项目类别。由于基本建设项目种类繁多，用途广泛，因此只能按大的应用范围划分，将相同或类似用途项目归为一类，归纳为生产性建设项目和非生产性建设项目两种类型。

（1）生产性建设项目

生产性建设项目一般为工业建设项目，系指人类为了扩大再生产而进行的基础建设工作，它所增加的固定资产形成新的生产能力，能扩大生产规模、改进生产工艺、增加或改变产品品种、提高产品生产效能及产品质量，这种固定资产具有再生产的能力。如工厂的建造、矿山的开采、油田的开发、交通运输设施的建造等，它们都是用于物质资料生产的建设工程。

（2）非生产性建设项目

非生产性建设项目一般为民用建设项目、市政配套建设项目和科学研究项目。它所形成的固定资产一般没有生产能力，只具有使用功能，可以为生产和社会上一切事业服务。非生产性建设项目一般有以下三类。

1）生活福利及公用设施建设项目

生活福利及公用设施建设均属于服务性的民用建设工程，它是为了满足人类物质生活及文化娱乐的需求以及工作上的需要而进行的建设工作，住宅、办公楼、影剧院、锅炉房、商店、学校、幼儿园、医院以及其他的一些生活福利设施等都属于生活福利及公用设施建设。

2）社会公用工程建设项目

社会公用工程建设系指为满足人们的生产、生活需求而建设的全社会性的配套公用工程。例如，兴修水利、水库建造、铁路铺设、公路建设、桥梁架设、地下管网敷设、配电线路和通信线路架设等基础建设工作。其中，有全国性供需工程以及地方性供需工程，而地方投资的基础建设工程就是市政基础配套设施工程。

3）科研机构的建设项目

科研机构的建设系指科学研究机构及试验场所的建设工程。如科研楼、科学试验基地及为科学研究而投入的设备、设施。那些附属于科研机构的生产车间及一些生产附属设施，如果产品是单纯为科研服务的，亦应视为科研建设项目。

2. 按土地使用用途划分的建筑类型

根据国家对土地基准单价的规定，按土地使用用途划分的建筑类型有商业、综合、居住、工业四种。

(1) 商业类建筑

商业类建筑属于经营性资产的范畴，是以谋取经营收益为目的的房地产。如商业建筑（含商场、购物中心、专卖店、加油站、超级市场、各种商业网点、批发市场等），旅游业建筑（含饭店、酒店、度假村、游乐园、旅馆、旅游附属设施等建筑），金融保险业建筑（含银行、信托、证券、保险机构等建筑），餐饮娱乐业建筑（含酒楼、饭庄、快餐店、俱乐部、康乐中心、歌舞厅、高尔夫球场、赛车场、赛马场等建筑）。这类建筑虽然不能像生产性资产那样产生生产效益，但它能够产生一定的甚至很高的经营性经济收益，它的产品就是有偿服务。

(2) 综合类建筑

综合类建筑包括办公科研建筑（含写字楼、会展中心、普通办公楼、科研和勘测设计机构、停车楼等建筑），文体教育建筑（含各种学校、体育场馆、文化馆、博物馆、图书馆、影剧院等建筑），医疗卫生建筑（含医疗、保健、卫生、防疫、康复和急救机构等建筑）。这类建筑只具有社会使用性功能，没有经济收益。如果是房屋出租，可以收取一定租金，获取一定的经济收益，但必须符合国家政策、法规的规定。

(3) 居住类建筑

居住类建筑包括居住小区、居住街坊和单位生活区等各种居住类型建筑。这类建筑如果是自用，只具有社会使用性功能，没有经济收益；如果是房屋出租，可以收取一定租金，获取一定的经济收益，但必须符合国家政策、法规的规定。

(4) 工业类建筑

工业类建筑包括工业用地（含工业生产及相应附属设施用地、高新技术产业研发与展示中心），仓储用地（含用于物资储备、中转的场所及相应附属设施用地），交通运输用地（含用于运输通行的地面线路、场站等用地，包括民用机场、地面运输管道和居民点道路及其相应附属设施用地）。这类建筑主要直接用于工业生产或服务于工业生产的建筑物，通过生产产品为社会创造财富。

四、基本建设项目的划分方法

为确定建设工程在整个建设时期的投资，必须分不同的阶段编制工程概算或预算。按国家的规定，在初步设计阶段必须编制设计概算，施工图设计阶段必须编制施工图预算，交工验收以后必须编制竣工决算。设计概算、施工图预算、竣工决算统称为基本建设的"三算"。编制好基本建设"三算"是搞好基本建设计划投资，决定基本建设产品价格的重要环节，也是加强基本建设管理和经济核算的基础。

通常，一个建设项目可划分为若干个单项工程。单项工程又综合了许多专业工程，因此又将单项工程按专业划分为若干个单位工程，一个专业定为一个单位工程。一个单位工程又由许多不同的结构类型所组成，因此，又将单位工程划分为若干个分部工程。分部工程仍不是工程的基本单位，它是由若干个工程子项或结构构件所组成，因此，又将分部工程划分的工程子项称为分项工程。分项工程即为最基本的工程计量单位，又称子目。这样划分的目的，主要是便于基本建设工程的管理和工程概预算定额单位的确定。工程概预算的分类就是以建设项目的划分法则为依据的。所以，必须首先了解建设项目划分的意义、划分的方法及各种划分所表示的含义、目的、作用等。

(1) 建设项目

一个建设单位在一个或几个建设区域按照总体设计所构成的独立经济实体及按总概算书进行施工的所有工程项目的总体称为建设项目。它具有独立的组织形式并实行独立经济核算，可直接与其他企业或单位建立经济往来。在工业建设中，一般以一个工厂或联合企业为一个建设项目。例如，一个石油化工企业、一个热电厂、一个汽车制造厂等工业建设项目，要使它们具备完整的生产条件，就需要建设若干个生产性车间、变电所、锅炉房、室外管网、道路、围墙以及各种辅助性的生产设施和生活设施等，而这些工程的总和便构成一个建设项目。在民用工程中，如一个学校、一个建筑群或建筑区、一个医院等为一个建设项目，这些建设项目主要是由各种生活设施、服务性建筑、辅助设施、室外道路及围墙等组成。

(2) 单项工程

它是构成建设项目的基本单位，也称为工程项目。一个单项工程一般要具有独立的设计文件、独立概算，建成后可以独立发挥生产能力或使用效益。例如，某工厂的机器加工车间、热处理车间、装配车间、铸造车间以及辅助性生产的一些建筑，如修理车间、仓库等。在民用建筑中，如办公楼、职工住宅、教学楼、托儿所等。

(3) 单位工程

它是单项工程的组成部分。一个单项工程一般应由几个单位工程所组成，也可能只由一个单位工程组成。单位工程必须是具有单独的施工图并且有独立施工条件的工程，而它本身并不能独立发挥生产能力或使用效益。

在一个比较复杂的综合体中，建筑工程一般应分为房屋、给水排水、供暖、通风、电气照明等工程，设备安装工程分为工艺管道、特殊构筑物、机械设备安装、电气设备安装等工程。对一般的住宅、办公楼这样比较简单的建筑物而言，它可以以一幢房屋算一个单位工程，它可以包括一般土建、室内电气照明和水暖卫生工程。而室外的竖向布置、给水排水、供暖外线、输电线路则应各为一个单位工程。各类构筑物，如烟囱、水塔、桥涵等各为一个单位工程，包括其中的附属物。

(4) 分部工程

一个单位工程可分为若干个分部工程。在土建工程中，一般是以结构构造及工种类别综合考虑来划分的。目前，《全国统一建筑工程基础定额》划分的分部工程是：人工土石方工程、机械土石方工程、桩基础工程、脚手架工程、砖石工程、钢筋工程、混凝土工程、机械化吊装及运输工程、木结构工程、屋面工程、金属结构工程等。在建筑措施项目中列入了脚手架工程、模板工程、垂直运输工程等。装饰工程定额划分为：楼地面工程、墙柱工程、天棚工程、门窗工程、油漆涂料裱糊工程、其他工程等。

(5) 分项工程

分项工程是构成分部工程的基本项目，也是一个建筑产品最基本的细胞，称为子目。这个基本项目的特点是，它是组成建筑产品的一个最简单的而且在形式上能单独存在的产品单位，它所包含的主要工种往往比较单纯。例如，分项工程中的挖土方，以普工为主；木门窗制作，以木工为主；水泥砂浆地面，以抹灰工为主。只有钢筋混凝土工程中的分项有三个主要工种，即木工、钢筋工及混凝土工。这些分项工程主要工种类别都不多，而且都可独立存在，项目均有固定形态。从计量角度来看，它能使用统一的计量单位单独计量。例如，钢筋混凝土条形基础以立方米（m³）为计量单位；水泥砂浆地面面层以平方米（m²）为计量单位；某型号设备的安装以台为计量单位；管道安装以1m长为计量单位等。

在工程概预算中，将一个建筑产品划分为许多这样不同的分项项目，然后分门别类归并为各个分部工程，再由分部工程组成一个完整的建筑产品。

第二节　房屋价值体系的概念及建设造价估价方式

一、基本建设价值的概念

1. 基本建设价值的组成

房地产估价是资产评估内容中的一个部分，而且是资产估价的一个重要分支系统。在资产评估中，形成固定资产的项目总体分为两类，一是机器设备，二是房屋建筑工程。其中，房屋建筑工程包括的内容很广，大体上分为房屋建筑物、构筑物、和房屋相配套的功能性配套设施（如给水排水、电气、供暖、通信、消防等工程）等。房地产估价的内容，除了对房屋建筑进行估价以外，还包括对土地的估价。基本建设的资产评估涉及的范围更加广泛，它不仅仅是对房屋建筑工程的项目进行评估作价，还有对铁路、公路、水利、矿山、油田等有关土木建筑工程项目的估价。因此，资产评估中的房地产估价人员应扩大评估视野，以适应除财务、流动资产、机器设备的资产项目以外的其他各类实体资产的评估。

基本建设的整个过程包含一系列庞杂的活动，如筹建机构、征用土地、拆迁安置、勘察设计、土方填挖整平、图纸设计、机器设备购置安装、房屋建造、联合试车等。在这些活动中，人们将耗费不同数额的物资与费用，同时还要支付贷款利息。基本建设竣工以后，将基本建设投入的资金费用转为固定资产，形成固定资产价值。在资产评估中，固定资产的价值根据建设费用的记账分类分为建筑工程费用、设备安装费用、待摊费用和贷款利息四大部分。其中，建筑工程费用系指直接用于建筑工程的成本费用，包括构成建筑实体的材料费、人工费、施工机械费、施工单位的法定取费、待摊费用（在资产评估中列为前期费用）等。当转为固定资产时，房屋建筑的固定资产价值应为：

房屋建筑账面价值＝建筑工程费用＋待摊费用分摊费用＋贷款利息分摊费用

2. 房屋建筑概预算编制的类别和编制程序

整个基本建设从计划任务书批准以后就进入房屋初步设计阶段，设计单位根据建设项目的初步设计正式编制建设项目的投资计划，直到建设竣工项目的财务决算编完为止，整个投资过程要经历若干个资金使用的调整阶段。每一个阶段都要有一个概算或预算文件，整个概预算书大致分为下列几个编制阶段。

（1）初步设计阶段：由设计院编制初步设计概算。

（2）施工图设计阶段：由设计院编制施工图修正概算。

（3）招投标阶段：由建设单位编制招标标底及其底价进行招标，选定施工单位。

（4）投标阶段：由投标单位编制施工图预算书或投标书。

（5）中标标书（含中标标价及标价内容）。

（6）竣工阶段：由施工单位编制竣工结算书，审计单位审计竣工结算，出具竣工结算价值审计报告。

(7) 财务决算阶段：由建设单位编制财务决算表及财务决算报告。

二、房地产估价的基本概念

1. 房地产估价的含义

房地产估价是资产评估的一门学科，它具有世界通用性。在国外，房地产通常称为"不动产"，也有称之为"物业"，这门学科主要是对房屋和土地的共同体进行估价或者对房屋或土地单独进行估价。

房地产评估的含义就是对土地连同该土地上的房屋及与房屋使用功能相配套的构筑物和配套设施进行整体评估作价，或者对单一的土地进行待估宗地的估价或对建造在该土地上所有房屋及建筑物的估价，以求得待估房地产或待估宗地或房屋及建筑物在评估基准日时的公允价值。但是，在应用成本法进行资产评估时，土地和房屋及其构筑物等必须分开评估作价。

2. 房地产估价的意义

房屋建筑由房屋建（构）筑物和土地两部分组成，而房屋建（构）筑物依赖于土地而存在，因此，房屋和土地在构成房屋建筑物实体中是不可分割的，但在资产评估中，房屋和土地是两个不同类型的资产，如果不是商品房，一般以资产类别分开按成本法进行评估；如果房屋和土地是连体不可分割的，例如商品房，应按房地产项目进行评估。在我国，随着房地产事业的迅速发展，进行房地产交易的行为越来越多，房地产的交易行为所带来的将是房地产产权的变动，这种变动最终反映为交易双方如何等价交换的问题。当房地产作为商品进入市场流通领域以后，房地产估价问题势必成为房地产交易市场的迫切需要。特别是在涉外的经济领域里，在中外合资的项目中，中方时常以房地产或单一土地以及其他的资产价值作为入股的资本投入，外方常以货币资金作为资本投入进行项目的合资、合作或开发。为使中方国有资产保值或增值而不致流失，国家规定了国有资产必须进行资产评估。不仅国有资产如此，其他集体资产、私有资产同样如此。此外，国家还规定，资产占有单位的一切资产，不管是房地产还是其他资产，只要产权发生变动，如商品房转让、市场买卖、抵押、资产合资、合作、股份制改造、股票上市等，都必须对产权变动的那些资产作出价值的评估。

房地产合一的实体和单一的土地，办理过土地出让手续、具备政府相关部门认可的产权或使用权，才能在房地产市场上进行商品房转售、买卖，才能进行贷款抵押、资产合资、合作、股份制改造、股票上市等经济行为；没有办理过国有土地出让手续的土地或土地上单独的房屋是不具备完全产权的，不能在市场上进行交易或进行其他的经济行为。

房地产是我国国民经济重要的支柱产业之一，在国民经济中占据非常重要的地位，而房地产估价又是确定国民经济实体性资产现行价值必不可少的手段，应用的领域非常广泛，因此，我国房地产估价行业、包括资产评估行业发展很快。伴随着市场经济的蓬勃发展，房地产的价值亦随着市场物价的升降而升值或降值；另一方面，随着时间的流逝，某些房屋在不断被淘汰、折旧、贬值，另一批房地产拔地而起。房地产价值的新陈代谢以及某些房地产产权交易行为的不断产生，只有通过对房地产进行估价才能反映出来，这就显示出房地产估价事业的重要性。

三、房屋建筑物概、预、结算价值的概念及类别

1. 竣工造价的价值概念

在基本建设中，完成一个基本建设项目，从项目规划至施工完毕办理竣工验收投入生产或交付使用为止，国家或企业将要为建设投入相当数额、甚至巨大数额的人力、物力和资金，而这些投入最终将反映在基本建设竣工决算的造价指标上，这些投入到基本建设项目中的资金价值将构成建设项目的投资造价，一般通称竣工造价。建设项目的投资造价是构成固定资产的唯一依据，是房地产估价的重要数据，因此，房地产估价工作者必须明了竣工造价的意义，通晓概预算造价的知识，掌握概预算编制的技能，否则，房地产估价工作只能是空中楼阁。

一个建设项目最终将投资总额转为固定资产的价值，在固定资产科目里称为账面原值，在资产评估中称为历史成本，历史成本是一个在建设时期形成的当期实际造价，是固定不变的账面价值。

资产价值受时间的影响，房屋建筑建成以后，不同时期的资产价值随时间的变化而不断地发生变化。在资产评估中，不同时期房屋建筑的资产价值称为某个时点的重置价值。显然，重置价值反映了房屋建筑建成以后某时期的资产价值水平，已不再是建设时期的账面原值了，这就是资产价值变化的时间因素。房屋建筑是固定资产的重要组成之一，自然，它的价值也随时间的变化而不断地发生变化。例如，一幢砖混结构普通装修的办公楼房，在1978年建造时的单方竣工造价为125元/m^2，在1985年的单方重置造价约为175元/m^2，在1995年的单方重置造价约为930元/m^2，在2009年的单方重置造价约为850元/m^2。显然，不同时期的重置单价是不相同的。影响造价的因素很多，其中，钢材价格的影响最大：1988年以前为国拨价格，当时的预算价格为800元/t，以后改为市场供应价格，钢材的价格猛增；1993年出现钢材价格的第一个高潮，钢材平均价格涨至约3900元/t；1993年下半年开始回落，以后钢材价格一般在3300~3500元/t之间徘徊；2007年前后又出现第二个高峰，钢材平均价格曾达到5000元/t的高峰。另外，还有前期费用和贷款利息的影响。前期费用在1992年以前是没有的，1992~1997年北京市颁布了建设工程其他费用文件，其他费用在资产评估中称为前期和其他费用，通常简称前期费用。北京市的前期费用率为全国之首，最高要数商业。1997年上半年，国家投资方向调节税尚未取消以前北京市商业的前期费用，包括建设期建设单位自身发生的建设前期费用、政府收取的费用、投资方向调节税等的前期费用总费率约为工程造价的53%~55.5%。住宅最低，也要30%。例如，商业项目的前期费用及费率一般为：

建设单位管理费	2.0%	
设计费	2.0%	
勘察设计费	0.5%	
城市建设配套费	15.0%	
投资方向调节税	30.0%	
监理费	1.5%	
其他	4.5%	包括定额测定费、竣工图费、规划设计费、四源费、招投标费、合同预算审查费等
合计	55.5%	

当时的贷款利率为 10.5%。

如果 1996 年有一个商业楼，框架结构，12 层，普通装修，建设期为 1 年，当时的基本建安造价为 850 元/m²，贷款资金按均匀投入，则：

$$重置价值（1996 年）= 850 \times (1 + 55\%) \times (1 + 10.5\%/2)$$
$$= 1386.67 \text{ 元}/m^2$$

如果 2009 年建造同样的楼，基本建安造价物价指数大约为 1996 年的 1.3 倍，则：

$$基本建安造价 = 850 \times 1.3$$
$$= 1105 \text{ 元}/m^2$$

2009 年北京市前期费用一般为：

建设单位管理费	1.5%
勘察设计费	3.28%
工程标底编制费	0.2%
工程招标投标管理费	0.07%
合同预算审查费建筑工程费	0.05%
城市建设工程许可证执照费	0.1%
工程监理费	2.26%
竣工图编制费	0.26%
黏土砖限制使用费	0.78%
合计	8.5%

贷款利率一年期 5.31%，则：

$$重置价值（2009 年）= 1105 \times (1 + 8.5\%) \times (1 + 5.31\%/2)$$
$$= 1230.76 \text{ 元}/m^2$$

2009 年的单方造价为 1996 年的 1.3 倍，而重置单价却为 1996 年重置单价的：

$$1230.76/1386.67 = 88.76\%$$

重置单价降低的主要原因是政府收取的投资方向调节税、城市配套费两个大的项目约 45% 取消了，贷款利率一年期降为 5.31%，几乎减少了一半，虽然建设材料和人工费在上涨，但上涨幅度远远抵消不了政府取消的建设前期费用的费率和贷款利率的降低。由此可见，各个建设时期的建安造价、前期费用、贷款利率对建设工程项目的重置价值都有较大的影响。

2. 建设概算的概念及类别

建设概算是房地产估价的重要依据资料之一，它是分不同阶段编制的、用以控制建设投资的计划文件。建设概算分为项目投资总概算、综合概算、单位工程概算、其他工程和费用概算等种类。

（1）总概算

总概算是确定某个建设项目从筹建到建成使用的全部建设费用的文件。它是国家控制基本建设投资的重要环节。不同设计阶段分别编制不同类型的总概算。初步设计阶段编制初步设计总概算，施工图设计阶段编制施工图设计修正概算。总概算的费用组成分为两大部分，第一部分系建筑工程费用，又称为直接工程费用；第二部分系指其他工程和费用，又称间接工程费用。总概算可以按一个建设项目编制；如果建设项目过大，也可以将它分为几个具有独立性的部分分别编制，然后汇总成总概算。例如，一个由若干分厂组成的联合企业，可以先将联合企业分为具有独立性的分厂分别编制分厂的总概算，然后再汇总成联合企业的项目总概算。

施工图修正总概算是在施工图设计阶段当施工图的内容较原初步设计阶段图纸内容有重大变化、投资比原概算有较大突破或减少，因而必须对原概算进行修改时才编制的，实际上它是原初步设计总概算投资计划修改的一个补充文件。

（2）综合概算

综合概算是确定某一个单项工程建设费用的文件，它是总概算的组成部分。综合概算又由各专业工程的单位工程概算汇总而成。例如，某工厂一个车间、联合企业的一个分厂、某住宅区等单项工程，都是先按各个专业编制单位工程概算，然后将各单位工程概算进行汇总成为单项工程的综合概算。

（3）单位工程概算

单位工程概算是指某个单项工程中的各个专业工程项目的费用文件，它是综合概算的组成部分，它所包含的工程项目和单项工程中所划分的专业项目一致。例如，一个生产车间为一个单项工程，它可以划分为总图、土建、给水排水、供暖、通风、配电、设备安装、工艺管线以及其他相关的专业工程项目，编制单位工程概算，然后汇总成综合概算。

（4）其他工程和费用概算

其他工程和费用在基本建设财务费用科目中应列为待摊费用，或者称为前期费用。它与建筑工程费用和设备安装费用没有直接关系，但它对整个建设工程项目来说却是不可缺少的费用开支项目，因此，必须列入整个工程的总概算中。当建设项目只有一个单项工程时，此项目应列入综合概算中。例如，建设单位管理费、设计与勘察设计费、监理费、招投标费等。其他工程和费用在基本建设财务决算后，应摊入建筑工程、设备安装和土地的每一项目中，然后转为固定资产项目或土地资产项目。

还有为工程项目竣工投产提前准备的生产准备费，例如家具购置费、生产工人培训费、劳保用品购置费等，也列入其他工程和费用中。在工程项目竣工决算以后，应转入企业财务的长期待摊在未来生产成本中摊销，不得摊入固定资产，房地产估价人员应特别注意，在房地产估价或资产评估中，此项费用不得列入前期或其他费用。

征用土地的各类费用应单独列项记账列入总概算或综合概算中，征用土地的总费用在工程项目竣工决算以后，应转入企业财务土地科目，不应列为固定资产或基本建设财务待摊费用摊入固定资产。

3. 施工图预、结算的类别及概念

施工图预、结算总体分为三个方面，即施工图预算、施工图增减预算及工程结算三个阶段。

（1）施工图预算

施工图预算是在施工图纸已设计完毕后，由施工单位按照施工图纸及相应的建筑安装定额、取费标准、国家及地方有关编制预算的规定以及人工、材料、机械的当期差价编制的一个反映单位工程具体造价的文件。建筑安装施工图预算按不同专业分单位工程进行编制。在建筑安装工程中，一般有土建、电气、给水排水、供暖、天然气、通信等专业工程。设备安装施工图预算按不同安装专业编制。例如，通用机械、电力、化工、压力容器、冶金、运输、医疗、起重、工艺管道（包括工业给水排水、天然气、空调通风、热力等工艺管道）、防腐保温、建筑机械、筑炉、电梯、空调等专业设备安装工程。应特别注意，民用配套工程的给水排水、电气照明、供暖、通风等的配套安装工程和工业用的工艺管道相对应的安装项目是属于不同专业的配套项目，采用的定额类型不同，根据民用和工业的不同专业套用相应定额。在资产评估中，如果工业和民用的管线混在一起无法分开，民用的管线工程项目应包含在工业的管线中套用工艺管线的相关定额，民用的管线工程项目不再另列评估项目。

目前，施工图预算在建筑安装工程招投标中已不作为施工单位和建设单位工程结算的依据，只作为建设单位编制标底或施工单位计算投标标价的参考依据，建筑工程投标的施工图预算已经执行清单报价，施工图预算的人工、材料、机械单价应参考现行市场价格编制，定额消耗量一般还是按定额数量计算，因此，施工图预算的造价已基本上市场化了，而施工图预算的含义和作用亦有了很大的改变。尽管如此，施工图预算仍然在继续使用，主要作为因某种原因不能进行招投标的工程项目、图纸的设计变更、现场经济签证等方面的工程结算依据。

（2）施工图增减预算

施工图增减预算是在投标中标价或施工合同价确定以后，如果是实行预结算办法的，应在施工图预算价值经建设单位和施工单位双方共同确定以后，且工程已经进入施工阶段、在施工过程中发生的施工合同标价或施工图预算价以外的工程变更、材料代用、基础加深以及施工现场发生的各种经济签证等所增减的工程费用的文件，由施工单位经济管理人员编制，经过建设单位现场人员审核签字，并报现场监理审查同意生效。施工图增减预算是构成工程造价的一部分，在工程竣工后和原确定的合同价或预算价合并计算。

（3）竣工结算

施工单位在完成它所承包的工程项目以后，编制一个反映施工单位向建设单位最后应收取的工程价款的文件，这个文件就是竣工结算书。当工程竣工以后，施工单位在原确定的合同价或预算价的基础上将历次编制的增减预算进行最后的汇总计算，并编制出项目竣工造价。竣工造价必须经建设单位和施工单位双方同意盖章，最后交具有国家认可的工程审计资格的单位进行工程审计，出具审计报告。工程审计单位确定的竣工造价为竣工结算的法定价值，是施工单位向建设单位结清最后的工程价款的依据。

4. 竣工决算的概念

竣工决算是建设项目全部完成以后由建设单位编制的一个反映竣工项目建设投资效果及基本建设财务支出的总结文件。

竣工决算书应包含下列内容：

（1）概算投资的执行情况。实际投资是超出概算投资还是节约了投资。

（2）投资的经济效果。经济效果反映在概算指标上，是否超出了额定的指标，超出指标，表示建设投资经济效果差；低于指标，表示建设投资效果较好。

（3）反映建设成本的实际支出情况。竣工决算书的最终成本包括：

1）建筑安装工程的竣工成本。

2）设备安装工程的竣工成本。

3）建设期间所耗费的其他工程和费用的支出成本，其中包括土地征购、开发的费用，建设前期费用以及已缴纳的各种税费、贷款利息等。

建设项目的竣工决算反映在财务账面上就是建设项目的财务决算，在基本建设项目交付使用的同时，要将基本建设财务决算的账目分不同科目向使用单位转移。一般应分为下列科目。

固定资产科目。①房屋建筑物，其中包括房屋、构筑物、和房屋功能相配套的民用给水排水、电气、供暖、天然气、通信等；②机器设备，包括各种机器设备、电子设备、办公设备、行驶车辆等。

土地科目。其中包括土地征购、拆迁补偿、缴纳出让金、市政配套设施费、土地填挖方及平整费等。

长期待摊科目。其中包括建设前期概算的第三部分的生产准备费，具体为职工培训费、生产家具器具费、劳保用品购置费等。

总概算的第三部分费用，即建设期间为工程建设发生的其他工程和费用，除在建设期间提前准备的与生产相关的生产准备费应转入使用单位的长期待摊科目以外，其余费用一律摊入固定资产、土地的分项项目中去，不得单独列项。

四、房屋建筑估价和工程概、预、决算的区别和相互关系

1. 房屋建筑估价和工程概、预、决算的区别

这里所说的房屋建筑估价仅指房屋（含房屋、构筑物及相关配套设施）的自身价值的评估，不包含土地价值，因为工程概、预、决算中的建筑工程费用仅指房屋自身，都不包含土地，不涉及房地产的估价内容。

工程概、预、决算中，概算和预算是工程竣工决算的基础。工程概、预算目前已被投标的中标价所替代，但是概、预算仍然是一切造价计算的基础，在很多情况下仍然在应用，它在房屋估价计算中也是最基本的依据资料，显得非常重要，因此，本节中仍然按工程概、预、决算和房屋估价的关系来研究，不涉及招投标的内容。

工程决算指的是建设项目的竣工决算，财务称为财务决算。竣工决算是在全部建设项目工程结算费用的基础上加上待摊费用所组成的，是转为固定资产——房屋建筑科目的依据。

房屋建筑估价和工程概、预、决算是密切相连的，但也有很大的区别。它们的区别有以下几个方面。

（1）工程竣工决算所反映的资产价值是建设时期的建造成本，将它记录在财务账面上，称为历史成本；而房屋估价所确定的资产价值为评估基准日时点的现行建造成本，称为重置成本。它们反映的资产价值因时期不同而不同。

（2）工程概、预、决算价值确定的方法基本上是通过套用概预算定额、取费定额求取房屋建筑的价值；而房屋估价不单纯是采用和概预算相同的方法，还有其他方法，如单方造价比较法、造价指数调整法、竣工结算调整法等。

（3）工程概、预算按照图纸及定额计算，要求的精确度较高，要求按图准确计算工程量不得漏项，必须准确套用定额；而房屋估价如果采用与概、预算同样的方法去计算造价，只能用于少数重点项目，如果大多数估价项目都采用概、预算法去估价，因估价项目太多难以做到，这些项目一般采用类比法估价，在房屋估价中称为替代法。采用替代法对房屋建筑物或构筑物等进行估价，方法比较简单，但是其计算的工程造价只能是近似值。

采用替代法的要求是很严格的，无论是房屋的构造还是各种对比参数都要求准确、齐全，方法要规范，否则计算结果误差太大，这是不容许的。

（4）工程竣工决算中的前期费用不是按当期的费用文件规定计算的，而是按建造时期整个建设过程中实际发生的其他工程和费用的数额，在竣工决算时作为待摊费用摊入到项目的成本中去的，在项目建设过程中只能用指标去控制，但实际上也难以控制；房屋估价的前期费用都是按房屋估价时点国家和地方政府规定的费用标准进行计算的，与实际发生无关。

（5）工程概、预、决算和房屋的重置价值两者的性质不一样，相互不能替代。前者不能替代后者的原因，在前面已经阐述得很清楚了，而房屋估价的价值由于造价计算的方法不合乎概预算的计算规定，计算的价值一般比较粗，达不到概、预算的精度要求，因而不能替代概、预算。

（6）工程概、预、决算和房屋的重置价值两者的用途不一样。前者用于工程造价系统工程预结算的造价计算，面向指定的建设单位；后者用于资产评估和房地产估价系统的房屋重置价值的计算，面向全社会。两个系统的性质是不一样的。

2. 房屋建筑估价与工程概、预算的关系

房屋建筑估价与工程概、预算有着不可分割的联系，没有概、预算就没有房屋的估价价值，房屋估价的方法几乎都离不开房屋概、预算的基础资料，现举例如下。

（1）重置成本法

重置成本法确定的重置价值为：

$$重置价值 = 建安造价 + 前期费用 + 资金成本$$

其中，建安造价是从编制概、预算的造价所求得的，因此重置成本法确定的重置价值系来源于房屋的概、预算。

（2）单方造价比较法

单方造价比较法选定的参照物，其造价都是通过概、预算编制确定的，待估建筑的建安造价为三个参照物对比以后的造价平均值，因此单方造价比较法同样离不开参照物的概、预算编制的造价基础。

（3）预结算调整法

采用预结算调整法进行房屋估价，是在该建筑原工程预结算的基础上进行定额换算、调整价差，同样离不开概、预算的编制。

总之，工程概、预算是房屋估价最基础的资料，工程概、预算的编制方法是房屋估价最基本的方法。一个房地产估价师应该首先通晓概、预算的知识与编制方法，没有这方面的技能，是做不了房地产估价工作的。房地产估价工作比概、预算工作又深了一个层次。一个做不了概、预算工作的人，就做不了房屋估价工作；但是，一个做不了房屋估价工作的人，如果他是一个预算员或造价师，他仍可以从事概、预算工作，而且可能做得很好。

第三节 建筑工程招标与投标

建筑工程招标与投标是基本建设程序的组成部分，而且是一个重要的组成部分。在国家重点工程投资评审的工作中，它是投资合法性的重点评审内容，其中包括房屋和土地投资程序合法、合规的审查，投资额度的审查，建设工程招投标的合法性以及招投标全过程的审查。它与单纯的房屋及土地评估相比，扩大了评审的范围，因此房地产估价工作者必须掌握建筑工程法定程序和招标与投标的内容，以适应投资评审工作的需要。

一、建筑工程招标与投标的一般程序

为了规范招标投标活动，保护国家利益、社会公共利益和招标投标活动当事人的合法权益，达到正确安排和合理使用基本建设投资的目的，围绕缩短工期、确保工程质量、促进施工单位经营管理、提高经济效益，国家规定了在基本建设中实行招标与投标的承发包制度。国家规定的招标与投标的一般程序如下所述。

（1）招标

基本建设招标系由建设单位就拟建的建设项目编制一个工程造价的标底，其中包括工程造价、有关建设单位供应的主要材料和特殊材料的名称、数量等内容，并向社会进行公开招标，以招揽各方面的施工单位前来投标，然后建设单位根据施工单位的技术力量、出标价值、工程质量达到的标准、工期等综合指标进行综合考虑，选取一家施工单位承包建设项目。

（2）投标

招标文件发出以后，各方施工单位可前来投标，它们根据招标者（建设单位）提出的标文内容、施工图纸、市场材料价格、现行人工费单价、机械费单价、工程难易程度等，计算出或提出施工单位完成项目工程的造价、建设工期，提出所能达到的工程质量标准等，等候招标单位开标选取。

（3）开标

招标单位在规定的时间、地点，在有投标人出席的情况下，公开拆开投标人的投标书，宣布投标人（或单位）的名称、投标书的内容（包括投标价值、质量标准、工期等），这个进程叫开标。

开标应当在法律保障的条件下，通过公证员的监督进行，开标后待招标方进行评标后再确定中标单位。

（4）评标、决标

招标单位根据招标文件的要求，对投标单位所报送的投标资料进行审查，综合分析，主要分析工期、工程质量、工程造价、施工技术力量和技术水平等方面的条件，评出适合标文的施工单位来承担施工任务。这个单位就是中标单位。

（5）签订承包合同

招标单位和中标单位之间签订完成中标项目的施工合同。

二、招标方式

目前，我国采用的招标方式和国际招标方式基本相同，主要有公开招标、邀请招标两种。采用什么招标方式，应根据招标的项目性质、规模大小、专业要求由招标单位来决定。

（1）公开招标

公开招标，是指招标人以招标公告的方式邀请不特定的法人或者其他组织投标。这种招标适用于一般情况的建筑工程项目，可以以发布公告招标的形式进行招标。发布公告的范围可以在全国范围内,也可以在某一地区内。可以通过国家指定的报刊、信息网络或者其他媒介发布。

招标公告应当载明招标人的名称和地址,招标项目的性质、数量、实施地点和时间以及获取招标文件的办法等事项。

投标人(单位)必须具备一定的条件,招标人可要求潜在投标人提供资质证明和业绩情况,并对投标人进行资格审查。少于三个投标人或单位的招标视为无效。

(2)邀请招标

邀请招标,是指招标人以投标邀请书的方式邀请特定的法人或者其他组织投标。一般是招标单位在研究掌握若干个具有招标工程施工能力的施工单位的情况下,为了简化程序、节约招标时间而选择的招标方式。这种方式,免除了招标公告的过程,它是由招标单位直接向已选择好的施工单位发出投标邀请书,在约定的招标邀请会上,由招标单位向被邀请的单位讲述招标的各种事宜,并发给招标文件。

国务院发展计划部门确定的国家重点项目和省、自治区、直辖市人民政府确定的地方重点项目不适宜公开招标的,经国务院发展计划部门或者省、自治区、直辖市人民政府批准,可以进行邀请招标。

招标人采用邀请招标方式的,应当向三个以上具备承担招标项目的能力、资信良好的特定的法人或者其他组织发出投标邀请书。

三、招标期间的主要工作

1. 准备招标文件。招标文件的主要内容是向投标单位介绍招标的条件、建设项目的情况,其内容有以下几个方面。

(1)工程概况。包括工程项目的数量、名称、地点、建筑面积、建筑物的结构构造状况等。

(2)建设地点的环境。包括地理位置、周围环境、交通状况等。

(3)工程招标内容。是工程的全部还是部分,是全部专业还是部分专业。

(4)建设工期要求。包括工程总工期、各单项工程竣工期限的要求、工期奖罚办法。

(5)工程保修要求。

2. 图纸资料及技术要求。

(1)包括成套的施工图纸、采用的标准图、技术说明、技术要求等。

(2)工程质量验收标准,质量达到的要求。

3. 材料供应方式。主要明确建设单位和施工单位对材料、房屋配套设备的供应范围和供应方式。

4. 工程量清单。招标单位应按施工图和相关技术要求详细计算拟建项目的工程量。在工程量清单中,应明确列出施工图名称,施工图中各分部分项的名称、数量,房屋建筑面积,采用的标准图名称及标准图中的构件数量等。

5. 工程款项的支付方式及竣工结算时人工、材料、机械费用的差价处理方式。

6. 招投标范围以外发生的费用处理方案。

7. 招标须知。招标须知内容一般由建设单位根据招标项目的具体情况拟订,一般情况下有以下几点。

(1)有效标和无效标的规定条件。

（2）施工单位的级别要求。
（3）招标交底和解答问题的时间。
（4）标书的报送方式、地点、截止时间。
（5）开标的时间、地点。
（6）其他应遵守的规定事项。

8. 编制标底及招标控制价。标底是招标工作的核心部分，标底的正确性和合理性是关系到招标工作成败的关键，因此必须由有丰富经验的经济、技术和施工人员参加，共同编制。标底的内容主要是招标项目造价的标底值，标底的分部分项内容必须和工程量清单项目、采用的图纸及标准图等一致。标底必须经上级主管部门审核批准，标底一旦确定，不可泄密。

招标控制价是招标人根据国家或省级行业建设主管部门颁发的有关计价依据和办法，以及拟订的招标文件和招标工程量清单，结合具体工程情况编制的招标工程的最高投标限界。当招标控制价超过批准的概算时，招标人应报原概算审批部门审核。招标人应在发布招标文件时公布招标控制价，同时报有关工程造价管理部门备查。

四、投标报价

投标报价应由投标人做出的报价文件，为了争取中标的机会，一般尽可能降低报价，但要注意，低于成本的报价是不能中标的。报价文件的编制一般分以下几个步骤完成。

1. 落实施工现场的情况

主要是勘察施工现场的地理环境、有无障碍物、施工现场场地的大小、道路运输等的情况，在招标答疑时也要提出有关情况，决定是否增加措施费。

2. 调查报价资料

主要调查报价时点的主要材料的市场价格、劳务费价格以及机械租赁价格，还要调查协作单位在配合施工过程中发生的费用，如打桩、吊装、机械挖土方等费用。

很重要的一点，就是未来利润的期望值，这也是众多投标者竞争的重要指标，应权衡轻重。

3. 编制标书

标书的编制一般参照概预算编制办法进行造价计算，在招投标中，目前都是清单报价，其中：

（1）工程量由招标标书确定。
（2）人工、材料、机械消耗量按预算定额数量计算。
（3）人工、材料、机械单价一般按市场价，但次要材料可以按定额单价乘以物价指数。
（4）取费一般按当期取费定额计取，其中利润可以根据企业的利润期望值确定。但不能为"0"或过低，低于建筑成本不能中标。
（5）措施费按实际情况考虑。
（6）不可预见系数应当充分考虑，其中有些合同价款以外的费用可以通过洽商收回，但是还有在合同价款内已包括、不能办理洽商费用的，而现场有可能发生意外的超支，这些因素应在投标报价中充分考虑，留有余地。

4. 投送投标文件

投标人在投标期限内将拟定好的投标文件密封送达招标单位，等候开标。

五、评标与决标

（1）评标

根据《中华人民共和国招标投标法》的规定：

评标由招标人依法组建的评标委员会负责。

依法必须进行招标的项目，其评标委员会由招标人的代表和有关技术、经济等方面的专家组成，成员人数为五人以上单数，其中技术、经济等方面的专家不得少于成员总数的三分之二。

评标专家应当从事相关领域工作满八年并具有高级职称或者具有同等专业水平与招标项目相关实践经验等，由招标人从国务院有关部门或者省、自治区、直辖市人民政府有关部门提供的专家名册或者招标代理机构的专家库内的相关专业专家名单中确定；一般招标项目可以采取随机抽取方式，特殊招标项目可以由招标人直接确定。

与投标人有利害关系的人不得进入相关项目的评标委员会；已经进入的，应当更换。评标委员会成员的名单在中标结果确定前应当保密。

评标必须在法律公证公平的情况下根据评标标准进行，由评标委员会确定中标候选人，中标候选人应当限定在1~3人，并标明排列顺序。

（2）决标

经过评标委员会评定以后，招标人应该按推荐名单的排序选择中标人。

六、中标

根据《中华人民共和国招标投标法》的规定：

（1）中标人确定后，招标人应当向中标人发出中标通知书，并同时将中标结果通知所有未中标的投标人。

中标通知书对招标人和中标人具有法律效力。中标通知书发出后，招标人改变中标结果的，或者中标人放弃中标项目的，应当依法承担法律责任。

（2）招标人和中标人应当自中标通知书发出之日起三十日内，按照招标文件和中标人的投标文件订立书面合同。招标人和中标人不得再行订立背离合同实质性内容的其他协议。

（3）招标文件要求中标人提交履约保证金的，中标人应当提交。

注：本节内容如果和《中华人民共和国招标投标法》有不一致的，依照《中华人民共和国招标投标法》执行。

第四节　基本建设投资的评审

基本建设投资的评审，目前国家还没有一套完善、统一、规范的方法，根据参加过的投资评审工作过程进行归纳和总结，在本书中作一简要的介绍，仅供参考。

一、基本建设投资评审的前提

（1）基本建设工程项目为国家或各省、自治区、直辖市投资的项目。

（2）基本建设工程项目为招投标类型的工程项目。

（3）基本建设项目的建设已经完工，财务决算已经完成或基本完成的情况。

基本建设投资的评审一般用于国家重点工程的投资项目，因为投资数额巨大，国家对投资控制比较严格，因此当项目竣工以后，国家对投资的经济效果和基本建设投资的使用情况必须进行综合评审。

二、基本建设投资方向与财务账目审查

1. 基本建设投资方向审查

从财务账目的支出科目中审查基本建设资金的支出是否有非本次建设项目的款项，此项审查一般和基本建设财务账目审查同时进行。如果查出有与本次建设项目无关的财务支出，需要查明原因，要分清是重大问题还是一般问题。

2. 基本建设财务账目审查

基本建设财务审计一般按常规的审计方法进行，在此从略。

三、基本建设资金的使用效果审查

1. 建设投资的计划目标审查

首先检查基本建设工程项目的全过程是否有资金使用的控制计划，节约投资的措施和目标。基本建设投资的使用效果，是指投资计划和目标是否实现了，是节约了还是超出了投资计划。

投资效果对比的对象是国家批准的建设项目总投资概算和分项工程投资概算以及节约投资的计划审查其实施效果。总概算中有建设工程直接费用和其他工程费用两个部分。一般情况下，概算第一部分费用，即直接工程费用由于建设过程中的图纸变更、工程经济签证以及物价上涨引起的人工、材料的调价等因素而增加了的竣工结算的造价。这一部分费用应由工程估价人员进行审查是否合理、合规，这是投资效果审查的重点，也是审查的核心。此外，还要审查所有发生的建设费用的依据是否齐全、是否合法。对工程中发生的各类大额费用要进行抽查计算，调查落实，要和投资的计划数额进行核对。

概算的第二部分费用是其他工程和费用，这部分费用一般有建设管理费、招投标费、勘察费、图纸设计费、地方政府收取的税费以及其他与基本建设工程有关而不能列入直接工程费的费用支出。概算的第二部分费用应由财务审计人员审计其合规性和合法性。

概算第二部分费用中的生产准备费不能和基本建设直接费用或其他费用混记，它与基本建设投资无关，该项目应列入递延资产转入生产费用摊销，该费用应单独审计。

在投资评审中，投资使用效果也是投资评审的重点，在建筑工程中占据很重要的地位。

建筑工程投资概算不是投标单位的标底，有时候会出现投标中标价值高于概算的情况，但几率很小，没有特殊情况一般是不应该超过的。

执行概预算方式投资的工程项目，必须审查概预算编制依据的合法性和全面性；审查概预算的依据定额、材料价格、图纸及其有效性；审查工程量计算的正确性；审查竣工结算的依据资料，包括工程洽商、现场签证资料、材料差价、人工费差价等的价格依据资料的合法性、合规性。

2. 投资计划的变动

应该注意，设计概算在很多情况下可能因某种原因进行了修改，这样可能会出现设计概算有若干个版本。修改概算的原因大致有以下几种情况。

（1）在建设过程中建设项目的更改，增加或减少项目及其基本建设投资。

（2）建设项目开工日期距概算编制日期的时隔太久，因物价的变动致使建筑成本发生变化。

（3）项目大，建设期太长，物价上涨幅度超出了原投资的计划范围。

（4）项目建设期间合理的中断，复工以后继续建设直至工程全部完成，增加了工期，同时增加了建设管理费用及贷款利息，也有可能增加直接工程费用。

（5）图纸和建设计划发生改变引起建设投资的变动。

（6）施工现场地下开挖可能遇到不可预见的问题，如逢雨季的暴雨引发地下水的大量排放，严重的导致土方倒塌，还有洪水灾害等不可预见的情况，将导致建设费用的大量增加。

以上情况有可能会修改概算，因为修改概算是在建设项目已经开工、施工合同已经签订、合同价款已经确定的情况下发生的，因此在投资审计过程中一定要实事求是，应按照最后的修改概算版本或按每次合理增加的概算费用进行考虑。

四、基本建设程序和参与人员合法性、合规性评审

1. 建设项目前期的文件资料审查

基本建设程序一般分为申报批复、建设前期准备和建设期间的施工等程序。

整个建设程序中应审查的文件很多，这里只列主要过程中的文件或资料。

（1）主管部门同意建设项目立项的批复文件。

（2）可行性研究报告及主管部门的批复文件。

（3）计划任务书及主管部门的批复文件。

（4）地方政府对土地征用的批文。

（5）地方政府颁发的土地使用证。

（6）招投标的相关文件，其中有：

1）招标文件。

2）标底及标底审批手续。

3）投标书及投标报价，投标人必须有三家。

4）开标会议记录及公证员签字。

5）中标、决标的文件。

6）中标通知书。

（7）全部施工合同，确定的中标标价，其中有：

1）建筑施工合同及合同标价。

2）建设单位供应的机器设备供货合同，要求通过招投标确定设备的供应厂家，确定合同价值及安装价值，投标人不得少于三家。

3）由建设单位采购供应的特殊材料的供货合同及采购发票。

4）建设单位负责安装的设备应提供设备安装合同及付款凭证。

（8）全套的工程施工竣工图及设计说明书。

（9）采用的标准图。

2. 工程施工过程中的资料审查

（1）图纸的设计变更资料及增加费用的洽商，必须由监理签字。

（2）执行概预算的工程项目，应提供有效的工程概预算书，竣工结算书。

（3）现场经济签证，必须由监理签字。

（4）设备、房屋建筑竣工结算书，可以是初稿或者审计确定值，一般由施工单位编制、建设单位确认后再由具有审计资格的审计机构审计确认。如果尚未经过审计确认，应由评审机构进行审计。

3. 竣工决算报表的审查

建设单位在竣工结算资料已经齐全的情况下，应当按规定编制财务竣工决算报表初稿提交给评审机构，评审机构人员根据竣工决算报表初稿对基建项目实际发生的投资效果进行审查和分析。如果建设单位还没有编制竣工决算报表，可以由评审机构的财务审计人员进行基建财务审计，确认已经发生的投资价值，并对实际发生的投资额进行评审。

4. 对参与建设的主要人员合法行为的审查

在整个建设项目的建设过程中，必须对参与建设的主要人员，特别是与经济密切相关的领导人员有无违章违纪的情况进行审计，由评审机构出具评审报告，提出审查意见。

五、撰写评审报告初稿

审计部门应在审计完成以后出具评审报告，评审报告主要阐述本次评审的内容、评审过程、评审方法，对本次审计情况给出结论，对存在的重大情况进行分析，最后还需对评审出具评审意见。

（1）对投资的节约或超支给出结论和对比分析，最后作出评审评价。

（2）对基本建设程序是否合法、合规进行总结和分析。

（3）按计划任务书的总工期或招投标确定的工期控制指标执行情况给出结论，对提前竣工或延长工期作出分析。

（4）对建设资金的使用是否存在问题进行分析。

（5）对工程质量达到的标准进行分析。

（6）对参与建设的各类人员有无违章违纪的情况进行总结和分析。

最后，将评审报告的初稿交建设单位征求意见，并同时提交国家投资的上级主管部门审阅。

六、召开评审会议

由国家投资的上级主管部门主持召集建设单位和评审单位对评审报告的初稿进行讨论，主要对评审报告评审过程的合法性、规范性进行审议；对评审结论以及评审报告中提出的建设资金使用存在的问题进行讨论，建设单位可以对评审机构提出的评审结论和建设资金使用存在的问题进行申辩；最后，由国家投资的上级主管部门确定。

七、出具评审报告

根据评审报告的初稿和评审会议的讨论情况对评审报告初稿进行修改，最后由评审机构出具正式评审报告报国家投资的上级主管部门及建设单位。

第二章 市场比较法

第一节 市场比较法的基本原理及适用范围

一、市场比较法的原理

1. 市场比较法的基本概念

市场比较法，通常简称市场法。市场比较法是将一个可以买卖的商品通过和市场同类商品现行销售价格比较后确定自身价值的定价方法。无论是什么商品都可以应用市场比较法来确定自身的买卖价值。

市场比较法在房地产评估中应用很广，无论是房地产整体价值评估或者是单一的土地价值评估，经常运用这种方法对待估对象的现行价值进行评估作价，尤其是在房地产市场比较活跃的今天，每天都有大批商品房销售的交易案例，需要用到市场比较法对其现行价值进行估价。所谓商品房，实际上就是房地产的商品化，商品化的房屋可以在市场上流通买卖，它的价值根据市场销售行情的变化也在不断地变动，为了求取那些以往购置的而现在仍然在使用的商品房的现在市场价值，只有通过市场比较法评估去实现。其实，那些商品房的开发商，以及二手房的买卖商对房屋的销售定价完全是运用市场比较法来操作的，只不过没有像评估人员评估作价那样履行正规的评估程序而已。

2. 市场比较法的基本原理

市场比较法价值计算的基本原理是资产评估的替代原则。市场比较法评估待估房地产的价值系利用在估价时点近期有过交易的类似房地产或现在正在销售的类似房地产实例的买卖价值，通过待估房地产和对比实例的各种存在条件进行比较后，求得条件的差异系数，用条件差异系数将对比实例的成交价格进行修正而求得待估对象客观合理的现行市场价格，这个价格房地产估价规范称为比准价格。其实比准价格是利用修正后的房地产价格替代了待估房地产的现行市场价格，这就是资产评估的替代原理。房地产市场比较法的对比计算核心是求取待估房地产和选定的对比参照物之间对比条件的差异系数，由于对比条件较多，情况复杂，在运用上掌握好对比尺度是确定待估对象现行市场价格的重要因素。

房地产市场比较法的具体操作方法一般是采用对比分值增减法，就是通过待估对象和选定的参照物之间各种存在条件的对比求得每个条件差异分值，然后运用对比公式进行计算求得待估对象的比准价格。

二、影响房地产价格的因素

影响房地产价格的因素很多，也很复杂，有些是属于总体的因素，有些是属于个别的因素。这些因素总体上分为横向因素和纵向因素两方面，横向因素是指各类房地产之间的客观条件差别因素的影响关系，例如房地产用途、区域条件等；纵向因素是指各类房地产随某种因素的变化同时增长或同时下降，例如交易时间、供求关系等方面的影响因素。在市场比较法房地产价格的对比条件中，主要是待估对象和对比实例之间的横向关系，而纵向条件不存在对比关系。纵向和横向关系的条件因素总体归纳有以下几个方面。

1. 房地产用途因素

房地产用途是房地产价格差别的主要因素，不同用途的房地产由于经济效益、使用效益的不同，市场价格差别很大。房地产的开发用途大体上分为经营性房地产、综合服务性房地产、居住性房地产三类。经营性房地产有宾馆、经营性写字楼、餐饮建筑、商店、旅游建筑、其他经营性场所等。综合服务性房地产有办公性写字楼、服务用房、科研用房、各种学校、体育场馆、文化馆、博物馆、图书馆、影剧院、医疗卫生用房等。居住性房地产主要指居民或单身住宅。其中经营性房地产的市场价格最高，其次是综合服务性房地产，再次是居住性房地产。它们价格高低差别的原因，一是各地政府制定的土地出让金本身就有高低差别；二是不同用途的房屋所取得的经济效益差别，有些房屋建筑只有使用效益，不能创造经济效益，例如商品住宅，其销售价格相对较低。房地产用途的价格差别是市场比较法中的纵向对比因素，由于市场比较法规定必须是相同用途的房地产才能对比，所以待估对象和对比参照物之间不存在用途的对比差别关系。

2. 供求关系因素

房地产的供求关系是影响房地产市场价格的纵向关键因素，是整个社会因房地产供求关系不平衡而导致房地产价格上涨或者下降的重要因素之一，由于待估房地产与参照物的市场价格都是随房地产市场供求关系的改变受到相同的影响，因此它们之间不存在价格差别的调整。

3. 区域条件因素

房地产价格区域条件影响关系和土地价格影响关系是一致的，不同区域房地产的市场价格是不一样的，例如大城市和小城市之间、城市与郊区之间存在着很大的环境差别，即使是相同用途的房屋建筑价格在不同地区也会相差很大。造成差异的主要原因综合为以下几个因素。

（1）区域之间经济技术开发程度差异

一般情况城市中心区域或经济技术比较发达的区域，企业众多、工厂如林，居民住宅需求量必然也相应增大，这就拉动了整个房地产市场，房价自然要高于经济技术不发达的区域。但是城市的经济开发区，经济技术虽然发达，但由于开发区远离城市，公共交通路线较少，居民居住出行不太方便，工作人员上下班也不方便，其他公共配套设施也不齐全，所以房屋的价格仍然较低。

（2）城市及区域建设发展状况差异

城市建设发展主要指商业经济的繁华程度。商业繁华的区域，交通方便，购物方便，人口自然密集，商品房价格都比较高。大多数城市都将城市和郊区分为若干等级，划分等级的标准大体上都是按照区域繁华程度来确定的。区域等级一般以城市中心区为中心点划圈，分为市区中心内圈、中心次内圈、外圈等。市区划分完毕，再分郊区为几等。繁华程度从最高逐渐到最低，直至没有开发、无人居住的偏僻山区。首先从土地出让金的定价直至商品房的定价无不按照划定的城市区域等级来确定，商品房最高价格和最低价格有时要差十几倍。

(3) 自然环境差异

自然环境包括大气污染程度、绿化、噪声、旅游景点等，这些差异对居住建筑商品房的价值有很大影响。根据目前商品房购买者的购房意愿，在交通、购物条件基本满足的前提下，并不希望居住在城市的中心区，因为那里空气污染严重、噪声大；同时也不希望居住在有化学污染的城市郊区环境里。现在的住宅小区，政府一般都有绿化面积的规定，美化环境已提到重要的议事日程上。商品房价值高的小区一般自然环境都比较好。特别在旅游景点附近，度假村较多，宾馆或旅店多，好的自然环境将会给人们带来好的经济效益。再举一个例子，一个城市靠海边、湖滨的居住住宅，那里风景美丽、环境幽雅、空气新鲜，房价都高得惊人，为了满足高需求的购房者，在海边、湖滨大多数建造的都是商品别墅。

(4) 安全因素

安全因素包括人身安全和财产安全，这是一个非常重要的因素。目前在社会上的房屋销售中，这个因素仅仅体现在居民小区的物业管理上。好的居民小区物业管理费也高，保安措施比较周全；有些小区物业费低，保安只流于形式。不过在中国，人们在购房时对小区的安全问题考虑得较少，而只能在购房价格上体验到安全因素的高低，凡是房屋价格高的物业管理费也高，安全性相对较高。也就是说房价与安全因素有一定相关关系。在国外，人们买房首先考虑选择安全的居住区域，不安全的居住区域房价明显低于安全的居住区域，而且房屋不好销售。目前，在中国尚未将安全因素列入市场比较法的对比条件。

(5) 交通条件因素

交通便捷是房屋居住者工作、生活出行的必备条件之一，也是购房者所关心的首要问题。通常交通条件分为通达全国各省市的交通工具，如飞机、火车、汽车等；城市市区的交通条件，如公共汽车、地铁、轻轨等。而后者的交通便捷度是购房者最为关心的问题，其中靠近地铁、轻轨的居住小区，房屋售价涨幅最为明显，因为地铁、轻轨乘坐速度大大快于公共汽车，是上班工作人员的首选。但并不是绝对的，应当以公共汽车和地铁、轻轨两方面条件结合起来考虑，同时人们除了工作人员上下班以外还有很多非上班人员不一定乘坐地铁、轻轨，因为乘坐地铁、轻轨的车站距离居住区较远，地铁、轻轨的停靠站受到线路的限制，很多情况不如公共汽车方便，且地铁、轻轨的票价大大高于公共汽车。因此房地产开发商在制定房屋销售价格时，一般以公共汽车和地铁、轻轨铁路交通综合平衡来考虑。

(6) 基础设施条件

基础设施的完善是房地产开发商必备条件之一，它包括"七通一平"或"五通一平"。"七通一平"包括市政给水、排水、电气、供暖、燃气、通信、道路等"七通"，"一平"指的是场地平整，它适用于北方大、中城市的基础设施条件。"五通一平"包括市政给水、排水、电气、通信、道路等"五通"，"一平"仍指的是场地平整，它适用于南方城市和一些中小城市。条件中的供暖只适用于北方城市，天然气只适用于具备天然气条件的城市。应当认为"五通一平"是最基本的必备条件。在土地出让金和地方政府收取的基础设施费中均已包括了上述费用，而开发商所应当做的是区域红线范围内基础设施配套完善工作。

(7) 城市配套条件

城市配套条件指的是地面以上设施配套完善情况，具体的应当包括人们工作、生活所必须具备的各种条件,如商场、超市、幼儿园、学校、医院以及文体活动场所等。前面在"城市及区域建设发展状况差异"中已谈到过商业经济的繁华程度对房地产价格的影响,那只是隐含说明了城市配套的总体状况,概括说明了城市配套对市容繁华程度的影响关系。这里也谈到城市配套条件,指的是城市配套最基本的必备条件,我们在采用市场比较法评估房地产价格时,应首先审查城市配套的基本条件是否具备,然后再查看城市的繁华程度。

4. 个别因素

个别因素一般指的是房屋自身存在的状况对房地产价格影响的因素,其中包括房屋的建造状况、结构构造状况、房屋层次、朝向等。由于各种用途房屋的使用要求不同,购房者对房屋个别因素的要求也不一样,例如居民住宅要求采光面朝阳面,采光充足,不带电梯的六层住宅楼第三层条件最好,房价最高,最差的数第六层。房价定价从高到低依次为第三层、第二层、第四层、第五层、第一层、第六层,而带电梯的多层或高层的房价定价系从第一层开始至次顶层每层都提升一个价差,次顶层价格最高,顶层要比次顶层价格略低一些。但写字楼主要考虑交通方便,写字楼要具备一定档次,要有知名度,对于层次和朝向的要求并不突出,因为写字楼都是大开间,纵横都要用隔断间隔,大多数房间无法自然采光,只是靠电灯采光,所以房屋是否朝阳没有太大关系。商业用房第一层售价最高,其次是第二层、第三层……这主要是商业用房要考虑生意的经营效益,当然层次越低经营效益越好。

在个别因素中,共同考虑的是工程质量,工程质量的考核无法调阅质量鉴定档案资料去查看,只能由评估人员判定,一般情况房屋能够进入市场销售,都认为是合格产品,经过许多年使用会造成房屋的有形损耗,只要没有发生建筑物基础不均匀沉降、建筑物承重结构的开裂,应按土地和房屋共同使用年限计算折旧、确定成新率计算房屋的评估值。

在建筑基础、建筑结构方面的个别因素,一般对比对象都要求相同结构的商品房做对比参照物,如果层数相差不大可以不调分值,但层数相差太大时,高层应当增加分值;配套设施随房屋建筑的档次不同有一定的区别,档次高的应适当提高分值。

5. 期日修正因素

房屋使用了多年,房屋要折旧,土地使用年限在减少,房屋的价值也随着减少,期日修正就是对房屋折旧后现行价值的修正。修正的方法一般有两种,一种就是按照土地剩余年期的期日修正方法进行修正,另一种就是按照房屋的成新率进行修正。由于商品房系土地和房屋连在一起的实体资产,期日修正方法评估规范没有明确规定根据土地出让的期日修正,土地的剩余年期修正系数按土地剩余收益年限计算。由于土地出让金是按照土地地租收益计算的,并且商品房价值已不再是成本价值的概念,它随时间的推移在不断收益,所以商品房价值按照土地剩余年限的期日修正方法计算比较合理。

上述这些条件,都是房地产评估中的主要对比条件,是影响房地产市场价格的必然因素,评估人员必须准确掌握、运用这些条件去进行房地产的估价计算。

三、市场比较法的适用条件及范围

1. 适用条件

首先要能够在同一城市、同一区域内寻找到估价时点近期有过交易的类似性质的房地产或现在正在销售的类似性质的房地产对比参照物三例,参照物必须具备可比条件。对于房地产市场不发达的地区,如农村、城市偏远地区以及一些小城镇,还有一些新开辟的经济开发区或住宅开发区，由于这些地区的房地产交易不发达，找不到3个符合对比条件的房地产参照物，就不能采用市场比较法评估，应当选用其他方法对待估对象进行作价评估。

2. 适用范围

市场比较法的适用范围：

（1）商品房的市场交易估价，常见的有商品住宅楼、写字楼、商场、店铺等。

（2）具备商品房条件的自建房，主要条件是土地为出让地，土地使用权证和房屋产权证齐全，资产评估委托方要求按市场比较法评估，例如符合上述条件的职工住宅、企业写字楼、店铺、商场等。

（3）房地产抵押贷款估价。

（4）房屋（含土地）拆迁估价。

（5）以房地产或土地为资本进行经营的房地产估价，例如中外合资，合作经营、股份制改造等。

（6）土地的转让价值估价。

上述只列举了商品房几种常见的估价类型，其他经常遇到的类型，请参阅"房地产估价规范"的相关内容。

第二节 房地产市场比较法的估价方法

一、房地产市场比较法估价的一般程序

房地产市场比较法的估价一般按下列程序进行。

1. 对比参照物的收集

按市场比较法要求收集同区域、同用途和相似建筑结构类型的交易实例3个作为参照物，一般通过社会调查记录相关情况。

2. 求取综合对比分值

进行列表，将待估项目和参照物分条件因素进行对比，确定对比增减分值，求取各对比因素的综合对比分值。

3. 计算年期修正对比系数

待估房地产和参照物都存在价值期日修正的问题，这是客观存在的因素。这里我们将用"年期修正系数"对待估房地产的价值进行期日修正计算，并进行年期修正系数的对比，求得待估房地产和参照物之间的年期修正对比系数。

4. 计算综合对比系数和综合计算系数

根据各因素的综合对比系数和年期修正对比系数确定待估项目和3个参照物之间的综合计算系数。

5. 进行公式计算

根据3个参照物的综合计算系数确定待估房地产当前市场比准价格。

二、待估房地产估价资料的收集

1. 收集待估房地产的有关估价资料

（1）查清待估房屋的权证资料，要求权证资料必须齐全。

（2）查清待估对象的房屋结构构造情况和房屋使用状况。
（3）查清待估房屋的建造年代、购置年代。
（4）调查待估建筑的区域状况、基础设施配套情况、城市配套状况等。
上述所有情况要做好记录。

2. 收集参照物的对比资料

（1）对比参照物必须符合下列条件，并对调查情况做好记录。

1）被选用的实例必须在同一城市同一个等级区域，或者同一个县区内，不同城市、不同等级区段的房地产成交实例不能作为评估参照物。

2）被选定的参照物必须具备可比性，一般要求房屋的用途相同、建筑结构类别、规模基本一致。例如一栋6层砖混结构的多层建筑和一栋20层钢筋混凝土框架结构的高层建筑根本没有可比性，住宅楼和写字楼也不能互为对比参照物。

3）对比参照物必须符合正常交易行为，交易价格要基本合理。若经调查发现交易价格和正常价格差异异常，无论交易方式是否正常都不能采用。

4）对比参照物的交易日期离评估基准日不能相隔太远，一般不超过一年，如果超过一年，需要作期日修正或者重新选择对比参照物。

5）调查对比参照物的总体情况，包括坐落位置、合理的成交价格、成交日期、交易方式等。

（2）收集参照物的对比资料。

1）对比参照物所在城市及区域或地段等级。

2）对比参照物的区域状况。

区域状况大致分为以下五个方面：

①繁华程度——包括商业网点数量、建筑风格、公共娱乐、街道分布、人口密度、交通车辆密集度等；

②交通条件——包括附近公共交通配套种类（主要指公交汽车、市政地铁）、线路状况、便捷程度；

③市政基础设施——包括"七通一平"或"五通一平"的配套完善程度；

④城市公共配套——包括城市生活所必需的配套设施，如商业、幼儿园、学校、医院、文化娱乐设施等；

⑤环境条件——包括环境质量、噪声、绿化、景点等。

3）对比参照物的个别因素。

对比参照物的个别因素根据待估对象的用途类型而有区别，一般综合为以下几个方面：

①建筑基础类型——包括条形基础、独立基础、箱形基础、桩基础等；

②建筑结构类型——包括砖混结构、框架结构、全现浇结构、钢结构等；

③建筑装修标准——主要指大厅装修和外墙面装修以及其他特殊要求的装修；

④室内外配套设施状况——主要指室内给水排水、电气、供暖、通风、通信、中央空调、电梯和自动消防设备配置情况；

⑤层次——一般表达形式为"所在层次/建筑总层次"，例如"10/18"，表示建筑物总层数18层，待估对象位于10层；如果指全部层次只写总层数，例如"20"，表示全楼

共20层的全部层次；

⑥朝向——指采光窗户的朝向，这个条件对居民住宅关系重大，写字楼和商业建筑关系不大，可以不写；

⑦坐落位置——一般指临街情况，商业及写字楼需要考虑临街情况，住宅楼不能临街；

⑧工程质量——工程质量是否合格或优良；

⑨其他——影响房地产价格的其他因素。

有时通过房地产相关购房网收集房地产市场销售价格信息，应特别注意房地产价格的时效性和价格的可靠性，通过网上收集信息应注意与公布房地产价格信息机构的联系，落实网上信息的具体情况，必须保证信息可靠，符合评估要求。

（3）对比实例资料的筛选、分析。

在房地产市场比较发达的城市或地区，房地产成交的实例比较多，而评估所用到的实例只有3个，我们可以对众多的实例进行筛选、分析，找出符合评估条件的交易实例3个，然后将参照的实例状况作书面记录。

3. 资料整理列表

将待估建筑和参照物的资料列表表达，其表列形式可参照表2-1所示形式和内容。

房屋估价概况　　　　　　　　表2-1

（表内内容为举例设置）

评估基准日：2009年12月31日

	建筑名称	阳光绿洲（待估建筑）	幸福花园（参1）	锦绣美居（参2）	龙福佳苑（参3）
总体概况	建筑位置	开发区	开发区	开发区	开发区
	区域类别	四类	四类	四类	四类
	交易价格（元/m²）	待定	4250.00	4350.00	4680.00
	交易方式	待估现值	新房销售	新房销售	新房销售
	交易时间	2009年8月1日	2009年6月1日	2009年4月1日	2009年7月1日
	物业用途	住宅	住宅	住宅	住宅
区域因素概况	繁华程度	一般	尚好	尚好	较好
	交通条件	一般，有2条公交车线路	一般，有2条公交车线路	一般，有2条公交车线路	一般，有3条公交车线路
	基础设施	水电通信等配套较全、道路畅通	水电通信等配套较全、道路畅通	水电通信等配套较全、道路畅通	水电通信等配套较全、道路畅通
	公共配套	齐全	齐全	齐全	齐全
	环境条件	一般，附近施工，空气暂时轻微污染、无噪声	尚好，空气无污染、无噪声	尚好，空气无污染、无噪声	较好，空气无污染、无噪声

续表

建筑名称		阳光绿洲（待估建筑）	幸福花园（参1）	锦绣美居（参2）	龙福佳苑（参3）
个别因素概况	建筑基础	钢筋混凝土箱形基础（地下一层）	钢筋混凝土箱形基础（地下一层）	钢筋混凝土箱形基础（地下一层）	钢筋混凝土箱形基础（地下一层）
	建筑结构	钢筋混凝土框架柱梁板	钢筋混凝土框架柱梁板	钢筋混凝土框架柱梁板	钢筋混凝土框架柱梁板
	建筑装修	外墙瓷砖，室内粗装	外墙涂料，室内粗装	外墙涂料，室内粗装	外墙瓷砖，局部花岗石，室内粗装
	建筑功能配套	水、电、供暖、通信配套齐全，有电梯	水、电、供暖、通信配套齐全，有电梯	水、电、供暖、通信配套齐全，有电梯	水、电、供暖、通信配套齐全，有电梯
	朝向及层次	朝向南北、全部层次	朝向东西、全部层次	朝向东西、全部层次	朝向东西、全部层次
	坐落位置	不临街	不临街	不临街	临次要街道
	工程质量	良好	良好	良好	良好
	建成日期	2005年8月1日	2009年6月1日	2009年4月1日	2009年7月1日

三、房地产评估计算

1. 评估条件对比系数的计算

待估房地产和参照物之间的条件对比系数是计算待估房地产比准价值的主要参数，一般列表计算比较方便，表达也较清楚。因此，应首先制定一个房地产"评估条件对比系数计算表"以求取待估房地产和参照物之间的条件对比系数。房地产"评估条件对比系数计算表"比较烦琐，要求表的表达形式必须和表2-1的表达形式对应一致。房地产"评估条件对比系数计算表"的计算形式和内容目前还没有统一固定的格式，尽管表的形式各式各样，但表达内容还是基本一致的，本书采用的计算表系参照以往估价人员习惯的表达形式和内容进行适用性改进后的应用表格，其内容划分较细，计算的覆盖内容较广。其表达形式如表2-2所示。

房屋估价条件对比分析计算   表2-2
（表内数值为举例设置）

建筑名称		阳光绿洲（待估建筑）	幸福花园（参1）	锦绣美居（参2）	龙福佳苑（参3）
总体情况	建筑位置	开发区	开发区	开发区	开发区
	区域类别	四类	四类	四类	四类
	交易价格（元/m²）	评估值V（待定）	V_{C1}	V_{C2}	V_{C3}
	交易方式	待估现值	新房销售	新房销售	新房销售
	交易时间	××年××月××日	××年××月××日	××年××月××日	××年××月××日
	物业用途	住宅	住宅	住宅	住宅

续表

分类因素	分项因素	分值设定 (C_f)	调整分值 C_{z1}	对比分值 C_{b1}	调整分值 C_{z2}	对比分值 C_{b2}	调整分值 C_{z3}	对比分值 C_{b3}
区域因素	繁华程度	25	0.00	25.00	0.00	25.00	0.00	25.00
	交通条件	25	0.00	25.00	0.00	25.00	0.00	25.00
	基础设施	20	0.00	20.00	0.00	20.00	0.00	20.00
	公共配套	20	0.00	20.00	0.00	20.00	0.00	20.00
	环境条件	10	2.00	12.00	2.00	12.00	3.00	13.00
	综合对比分值 (C_{mi})	100	2.00	102.00	2.00	102.00	3.00	103.00
个别因素	建筑基础	20	0.00	20.00	0.00	20.00	0.00	20.00
	建筑结构	20	0.00	20.00	0.00	20.00	0.00	20.00
	建筑装修	15	−2.00	13.00	−2.00	13.00	2.00	17.00
	建筑功能配套	15	0.00	15.00	0.00	15.00	0.00	15.00
	朝向及层次	9	−3.00	6.00	−3.00	6.00	0.00	9.00
	坐落位置	9	0.00	9.00	0.00	9.00	2.00	11.00
	工程质量	12	0.00	12.00	0.00	12.00	0.00	12.00
	综合对比分值 (C_{mi})	100	−5.00	95.00	−5.00	95.00	4.00	104.00
年期修正系数及年期修正对比系数 (C_{ni})		年期修正系数 (n_c)	年期修正系数 (n_{d1})	年期修正对比系数 (C_{n1})	年期修正系数 (n_{d2})	年期修正对比系数 (C_{n2})	年期修正系数 (n_{d3})	年期修正对比系数 (C_{n3})
		0.9996	0.9988	0.9992	0.9984	0.9988	0.9990	0.9994
综合计算系数 (C_i)	综合对比系数 (C_{zxi})	1	102/100 × 95/100 × 0.9992 = 0.9682		102/100 × 95/100 × 0.9988 = 0.9678		103/100 × 104/100 × 0.9994 = 1.0706	
	综合计算系数 ($C_i = 1/C_{zxi}$)	1	1.0328		1.0332		0.9341	
日期	评估基准日 2009年12月31日	2005年8月1日	2009年6月1日		2009年9月1日		2009年3月1日	

2. 对比因素分类

（1）总体情况

在表2-2中，"总体情况"栏目的内容只是表达了待估项目和参照物的具体情况，不能作为评估条件，不作对比差别修正。

（2）条件对比因素类别

为了估价计算方便，我们对条件对比因素进行了分类和分项，将对比条件因素分为"分类因素"和"分项因素"。

分类因素：在对比因素类别中带有综合性质的条件对比因素。如区域因素、个别因素等。

分项因素：分类因素所属的子项对比因素。如区域因素所属的繁华程度、交通条件、基础设施等。

在房地产市场比较法估价中，能够作为综合性质的条件对比因素有区域因素、个别因素和年期修正因素，这些因素是市场比较法对待估房地产进行市场价格评估的主要条件因素。由于区域因素和个别因素只是一个概念性的因素，它们包括的内容很多，作为房屋建筑物市场比较法的对比运算条件，无法一一具体表达。为了能够更好地、更准确地比较待估建筑和参照物之间的差异，我们决定将上述两大因素按其包含内容分成若干个更具体的条件因素来表达，这些条件因素我们称为"分项因素"，而"区域因素"和"个别因素"两项为综合项目，我们称为"分类因素"。其中区域因素分为 5 个分项因素，个别因素分为 7 个分项因素。年期修正因素是一个独立的对比因素。所有条件对比操作均在分项因素中进行。

3. 对比分值与调整分值的设定

（1）对比分值设定

为了评估对比方便，在评估条件对比表中，我们将待估对象的各类对比条件分别设定分值，我们将分类因素分值均定为 100，将 100 按照分项因素重要性进行分项因素的分值分配。例如"区域因素"栏目"繁华程度"的设定分值为 25，"基础设施"的设定分值为 20 等；"个别因素"栏目"建筑结构"的设定分值为 20，"朝向及层次"的设定分值为 9 等。

1）区域因素的分值

区域因素的分值分配如表 2-3 所示。

区域因素分值分配   表 2-3

分类因素	分项因素	分值设定
区域因素	繁华程度	25
	交通条件	25
	基础设施	20
	公共配套	20
	环境条件	10
	综合分值	100

表中区域因素的综合分值为 100，其 5 个对比项目的分值按其重要性分别定为 25，25，20，20，10，相加后为 100。

2）个别因素的分值

个别因素的分值分配如表 2-4 所示。

个别因素分值分配　　　　　　　　　表 2-4

分类因素	分项因素	分值设定
个别因素	建筑基础	20
	建筑结构	20
	建筑装修	15
	建筑功能配套	15
	朝向及层次	9
	坐落位置	9
	工程质量	12
	综合分值	100

表中个别因素的综合分值为 100，其 7 个对比项目的分值按其重要性分别定为 20，20，15，15，9，9，12，相加后为 100。

（2）调整分值的设定

1）分项因素调整分值

在表 2-2 中，参照物和待估对象之间条件不同的分值差异，以"调整分值"来表示。我们确定待估对象各类条件的设定分值以后，将参照物的条件和待估对象的对应条件进行比较，根据两者的条件差异确定调整分值，参照物比待估对象情况好的在"调整分值"栏目下增加分值，否则减少分值，分值增减额度由评估人员根据实际情况确定。一般不宜超过设定分值的 20%，例如"交通条件"设定分值为 25，正负调整分值不宜超过 25×±20% = ±5。

分项因素调整分值的计算公式为：

$$C_{bi} = C_f + C_{zi}$$

式中　C_{bi}——分项因素对比分值（下标 $i=1,2,3\cdots$ 参照物的序号）；

C_f——分项因素设定的分值；

C_{zi}——分项因素调整分值，（下标 $i=1,2,3\cdots$ 参照物的序号）。

例如表 2-2 参照物住宅 1 的环境条件 C_f 为 10，调整分值 C_{z1} 为 2，则：

$$C_{b1} = C_f + C_{z1}$$
$$= 10 + 2 = 12$$

2）综合对比分值的确定

各分项因素的对比分值调整完毕，将各分项因素对比分值相加即得到对应分类因素的综合对比分值，则综合对比分值应为：

$$C_{mi} = \sum C_{bi}$$

或　　　$$C_{mi} = 100 + \sum C_{zi}$$

式中　C_{mi}——分类因素的综合对比分值（下标 $i=1,2,3,\cdots$ 分类因素的序号）；

$\sum C_{zi}$——各分项因素调整分值相加后的综合调整分值。

例如，参照物住宅 1 的区域因素中，各分项因素最后的综合调整分值为 2，则区域因素的综合对比分值应为：

$$C_{m1} = 100 + 2 = 102$$

4. 年期修正对比系数的确定

（1）年期修正系数的确定

房地产不是成本价值构成的实体，而是以收益为目的的经营性实体，不能用年限法确定它的成新率，年期修正系数可以参照土地收益年期修正系数计算，其计算公式为：

$$C_{ni} = \frac{1 - (1/(1+r)^n)}{1 - (1/(1+r)^m)}$$

式中　C_{ni}——年期修正系数（下标 i = 1，2，3…待估建筑的序号）；

　　　r——资本化率，一般按评估基准日国家规定的银行贷款利率加风险利率计算；

　　　m——房地产规定使用年限；

　　　n——房地产剩余使用年限。

（2）年期修正对比系数的确定

在评估条件对比系数表中，待估建筑和参照物由于竣工年期不同房屋的新度系数有差别，我们将它们之间新旧程度的对比关系用年期修正对比系数来表示。

年期修正对比系数的公式为：

$$C_{nxi} = \frac{n_c}{n_{di}}$$

式中　C_{nxi}——参照物和待估建筑之间的年期修正对比系数，也就是参照物和待估建筑之间新旧程度的对比系数；

　　　n_c——待估建筑的年期修正系数；

　　　n_{di}——参照物的年期修正系数（下标 i = 1，2，3，…参照物的序号）。

5. 待估建筑综合计算系数的确定

待估建筑综合计算系数分为综合对比系数和综合计算系数两个步骤来确定。

（1）待估建筑综合对比系数

待估建筑综合对比系数系由待估建筑和参照物之间求得的各项分类因素综合对比分值和年期修正对比系数，通过下列计算公式确定的。

$$C_{zxi} = C_{m1}/100 \times C_{m2}/100 \times \cdots \times C_{mn}/100 \times C_{ni}$$

式中　C_{zxi}——待估建筑综合对比系数；

　$C_{m1}, C_{m2}, \cdots, C_{mn}$——各项分类因素综合对比分值。

例如，表2-2中参照物1的区域因素综合对比分值为102，个别因素综合对比分值为95，参照物1的年期修正对比系数为0.9992，则

$$\begin{aligned} C_{zx1} &= C_{m1}/100 \times C_{m2}/100 \times C_{n1} \\ &= 102/100 \times 95/100 \times 0.9992 \\ &= 0.9682 \end{aligned}$$

同理求得 C_{zx2}、C_{zx3} 分别为 0.9678、1.0706。

（2）待估建筑综合计算系数

待估建筑综合计算系数系最后计算待估建筑比准价格的计算系数，该系数为待估建筑综合对比系数的倒数，即：

$$C_i = 1/C_{zxi}$$

式中　$i = 1, 2, 3, \cdots$参照物的序号。

$$C_1 = 1/C_{zx1}$$
$$C_2 = 1/C_{zx2}$$
$$C_3 = 1/C_{zx3}$$

式中　C_1、C_2、C_3——为3个参照物的综合计算系数。

例如，表2-2中参照物的计算系数应为：

$$C_1 = 1/0.9682 = 1.0328$$
$$C_2 = 1/0.9678 = 1.0332$$
$$C_3 = 1/1.0706 = 0.9341$$

6. 待估建筑比准价格的确定

待估建筑的比准价格为3个参照物所确定的市场比准价格之和的平均数。

（1）参照物所确定的待估建筑市场比准价格

3个参照物所确定的待估建筑市场比准价格为：

$$V_i = V_{Ci} \times C_i$$

例如，表2-2通过3个参照物所确定的待估建筑市场比准价格分别为：

$$V_1 = V_{C1} \times C_1$$
$$= V_{C1} \times 1.0328$$
$$V_2 = V_{C2} \times C_2$$
$$= V_{C2} \times 1.0332$$
$$V_3 = V_{C3} \times C_3$$
$$= V_{C3} \times 0.9341$$

（2）待估建筑市场比准价格的确定

待估建筑市场比准价格按上述3个参照物所确定的待估建筑市场价格的平均价格确定，即：

$$V = (V_1 + V_2 + V_3)/3$$

式中　V_{C1}、V_{C2}、V_{C3}——3个参照物的市场销售价格；

　　　V_1、V_2、V_3——3个参照物所确定的待估建筑现行市场比准价格；

　　　V——待估建筑现行市场比准价格。

四、土地市场比较法的价值估价

土地市场比较法的估价方法和房地产市场比较法的估价方法相同，只是个别因素的对比条件有些改变，其设定内容如表2-5所示。

土地个别因素分值分配　　　　　　　　　　表2-5

分类因素	分项因素	分值设定
个别因素	土地性质	20
	土地可利用系数	25
	土地出让年限	12
	土地开发状况	10

续表

分类因素	分项因素	分值设定
个别因素	土地地形状况	18
	土地临路状况	15
	综合系数	100

区域因素的设定和房屋市场比较法的设定相同。详细计算方法和计算过程详见本章第三节［例2-3］表2-19。

第三节　房地产市场比较法估价实例

一、市场比较法在住宅楼估价中的应用实例

【例2-1】　有一个商品住宅，计划出售，现需对该商品房用市场比较法进行评估作价。评估基准日2009年11月30日。

1. 概况

（1）待估住宅概况

待估建筑为住宅楼，10层，总建筑面积3865.57m²，2006年9月30日建成。

1）结构、装修概况

该建筑为钢筋混凝土框架结构，地上10层，层高2.9m；地下钢筋混凝土独立基础，结构为钢筋混凝土框架柱、梁、板，外墙240mm厚填充墙，内隔墙未做；屋面SBS防水，外墙高级涂料饰面；单层塑钢窗，门未装；内墙及地面为毛坯；水、电、燃气、通信配套齐全，每单元有电梯一部；室外道路、绿化已基本完成；房屋朝向基本都是南北向。

2）区域概况

该建筑位于××市河东区边缘，地段类别为二类，四周均为商品住宅基地，以高科技开发为主要方向，已经开发了五年，区内有不少合资企业、工厂在这里落户，目前周围已建成不少住宅小区，新的住宅楼目前还在建设中。

该区域为二类地段边缘，市容一般，购物有商场、超市，但规模较小，医院、小学、银行、邮局等在小区附近均有，但距离较远。基础设施齐全，小区的环境一般。

住宅楼距离市中心约8km，公路宽阔，有3路公共汽车通往市中心，交通发达。

（2）住宅参照物概况

在同一区域内共收集了3个参照物，情况如下。

1）参照物1——幸福花园

①结构、装修概况

该建筑为钢筋混凝土框架结构，地上12层，地下1层，层高2.9m；地下钢筋混凝土箱形基础；结构为钢筋混凝土框架柱、梁、板，外墙240mm厚填充墙，内隔墙未做；屋面SBS防水，外墙喷刷涂料饰面；单层塑钢窗，门未装；内墙及地面为毛坯；水、电、燃气、通信配套齐全，每单元有电梯一部；室外道路、绿化已基本完成；房屋朝向是东西向，2009年6月1日投入使用。

②区域概况

该参照物位于待估建筑同一区域,地理环境相同。小区环境优于参照物。

2)参照物 2——锦绣美居

①结构、装修概况

该建筑为钢筋混凝土框架结构,地上 14 层,地下 1 层,层高 2.9m;地下钢筋混凝土箱形基础;结构为钢筋混凝土框架柱、梁、板,外墙 240mm 厚填充墙,内隔墙未做;屋面 SBS 防水,外墙瓷砖贴面;单层塑钢窗,门未装;内墙及地面为毛坯;水、电、燃气、通信配套齐全,每单元有电梯一部;室外道路、绿化已基本完成;房屋朝向是东西向,2009 年 4 月 1 日投入使用。

②区域概况

该参照物位于待估建筑同一区域,地理环境相同,整体市容优于参照物,小区环境优于参照物。

3)参照物 3——龙福佳苑

①结构、装修概况

该建筑为钢筋混凝土框架结构,地上 11 层,地下 1 层,层高 2.9m;地下钢筋混凝土箱形基础;结构为钢筋混凝土框架柱、梁、板,外墙 240mm 厚填充墙,内隔墙未做;屋面 SBS 防水,外墙高级瓷砖贴面;单层塑钢窗,门未装;内墙及地面为毛坯;水、电、燃气、通信配套齐全,每单元有电梯一部;室外道路、绿化已完成;房屋朝向是南北向,2009 年 7 月 1 日投入使用。

②区域概况

该参照物位于待估建筑同一区域,地理环境相同,小区公共配套齐全,有室外健身场所,市容优于待估建筑,环境尚好。

2. 评估计算

市场参照物按确定的商品住宅房平均销售价格计算。

待估建筑的商品房评估价值按 3 个参照物市场确定的平均价值计算。

(1)评估条件对比分析

3 个参照物的对比分析如表 2-6 所示。

房屋估价概况　　　　　　　表 2-6

建筑名称	阳光绿洲（待估建筑）	幸福花园（参1）	锦绣美居（参2）	龙福佳苑（参3）
建筑位置	河东区	河东区	河东区	河东区
区域位置	二类	二类	二类	二类
交易价格（元/m²）	待定	4250.00	4350.00	4680.00
交易方式	待估现值	新房销售	新房销售	新房销售
交易时间	2009年11月30日	2009年6月1日	2009年4月1日	2009年7月1日
物业用途	住宅	住宅	住宅	住宅

续表

	建筑名称	阳光绿洲（待估建筑）	幸福花园（参1）	锦绣美居（参2）	龙福佳苑（参3）
区域因素	繁华程度	一般	一般	一般	市容优于待估建筑
	交通条件	一般，有3条公交车线路	一般，有3条公交车线路	一般，有3条公交车线路	一般，有3条公交车线路
	基础设施	水电通信等配套齐全、道路畅通	水电通信等配套齐全、道路畅通	水电通信等配套齐全、道路畅通	水电通信等配套齐全、道路畅通
	公共配套	齐全	齐全	齐全	齐全，优于待估建筑
	环境条件	一般	优于待估建筑	优于待估建筑	尚好
个别因素	建筑基础	钢筋混凝土独立基础	钢筋混凝土箱形基础	钢筋混凝土箱形基础	钢筋混凝土箱形基础
	建筑结构	钢筋混凝土框架柱梁板	钢筋混凝土框架柱梁板	钢筋混凝土框架柱梁板	钢筋混凝土框架柱梁板
	建筑装修	外墙高级涂料，室内粗装	外墙涂料，室内粗装	外墙瓷砖，室内粗装	外墙瓷砖，室内粗装
	建筑功能配套	水、电、通信配套齐全，有电梯	水、电、通信配套齐全，有电梯	水、电、通信配套齐全，有电梯	水、电、通信配套齐全，有电梯
	朝向及层次	南北向、全部层次	东西向、全部层次	东西向、全部层次	南北向、全部层次
	坐落位置	一般	一般	一般	较好
	工程质量	良好	良好	良好	良好
	建成日期	2006年9月30日	2009年6月1日	2009年4月1日	2009年7月1日

（2）评估计算

1）对比系数计算

3个参照物的对比系数计算如表2-7所示。

房屋估价条件对比分析计算　　　　　　　　　　表2-7

	建筑名称	阳光绿洲（待估建筑）	幸福花园（参1）	锦绣美居（参2）	龙福佳苑（参3）
总体概况	建筑位置	河东区	河东区	河东区	河东区
	区域位置	二类	二类	二类	二类
	交易价格（元/m²）	待定	4250.00	4350.00	4680.00
	交易方式	待估现值	新房销售	新房销售	新房销售
	交易时间	2009年11月30日	2009年6月1日	2009年4月1日	2009年7月1日
	物业用途	住宅	住宅	住宅	住宅

续表

分类因素	分项因素	分值设定 (C_f)	调整分值 C_{z1}	对比分值 C_{b1}	调整分值 C_{z2}	对比分值 C_{b2}	调整分值 C_{z3}	对比分值 C_{b3}
区域因素	繁华程度	25	0.00	25.00	0.00	25.00	1.00	26.00
	交通条件	25	0.00	25.00	0.00	25.00	0.00	25.00
	基础设施	20	0.00	20.00	0.00	20.00	0.00	20.00
	公共配套	20	0.00	20.00	0.00	20.00	1.00	21.00
	环境条件	10	2.00	12.00	2.00	12.00	2.00	12.00
	综合对比分值 (C_{mi})	100	2.00	102.00	2.00	102.00	4.00	104.00
个别因素	建筑基础	20	0.00	20.00	0.00	20.00	0.00	20.00
	建筑结构	20	0.00	20.00	0.00	20.00	0.00	20.00
	建筑装修	15	-1.00	14.00	1.50	16.50	1.00	16.00
	建筑功能配套	15	0.00	15.00	0.00	15.00	0.00	15.00
	朝向及层次	9	-2.00	7.00	-2.00	7.00	0.00	9.00
	坐落位置	9	0.00	9.00	0.00	9.00	2.00	11.00
	工程质量	12	0.00	12.00	0.00	12.00	0.00	12.00
	综合对比分值 (C_{mi})	100	-3.00	97.00	-0.50	99.50	3.00	103.00
年期修正系数及年期修正对比系数 (C_{ni})	年期修正系数 (n_c)		年期修正系数 (n_{d1})	年期修正对比系数 (C_{n1})	年期修正系数 (n_{d2})	年期修正对比系数 (C_{n2})	年期修正系数 (n_{d3})	年期修正对比系数 (C_{n3})
	0.9958		0.9994	1.0036	0.9992	1.003	0.9995	1.0037
综合计算系数 (C_i)	综合对比系数 (C_{zxi})	1	102/100 × 97/100 × 1.0036 = 0.9930		102/100 × 99.5/100 × 0.98557 = 1.018		104/100 × 103/100 × 1.0037 = 1.0752	
	综合计算系数 ($C_i = 1/C_{zxi}$)	1	1.0070		0.9820		0.9301	
日期	评估基准日		建成日期					
	2009年11月30日	2006年9月30日	2009年6月1日		2009年4月1日		2009年7月1日	

注：1. 年期修正系数计算详见表2-8~表2-11；
2. 年期修正对比系数计算公式：

$$年期修正对比系数 = \frac{参照物年期修正系数}{待估建筑年期修正系数}$$

根据表2-7对比条件系数的计算，最后求得待估建筑与3个参照物对比的综合计算系数 C_1、C_2、C_3为：

$$C_1 = 1.0070；C_2 = 0.9820；C_3 = 0.9301$$

2）市场销售平均值的确定

由 C_1、C_2、C_3求得待估建筑对应的市场价格 V_1、V_2、V_3分别为：

$$V_1 = 4250 \times 1.0070 = 4279.75 \text{ 元}/\text{m}^2$$
$$V_2 = 4350 \times 0.9820 = 4271.70 \text{ 元}/\text{m}^2$$
$$V_3 = 4680 \times 0.9301 = 4352.87 \text{ 元}/\text{m}^2$$

根据上述对比计算，已求得由3个参照物所确定的待估建筑相应市场价格，而待估建筑最后确定的市场比准价格 V 可由 V_1、V_2、V_3 的算术平均值来确定，即：

$$V = (V_1 + V_2 + V_3)/3 = 4301 \text{ 元}/\text{m}^2$$

该住宅楼建筑面积为 3865.57m^2：

$$评估价值 = 4301 \times 3865.57$$
$$= 16625817 \text{ 元}$$

（3）年期修正系数计算

年期修正系数计算公式中采用的使用年限 m 应按土地出让年限和房屋使用年限中较短者取值，本例 m 取值应为60年，r 取值7%。

1）待估建筑年期修正系数计算

待估建筑年期修正系数计算如表2－8所示。

阳光绿洲年期修正系数　　　　表2－8

建筑物名称	阳光绿洲（待估建筑）
评估基准日	2009年11月30日
使用日期	2006年9月30日
房屋使用年限（m）	60
已使用年限	3.17
尚可使用年限（n）	56.83
土地出让年限	70
资本化率	7%
年期修正系数 $\dfrac{1-(1/(1+r)^n)}{1-(1/(1+r)^m)}$	0.9958

2）参照物年期修正系数计算

参照物年期修正系数如表2－9~表2－11所示。

幸福花园年期修正系数　　　　表2－9

建筑物名称	幸福花园
评估基准日	2009年11月30日
使用日期	2009年6月1日
房屋使用年限（m）	60
已使用年限	0.50
尚可使用年限（n）	59.50
土地出让年限	70

续表

建筑物名称	幸福花园
资本化率	7%
年期修正系数 $\dfrac{1-\left(1/(1+r)^n\right)}{1-\left(1/(1+r)^m\right)}$	0.9994

锦绣美居年期修正系数　　　　　表 2–10

建筑名称	锦绣美居
评估基准日	2009 年 11 月 30 日
使用日期	2009 年 4 月 1 日
房屋使用年限（m）	60
已使用年限	0.67
尚可使用年限（n）	59.33
土地出让年限	70
资本化率	7%
年期修正系数 $\dfrac{1-\left(1/(1+r)^n\right)}{1-\left(1/(1+r)^m\right)}$	0.9992

龙福佳苑年期修正系数　　　　　表 2–11

建筑名称	龙福佳苑
评估基准日	2009 年 11 月 30 日
使用日期	2009 年 7 月 1 日
房屋使用年限（m）	60
已使用年限	0.42
尚可使用年限（n）	59.58
土地出让年限	70
资本化率	7%
年期修正系数 $\dfrac{1-\left(1/(1+r)^n\right)}{1-\left(1/(1+r)^m\right)}$	0.9995

二、市场比较法在写字楼估价中的应用实例

【例 2–2】　有一广发大厦，普通写字楼，出售给一家企业作办公楼，需要对该房屋的现行市场价值进行评估。评估基准日 2009 年 11 月 30 日。

1. 概况

（1）待估写字楼概况

拟出售的广发大厦为商品写字楼，共 1 栋，建筑面积 3268.04m²，2007 年 8 月 1 日投

入使用。

1）结构、装修概况

该建筑为砖混结构，地上5层，层高3.5m；砖条形基础，钢筋混凝土基础圈梁，结构为钢筋混凝土圈梁、构造柱、楼板，外墙240mm厚砖墙，240mm厚内隔墙，开间一般9m；屋面SBS防水，外墙瓷砖贴面；单层塑钢窗，外门为弹簧玻璃门；内墙及地面为毛坯，室内全部矿棉板吊顶；水、电、通信等配套齐全。

2）区域概况

该建筑位于××市城南区，地段类别为三类，该写字楼距离主街道往东约200m，临次级马路。四周均为写字楼和商业店铺以及高科技开发企业，该区已经建设了8年，有不少中外合资企业落户，商业也较发达，总体环境尚好。

该区域是新开发的高科技区，购物有商场、超市，但规模较小；医院、小学、银行、邮局等在附近均有，距离都不远。基础设施齐全，市容尚好。该建筑坐落区域外缘，距离市中心约10km，有道路通往市中心及城市其他区域，通往市区的公共汽车线路有3条，交通方便，绿化建设较好，环境清新。

（2）参照物概况

1）参照物1——福昌大厦

①结构、装修概况

该建筑为砖混结构，地上4层，层高3.5m，2009年6月1日竣工使用。

该建筑为砖条形基础，钢筋混凝土基础圈梁；结构为钢筋混凝土圈梁、构造柱、楼板，外墙240mm厚砖墙，240mm厚内隔墙，开间一般4m；屋面SBS防水，外墙高级涂料面；单层塑钢窗，外门为弹簧玻璃门；内墙涂料及水泥地面，室内全部矿棉板吊顶；水、电、通信等配套齐全。

②区域概况

该建筑和待估建筑位于同一区域，区域概况与其相同。

2）参照物2——中洋大厦

①结构、装修概况

该建筑为砖混结构，地上5层，层高3.5m，2009年9月1日竣工使用。

该建筑为砖条形基础，结构为钢筋混凝土圈梁、构造柱、楼板，外墙240mm厚砖墙，240mm厚内隔墙，开间一般4m；屋面SBS防水，外墙高级涂料面；单层塑钢窗，外门为弹簧玻璃门；内墙涂料、地面为水泥，室内全部矿棉板吊顶；水、电、通信等配套齐全。

②区域概况

该建筑位于××市城东区，地段类别为三类，四周有写字楼、商业店铺、商场以及住宅小区，该区为开发的住宅小区，街道背面都是住宅楼，临街写字楼较多，商业较发达，该写字楼临主要街道，环境较好。

该区域附近购物有超市，但规模较小，大的商场距离该建筑约800m，医院、小学、银行、邮局等在附近均有，距离都不远。基础设施齐全，市容较繁华，该建筑为新建，坐落区域外缘，距离市中心约8.5km，有道路通往市中心及城市其他区域，通往市区的公共汽车线路有5条，交通方便，绿化建设较好，空气清新。

3) 参照物3——龙福大厦

①结构、装修概况

该建筑为砖混结构,地上4层,局部5层,层高3.5m;该建筑2009年3月1日竣工使用。

该建筑为砖条形基础,结构为钢筋混凝土圈梁、构造柱、楼板,外墙240mm厚砖墙,240mm厚内隔墙,开间一般3.5m;屋面SBS防水,外墙高级涂料面;单层塑钢窗,外门为弹簧玻璃门;内墙及地面为毛坯,室内全部矿棉板吊顶;水、电、通信等配套齐全。

②区域概况

该建筑位于××市涌泉区,地段类别为三类,四周有写字楼,数量不多,商业店铺及小型旅店较多,街后面有住宅楼小区,该区是城市的主要旅游区之一,已建设了十余年,商业较发达。该写字楼不临街,在主街道往南约220m,临次级马路,周围环境较好。

该区域是城市的主要旅游区,购物有临街商店、超市,但规模较小;医院、小学、银行、邮局等在附近均有,距离都较近。基础设施齐全,市容较繁华,该建筑坐落区域内缘,距离市中心约12km,有道路通往市中心及城市其他区域,通往市区的公共汽车线路有3条,交通方便,绿化建设较好,有旅游景点,空气清新。

2. 评估计算

待估建筑的商品房评估价值按3个参照物市场确定的平均价值计算。

(1) 评估条件对比分析

3个参照物的对比分析如表2-12所示。

房屋估价概况 表2-12

	建筑名称	广发大厦 (待估建筑)	福昌大厦 (参1)	中洋大厦 (参2)	龙福大厦 (参3)
总体概况	建筑位置	城南区	城南区	城东区	涌泉区
	区域位置	三类	三类	三类	三类
	交易价格(元/m²)	待定	8700.00	9550.00	9170.00
	交易方式	待估现值	新房销售	新房销售	新房销售
	交易时间	2009年6月1日	2009年9月1日	2009年5月1日	2009年3月1日
区域因素	物业用途	办公	办公	办公	办公
	繁华程度	尚好	尚好	较好	较好
	交通条件	尚好,有公交车3条线路,车站较远	尚好,有公交车3条线路,车站较远	较好,有公交车5条线路,车站较近	尚好,有公交车3条线路,车站较远
	基础设施	水电通信等配套齐全	水电通信等配套齐全	水电通信等配套齐全	水电通信等配套齐全
	公共配套	齐全	齐全	齐全	齐全
	环境条件	一般	一般	较好	较好

续表

	建筑名称	广发大厦（待估建筑）	福昌大厦（参1）	中洋大厦（参2）	龙福大厦（参3）
个别因素	建筑基础	砖基础	砖基础	砖基础	砖基础
	建筑结构	砖混结构5层	砖混结构4层	砖混结构5层	砖混结构4层
	建筑装修	外墙瓷砖贴面；单层塑钢窗，内墙涂料、地面为水泥，室内全部矿棉板吊顶	外墙高级涂料面；单层塑钢窗；内墙涂料、地面为水泥，室内全部矿棉板吊顶	外墙高级涂料面；单层塑钢窗；内墙涂料、地面为水泥，室内全部矿棉板吊顶	外墙高级涂料面；单层塑钢窗；内墙涂料、地面为水泥，室内全部矿棉板吊顶
	建筑功能配套	水、电、通信配套齐全	水、电、通信配套齐全	水、电、通信配套齐全	水、电、通信配套齐全
	朝向及层次	较好	较好	较好	较好
	坐落位置	临次级马路，在主街道往东约200m	临次级马路，在主街道往东约100m	临主要街道	临次级马路，在主街道往南约220m
	工程质量	良好	良好	良好	良好
	建成日期	2007年8月1日	2009年6月1日	2009年9月1日	2009年3月1日

（2）评估计算

1）对比系数计算

3个参照物的对比计算如表2-13所示。

房屋估价条件对比分析计算　　　　　　　　表2-13

	建筑名称	广发大厦（待估建筑）	福昌大厦（参1）		中洋大厦（参2）		龙福大厦（参3）	
总体概况	建筑位置	城南区	城南区		城东区		涌泉区	
	区域位置	三类	三类		三类		三类	
	交易价格（元/m²）	待定	8700.00		9550.00		9170.00	
	交易方式	待估现值	新房销售		新房销售		新房销售	
	交易时间	2009年6月1日	2009年9月1日		2009年5月1日		2009年3月1日	
	物业用途	办公	办公		办公		办公	
分类因素	分项因素	分值设定（C_f）	调整分值 C_{z1}	对比分值 C_{b1}	调整分值 C_{z2}	对比分值 C_{b1}	调整分值 C_{z3}	对比分值 C_{b1}
区域因素	繁华程度	25	0.00	25.00	4.00	29.00	3.00	28.00
	交通条件	25	0.00	25.00	2.00	27.00	0.00	25.00
	基础设施	20	0.00	20.00	0.00	20.00	0.00	20.00
	公共配套	20	0.00	20.00	2.00	22.00	2.00	22.00
	环境条件	10	0.00	10.00	1.00	11.00	1.00	11.00
	综合对比分值（C_{mi}）	100	0.00	100.00	9.00	109.00	6.00	106.00

续表

分类因素	分项因素	分值设定（C_f）	调整分值 C_{z1}	对比分值 C_{b1}	调整分值 C_{z2}	对比分值 C_{b1}	调整分值 C_{z3}	对比分值 C_{b1}
个别因素	建筑基础	20	0.00	20.00	0.00	20.00	0.00	20.00
	建筑结构	20	0.00	20.00	0.00	20.00	0.00	20.00
	建筑装修	15	-2.00	13.00	-2.00	13.00	-2.00	13.00
	建筑功能配套	15	0.00	15.00	0.00	15.00	0.00	15.00
	朝向及层次	9	-1.00	8.00	-1.00	8.00	-1.00	8.00
	坐落位置	9	1.00	10.00	2.00	11.00	0.00	9.00
	工程质量	12	0.00	12.00	0.00	12.00	0.00	12.00
	综合对比分值（C_{mi}）	100	-2.00	98.00	-1.00	99.00	-3.00	97.00
年期修正系数及年期修正对比系数（C_{ni}）		年期修正系数（n_c）	年期修正系数（n_{d1}）	年期修正对比系数（C_{n1}）	年期修正系数（n_{d2}）	年期修正对比系数（C_{n2}）	年期修正系数（n_{d3}）	年期修正对比系数（C_{n3}）
		0.9940	0.9988	1.0048	0.9994	1.0054	0.9982	1.0042
综合计算系数（C_i）	综合对比系数（C_{zxi}）	1		100/100 × 98/100 × 1.0048 = 0.9847		109/100 × 99/100 × 1.0054 = 1.0849		106/100 × 97/100 × 1.0042 = 1.0325
	综合计算系数 $C_i = 1/C_{zxi}$	1		1.0155		0.9217		0.9685
日期	评估基准日		建成日期					
	2009年11月30日	2007年8月1日	2009年6月1日		2009年9月1日		2009年3月1日	

注：1. 年期修正系数计算详见表2-14～表2-17；
2. 年期修正对比系数计算公式：

$$年期修正对比系数 = \frac{参照物年期修正系数}{待估建筑年期修正系数}$$

根据表2-13对比条件系数的计算，最后求得待估建筑与3个参照物对比的综合计算系数C_1、C_2、C_3为：

$$C_1 = 1.0155；C_2 = 0.9217；C_3 = 0.9685$$

2）市场销售平均值的确定

由C_1、C_2、C_3求得待估建筑对应的市场价格V_1、V_2、V_3分别为：

$$V_1 = 8700 \times 1.0155 = 8834.85 \text{元}/\text{m}^2$$
$$V_2 = 9550 \times 0.9217 = 8802.24 \text{元}/\text{m}^2$$
$$V_3 = 9170 \times 0.9685 = 8881.15 \text{元}/\text{m}^2$$

根据上述对比计算，已求得由3个参照物所确定的待估建筑相应市场价格，而待估建筑最后确定的市场比准价格V可由V_1、V_2、V_3的算术平均值来确定，即：

$$V = (V_1 + V_2 + V_3)/3 = 8839 \text{元}/\text{m}^2$$

该写字楼建筑面积为3268.04m²

$$评估价值 = 8839 \times 3268.04$$
$$= 28886206 \text{元}$$

(3) 年期修正系数计算

年期修正系数计算公式中采用的使用年限 m 应按土地出让年限和房屋使用年限中较短者取值，本例 m 取值应为 50 年，r 取值 7%。

1) 待估建筑年期修正系数计算

待估建筑年期修正系数计算如表 2-14 所示。

广发大厦年期修正系数　　　　　　　　　　　　表 2-14

建筑物名称	广发大厦（待估建筑）
评估基准日	2009 年 11 月 30 日
使用日期	2007 年 8 月 1 日
房屋使用年限（m）	50
已使用年限	2.33
尚可使用年限（n）	47.67
土地出让年限	50
资本化率	7%
年期修正系数 $\dfrac{1-\left(1/(1+r)^n\right)}{1-\left(1/(1+r)^m\right)}$	0.9940

2) 参照物年期修正系数

参照物年期修正系数如表 2-15～表 2-17 所示。

福昌大厦年期修正系数　　　　　　　　　　　　表 2-15

建筑物名称	福昌大厦
评估基准日	2009 年 11 月 30 日
使用日期	2009 年 6 月 1 日
房屋使用年限（m）	50
已使用年限	0.50
尚可使用年限（n）	49.50
土地出让年限	50
资本化率	7%
年期修正系数 $\dfrac{1-\left(1/(1+r)^n\right)}{1-\left(1/(1+r)^m\right)}$	0.9988

中洋大厦年期修正系数　　　　　　　　　　　　表 2-16

建筑名称	中洋大厦
评估基准日	2009 年 11 月 30 日
使用日期	2009 年 9 月 1 日
房屋使用年限（m）	50
已使用年限	0.25

建筑名称	中洋大厦
尚可使用年限（n）	49.75
土地出让年限	50
资本化率	7%
年期修正系数 $\dfrac{1-\left(1/(1+r)^n\right)}{1-\left(1/(1+r)^m\right)}$	0.9994

龙福大厦年期修正系数　　　　　　　　　　　　　　　　　　　　表2-17

建筑名称	龙福大厦
评估基准日	2009年11月30日
使用日期	2009年3月1日
房屋使用年限（m）	50
已使用年限	0.75
尚可使用年限（n）	49.25
土地出让年限	50
资本化率	7%
年期修正系数 $\dfrac{1-\left(1/(1+r)^n\right)}{1-\left(1/(1+r)^m\right)}$	0.9982

三、市场比较法在土地估价中的应用实例

【例2-3】 有一宗地，用途住宅，该宗地为出让土地，现计划转让给另一家企业，该宗地面积1055m²。现需要对该土地的现行市场价值进行评估。评估基准日为2009年8月1日。

1. 概况及对比分析

我们在同一区域内收集了相同类型的符合对比要求的土地交易实例3例，该宗地的概况和参照物概况以及对比分析列于表2-18中，不再用文字重复描述。

土地估价概况　　　　　　　　　　　　　　　　　　　　　　　　表2-18

建筑名称		待估土地	住宅土地1（参1）	住宅土地2（参2）	住宅土地3（参3）
总体情况	宗地位置	开发区	开发区	开发区	开发区
	区域类别	四类	四类	四类	四类
	交易价格（元/m²）	待定	826.00	887.00	890.00
	交易方式	待估现值	出让	出让	出让
	交易时间	2009年8月1日	2009年3月16日	2009年5月22日	2009年2月28日
	物业用途	住宅用地	住宅用地	住宅用地	住宅用地

续表

	建筑名称	待估土地	住宅土地1（参1）	住宅土地2（参2）	住宅土地3（参3）
区域因素	繁华程度	一般	一般	一般	一般
	交通条件	一般，有3条公交车线路	一般，有2条公交车线路	一般，有2条公交车线路	一般，有3条公交车线路
	基础设施	水电通信等配套齐全、道路畅通	水电通信等配套齐全、道路畅通	水电通信等配套齐全、道路畅通	水电通信等配套齐全、道路畅通
	公共配套	齐全	齐全	齐全	齐全
	环境条件	尚好，空气无污染、无噪声，附近有公园，环境较好	尚好，空气无污染、无噪声	尚好，空气无污染、无噪声	一般，空气无污染、无噪声
个别因素	土地性质	出让	出让	出让	出让
	土地可利用系数	90%	85%	92%	95%
	土地出让年限	70	70	70	70
	土地开发状况	未开发	未开发	未开发	未开发
	土地地形状况	长方形，较规则	梯形，规则性较差	长方形，较规则	长方形，较规则
	土地临路（主要交通道路）状况	不临路，距离主要道路350m	不临路，距离主要道路600m	不临路，距离主要道路550m	不临路，距离主要道路380m
	出让日期	2001年12月31日	2000年10月31日	1998年8月31日	2000年9月30日

2. 评估计算

待估建筑的土地评估价值按3个参照物市场确定的平均价值计算。

（1）评估条件对比系数的确定

3个参照物的对比计算如表2-19所示。

土地估价条件对比分析计算　　　　表2-19

	建筑名称	待估土地	住宅土地1（参1）	住宅土地2（参2）	住宅土地3（参3）
总体概况	宗地位置	开发区	开发区	开发区	开发区
	区域类别	四类	四类	四类	四类
	交易价格（元/m²）	评估值V（待定）	826.00	887.00	890.00
	取得方式	出让	出让	出让	出让
	交易时间	2009年8月1日	2009年3月16日	2009年5月22日	2009年2月28日
	物业用途	住宅用地	住宅用地	住宅用地	住宅用地

续表

分类因素	分项因素	分值设定 (C_f)	调整分值 C_{z1}	对比分值 C_{b1}	调整分值 C_{z2}	对比分值 C_{b2}	调整分值 C_{z3}	对比分值 C_{b3}
区域因素	繁华程度	25	0	25	0	25	0	25
	交通条件	25	-1	24	-1	24	0	25
	基础设施	20	0	20	0	20	0	20
	公共配套	20	0	20	0	20	0	20
	环境条件	10	-1	9	-1	9	-2	8
	综合对比分值 (C_{mi})	100	-2	98	-2	98	-2	98
个别因素	土地性质	20	0	20	0	20	0	20
	土地可利用系数	25	-1	24	0.2	25.2	1.3	26.3
	土地出让年限	12	0	12	0	12	0	12
	土地已开发状况	10	0	10	0	10	0	10
	土地地形状况	18	-2	16	0	18	0	18
	土地临路状况	15	-0.5	14.5	0	15	0	15
	综合对比分值 (C_{mi})	100	-3.5	96.5	0.2	100.2	1.3	101.3
年期修正系数及年期修正对比系数 (C_{ni})		年期修正系数 (n_c)	年期修正系数 (n_{d1})	年期修正对比系数 (C_{n1})	年期修正系数 (n_{d2})	年期修正对比系数 (C_{n2})	年期修正系数 (n_{d3})	年期修正对比系数 (C_{n3})
		0.9904	0.9885	0.9981	0.9847	0.9942	0.9884	0.9980
综合计算系数 (C_i)	综合对比系数 (C_{zxi})	1		0.9439		0.9763		0.9907
	综合计算系数 $C_i = 1/C_{zxi}$	1		1.0595		1.0243		1.0094
日期	评估基准日			建成日期				
	2009年8月1日	2001年12月31日		2000年10月31日		1998年8月31日		2000年9月30日

注：1. 年期修正系数计算详见表 2-20~表 2-23；
2. 年期修正对比系数计算公式：

$$年期修正对比系数 = \frac{参照物年期修正系数}{待估建筑年期修正系数}$$

根据表 2-19 对比条件系数的计算，最后求得待估建筑与 3 个参照物对比的综合计算系数 C_1、C_2、C_3 为：

$$C_1 = 1.0595；C_2 = 1.0243；C_3 = 1.0094$$

（2）待估土地市场平均值的确定

由 C_1、C_2、C_3 求得待估土地对应的市场价值 V_1、V_2、V_3 分别为：

$$V_1 = 826 \times 1.0595 = 875.15 \ 元/m^2$$

$$V_2 = 887 \times 1.0243 = 908.55 \ 元/m^2$$

$$V_3 = 890 \times 1.0094 = 898.37 \text{ 元/m}^2$$

根据上述对比计算,已求得由3个参照物所确定的待估土地相应市场价格,而待估土地最后确定的平均市场比准价格 V 可由 V_1、V_2、V_3 的算术平均值来确定,即:

$$V = (V_1 + V_2 + V_3)/3 = 894 \text{ 元/m}^2$$

该宗地面积为 1055m^2:

$$\text{评估价值} = 894 \times 1055$$
$$= 943170 \text{ 元}$$

(3) 年期修正系数计算

年期修正系数计算公式中采用的使用年限 m 应按土地出让年限取值,本例 m 取值应为70年,r 取值6%。

1) 待估建筑年期修正系数计算

待估建筑年期修正系数如表2-20所示。

待估建筑年期修正系数　　　　　　　　　　　　表2-20

土地名称	待估土地
评估基准日	2009年8月1日
使用日期	2001年12月31日
土地出让年限（m）	70
已使用年限	7.59
尚可使用年限（n）	62.41
资本化率	6%
年期修正系数 $\dfrac{1-\left(1/(1+r)^n\right)}{1-\left(1/(1+r)^m\right)}$	0.9904

2) 参照物年期修正系数

参照物年期修正系数如表2-21~表2-23所示。

住宅土地年期修正系数　　　　　　　　　　　　表2-21

土地名称	住宅土地1
评估基准日	2009年8月1日
使用日期	2000年10月31日
土地出让年限（m）	70
已使用年限	8.76
尚可使用年限（n）	61.24
资本化率	6%
年期修正系数 $\dfrac{1-\left(1/(1+r)^n\right)}{1-\left(1/(1+r)^m\right)}$	0.9885

住宅土地年期修正系数　　　　　　　　　　　表 2−22

土地名称	住宅土地 2
评估基准日	2009 年 8 月 1 日
使用日期	1998 年 8 月 31 日
土地出让年限（m）	70
已使用年限	10.93
尚可使用年限（n）	59.07
资本化率	6%
年期修正系数 $\dfrac{1-\left(1/(1+r)^n\right)}{1-\left(1/(1+r)^m\right)}$	0.9847

住宅土地年期修正系数　　　　　　　　　　　表 2−23

土地名称	住宅土地 3
评估基准日	2009 年 8 月 1 日
使用日期	2000 年 9 月 30 日
土地出让年限（m）	70
已使用年限	8.84
尚可使用年限（n）	61.16
资本化率	6%
年期修正系数 $\dfrac{1-\left(1/(1+r)^n\right)}{1-\left(1/(1+r)^m\right)}$	0.9884

第四节　房屋租金市场比较法的计算与实例

一、市场比较法求取租金的原理

1. 市场比较法求取租金的意义

求取房屋租金的方法有多种，有收益法、投资回收系数法和市场比较法等。由于求取租金的方法不同，计算的结果也各不相同。其中收益法的各年租金系根据租金收支的历史状况和未来的效益预测来确定的，它比较符合估价对象的实际情况，但租金纯收益的价值不一定和社会情况相符，经营效益好的情况，租金收益要超过社会租金的平均水平，反之，有可能亏损；投资回收系数法确定的租金是按照投入到房地产的总成本根据既定的收益回报率计算出来的年租金额，但这个租金额可能高于当期、也有可能低于当期社会平均租金水平，如果高了租不出去，低了收益低，甚至亏损。事实上盈利与亏损都不是确定租金的根本因素，当期市场平均租金或者相类似的平均租金标准是确定实际租金标准的主要依据，有时候往往是唯一的依据，这就是租金的市场因素，这个市场因素牵动着整个社会租金的升降。因此市场比较法求取租金的过程必不可少，也显得非常重要。

2. 市场比较法求取租金的原理

市场比较法求取租金的方法和市场比较法求取房地产价值的方法相同。求取租金的市场比较法就是将被评估的房屋建筑和待估建筑附近市场近期正在租赁的相同用途、相同类别的建筑相互比较，找出评估对象与每个参照物之间影响房屋租金方面的差异因素，而后用条件差异系数修正参照物的市场租金价值，再通过综合分析计算，最后确定被评估房屋的市场租金价值。

二、影响租金的主要因素

在市场比较法的房屋租金计算中，影响租金的主要因素和影响房地产估价的主要因素基本相同，只是个别因素中的建筑结构与装修在保证能够满足基本使用要求的前提下，对房屋租金高低影响不大，例如框架结构和砖混结构对租金没有影响关系。由于租赁是短期的，房屋建造年代对租金也没有影响。

平均租金经过市场比较法计算确定以后，需要对不同楼层的实际租金进行统一调整。根据我们的调查，写字楼一般为15层以上的高层建筑，10层以上的租金要高于10层（含10层）以下的租金，而高层住宅楼的租金与层次关系不大。其他因素，如租金的优惠政策，那就是租期长的根据租期给予不同的优惠政策；还有租赁面积的大小对租金也有影响关系，租赁面积大的，有时也给予一定的优惠比例。因此我们在评估确定实际租金时必须要进行深入调查，充分掌握各方面影响租金的资料，以便对实际租金进行调整，使评估结果更符合实际。

三、市场平均租金的确定方法

求取市场平均租金需要收集社会同地段、同等级的租金参照物3例，对比方法和求取房屋市场价值的方法相同，详见前述内容，不重复叙述。对比计算的表格和房地产估价市场比较法的表格大体相同，某些内容有些变动，例如取消了年期修正系数的计算与对比。具体计算程序及计算方法详见本节"四、市场比较法测算租金实例"。

四、市场比较法测算租金实例

【例 2-4】 有一写字楼——东苑大厦目前正在租赁，根据需要需采用市场比较法对该楼的现行平均租金进行测定。

1. 概况

（1）待估建筑概况

该楼地上12层，地下1层，建筑面积7285.87m^2，1998年建成使用，现定为乙级写字楼。

该写字楼位于××市金城区，离主街道约500m，临次主街道，环境较好，无噪声，繁华程度一般；附近有中小学、医院、商场，基础设施完善；待估建筑附近有2条公交线路，距离公交车站较近，交通便利。

该楼装修为中级，外装修高级涂料，门厅装修较好，楼房造型较老，但感观尚好。全楼"七通一平"、功能配套齐全，有电梯两部（三菱合资）、中央空调、自动消防等设施。

（2）参照物概况

本次社会平均租金的计算，均在待估建筑周边进行了调查，收集了同区段、同类型的实例3则。

参照物1——盛隆大厦：框架结构，该楼地上14层，地下1层，建筑面积约8500m^2，现定为乙级写字楼。

该写字楼位于××市金城区，位于主街道一侧；环境尚好，有轻度噪声，繁华程度较好，附近有中小学、医院、商场，基础设施完善；待估建筑附近有6条公交线路，距离公交车站较近，交通便利。

该楼装修为中高级，外装修瓷砖，门厅装修较好，楼房造型美观。全楼"七通一平"、功能配套齐全，有电梯两部（三菱合资）、中央空调、自动消防等设施。

租金约3.15元/（m²·日）。

参照物2——蓝水大厦：框架结构，该楼地上12层，地下1层，建筑面积约6500m²，现定为乙级写字楼。

该写字楼位于××市金城区，位于主街道一侧；环境尚好，有轻度噪声，繁华程度较好；附近有中小学、医院、商场，基础设施完善；待估建筑附近有6条公交线路，距离公交车站较近，交通便利。

该楼装修为中高级，外装修瓷砖，门厅装修较好，楼房造型尚好。全楼"七通一平"、功能配套齐全，有电梯两部（合资产品）、中央空调、自动消防等设施。

租金约3.08元/（m²·日）。

参照物3——银岛大厦：框架结构，该楼地上10层，地下1层，建筑面积约5600m²，现定为乙级写字楼。

该写字楼位于××市金城区，离主街道约350m，临次主街道；环境较好，无噪声，繁华程度一般；附近有中小学、医院、商场，基础设施完善；待估建筑附近有3条公交线路，距离公交车站较近，交通便利。

该楼装修为中高级，外装修高级涂料，门厅装修较好，楼房造型尚好。全楼"七通一平"、功能配套齐全，有电梯两部（合资产品）、中央空调、自动消防等设施。

租金约2.95元/（m²·日）。

2. 市场比较法平均租金的计算

待估建筑的租金价值按3个参照物市场确定的租金平均价格计算。

根据上述待估建筑和参照物的状况进行比较，求得待估建筑在评估基准日的市场平均租金，其计算方法及计算过程如表2-24所示。

（1）对比条件分析

待估建筑及参照物的状况经整理后，列于表2-24中。

写字楼状况　　　　　　　　　　　　　　　表2-24

建筑名称	东苑大厦	盛隆大厦（参1）	蓝水大厦（参2）	银岛大厦（参3）
租金价格[元/（m²·日）]	待定	3.15	3.08	2.95
建筑位置	××市金城区河渠路9号	××市金城区白云路36号	××市金城区白云路37号	××市金城区滨河路38号
区域位置	金城区	金城区	金城区	金城区
地段等级	二类	二类	二类	二类
租赁时间	2008年3月	2008年3月	2008年3月	2008年3月

续表

建筑名称		东苑大厦	盛隆大厦（参1）	蓝水大厦（参2）	银岛大厦（参3）
写字楼等级		乙级	乙级	乙级	乙级
租赁方式		按年包租	按年包租	按年包租	按年包租
物业用途		写字楼	写字楼	写字楼	写字楼
区域因素	繁华程度	离主街道500m，临次主街道，繁华程度一般	临主街道，繁华程度较好	临主街道，繁华程度较好	离主街道350m，临次主街道，繁华程度一般
	交通条件	有2条公交线路，距离公交车站较近	有6条公交线路，距离公交车站较近	有6条公交线路，距离公交车站较近	有3条公交线路，距离公交车站较近
	基础设施	"七通一平"完善	"七通一平"完善	"七通一平"完善	"七通一平"完善
	公共配套	齐全	齐全	齐全	齐全
	环境条件	较好，无噪声	尚好，有轻度噪声	尚好，有轻度噪声	较好，无噪声
个别因素	建筑结构	框架12层	框架14层	框架12层	框架10层
	建筑装修	中级，房屋外装修高级涂料，造型较老	中高级，外装修瓷砖，造型美观	中高级，外装修瓷砖，造型较好	中高级，外装修高级涂料，造型尚好
	建筑功能配套	水、电、通信配套齐全、有电梯、中央空调、自动消防等	水、电、通信配套齐全、有电梯、中央空调、自动消防等	水、电、通信配套齐全、有电梯、中央空调、自动消防等	水、电、通信配套齐全、有电梯、中央空调、自动消防等
建筑面积（m^2）		7285.87	8500	6500	5600

（2）租金计算

1）租金对比系数的确定

市场比较法租金评估对比过程如表2-25所示。

市场比较法租金评估计算 表2-25

建筑名称	东苑大厦	盛隆大厦（参1）	蓝水大厦（参2）	银岛大厦（参3）
租金价格［元/（m^2·日）］	待定	3.15	3.08	2.95
建筑位置	××市金城区河渠路9号	××市金城区白云路36号	××市金城区白云路37号	××市金城区滨河路38号
区域位置	金城区	金城区	金城区	金城区
地段等级	二类	二类	二类	二类
租赁时间	2008年3月	2008年3月	2008年3月	2008年3月
写字楼等级	乙级	乙级	乙级	乙级
租赁方式	按年包租	按年包租	按年包租	按年包租
物业用途	写字楼	写字楼	写字楼	写字楼

续表

分类因素	分项因素	分值设定（C_f）	调整分值 C_{z1}	对比分值 C_{b1}	调整分值 C_{z2}	对比分值 C_{b2}	调整分值 C_{z3}	对比分值 C_{b3}
区域因素	繁华程度	25	3.00	28.00	3.00	28.00	0.50	25.50
	交通条件	25	4.00	29.00	4.00	29.00	0.50	25.00
	基础设施	20	0.00	20.00	0.00	20.00	0.00	20.00
	公共配套	20	1.00	21.00	1.00	21.00	0.00	20.00
	环境条件	10	-2.00	8.00	-1.00	9.00	0.00	10.00
	综合对比分值（C_{mi}）	100	6.00	106.00	7.00	107.00	0.50	100.50
个别因素	建筑结构	25	3.00	28.00	3.00	28.00	1.00	26.00
	建筑装修	35	2.00	37.00	2.00	37.00	1.00	36.00
	建筑功能配套	40	1.00	41.00	1.00	41.00	0.00	40.00
	综合对比分值（C_{mi}）	100	6.00	106.00	6.00	106.00	2.00	102.00
综合计算系数（C_i）	综合对比系数（C_{zx}）	1	106/100 × 106/100 = 1.1236		107/100 106/100 = 1.1342		100.5/100 102/100 = 1.0251	
	综合计算系数（$C_i = 1/C_{zxi}$）	1	0.8900		0.8817		0.9755	

根据表 2-25 对比条件系数的计算，最后求得待估建筑与 3 个参照物对比的综合计算系数 C_1、C_2、C_3 为：

$$C_1 = 0.8900；C_2 = 0.8817；C_3 = 0.9755$$

2）市场租金平均值的确定

由 C_1、C_2、C_3 求得待估建筑对应的市场价格 Z_1、Z_2、Z_3 分别为：

$$Z_1 = 3.15 \text{元}/ \times 0.8900 = 2.80 \text{元}/（m^2 \cdot 日）$$
$$Z_2 = 3.08 \text{元}/ \times 0.8817 = 2.72 \text{元}/（m^2 \cdot 日）$$
$$Z_3 = 2.95 \text{元}/ \times 0.9755 = 2.88 \text{元}/（m^2 \cdot 日）$$

根据上述对比计算，已求得由 3 个参照物所确定的待估建筑相应市场租金价格，而待估建筑最后确定的平均市场租金价格 Z 可由 Z_1、Z_2、Z_3 的算术平均值来确定，即：

$$Z = (Z_1 + Z_2 + Z_3)/3 = 2.80 \text{元}/（m^2 \cdot 日）$$

经评估计算求得待估建筑的市场平均租金为 2.80 元/（$m^2 \cdot$ 日）。

第三章 收益法

第一节 收益法的基本原理和应用范围

一、收益法评估资产价值的概念

1. 收益法的基本概念

在资产评估中，收益法通常称为收益现值法，又称收益还原法。因为它是利用资产或资金作为运营资本进行运作所获得的收益，采用收益率推算出资本的现行价值，所以称为收益现值法；又因为它是用资本运作的收益还原成资本价值，故而又称为收益还原法。收益法应用范围很广，在目前的资产评估中，凡是有经营收益的企业单位，都要用收益法对企业的整体资产进行收益价值评估。在房地产评估中，收益法应用也很广泛，主要用于以房地产作为资本进行资本运作而产生效益的房地产估价。例如房屋租赁、房屋经营、土地租赁等以资本收益为目标的房地产估价。

现在我们了解一下资产评估中收益的概念，收益的直观含义就是资本投入运营以后获得的纯利润。人们都希望以最少的资本获得最大的利润，这里存在一个利润和资本的比例系数关系，这个系数称作收益率，收益率越大，收益也越高，资产增长的幅度也大。在获得相同利润额的情况下，利润率高的，还原的资本越小，也就是投入的运营资本越少；反之，利润率低的，投入的运营资本也就越大。当然，人们总是希望前一种情况出现。如果将这些资产放入市场去交易，当然，人们总是希望花最少的资金去购买收益最大的资产。用收益去还原资本的估价原理说明，在资金投入的方向上必须充分考虑到资金运作给投资者未来带来最大经济效益这个前提，特别是经营性房地产的资产运作，必须要懂得房地产收益和资产投入的相关关系，正确选择获益的投资方向，这样才能使投资者永远立于不败之地。

在人们投入资金到社会上去运作以后，必然要产生效益对整体资产增长的影响，当然，这个效益可能是盈利，也可能是亏损，这个效益的盈亏只有进行资本化还原后才能算出它对整体资产价值的影响幅度，这就需要采用收益法对整体资产或部分运营资产进行价值评估。评估方法就是采用运营的纯利润，例如投入企业的资本就要选择适当的资本化率计算出企业资产逐年增长的幅度以及现在的资产价值，也就是企业现在运营的资产现值。

2. 房地产收益价值的概念

房地产评估中运用收益法进行资产评估总体上分为两种类型，一种是纯土地的租赁，它是以土地的租金收益还原土地资本的收益法评估；另一种是以房屋建筑作为运营资本，以运营收益进行资本还原的房地产收益法评估，这里的房屋建筑应当包括土地、地上房屋建筑、室内外功能性配套建筑和设施。单纯以房屋为收益的收益法评估，至今尚未见到，本书不作介绍。显然，房地产评估中的收益基本上是土地租金、房屋租金、房地产经营利润等的收益价值。

房地产自身的原始价值就是建设工程竣工后的建设开发成本价值，如果将它投入到市场作为运营资本去运作，它的价值将跟随资本的经营运作在不断改变，因为房地产自身折旧产生有形损耗，房地产价值在贬值，同时，房地产随着市场价值的变化也在升值或降价，不可忽视的是资本不断运作，其收益将给资产价值的变化带来巨大的影响，可能使资产增值，也可能使资产减值。事实上，当房地产作为运营资产进行运营时，人们最关注的是资本运营后的效益和资产的变化。这种变化将通过资产收益法评估给予结果。

二、收益法计算原理

1. 收益法的基本原理

收益法计算原理就是用纯收益还原资本的计算方法，最基本的计算公式为：

$$房地产价值 = \frac{房地产收益}{收益率}$$

$$房地产收益 = 房地产价值 \times 收益率$$

式中　房地产价值——房地产经过收益法计算后求得的房地产收益价值；

　　　房地产收益——以房地产为资本，经过资本运营后产生的纯收益或纯利润；

　　　收益率——资本化率，指资本运营后的纯收益和房地产价值的比值。

为了说明房地产收益法的计算原理，现举一例，假设有一商业楼出租，房主计划在 20 年内收回全部建房投资，已知该楼每年可以获得 20 万元投资租金回报，现计算一下该楼房的投资价值。

计算过程如下：

该房屋每年租金回报率为：

$$每年租金回报率 = 1/20 = 5\%$$

假设该楼房每年租金纯收益为 20 万元，20 年租金纯收益应为：

$$20 \text{ 年租金纯收益} = \frac{20}{0.05} = 400 \text{ 万元}$$

20 年纯收益即为建房投资，则该楼房的建房投资价值为 400 万元。

如果这位房主有一笔银行存款，每年同样可获得 20 万元的利息，银行年利息率是 5%，那么推算一下该房主的银行存款应为：

$$银行存款 = \frac{20}{0.05}$$
$$= 400 \text{ 万元}$$

由此看来，在相同投资回报率的情况下，房屋的资产价值和银行存款价值是相等的，只是资产表达的形式和运作的方式不一样，而它们获利的原理是一样的，就是资本或资金投入社会进行运作以后都能获得利益，无论哪种方式，只要收益相等，回报率相同，收益还原的资产价值是一样的。资产评估的任务主要是对实物资产进行估价，用收益法对资产进行估价的方法就是从收益额和收益率来推算实物的资产价值，这种资产价值称为资产的收益价值，它不同于成本法对资产成本投入价值的估价。上述举例只是说明收益法的计算原理，事实上，投资者在投资方向上是有选择的，经营性投资和银行存款的效益是不一样的。实物投资的对象不同，投资的回报率也是不相同的。

借助上述公式说明一下纯收益的基本含义，纯收益实际上就是纯利润，它是通过毛收入减去合理运营费用后得到的归属于房地产的收益。在房地产收益法估价中,企业的经营纯利润是通过企业资产报表的运营资金流量计算出来的,报表数据的真实性、可靠性是收益法资产评估最基础的依据资料,也是最重要的资料,它将会影响到纯利润的真实性,从而影响到整体资产的准确性,必须高度重视。

采用收益法计算的房地产价值称为房地产收益价值,它是以房地产为运营资本经过运营以后,在有限期或无限期内取得的收益总和,它不同于成本法所确定成本价值,它与成本价值没有任何关系。

2. 收益率对资产现值的影响关系

收益率就是资本化率。资本化率又称还原化率,就是企业将资本投入到不动产产生的收益率。在房地产估价中,房地产的资本化率通常指以房地产作为资本进行运营的收益率或利润率。它的含义不同于银行存款的利息率,前者是把资本投入到不动产经过运营后所带来的收益率,后者则是把货币存入银行产生利息的能力,故两者不能等同。房地产资本化率也不同于其他行业的收益率,因为它们反映的是不同投资领域的获利能力。

资本化率的计算公式为:

$$资本化率 = \frac{房地产运营资本价值}{纯收益}$$

现在我们举一个例子,假设在相同地区、相同投资运营环境、而且是同一个性质的甲、乙两个企业来看一下收益率对资产现值的影响关系。

甲企业,它的年平均纯利润为 200 万元,现在我们假设这个年纯利润是不变的,它实际收益率为 8%,年期无限,现在用收益法计算一下企业的实有资产现值。

甲企业的资产现值($V_甲$)为:

$$V_甲 = \frac{a_甲}{r_甲}$$

$$V_甲 = \frac{200}{8\%} = 2500 \text{ 万元}$$

甲企业的实有资产现值为 2500 万元。

乙企业,它的年平均纯利润为 200 万元,现在我们假设这个年纯利润是不变的,它收益率为 5%,年期无限,现在用收益法计算一下企业的实有资产现值。

乙企业的资产现值($V_乙$)为:

$$V_乙 = \frac{a_乙}{r_乙}$$

$$V_乙 = \frac{200}{5\%} = 4000 \text{ 万}$$

乙企业的实有资产现值为 4000 万元。

式中 $V_甲$、$V_乙$——甲、乙企业现行的资产价值;

$a_甲$、$a_乙$——甲、乙企业资产投入运营后获得的纯收益;

$r_甲$、$r_乙$——甲、乙企业资产投入运营后的资产收益率。

从上述计算看出,甲企业在 8% 收益率的情况下,获得 200 万元的利润,需投入运营资金为 2500 万元;而乙企业在 5% 收益率的情况下获得同样利润,需投入运营资金是

4000万元。根据我们社会调查测算，假设社会公允收益率为8%，评估人员经过收益法合理计算它们的资产现值，甲企业的合理评估值 2500 万元和甲企业实有资产相等，无增减。乙企业的资产应按同样的资本化率计算，则：

$$V_Z = \frac{200}{8\%} = 2500 \text{ 万元}$$

乙企业的资产评估现值应为 2500 万元，比乙企业 4000 万元的原有资产减值 1500 万元，减值的原因是乙企业实际收益率低造成的。

因为两个企业的收益率不同，资产评估的结果是不一样的。但是，在资产评估中，评估人员应注意在相同资产运营条件下，必须选择相同的，而且是合理的、社会公允的资本化率去计算。

总之，衡量一个企业价值的质量主要是看收益率，而不是资产的绝对值。

三、收益法的适用范围

收益法只适用于具有投资经营收益性质的房地产价值评估，如宾馆、饭店、出租型写字楼等；不适用于不产生经营收益的使用型房屋建筑的评估，如自用办公楼、居住性住宅楼、学校、医院等。

第二节 收益法计算程序和计算公式

一、收益法的计算程序

运用收益法估价应按下列步骤进行。

1. 资料准备

（1）资产单位前三年成本和利润财务报表

根据收益法评估要求，应搜集收益法评估所需要的企业在评估基准日前三年的房地产经营财务成本报表、利润报表，报表的内容根据房地产经营的类型而定。一般分主营、副营、其他营业 3 种不同业务类型分别填表。

（2）资产单位后五年成本和利润预测表

根据收益法评估要求，委托方应提供委估项目的收益预测报表，报表包括企业营业项目在评估基准日后五年的营业产品（或项目）品种、数量、单价、营业额及相应的成本支出、利润等预测数据。预测表先由资产占有单位提供预测数据，然后由评估人员审定，共同研究确定。

（3）社会调查

社会调查主要根据委估对象的经营目标进行社会调查，调查产品（或项目）的社会经营价格、销路状况、同行业的经济效益、材料来源、材料现行价格和未来价格趋势等情况，以作为评估对象经济效益预测的市场依据资料。

2. 计算总收入

总收入应按年计算收益项目在经营期间的总收入。房地产经营项目一般为房屋出租、饭店经营、商场经营、宾馆住宿等，也有独立生产经营的工业厂房。年总收入一般应将主营、副营以及其他营业收入分别计算，收益率和年纯收益有变化的年期，其收益现值应分别计算，然后再汇总。

3. 估算运营费用

运营费用系指房地产运营过程中所支出的各项费用，一般包括运营成本、营业管理费、工资、维护费、固定资产折旧费、营业及其他附加税等。在估算预测中，应充分考虑到物价变动对未来支出费用的影响。

4. 估算净利润

利润分毛利润和净利润，毛利润为总收入减去总支出，净利润为毛利润减去所得税。

5. 选择适当的资本化利率

资本化率是收益法确定资产价值的主要参数之一，合理选择资本化率是准确确定资产价值的关键因素。一般情况，房地产包括土地和房屋。同时运营时，只要一个资本化率就可以了，如果土地和房屋收益分开计算，需分别选择各自的资本化利率。

6. 选择适合的计算公式求取收益价值

用于计算房地产收益的计算公式很多，不同收益情况计算公式是不一样的。在房屋整个经营期资产运营中，由于运营资产有可能变动，经营效益也可能发生变化，不同收益年期的收益计算应按照收益变化的情况选择各自的计算公式，分年期阶段计算各阶段的收益现值，而后再汇总。

在一个整体资产运营过程中，往往有若干个运营项目参与运营，其中有主营、副营、其他营业等，一般情况主营只有一个，副营和其他营业项目可能不止一个，不同运营项目经营效益是各不相同的，它们所采用的收益率自然也不一样，我们尽可能将不同经营效益的运营项目分别选择各自的收益率分别计算。房地产整体的收益价值应为所有参与经营项目效益价值的总和。

二、收益法计算公式

采用收益法计算的房地产现行价值一般根据房地产经营的纯收益和收益率进行资本还原而求得的，这里的收益率就是房地产经营的利润回报率。不同的年纯收益和相应的利润率，其还原的房地产价值是不相同的，而投资者将资金注入社会的方式各有千秋，收益情况也随时在变化，不同情况的评估计算方法、计算公式也不相同。下面将叙述各类不同收益情况收益现值的计算公式。

1. 收益法计算公式中运算符号的定义

下列运算符号的定义只适用于式（3-1）~式（3-9），在本章中个别情况还遇到其他计算公式，其运算符号另行定义。

下列符号定义后面括号内的内容表示计量单位。

V——资产收益总价格（价值）（元/m² 或元）；

V_i——资产分年期计算的收益价格（价值）（元/m² 或元）；下标 i 为年期阶段的编号，$i=1,2,3,\cdots$例如 V_6 表示年期阶段为 6 的收益价格（价值）或 a_i 的区间号，例如 $V_{6\sim10}$ 表示 $a_6 \sim a_{10}$ 区间的收益价格（价值）之和；

a_i——资产收益期间各年的纯收益（元）；下标 i 系收益年份的序号，$i=1,2,3,\cdots$例如第 5 年时的纯收益应为 a_5（元/年）；当收益价值分不同阶段年期计算时，a_i 确定为本计算年期第一年的纯收益值；

r——资本化率（在房地产估价中通常称资产收益率），r 通常采用固定不变的比值，当收益率有变化时分别用 r_1、r_2、$r_3\cdots$表示（%）；

n——资产收益总年期（年）；

t——资产阶段收益总年期（年），当收益年期 a_i 分不同阶段有变化进行收益计算时，t 为本阶段收益年期（以下简称本收益年期）期末（含本收益年期期末）以前已收益年数；

t_i——当收益年期 a_i 分不同阶段有变化进行收益计算时，t_i 为本收益年期初以前的已收益年数（年）；式中 i 为年次的编号，例如 t_5 表示本收益年期以前 5 年的收益年数；

$(n-t_i)$——为 t_i 年期以后直至第 n 年的收益年限（年），适用于 t_i 前 i 年 a_i 无规则变化，而在 t_i 年以后直至第 n 年 a_i 无变化的情况；例如：某一企业收益总年期为 50 年，年期开始的前 5 年收益无规则变化，5 年后直至收益的最后一年收益率无变化，则收益率无变化的收益年限应为：

$$\text{收益年限} = n - t_5 = 50 - 5 = 45 \text{ 年}$$

$(t-t_i)$——当收益年期 a_i 分若干不同阶段有变化进行收益计算时，$(t-t_i)$ 为本收益年期的收益年限（年），i 含义同 t_i 的标注；例如：某一企业收益总年期为 60 年，分 5 个收益阶段进行收益价值计算，其中第三个收益阶段开始的第一年以前已过去了（t_{25}）25 年，本收益年期期末最后一年（含本期最后一年）之前的收益年数为（t）35 年，则第三收益阶段的收益年限应为：

$$\text{第三收益阶段收益年限} = t - t_{25} = 35 - 25 = 10 \text{ 年}$$

k_b——纯收益按等比级数逐年递增或递减的比值（%），根据 a_i 给定条件可以选择本年期或前一年期的数值，在 a_i 相应的计算公式中将给予确定；

k_c——纯收益按等差级数逐年递增或递减的差值（元/年），根据 a_i 给定条件可以选择本年期或前一年期的数值，在 a_i 相应的计算公式中将给予确定；

A_0——房地产土地与地上房屋建筑物共同产生的收益（元）；

V_B——建筑物的价值（元）；

V_L——土地的价值（元）；

r_l——土地资本化率（%）；

r_b——建筑物资本化率（%）；

a_z——投资的租金收益（元或元/m²）；

C_h——投资回收系数（%）；

S——房屋建筑面积（m²）；

a_{qi-m}——本收益年期前一阶段年期期末的收益值（元）；

a_{i-z}——本收益年期第一年的收益增加值（元）；

t_q——本收益年期前一阶段年期的收益年限（年）；

a_{qi-1}——本收益年期前一阶段年期第一年的纯收益值（元/年）。

2. 资产收益价值计算公式

现将各种情况的资产价值计算公式作如下分述。

（1）

1) 适用条件：纯收益 a_i 及收益率 r 各年不同（各年纯收益分别用 a_1、a_2、a_3…表示，各年收益率分别用 r_1、r_2、r_3…表示），收益期为 n，则：

$$V = \frac{a_1}{(1+r_1)} + \frac{a_2}{(1+r_1)(1+r_2)} + \cdots + \frac{a_n}{(1+r_1)(1+r_2)\cdots(1+r_n)} \quad (3-1-1)$$

2)适用条件：纯收益 a_i 各年不同，收益率 r 不变，则各年的收益现值应为：

$$V_i = \frac{a_i}{(1+r)^i} \quad (3-1-2)$$

3)适用条件：纯收益 a_i 各年不同，收益率 r 不变，当纯收益有变化的年数为 t_i 年时，则：

$$V_{1-t_i} = \sum_{i=1}^{t_i} \frac{a_i}{(1+r)^{t_i}} \quad (3-1-3)$$

(2)适用条件：纯收益 a_i 每年不变，收益率 $r>0$ 每年不变，收益期为无限期，则：

$$V = \frac{a_i}{r} \quad (3-2)$$

(3)适用条件：纯收益 a_i 每年不变，收益率 r 每年不变，收益期为有限期 n，则：

$$V = \frac{a_i}{r}\left[1 - \frac{1}{(1+r)^n}\right] \quad (3-3)$$

(4)收益项目在 t_i 年前（含 t_i 年）纯收益为 a_i 每年有变化，t_i 年后纯收益 a_i 每年不变的情况求取收益价值的计算方法。

1)适用条件：t_i 年前（含 t_i 年）纯收益 a_i 无规则变化，$t_i \sim n$ 年纯收益 a_i 每年不变，收益率 $r>0$ 每年不变，收益期为有限期 n，则：

$$V_{1 \sim n} = \sum_{i=1}^{t_i} \frac{a_i}{(1+r)^{t_i}} + \frac{a_i}{r(1+r)^{t_i}}\left[1 - \frac{1}{(1+r)^{n-t_i}}\right] \quad (3-4-1)$$

公式分为两部分：

前部分设定为 V_{1-t_i}：$1 \sim t_i$ 年纯收益为 a_i 无规则变化：

$$V_{1 \sim t_i} = \sum_{i=1}^{t_i} \frac{a_i}{(1+r)^{t_i}} \quad (3-4-1-1)$$

后部分 $t_i \sim n$ 年间纯收益 a_i 不变：

$$V_{t_i \sim n} = \frac{a_i}{r(1+r)^{t_i}}\left[1 - \frac{1}{(1+r)^{n-t_i}}\right] \quad (3-4-1-2)$$

式中　$V_{t_i \sim n}$ 值中不包括 V_{t_i} 收益价值。

2)适用条件：资产分阶段进行收益计算。本收益年期中纯收益 a_i 每年不变，收益率 $r>0$ 每年不变，至本收益年期期末的总年期为 t，则：

$$V = \frac{a_i}{r(1+r)^{t_i}}\left[1 - \frac{1}{(1+r)^{t-t_i}}\right] \quad (3-4-2)$$

3)适用条件：分阶段进行收益计算，t_i 年前（含 t_i 年）纯收益 a_i 无规则变化，t_i 年后纯收益为 a_{t_i} 每年不变，收益率 $r>0$ 每年不变，收益期为无限期：

$$V = \sum_{i=1}^{t} \frac{a_i}{(1+r)^i} + \frac{a_{t_i}}{r(1+r)^{t_i}} \quad (3-4-3)$$

公式分为两部分：

前部分为 $1\sim t_i$ 年 a_i 无规则变化的情况：

$$V_1 = \sum_{i=1}^{t} \frac{a_i}{(1+r)^i} \qquad (3-4-3-1)$$

后部分为 t_i 年后纯收益为 a_{t_i}，收益率 $r>0$ 每年不变的情况：

$$V_2 = \frac{a_{t_i}}{r(r+r_1)^{t_i}} \qquad (3-4-3-2)$$

（5）纯收益 a_i 按等差级数递增或递减的情况，级差为 k_c，收益率 $r>0$，每年不变，纯收益 a_i 按等差级数递增或递减时：第一年纯收益 a_1，第二年纯收益 $a_1 \pm k_c$，第三年纯收益 $a_1 \pm 2k_c$，第 n 年纯收益 $a_1 \pm (n-1)k_c$，分以下 4 种情况。

1）适用条件：收益期从第一年起至 n 年止，总年期为有限期 n：

$$V = \left(\frac{a_1}{r} \pm \frac{k_c}{r^2}\right)\left[1 - \frac{1}{(1+r)^n}\right] \mp \frac{k_c n}{r(1+r)^n} \qquad (3-5-1)$$

2）适用条件：收益年期为 t_i 年（不包括 t_i 年）以后至 n 年止，总年期为有限期 n：

$$V = \left\{\left(\frac{a_{t_i}}{r} \pm \frac{k_c}{r^2}\right)\left[1 - \frac{1}{(1+r)^{n-t_i}}\right] \mp \frac{k_c(n-t_i)}{r(1+r)^{n-t_i}}\right\} \times \frac{1}{(1+r)^{t_i}} \qquad (3-5-2)$$

3）适用条件：收益年期分若干不同收益阶段，收益年期为 t_i 年（不包括 t_i 年）以后至 n 年止，总年期为阶段年期 t：

$$V = \left\{\left(\frac{a_{t_i}}{r} \pm \frac{k_c}{r^2}\right)\left[1 - \frac{1}{(1+r)^{t-t_i}}\right] \mp \frac{k_c(t-t_i)}{r(1+r)^{t-t_i}}\right\} \frac{1}{(1+r)^{t_i}} \qquad (3-5-3)$$

4）适用条件：收益期为无限期：

$$V = \frac{a_1}{r} \pm \frac{k_c}{r^2} \qquad (3-5-4)$$

（6）纯收益 a_i 按一定比例递增或递减，比例系数为 k_b，收益率 r 每年不变，收益期为有限期 n，例如第一年为 a_1，第二年为 $a_1(1 \pm k_b)$，……，第 n 年为 $a_1(1 \pm k_b)^n$，式中 $r \mp k_b \neq 0$，分以下 4 种情况。

1）适用条件：收益期从第一年起至 n 年止，总年期为有限期 n：

$$V = \frac{a_i}{(r \mp k_b)}\left[1 - \left(\frac{1 \pm k_b}{1+r}\right)^n\right] \qquad (3-6-1)$$

2）适用条件：收益年期从 t_i 年起至 n 年止，总年期为有限期 n：

$$V = \frac{a_{t_i}}{(r \mp k_b)(1+r)^{t_i}}\left[1 - \left(\frac{1 \pm k_b}{1+r}\right)^{n-t_i}\right] \qquad (3-6-2)$$

3）适用条件：收益年期分若干不同收益阶段，收益年期为 t_i 年（不包括 t_i 年）以后至 n 年止，总年期为阶段年期 t：

$$V = \frac{a_{t_i}}{(r \mp k_b)(1+r)^{t_i}}\left[1 - \left(\frac{1 \pm k_b}{1+r}\right)^{t-t_i}\right] \qquad (3-6-3)$$

4）适用条件：收益期为无限期：

$$V = \frac{a_i}{r \mp k_b} \qquad (3-6-4)$$

(7)

已知房地产土地与地上房屋建筑物共同产生的收益为 A_o 而需单独求取土地价值 V_L 时,在净收益每年不变、土地资本化率为 r_l、建筑物资本化率为 r_b、可获收益无限期的情况下:

1) 已知建筑物价值为 V_B,求取土地价值 V_L:

$$V_L = \frac{A_0 - V_B r_b}{r_l} \qquad (3-7-1)$$

2) 已知土地价值为 V_L,求取房屋建筑物价值 V_B:

$$V_B = \frac{A_0 - V_L \times r_l}{r_b} \qquad (3-7-2)$$

3. 不同收益年期期初收益价值计算方法

在所有收益计算公式中都要应用到收益年期期初的收益价值,不同情况的收益年期期初收益价值,计算方法亦不相同,现分述如下。

(1) 不同收益阶段年期期初收益价值 a_i 应为本收益年期前一年期期末的收益值加上本收益阶段第一年的收益增加值,其计算通式一般为:

$$a_i = a_{qi-m} + a_{i-z} \qquad (3-8-1)$$

(2) 收益项目总价值的计算一般先按不同收益类型分阶段计算而后再汇总,各收益年期之间的收益状况对各年期期初收益值都有相互的影响。现就常见的 4 种收益类型列示各收益年期期初收益价值的计算公式。

① 本收益年期收益增长值为等比级数,公比为 k_b,而前一收益年期为收益不变的情况,本收益年期期初收益价值 a_i 的计算式应为:

$$a_i = a_{qi-1}(1 + k_b) \qquad (3-8-2)$$

② 本收益年期收益增长值为等差级数,差值为 k_c,而前一收益年期为收益不变的情况,本收益年期期初收益价值 a_i 的计算式应为:

$$a_i = a_{qi-1} + k_c \qquad (3-8-3)$$

③ 本收益年期收益不变,而前一年期的收益为等比级数,公比为 k_b 的情况,本收益年期期初收益价值 a_i 的计算式应为:

$$a_i = a_{qi-1}(1 + k_b)^{t_q - 1} \qquad (3-8-4)$$

④ 本收益年期收益不变,而前一年期的收益为等差级数,差值为 k_c 的情况,本收益年期期初收益价值 a_i 的计算式应为:

$$a_i = a_{qi-1} + (t_q - 1)k_c \qquad (3-8-5)$$

4. 求取租金的计算公式

租金是投资的一种回报形式,当你以一笔资金投入到房地产以后,如果要以房地产租赁形式得到收益,必然要事先知道以怎样的租金价格才能获得理想的经济效益,需要通过公式进行计算才能知道,下面就是计算租金的通用公式。

(1) 适用条件:收益期为有限期 n,求取年租金价格(元/m²·年):

$$a_z = V \frac{r(1+r)^n}{(1+r)^n - 1} \qquad (3-9-1)$$

$$a_z = VC_h \text{(元/年)} \qquad (3-9-2)$$

（2）租金价格如果按元/（m²·年）为单位计算，设定建筑面积为 S，租金的计算公式为：

$$a_z = VC_h/S \qquad (3-9-3)$$

（3）租金价格如果按元/（m²·月）为单位计算，其计算公式为：

$$a_z = VC_h/S/12 \qquad (3-9-4)$$

（4）求取投资回收系数 C_h，根据公式（3-9-1）和公式（3-9-2）求得 C_h：

$$C_h = a_z/V \qquad (3-9-5)$$

$$C_h = \frac{r(1+r)^n}{(1+r)^n - 1} \qquad (3-9-6)$$

三、收益法公式中计算参数的设定

1. 收益利润的设定

运用收益法计算资产价值的主要基础参数就是经营利润，一个企业的经营利润是根据企业的经营效益来确定的，在企业的经营期内，每年的经济效益也是不相同的，收益法计算采用的纯利润一般根据企业报表和未来预测确定，通常要求企业提供委估资产前三年的财务利润报表、后五年的经济收益预测表。五年以后的利润一般通过企业经济效益增长规律和市场经济发展趋势由评估人员会同资产方有关人员共同进行预测。

2. 资本化率的确定

资本化率是收益法确定资产价值的重要参数，取值高低将会影响到企业的资产现值，但资本化率的确定是比较困难的，一般根据同行业的社会平均利润率来确定，社会平均利润率客观上是无法统计、也无法计算的。因此，评估计算中一般根据中国人民银行现行一年期贷款利率加风险利率来计取，银行贷款利率是安全利率，这个利率国家随时都在调整，所以，收益率不是一个固定的数字。风险利率是根据房地产的社会经济效益状况来设定的，风险利率存在一个利益风险问题，它除了社会经济状况对行业的影响以外，还有一个企业管理因素，管理不善也将导致企业收益率降低。因此在我们设定资本化率系数时只能考虑社会的正常收益率，一个在社会上公允的收益率，至少安全收益率不能变动，因为用收益法还原资本价值，必须有一个合理、公平的计算准则，如果将收益率人为降低，还原资产价值时资产将会人为加大，这是不容许的。

关于房地产对土地和房屋资本化率的计取规定详见下列附件。

附件：《房地产估价规范》GB/T 50291—1999 有关资本化率的规定

5.3.5 资本化率应按下列方法分析确定：

1 市场提取法：应搜集市场上三宗以上类似房地产的价格、净收益等资料，选用相应的收益法计算公式，求出资本化率。

2 安全利率加风险调整值法：以安全利率加上风险调整值作为资本化率。安全利率可选用同一时期的一年期国债年利率或中国人民银行公布的一年定期存款年利率；风险调整值应根据估价对象所在地区的经济现状及未来预测，估价对象的用途及新旧程度等确定。

3 复合投资收益率法：将购买房地产的抵押贷款收益率与自有资本收益率的加权平均数作为资本化率，按下式计算：

$$R = M \cdot R_M + (1-M)R_E \qquad (5.3.5)$$

式中 R——资本化率（%）；

M——贷款价值比率（%），抵押贷款额占房地产价值的比率；

R_M——抵押贷款资本化率（%），第一年还本息额与抵押贷款额的比率；

R_E——自有资本要求的正常收益率（%）。

4 投资收益率排序插入法：找出相关投资类型及其收益率、风险程度，按风险大小排序，将估价对象与这些投资的风险程度进行比较，判断、确定资本化率。

5.3.6 资本化率分为综合资本化率、土地资本化率、建筑物资本化率，它们之间的关系应按下式确定：

$$R_O = L \cdot R_L + B \cdot R_B \tag{5.3.6}$$

式中 R_O——综合资本化率（%），适用于土地与建筑物合一的估价；

R_L——土地资本化率（%），适用于土地估价；

R_B——建筑物资本化率（%），适用于建筑物估价；

L——土地价值占房地价值的比率（%）；

B——建筑物价值占房地价值的比率（%），$L+B=100\%$。

5.3.7 计算收益价格时应根据未来净收益流量的类型，选用对应的收益法计算公式。收益法的基本公式如下：

$$V = \sum_{i=1}^{n} \frac{A_i}{(1+R)^i} \tag{5.3.7}$$

式中 V——收益价格（元，元/m²）；

A_i——未来第 i 年的净收益（元，元/m²）；

R——资本化率（%）；

n——未来可获收益的年限（年）。

四、收益期限的设定

根据《房地产估价规范》GB/T 50291—1999 有关规定：

1. 对于土地与建筑物合一的估价对象，当建筑物耐用年限长于或等于土地使用权年限时，应根据土地使用权年限确定未来可获收益的年限，选用对应的有限年的收益法计算公式，净收益中不应扣除建筑物折旧和土地取得费用的摊销。

2. 对于土地与建筑物合一的估价对象，当建筑物耐用年限短于土地使用权年限时，可采用下列方式之一处理：

（1）先根据建筑物耐用年限确定未来可获收益的年限，选用对应的有限年的收益法计算公式，净收益中不应扣除建筑物折旧和土地取得费用的摊销；然后再加上土地使用权年限超出建筑物耐用年限的土地剩余使用年限价值的折现值。

土地使用年限 m，房屋使用年限 n，$m>n$ 时：

土地和房屋共同收益年限为 n，计算共同收益的资产收益价值 P_1；

剩余土地使用年限为 $(m-n)$，计算土地 $(m-n)$ 年的土地收益资产价值 P_2；

资产评估值为 P_1 与 P_2 之和。

（2）将未来可获收益的年限设想为无限年，选用无限年的收益法计算公式，净收益中应扣除建筑物折旧和土地取得费用的摊销。

第三节 收益法在土地估价中的应用

一、土地收益价值的概念

由于土地具有永久性的使用价值，当某块土地上的房屋已经完成它的使用寿命而被拆除后，新的建筑物将从这块土地上拔地而起，如此继续，使得这块土地的使用价值变得无穷无尽。土地上可以无止境地被建造们开发利用，而这块土地却永远不能被移动，因此，土地具有固定性、永续性的特点。土地开发者进行开发建造而产生的纯收益也将是连续不断的，而地租正是这种纯收益的资本化率的表现，而土地的价值也正是通过这种地租收入而体现出来的。土地自身没有成本价值，经过开发后的土地虽然有开发成本，但是土地的真正价值绝不是成本的投入费用，而是通过土地开发后的纯收益所反映出来的价值，也就是用土地纯收益推算出来的土地价值。因此，只有用收益法估价土地的价值才能将土地的真正价值反映出来。

二、土地收益价值计算实例

一般情况房地产都是土地和房屋合为一体共同产生效益，有时候土地自身也能独立获得利润，在资产评估中，前者是属于房地产的价值评估，后者是属于纯土地的价值评估。土地自身产生效益的方式，一般为出租或者和房屋共同运营产生效益。有时候，土地所有者和其他合作者共同开发，土地所有者出地，另一方出资金建房，在投资建设完成以后按各自投入成本计算股份，并确定若干年后收益的分成比重，然后确定若干年后土地和房屋的收益价值。

计算土地的收益价值时，土地的收益年限一般不应超过土地的出让年限，计算中不扣除土地支出成本的摊销，应扣除土地管理中所发生的支出费用和税金。

1. 土地租赁年租金不变情况实例

【例3-1】 有一宗地租赁给外商开发使用，确定年租金以平均180元/m^2的不变价逐年支付。其中用于土地管理人员的工资10元/m^2，管理费15元/m^2，税收5%，保险费1元/m^2，职工劳保基金2元/m^2，其他支出1元/m^2，该土地共40000m^2，租赁年期50年，估算土地的现值。

评估计算

(1) 土地年租金，即年总收入180元/m^2。

(2) 总支出费用（f）

$$f = 10 + 15 + 1 + 2 + 1 + 180 \times 5\%$$
$$= 38 \text{ 元}/m^2$$

(3) 土地纯收益（a_V）

$$a_V = 180 - 38$$
$$= 142 \text{ 元}/m^2$$

(4) 资本化率的设定

取银行一年期贷款利率为5.31%，考虑50年中利率有调整，故平均取7%，风险利率3%，物价上涨平均1.5%，则资本化率（r）：

$$r = 7\% + 3\% - 1.5\% = 8.5\%$$

(5) 每平方米土地价格（V_V）

根据公式（3-3）计算：

$$V_D = \frac{a_i}{r}\left[1 - \frac{1}{(1+r)^n}\right]$$

$$= \frac{142}{8.5\%} \times \left[1 - \frac{1}{(1+8.5\%)^{50}}\right]$$

$$= 1642 \text{ 元}/m^2$$

土地价值（V_L）

$$V_L = 1642 \times 40000$$

$$= 6568 \text{ 万元}$$

2. 土地租赁年租金递增情况实例

【例3-2】 有一块土地，租赁给一家商业企业经营，租赁期为40年，租金第一年为120元，前三年以每年每平方米20元的递增值计算，第四年以后每年按180元租金计算，若支付管理的总成本费用平均为租金价格的15%，收益率平均按8.5%的不变数值计算，求该土地每平方米的收益现值。

评估计算

方法一

根据公式（3-4-1）计算。

计算公式为

$$V = \sum_{i=1}^{t_i} \frac{a_i}{(1+r)^i} + \frac{a_i}{r(1+r)^{t_i}}\left[1 - \frac{1}{(1+r)^{n-t_i}}\right]$$

(1) 先计算前四年的租金纯收益

第一年　　$a_1 = 120 \times 0.85 = 102 \text{ 元}/m^2$

第二年　　$a_2 = 140 \times 0.85 = 119 \text{ 元}/m^2$

第三年　　$a_3 = 160 \times 0.85 = 136 \text{ 元}/m^2$

第四年　　$a_4 = 180 \times 0.85 = 153 \text{ 元}/m^2$

(2) 土地价格计算

$$V = \sum_{i=1}^{t_i} \frac{a_i}{(1+r)^i} + \frac{a_i}{r(1+r)^{t_i}}\left[1 - \frac{1}{(1+r)^{n-t_i}}\right]$$

$$= \frac{102}{1+8.5\%} + \frac{119}{(1+8.5\%)^2} + \frac{136}{(1+8.5\%)^3}$$

$$+ \frac{153}{8.5\% \times (1+8.5\%)^3} \times \left[1 - \frac{1}{(1+8.5\%)^{37}}\right]$$

$$= 94.01 + 101.09 + 106.48 + 1340.36$$

$$= 1642 \text{ 元}/m^2$$

方法二

根据公式（3-5-1）计算。

设前三年及第四年为等差级数，基本租金120元/m^2，差价20元/m^2。

总年期t为40年，前三年为t_i，后面剩余年期为（$t-t_i$）37年，公式分为前三年和后面剩余年期两部分计算,计算公式如下所示。

公式(3-5-1)用于收益期前三年,租金等差级数,未扣除支出成本。

已知: $a_1=120$; $n=3$; $k_c=20$; $r=8.5\%$

$$V_{1\sim3} = (\frac{a_1}{r} \pm \frac{k_c}{r^2})[1-\frac{1}{(1+r)^n}] \mp \frac{k_c n}{r(1+r)^n}$$

$$= (\frac{120}{8.5\%}+\frac{20}{8.5\%^2}) \times [1-\frac{1}{(1+8.5\%)^3}] - \frac{20 \times 3}{8.5\% \times (1+8.5\%)^3}$$

$$=354.79 \ 元/m^2$$

公式(3-4-1-2)用于收益期后面剩余年期37年,租金不变,未扣除支出成本。

$$V_{4\sim40} = \frac{a}{r(1+r)^{t_i}}[1-\frac{1}{(1+r)^{n-t_i}}]$$

$$= \frac{180}{r \times (1+8.5\%)^3} \times [1-\frac{1}{(1+8.5\%)^{37}}]$$

$$=1576.89 \ 元/m^2$$

土地单方总收益

$$V = V_{1\sim3} + V_{4\sim10}$$
$$= 354.79 + 1576.89$$
$$= 1931.68 \ 元/m^2$$

扣除总支出费用15%后的土地单方纯收益现值为:

$$V = 1931.68 \times (1-15\%)$$
$$= 1642 \ 元/m^2$$

方法一、方法二计算结果相同。

3. 土地、房屋合作投资利润分成实例

【例3-3】 有一写字楼,由甲、乙两方合作建造。房屋建造时,甲方以自有土地一块作为股份投入,乙方出资金建造房屋及区域配套,以现金入股。建完以后用于出租,经过五年的出租,共获得纯利润1289.23万元,甲乙双方决定对利润进行分成。

根据当时有关资料载明,乙方取得的土地为政府出让,土地用途为综合,该地3598m^2,基准地价1235元/m^2,已包括土地完成七通一平及基础设施配套费。甲方对该宗地进行二次整平、清理,支付土地开发费85元/m^2。乙方出资金建造房屋及区域配套,建造10层写字楼,房屋建筑面积9578m^2,经测定,现行建筑安装造价为2050元/m^2,配套设施费用占主楼造价的15%,前期费用率8.05%,两年建设期的资金成本率5.4%。

由于五年后土地出让金的规定没有变动,市场价值高于土地出让价值,因而甲方提出并经双方同意,红利分成时甲方分配利润率比平均利润率高10%,土地维持原有价值。土地红利分完后,剩余红利归乙方所有。

现计算甲乙双方分得的利润额、各自收益率以及甲乙双方现在资产价值。

评估计算

(1) 成本计算

$$土地成本 = (1235 + 85) \times 3598$$
$$= 474.94 \text{ 万元}$$
$$建筑安装成本 = 2050 \times 9578 \times (1 + 15\%)$$
$$= 2258.01 \text{ 万元}$$
$$重置价值 = 2258.01 \times (1 + 8.05\%) \times (1 + 5.4\%)$$
$$= 2571.53 \text{ 万元}$$
$$房地产成本合计 = 474.94 + 2571.53$$
$$= 3046.47 \text{ 万元}$$

(2) 房屋本利价值

已知五年利润额为 1289.23 万元：

$$房屋本利价值 = 房地产成本 + 利润$$
$$= 3046.47 + 1289.23$$
$$= 4335.70 \text{ 万元}$$

(3) 资本化率计算

$$资本化率 = (4335.7/3046.47)^{1/5} - 1$$
$$= 7.31\%$$

甲方分配利润率比平均收益率提高 10%：

$$甲方利润率 = 7.31\% \times 1.1 = 8.04\%$$
$$甲方应分本利价值 = 474.94 \times (1 + 8.04\%)^5$$
$$= 699.14 \text{ 万元}$$
$$乙方分得本利价值 = 4335.70 - 699.14$$
$$= 3636.56 \text{ 万元}$$
$$乙方利润率 = (3636.56/2571.53)^{1/5} - 1$$
$$= 7.18\%$$

(4) 利润分配

$$甲方利润 = 699.14 - 474.94$$
$$= 224.20 \text{ 万元}$$
$$乙方利润 = 1289.23 - 224.20$$
$$= 1065.03 \text{ 元}$$
$$乙方本利价值 = 2571.53 + 1065.03$$
$$= 3636.56 \text{ 万元}$$

乙方本利价值核对：

$$乙方本利价值 = 2571.53 \times (1 + 7.18\%)^5$$
$$= 3637.14 \text{ 万元}$$

计算正确。

经评估计算，甲方利润收益为 224.20 万元，乙方利润收益为 1065.03 万元。甲方收益率为 8.04%，乙方收益率为 7.18%，房屋建筑总价值为 4335.70 万元，其中甲方 699.14 万元，乙方 3636.56 元。

第四节 收益法在房屋租赁估价中的应用

一、房屋年租金收益价值的确定方法

1. 影响租金价格的主要因素

一般能够租赁的房屋建筑有写字楼、居民住宅、商场、店铺等，一般情况都是按租赁面积计算租金，也有按间租赁计算租金的，按间租赁主要是店铺。房屋租赁价格根据房屋用途不同有不同的规律性，例如居民住宅，一般按朝向、层次、环境、交通、社会配套设施、购物等条件确定租金；而写字楼主要是按交通、档次、区域环境等条件确定租金；店铺和商场主要按坐落位置、人口密集度、交通、临街状况、周边市容等条件确定租金。影响租金定位的最大因素还是建筑物所在位置周边已形成的租金价位标准。就目前北京市的情况来讲，房屋售价在迅速增长，而整体租金的涨幅远远跟不上房价的涨幅趋势，租金涨幅困难较大，因此对租金的定位，最主要的还是根据当前市场状况来确定，同时租金已形成的租赁协议也是确定租金价格的标准，有的租赁者与被租赁者之间已签订过较长期限的租赁协议，例如5年甚至10年的租赁协议，协议规定了在租赁期间租金不变，评估时就要维持协议，不能按市场状况改变协议。市场调查资料仍然很重要，因为它是作为租赁协议期满后租金预测不可缺少的依据资料。

不可忽视城市及城市区段等级对租金价格标准的影响，并且这种影响人们不可更改，不同城市、不同区段而用途相同的房屋租金往往差别很大，例如北京市与河北省交界地区的同样用途房屋的，北京市与河北省的售价要差二三倍；北京市城区和郊区亦同样如此。城市及城市区段等级对房屋租金的影响是随房屋销售价格差别而受到相同影响。房屋销售价格高的地区，租金亦高；反之则低。这一点对我们房屋评估十分重要，因为当我们采用市场法求取租金价格时，我们必须要在同一城市、同一区段内选择租金对比参照物，以确定该地区或该地段的目前市场租金价位。

房屋租金的确定还有一种计算方法，就是根据房地产投入资金现值和期望的未来收益率反求租金的计算方法，就是年金回收值的求取。在房地产估价中有专门为确定租金价值而进行的估价项目，一般只能作为咨询性评估，是资产租赁单位确定租金价值的参考依据。

2. 房屋年租金收益价值的确定

租金年收益一般根据资产占有单位前三年的财务成本报表和利润报表、后五年的租金及利润预测表的数据来确定。资产占有单位同时还要提供成本报表的原始凭证资料，如房屋租赁合同、房屋租赁记录等资料，其中包括租赁的房间号、房间面积、租赁单价、年租金总额等。

房屋租赁的经营内容往往是以租赁为主，同时还兼有副营、其他营业等经营项目的收益。我们评估的是委估房屋建筑的整体价值，它不仅仅只包括房屋的租赁，还包括房屋其他方面与房产相关的经营收入，如资产占有单位利用其中一部分房间作一些其他服务项目，例如小商店、房屋维护、修理室等。特别是商办楼，有时候资产占有单位自留几间门面房作自营，这些营业收入都应归入到房屋的收益范围内，作为经营收益的组成部分。

二、租金收益价值评估计算实例

租金收益现值主要根据租金在房屋经营期的收益变化选用不同的计算公式进行计算,由于市场经济变化直接影响到租金收益,我们要做好市场租金的社会调查和预测工作,根据市场变化规律作出评估方案,然后选择适当公式进行计算。下面将通过实例来说明租金收益价值的计算过程和计算公式的应用。

【例3-4】 写字楼租赁租金评估

1. 评估对象概况

委估建筑为江陵大厦写字楼,框剪结构,地下1层,地上15层,平均层高3.5m,建筑面积9632.6m^2,其中地上建筑面积8544.9m^2,地下建筑面积1087.7m^2,2005年8月竣工投入使用。该写字楼的土地使用权性质为国家出让土地,评估基准日2009年8月31日。

(1) 主体结构

该建筑地质承力状况良好,由于是高层建筑,需采用钢筋混凝土灌注桩加固地基,再设置钢筋混凝土箱形基础(地下室),上部为钢筋混凝土框架柱、梁、板及剪力墙,外墙120mm厚砖墙,贴200mm加气块保温,内墙部分为轻质隔墙;屋面为水泥加气块保温,SBS防水。

(2) 建筑装修

1) 外装修

外墙高级瓷砖贴面,局部玻璃幕墙,铝合金双层中空玻璃窗,底层出入门采用全自动玻璃门。

2) 内装修

大厅:大厅花岗石贴面,高级大理石贴面,顶棚为艺术吊顶。

电梯厅:花岗石地面、大理石墙面,石膏板艺术吊顶。

走廊:地面花岗石贴面,墙面贴高级壁纸,石膏板吊顶。

房间:全玻璃户门带锁,室内水泥砂浆,墙面部墙壁,矿棉板吊顶;每层设置卫生间,高级装修,配置高档卫生洁具。

9层为公司办公用房,设全玻璃户门,轻钢龙骨石膏板隔断,地面铺设地毯,墙面贴壁纸。

客户用房内装修由客户根据自身业务需求,自行装修。

3) 配套设施

室内给水、排水、电气、供暖、消防、通信等设施齐全。全楼配有电梯3部,设有美国VOVER系统、中央空调、YORK系统、双路供电系统、直拨程控电话系统、自动喷淋消防设施等。

4) 区域环境

江陵大厦位于××市庆阳区建华路,地处该市东部繁华地段边缘,距离大厦不远处是某市东部的商业中心、经济中心,那里高楼大厦密集。附近较大的宾馆有国盛大厦、成信大厦、广安中心、都市饭店、泰山饭店、万利酒店、长岭饭店等。商业服务设施有较大的购物中心、商品展览中心、家乐福超市等,购物很方便;教育设施也很发达,附近有小学、实验外国语中学等学校;医疗设施也很齐全,附近有多家医院;金融设施有中国建设银行、中国工商银行、交通银行、中国农业银行等。该地区给水、排水、电气、热力、天然气、通信、道路以及场地平整等七通一平，配套设施齐全。

委估建筑位于某市庆阳区中心地段，距离主要大街约200m。这里离机场仅20km，驱车20分钟即可到达，距火车站只有8km。门前公交线路密集，大厦门前距离约20m附近即为公交车站，有300路、302路、367路、379路、400路、401路、403路、623路、934路等公交车由此经过，通往四面八方。综述，委估建筑所在地域交通极为方便，地理位置优越。

2. 评估方法选择

江陵大厦自建成以后一直用于对外租赁，租满率较高。因为老客户多，多数是长期租赁客户，故租金比同地段、同档次的写字楼偏低，但经济效益尚好，租金收支账面记载清楚，故决定采用收益法进行评估。但是我们仍然采用市场法来分析委估建筑租金市场价格的总体情况，供租金收益价值评估时计算参考。

此次评估，我们对估价对象周边同类型用于租赁经营的写字楼进行了正常租金水平的调查和了解，并对目前估价对象的租赁情况进行了统计，分别估算委估对象在租赁期内的净租金收入。委估房屋建筑物为写字楼，其用途为对外出租，本次评估的租金收益采用大厦的历史账面租金并结合目前市场租金水平进行确定，历史账面租金按照大厦的租金报表（包括后五年的租金预测）进行确定，市场租金采用市场比较法进行评估，然后进行两者的对比分析。

3. 市场平均租金的确定

（1）市场实例收集

本次社会平均租金的计算，均在委估建筑周边进行了调查，收集了同区段、同类型的实例3则，3个参照物的概况如下。

参照物1——国盛大厦：甲级涉外智能型写字楼，地上20层，地下2层。该楼位于××市朝阳路，紧靠主要大街，位置较好，交通方便，房屋造型及结构布局、各类设施均优于委估建筑，系现代化写字楼，房屋建筑面积91 569m^2，租金约3.6元/(m^2·日)。

参照物2——成信大厦：甲级写字楼，地上18层，地下2层。该楼位于某市北马路一侧，建于1997年，该建筑位置优越，交通方便，房屋造型、布局及配套设施和委估建筑相似，房屋建筑面积约30000m^2，租金约2.75元/(m^2·日)。

参照物3——广安中心：甲级写字楼，地上22层，地下2层。该楼位于某市青云路，紧靠青云路路边，位置较好，交通方便。房屋造型及结构布局、各类设施均优于委估建筑，系现代化写字楼，房屋建筑面积约10000m^2，租金约3.15元/(m^2·日)。

委估建筑及参照物的状况经整理后，如表3-1所示（表内内容只作概要性说明）。

写字楼状况　　　　　　　　　　　　　　　表3-1

建筑名称	江陵大厦	国盛大厦（参1）	成信大厦（参2）	广安中心（参3）
租金价格[元/(m^2·日)]	待定	3.6	2.75	3.15
建筑位置	庆阳区建华路	庆阳区朝阳路36号	庆阳区北马路甲2号	庆阳区青云路

续表

建筑名称		江陵大厦	国盛大厦（参1）	成信大厦（参2）	广安中心（参3）
区域位置		庆阳区中段	庆阳区北段	庆阳区北路	庆阳区南段
评估基准日		2008年8月31日	2008年8月31日	2008年8月31日	2008年8月31日
写字楼等级		甲级	甲级	甲级	甲级
租赁方式		按年包租	按年包租	按年包租	按年包租
物业用途		写字楼	写字楼	写字楼	写字楼
区域因素	繁华程度	离主路较远，繁华程度一般	靠近主路，繁华程度较好	离主路较近，繁华程度较好	离主路较远，繁华程度较好
	交通条件	距离公交车站较远	距离公交车站较近	距离公交车站较近	距离公交车站较近
	基础设施	七通一平完善	七通一平完善	七通一平完善	七通一平完善
	公共配套	齐全	齐全	齐全	齐全
	环境条件	较好	尚好	一般	一般
个别因素	建筑结构	框剪15层	框剪20层	框剪18层	框剪22层
	建筑装修	较高级，房屋造型一般	高级、造型美观	较高级、造型一般	较高级，造型美观
	建筑功能配套	水、电、通信配套齐全、有电梯、中央空调、自动消防等	水、电、通信配套齐全、有电梯、中央空调、自动消防等	水、电、通信配套齐全、有电梯、中央空调、自动消防等	水、电、通信配套齐全、有电梯、中央空调、自动消防等

(2) 市场法平均租金计算

根据上述委估建筑和参照物的状况进行比较，求得委估建筑在评估基准日的市场平均租金，其计算方法及计算过程如表3-2所示。

市场法租金评估计算　　　　　表3-2

建筑名称		江陵大厦	国盛大厦（参1）		成信大厦（参2）		广安中心（参3）	
租金价格[元/（m²·日）]		待定	3.6		2.75		3.15	
写字楼等级		100	100		100		100	
租赁方式		100	100		100		100.00	
物业用途		100	100		100.00		100.00	
区域因素	繁华程度	25	2.00	27.00	3.00	28.00	1.00	26.00
	交通条件	25	4.00	29.00	3.00	28.00	3.00	28.00
	基础设施	20	0.00	20.00	0.00	20.00	0.00	20.00
	公共配套	20	0.00	20.00	0.00	20.00	0.00	20.00
	环境条件	10	-2.00	8.00	-1.00	9.00	-1.00	9.00
	综合系数	100	4.00	104.00	5.00	105.00	3.00	103.00

续表

建筑名称		江陵大厦	国盛大厦（参1）		成信大厦（参2）		广安中心（参3）	
个别因素	建筑结构	25	3.00	28.00	1.00	26.00	1.00	26.00
	建筑装修	35	3.00	38.00	1.00	36.00	1.00	36.00
	建筑功能配套	40	2.00	42.00	0.00	40.00	0.00	40.00
	综合系数	100	8.00	108.00	2.00	102.00	2.00	102.00
综合系数	综合对比系数 C_b	1	104/100 × 108/100 = 1.1232		105/100 × 102/100 = 1.0710		103/100 × 102/100 = 1.0506	
	综合计算系数 C_i	1	0.8903		0.9337		0.9518	

表中　　　　　综合计算系数 C_i = 1/综合对比系数 C_b

例如　　　　　$C_1 = 1/1.1232 = 0.8903$

根据表3-2对比条件系数的计算，最后求得委估建筑与3个参照物对比的综合计算系数 C_1、C_2、C_3 为：

$$C_1 = 0.8903；C_2 = 0.9337；C_3 = 0.9518$$

根据 C_1、C_2、C_3 求得委估建筑对应的市场租金分别为 Z_1、Z_2、Z_3，则

$$Z_1 = 3.6 \times 0.8903 = 3.21 \text{元}/(\text{m}^2 \cdot \text{日})$$
$$Z_2 = 2.75 \times 0.9337 = 2.57 \text{元}/(\text{m}^2 \cdot \text{日})$$
$$Z_3 = 3.15 \times 0.9518 = 3.00 \text{元}/(\text{m}^2 \cdot \text{日})$$

根据上述对比计算，已求得委估建筑由3个参照物所确定的市场租金，而委估建筑最后确定的市场平均租金 Z 可由 Z_1、Z_2、Z_3 的算术平均值来确定，即：

$$Z = (Z_1 + Z_2 + Z_3)/3 = 2.92 \text{元}/(\text{m}^2 \cdot \text{日})$$

经评估计算，求得委估建筑的市场平均租金为 2.92 元/(m²·日)

(3) 租金分析

从报表的历史租金水平来看，大厦的租金略低于目前周边同类型写字楼的租金水平，其原因是委估建筑地处××市主要街道东面的背街位置，建造房屋时，该地域较荒僻，连道路都没有，现在由于逐年开发，地理环境已有了很大改变，刚建成了建华路、兴业路，但其位置始终背离主要街道。由于大厦地处繁华地段的边缘，其租金与离市中心地段较近的写字楼租金相比，仍然缺乏竞争力。随着城市建设逐步推进，委估建筑的周边条件将越来越好，未来租金亦将会逐步上涨，上涨潜力很大，预测在未来5年内能够达到目前市场平均租金为 2.92 元/(m²·日) 的水平，如表3-5所示，在5年以后分阶段稳定或逐年增长。因此，本次评估仍采用收益法来评估租金的收益价值。

4. 收益法租金评估计算

(1) 租金收益评估计算公式

委估对象的用途为写字楼租赁，属收益性房地产，故采用收益法进行评估作价。根据本章第二节列示的计算公式，本次评估所涉及的评估计算公式共有3个，分别为公式(3-1-2)、公式(3-4-2)、公式(3-6-3)。

其中关于 a_i 的计算公式有公式（3-8-1）、公式（3-8-2）、公式（3-8-4）。

（2）房地产年总收益的确定

资产占有方已向评估单位出示了历史租金、未来租赁预测报表和部分租赁合同，经审阅认为报表填报的各类数据真实可靠。现将租金收支状况和预测列于表 3-3。

租金收支状况   表 3-3

资产占有单位：江陵大厦   单位：万元

项目名称		前三年统计			后五年预测				
		2005	2006	2007	2008	2009	2010	2011	2012
主营租金收支	年满租金额	561.80	587.81	540.99	568.04	624.84	676.24	702.25	759.47
	平均出租率（%）	89.77	73.66	64.69	98.00	95.00	95.00	95.00	95.00
	年实际租金额	504.34	432.99	349.94	556.68	593.60	642.43	667.14	721.50
	主营成本支出	346.88	289.18	320.60	327.88	333.70	339.74	346.04	352.60
	主营毛利润	157.46	143.81	29.34	228.80	259.90	302.69	321.10	368.90
副营收支	副营收入	223.91	195.59	172.04	200.59	194.45	194.45	194.45	194.45
	副营成本支出	146.51	120.59	134.67	137.97	140.57	143.29	146.12	149.07
	副营毛利润	77.40	75.00	37.37	62.62	53.88	51.16	48.33	45.38
税金		86.39	82.63	76.45	83.86	85.40	87.84	89.08	91.80
毛利润合计		148.47	136.18	-9.74	207.56	228.38	266.00	280.34	322.48
所得税（25%）		37.12	34.05	-2.44	51.89	57.09	66.50	70.09	80.82
净利润		111.35	102.14	-7.31	155.67	171.28	199.50	210.26	241.86

（3）资本化率

本次评估的投资收益率采用安全利率加风险调整值方法计算。取一年期定期存款利率作为安全利率，考虑该估价对象目前地理位置优越，历史租满率较高，其收益的保障程度较高，风险相对较小，但风险利率也不宜太高，综合风险调整因素，确定资本化率为 7%。

（4）房地产收益年期的确定

该房屋建筑于 2005 年 8 月竣工使用，经济使用年限 60 年，土地系国家出让土地，已办理了土地出让手续，自 2004 年 8 月 31 日至 2054 年 8 月 30 日，出让年期 50 年，《房地产估价规范》GB/T 50291—1999 规定，当土地使用年限和房屋寿命年限不相同且土地使用年限小于房屋寿命年限时，评估时取其土地使用年限，所以评估使用年限取 50 年。至评估基准日 2009 年 8 月 31 日已使用约 4 年，剩余年限近似取 46 年。

（5）房地产评估计算

本例的全部计算数据如表 3-4 所示。

1）计算前五年的收益值

设资本化率 $r = 7\%$ 不变，a_i 前五年不规则变化。

采用公式（3-1-2）计算：

第一年

$$V_1 = \frac{155.67}{1+7\%} = 145.49 \text{ 万元}$$

第二年
$$V_2 = \frac{171.28}{(1+7\%)^2} = 149.66 \text{ 万元}$$

第三年
$$V_3 = \frac{193.50}{(1+7\%)^3} = 162.85 \text{ 万元}$$

第四年
$$V_4 = \frac{210.26}{(1+7\%)^4} = 160.41 \text{ 万元}$$

第五年
$$V_5 = \frac{241.86}{(1+7\%)^5} = 172.44 \text{ 万元}$$

前五年纯收益 $V_{1\sim5} = 145.49 + 149.66 + 162.85 + 160.41 + 160.41$
$= 790.79 \text{ 万元}$

2）第六年至第十年收益计算

第六年至第十年收益率不变，期初租金纯收益 a_6 按 a_5 计算，应为 241.86 万元，$i = 6\sim10$，至本收益年期期末的总年期 $t = 10$ 年，已过去的年期 $t_i = 5$ 年。

本收益年期的计算年数　　$t - t_i = 10 - 5 = 5$ 年

采用公式（3-4-2）计算：

$$V_{6\sim10} = \frac{a_{t_i}}{r(1+r)^{t_i}}\left[1 - \frac{1}{(1+r)^{t-t_i}}\right]$$

$$= \frac{a_6}{r(1+r)^5}\left[1 - \frac{1}{(1+r)^5}\right]$$

纯收益 a_6 的确定
$$a_6 = a_5 = 241.86 \text{ 万元}$$

$$V_{6\sim10} = \frac{241.86}{7\% \times (1+7\%)^5} \times \left[1 - \frac{1}{(1+7\%)^5}\right]$$

$= 707.05 \text{ 万元}$

3）第十一年至第二十年收益计算

第十一年至第二十年租金收益等比增长，$k_b = 5\%$，$i = 11\sim20$，至本收益年期期末的总年期 $t = 20$ 年，已过去的年期 $t_i = 10$ 年，

本收益年期的计算年数　　$t - t_i = 20 - 10 = 10$ 年

采用公式（3-6-3）计算，计算公式为：

$$V_{11\sim20} = \frac{a_{t_i}}{(r \mp k_b)(1+r)^{t_i}}\left[1 - \left(\frac{1 \pm k_b}{1+r}\right)^{t-t_i}\right]$$

$$= \frac{a_{11}}{(r \mp k_b)(1+r)^{10}}\left[1 - \left(\frac{1 \pm k_b}{1+r}\right)^{10}\right]$$

式中　纯收益 a_{11} 应根据公式（3-8-2）计算。前一收益年期期末收益值为 268.91 万元，本收益年期第一年的增长值应为 $241.86 k_b$，则本收益年期期初纯收益应为：

$$a_{11} = 241.86(1 + k_b)$$

$$= 241.86 \times (1 + 5\%)$$
$$= 253.95 \text{ 万元}$$

$$V_{11\sim 20} = \frac{253.95}{(7\% - 5\%) \times (1 + 7\%)^{10}} \times [1 - (\frac{1 + 5\%}{1 + 7\%})^{10}] = 1109.91 \text{ 万元}$$

4）第二十一年至第二十五年收益计算

第二十一年至第二十五年租金收益不变，$i = 21 \sim 25$，至本收益年期期末的总年期 $t = 25$ 年，已过去的年期 $t_i = 20$ 年。

本收益年期的计算年数　　　$t - t_i = 25 - 20 = 5$ 年

采用公式（3-4-2）计算，计算公式为：

$$V_{21\sim 25} = \frac{a_{t_i}}{r(1+r)^{t_i}}[1 - \frac{1}{(1+r)^{t-t_i}}]$$

$$= \frac{a_{21}}{r(1+r)^{20}}[1 - \frac{1}{(1+r)^{5}}]$$

纯收益 a_{21} 应按照公式（3-8-4）确定。前一收益年期期初收益值为 253.95 万元，年期为 10 年，本收益年期期初纯收益应为

$$a_{21} = 253.95 \times (1 + 5\%)^{10-1} = 393.96 \text{ 万元}$$

$$V_{21\sim 25} = \frac{393.96}{7\% \times (1 + 7\%)^{20}} \times [1 - \frac{1}{(1+7\%)^{5}}]$$

$$= 414.73 \text{ 万元}$$

5）第二十六年至第三十三年收益计算

第二十六年至第三十三年租金收益等比增长，$k_b = 5\%$，$i = 26 \sim 33$，至本收益年期期末的总年期 $t = 33$ 年，已过去的年期 $t_i = 25$ 年。

本收益年期的计算年数　　　$t - t_i = 33 - 25 = 8$ 年

采用公式（3-6-3）计算，计算公式为：

$$V = \frac{a_{t_i}}{(r \mp k_b) \times (1+r)^{t_i}}[1 - (\frac{1 \pm k_b}{1+r})^{t-t_i}]$$

$$= \frac{a_{26}}{(r-k)(1+r)^{25}}[1 - (\frac{1+k}{1+r})^{8}]$$

纯收益 a_{26} 应按照公式（3-8-2）确定。前一收益年期期初收益值为 393.96 万元，本收益年期第一年的收益值应为 393.96（$1+k_b$），本收益年期期初纯收益值应为：

$$a_{26} = 393.96 \times (1 + 5\%) = 413.96 \text{ 万元}$$

$$V_{26\sim 33} = \frac{413.96}{(7\% - 5\%) \times (1 + 7\%)^{25}} \times [1 - (\frac{1 + 5\%}{1 + 7\%})^{8}] = 533.93 \text{ 万元}$$

6）第三十四年至第四十六年收益计算

第三十四年至第四十六年租金收益不变，$i = 34 \sim 46$，至本收益期期末的总年期 $t = 46$ 年，已过去的年期 $t_i = 33$ 年。

本收益年期的计算年数　　　$t - t_i = 46 - 33 = 13$ 年

采用公式（3-4-2）计算，计算公式为：

$$V_{34\sim 46} = \frac{a_{t_i}}{r(1+r)^{t_i}}[1 - \frac{1}{(1+r)^{t-t_i}}]$$

$$= \frac{a_{34}}{r(1+r)_{33}} [1 - \frac{1}{(1+r)^{13}}]$$

纯收益 a_{34} 应按照公式（3-8-4）确定，前一收益年期期初收益值为 413.66 万元，年期为 8 年，本收益年期期初收益值应为：

$$a_{34} = 413.66 \times (1+5\%)^{8-1} = 582.06 \text{ 万元}$$

$$V_{34 \sim 46} = \frac{582.06}{7\% \times (1+7\%)^{33}} \times [1 - \frac{1}{(1+7\%)^{13}}]$$
$$= 521.66 \text{ 万元}$$

7) 房屋建筑收益总值计算

房屋建筑收益

$$Z = 790.79 + 709.05 + 1109.91 + 414.73 + 533.93 + 521.66$$
$$= 4080.77 \text{ 万元}$$

现将租金收益价值的评估计算参数及计算结果归纳成表，如表 3-4 所示。

房地产租金收益价值计算   表 3-4

单位：万元

参数数名称		收益法计算数据设定									
	收益期段	1	2	3	4	5	6	7	8	9	10	合计
年期状况	t_i——本收益年期以前已收益年期	0	1	2	3	4	5	10	20	25	33	
	t——至本收益年期期末的总年期	1	2	3	4	5	10	20	25	33	46	
	$t-t_i$——本年期的收益年数	1	1	1	1	1	5	10	5	8	13	
选用计算公式	租金变化情况	租金收益有变化	租金收益有变化	租金收益有变化	租金收益有变化	租金收益有变化	租金收益不变	租金收益等比增长	租金收益不变	租金收益等比增长	租金收益不变	
	选用公式编号	3-1-2	3-1-2	3-1-2	3-1-2	3-1-2	3-4-2	3-6-3	3-4-2	3-6-3	3-4-2	
租金计算参数	a_i——年租金纯收益（表列数据指本期段第一年的纯收益）	155.67	171.28	199.50	210.26	241.86	241.86	253.95	393.96	413.66	582.06	
	r——资本化率（固定收益率）	7%	7%	7%	7%	7%	7%	7%	7%	7%	7%	
	k_b——租金逐年等比增长比例	—	—	—	—	—	—	5%	—	5%	—	
评估值（万元）		145.49	149.60	162.85	160.41	172.44	707.05	109.91	417.43	533.93	521.66	4080.77

5. 评估结果

经评估计算，本次委估建筑工程项目的评估值为 4080.77 万元。

附表

本附表包括有主营收入表、主营支出表、副营收入表、副营支出表、税费支出表和逐年租金状况统计表等 6 种表格，其内容详见表 3-5～表 3-10。这 6 种表格均为租金收益计算中不可缺少的数据依据表格，故列示在附表中供查证。

主营收入　　　　　　　　　　　　　　　表 3-5

租金价值计算		前三年租金收入状况			后五年租金收入预测				
		2005 年	2006 年	2007 年	2008 年	2009 年	2010 年	2011 年	2012 年
主营租金收支	租金价格 [元/(m²·日)]	2.16	2.26	2.08	2.18	2.40	2.60	2.70	2.92
	租金价格 [元/(m²·年)]	777.6	813.6	748.8	786.24	864.86	936.00	972.00	1051.20
	建筑总面积（m²）	9633	9633	9633	9633	9633	9633	9633	9633
	可租赁面积	7224.75	7224.75	7224.75	7224.75	7224.75	7224.75	7224.75	7224.75
	租赁面积（m²）	6822.65	6822.65	6822.65	6822.65	6822.65	6822.65	6822.65	6822.65
	年满租金总收入（万元）	561.80	587.81	540.99	568.04	624.84	676.24	702.25	759.47
	实际年收入（万元）	504.34	432.99	349.94	556.68	593.60	642.43	667.14	721.50
	平均出租率（%）	90	74	65	98.00	95.00	95.00	95.00	95.00

主营支出　　　　　　　　　　　　　　　表 3-6

主营成本支出项目		前三年租金支出状况			后五年租金支出预测				
		2005 年	2006 年	2007 年	2008 年	2009 年	2010 年	2011 年	2012 年
主营成本支出项目	管理费	37.45	36.91	52.97	48.30	49.75	51.24	52.78	54.37
	员工工资	45.33	52.32	57.96	62.59	65.72	69.01	72.46	76.08
	福利费	3.26	3.97	4.44	4.79	5.03	5.28	5.54	5.82
	设备设施折旧	196.95	135.47	140.37	144.90	144.90	144.90	144.90	144.90
	维护修理费	32.81	29.51	33.84	35.88	36.60	37.33	38.07	38.84
	职工劳保基金	3.94	4.55	5.04	5.44	5.72	6.00	6.30	6.62
	财产保险费	6.33	5.64	5.17	5.17	5.17	5.17	5.17	5.17
	其他支出	20.81	20.81	20.81	20.81	20.81	20.81	20.81	20.81
	合计	346.88	289.18	320.60	327.88	333.70	339.74	346.04	352.60

副营收入　　　　　　　　　　　　　　　表 3-7

副营项目	前三年副营收入状况			后五年副营收入预测				
	2005 年	2006 年	2007 年	2008 年	2009 年	2010 年	2011 年	2012 年
维护费收入	223.91	195.59	172.04	200.59	194.45	194.45	194.45	194.45

副营支出

表3-8

副营成本支出项目	前三年副营支出状况			后五年副营支出预测				
	2005年	2006年	2007年	2008年	2009年	2010年	2011年	2012年
管理费	16.83	16.59	23.8	21.7	22.35	23.02	23.71	24.42
员工工资	22.14	25.55	28.3	30.57	32.09	33.7	35.38	37.15
福利费	1.47	1.79	1.99	2.15	2.26	2.37	2.49	2.62
设备设施折旧	88.48	60.87	63.06	65.1	65.1	65.1	65.1	65.1
维护修理费	14.74	13.26	15.2	16.12	16.44	16.77	17.11	17.45
职工劳保基金	0	0	0	0	0	0	0	0
其他支出	2.85	2.53	2.32	2.33	2.33	2.33	2.33	2.33
合计	146.51	120.59	134.67	137.97	140.57	143.29	146.12	149.07

税费支出

表3-9

项目名称	前三年税费支出状况			后五年税费支出预测				
	2005年	2006年	2007年	2008年	2009年	2010年	2011年	2012年
房产税	45.34	45.82	45.82	46.00	46.00	46.00	46.00	46.00
营业税	41.05	36.81	30.63	37.86	39.40	41.84	43.08	45.80
合计	86.39	82.63	76.45	83.86	85.40	87.84	89.08	91.80

逐年租金状况统计

表3-10

租赁单位	2005年				2006年				2007年			
	租金总额	租赁面积(m^2)	租赁天数	租金单价[元/(m^2·日)]	租金总额	租赁面积(m^2)	租赁天数	租金单价[元/(m^2·日)]	租金总额	租赁面积(m^2)	租赁天数	租金单价[元/(m^2·日)]
阿鲁克幕墙	84106.33	90	360	2.60	89386.20	90	360	2.76	89386.20	90	360	2.76
志扬创新	82560.22	95	360	2.41	82561.50	95	360	2.41	82561.50	95	360	2.41
希尔顿金卡	68682.35	72.6	360	2.63	72309.60	72.6	360	2.77	72309.60	72.6	360	2.77
安邦财险	129168.34	278.69	240	1.93	229876.88	278.69	360	2.29	136558.10	278.69	240	2.04
爱美高	150605.84	189.55	240	3.31	169654.18	189.55	360	2.49	169431.60	189.55	360	2.48
市政外联	128580.84	107.88	360	3.31	53575.35	107.88	150	3.31				
台盐多宝	7579.70	20	200	1.89	18367.49	20	360	2.55	8200.00	20	169	2.43
蓝洛科技									62118.00	107.88	233	2.47
赵英爱财务									9696.77	20	191	2.54
北京标国	606234.95	821.65	360	2.05	643182.83	821.65	360	2.17	660606.60	821.65	360	2.23
安邦财险	590664.00	796.89	360	2.06	590664.00	796.89	360	2.06	320736.9	796.89	196	2.05
亚商在线	749574.41	846.39	360	2.46	729830.57	846.39	360	2.40	560747.03	846.39	360	1.84
亚商在线	676026.51	846.39	270	2.96	729830.56	846.39	360	2.40	560747.03	846.39	360	1.84

续表

租赁单位	2005年				2006年				2007年			
	租金总额	租赁面积(m²)	租赁天数	租金单价[元/(m²·日)]	租金总额	租赁面积(m²)	租赁天数	租金单价[元/(m²·日)]	租金总额	租赁面积(m²)	租赁天数	租金单价[元/(m²·日)]
软通动力	1187765.48	1641.61	360	2.01	909408.81	1641.61	270	2.05				
亚商在线									639870.84	846.39	360	2.10
中旅特种部	277243.82	358	360	2.15	292918.48	358	360	2.27	292176.00	358	360	2.27
锐科互联	217140.00	265	360	2.28	236880.00	265	360	2.48	217140.00	265	360	2.28
希杰食品	738744.00	1024.39	360	2.00	197209.00	1024.39	90	2.14				
优赞互动									139420.33	215	315	2.06
四川瑞登									58059.68	142	193	2.12
国际希尔顿									49880.00	229	150	1.45
合计	5043393.17	6600.32	360	2.12	4329924.25	6600.32	360	1.82	3499384.41	5366.71	360	1.81

三、采用回收系数测定租金回收价格实例

【例3-5】 写字楼租金回收测定

1. 概况

有一写字楼,钢筋混凝土框架结构,地下1层,地上11层,地下建筑面积473.83m²,地上建筑面积5686.25m²,于2009年6月竣工。用于出租。

该建筑装修为中级,中空玻璃塑钢大玻窗,室内门未做,门厅为自动玻璃门;门厅及电梯厅地面贴花岗石,墙面铝塑板贴面,石膏板吊顶;房间9m×9m开间,未做隔断,过道、室内均做石棉板吊顶,走廊地面玻化砖,室内地面水泥砂浆抹面。有电梯、中央空调,水、暖、电、通信设施完善。

2. 评估目的

系对该建筑地上部分进行租金回收测定。

3. 评估基准日

2009年9月30日

4. 评估计算

(1) 重置价值计算

经评估计算,该建筑单方造价为3056元/m²(测定过程省略),前期和其他费用率7.8%,工期2年,资金成本取两年期银行贷款利率5.4%。

$$重置单价 = 3056 \times (1 + 7.8\%) \times (1 + 5.4\%)$$
$$= 3472.27 \text{元}/m^2$$
$$重置价值 = 3472.27 \times 5686.25$$
$$= 19744195 \text{元}$$

(2) 年租金现值 a_z 计算

上述建筑物重置价值实际上是建筑物投入资金,年租金现值 a_z 实际上是房屋租赁纯

收益。

现取资金收益率为 7.2%，回收年期 20 年，则
年租金现值根据公式（3-9-6）计算：

投资回收系数 C_h　　$C_h = \dfrac{r(1+r)^n}{(1+r)^n - 1}$

$$C_h = \dfrac{7.2\% \times (1 + 7.2\%)^{20}}{(1 + 7.2\%)^{20} - 1}$$

$$= 9.59\%$$

年租金纯收益 a_z　　$a_z = 19744195 \times 9.59\% = 1893468$ 元

每平方米年租金纯收益（a_d）

$$a_d = \dfrac{1893468}{5686.25} = 332.99 \text{ 元}/(m^2 \cdot \text{年})$$

（3）实际租金（Z_j）计算

由于房屋租赁有空置率、管理费和税费，所以实际资金纯收益达不到计算数值，因此必须考虑空置率、管理费和税费的因素求取实际的租金价格。

1）空置率、管理费、税费设定

房屋租赁空置率、管理费、税费的设定如表 3-11 所示。

空置率、管理费、税率　　　　　　　　　表 3-11

成本支出费率	税费	所得税	空置率
22%	11%	25%	12%

2）实际年租金（$Z_{j年}$）计算

$$Z_{j年} = \dfrac{332.99}{(1 - 12\%) \times (1 - 25\%) \times (1 - 22\% - 11\%)} = 753.03 \text{ 元}/(m^2 \cdot \text{年})$$

3）实际日租金（$Z_{j日}$）计算

$$z_{j日} = \dfrac{753.03}{365} = 2.06 \text{ 元}/(m^2 \cdot \text{日})$$

该写字楼日租金最低值为 2.06 元/($m^2 \cdot$ 日)，租期 20 年可以获得 7.2% 的收益率，可以收回房屋的本金。

第五节　收益法在经营性房屋估价中的应用

一、经营性房地产概况

1. 经营性房地产的资产类型

经营性房地产一般指以房地产作为经营载体进行资产运营取得经济效益的房屋建筑，这些房屋建筑有可能是一幢房屋，也可能是多个房屋的群体。是一个还是多个，主要根据资产运营功能的配套情况而定。评估经营性房屋，是指在一个运营项目中共同参与运作的房屋资产整体，其中包括经营的主建筑和配套的辅助建筑；也包括配套的室外工程，如室外配套的道路、围墙、免费停车场、绿化、景点，还有室外给水、排水、电气、供暖、通

信等。但应当说明的是，一个整体的经营性资产，指的是在一个运营项目中参与经营的所有运营项目，而不是一个企业的整体。一个企业可能有多个经营性实体，还有许多非经营性的建筑物和构筑物，应当按评估要求分别进行资产评估。

我们经常碰到的经营性房地产主要有宾馆（或旅店）、饭店、酒店、商场等，它们的经营项目虽然有所区别，但它们都是利用房地产特有的自然环境进行经营运作获取利润。同样的商品在自然环境不同的商场经营，其效益很可能差别很大，而房地产的真正价值正是通过以房地产作为运营资产在不同运营环境下运作所产生的经营收益体现出来的。这就体现了用收益法进行房地产估价的意义所在。

2. 经营性房地产的经营内容

（1）宾馆（或旅店）

宾馆（包括宾馆式饭店）的经营效益主要是通过各种经营实体的经营效益累加所得。宾馆或旅店的主要区别是，旅店的经营项目单一，旅店主要是客房服务，经营规模也小；宾馆的经营内容比较多。它们分很多档次，一般称作星级，普通的旅店和不够星级的宾馆一般都称作普通旅馆；够星级标准的宾馆，星级从一星直到五星，不同星级表示宾馆的档次不一样，自然经营项目和经营内容亦不一样，且宾馆的装修和设施标准也不一样。一般情况，宾馆的经营项目大致包括：主营项目有客房业务，副营项目大致有餐饮、卡拉OK、桑拿、游泳、健身、足疗、保龄球、台球等，其他营业项目大致有小商店、代客服务等。不同的星级宾馆所经营的项目和经营档次有很大区别，星级越高经营的副营项目越多，服务档次也越高，房屋装修的档次和豪华程度也越高。

（2）饭店、酒店

饭店、酒店这里指的是以餐饮为主要经营项目的房屋建筑物，它们的档次差别也很大，有普通档次的，也有一星至五星档次的，档次越高越豪华，菜肴的档次、质量、价格标准从普通到高级差别很大。收益的主营项目是餐饮经营。餐饮的档次不同，设立的房间类型也不同，有的餐厅除设立大众化或豪华的大餐厅外，还设立不同档次的大、小包间，餐饮档次高的包间，装修标准亦豪华。它们的副营项目没有宾馆那么多，一般情况，只设立卡拉OK厅，供客人饭后娱乐。有的饭店也设立少量客房，客房基本上都是标准间。其他营业项目一般少见。

（3）商场、商店

商场、商店是指以商品为主要经营内容的房屋建筑物，它们的档次差别也很大，有豪华档次的，也有普通档次的。收益的主营项目是商品经营。商店的档次不同，设施标准是不一样的，比如大的商场一般都是几层楼，都要设立电梯、中央空调等，营业厅的装修标准也较豪华，服务也比较周到；普通的商场或商店就没有电梯和中央空调，营业厅都是普通装修，服务水平一般。不同档次的商店商品价格也不一样，有的差别相当悬殊。

二、经营性房地产收益价值计算方法概述

经营性房地产收益价值也是根据资产占有方的前三年的成本资金流量、利润报表和后五年的成本利润预测表来确定的。收入项目主要是主营、副营和其他经营收益，支出项目主要有经营管理费、员工工资、劳保福利费、保险费、设备折旧费等经营性支出以及国家收取的各类税费、所得税等。

经营性房地产经营的收益现值主要根据经营性实体在房屋经营期的收益变化选用不

同的计算公式进行计算，由于市场经济的变化直接影响到宾馆的经营收益，所以要做好市场的社会调查和预测工作，根据市场变化规律做出评估方案，然后选择适当公式进行计算。

经常遇到有多个经营实体收益的房地产项目，不同的经营实体处于不同的经营环境，经营的对象各不相同，它们的收益率必然有差别，在这种情况下，各个经营实体应分别进行作价评估。例如宾馆、多种经营的房地产项目等，其经营实体一般都是比较多的，最好不要用一个收益率和相同的纯利润去对各种经营实体作价评估。

对未来五年的收益预测，一般根据预测表数据分别计算，五年以后的收益变化，建议将总收益年期分几个阶段进行设定计算，一般按收益率保持不变、收益率等比例增长、收益率等额增长三种情况进行选择。有些评估人员不管任何情况都采用一个阶段、无限期收益的假设似乎不合理，与事物发展规律不符，应尽量避免。下节将列举一个综合性案例，对多个经营收益实体的宾馆进行收益现值的计算、分析，为保持评估实例整个计算程序的完整性，计算实例基本上保持了全文内容，并增加了收益价值的分析。

第六节 评估案例——凤祥宾馆收益评估

案例中评估所采用的数据及参数只为举例所用，仅供参考，实际情况可能比案例情况更为复杂，请评估人员按实际情况选择参数。为保持本案例估价过程的完整性，并为估价人员能够在星级宾馆收益法估价中得以借鉴，本案例的估价过程力求叙述完善，内容详尽。

一、宾馆概况

1. 总体概况

有一凤祥宾馆，四星级。由于经营效益较好，决定用收益法对该宾馆的资产收益价值进行估价，并和重置成本评估价值进行核对。

该宾馆于 2006 年 1 月取得国有土地使用权证，土地取得方式为国有土地出让，用途商业，出让年限 40 年，原土地系某企业的行政划拨土地，后改为商用土地，但当时因土地出让金未交齐，未能及时办理国有土地使用权证，国有土地使用权证系大厦建成后于 2005 年 12 月补齐出让金才补办的手续。土地使用期限为 2006 年 1 月 1 日至 2045 年 12 月 31 日。大厦于 2005 年 11 月 30 日建成交付使用，2006 年 1 月正式启用。年评估基准日：2009 年 6 月 30 日。

本次对凤祥宾馆估价的收益现值设定为评估基准日以后 37 年的经营收益资产现值，因为土地出让期限为 2045 年 12 月 31 日，离评估基准日正好是 37 年。

该宾馆由主楼和裙楼构成，裙楼位于主楼的东侧。该楼地下 2 层，层高 3.2m，建筑面积 3296m^2；地上部分：主楼 9 层，层高 3.6m，建筑面积 7860.6m^2；辅楼 2 层，层高 3.6m，建筑面积 1603m^2，该楼总建筑面积 12759.6m^2。本次收益法评估的营业面积为建筑物地上部分，建筑面积 9463.6m^2。地下部分为免费停车场、空调机房、配电室、电梯间及大厦其他辅助用房，不单独产生收益。各层用途及建筑面积如表 3-12 所示。

收益项目楼层分配

表 3-12

序号	收益项目	楼别	楼层	建筑面积	备注
1	客房	主楼	4~8	4367.00	
2	餐饮	主楼	2、3	1746.80	
3	舞厅	主楼	9	873.40	
4	桑拿、按摩	裙楼	1	801.50	
5	保龄球、健身	裙楼	2	801.50	
	一楼自用及营业	主楼	1	873.40	
6	其中：商店		1	72.60	
7	租赁	主楼	1	71.50	
8	咖啡厅	主楼	1	84.00	
9	自用	主楼	1	645.30	
	地上部分合计			9463.60	
10	地下室配套设施			3296.00	
	总计			12759.60	

2. 建筑概况

（1）结构概况

该建筑为钢筋混凝土框架—剪力墙结构，地下部分为钢筋混凝土箱形基础，地上部分为钢筋混凝土框架剪力墙、柱、梁、板；外墙围护结构采用钢筋混凝土墙板内贴矿棉保温板，内隔墙均为240mm厚砖墙；屋面设置隔气层、水泥珍珠岩保温层、SBS防水。

（2）装修概况

大厅出入门为自动旋转门，侧门为弹簧玻璃门，房间门为高级装饰门、磁卡锁，外墙面瓷砖贴面，中间局部玻璃幕，门厅两侧局部花岗石贴面，外窗设置一玻一纱塑钢窗，门厅地面花岗石贴面、石膏板吊顶、局部铝塑板饰面，走廊均为矿棉板吊顶，卫生间为中级卫生洁具。

该建筑按客房、餐厅、舞厅、桑拿房、健身房等不同功能用途进行不同档次的装修，其中客房室内为中级装修，餐厅和舞厅为高级装修，桑拿房、健身房为普通装修。因采用收益法评估，装修与建筑造价无相关关系，因此装修具体做法不再详述。

（3）配套设施

室内给水、排水、配电、通信等配套设施齐全；全楼供暖及制冷均为中央空调提供。主楼有进口三菱客梯2部，11层、11站。全楼有双路供电系统、直拨程控电话系统；各公共场所、房间均配置有烟雾探测器、自动喷淋系统等自动消防设施。电梯间、空调机房、发电机房及配电室设置在地下一层，免费停车场设置在地下二层。

室外配套设施有道路、围墙、绿化、给水、排水、配电线路、通信线路等，配套齐全。

3. 区域概况

委估建筑地处某市东部繁华地段，高楼大厦密集，是某市东部的商业中心、经济中心。附近较大的宾馆有长岭饭店、昆仑大厦、威廉斯饭店、万利酒店等。商业服务设施有金长城购物中心、物美购物中心、家乐福超市,购物很方便;教育设施也很发达,附近有××小学、实验外国语中学等学校;医疗设施也很齐全,附近有市第二医院、齿科医院等医疗服务机构;金融设施有中国建设银行、交通银行、中国工商银行、中国农业银行等。该地区给水、排水、电气、热力、天然气、通信、道路以及场地平整等"七通一平",配套设施齐全。

委估建筑位于某市朝东区的中心地段,是某市东部的交通枢纽,这里离机场仅20km,驱车20min即可到达,距火车站只有8km。附近公交线路密集,不远有公交车站,360路、302路、367路、379路、400路、401路、403路、623路、934路等公交车由此经过,通往市区的各个方向,综述委估建筑所在地域交通极为方便、地理位置优越。

二、评估计算

凤祥宾馆有客房、餐厅、舞厅、桑拿房、健身房、商店、租赁等经营收益项目,其中主营项目为客房业务,副营项目有餐饮、舞厅、桑拿房和健身房等,其他营业项目有商店、租赁等。宾馆的总经营收益应为上述经营项目收益的总和。在本例中,由于各个收益项目的经营效益各不相同,且经营期的经营收益变化也各不相同,所以必须分别进行评估计算。本实例根据不同收益年期、不同收益类型分别选用不同的计算公式,这些公式均参照本章第二节公式(3-1)~公式(3-7-2)进行选用,其中纯收益 a_i 参照本章第二节公式(3-8-1)~公式(3-8-5)进行选用。

1. 客房收益现值计算

(1) 客房收益状况

客房收益状况由营业状况、营业收入、营业支出、收益状况等四方面内容来表示。

1) 客房营业状况

客房营业状况如表3-13所示。

客房营业状况 表3-13
层次:主楼4~8层

序号	客房名称	间数	建筑面积(m²)	标价(元/间)	实际房价(元/间)	营业毛收入(元/日)	营业毛收入(元/年)	2006年 入住率	2006年 年实际收入(元)	2007年 入住率	2007年 年实际收入(元)	2008年 入住率	2008年 年实际收入(元)
一	营业项目												
1	双人标准间	55	1347.5	328	230	12650	4617250	88%	4073800	91%	4211855	92%	4229401
2	双人普通间	40	840	288	202	8080	2949200	89%	2621544	92%	2723586	93%	2753078
3	双人豪华间	10	245	388	272	2720	992800	70%	695754	75%	749167	76%	758003
4	单人豪华间	10	245	388	272	2720	992800	77%	760882	77%	767633	77%	762272
5	普通套间	10	420	428	300	3000	1095000	75%	822236	76%	836033	77%	846764
6	豪华套间	5	122.5	600	420	2100	766500	42%	325226	46%	349217	42%	318557
7	会议室	5	122.5	650	455	2275	830375	58%	482116	59%	492578	58%	484358
二	非营业项目												
1	服务间		122.5										

续表

序号	客房名称	间数	建筑面积（m²）	标价（元/间）	实际房价（元/间）	营业毛收入（元/日）	营业毛收入（元/年）	2006年 入住率	2006年 年实际收入（元）	2007年 入住率	2007年 年实际收入（元）	2008年 入住率	2008年 年实际收入（元）
2	走廊		533										
3	公共卫生间		225										
4	电梯厅		98										
5	楼梯间		46										
	合计		4367				12243925	80%	9781558	83%	10130069	83%	10152433

2）客房营业收入状况

客房营业收入状况应为客房前三年的实际收入和后五年的预测收入，如表3-14所示。

客房营业收入状况　　　　　　　　　　　　　表3-14
层次：主楼4~8层　　　　　　　　　　　　　　单位：元

项目名称	前三年客房收入状况			后五年客房收入预测				
	2006年	2007年	2008年	2009年	2010年	2011年	2012年	2013年
双人标准间	4073800	4211855	4229401	4440871	4618506	4849431	4946420	5094813
双人普通间	2621544	2723586	2753078	2890732	3179805	3338795	3405571	3507738
双人豪华间	695754	749167	758003	795903	875493	919268	937653	965783
单人豪华间	760882	767633	762272	800386	880425	924446	942935	971223
普通套间	822236	836033	846764	889102	978012	1026913	1047451	1078875
豪华套间	325226	349217	318557	334485	367934	386331	394058	405880
会议室	482116	492578	484358	508576	559434	587406	599154	617129
合计	9781558	10130069	10152433	10660055	11459609	12032590	12273242	12641441
毛收入	12243783	12243255	12243648	12481039	13153821	13541065	13674921	13945329
平均入住率（%）	79.89	82.74	82.92	85.41	87.12	88.86	89.75	90.65

3）客房营业支出状况

客房营业支出应为客房前三年的实际支出和后五年的预测支出，如表3-15所示。

客房营业支出状况　　　　　　　　　　　　　表3-15
层次：主楼4~8层　　　　　　　　　　　　　　单位：元

客房支出项目	前三年客房支出状况			后五年客房支出预测				
	2006年	2007年	2008年	2009年	2010年	2011年	2012年	2013年
运营成本	574177	576796	584029	604470	617768	638154	638154	654746
管理费	223020	224037	226846	234786	239951	247869	247869	254314
员工工资	513532	515874	522343	540625	552519	570752	570752	585592

续表

客房支出项目	前三年客房支出状况			后五年客房支出预测			
	2006年	2007年	2008年	2009年	2010年	2011年	2012年	2013年
宣传广告费	146723	147393	149241	154464	157862	163071	163071	167311
福利费	227910	228950	231821	239935	245214	253306	253306	259892
设备设施折旧	1182590	1187984	1202881	1244982	1272372	1314360	1314360	1348533
维护修理费	215194	216176	218886	226547	231531	239172	239172	245390
职工劳保基金	315944	317385	321365	332613	339930	351148	351148	360278
财产保险费	97816	98262	99494	102976	105241	108714	108714	111541
其他支出	489078	491308	497469	514880	526207	543572	543572	557705
合计	3985984	4004165	4054375	4196278	4288595	4430118	4430118	4545302

4）客房营业收益状况

客房营业收益应为客房收入减去营业支出和各种税费，前三年的实际收益和后五年的预测收益如表3-16所示。

客房收益状况　　　　表3-16
层次：主楼4~8层　　　单位：元

项目名称		前三年统计			后五年预测			
		2006年	2007年	2008年	2009年	2010年	2011年	2012年	2013年
客房收支	年满住营业额	12243783	12243255	12243648	12481039	13153821	13541065	13674921	13945329
	平均入住率（%）	79.89	82.74	82.92	85.41	87.12	88.86	89.75	90.65
	年实际收入	9781558	10130069	10152433	10660055	11459609	12032590	12273242	12641441
	营业成本支出	3985984	4004165	4054375	4196278	4288595	4430118	4430118	4545302
	营业毛利润	5795574	6125904	6098058	6463777	7171014	7602472	7843124	8096139
税金	房产税	1173787	1215608	1218292	1279207	1375153	1443911	1472789	1516973
	教育附加费	14672	15195	15229	15990	17189	18049	18410	18962
	城市建设费	34235	35455	35534	37310	40109	42114	42956	44245
	营业税	489078	506503	507622	533003	572980	601630	613662	632072
	印花税	9782	10130	10152	10660	11460	12033	12273	12641
	合计	1721554	1782891	1786829	1876170	2016891	2117737	2160090	2224893
毛利润合计		4074020	4343013	4311229	4587607	5154123	5484735	5683034	5871246
所得税（25%）		1018505	1085753	1077807	1146902	1288531	1371184	1420759	1467812
净利润（万元）		305.5515	325.7260	323.3422	344.0705	386.5592	411.3551	426.2275	440.3434

(2) 评估计算

1）计算设定

本次客房收益评估按表3-17设定的数据进行计算。

客房收益评估计算数据　　　　　　　　　　　　　　　表 3-17

收益期段		1					2	3
计算序号		1	2	3	4	5	6	7
t_i——本收益年期以前已收益年期（年）		0	1	2	3	4	5	20
t——至本收益年期期末的计算总年期（年）		1	2	3	4	5	20	37
$t-t_i$——本收益年期的年限（年）		1	1	1	1	1	15	17
收益变化情况		收益有变化	收益有变化	收益有变化	收益有变化	收益有变化	收益不变	收益等比增长
a_i——年纯收益（表列数据指本收益年期第一年的纯收益）（万元）		344.0705	386.5592	411.3551	426.2275	440.3434	440.3434	448.2696
r——收益率		7.5%	7.5%	7.5%	7.5%	7.5%	7.5%	7.5%
k_b——收益逐年等比增长比例								1.8%
收益额（万元）	分年期	320.0656	334.5023	331.1246	319.1594	306.7250	2707.4983	1118.1089
	合计	5437.1800						

2）评估计算

根据表 3-17 所列示的数据，选用公式（3-1-2）、公式（3-4-2）、公式（3-6-3）、公式（3-8-2）对分阶段年期客房收益现值作如下计算。

阶段1　收益无规则变化

序号1

$$V_1 = \frac{344.0705}{1+7.5\%} = 320.0656 \text{ 万元}$$

序号2

$$V_2 = \frac{386.5592}{(1+7.5\%)^2} = 334.5023 \text{ 万元}$$

序号3

$$V_3 = \frac{411.3551}{(1+7.5\%)^3} = 331.1246 \text{ 万元}$$

序号4

$$V_4 = \frac{426.2275}{(1+7.5\%)^4} = 319.1594 \text{ 万元}$$

序号5

$$V_5 = \frac{440.3434}{(1+7.5\%)^5} = 306.7250 \text{ 万元}$$

阶段2　收益不变

序号6

$$a_6 = a_5 = 440.3434 \text{ 万元}$$

$$V_{6\sim 20} = \frac{440.3434}{7.5\% \times (1+7.5\%)^5} \times \left[1 - \frac{1}{(1+7.5\%)^{15}}\right]$$
$$= 2707.4983 \text{ 万元}$$

阶段3 收益等比增长

序号7

$$a_7 = a_6(1 - k_{10})$$
$$= 440.3434 \times (1 + 1.8\%)$$
$$= 448.2696 \text{ 万元}$$

$$V_{21\sim 37} = \frac{448.2696}{(7.5\% - 1.8\%) \times (1+7.5\%)^{20}} \times \left[1 - \left(\frac{1+1.8\%}{1+7.5\%}\right)^{17}\right]$$
$$= 1118.1089 \text{ 万元}$$

客房收益现值

$$V = \sum_{i=1}^{7} V_i$$
$$= 320.0656 + 334.5023 + 331.1246 + 319.1594$$
$$\quad + 306.7250 + 2707.4983 + 1118.1089$$
$$= 5437.1841 \text{ 万元}$$

2. 餐饮收益现值计算

（1）餐饮收益状况

餐饮收益状况由营业状况、营业收入、营业支出、收益状况等四方面内容来表示。

1）餐饮营业状况

餐饮营业状况如表3-18所示。

餐饮营业状况 表3-18

层次：主楼2~3层

序号	客房名称	间数	建筑面积（m²）	营业额（元/间）	实际营业额（元/间）	营业毛收入（元/日）	营业毛收入（元/年）	2006年 营业率	2006年 年实际收入（元）	2007年 营业率	2007年 年实际收入（元）	2008年 营业率	2008年 年实际收入（元）
一	营业项目												
(一)	中餐厅												
1	大餐厅	18	378	450	315	5670	2069550	88.23%	1825964	91.22%	1887844	91.60%	1895708
2	小包间	16	280	670	469	7504	2738960	88.89%	2434662	92.35%	2529430	93.35%	2556819
3	豪华间	6	210	895	627	3762	1373130	70.08%	962290	75.46%	1036164	73.35%	1007191
4	厨房	4	98										
	小计		966				6181640		5222916		5453438		5459718
(二)	西餐厅												
1	大餐厅	5	105	540	378	1890	689850	75.09%	518008	76.35%	526700	77.08%	531736
2	小包间	5	87.5	804	563	2815	1027475	72.32%	743070	73.22%	752317	75.97%	780573
3	豪华间	2	42	1074	752	1504	548960	70.67%	387950	71.09%	390256	73.86%	405462
4	厨房		28.6										

续表

序号	客房名称	间数	建筑面积（m²）	营业额（元/间）	实际营业额（元/间）	营业毛收入（元/日）	营业毛收入（元/年）	2006年 营业率	2006年 年实际收入（元）	2007年 营业率	2007年 年实际收入（元）	2008年 营业率	2008年 年实际收入（元）
	小计		263.1				2266285		1649028		1669273		1717771
二	非营业项目												
1	仓库	2	38										
2	走廊		80.8										
3	公共卫生间		40.6										
4	电梯厅		39.8										
5	楼梯间		12										
6	服务间		18										
7	大厅上部空间		288.5										
	小计		517.7										
	合计		1746.8				8447925	81.34%	6871944	84.31%	7122711	84.96%	7177489
三	咖啡厅	4	84	524	367	1468	535820	70.67%	378664	71.09%	380914	73.86%	395757
	总计		1830.8				8983745		7250608		7503625		7573246

2）餐饮营业收入状况

餐饮营业收入状况应为餐饮前三年的实际收入和后五年的预测收入，如表3-19所示。

餐饮营业收入状况 表3-19
层次：主楼2~3层 单位：元

项目名称		前三年餐饮收入状况			后五年餐饮收入预测				
		2006年	2007年	2008年	2009年	2010年	2011年	2012年	2013年
中餐厅	大餐厅	1825964	1887844	1895708	1990493	2189542	2299019	2344999	2415349
	小包间	2434662	2529430	2556819	2684660	2953126	3100782	3162798	3257682
	豪华间	962290	1036164	1007191	1057551	1163306	1221471	1245900	1283277
	小计	5222916	5453438	5459718	5732704	6019339	6320306	6636321	6968137
西餐厅	大餐厅	518008	526700	531736	558323	614155	644863	657760	677493
	小包间	743070	752317	780573	819602	901562	946640	965573	994540
	豪华间	387950	390256	405462	425735	468309	491724	501558	516605
	小计	1649028	1669273	1717771	1803660	1984026	2083227	2124891	2188638
合计		6871944	7122711	7177489	7536364	8003365	8403533	8761212	9156775
咖啡厅		378664	380914	395757	415545	436322	458138	481045	505097
总计		7250608	7503625	7573246	7951909	8439687	8861671	9242257	9661872

3) 餐饮营业支出状况

餐饮营业支出应为餐饮前三年的实际支出和后五年的预测支出，如表3-20所示。

餐饮营业支出状况　　　　　　　　　　　表3-20
层次：主楼2~3层　　　　　　　　　　　单位：元

餐饮支出项目	前三年餐饮支出状况			后五年餐饮支出预测				
	2006年	2007年	2008年	2009年	2010年	2011年	2012年	2013年
运营成本	2600793	2691550	2716523	2852350	3027316	3178681	3315198	3465713
管理费	258122	267129	269608	279044	285183	294594	294594	302253
员工工资	163139	168832	170398	176362	180242	186190	186190	191031
宣传广告费	145012	150073	151465	156766	160215	165502	165502	169805
福利费	313951	324907	327922	339399	346866	358313	358313	367629
设备设施折旧	1021611	1057261	1067070	1104417	1128714	1165962	1165962	1196277
维护修理费	145012	150073	151465	156766	160215	165502	165502	169805
职工劳保基金	234195	242367	244616	253178	258748	267287	267287	274236
财产保险费	72506	75036	75732	78383	80107	82751	82751	84903
其他支出	145012	150073	151465	156766	160215	165502	165502	169805
合计	5099353	5277301	5326264	5553431	5787821	6030284	6166801	6391457

4) 餐饮营业收益状况

餐饮营业收益应为餐饮收入减去营业支出和各种税费，前三年的实际收益和后五年的预测收益如表3-21所示。

餐饮收益状况　　　　　　　　　　　　　表3-21
层次：主楼2~3层　　　　　　　　　　　单位：元

项目名称		前三年统计			后五年预测				
		2006年	2007年	2008年	2009年	2010年	2011年	2012年	2013年
餐饮收支	年满金额	8983745	8983745	8983745	9253257	9993518	10393259	10497191	10707135
	平均营业率（%）	80.71	83.52	84.30	85.94	84.45	85.26	88.05	90.24
	年实际收入	7250608	7503625	7573246	7951909	8439687	8861671	9242257	9661872
	营业成本支出	5099353	5277301	5326264	5553431	5787821	6030284	6166801	6391457
	营业毛利润	2151255	2226324	2246982	2398478	2651866	2831387	3075456	3270415
税金	房产税	870073	637808	643726	675912	717373	753242	785592	821259
	教育附加费	10876	11255	11360	11928	12660	13293	13863	14493
	城市建设费	25377	26263	26506	27832	29539	31016	32348	33817
	营业税	362530	375181	378662	397595	421984	443084	462113	483094
	印花税	7251	7504	7573	7952	8440	8862	9242	9662
	合计	1276107	1058011	1067827	1121219	1189996	1249497	1303158	1362325
毛利润合计		875148	1168313	1179155	1277259	1461870	1581890	1772298	1908090

续表

项目名称	前三年统计			后五年预测				
	2006年	2007年	2008年	2009年	2010年	2011年	2012年	2013年
所得税（25%）	218787	292078	294789	319315	365468	395473	443075	477023
净利润（万元）	65.6361	87.6235	88.4366	95.7944	109.6402	118.6417	132.9223	143.1067

（2）评估计算

1）计算设定

本次餐饮收益评估按表3-22设定的数据进行计算。

餐饮收益评估计算数据　　　　　　　　表3-22

收益期段		1					2	3
计算序号		1	2	3	4	5	6	7
t_i——本收益年期以前已收益年期（年）		0	1	2	3	4	5	22
t——至本收益年期期末的计算总年期（年）		1	2	3	4	5	22	37
$t-t_i$——本收益年期的年限（年）		1	1	1	1	1	17	15
收益变化情况		收益有变化	收益有变化	收益有变化	收益有变化	收益有变化	收益等比增长	收益不变
a_i——年纯收益（表列数据指本收益年期第一年的纯收益）（万元）		95.7944	109.6402	118.6417	132.9223	143.1067	145.2533	184.3243
r——收益率		7.2%	7.2%	7.2%	7.2%	7.2%	7.2%	7.2%
k_b——收益逐年等比增长比例							1.5%	
收益额（万元）	分年期	89.3604	95.4070	96.3059	100.6511	101.0848	1088.9885	359.1275
	合计				1959.85			

2）评估计算

根据表3-22所列示的数据，选用公式（3-1-2）、公式（3-6-3）、公式（3-8-2）、公式（3-4-2）、公式（3-8-4）对分阶段年期餐饮收益现值作如下计算。

阶段1　收益无规则变化

序号1

$$V_1 = \frac{95.7944}{1+7.2\%} = 89.3604 \text{ 万元}$$

序号2

$$V_2 = \frac{109.6402}{(1+7.2\%)^2} = 95.4070 \text{ 万元}$$

序号3

$$V_3 = \frac{118.6417}{(1+7.2\%)^3} = 96.3059 \text{ 万元}$$

序号4

$$V_4 = \frac{132.9223}{(1+7.2\%)^4} = 100.6511 \text{ 万元}$$

序号5

$$V_5 = \frac{143.1067}{(1+7.2\%)^5} = 101.0848 \text{ 万元}$$

阶段2　收益等比增长
序号6

$$a_6 = a_5(1+k_b)$$
$$= 143.1067 \times (1+1.5\%)$$
$$= 145.2533 \text{ 万元}$$

$$V_{6\sim22} = \frac{145.2533}{(7.2\%-1.5\%) \times (1+7.2\%)^5} \times \left[1-\left(\frac{1+1.5\%}{1+7.2\%}\right)^{17}\right]$$
$$= 1088.9885 \text{ 万元}$$

阶段3　收益不变
序号7

$$a_7 = a_6(1+k_b)^{t_q-1}$$
$$= 145.2533 \times (1+1.5\%)^{17-1}$$
$$= 184.3243 \text{ 万元}$$

$$V_{23\sim37} = \frac{184.3243}{7.2\% \times (1+7.2\%)^{22}} \times \left[1-\frac{1}{(1+7.2\%)^{15}}\right]$$
$$= 359.1275 \text{ 万元}$$

餐饮收益现值 $V = \sum_{i=1}^{7} V_i$
$= 89.3604 + 95.4070 + 96.3059 + 100.6511 + 101.0848$
$+ 1088.9885 + 359.1275$
$= 1930.9252 \text{ 万元}$

3. 舞厅收益现值计算
(1) 舞厅收益状况
舞厅收益状况由营业状况、营业收入、营业支出、收益状况等四方面内容来表示。
1) 舞厅营业状况
舞厅营业状况如表3-23所示。

舞厅营业状况　　　　　　　　　　　　　　　表3-23
层次：主楼9层

序号	房间名称	间数	建筑面积(m²)	营业额(元/间)	实际营业额(元/间)	营业毛收入(元/日)	营业毛收入(元/年)	2006年营业率	2006年年实际收入(元)	2007年营业率	2007年年实际收入(元)	2008年营业率	2008年年实际收入(元)
一	营业项目												
1	歌舞大厅	20	419	180	180	3600	1314000	78.60%	1032804	80.00%	1051200	81.27%	1067888

续表

序号	房间名称	间数	建筑面积（m²）	营业额（元/间）	实际营业额（元/间）	营业毛收入（元/日）	营业毛收入（元/年）	2006年 营业率	2006年 年实际收入（元）	2007年 营业率	2007年 年实际收入（元）	2008年 营业率	2008年 年实际收入（元）
2	小包间	10	175	280	280	2800	1022000	72.87%	744731	75.00%	766500	76.38%	780604
3	豪华间	4	140	350	350	1400	511000	63.33%	323616	66.00%	337260	67.35%	344159
4	小商店	1	21.9	280	280	280	102200	55.00%	56210	57.00%	58254	59.00%	60298
二	非营业项目												
1	走廊		42										
2	公共卫生间		26										
3	电梯厅		19.5										
4	楼梯间		8										
5	服务间		22										
	合计		873.4	2470.1			2949200	73.15%	2157361	75.04%	2213214	76.39%	2252949

2）舞厅营业收入状况

舞厅营业收入应为舞厅前三年的实际收入和后五年的预测收入，如表3-24所示。

舞厅营业收入状况　　　　　　　　　　　　　表3-24
层次：主楼9层　　　　　　　　　　　　　　单位：元

项目名称	前三年舞厅收入状况			后五年舞厅收入预测				
	2006年	2007年	2008年	2009年	2010年	2011年	2012年	2013年
歌舞大厅	1032804	1051200	1067888	1121282	1233410	1295081	1320983	1360612
小包间	744731	766500	780604	819634	901597	946677	965611	994579
豪华间	323616	337260	344159	361367	397504	417379	425727	438499
小商店	56210	58254	60298	63313	69644	73126	74589	76827
合计	2157361	2213214	2252949	2365596	2602155	2732263	2786910	2870517

3）舞厅营业支出状况

舞厅营业支出应为舞厅前三年的实际支出和后五年的预测支出，如表3-25所示。

舞厅营业支出状况　　　　　　　　　　　　　表3-25
层次：主楼9层　　　　　　　　　　　　　　单位：元

舞厅支出项目	前三年舞厅支出状况			后五年舞厅支出预测				
	2006年	2007年	2008年	2009年	2010年	2011年	2012年	2013年
运营成本	242703	248987	253457	262328	272296	283732	283732	291109
管理费	76802	78790	80205	83012	86166	89785	89785	92119
员工工资	48541	49797	50691	52465	54459	56746	56746	58221
宣传广告费	43147	44264	45059	46636	48408	50441	50441	51752
福利费	93414	95832	97553	100967	104804	109206	109206	112045

续表

舞厅支出项目	前三年舞厅支出状况			后五年舞厅支出预测				
	2006年	2007年	2008年	2009年	2010年	2011年	2012年	2013年
设备设施折旧	303972	311842	317441	328551	341036	355360	355360	364599
维护修理费	43147	44264	45059	46636	48408	50441	50441	51752
职工劳保基金	69683	71487	72770	75317	78179	81463	81463	83581
财产保险费	21574	22132	22529	23318	24204	25221	25221	25877
其他支出	43147	44264	45059	46636	48408	50441	50441	51752
合计	986130	1011659	1029823	1065866	1106368	1152836	1152836	1182807

4) 舞厅营业收益状况

舞厅营业收益应为舞厅营业收入减去营业支出和各种税费，前三年的实际收益和后五年的预测收益如表3-26所示。

舞厅收益状况　　　　　　表3-26
层次：主楼9层　　　　　　单位：元

项目名称		前三年统计			后五年预测				
		2006年	2007年	2008年	2009年	2010年	2011年	2012年	2013年
主营收支	年满金额	2949200.00	2949200	2949200	3037676	3280690	3411918	3446037	3514958
	平均营业率(%)	73.15	73.15	75.04	77.88	79.32	80.08	80.87	81.67
	年实际收入	2157361.00	2213214.00	2252949.00	2365596.00	2602156.00	2732264.00	2786909.00	2870516.00
	主营成本支出	986130.00	1011659.00	1029823.00	1065866.00	1106368.00	1152836.00	1152836.00	1182807.00
	主营毛利润	1171231.00	1201555.00	1223126.00	1299730.00	1495788.00	1579428.00	1634073.00	1687709.00
副营收支	副营收入	539340.25	55303.50	563237.25	591399.00	650539.00	683066.00	696727.25	717629.00
	副营支出	269670.13	276651.75	281618.63	295699.50	325269.50	341533.50	348363.63	358814.50
	副营毛利润	269670.13	276651.75	281618.63	295699.50	325269.50	341533.50	348363.63	358814.50
税金	房产税	258883.00	265586.00	188123.00	201076.00	221183.00	232242.00	236887.00	243994.00
	教育附加	3236.00	3320.00	3320.00	3548.00	3903.00	4098.00	4180.00	4306.00
	城市建设	7551.00	7746.00	7746.00	8280.00	9108.00	9563.00	9754.00	10047.00
	营业税	107868.00	110661.00	110661.00	118280.00	130108.00	136613.00	139345.00	143526.00
	印花税	2157.00	2213.00	2213.00	2366.00	2602.00	2732.00	2787.00	2871.00
	合计	379695.00	389526.00	312063.00	333550.00	366904.00	385248.00	392953.00	404744.00
毛利润合计		1061206.13	1088680.75	1192681.63	1261879.50	1454153.50	1535713.00	1589483.63	1641779.50
所得税(25%)		265302.00	272170.00	298170.00	315470.00	363538.00	383928.00	397371.00	410445.00
净利润		79.5904	81.6511	89.4512	94.6410	109.0616	115.1785	119.2113	123.1335

(2) 评估计算

1) 计算设定

本次舞厅收益评估按表3-27设定的数据进行计算。

舞厅收益评估计算数据 表3-27

收益期段	1					2	3
计算序号	1	2	3	4	5	6	7
t_i——本收益年期以前已收益年期（年）	0	1	2	3	4	5	30
t——至本收益年期期末的计算总年期（年）	1	2	3	4	5	30	37
$t-t_i$——本收益年期的年限（年）	1	1	1	1	1	25	7
收益变化情况	收益有变化	收益有变化	收益有变化	收益有变化	收益有变化	收益等额增长	收益不变
a_i——年纯收益（表列数据指本期段第一年的纯收益）（万元）	94.6410	109.0616	115.1785	119.2113	123.1335	125.6335	185.6335
r——收益率	6.0%	6.0%	6.0%	6.0%	6.0%	6.0%	6.0%
k_c——收益逐年等额增长值（万元）						2.5	
收益额（万元） 分年期	89.2840	97.0644	96.7061	94.4265	92.0125	1416.7650	180.4263
收益额（万元） 合计	2066.6848						

2）评估计算

根据表3-27所列示的数据，选用公式（3-1-2）、公式（3-5-3）、公式（3-8-3）、公式（3-4-2）、公式（3-8-5）对分阶段年期餐饮收益现值作如下计算。

阶段1 收益无规则变化

序号1

$$V_1 = \frac{94.641}{(1+6\%)^1} = 89.2840 \text{ 万元}$$

序号2

$$V_2 = \frac{109.0616}{(1+6\%)^2} = 97.0644 \text{ 万元}$$

序号3

$$V_3 = \frac{115.1785}{(1+6\%)^3} = 96.7061 \text{ 万元}$$

序号4

$$V_4 = \frac{119.2113}{(1+6\%)^4} = 94.4265 \text{ 万元}$$

序号5

$$V_5 = \frac{123.1335}{(1+6\%)^5} = 92.0125 \text{ 万元}$$

阶段2 收益等额增长

序号6

$$a_6 = a_5 + k_c$$
$$= 123.1335 + 2.5$$

$$= 125.6335 \text{ 万元}$$

$$V_{6\sim30} = \left\{\left(\frac{125.6335}{6\%} + \frac{2.5}{6\%^2}\right) \times \left[1 - \frac{1}{(1+6\%)^{25}}\right] - \frac{2.5 \times 25}{6\% \times (1+6\%)^{25}}\right\} \times \frac{1}{(1+6\%)^5}$$

$$= 1416.7650 \text{ 万元}$$

阶段 3　收益不变

序号 7

$$a_7 = a_6 + (t_q - 1) k_c$$
$$= 126.6335 + (25 - 1) \times 2.5$$
$$= 185.6335 \text{ 万元}$$

$$V_{31\sim37} = \frac{185.6335}{6\% \times (1+6\%)^{30}} \times \left[1 - \frac{1}{(1+6\%)^7}\right]$$

$$= 180.4263 \text{ 万元}$$

舞厅收益现值

$$V = \sum_{i=1}^{7} V_i$$

$$= 89.2840 + 97.0644 + 96.7061 + 94.4265$$
$$+ 92.0125 + 1416.7650 + 180.4263$$
$$= 2066.6848 \text{ 万元}$$

4. 桑拿、按摩收益现值计算

（1）桑拿、按摩收益状况

桑拿、按摩收益状况由营业状况、营业收入、营业支出、收益状况等四方面内容来表示。

1）桑拿、按摩营业状况

桑拿、按摩营业状况如表 3-28 所示。

桑拿、按摩营业状况　　　　　　　　　　表 3-28
层次：裙楼 1 层

序号	客房名称	间数	建筑面积(m²)	人次[次/(间·日)]	预定收入[元/(间·日)]	实际收入[元/(间·日)]	营业毛收入(元/日)	营业毛收入(元/年)	2006年 客满率	2006年 年实际收入(元)	2007年 客满率	2007年 年实际收入(元)	2008年 客满率	2008年 年实际收入(元)
一	营业项目													
1	浴池、桑拿室	20	429	6	540	432	8640	3153600	80.76%	2546847	83.32%	2627580	83.87%	2644924
2	按摩室	10	175	12	960	768	7680	2803200	78.09%	2189019	80.12%	2245924	78.97%	2213687
3	休息室	4	45											
4	更衣室		35											
	小计		684											
二	非营业项目													
	走廊		42											

续表

序号	客房名称	间数	建筑面积（m²）	人次[次/(间·日)]	预定收入[元/(间·日)]	实际收入[元/(间·日)]	营业毛收入（元/日）	营业毛收入（元/年）	2006年 客满率	2006年 年实际收入（元）	2007年 客满率	2007年 年实际收入（元）	2008年 客满率	2008年 年实际收入（元）
	公共卫生间	26												
	电梯厅		19.5											
	楼梯间		8											
	服务间		22											
	小计		117.5											
	合计		801.5					5956800	79.50%	4735866	81.81%	4873504	81.56%	4858611

2）桑拿、按摩营业收入状况

桑拿、按摩营业收入应为桑拿、按摩前三年的实际收入和后五年的预测收入，如表3-29所示。

桑拿、健身营业收入状况　　　　　　　　　　　　　表3-29
层次：裙楼1层　　　　　　　　　　　　　　　　　单位：元

项目名称	前三年桑拿、按摩收入状况			后五年桑拿、按摩收入预测				
	2006年	2007年	2008年	2009年	2010年	2011年	2012年	2013年
浴池、桑拿室	2546847	2627580	2644924	2777170	3054887	3207631	3271784	3369938
按摩室	2189019	2245924	2213687	2324371	2556808	2684648	2738341	2820491
合计	4735866	4873504	4858611	5101541	5611695	5892279	6010125	6190429

3）桑拿、按摩营业支出状况

桑拿、按摩营业支出应为桑拿、按摩前三年的实际支出和后五年的预测支出，如表3-30所示。

桑拿、按摩营业支出状况　　　　　　　　　　　　　表3-30
层次：裙楼1层　　　　　　　　　　　　　　　　　单位：元

成本支出项目	前三年桑拿、按摩支出状况			后五年桑拿、按摩支出预测				
	2006年	2007年	2008年	2009年	2010年	2011年	2012年	2013年
运营成本	1764110	1815380	1809833	1900324	2090356	2194874	2238772	2305935
管理费	168597	168292	169507	175440	182107	189755	189755	194689
员工工资	106557	106364	107132	110882	115096	119930	119930	123048
宣传广告费	94717	94546	95229	98562	102307	106604	106604	109376
福利费	205063	204692	206170	213386	221495	230798	230798	236799
设备设施折旧	667284	666076	670887	694368	720754	751026	751026	770553
维护修理费	94717	94546	95229	98562	102307	106604	106604	109376
职工劳保基金	152968	152692	153794	159177	165226	172165	172165	176641

续表

成本支出项目	前三年桑拿、按摩支出状况			后五年桑拿、按摩支出预测				
	2006年	2007年	2008年	2009年	2010年	2011年	2012年	2013年
财产保险费	47359	47273	47614	49280	51153	53301	53301	54687
其他支出	94717	94546	95229	98562	102307	106604	106604	109376
合计	3396089	3444407	3450624	3598543	3853108	4031661	4075559	4190480

4) 桑拿、按摩营业收益状况

桑拿、按摩营业收益应为桑拿、按摩收入减去营业支出和各种税费，前三年的实际收益和后五年的预测收益如表3-31所示。

桑拿、按摩收益状况　　　　　　　　表3-31
层次：裙楼1层　　　　　　　　单位：元

项目名称		前三年统计			后五年预测				
		2006年	2007年	2008年	2009年	2010年	2011年	2012年	2013年
桑拿、按摩收支	年满营业金额	5956800	5956800	5956800	6135504	6564989	6827589	6964141	7103424
	平均营业率（%）	79.50	81.81	81.56	83.15	85.48	86.30	86.30	87.15
	年实际收入	4735866	4873504	4858611	5101541	5611695	5892279	6010125	6190429
	营业成本支出	3396089	3444407	3450624	3598543	3853108	4031661	4075559	4190480
	营业毛利润	1339777	1429097	1407987	1502998	1758587	1860618	1934566	1999949
税金	房产税	568304	584820	583033	612185	673403	707073	721215	742851
	教育附加费	7104	7310	7310	7652	8418	8838	9015	9286
	城市建设费	16576	17057	17057	17855	19641	20623	21035	21667
	营业税	236793	243675	243675	255077	280585	294614	300506	309521
	印花税	4736	4874	4874	5102	5612	5892	6010	6190
	合计	833513	857736	855949	897871	987659	1037040	1057781	1089515
毛利润合计		506264	571361	552038	605127	770928	823578	876785	910434
所得税（25%）		126566	142840	138010	151282	192732	205895	219196	227609
净利润（万元）		37.9698	42.8521	41.4028	45.3845	57.8196	61.7683	65.7589	68.2825

(2) 评估计算

1) 计算设定

本次桑拿、按摩收益评估按表3-32设定的数据进行计算。

桑拿、按摩收益评估计算数据　　　　表3-32

收益期段	1					2	3
计算序号	1	2	3	4	5	6	7
t_i——本收益年期以前已收益年期（年）	0	1	2	3	4	5	25

续表

收益期段	1					2	3
计算序号	1	2	3	4	5	6	7
t——至本收益年期期末的计算总年期（年）	1	2	3	4	5	25	37
$t-t_i$——本收益年期的年限（年）	1	1	1	1	1	20	12
收益变化情况	收益有变化	收益有变化	收益有变化	收益有变化	收益有变化	收益等比增长	收益不变
a_i——年纯收益（表列数据指本期段第一年的纯收益）（万元）	45.3845	57.8196	61.7683	65.7589	68.2825	69.1019	86.6802
r——收益率	7.2%	7.2%	7.2%	7.2%	7.2%	7.2%	7.2%
k_b——收益逐年等比增长比例						1.2%	
收益额（万元） 分年期	42.3363	50.3136	50.1396	49.7938	48.2320	556.4270	119.7848
收益额（万元） 合计	917.0271						

2) 评估计算

根据表 3-32 所列示的数据，选用公式（3-1-2）、公式（3-6-3）、公式（3-8-2）、公式（3-4-2）、公式（3-8-4）对分阶段年期桑拿、按摩收益现值作如下计算。

阶段 1　　收益无规则变化

序号 1

$$V_1 = \frac{45.3845}{1+7.2\%} = 42.3363 \text{ 万元}$$

序号 2

$$V_2 = \frac{57.8196}{(1+7.2\%)^2} = 50.3136 \text{ 万元}$$

序号 3

$$V_3 = \frac{61.7683}{(1+7.2\%)^3} = 50.1396 \text{ 万元}$$

序号 4

$$V_4 = \frac{65.7589}{(1+7.2\%)^4} = 49.7938 \text{ 万元}$$

序号 5

$$V_5 = \frac{68.2825}{(1+7.2\%)^5} = 48.2320 \text{ 万元}$$

阶段 2　　收益等比增长

序号 6

$$a_6 = a_5 (1+k_b)$$
$$= 68.2825 \times (1+1.2\%)$$
$$= 69.1019 \text{ 万元}$$

$$V_{6\sim25} = \frac{69.1019}{(7.2\% - 1.2\%) \times (1 + 7.2\%)^5} \times \left[1 - \left(\frac{1 + 1.2\%}{1 + 7.2\%}\right)^{20}\right]$$
$$= 556.4270 \text{ 万元}$$

阶段3 收益不变

序号7

$$a_7 = a_6(1 + k_b)$$
$$= 69.1019 \times (1 + 1.2\%)^{20-1}$$
$$= 86.6802 \text{ 万元}$$

$$V_{26\sim37} = \frac{86.6802}{7.2\% \times (1 + 7.2\%)^{25}} \times \left[1 - \frac{1}{(1 + 7.2\%)^{12}}\right]$$
$$= 119.7848 \text{ 万元}$$

桑拿、按摩收益现值 $V = \sum_{i=1}^{7} V_i$

$= 42.3363 + 50.3136 + 50.1396 + 49.7938 + 48.2320$
$+ 556.4270 + 119.7848$
$= 917.0271$ 万元

5. 保龄球、健身收益现值计算

(1) 保龄球、健身收益状况

保龄球、健身收益状况由营业状况、营业收入、营业支出、收益状况等四方面内容来表示。

1) 保龄球、健身营业状况

保龄球、健身营业状况如表3-33所示。

保龄球、健身营业状况　　　　　　　　　　表3-33
层次：辅楼2层

序号	客房名称	间数	建筑面积(m^2)	人次(次/日)	单价(元/人次)	营业毛收入(元/日)	营业毛收入(元/年)	2006年 营业率	2006年 年实际收入	2007年 营业率	2007年 年实际收入	2008年 营业率	2008年 年实际收入
一	营业项目												
1	保龄球房	9	378	72	20	1440	525600	88.23%	463737	91.22%	479452	91.60%	481450
2	健身房	18	378	144	15	2160	788400	88.89%	700809	92.35%	728087	93.35%	735971
	小计		756										
二	辅助项目												
1	过道		13										
2	公共卫生间		24										
3	楼梯间		8.5										
	小计		45.5										
	合计		801.5				1314000	88.63%	1164546	91.90%	1207539	92.65%	1217421

2）保龄球、健身营业收入状况

保龄球、健身营业收入应为舞厅前三年的实际收入和后五年的预测收入，如表3-34所示。

保龄球、健身营业收入状况　　　　　　表3-34
层次：辅楼2层　　　　　　单位：元

项目名称	前三年保龄球、健身收入状况			后五年保龄球、健身收入预测				
	2006年	2007年	2008年	2009年	2010年	2011年	2012年	2013年
保龄球房	463737	479452	481450	505523	556075	583879	621831	668468
健身房	700809	728087	735971	772770	850047	892549	910400	937712
合计	1164546	1207539	1217421	128293	1406122	1476428	1532231	1606180

3）保龄球、健身营业支出状况

保龄球、健身营业支出应为保龄球、健身前三年的实际支出和后五年的预测支出，如表3-35所示。

保龄球、健身营业支出状况　　　　　　表3-35
层次：辅楼2层　　　　　　单位：元

保龄球、健身支出项目	前三年保龄球、健身支出状况			后五年保龄球、健身支出预测				
	2005年	2006年	2007年	2008年	2009年	2010年	2011年	2012年
运营成本	69873	72452	73045	76698	84367	88586	91934	96371
管理费	41458	41699	42473	43322	43755	44280	44280	44988
员工工资	26202	26355	26844	27381	27655	27987	27987	28435
宣传广告费	23291	23426	23861	24338	24581	24876	24876	25274
福利费	50425	50718	51660	52693	53220	53859	53859	54721
设备设施折旧	144986	145828	148538	151509	153024	154860	154860	157338
维护修理费	23291	23426	23861	24338	24581	24876	24876	25274
职工劳保基金	37615	37833	38536	39307	39700	40176	40176	40819
财产保险费	11645	11713	11931	12170	12292	12440	12440	12639
其他支出	23291	23426	23861	24338	24581	24876	24876	25274
合计	452077	456876	464610	476094	487756	496816	500164	511133

4）保龄球、健身营业收益状况

保龄球、健身营业收益应为保龄球、健身营业收入减去营业支出和各种税费，前三年的实际收益和后五年的预测收益如表3-36所示。

保龄球、健身收益状况　　　　　　　　　　　　　　　　表3-36
层次：主楼9层　　　　　　　　　　　　　　　　　　　单位：元

项目名称		前三年统计			后五年预测				
		2006年	2007年	2008年	2009年	2010年	2011年	2012年	2013年
主营收支	年满金额	1314000	1314000	1314000	1381192	1498106	1579067	1636649	1727447
	平均营业率（%）	88.63%	91.90%	92.65%	92.55%	93.86%	93.50%	93.62%	92.98%
	年实际收入	1164546	1207539	1217421	1278293	1406122	1476428	1532231	1606180
	主营成本支出	452077	456876	464610	476094	487756	496816	500164	511133
	主营毛利润	712469	750663	752811	802199	918366	979612	1032067	1095047
税金	房产税	139746	144905	146091	153395	168735	177171	183868	192742
	教育附加	1747	1811	1811	1917	2109	2215	2298	2409
	城市建设	4076	4226	4226	4474	4921	5167	5363	5622
	营业税	58227	60377	60377	63915	70306	73821	76612	80309
	印花税	1165	1208	1208	1278	1406	1476	1532	1606
	合计	204961	212527	213713	224979	247477	259850	269673	282688
毛利润合计		507508	538136	539098	577220	670889	719762	762394	812359
所得税（25%）		126877	134534	134775	144305	167722	179941	190599	203090
净利润（万元）		38.0631	40.3602	40.4323	43.2915	50.3167	53.9821	57.1795	60.9269

(2) 评估计算

1) 计算设定

本次保龄球、健身收益评估按表3-37设定的数据进行计算。

保龄球、健身收益评估计算数据　　　　　　　　　　　表3-37

收益期段		1					2	3
计算序号		1	2	3	4	5	6	7
t_i——本收益年期以前已收益年期（年）		0	1	2	3	4	5	20
t——至本收益年期期末的计算总年期（年）		1	2	3	4	5	20	37
$t-t_i$——本收益年期的年限（年）		1	1	1	1	1	15	17
收益变化情况		收益有变化	收益有变化	收益有变化	收益有变化	收益有变化	收益不变	收益等额增长
a_i——年纯收益（表列数据指本期段第一年的纯收益）（万元）		43.2915	50.3167	53.9821	57.1795	60.9269	60.9269	62.9269
r——收益率		6.0%	6.0%	6.0%	6.0%	6.0%	6.0%	6.0%
k_e——收益逐年等额增长值（万元）								2
收益额（万元）	分年期	40.84	44.78	45.32	45.29	45.53	442.18	248.85
	合计				912.79			

2）评估计算

根据表 3-37 所列示的数据，选用公式（3-1-2）、公式（3-4-2）、公式（3-5-3）、公式（3-8-3）对分阶段年期保龄球、健身收益现值作如下计算。

阶段 1　收益无规则变化

序号 1

$$V_1 = \frac{43.2915}{1 + 6\%} = 40.84 \text{ 万元}$$

序号 2

$$V_2 = \frac{50.3167}{(1 + 6\%)^2} = 44.78 \text{ 万元}$$

序号 3

$$V_3 = \frac{53.9821}{(1 + 6\%)^3} = 45.32 \text{ 万元}$$

序号 4

$$V_4 = \frac{57.1795}{(1 + 6\%)^4} = 45.29 \text{ 万元}$$

序号 5

$$V_5 = \frac{60.9269}{(1 + 6\%)^5} = 45.53 \text{ 万元}$$

阶段 2　收益不变

$$a_6 = a_5 = 60.9296 \text{ 万元}$$

$$V_{6\sim 20} = \frac{60.9269}{6\% \times (1 + 6\%)^5} \times \left[1 - \frac{1}{(1 + 6\%)^{15}}\right]$$

$$= 442.18 \text{ 万元}$$

阶段 3　收益等额增长

$$a_7 = a_6 + k_c$$
$$= 60.9296 + 2 = 62.9296 \text{ 万元}$$

$$V_{21\sim 37} = \left\{\left(\frac{62.9296}{6\%} + \frac{2.0}{6\%^2}\right) \times \left[1 - \frac{1}{(1 + 6\%)^{17}}\right] - \frac{2 \times 17}{6\% \times (1 + 6\%)^{17}}\right\} \times \frac{1}{(1 + 6\%)^{20}}$$

$$= 248.85 \text{ 万元}$$

保龄球、健身收益现值

$$V = \sum_{i=1}^{7} V_i$$
$$= 40.84 + 44.78 + 45.32 + 45.29 + 45.53$$
$$\quad + 442.18 + 248.85$$
$$= 912.79 \text{ 万元}$$

6. 商店收益现值计算

（1）商店收益状况

商店收益状况由营业状况、营业收入、营业支出、收益状况等四方面内容来表示。

1) 商店营业状况

商店营业状况如表3-38所示。

商店营业状况　　　　　　　　　表3-38
层次：主楼1层

序号	客房名称	间数	建筑面积（m²）	计划营业毛收入（元/日）	计划营业毛收入（元/年）	2006年 销售率	2006年 年实际收入（元）	2007年 销售率	2007年 年实际收入（元）	2008年 销售率	2008年 年实际收入（元）
1	商店	1	72.6	1089	397485	80.23%	318902	82.22%	326812	83.60%	332297

2) 商店营业收入状况

商店营业收入应为商店前三年的实际收入和后五年的预测收入，如表3-39所示。

商店营业收入状况　　　　　　　　　表3-39
层次：主楼1层　　　　　　　　　单位：元

项目名称	前三年商店收入状况			后五年商店收入预测				
	2006年	2007年	2008年	2009年	2010年	2011年	2012年	2013年
商店	318902	326812	332297	348912	383803	402993	411053	423385

3) 商店营业支出状况

商店支出应为商店前三年的实际支出和后五年的预测支出，如表3-40所示。

商店营业支出状况　　　　　　　　　表3-40
层次：主楼1层　　　　　　　　　单位：元

商店支出项目	前三年商店支出状况			后五年商店支出预测				
	2006年	2007年	2008年	2009年	2010年	2011年	2012年	2013年
运营成本	122937	125986	128100	134506	147956	155354	158461	163215
管理费	11353	11285	11593	11999	12455	12978	12978	13315
员工工资	7175	7133	7327	7583	7871	8202	8202	8415
宣传广告费	3189	3170	3257	3371	3499	3646	3646	3741
福利费	13808	13726	14101	14595	15150	15786	15786	16196
设备设施折旧	28637	28467	29243	30267	31417	32737	32737	33588
维护修理费	6378	6340	6513	6741	6997	7291	7291	7481
职工劳保基金	10301	10239	10519	10887	11301	11776	11776	12082
财产保险费	3189	3170	3257	3371	3499	3646	3646	3741
其他支出	6378	6340	6513	6741	6997	7291	7291	7481
合计	213345	215856	220423	230061	247142	258707	261814	269255

4) 商店营业收益状况

商店营业收益应为商店收入减去营业支出和各种税费，前三年的实际收益和后五年的预测收益如表3-41所示。

商店收益状况　　　　　　　　　表3-41
层次：主楼1层　　　　　　　　　单位：元

项目名称		前三年统计			后五年预测				
		2006年	2007年	2008年	2009年	2010年	2011年	2012年	2013年
商店收支	年满营业金额	397485	397485	397485	409410	429881	442777	460488	483512
	平均销售率（%）	80.23	82.22	83.60	85.22	89.28	91.01	89.26	87.56
	年实际收入	318902	326812	332297	348912	383803	402993	411053	423385
	营业成本支出	213345	215856	220423	230061	247142	258707	261814	269255
	营业毛利润	105557	110956	111874	118851	136661	144286	149239	154130
税金	房产税	38268	39217	39876	41869	46056	48359	49326	50806
	教育附加费	478	490	490	523	576	604	617	635
	城市建设费	1116	1144	1144	1221	1343	1410	1439	1482
	营业税	15945	16341	16341	17446	19190	20150	20553	21169
	印花税	319	327	327	349	384	403	411	423
	合计	56126	57519	58178	61408	67549	70926	72346	74515
毛利润合计		49431	53437	53696	57443	69112	73360	76893	79615
所得税（25%）		12358	13359	13424	14361	17278	18340	19223	19904
净利润（万元）		3.7073	4.0078	4.0272	4.3082	5.1834	5.5020	5.7670	5.9711

（2）评估计算

1）计算设定

本次商店收益评估按表3-42设定的数据进行计算。

商店收益评估计算数据　　　　　　表3-42

收益期段	1					2	3
计算序号	1	2	3	4	5	6	7
t_i——本收益年期以前已收益年期（年）	0	1	2	3	4	5	20
t——至本收益年期期末的计算总年期（年）	1	2	3	4	5	20	37
$t-t_i$——本收益年期的年限（年）	1	1	1	1	1	15	17
收益变化情况	收益有变化	收益有变化	收益有变化	收益有变化	收益有变化	收益等比增长	收益不变
a_i——年纯收益（表列数据指本期段第一年的纯收益）（万元）	4.3082	5.1834	5.5020	5.7670	5.9711	6.0905	8.0363
r——收益率	7.2%	7.2%	7.2%	7.2%	7.2%	7.2%	7.2%
k_b——收益逐年等比增长比例						2%	

续表

收益期段		1					2	3
计算序号		1	2	3	4	5	6	7
收益额（万元）	分年期	4.0188	4.5105	4.4662	4.3669	4.2177	43.4899	19.2646
	合计	84.34						

2）评估计算

根据表3-42所列示的数据，选用公式（3-1-2）、公式（3-6-3）、公式（3-8-2）、公式（3-4-2）、公式（3-8-4）对分阶段年期商店收益现值作如下计算。

阶段1 收益无规则变化

序号1
$$V_1 = \frac{4.3082}{1+7.2\%} = 4.0188 \text{ 万元}$$

序号2
$$V_2 = \frac{5.1834}{(1+7.2\%)^2} = 4.5105 \text{ 万元}$$

序号3
$$V_3 = \frac{5.502}{(1+7.2\%)^3} = 4.4662 \text{ 万元}$$

序号4
$$V_4 = \frac{5.767}{(1+7.2\%)^4} = 4.3669 \text{ 万元}$$

序号5
$$V_5 = \frac{5.9711}{(1+7.2\%)^5} = 4.2177 \text{ 万元}$$

阶段2 收益等比增长
$$a_6 = a_5 (1+k_b)$$
$$= 5.9711 \times (1+2\%)$$
$$= 6.0905 \text{ 万元}$$

$$V_{6\sim20} = \frac{6.0905}{(7.2\%-2\%) \times (1+7.2\%)^5} \times \left[1 - \left(\frac{1+2\%}{1+7.2\%}\right)^{15}\right]$$
$$= 43.4899 \text{ 万元}$$

阶段3 收益不变
$$a_7 = a_6 (1+k_b)^{t_q-1}$$
$$= 6.0905 \times (1+2\%)^{15-1}$$
$$= 8.0363 \text{ 万元}$$

$$V_{21\sim37} = \frac{8.0363}{7.2\% \times (1+7.2\%)^{20}} \times \left[1 - \frac{1}{(1+7.2\%)^{17}}\right]$$
$$= 19.2646 \text{ 万元}$$

商店收益现值

$$V = \sum_{i=1}^{7} V_i$$
$$= 4.0188 + 4.5105 + 4.4662 + 4.3669 + 4.2177$$
$$+ 43.4899 + 19.2646$$
$$= 84.3346 \text{ 万元}$$

7. 租赁收益现值计算
（1）租赁收益状况
租赁收益状况由租赁状况、租赁收入、租赁支出、收益状况等四方面内容来表示。
1）房屋租赁状况
房屋租赁状况如表3-43所示。

房屋租赁状况　　表3-43
层次：主楼1层

租赁单位	2006年				2007年				2008年			
	租赁单价[元/(m²·日)]	租赁面积(m²)	租赁天数(日)	租金总额(元)	租赁单价[元/(m²·日)]	租赁面积(m²)	租赁天数(日)	租金总额(元)	租赁单价[元/(m²·日)]	租赁面积(m²)	租赁天数(日)	租金总额(元)
飞亚售票处	4.56	22.5	360	36936	4.79	22.5	360	38783	4.93	22.5	360	39946
商务中心	4.56	49	360	80438	4.79	49	360	84460	4.93	49	360	86994
合计		71.5		117374		71.5		123243		71.5		126940

2）房屋租赁收入状况
房屋租赁收入应为房屋租赁前三年的实际收入和后五年的预测收入，如表3-44所示。

房屋租赁收入状况　　表3-44
层次：主楼1层　　单位：元

租赁单位	前三年房屋租赁收入状况			后五年房屋租赁收入预测				
	2006年	2007年	2008年	2009年	2010年	2011年	2012年	2013年
飞亚售票处	36936	38783	39946	41944	46138	48445	49414	50896
商务中心	80438	84460	86994	91344	100478	105502	107612	110840
合计	117374	123243	126940	133288	146616	153947	157026	161736

3）房屋租赁支出状况
房屋租赁支出应为房屋租赁前三年的实际支出和后五年的预测支出，如表3-45所示。

房屋租赁支出状况　　表3-45
层次：主楼1层　　单位：元

房屋租赁支出项目	前三年房屋租赁支出状况			后五年房屋租赁支出预测				
	2006年	2007年	2008年	2009年	2010年	2011年	2012年	2013年
运营成本	6514	6840	7045	7397	8137	8544	8715	8976
管理费	4179	4256	4429	4584	4758	4958	4958	5087

续表

房屋租赁支出项目	前三年房屋租赁支出状况			后五年房屋租赁支出预测				
	2006年	2007年	2008年	2009年	2010年	2011年	2012年	2013年
员工工资	2641	2690	2799	2897	3007	3133	3133	3214
宣传广告费	1174	1195	1244	1288	1337	1393	1393	1429
福利费	5082	5176	5387	5576	5788	6031	6031	6188
设备设施折旧	10540	10735	11171	11562	12001	12505	12505	12830
维护修理费	2347	2391	2488	2575	2673	2785	2785	2857
职工劳保基金	3791	3861	4018	4159	4317	4498	4498	4615
财产保险费	1174	1195	1244	1288	1337	1393	1393	1429
其他支出	2347	2391	2488	2575	2673	2785	2785	2857
合计	39789	40730	42313	43901	46028	48025	48196	49482

4）房屋租赁收益状况

房屋租赁收益应为房屋租赁收入减去营业支出和各种税费，前三年的实际收益和后五年的预测收益如表3－46所示。

房屋租赁收益状况　　　　　　　　　　　表3－46
层次：主楼1层　　　　　　　　　　　　　单位：元

	项目名称	前三年统计			后五年预测				
		2006年	2007年	2008年	2009年	2010年	2011年	2012年	2013年
租赁收支	年满营业金额	117374	123243	126940	133288	146616	153947	157026	161736
	平均租赁率（%）	100.00	100.00	100.00	100.00	100.00	100.00	100.00	100.00
	年实际收入	117374	123243	126940	133288	146616	153947	157026	161736
	租赁成本支出	39789	40730	42313	43901	46028	48025	48196	49482
	租赁毛利润	77585	82513	84627	89387	100588	105922	108830	112254
税金	房产税	14085	14789	15233	15994	17594	18474	18843	19408
	教育附加费	176	185	185	200	220	231	236	243
	城市建设费	411	431	431	467	513	539	550	566
	营业税	5869	6162	6162	6664	7331	7697	7851	8087
	印花税	117	123	123	133	147	154	157	162
	合计	20658	21690	22134	23458	25805	27095	27637	28466
毛利润合计		56927	60823	62493	65929	74783	78827	81193	83788
所得税（25%）		14232	15206	15623	16482	18696	19707	20298	20947
净利润（万元）		4.2695	4.5617	4.6870	4.9447	5.6087	5.9120	6.0895	6.2841

（2）评估计算

1）计算设定

本次房屋租赁收益评估按表3－47设定的数据进行计算。

房屋租赁收益评估计算数据　　　　　　　　　表 3-47

收益期段		1					2	3
计算序号		1	2	3	4	5	6	7
t_i——本收益年期以前已收益年期		0	1	2	3	4	5	25
t——至本收益年期期末的计算总年期		1	2	3	4	5	25	37
$t-t_i$——本收益年期的年限		1	1	1	1	1	20	12
收益变化情况		收益有变化	收益有变化	收益有变化	收益有变化	收益有变化	收益等比增长	收益不变
a_i——年纯收益（表列数据指本期段第一年的纯收益）（万元）		4.9447	5.6087	5.9120	6.0895	6.2841	6.4098	9.3379
r——收益率		7.5%	7.5%	7.5%	7.5%	7.5%	7.5%	7.5%
k_b——收益逐年等比增长比例							2%	
收益额（万元）	分年期	4.5997	4.8534	4.7589	4.5598	4.3772	52.7811	11.8444
	合计	87.7745						

2）评估计算

根据表 3-47 所列示的数据，选用公式（3-1-2）、公式（3-6-3）、公式（3-4-2）、公式（3-8-2）、公式（3-8-4）对分阶段年期房屋租赁收益现值作如下计算。

阶段 1　收益无规则变化

序号 1

$$V_1 = \frac{4.9447}{1+7.5\%} = 4.5997 \text{ 万元}$$

序号 2

$$V_2 = \frac{5.6087}{(1+7.5\%)^2} = 4.8534 \text{ 万元}$$

序号 3

$$V_3 = \frac{5.9120}{(1+7.5\%)^3} = 4.7589 \text{ 万元}$$

序号 4

$$V_4 = \frac{6.0895}{(1+7.5\%)^4} = 4.5598 \text{ 万元}$$

序号 5

$$V_5 = \frac{6.2841}{(1+7.5\%)^5} = 4.3772 \text{ 万元}$$

阶段 2　收益等比增长

序号 6

$$a_6 = a_5 (1 + k_b)$$
$$= 6.2841 \times (1 + 2\%)$$
$$= 6.4098 \text{ 万元}$$

$$V_{6\sim25} = \frac{6.4098}{(7.5\% - 2\%) \times (1 + 7.5\%)^5} \times \left[1 - \left(\frac{1 + 2\%}{1 + 7.5\%}\right)^{20}\right]$$
$$= 52.7811 \text{ 万元}$$

阶段3　收益不变

序号7

$$a_7 = a_6 (1 + k_b)^{t_q - 1}$$
$$= 6.4098 \times (1 + 2\%)^{20 - 1}$$
$$= 9.3379 \text{ 万元}$$

$$V_{26\sim37} = \frac{9.3379}{7.5\% \times (1 + 7.5\%)^{25}} \times \left[1 - \frac{1}{(1 + 7.5\%)^{12}}\right]$$
$$= 11.8444 \text{ 万元}$$

房屋租赁收益现值

$$V = \sum_{i=1}^{7} V_i$$
$$= 4.5997 + 4.8534 + 4.7589 + 4.5598 + 4.3772$$
$$+ 52.7811 + 11.8444$$
$$= 87.7745 \text{ 万元}$$

8. 收益总值计算

设收益资产总值为 Z，则

$Z = 5437.1841 + 1930.9252 + 2066.6848 + 917.0271 + 912.79 + 84.3346 + 87.7745$
$= 11436.7203$ 万元

经收益法评估计算得出，宾馆在 37 年经营期内资产收益现值为 11436.7203 万元。

三、运营收益价值分析

本次对宾馆的收益价值分析着重在两个方面，一个是和投入的房屋建筑运营资金相比较，预测在自评估基准日起 37 年内的资本运营中能否收回投入的资本现值；另一个是将收益总值和运营资本比较求取两者的增值比例系数，预测自评估基准日起 37 年后的收益趋势，确定是否能够继续经营。

1. 建设成本现值计算

委估宾馆于 2005 年 8 月竣工，经过评估计算，该建筑评估基准日的重置价格为 10003.99 万元，其中已包括土地、主体结构、装修、室内外给水排水、电气、通信、自动消防、电梯等费用，造价中还包括室外围墙、道路、停车场、绿化等配套设施费用。由于宾馆各个收益项目的装修标准有一定差别，所以装修费用在各个收益项目中的投入各不相同，单方造价也不相同。

该宾馆在评估基准日的重置成本价格及评估价格应按房屋建筑物重置成本法评估计算。房屋建筑物的综合成新率为 95%，具体计算如表 3-48 所示（其中单方重置价格的具体计算过程从略）。

房屋重置价格计算　　　　　　　　　　　表3-48

序号	项目名称	营业面积（m²）	重置单价（元/m²）	重置价格（万元）	成新率（%）	评估价格（万元）	备注
1	客房	4367.00	5007.93	2186.96	95	2077.61	
2	餐饮	1746.80	4892.16	854.56	95	811.83	
3	舞厅	873.40	4892.16	427.28	95	405.92	
4	桑拿、按摩	801.50	4537.45	363.68	95	345.49	
5	保龄球、健身	801.50	4537.45	363.68	95	345.49	
	1层小计	873.40	4774.54	417.01	95	396.16	
6	其中：商店	72.60					
7	租赁	71.50					
8	咖啡厅	84.00					
9	自用	645.30					
	合计	9463.60				4382.50	
10	其他配套设施			2495.92	95	2371.12	
11	土地价值					3250.37	
	建设投资现值总额					10003.99	

2. 运营收益价值分析

运营收益价值分析主要是分析宾馆的经营效益，凤祥宾馆的经营效益如表3-49所示。

运营收益价值分析　　　　　　　　　　　表3-49

序号	收益项目	楼别	楼层	自评估基准日起营业年期（年）	评估价格（万元）	房屋收益现值（万元）
1	客房	主楼	4~8	37	2077.61	5437.18
2	餐饮	主楼	2、3	37	811.83	1930.93
3	舞厅	主楼	9	37	405.92	2066.68
4	桑拿、按摩	辅楼	1	37	345.49	917.03
5	保龄球、健身	辅楼	2	37	345.49	912.79
	1层小计	主楼			396.16	
6	其中：商店	主楼	1	37		84.33
7	租赁	主楼	1	37		87.77
8	咖啡厅	主楼	1	37		
9	自用	主楼	1	37		
	房屋建筑合计				4382.50	
10	其他配套设施				2371.12	
11	土地价值				3250.37	
	总计				10003.99	11436.71

运营资本增值 = 11436.71 - 10003.99 = 1432.72 万元

从表 3-49 中可以看出，凤祥宾馆自评估基准日起经过 37 年的经营，在年收益率 7.0% 以上高回报的情况下，收益现值比运营重置成本评估价格增值了 1432.72 万元，增值比例 14.32%，说明该宾馆以房屋建筑作为运营资本在 37 年经营期内取得了显著的经济效益。

3. 未来的经营趋势

根据以上经营状况，该宾馆自评估基准日起 37 年以后因土地出让到期需补办土地出让手续，使宾馆能够保持继续经营，并将取得更多经济收益。由于宾馆长期经营和优质的服务，从而进一步提高了知名度，经济实力也将会更加雄厚，同时该宾馆所处地域环境很好、市容繁华，这些优越条件为宾馆的未来发展奠定了牢固的基础。但是，经过多年经营，宾馆的设施老化、风格陈旧将给宾馆的营业收益带来一定的影响，其实宾馆在长期的经营期内都需要随时对宾馆设施进行更新、改造，不断改善服务质量，使经营者长期取得稳定的经营收益。

四、房地产收益现值和房地产企业整体收益现值的区别

现在我们强调一个应该注意的问题，也是初次应用收益法对房屋建筑进行评估工作的评估人员有可能理解错误的问题。

（1）用房地产作为运营资本的收益现值仅仅指房地产本身作为运营资本而取得的收益价值，它是企业整体资产的一部分，而不是房地产所有者资产的全部价值，特别是宾馆、饭店，房屋建筑是经营收益的主体，不可误认为是宾馆、饭店资产的全部。一个企业的总收益价值，除了作为运营资本的房屋建筑以外，还有许多其他运营资产的收益价值，例如经营性分公司、子公司的经营收益、股票收益、银行存款收益、长期投资收益等，都必须另行评估。

（2）我们还要注意房地产以外的参与房地产运营的资产，例如机器设备、家具、器具等只计入运营成本费用或折旧费用，在房地产收益评估计算时已计入成本支出，其资产余额应作为相关资产评估其现行价值。

（3）房地产运营收益价值与债权、债务无关。

总之，我们必须将房地产收益评估同房地产企业的整体收益评估区别开来。

第四章 假设开发法

第一节 假设开发法的基本概念

一、假设开发法的应用意义

假设开发法是在建设项目建设前确定投资价值的一种预测性估价方法。一般适用于具有投资开发或再开发潜力的房地产估价。在房地产估价中，经常遇到的情况往往是对已经存在的房地产现值重新估价而不是房地产开发前的投资预测。虽然房地产估价任务和投资预测的价值预估任务是两个不同的概念，但是我们利用假设开发法对已经存在的房地产进行估价其原理是相同的。在资产评估中，对已经存在的房地产进行重新估价的情况较多，现实意义更为重大。

假设开发法在房地产评估中常用于房地产的整体价值评估计算，也用于土地价值或房屋建设成本价值的分项评估计算。在房地产商品房开发评估中，我们遇到的评估对象总体分为以下四种情况，第一种情况是对尚未开发的土地预测房地产开发后土地价值的估价；第二种情况是已经售出的商品房，或虽然不是市场销售的商品房但具备商品房条件的、自行开发并已经竣工使用的房地产价值的估价，其中包括房地产总价、土地开发成本价值、房屋建设成本价值等估价；第三种情况是对开发商已经开发达到使用要求而尚未售出的商品房进行估价；第四种情况是对正在建造但尚未建完的房屋建筑完成价值的估价。后两种情况在资产评估中列为房地产开发商的存货项目。这四种情况的估价项目都可以借助假设开发法进行现行价值的计算。

以往，假设开发法在整体房地产估价中用于预测土地未来开发价值的情况较多，在土地价值评估时，计算土地价值的原理就是采用房地产现行总体价值减去房屋建筑物现行建造价值以及各类建设税费、开发利润后所得到的剩余价值即为所求的土地价值，因而人们将这种估价方法称为剩余法或倒算法。假设开发法原先是应用于房地产估价中预测土地开发后价值的一种计算方法，但是因为采用假设开发法在房地产一体的价值中分离出土地价值要比单独求取地价更符合市场现状，并且方法简单，所以现在应用范围大大扩大了。

应用假设开发法求取房地总价的情况较多。例如，在远离城市的偏僻地区以及房地产市场不发达的地区或新开辟的城市开发区评估房地产市场现值时，无法找到评估所需要的市场参照物，在这种情况下，我们可以借用假设开发法来求取房屋开发总价值，用以替代房地产的现行市场价值。

二、假设开发法的计算原理

1. 房地产项目估价的计算原理

应首先明确假设开发法求取土地或房屋建筑物价值的前提，必须是在房屋建筑物和土地组合在一起的房地产实体中求取土地或房屋建筑物的现行价值，而不是互不相关的房屋建筑物及土地单项成本价值的评估。因为在房地一体中求取单项土地或房屋建筑物价值所用到的房屋建筑物和土地总价值是通过房地产市场比较法求得的，而市场比较法求得的房屋建筑总价值是房屋建筑物和土地组合在一起的房地产现行总价值，这个价值不仅仅包括了房屋建筑物、土地的建造价值，同时也包括了房屋建筑物及土地在开发时的销售费用、贷款利息、税金和开发利润。显然，如果用假设开发法计算房地产现行总体价值，只要将计算好的土地成本价值和房屋成本价值相加再加上其他税费即可。计算方法为首先用重置成本法求得房屋建筑物的建设成本价值，即不含资金成本的重置价值，用基准地价法或成本逼近法求得土地的成本价值；然后再加上基础设施费用、销售费用、销售税金、贷款利息、销售利润等各种费用，就可以求得整个房地产项目的市场销售价格，评估中应充分考虑到房地产市场变化对评估价值的影响。

假设开发法在用于土地价值评估时，计算土地价值的原理就是房地产现行总体价值减去房屋建设成本及销售税费、贷款利息以及利润，所得到的剩余价值即为所求的土地价值；在用于房屋建设成本价值估价时和计算土地价值的原理相同，就是房地产现行总体价值减去土地的现行价值及其销售税费、贷款利息以及利润，所得到的剩余价值即为所求的房屋建设成本价值。

对于已经使用的、具备商品房条件的房屋建筑，或房地产开发商已经售出的商品房，由于待估的房屋建筑是现在已经存在的实体，要重新评估它的现值，只能按照现在的估价规定、现行的价值标准去计算。如果是投资效果预测性房地产评估，其价值标准应当是房地产开发完成后的房地产预计价值。

2. 房地产存货估价的计算原理

假设开发法可以应用于房地产存货估价，其中包括产成品项目和在产品项目的库存价值估价。产成品项目系已竣工尚未销售的房屋建筑物项目，在产品即指正在建造但尚未竣工的房地产项目。在存货估价中，根据《房地产估价规范》GB/T 50291—1999 的规定，存货的评估价值应用存货的现行销售价格合理扣除房屋建筑物在建造过程中尚未发生的费用，如未完工程项目的建安费用，前期和其他费用，应扣除整体房屋的销售费用、税金、贷款利息和利润。如果房屋开发项目已完工工程子项较少，可以按实际完成项目进行清点，按实际完成价值确定评估价值，实际完成价值应为实际完成数量乘以对应单价，存货中的土地开发成本应按土地成本法估价规定单独计算。

本章重点是叙述假设开发法的房地产价值计算原理、计算方法、计算公式及其在房地产估价中的实际应用。本章计算实例较多，这些实例均是由实体资产评估中收集的资料重新整理而成，可能带有局限性，仅供参考。

本章房地产估价中涉及的各种取费项目较多，这些取费项目均系根据 2010 年以前的规定和实际情况设定的，实际情况如有变化可以重新修改。

三、假设开发法的应用范围

根据假设开发法的估价方法，可以根据不同评估对象选用不同的计算方法，一般可用于下列情况。

1. 房地产总价值评估

房屋建筑物进行开发现值评估时，在建安造价、土地造价及各项有关税费可以确定的情况下，可以求取房地产总价值。应当指出，这里的房地产总价值指的是房地产完全开发且可以进入市场交易的现行价值。

2. 土地价值评估

在房地产总价值、建安造价及各项有关税费可以确定的情况下，可以求取土地价值。应当指出，这里的土地价值指的是土地经开发已达到可以开工建设条件时所花费的土地成本价值，而不是开发的商品价值，不包括商品土地的销售费用、各项税费及其开发利润。

3. 房屋建设成本价值的求取

在房地产总价值、土地价值及各项有关税费可以确定的情况下，可以求取房屋建设成本价值，它相当于房屋重置价值。应当指出，这里的房屋建设成本价值不是开发的商品房价值，也不是完全的房屋重置价值，因为计算中未计取贷款利息，也没有计取销售过程中的其他各项税费，所以称为房屋建设成本价值。这个价值表示了房屋建筑物的建设成本，如果需要完全的重置价值，可以按照房屋重置价值的计算规定补充计算贷款利息，求得完全重置价值。

4. 房地产存货评估

（1）房地产产成品价值评估

假设开发法可以用于求取房地产的产成品价值。房地产的产成品指的是待估建筑土地已开发完毕，房屋建造项目已全部完成，工程质量全部达到合格标准，但在评估基准日尚未销售的房地产开发项目。这样的评估项目因为没有进入商品市场而不能视为商品房，按照《房地产估价规范》GB/T 50291—1999 的规定，只能计算已发生的成本费用。可以采用倒算法计算建造成本价值，即用房屋建筑物的销售价值减去销售费用、税金、贷款利息及开发利润求得尚未销售的房地产成本价值。

（2）房地产在产品价值评估

假设开发法可以用于求取房地产的在产品价值。房地产的在产品指的是已开发的房地产项目，即待估建筑在评估基准日土地已开发完毕、房屋建造项目已部分完成、工程质量全部达到合格标准但尚未达到销售标准的房地产开发项目。这样的评估项目只能计算已发生的成本费用。可以采用倒算法，即用房屋建筑销售价值减去未完成的建安造价、销售费用、税金、贷款利息及开发利润求得尚未完工的房地产已发生的实际成本价值。

（3）尚未完全开发的土地价值评估

假设开发法可以用于评估房地产中尚未完全开发的土地价值。尚未完全开发的土地价值指的是土地尚未完全开发到房屋建造条件时的土地价值，可以用假设开发法求得土地完全价值后再减去土地尚未完成的项目价值即可求得尚未完全开发的土地现行价值，也可以采用成本法直接求取，该方法详见本书第七章"土地成本法"的相关内容。

第二节 假设开发法的评估计算公式

一、假设开发法的计算方法

1. 假设开发法计算参数的设定

假设开发法计算房地产的任何评估对象，其主要计算参数有房地产总价值、房屋建设成本价值、土地价值、各种建设费用、税金、贷款利息和利润。下面分别设定运算参数符号及其含义。

P_z——房地产总价值或房屋建筑总价值。它包括开发项目中房屋建筑物和土地的市场现行价值,还包括与待估房屋建筑物使用功能相配套的其他房屋建筑物、构筑物、设备以及配套设施的价值。该名称在房地产估价中称为"房地产总价值",在资产评估中称为"房屋建筑总价值"。

P_d——土地价值,指土地开发至具备工程建设开工条件时的现行市场价值。

P_f——房屋建设成本价值,指房屋建筑物和与房屋建筑物使用功能相配套的其他建筑物以及配套设施的现行建设成本价值。房屋建设成本价值中规定不得计算资金成本。

P_x——销售费用,指房地产销售过程中所发生的费用,一般按土地和房屋建筑物合计成本价值的一定比例计取。

f_x——销售费用率,指房地产销售过程中所发生的费用占土地和房屋建筑物合计成本价值的比例,其中包括宣传广告费、外聘人员费用、销售管理费、管理人员工资、职工劳动保险基金、职工福利费及其他。

D_x——贷款利息,房地产开发期间向银行贷款所支付的利息,它是资金投入的时间价值,无论是否贷款都要计算。贷款利息的计取基数应为房屋尚未销售之前或贷款还贷之前所有计入成本的费用。

d_x——贷款利息率,指房地产开发期间向银行贷款所支付的利息比率。

P_l——开发利润,指开发商开发房地产所获得的利益。一般情况,开发商按开发总成本费用计取利润,因此计算基数应为上述全部成本费用之和,这也是本章计算利润的假设前提。如果实际计取方式与假设不同,评估时按实际计算。

f_l——开发利润率,指开发商开发房地产所获利润占全部房地产开发费用的比例,它随商品房市场开发效益变动。

P_s——税金,指国家税法规定缴纳的房地产销售税。

f_s——税率,指房地产销售计算税率(以下简称销售税率),应按国家税法有关规定计算。

2. 假设开发法计算公式

(1) 房地产总价值的计算公式

首先确定假设开发法房地产总价值现值(P_z)的计算公式,其他项目的计算公式以此公式推导而得。

房地产总价值现值计算公式:

房地产总价值现值 = 土地价值 + 房屋建设成本价值 + 销售费用 + 贷款利息
　　　　　　　　+ 开发利润 + 税金

即　　　$P_z = P_d + P_f + P_x + D_x + P_l + P_s$

或　　　$P_z = (P_d + P_f)(1 + f_x)(1 + d_x)(1 + f_l)(1 + f_s)$

上述公式均按照假设开发法计算参数的设定推导得出,一般情况均可适用。如果国家相关规范有新规定应按新规定更改公式。

(2) 土地价值的计算公式

根据房地产总价值的计算公式推导出土地价值的计算公式:

$$P_z = (P_d + P_f)(1 + f_x)(1 + d_x)(1 + f_l)(1 + f_s)$$
$$= P_d(1 + f_x)(1 + d_x)(1 + f_l)(1 + f_s)$$

$$+P_{\mathrm{f}}(1+f_{\mathrm{x}})(1+d_{\mathrm{x}})(1+f_{\mathrm{l}})(1+f_{\mathrm{s}})$$

$$P_{\mathrm{d}} = \frac{P_{\mathrm{z}} - P_{\mathrm{f}}(1+f_{\mathrm{x}})(1+d_{\mathrm{x}})(1+f_{\mathrm{l}})(1+f_{\mathrm{s}})}{(1+f_{\mathrm{x}})(1+d_{\mathrm{x}})(1+f_{\mathrm{l}})(1+f_{\mathrm{s}})}$$

（3）房屋建设成本价值的计算公式

根据房地产总价值的计算公式推导出房屋建设成本价值的计算公式：

$$P_{\mathrm{z}} = (P_{\mathrm{d}} + P_{\mathrm{f}})(1+f_{\mathrm{x}})(1+d_{\mathrm{x}})(1+f_{\mathrm{l}})(1+f_{\mathrm{s}})$$

$$= P_{\mathrm{d}}(1+f_{\mathrm{x}})(1+d_{\mathrm{x}})(1+f_{\mathrm{l}})(1+f_{\mathrm{s}})$$

$$+ P_{\mathrm{f}}(1+f_{\mathrm{x}})(1+d_{\mathrm{x}})(1+f_{\mathrm{l}})(1+f_{\mathrm{s}})$$

$$P_{\mathrm{f}} = \frac{P_{\mathrm{z}} - P_{\mathrm{d}}(1+f_{\mathrm{x}})(1+d_{\mathrm{x}})(1+f_{\mathrm{l}})(1+f_{\mathrm{s}})}{(1+f_{\mathrm{x}})(1+d_{\mathrm{x}})(1+f_{\mathrm{l}})(1+f_{\mathrm{s}})}$$

二、计算公式中参数的取定

1. 房地产估价公式中各种费用率的计取

（1）销售费用率（f_{x}）

销售费用率国家没有规定的比例，一般可按土地和房屋合计成本价值的10.5%~11%计取，其中包括宣传广告费约1.5%、外聘人员费用1.5%，销售管理费约2%，管理人员工资约2.5%，职工劳动保险基金约1.5%，职工福利费0.5%，其他1%~1.5%，合计10.5%~11%。

（2）贷款利率（d_{x}）

贷款利率应按房地产开发总成本计算，利息率以评估基准日中国人民银行公布的利息率为准。

（3）开发利润率（f_{l}）

开发利润率应该取同行业的平均利润率，同行业的平均利润率往往很难查到，通常计算取值20%~30%，但不包括房地产开发的风险利率，风险利率应根据房地产市场售价的变化取定，有可能增值，也有可能减值。

（4）税率（f_{s}）

应按销售价值的5.25%计算，其中包括销售税率5%，以销售税为计算基数的教育附加税2%和城市建设税3%。其计算公式为：

$$房地产销售计算税率 = 5\% \times (1 + 2\% + 3\%) = 5.25\%$$

如果计算税率国家有新的规定，以国家文件规定为准。

2. 房地产估价公式中土地价值、房屋建设成本价值、房地产总价值的确定方法

（1）土地价值的确定方法

在房地产总价值计算公式中需事先求得土地价值作为已知参数参加运算。土地价值的确定方法一般根据各地方政府公布的基准地价或通过成本逼近比较法计算确定，也可以用市场比较法计算确定，如果是拍卖获取，也可以参照拍卖价值适当调整确定。此外，土地价值还应包括红线以外"七通一平"（或"五通一平"）的基础设施配套费，基础设施配套费费率各地政府都有规定。

房地产总价值计算公式中土地价值求取的具体方法详见本章第三节的相关内容。

（2）房屋建设成本价值的确定方法

在房地产总价值计算公式中需事先求得房屋建设成本价值作为已知参数参加运算。房

屋建设成本价值系指房屋建筑物开发过程中发生的现行成本价值，这个价值应当是房屋建筑物和与房屋建筑物整体使用功能相配套的建筑物、配套设施等建设项目的总体价值，除包括房屋自身建造价值以外，还应包括室内配套的不可移动的功能性设施价值，还应包括土地红线以内的室外构筑物、场地和房屋使用功能相配套的其他房屋及设施的价值，但不得计算资金成本。

房屋建设成本价值应按重置成本方法计算，其中应全面计算建安造价以及前期和其他费用。

房地产总价值计算公式中房屋建设成本价值求取的具体方法详见本章第三节的相关内容。

（3）房地产总价值的确定方法

在土地及房屋建设成本价值计算公式中需要用到房地产总价值作为已知参数参加运算，房地产总价值一般采用市场比较法求取。市场比较法的评估方法可参阅本书第二章的相关内容。

三、房地产项目评估价值的确定方法

采用假设开发法计算的房地产项目，无论是在求取房地产总价值或是求取土地价值还是求取房屋建设成本价值的估价中，其评估价值应按年期修正系数进行修正，其年期修正系数计算公式如下：

$$年期修正系数 = \frac{1-\left(1/(1+r)^n\right)}{1-\left(1/(1+r)^m\right)}$$

式中　r——资本化率，一般为评估基准日国家规定的银行贷款利率加风险利率计算；

n——待估项目剩余使用年限；

m——房地产项目法定使用年限，一般取房屋设计使用年限和土地出让使用年限中的较小值。

待估房地产项目评估价值 = 待估房地产项目价值 × 年期修正系数

第三节　房地产总价值评估

一、假设开发法评估房地产总价值的前提

（1）待估建筑必须具有房屋所有权证和土地使用证或房地一体的房屋产权证，产权明确无纠纷；

（2）土地必须是国家出让土地，出让金已全部缴清；

（3）土地价值和房屋建筑物价值可以计算，各种税费的取值可以查找或取定；

（4）根据待估建筑所处地域市场状况，无法采用市场比较法或收益法进行房地产整体价值评估的房地产项目。

二、计算房地产总价值所需要的资料

房地产总价值计算公式中有2个参数需要事先计算确定，一个是现行房屋建设成本价值，另一个是现行土地价值。这两个参数的计算同样需要大量的计算依据资料，现分述如下。

1. 确定现行房屋建设成本价值所需要的资料

计算房屋建设成本价值应按照房屋重置成本法的计算要求准备以下估价资料。

（1）房屋建筑物作价参数、结构与装修做法

房屋建筑物作价参数包括房屋建筑面积、建成年限、结构类型、层数、层高等；房屋结构与装修做法包括基础及结构构造、屋面构造以及房屋各个部位的装修做法。

（2）房屋的配套设备概况

房屋的配套设备主要包括与房屋建筑物使用功能相配套的不可移动的中央空调、电梯、室内供暖锅炉、不能移动的池槽、附墙设施等价值。

（3）室内外配套设施状况

室内外配套设施主要指室内外的给水、排水、供暖、配电以及通信等配套设施。主要了解配套的完善情况，了解建设区域红线内的"七通一平"或"五通一平"的配套完善情况，一般不需了解具体的材料做法，因为作价只按正常的比例取一个系数进行计算。

（4）室外构筑物配套状况

室外构筑物只了解与房屋正常使用功能相配套的构筑物，如道路、围墙、场地、大门、水塔、水泵房、配电间等。（特别提示：营业性建筑物不能列入评估范围，如收费性的锅炉房、商店等，属于生产设备配套的工艺管线也不得列入评估范围。）

（5）设计施工图纸及概预算、竣工结算

（6）现行概预算定额、取费标准以及前期费用的计取标准和计取依据

（7）与房屋建筑物估价有关的其他资料

2. 确定现行土地价值所需要的资料

计算现行土地价值需要准备以下估价资料：

（1）待估建筑物的坐落地址、区域类别；

（2）土地面积、土地用途、取得方式、取得时间（以土地使用证出让日期为准）、出让年限、容积率等；

（3）地区有关土地出让金的文件及出让金额的规定；

（4）基础设施配套费的缴纳情况；

（5）土地成本价值评估所需的其他各类参数资料。

三、房地产总价格的评估计算

房地产总价格的评估系按照本章第二节规定的房地产总价值现值的计算公式计算。计算式中计算参数主要包括土地现行价值、房屋建设成本价值和各种税费，所以我们必须先求得土地现行价值再求取房屋建设成本价值，带入计算公式求得房地产总价值。

1. 现行土地价值的确定方法

土地价值可以根据评估基准日各地区公布的基准地价进行评估，也可以用成本逼近法进行评估。如果待估建筑的土地是拍卖取得，其地价可以用土地的拍卖取得费作适当调整后作为土地的现行价值。具体评估方法参考本书第七章"土地成本法"的相关内容。

2. 现行房屋建设成本价值的确定方法

房屋建设成本价值系采用重置成本法进行计算，重置成本法的具体评估方法很多，可根据房屋建造时所保留的资料情况进行选择，也可以参照评估基准日当时的市场建造价格资料进行调整选用。假设开发法的房屋建设成本计算费用项目和正常的房屋重置成本有所区别，它包括的项目现作如下叙述。

（1）建筑安装工程总造价

在房地产估价中，建筑安装工程总造价系由建筑主体、建筑装修、室内外配套设施安装和室外配套构筑物等专业造价组成，各专业的基本造价系由直接费、施工单位工程取费和人工、材料、机械费用价差组成。即

建筑安装工程总造价 = 建筑主体造价 + 建筑装修造价 + 室内配套设施安装造价
+ 室外配套设施安装造价 + 室外配套构筑物造价

专业工程造价 = 专业工程直接费（或基价）+ 专业工程取费 + 人工、材料、机械价差

各专业工程造价应按各地区的概预算定额及取费定额规定计算。

（2）前期和其他费用

前期和其他费用和房屋重置成本法的前期和其他费用的取费方法相同，不重复叙述。

每平方米前期和其他费用 = 每平方米建筑安装工程造价 × 前期和其他费用率
前期和其他费用 = 每平方米前期和其他费用 × 建筑面积

（3）房屋建设成本价值

每平方米房屋建设成本价值 = 每平方米建筑安装工程造价 + 每平方米前期和其他费用

或 每平方米房屋建设成本价值 = 每平方米建筑安装工程造价 ×（1 + 前期和其他费用率）

房屋建设成本价值 = 每平方米房屋建设成本价值 × 建筑面积

3. 房地产总价值计算

房地产总价值现值的计算公式为

$$P_z = (P_d + P_f)(1 + f_x)(1 + d_x)(1 + f_1)(1 + f_s)$$

销售费用及其他税费可参照本章第二节的数据选用。本节评估计算对风险利率不作讨论，评估时按实际考虑。

4. 评估价值计算

房地产评估价值根据本章第二节有关计算方法计算。房地产总价值的估价方法和估价过程详见后文【例4-1】的有关内容。

四、房地产价值市场因素的调整

应用假设开发法进行房地产估价，离不开房地产销售市场行情的核查。在应用假设开发法进行房地产总价计算时，我们的假设条件都是按照开发商正常开发的情况，而且是在房地产市场价值处于稳定的情况下进行评估计算的，其评估结果只是符合市场稳定情况下的市场价值范畴，如果市场价值经常起伏，甚至起伏很大，若要保持评估结果和市场价值基本一致，那需要对评估结果进行价值调整，这个调整系数就是风险系数。风险系数的取值，取决于评估基准日房地产市场价值变动状况，因此市场考察和收集市场价值变动状况和变动规律很有必要。如果发现评估价值偏离市场现状太大，应适当修正开发利润率重新计算评估价值。

五、假设开发法评估写字楼现行价值实例

【例4-1】 有一工业企业，坐落在某省市科技园区内，该企业有一写字楼，2007年6月建成，该企业因改制计划和另一企业合作开发一个新的经营项目，决定以该写字楼作为开发新项目的投入资本，需对该写字楼进行评估作价，确定写字楼的现行价值，由于该企业所在区域内找不到与待估建筑物相同类型的三个参照物，故选择假设开发法对该写字楼进行估价，作为企业确定该写字楼的现行参考价值。评估基准日确定为2010年1月

31日。

1. 概况

（1）建筑结构概况

该写字楼系钢筋混凝土框架结构，6层，层高4m，内有国产电梯1部，无中央空调，建筑面积3953.1m^2，2007年7月投入使用。

该建筑钢筋混凝土独立基础，钢筋混凝土柱、梁、板，外墙砖砌厚365mm，内墙砖墙厚240mm，局部玻璃隔断，塑钢窗，塑钢内门，大玻弹簧外门1樘，内墙面涂料，外墙面贴瓷砖，矿棉板吊顶，给水、排水、供暖、电气、通信配套齐全。

室外有砖砌围墙，长55m、高2.5m、厚240mm，门前场地水泥地面680m^2。

（2）区域概况

企业所在地区公路、铁路、航空等交通设施齐全，可通往全国各地。

该地区地处平原地带，距市区约15km，距火车站约16km，距机场约12km。

该企业所在地四周均为开发区企业、单位和工厂，门前有公路，有通往市区的公交车，交通便利。

该地区给水、排水、电力、天然气、通信等公共配套设施齐全，供暖由企业锅炉自供，城市配套尚在建设中。

（3）土地状况

该写字楼土地占用面积1339m^2，2005年6月16日办理了土地使用证及房产证，土地使用权至2055年6月15日终止，出让年限50年，土地用途为综合。该地段处于该市区三类地段，查该地段评估基准日2010年三类地区综合类基准地价为880元/m^2。

现对该建筑进行现值评估。

2. 评估计算

（1）土地价格计算

土地价值计算如表4-1所示。

土地价值计算　　　　　表4-1

项目名称	计算公式	数量或比例	单位土地面积价值（元/m^2）	单价（元）	价值（元）	备注
土地面积（m^2）		1339				
土地三类基准单价			880			不含基础设施费
时间和环境调整系数（根据市场情况确定）	880×25%	25%	220			
土地基准单价	880+220		1100			
土地开发费用			80			
土地计算价格	1100+80		1180			
土地价值	1180×1339				1580020	
基础设施费	按建筑面积	80元/m^2				按地方取费规定计取，本例数值为假设数值

续表

项目名称	计算公式	数量或比例	单位土地面积价值（元/m²）	单价（元）	价值（元）	备注
基础设施费	3953.1×80				316248	
土地开发总价值	1580020+316248				1896268	

(2) 房屋建设成本价值计算

1) 建筑造价计算

房屋建筑主要项目的单方造价系根据工程竣工结算价值作了部分调整，调整过程从略。建筑造价计算过程如表4-2所示。

建筑造价计算　　　　　　　　　　　　　　表4-2

	项目名称	计算公式	数量或比例	单价	单位面积价值（元/m²）	备注
	建筑面积		3953.1m²			
直接工程费	主体结构	根据竣工结算调整			846	
	电梯	根据竣工结算调整			215	
	装修	根据竣工结算调整			625	
	室内配套设施	根据竣工结算调整			88	
	室外配套设施	根据竣工结算调整			76	
	场地	680×78/3953.1	680m²	78元/m²	13	
	围墙	(55×245)/3953.1	55m	245元/m	3	
	其他				20	
	合计				1886	
建安造价取费		1886×25%	25%		472	
工程造价		1886+472			2358	

2) 房屋建设成本价值计算

房屋建设成本价值计算如表4-3所示。

房屋建设成本价值计算　　　　　　　　　　表4-3

项目名称	计算公式	数量或比例	单位面积价值（元/m²）	价值（元）
工程造价			2358	
前期和其他费用率		7.8%		
前期和其他费用	2358×7.8%		184	
建设成本价值	2358+184		2542	
建筑面积		3953.1m²		
房屋建设成本总价值	2542×3953.1			10048780

(3) 房地产总价值计算

房地产总价值计算如表4-4所示。

房地产总价值　　　　　　　　　表4-4

项目名称	计算公式	数量或比例	单位面积价值（元/m²）	价值（元）
土地开发价值				1896268
房屋建设成本总价值				10048780
房地产直接建造成本价值	1896268 + 10048780			11945048
销售成本费用率		10.5%		
销售成本费用	11945048 × 10.5%			1254230
房地产直接开发成本价值	11945048 + 1254230			13199278
贷款利率	按两年合理工期年贷款利率5.4%计算	5.4%		
贷款利息	13199278 × 5.4%			712761
利润	(13199278 + 712761) × 25%	25%		3478010
税金	(13199278 + 712761 + 3478010) × 5.25%	5.25%		912978
房地产总价值	= 13199278 + 712761 + 3478010 + 912978			18303027
房地产单位面积价值	18303027/3953.1		4630	

直接用公式计算

$$P_z = (P_d + P_f)(1+f_x)(1+d_x)(1+f_1)(1+f_s)$$
$$= (1896268 + 10048780) \times (1+10.5\%) \times (1+5.4\%)$$
$$\times (1+25\%) \times (1+5.25\%)$$
$$= 18303027 \text{ 元}$$

计算结果与表4-4的计算结果相同。

该写字楼现行总价值为18303027元。

(4) 评估价值计算

房地产评估价值的计算按本章第二节叙述的计算方法计算。

该建筑为商品房，土地出让年限为50年，建筑物设计使用年限为60年，按两者较少者取值的原则，最高使用年限定为50年，该建筑土地启用日期为2005年6月16日，评估基准日2010年1月31日，已使用4.63年，则

尚可使用年限 (n) = 50 - 4.63
$$= 45.37 \text{ 年}$$

资本化率 (r) 取7%，则

$$\text{年期修正系数} = \frac{1-(1/(1+7\%)^{45.37})}{1-(1/(1+7\%)^{50})}$$

$$= 0.9871$$

房地产总价值评估价值 = 18303027/10000 × 0.9871
$$= 1806.69 \text{ 万元}$$

经评估计算房地产总价值为 1806.69 万元。

第四节 土地价值评估

一、假设开发法评估土地的前提

（1）待估建筑必须具有土地使用证或房地一体的房屋产权证，产权明确无纠纷；

（2）土地必须是国家出让土地，出让金已全部缴清；

（3）房地产总价值和房屋价值可以计算，各种税费的取值可以查找或取定；

（4）根据待估建筑所处地域市场状况无法采用市场比较法、收益法、成本法或基准地价法单独进行土地评估的房地产项目。

二、计算现行土地价值所需要的资料

土地价值计算公式中有 2 个参数需要经过计算确定，一个是现行房地产总价值，另一个是现行房屋建设成本价值，这两个参数的计算同样需要大量的计算依据资料，现分述如下。

1. 确定现行房地产总价值所需要的资料

待估建筑物按市场比较法评估要求准备所需资料。

（1）待估建筑概况

1）建筑物的坐落地址、区域类别、区域环境；

2）建筑物土地面积、土地用途、取得方式、取得时间（以土地使用证出让日期为准）、出让年限、容积率等；

3）土地利用规划，包括房屋建筑物、构筑物的整体规划，建筑物建造的类别、数量、用途等；

4）建筑物的结构、装修档次、配套设施状况、层数等情况；

5）建筑物的竣工日期。

（2）市场比较法参照物资料准备

采用市场比较法评估房地产总体价值，主要进行市场调查，收集同类地区、相同用途的销售商品房实例 3 则，房地产交易时间在 1 年以内。对参照物必须了解下列情况：

1）参照物的坐落地址、区域类别、区域环境；

2）参照物用途；

3）参照物的结构、装修做法及档次、配套设施状况、层数等；

4）参照物的竣工日期，是新房还是二手房；

5）参照物的交易状况、交易方式，参照物交易必须是合法的交易行为。

2. 确定现行房屋建设成本价值所需要的资料

房屋建设成本价值计算所需资料详见本章第三节的相关内容。

3. 房地产开发可行性预测

（1）房地产开发可行性研究

应用假设开发法进行土地估价，首先要进行房地产开发的可行性调查，以充分利用土地资源。在发挥土地未来开发的最大经济效益和使用效益的前提下，要合理做好房屋建筑的规划和布局，进行可行性研究。

(2) 销售市场考察

应用假设开发法进行土地估价，要充分预计开发后房地产的广泛销路和开发商的最大经济效益，就必须做好房地产市场调查。我们都是假设按照开发商正常开发的情况，而且市场房地产价值处于稳定的情况下去进行评估计算，如果市场价值经常起伏，甚至起伏很大，评估结果很可能偏离市场价值，那需要对评估结果进行价值调整，因此市场考察和收集市场价值变动状况和变动规律很有必要。

三、现行土地价值的评估计算

假设开发法评估土地价值是采用倒算法，即由整体求部分。从本章第二节推导的土地价值计算公式来看，我们必须先求得房地产总价值，再求取房屋建设成本价值，带入计算公式求得土地价值。

1. 房地产总价值的求取方法

房地产总价值应按照市场比较法的评估计算方法求取，即通过待估建筑和收集的 3 个相同地段等级、相同结构类型的参照物进行条件比较而后求得房屋建筑的整体市场价值。操作方法详见第三章"市场比较法"的相关内容，在此不重复叙述。

2. 房屋建设成本价值的评估计算

这里的房屋建设成本价值与房屋重置价值含义基本相同，只是不含资金成本。它的计算方法参见本章第三节的相关内容。在此不重复叙述。

3. 土地评估价值计算

假设开发法评估土地价值的计算公式如下：

$$P_d = \frac{P_z - P_f(1+f_x)(1+d_x)(1+f_1)(1+f_s)}{(1+f_x)(1+d_x)(1+f_1)(1+f_s)}$$

4. 评估价值计算

土地评估价值的计算参见本章第二节叙述的计算方法计算。

四、已销售房地产项目的土地价值评估实例

【例 4-2】 某城市有一商办建筑物，2007 年 5 月建成，该建筑由甲、乙两方出资建设，甲方于 2003 年 6 月 28 日出资向地方政府购置土地一块，出让金、基础设施配套费全部缴清，后来由甲方会同乙方商定，由甲方出土地、乙方出资金共同兴建一幢商业兼办公的商办楼，2005 年 7 月开工，2007 年 5 月 31 日建成投入使用。现在要划分甲方和乙方出资的股份比例，因此需对该建筑的房屋和土地进行评估作价，本案例只对土地进行作价评估。评估基准日为 2009 年 5 月 31 日。

由于该建筑在当地可以找到类似建筑参照物 3 例，而且是 2009 年内建造的，故决定采用市场比较法对该建筑的总价进行作价评估，房屋自身价值根据工程竣工结算进行调整计算。为此，我们决定采用假设开发法计算该建筑的土地价值。

1. 房屋建筑总价值计算

待估房屋建筑总价值采用市场比较法进行计算，计算方法及计算原理详见本书第二章"市场比较法"的内容，具体计算如下所述。

(1) 待估建筑概况

建筑物名称：金陵大厦

1) 建筑概况

该建筑为钢筋混凝土框架结构，地下 1 层，地上 10 层，建筑面积 4591.33m²，2007

年5月31日投入使用。

该建筑钢筋混凝土箱形基础，钢筋混凝土框架梁板柱结构，外墙面200mm厚围护墙，内壁贴保温材料；屋面为平屋面，SBS防水；门为内木门、外防盗门，铝合金门窗，地面复合地板，内墙面及顶棚喷刷涂料，室内装修一般；外墙喷刷高级外墙涂料；有国产电梯一部；给水、排水、配电、照明配套齐全，内有卫生间，普通卫生洁具。

室外给水、排水、配电、通信等配套设施齐全，室外配套设施有停车场地2560m^2，混凝土路面，围墙长235m，砖墙高2.5m，厚240mm，还有其他配套设施，如绿化、水池等，价值不大。

2）区域概况

该建筑位于××市中南区湖南路，属繁华地段，紧靠火车站，是××市较好的地理位置，市容较为繁华，附近有商场、宾馆、医院、学校等城市配套设施。2路、5路、6路、21路、217路、218路、223路、225路、303路、305路、307路、316路等多路公交车由此经过，交通非常便利。地区等级为二类。

市政配套设施有给水、排水、配电、通信等，设施齐全，道路畅通。

(2) 参照物概况

1）银河大厦

该建筑为钢筋混凝土框架结构，地下3层，地上30层，2009年2月销售。

该建筑钢筋混凝土箱形基础，钢筋混凝土框架梁板柱结构，外墙面200mm厚围护墙，内壁贴保温材料，内装修档次中级；屋面为平屋面，SBS防水；内门为木门，塑钢窗，外墙喷刷高级外墙涂料，局部花岗石，装修较好；有电梯、中央空调、给水、排水、配电、通信等配套齐全，内有卫生间，中级卫生洁具。

该建筑位于××市中南区银川西路28号，邻近东西快速路，是××市较好的地理位置，市容较为繁华，附近有商场、宾馆、医院、学校等城市配套设施，附近有高档购物中心，世界著名连锁超市家乐福同属一街，仅2站之遥；与时尚美食街一街之隔。附近有高级幼儿园、市重点小学、45中学、36中学；20多条公交线路由此经过，可抵达市内各区，交通非常便利。地区等级为二类。

该建筑为现房销售，价格为11200元/m^2。

2）都市广场

该建筑为钢筋混凝土框架结构，地下3层，地上30层，2009年1月销售。

该建筑钢筋混凝土箱形基础，钢筋混凝土框架梁板柱结构，外墙面200mm厚围护墙，内壁贴保温材料，外墙采用石材与玻璃幕墙结合，典雅时尚；屋面为平屋面，SBS防水；门为内木门，塑钢窗，内装修档次中级；有电梯、中央空调；给水、排水、配电、照明配套齐全，内有卫生间，卫生洁具配套完善。

该建筑位于××市中南区南京路118号，属繁华地段，附近有商场、银行、邮局、宾馆、医院、学校等，附近有高档购物中心——华联商厦，离连锁超市家乐福仅2站之遥；附近有高级幼儿园、市重点小学、45中学、36中学；20多条公交线路由此经过，可抵达市内各区，交通非常便利。地区等级为二类。

该建筑为现房销售，价格为12000元/m^2。

3）滨海大厦

该建筑为钢筋混凝土框架结构，地下2层，地上20层，2009年1月销售。

该建筑钢筋混凝土箱形基础，钢筋混凝土框架梁板柱结构，外墙面保温墙采用石材与玻璃幕墙结合，局部花岗石贴面，典雅时尚；屋面为平屋面，SBS防水；内门为木门，塑钢窗，室内精装修；给水、排水、配电、照明配套齐全，内有卫生间，卫生洁具配套齐全。

该建筑位于××市中南区云南路，属繁华地段，附近有银行、邮局、商场、宾馆、医院、学校等。有高档购物中心、农贸市场，城市配套设施齐全。多条公交线路由此经过，可抵达市内各区，交通非常便利。地区等级为二类。

该建筑为现房销售，价格为11000元/m²。

（3）评估条件对比分析

估价对象的存在条件和参照物的对应条件进行比较后，作如表4-5所示的对比分析。

评估条件对比分析　　　　　　　　　　　表4-5

	建筑名称	金陵大厦	银河大厦（参1）	都市广场（参2）	滨海大厦（参3）
	建筑位置	湖南路	银川西路	南京路	云南路
	区域位置	二类	二类	二类	二类
	交易价格（元/m²）	待定	11200	12000	11000
	交易方式	待估现值	新房销售	新房销售	新房销售
	交易时间	2007年5月31日	2009年2月28日	2009年1月1日	2009年1月1日
	物业用途	办公	办公	办公	办公
区域因素	繁华程度	较繁华	较繁华	繁华	较繁华
	交通条件	好，有多路公交车	好，有多路公交车	好，有多路公交车	好，有多路公交车
	基础设施	水、电、通信等配套齐全	水、电、通信等配套齐全	水、电、通信等配套齐全	水、电、通信等配套齐全
	公共配套	水、电、暖、通信等配套齐全	水、电、暖、通信等配套齐全	水、电、暖、通信等配套齐全	水、电、暖、通信等配套齐全
	环境条件	离海边较近环境优越	离海边较近环境优越	离海边较近环境优越	靠海边环境优越
个别因素	建筑基础	箱形基础	箱形基础，基础较深	箱形基础，基础较深	箱形基础，基础较深
	建筑结构	10层框架	30层框架	30层框架	20层框架
	建筑装修	室内装修一般，外墙中级装修	室内装修中级，外墙精装修	室内装修中级，外墙精装修	全部精装修
	建筑功能配套	水、电、通信配套齐全	水、电、通信配套齐全	水、电、通信配套齐全	水、电、通信配套齐全
	朝向及层次	南北，全部层次	南北，全部层次	南北，全部层次	南北，全部层次
	坐落位置	较好	较好	较好	较好
	工程质量	良好	良好	良好	良好
	建成日期	2007年5月31日	2009年2月28日	2009年1月1日	2009年1月1日

（4）市场销售平均值计算

1）对比系数计算

根据待估建筑和参照物的具体条件，它们均为正常交易，成交日期均很接近，故无须进行交易情况修正，只需对区域因素和个别因素进行修正。评估条件对比系数如表4-6所示。

评估条件对比系数　　　　　　　表4-6

建筑名称		金陵大厦（待估建筑）	银河大厦（参1）		都市广场（参2）		滨海大厦（参3）	
交易价格（元/m²）		评估价值待定	11200		12000		11000	
交易方式		100	100		100		100.00	
交易时间		100	100		100.00		100.00	
物业用途		100	100		100.00		100.00	
分项名称		分值设定	调整分值	对比分值	调整分值	对比分值	调整分值	对比分值
区域因素	繁华程度	25	0.00	25.00	1.00	26.00	0.00	25.00
	交通条件	25	0.00	25.00	0.00	25.00	0.00	25.00
	基础设施	20	0.00	20.00	0.00	20.00	0.00	20.00
	公共配套	20	0.00	20.00	0.00	20.00	0.00	20.00
	环境条件	10	0.00	10.00	1.00	11.00	1.00	11.00
	综合系数	100	0.00	100.00	2.00	102.00	1.00	101.00
个别因素	建筑基础	20	2.00	22.00	2.00	22.00	1.00	21.00
	建筑结构	20	2.00	22.00	2.00	22.00	2.00	22.00
	建筑装修	15	2.00	17.00	2.00	17.00	3.00	18.00
	建筑功能配套	15	1.00	16.00	1.00	16.00	1.00	16.00
	朝向及层次	9	0.00	9.00	0.00	9.00	0.00	9.00
	坐落位置	9	1.00	10.00	1.00	10.00	1.00	10.00
	工程质量	12	0.00	12.00	0.00	12.00	0.00	12.00
	综合系数	100	8.00	108.00	8.00	108.00	8.00	108.00
年期修正系数及年期修正对比系数		年期修正系数 0.9949	年期修正系数 0.9994	年期修正对比系数 1.0045	年期修正系数 0.9990	年期修正对比系数 1.0041	年期修正系数 0.9990	年期修正对比系数 1.0041
综合系数 (C_i)	综合对比系数 (C_{zxi})	1	100/100×100/100×100/100×100/100×108/100×1.0045 =1.0849		100/100×100/100×100/100×102/100×108/100×1.0041 =1.1061		100/100×100/100×100/100×101/100×108/100×1.0041 =1.095	
	综合计算系数 ($C_i=1/C_{zxi}$)	1	0.9218		0.9041		0.9130	
日期	评估基准日 2009年5月31日		建成日期					
		2007年5月31日	2009年2月28日		2009年1月1日		2009年1月1日	

注：1. 年期修正系数计算详见表4-7～表4-10；
  2. 年期修正对比系数计算公式：

$$年期修正对比系数 = \frac{参照物年期修正系数}{待估建筑年期修正系数}$$

  根据表4-6对比条件系数的计算，最后求得待估建筑与3个参照物对比的综合计算系数 C_1、C_2、C_3 为：

$$C_1 = 0.9218；\quad C_2 = 0.9041；\quad C_3 = 0.9130$$

2）市场比准价格确定

由 C_1、C_2、C_3 求得被估建筑对应的市场比准价值 V_1、V_2、V_3 分别为：

$$V_1 = 11200 \times 0.9218 = 10324.16 \text{ 元}/m^2$$

$$V_2 = 12000 \times 0.9041 = 10849.20 \text{ 元}/m^2$$

$$V_3 = 11000 \times 0.9130 = 10043.00 \text{ 元}/m^2$$

根据上述对比计算，已求得由3个参照物所确定的被估建筑相应市场价格，而被估建筑最后确定的平均市场比准价格 V 可由 V_1、V_2、V_3 的算术平均值来确定，即：

$$V = (V_1 + V_2 + V_3)/3 = 10405 \text{ 元}/m^2$$

经评估计算，待估建筑房地产总价为

$$\text{房地产总价值} = 10405 \times 4591.33$$

$$= 47772789 \text{ 元}$$

3）建筑物年期修正系数计算

①待估建筑年期修正系数

金陵大厦年期修正系数　　　　　　　　　　表4-7

建筑物名称	金陵大厦
评估基准日	2009年5月31日
使用日期	2007年5月31日
已使用年限	2.00
尚可使用年限（n）	48.00
土地出让年限（m）	50.00
资本化率（r）	7%
年期修正系数 $\dfrac{1-\left(1/(1+r)^n\right)}{1-\left(1/(1+r)^m\right)}$	0.9949

②参照物年期修正系数

银河大厦年期修正系数　　　　　　　　　　表4-8

建筑物名称	参照物1　银河大厦
评估基准日	2009年5月31日
使用日期	2009年2月28日
已使用年限	0.25
尚可使用年限（n）	49.75
土地出让年限（m）	50.00
资本化率（r）	7%
年期修正系数 $\dfrac{1-\left(1/(1+r)^n\right)}{1-\left(1/(1+r)^m\right)}$	0.9994

都市广场年期修正系数 表4-9

建筑名称	参照物2 都市广场
评估基准日	2009年5月31日
使用日期	2009年1月1日
已使用年限	0.41
尚可使用年限（n）	49.59
土地出让年限（m）	50.00
资本化率（r）	7%
年期修正系数 $\dfrac{1-\left(1/(1+r)^n\right)}{1-\left(1/(1+r)^m\right)}$	0.9990

滨海大厦年期修正系数 表4-10

建筑名称	参照物3 滨海大厦
评估基准日	2009年5月31日
使用日期	2009年1月1日
已使用年限	0.41
尚可使用年限（n）	49.59
土地出让年限（m）	50.00
资本化率（r）	7%
年期修正系数 $\dfrac{1-\left(1/(1+r)^n\right)}{1-\left(1/(1+r)^m\right)}$	0.9990

2. 房屋建设成本价值计算

（1）房屋造价计算

房屋造价主要项目的价值系根据工程竣工结算价值进行调整后的数值，调整过程这里从略。房屋造价计算如表4-11所示。

房屋造价计算 表4-11

	项目名称	计算公式	数量或比例	单价	单位面积价值（元/m²）
	建筑面积		4591.33m²		
直接工程费	主体结构	竣工结算价值进行调整			895
	电梯	竣工结算价值进行调整			286
	装修	竣工结算价值进行调整			760
	室内配套设施	竣工结算价值进行调整			98
	室外配套设施	竣工结算价值进行调整			85
	停车场	2560×98/4591.33	2560m²	98元/m²	55
	围墙	235×267/4591.33	235m	267元/m	14
	其他				25
	合计				2218

续表

项目名称	计算公式	数量或比例	单价	单位面积价值（元/m²）
建安造价取费	2218×28%	28%		621
工程造价	2218+621			2839

（2）房屋建设成本价值计算

房屋建设成本价值计算如表4-12所示。

房屋建设成本价值计算　　　　　　　　　　　表4-12

项目名称	计算公式	数量或比例	单位面积价值（元/m²）	价值（元）
工程造价			2839	
前期和其他费用	2839×7.28%	7.28%	207	
建设成本价值	2839+207		3046	
建筑面积		4591.33m²		
房屋建设成本价值	3046×4591.33			13985191
年期修正系数	表4-7		0.9949	
房屋评估现值				13913867

3. 土地价值计算

（1）土地价值

设 $f_x = 11\%$，$f_1 = 25\%$（不包括风险利润率），$f_s = 5.25\%$，$d_x = 5.4\%$（按当前国家规定的两年贷款利率均匀投入）：

$$P_d = \frac{P_z - P_f(1+f_x)(1+d_x)(1+f_1)(1+f_s)}{(1+f_x)(1+d_x)(1+f_1)(1+f_s)}$$

$$= \frac{47772789 - 13913867 \times (1+11\%) \times (1+5.4\%) \times (1+25\%) \times (1+5.25\%)}{(1+11\%) \times (1+5.4\%) \times (1+25\%) \times (1+5.25\%)}$$

$$= 17123502 \text{ 元}$$

经评估计算土地价值为17123502元。

（2）土地评估价值

土地评估价值按本章第二节叙述的计算方法计算。

该建筑土地出让年限为50年，建筑物设计使用年限为60年，按两者较少者取值的原则，最高使用年限定为50年，该建筑土地启用日期为2003年6月28日，评估基准日2009年5月31日，已使用5.93年，则

$$\text{尚可使用年限}(n) = 50 - 5.93$$
$$= 44.07 \text{ 年}$$

资本化率（r）取7%，则

$$\text{年期修正系数} = \frac{1 - \left(1/(1+7\%)^{44.07}\right)}{1 - \left(1/(1+7\%)^{50}\right)}$$

$$= 0.9827$$

$$土地评估价值 = 17123502/10000 \times 0.9827$$
$$= 1682.73 万元$$

经评估计算土地评估价值为 1682.73 万元。

五、待开发土地价值评估实例

【例 4-3】 有一待开发土地,系资产方于 2000 年 11 月 30 日征得的农业用地,土地面积 120000m²,当时正在办理土地出让手续。根据该企业规划,土地用途为建造住宅、商业、健身、娱乐以及其他配套等建筑。资产方于 2002 年拟将该土地作为投入资金和美国某公司合资开发建设一个综合性小区,经双方洽谈已初步达成意向协议,与此同时双方对建设用途、建设规模、建设工期等进行了初步规划。现需根据可行性规划对该土地的现行价值进行可行性评估作价,以作中方投入合资企业的资金参考。计划开工日期 2002 年 7 月 1 日,竣工日期 2007 年 6 月 30 日,总建设期 5 年。其中住宅开工日期 2002 年 7 月 1 日,竣工日期 2005 年 6 月 30 日,工期 3 年,其他商业、娱乐、健身等项目在住宅工程接近竣工日期开工,现假定 2004 年 7 月 1 日开工,2007 年 6 月 30 日竣工,工期 3 年。评估基准日为 2001 年 12 月 31 日。

1. 概况

区域名称:金穗花园

金穗花园位于××市机场高速公路西侧约 1.5km 的经济开发区内,该区域是一个新的开发区,目前正待开发建设。待估的开发项目占地 120000m²,四周有 200 亩(1 亩 = 666.7m²)绿化带,整个区域被绿树环抱,环境十分优美。根据建设规划拟于 2002 年下半至 2007 年 7 月将该区建设一个具有花园式住宅、公寓、饭店及娱乐中心为一体的住宅小区。规划总建筑面积 107000m²,容积率 0.89。

金穗花园的开发项目有花园式住宅、公寓、四星级宾馆、购物中心、康乐中心以及相配套的高级服务设施,具体规划如下:

(1) 花园式住宅 100 户,户均建筑面积 200m²,合计 2 万 m²,每户设有独立花园、停车库、平台花房,建筑为豪华级装修;

(2) 公寓式住宅 400 户,4~6 层,户均建筑面积 125m²,合计 5 万 m²,高级装修,附近设有公用停车场及活动场地;

(3) 四星级饭店一栋,建筑面积 18000m²,内设客房 300 套,约 9000m²,写字间 3000m²,其余为一般餐饮及服务、办公用房,饭店主要建筑为高级豪华型装修,服务用房为中级装修;

(4) 金穗购物中心计划建筑面积 6000m²,作为金穗花园的配套服务建筑,为中高级标准装修;

(5) 金穗康乐中心计划建筑面积 5000m²,内设游泳池、水上乐园、健身、保龄球、室内高尔夫球、网球、壁球等运动项目及桑拿理疗项目,均为中高级装修;

(6) 其他配套建筑面积约 8000m²,有锅炉房、学校、医院等,为中级标准装修;

(7) 区内给水、排水、电气、天然气、供暖、通信等管网配套齐全,公用电视接收系统、保安服务系统设置完善;

(8) 区域内构筑物有道路、停车场、围墙、绿化等配套项目,设施完善。

金穗花园具有优越的地理位置和优美的自然环境,门前有公路,有公交车,交通十分方便。小区地处郊区，无污染、无噪声，是理想的居住之地。

2. 评估方法选择

待估土地为××市六类地区，土地的利用用途为综合性开发项目，该土地目前只是一块空地，尚待开发。根据待估土地的区域总体规划，拟建建筑配套基本齐全，土地"七通一平"已经完成。经查验，该宗土地有国有土地使用证，具有合法的开发权利。本次评估对象为待开发土地项目，确定待开发土地在评估基准日的开发现值，决定采用假设开发法进行评估作价。

3. 房地产开发总价的计算

（1）基础数据

设定该区域全部建成工期为5年，其中花园住宅和公寓3年内全部建成并可以预售，其他建设项目于该建设项目开工后的第3年开工，工期预计3年，除花园住宅和公寓以外的其他房屋建筑物项目要等全部建设工程完工以后才能销售。各建设项目预计划销售情况如表4-13所示。

销售计划基础数据　　　　　　　　　　　　　　表4-13

项目名称	2003年6月30日预售		2004年6月30日预售		2005年6月30日售完		2007年6月30日售出	
	价格	比例（%）	价格	比例（%）	价格	比例（%）	价格	比例（%）
花园住宅	15000	25	15800	35	16600	40		
公寓住宅	5000	25	5500	35	6200	40		
饭店							18000	100
购物中心							15000	100
康乐中心							12000	100
附属设施							8500	100

（2）房地产开发总价预测计算

根据表4-13的数据进行销售收入计算，计算结果如表4-14所示。

销售收入价值　　　　　　　　　　　　　　表4-14

序号	项目名称	建筑面积(m²)	第一年			第二年			第三年			第五年		
			销售单价(元/m²)	销售比例(%)	销售金额(万元)	销售单价(元/m²)	销售比例(%)	销售金额(万元)	销售单价(元/m²)	销售比例(%)	销售金额(万元)	销售单价(元/m²)	销售比例(%)	销售金额(万元)
1	花园住宅	20000	15000	25	7500	15800	35	11060	16600	40	13280			
2	公寓住宅	50000	5000	25	6250	5500	35	9625	6200	40	12400			
3	饭店	18000			0			0				18000	100	32400
4	购物中心	6000			0			0				15000	100	9000
5	康乐中心	5000			0			0				12000	100	6000

续表

序号	项目名称	建筑面积(m^2)	第一年			第二年			第三年			第五年		
			销售单价(元/m^2)	销售比例(%)	销售金额(万元)	销售单价(元/m^2)	销售比例(%)	销售金额(万元)	销售单价(元/m^2)	销售比例(%)	销售金额(万元)	销售单价(元/m^2)	销售比例(%)	销售金额(万元)
6	附属设施	8000			0			0				6500	100	5200
7	小计	107000			13750			20685			25680			52600

上述销售收入为销售时的数值,应折算到评估基准日现值求得房地产开发总价。

当时中国人民银行1~3年贷款利率为5.94%。销售收入按当年均匀收入计算。折现期按评估基准日起点计算,则

销售收入的折现期:

自评估基准日2001年12月31日起

至2003年6月30日　$r_1 = 0.5 + 0.5 = 1$ 年

至2004年6月30日　$r_2 = 0.5 + 1.5 = 2$ 年

至2005年6月30日　$r_3 = 0.5 + 2.5 = 3$ 年

至2007年6月30日　$r_4 = 0.5 + 4.5 = 5$ 年

$$房地产开发总价 = 13750/(1+0.0594)^{0.5} + 20685/(1+0.0594)^{1.5}$$
$$+ 25680/(1+0.0594)^{2.5} + 52600/(1+0.0594)^{5}$$
$$= 92425 \text{ 万元}$$

经计算预测房地产开发总价为92425万元。

4. 工程建设成本价值预测计算

现行建安工程成本估计价值如表4-15所示。

工程建设成本价值预测　　　　　表4-15

序号	项目名称	建筑面积(m^2)	建安成本		前期费用		建设成本价值(万元)
			每平方米造价(元/m^2)	合价(万元)	费率	金额(万元)	
1	花园住宅	20000	4500	9000.00	11%	990	9990
2	公寓住宅	50000	2100	10500.00	11%	1155	11655
3	饭店	18000	4200	7560.00	11%	832	8392
4	购物中心	6000	3800	2280.00	11%	251	2531
5	康乐中心	5000	3000	1500.00	11%	165	1665
6	附属设施	8000	1500	1200.00	11%	132	1332
7	小计	107000		32040.00	11%	3525	35565
8	室外配套设施	20%		6408.00	11%	705	7113
9	造价合计			39048.00	11%	4230	42678

5. 土地现值计算

设 $f_x = 10.5\%$,$f_s = 5.25\%$,$d_x = 5.94\% \times 3/2 = 8.91\%$,$f_1 = 25\%$(不包括风险利润率),土地现值计算:

$$P_d = \frac{P_z - P_f(1+f_x)(1+d_x)(1+f_1)(1+f_s)}{(1+f_x)(1+d_x)(1+f_1)(1+f_s)}$$

$$= \frac{92425 - 42678 \times (1+10.5\%) \times (1+8.91\%) \times (1+25\%) \times (1+5.25\%)}{(1+10.5\%) \times (1+8.91\%) \times (1+25\%) \times (1+5.25\%)}$$

$= 15433$ 万元

经评估计算,待估土地在评估基准日的评估价值为 15433 万元。

第五节 房屋建设成本价值评估

一、假设开发法评估房屋建设成本价值的前提

(1) 待估建筑必须具有土地使用证、房屋产权证或房地一体的房屋产权证,产权明确无纠纷;

(2) 土地必须是国家出让土地,出让金已全部缴清;

(3) 房屋建筑总价值和土地价值可以计算,各种税费的取值可以查找或取定;

(4) 待估对象必须是房屋和土地一体的、房屋无法单独估价的房地产项目。

二、计算现行房屋建设成本价值所需要的资料

现行的房屋建设成本价值计算公式中有 2 个参数需要经过计算确定,一个是房地产总价值,另一个是现行土地价值。这两个参数的计算同样需要大量的计算依据资料,现分述如下。

1. 确定现行房地产总价值所需要的资料

待估房地产市场比较法估价所需资料和本章第四节相关表述内容相同,不重复叙述。

2. 确定现行土地价值所需要的资料

土地价值计算所需资料的内容和本章第三节相关内容相同,不重复叙述。

三、房屋建设成本价值的评估计算

假设开发法评估房屋建设成本价值采用倒算法,即由整体求部分。从本章第二节相关内容推导的房屋建设成本价值公式来看,必须先求得房地产总价值,再求取土地价值带入计算公式求得房屋建设成本价值。

1. 现行房屋建筑总价值的求取

房屋建筑总价值计算采用市场比较法,即通过待估建筑和收集的 3 个相同等级地段、相同结构类型的参照物进行条件比较,求得房屋建筑的整体市场价值。操作方法详见本书第二章的相关内容,在此不重复叙述。

2. 现行土地价值的计算

土地价值评估一般采用基准地价法或成本逼近法,有时候需要采用 2 种方法进行相互验证。两种方法的具体操作见第七章评估的相关内容。

3. 现行房屋建设成本价值的计算

假设开发法评估房屋价值的计算公式如下:

$$P_\text{f} = \frac{P_\text{z} - P_\text{d}(1+f_\text{x})(1+d_\text{x})(1+f_\text{l})(1+f_\text{s})}{(1+f_\text{x})(1+d_\text{x})(1+f_\text{l})(1+f_\text{s})}$$

公式中的符号见本章第二节的公式标注。

4. 评估价值计算

房屋建设成本评估价值的计算方法参见本章第二节相关内容叙述的计算方法计算。

四、假设开发法评估写字楼房屋现行价值实例

【例 4-4】 有一商品房写字楼，2005 年 8 月 1 日投入使用，因涉及股东的股权利益，目前进行资产重组，需要对各类资产进行重新估价，评估基准日为 2009 年 12 月 31 日。本案例只需对写字楼的房屋进行估价。

1. 房屋建筑总价值计算

待估房屋建筑总价值采用市场比较法进行计算，具体计算如下所述。

（1）待估建筑概况

建筑物名称：广发大厦

1）建筑概况

该建筑为钢筋混凝土框架结构，地下 1 层，地上 12 层，建筑面积 5426.12m²，2005 年 8 月 1 日投入使用。

该建筑钢筋混凝土箱形基础，钢筋混凝土框架梁板柱结构。外墙面 200mm 厚钢筋混凝土围护墙，内壁贴保温材料；屋面为平屋面，水泥珍珠岩保温，SBS 防水；门为内装饰木门，塑钢窗；地面铺贴玻化砖，部分复合地板，内墙面为涂料，顶棚矿棉板吊顶，档次较高；外墙瓷砖贴面；电梯 2 部，为国产电梯；中央空调、给水、排水、配电、照明、通信配套齐全；内有卫生间，中级卫生洁具。

室外给水、排水、配电、通信等配套设施齐全。

室外配套设施有停车场地 2880m²，混凝土路面；围墙长 285m，上部铁艺，高 1.5m，下部砖墙，高 1m，厚 240mm，总高 2.5m；还有其他配套设施，如绿化、水池等，价值不大。

2）区域概况

该建筑位于××市朝阳路，属三类地段，离火车站较近，约 3km，地理位置优越。附近有商场、宾馆、医院、学校等城市配套设施，市容繁华。2 路、5 路、6 路、21 路、217 路、218 路、223 路等多路公交车由此经过，交通非常便利。

市政配套设施有给水、排水、配电、通信等，设施齐全，道路畅通。

3）土地状况

该写字楼共征土地面积 3380m²，2003 年 9 月 1 日办理了土地使用证及房产证，土地使用日期至 2053 年 8 月 31 日终止，出让年限 50 年，土地用途为综合。

（2）参照物选择与分析

本次共收集评估所需同区域、同类型参照物共 3 则，其概况如下。

1）福昌大厦

①建筑概况

该建筑为钢筋混凝土框架结构，地下 2 层，地上 16 层，建筑面积 6835.87m²，2009 年 6 月 1 日投入使用。

该建筑钢筋混凝土箱形基础，钢筋混凝土框架梁板柱结构，外墙面200mm厚钢筋混凝土围护墙，内壁贴保温材料；屋面为平屋面，水泥珍珠岩保温，SBS防水；门为内装饰木门，塑钢窗；地面为水泥砂浆；内墙面为涂料，顶棚矿棉板吊顶，档次一般，外墙瓷砖贴面；电梯2部，国产；中央空调、给水、排水、配电、照明、通信等配套齐全；内有卫生间，中级卫生洁具。

室外给水、排水、配电、通信等配套设施齐全。

室外配套设施有停车场地，铁艺围墙，高2.5m，下部砌砖，厚240mm，还有其他配套设施，如绿化，价值不大。

②区域概况

该建筑位于××市光华路，属三类地段。离火车站约6km，地理位置优越，附近有商场、宾馆、医院、学校等城市配套设施，市容较为繁华。多路公交车由此经过，交通非常便利。

市政配套设施有给水、排水、配电、通信等，设施齐全，道路畅通。

2）中洋大厦

①建筑概况

该建筑为钢筋混凝土框架结构，地下1层，地上12层，建筑面积$4876.45m^2$，2009年9月1日投入使用。

该建筑钢筋混凝土箱形基础，钢筋混凝土框架梁板柱结构，外墙面200mm厚钢筋混凝土围护墙，内壁贴保温材料；屋面为平屋面，水泥珍珠岩保温，SBS防水；门为内装饰木门，塑钢窗；地面水泥砂浆；内墙面为涂料，顶棚矿棉板吊顶，档次一般，外墙瓷砖贴面；电梯2部，国产；中央空调、给水、排水、配电、照明、通信配套齐全；内有卫生间，中级卫生洁具。

室外给水、排水、配电、通信等配套设施齐全。

室外配套设施有停车场地，混凝土路面，砖围墙，高2.2m，下部砖墙，厚240mm，还有其他配套设施，如绿化，价值不大。

②区域概况

该建筑位于××市幸福路，属三类地段，离火车站约7km，地理位置优越，附近有商场、宾馆、医院、学校等城市配套设施，市容较为繁华。多路公交车由此经过，交通非常便利。

市政配套设施有给水、排水、配电、通信等，设施齐全，道路畅通。

3）龙福大厦

①建筑概况

该建筑为钢筋混凝土框架结构，地下2层，地上16层，建筑面积$5023.18m^2$，2009年3月1日投入使用。

该建筑钢筋混凝土箱形基础，钢筋混凝土框架梁板柱结构，外墙面200mm厚钢筋混凝土围护墙，内壁贴保温材料；屋面为平屋面，水泥珍珠岩保温，SBS防水；门为内装饰木门，塑钢窗；地面水泥砂浆；内墙面为涂料，顶棚矿棉板吊顶，外墙瓷砖贴面，局部花岗石贴面，档次较高；电梯2部，国产；中央空调、给水、排水、配电、照明、通信配套齐全；内有卫生间，中级卫生洁具。

室外给水、排水、配电、通信等配套设施齐全。

有停车场，混凝土路面，砖围墙，高 2.2m，厚 240mm，还有其他配套设施，如绿化等，价值不大。

②区域概况

该建筑位于××市建设路，属三类地段，离火车站 8km，地理位置优越，附近有商场、宾馆、医院、学校等城市配套设施，市容较为繁华。多路公交车由此经过，交通非常便利。

市政配套设施有给水、排水、配电、通信等，设施齐全，道路畅通。

（3）评估条件对比分析

待估建筑的存在条件和参照物的对应条件进行比较后，作如表 4-16 所示的对比分析，表中内容只作概括描述。

评估条件对比分析 表 4-16

	建筑名称	广发大厦（待估建筑）	福昌大厦（参1）	中洋大厦（参2）	龙福大厦（参3）
	建筑位置	朝阳路	光华路	幸福路	建设路
	区域位置	三类	三类	三类	三类
	交易价格（元/m²）	待定	8500	7870	9250
	交易方式	待估现值	新房销售	新房销售	新房销售
	交易时间	2005年8月1日	2009年6月1日	2009年9月1日	2009年3月1日
	物业用途	办公	办公	办公	办公
区域因素	繁华程度	繁华	较繁华	较繁华	较繁华
	交通条件	较好，有多路公交车	尚好，有多路公交车	尚好，有多路公交车	尚好，有多路公交车
	基础设施	水电通信等配套齐全	水电通信等配套齐全	水电通信等配套齐全	水电通信等配套齐全
	公共配套	齐全	齐全	齐全	齐全
	环境条件	一般	一般	一般	较好
个别因素	建筑基础	钢筋混凝土箱形基础	钢筋混凝土箱形基础	钢筋混凝土箱形基础	钢筋混凝土箱形基础
	建筑结构	钢筋混凝土框架柱梁板	钢筋混凝土框架柱梁板	钢筋混凝土框架	钢筋混凝土框架柱梁板
	建筑装修	精装修	一般	一般	精装修
	建筑功能配套	水、电、通信配套齐全，有电梯、空调	水、电、通信配套齐全，有电梯、空调	水、电、通信配套齐全，有电梯、空调	水、电、通信配套齐全，有电梯、空调
	朝向及层次	南北，全部层次	南北，全部层次	南北，全部层次	南北，全部层次
	坐落位置	较好	较好	较好	较好
	工程质量	良好	良好	良好	良好
	建成日期	2005年8月1日	2009年6月1日	2009年9月1日	2009年3月1日

根据待估建筑和参照物的具体条件，它们均为正常交易，成交日期均很接近，故无须进行交易情况修正，只需对区域因素和个别因素进行修正。

（4）市场销售平均值的计算

1）对比系数的计算

根据上述待估建筑物和对比实例所确定的各种对应条件，可以进一步确定它们之间的系数关系，系数关系如表 4-17 所示。

评估条件对比系数　　　　　　　　　　　表 4-17

建筑名称		广发大厦（待估建筑）	福昌大厦（参1）		中洋大厦（参2）		龙福大厦（参3）	
交易价格（元/m²）		评估价值待定	8500		7870		9250	
交易方式		100	100		100.00		100.00	
交易时间		100	100		100.00		100.00	
物业用途		100	100		100.00		100.00	
分项名称		分值设定	调整分值	对比分值	调整分值	对比分值	调整分值	对比分值
区域因素	繁华程度	25	-2	23.00	-3.00	22.00	-3.00	22.00
	交通条件	25	-2	23.00	-2.00	23.00	-2.00	23.00
	基础设施	20	0	20.00	0.00	20.00	0.00	20.00
	公共配套	20	0	20.00	0.00	20.00	2.00	22.00
	环境条件	10	1	11.00	1.00	11.00	2.00	12.00
	综合系数	100	-3	97.00	-4.00	96.00	-1.00	99.00
个别因素	建筑基础	20	0	20.00	0.00	20.00	0.00	20.00
	建筑结构	20	0	20.00	0.00	20.00	2.00	22.00
	建筑装修	15	-6	9.00	-6.00	9.00	0.00	15.00
	建筑功能配套	15	2	17.00	2.00	17.00	3.00	18.00
	朝向及层次	9	0	9.00	0.00	9.00	0.00	9.00
	坐落位置	9	0	9.00	0.00	9.00	0.00	9.00
	工程质量	12	0	12.00	0.00	12.00	0.00	12.00
	综合系数	100	-4	96.00	-4.00	96.00	5.00	105.00
年期修正系数及年期修正对比系数		年期修正系数	年期修正系数	年期修正对比系数	年期修正系数	年期修正对比系数	年期修正系数	年期修正对比系数
		0.9880	0.9988	1.0109	0.9994	1.0115	0.9982	1.0103
综合系数（C_{zxi}）	综合对比系数（C_{zxi}）	1	100/100 × 100/100 × 100/100 × 97/100 × 96/100 × 1.0109		100/100 × 100/100 × 100/100 × 96/100 × 96/100 × 1.0115		100/100 × 100/100 × 100/100 × 99/100 × 105/100 × 1.0103	
	综合计算系数（$C_i = 1/C_{zxi}$）	1	1.0623		1.0727		0.9522	
日期	评估基准日		建成日期					
	2009 年 11 月 30 日	2005 年 8 月 1 日	2009 年 6 月 1 日		2009 年 9 月 1 日		2009 年 3 月 1 日	

注：1. 年期修正系数计算详见表 4-18~表 4-21；
2. 年期修正对比系数计算公式：

$$年期修正对比系数 = \frac{参照物年期修正系数}{待估建筑年期修正系数}$$

根据表 4-17 对比条件系数的计算，最后求得待估建筑与 3 个参照物对比的综合计算系数 C_1、C_2、C_3 分别为：

$$C_1 = 1.0623, \quad C_2 = 1.0727, \quad C_3 = 0.9522$$

2）市场销售平均值的确定

由 C_1、C_2、C_3 求得被估建筑对应的市场比准价值 V_1、V_2、V_3 分别为：

$$V_1 = 8500 \times 1.0623 = 9030.00 \text{ 元}/\text{m}^2$$
$$V_2 = 7870 \times 1.0727 = 8442.00 \text{ 元}/\text{m}^2$$
$$V_3 = 9250 \times 0.9522 = 8808.00 \text{ 元}/\text{m}^2$$

根据上述对比计算，已求得由 3 个参照物所确定的被估建筑相应市场比准价值，而被估建筑最后确定的平均市场比准价值 V 可由 V_1、V_2、V_3 的算术平均值来确定，即：

$$V = (V_1 + V_2 + V_3)/3 = 8760 \text{ 元}/\text{m}^2$$

$$\text{房地产总价值} = 8760 \times 5426.12$$
$$= 47532811 \text{ 元}$$

经评估计算，该房屋的房地产总价值为 47532811 元。

3）建筑物年期修正系数计算

① 待估建筑年期修正系数

因参照物的土地使用日期和商品房的使用日期为同一日期，因此在市场比较法确定待估建筑年修正系数时采用的使用日期亦统一按照房屋使用日期计算，否则标对比准不统一无法作对比计算。

广发大厦年期修正系数 表 4-18

建筑物名称	广发大厦
评估基准日	2009 年 11 月 30 日
使用日期	2005 年 8 月 1 日
已使用年限	4.33
尚可使用年限（n）	45.67
土地出让年限（m）	50
成新率（%）	91
资本化率（r）	7%
年期修正系数 $\dfrac{1-\left(1/(1+r)^n\right)}{1-\left(1/(1+r)^m\right)}$	0.9880

② 参照物年期修正系数

福昌大厦年期修正系数 表 4-19

建筑物名称	福昌大厦
评估基准日	2009 年 11 月 30 日
使用日期	2009 年 6 月 1 日

续表

建筑物名称	福昌大厦
已使用年限	0.5
尚可使用年限（n）	49.50
土地出让年限（m）	50
资本化率（r）	7%
年期修正系数 $\dfrac{1-\left(1/(1+r)^n\right)}{1-\left(1/(1+r)^m\right)}$	0.9988

中洋大厦年期修正系数　　　　　　　　　　　　　　表 4-20

建筑名称	中洋大厦
评估基准日	2009 年 11 月 30 日
使用日期	2009 年 9 月 1 日
已使用年限	0.25
尚可使用年限（n）	49.75
土地出让年限（m）	50
资本化率（r）	7%
年期修正系数 $\dfrac{1-\left(1/(1+r)^n\right)}{1-\left(1/(1+r)^m\right)}$	0.9994

龙福大厦年期修正系数　　　　　　　　　　　　　　表 4-21

建筑名称	龙福大厦
评估基准日	2009 年 11 月 30 日
使用日期	2009 年 3 月 1 日
已使用年限	0.75
尚可使用年限（n）	49.25
土地出让年限（m）	50
资本化率（r）	7%
年期修正系数 $\dfrac{1-\left(1/(1+r)^n\right)}{1-\left(1/(1+r)^m\right)}$	0.9982

2. 土地价值计算

(1) 土地状况

该土地面积 3380m²，查 2006 年该地区三类地段，综合类型基准地价 1250 元/m²。

(2) 土地价值计算

土地价值计算如表 4-22 所示。

土地价值计算 表4-22

名称	计算公式	数量或系数	单价（元/m²）	价值（元）	备注
土地面积（m²）		3380			
土地基准单价			1250		
时间和环境调整系数（根据市场情况确定）	1250×（1+0.3）	30%	375		
土地基准单价			1625		
土地开发费用			150		
土地计算价格	1625+150		1775		
土地价值	1775×3380			5999500	
基础设施费	建筑面积×单价=5426.12×80		80	434090	
土地开发总费用	5999500+434090			6433590	

3. 房屋建设成本价值计算

设 $f_x=11\%$，$f_1=25\%$（不包括风险利润率），$f_s=5.25\%$，$d_x=5.4\%×3/2=8.1\%$（按当前国家规定的3年内贷款利率均匀投入），

$$P_f = \frac{47532811 - 6433590×(1+11\%)×(1+8.1\%)×(1+25\%)×(1+5.25\%)}{(1+11\%)×(1+8.1\%)×(1+25\%)×(1+5.25\%)}$$

=23677148 元

公式中的符号见本章第二节的公式标注。

4. 房屋建设成本评估价值计算

该建筑土地出让年限为50年，建筑物设计使用年限为60年，按两者孰短取值的原则，最高使用年限定为50年，该建筑土地启用日期为2003年9月1日，评估基准日2009年12月31日，已使用5.75年，则

尚可使用年限（n）=50-5.75
=44.25 年

资本化率（r）取7%，则

$$年期修正系数 = \frac{1-(1/(1+r)^n)}{1-(1/(1+r)^m)} = 0.9827$$

房屋建设成本评估价值=23677148/10000×0.9827
=2328.17 万元

经评估计算，房屋建设成本评估价值为2328.17万元。

第六节 房地产产成品价值评估

一、房地产产成品价值的概念

资产评估中，房地产产成品的价值计算一般列入房地产的存货估价项目中，对已经竣

工尚未销售的房屋应视为房地产产成品。房地产产成品是属于流动资产的评估范围。存货是流动资产中的实物资产，一般应按照评估基准日的建造成本价值定价。房地产的产成品商品房和流动资产的库存物资不同，产成品商品房包括土地和房屋两类复合资产，每类资产所包含的组成项目也比较复杂，所以评估方法和库存物资的单一资产计价方法区别很大，一般采用假设开发法的倒算法进行评估计算。

房地产公司所建造的尚未售出的商品房价值和已售出商品房价值的区别是存货的商品房没有销售环节，不能视为市场商品房，因此不能计算销售过程中的各种税费，也不应计算贷款利息和利润。

二、房地产产成品评估的前提

假设开发法的房地产产成品价值评估必须具备以下条件：
（1）具有地方政府颁发的土地使用证，房地产开发的规划许可证、开工报告；
（2）土地出让金、基础设施配套费等已缴清；
（3）房地产产成品必须是土地和房屋一体建造的房屋建筑物；
（4）土地连同所建房屋全部开发完成，工程质量经竣工验收合格。

三、房地产产成品价值评估计算

房地产产成品价值指的是房地产已全部开发完毕的完整的成本价值，但不是产成品的销售价值，更不是市场销售价值。完整的成本价值一般可以理解为评估基准日时不包括资金成本的房屋建筑的重置成本价值，因为它是按照现行的建设成本计算的，所以称为现行的房屋建设成本价值。最好的计算方法是采用假设开发法求取房屋建设的完全成本，即按照尚未销售的商品房销售价格减去销售过程中计取的税费、资金成本和利润而求得。根据这个原理，房地产产成品开发的直接成本价值计算公式应为：

设
$$C_J = P_d + P_f$$
$$P_z = (P_d + P_f)(1+f_x)(1+d_x)(1+f_l)(1+f_s)$$
$$= C_J(1+f_x)(1+d_x)(1+f_l)(1+f_s)$$

则
$$C_J = \frac{P_z}{(1+f_x)(1+d_x)(1+f_l)(1+f_s)}$$

式中 C_J——产成品开发直接成本价值。

其他符号见本章第二节。

应该指出，库存商品房销售价格不能视同市场商品房的市场价格，因为库存商品房在评估基准日尚未进入市场，它与市场商品房没有任何相关关系，所以不能用市场价值去替代成本价值。

四、假设开发法评估库存商品房现行价值实例

【例4-5】 有一房地产开发公司在某城市开发区建设开发一批商品房，其中有已经建成但尚未销售的商品房24栋，其中住宅楼20栋，商业楼3栋，办公楼1栋，现对上述库存商品房进行评估作价。评估基准日2009年11月30日。

1. 库存住宅商品房现行价值计算

（1）待估库存商品住宅概况

库存商品住宅共20栋，待估的库存商品房分布在每一栋楼内，总建筑面积3865.57m²，2009年9月30日建成，至评估基准日尚未售出。

1）结构、装修概况

该建筑为钢筋混凝土框架结构，地上10层，层高2.9m；钢筋混凝土独立基础，结构为钢筋混凝土框架柱梁板，外墙240mm厚砖墙，内隔墙未做；屋面SBS防水，外墙瓷砖贴面；单层塑钢窗，门未装；内墙及地面为毛坯；水、电、燃气、通信配套齐全，每单元有电梯1部；室外道路、绿化已基本完成。20栋住宅分两行并列排列，房屋朝向基本都是南北向。

2）区域概况

该批建筑位于××市东南方向开发区，四周均为商品住宅，开发区以高科技开发为主要方向，已经开发了3年，区内有科技园，有不少合资企业、工厂在这里落户，目前正在建设中。

该区域为四类地段，较偏僻，购物有商场、超市，但规模较小，医院、小学、银行、邮局等在开发区均有，但距离较远。基础设施齐全，小区的环境设施尚在建设中，大部分已经完成，道路已建设完成，绿化还在建设中。

（2）待估住宅商品房确定的销售价格计算

待估库存商品住宅评估数据及成本价值如表4-23所示。

库存商品住宅评估计算　　　　　　　　　　　　　表4-23

序号	名称	单位	建筑面积	层次	销售单价（元/m²）	合价（元）	成本价值（元）
1	一期住宅	m²	221.80	3	4520	1002536	651336
2	一期住宅	m²	221.58	2	4120	912909.6	593107
3	一期住宅	m²	221.58	2	4120	912909.6	593107
4	一期住宅	m²	221.58	3	4520	1001541.6	650690
5	一期住宅	m²	221.80	3	4520	1002536	651336
6	一期住宅	m²	221.58	4	4320	957225.6	621898
7	一期住宅	m²	221.58	3	4520	1001541.6	650690
8	一期住宅	m²	221.58	3	4520	1001541.6	650690
9	一期住宅	m²	221.80	3	4520	1002536	651336
10	一期住宅	m²	153.31	5	4020	616306.2	400407
11	一期住宅	m²	107.01	1	3900	417339	271140
12	一期住宅	m²	153.31	1	3900	597909	388454
13	一期住宅	m²	108.19	3	4520	489018.8	317710
14	一期住宅	m²	108.19	3	4520	489018.8	317710
15	一期住宅	m²	150.29	6	3800	571102	371038
16	一期住宅	m²	221.58	4	4320	957225.6	621898
17	一期住宅	m²	221.58	3	4520	1001541.6	650690
18	一期住宅	m²	246.96	3	4520	1116259.2	725220
19	一期住宅	m²	153.31	5	4020	616306.2	400407
20	一期住宅	m²	246.96	3	4520	1116259.2	725220
	合计		3865.57		4342	16783563.2	10904084

例如：序号1销售单价 = 4520 元/m²

评估价值计算公式为

$$C_J = \frac{P_z}{(1+f_x)(1+f_1)(1+d_x)(1+f_s)}$$

设 $f_x = 11\%$，$f_s = 5.25\%$，$d_x = 5.4\%$（工期2年均匀投入），$f_1 = 25\%$（不包括风险利润率），设扣除的各项税费的综合系数为 K，则

$$\begin{aligned}K &= (1+f_x)(1+d_x)(1+f_1)(1+f_s)\\ &= (1+11\%) \times (1+5.4\%) \times (1+25\%) \times (1+5.25\%)\\ &= 1.5392\end{aligned}$$

单项的评估价值应为

$$C_J = \frac{P_z}{K}$$

$$= \frac{P_z}{1.5392}$$

序号1待估的库存住宅商品房价值为

$$C_J = \frac{1002536}{1.5392}$$

$$= 651336 \text{ 元}$$

经评估计算，待估的库存住宅商品房评估价值为10904084元。

2. 库存商业商品房现行价值计算

（1）待估库存商业商品房概况

商业商品房共3栋，基本都是商铺，合计建筑面积3865.57m²，2009年4月30日投入使用，至评估基准日尚未售出。

1）结构、装修概况

该建筑为钢筋混凝土框架结构，地上3层，层高3.5m；钢筋混凝土独立基础，结构为钢筋混凝土框架柱梁板，外墙240mm厚砖填充墙，240mm厚砖内隔墙，开间一般4.5m；屋面SBS防水，外墙瓷砖贴面；单层塑钢窗，外门安装卷帘门；内墙及地面为毛坯；水、电、通信等配套齐全。

2）区域概况

与待估住宅商品房的区域概况相同。

（2）评估计算

待估库存商业商品房评估数据及成本价值如表4-24所示。

库存商业商品房评估计算　　　　　　　　　　表4-24

序号	名称	单位	建筑面积	类型	销售单价（元/m²）	合价（元）	成本价值（元）
1	一期商业用房	m²	1186.17	商业	7650	9074200.5	5895400
2	一期商业用房	m²	1308.23	商业	7650	10007959.5	6502053
3	一期商业用房	m²	1635.81	商业	7650	12513946.5	8130163
	合计		4130.21			31596106.5	20527616

例如，序号1库存商业商品房的评估价值，

$$C_J = \frac{P_z}{K}$$

$$C_J = \frac{9074200}{1.5392}$$

$$= 5895400 \text{ 元}$$

待估的库存商业商品房评估价值为20527616元。

3. 库存写字楼商品房现行价值计算

（1）待估库存写字楼商品房概况

写字楼商品房共1栋，建筑面积1080.98m²，2009年8月31日竣工投入使用，至评估基准日尚未售出。

1）结构、装修概况

该建筑为钢筋混凝土框架结构，地上3层，层高3.5m；钢筋混凝土独立基础，结构为钢筋混凝土框架柱梁板，外墙240mm厚砖墙填充墙，240mm厚砖内隔墙，开间一般9m；屋面SBS防水，外墙瓷砖贴面；单层塑钢窗，外门为弹簧玻璃门；内墙及地面为毛坯，室内全部矿棉板吊顶；水、电、通信等配套齐全。

2）区域概况

与待估住宅商品房的区域概况相同。

（2）评估计算

库存写字楼商品房只有1栋，如表4-25所示，其评估价值为

$$C_J = \frac{P_z}{K}$$

$$C_J = \frac{8269497}{1.5392}$$

$$= 5372594 \text{ 元}$$

库存写字楼商品房评估计算 表4-25

序号	名称	单位	建筑面积	类型	销售单价（元/m²）	合价（元）	成本价值（元）
1	一期办公用房	m²	1080.98	综合	7650	8269497	5372594
	合计						5372594

待估库存写字楼商品房评估价值为5372594元。

第七节 房地产在产品价值评估

一、房地产在产品价值的概念

资产评估中，房地产在产品的价值计算一般列入房地产公司的存货估价项目中，对已开发但尚未竣工的房地产项目应视为房地产在产品。房地产在产品属于流动资产的评估范围，它和房地产产成品一样，应按照评估基准日的成本价值定价，一般可以采用假设开发法的倒算法进行评估计算。房地产在产品和房地产产成品评估的区别是在开发的房地产销

售价格中除应扣除各项税费、利润以及贷款利息外,还应扣除建设工程未完工程项目的价格。

二、房地产在产品评估的必备条件

假设开发法的房地产在产品价值评估必须具备的条件和产成品必须具备的条件相同,详见本章第六节相关内容。

三、房地产在产品价值的评估计算

房地产在产品价值指的是房地产开发项目已开发的直接成本价值,除应按商品房销售价格扣除销售过程的税费、贷款利息和利润外,还应扣除产成品价格中未完工程项目的成本费用。根据这个原理,房地产在产品开发的直接成本价值计算公式应为:

$$C_J = P_d + P_f$$

$$P_z = (P_d + P_f)(1+f_x)(1+d_x)(1+f_l)(1+f_s)$$
$$= C_J(1+f_x)(1+d_x)(1+f_l)(1+f_s)$$

则

$$C_J = \frac{P_z}{(1+f_x)(1+d_x)(1+f_l)(1+f_s)}$$

令

$$K = (1+f_x)(1+d_x)(1+f_l)(1+f_s)$$

则

$$C_J = \frac{P_z}{K}$$

$$C_{Jw} = C_J k_j$$

式中 C_J——产成品开发直接成本价值;

K——各种税费、利润及贷款利息综合系数;

C_{Jw}——在产品房地产完成的开发价值,即评估价值;

k_j——在产品完成的形象进度的比例系数。

其他符号见本章第二节。

上述公式中,k_j 其价值应按已完工程价值占待估项目全部完成后的建筑安装成本价值的百分比计算。一般 k_j 由房地产开发公司按工程形象进度的统计数据直接提供,由现场评估人员核实确定。

如果不用假设开发法而用成本法去直接估算在产品房地产项目的价值时,那就按工程形象进度实际完成的工程项目和完成价值确定在产品房地产项目的评估价值,这个价值是实际成本价值,在待估房屋建筑形象进度的分项项目较多的情况下,逐项计算比较烦琐,只有在待估房屋建筑的分项项目比较少的情况下可以采用直接计算法去求取在产品商品房的已完成价值。

四、尚未完成全部工程的房地产评估计算实例

【例 4-6】 有一个房地产开发项目目前正在建设,评估基准日尚未完成全部工程,需要对该项目的现行市场价值进行评估。

1. 待估库存写字楼商品房概况

写字楼商品房共 1 栋,建筑面积 1218.65m²,2009 年 11 月 30 日的评估基准日尚未完工。

(1) 结构、装修概况

该建筑为钢筋混凝土框架结构,地上 3 层,层高 3.5m;钢筋混凝土独立基础,结构

为钢筋混凝土框架柱梁板，外墙240mm厚砖墙填充墙，240mm厚砖内隔墙，开间一般9m；屋面SBS防水，外墙瓷砖贴面；单层塑钢窗，外门为弹簧玻璃门；内墙及地面为毛坯，室内全部矿棉板吊顶；水、电、通信等配套齐全。

（2）区域概况

同第六节［例4-5］。

2. 评估计算

（1）房地产开发成本价值计算

该项目和本章第六节的［例4-5］同属一个开发商项目，该项目概况如表4-26所示。

写字楼概况　　　　　　　　　　　　　　　　表4-26

序号	名称	建筑面积	结构类型	层数	销售单价（元/m²）	评估单价（元）	评估价值（元）
1	写字楼	1218.65	框架	3	8088	5255	6404006
	合计						6406006

根据本章第六节的［例4-5］，求得该写字楼的成本单价应为：

$$C_{dj} = \frac{P_z}{K}$$

$$= \frac{8088}{1.5392}$$

$$= 5255 \text{ 元}/\text{m}^2$$

$$C_J = 5255 \times 1218.65$$

$$= 6404006 \text{ 元}$$

式中　C_{dj}——产成品每平方米建筑面积开发直接成本价值。

（2）在产品价值评估计算

根据开发商评估基准日的在建工程（在产品）申报表所报的形象进度，该项目建筑工程在评估基准日的完成进度为92%，土地开发已全部完成。

根据该项目的预算成本报表分析如表4-27所示。

写字楼总预算成本分析　　　　　　　　　　表4-27

序号	项目名称	比例	价值	备注
一	土地总成本		2256759	
二	房屋成本			
1	房屋预算价值		3278667	根据委托方的报表
2	前期和其他费用	8.50%	278687	
3	资金成本	2.6550%	94448	
4	合计		3651802	
三	预算总成本		5908561	
四	土地成本占比例	38.19%		
五	房屋建造费用占比例	61.81%		

上述报表的建设总价为 5908561 元,略低于计算值,评估按计算值 6404006 元计算。截至评估基准日土地已全部开发,房屋完成总进度的 92%,则

$$土地完成开发价值 = 6404006 \times 38.19\% \times 100\%$$
$$= 2445690 \text{ 元}$$
$$房屋完成开发价值 = 6404006 \times 61.81\% \times 92\%$$
$$= 3641651 \text{ 元}$$
$$在产品写字楼评估价值 = 2445690 + 3641651$$
$$= 6087341 \text{ 元}$$

经计算,在产品写字楼的评估价值为 6087341 元。

第五章 房屋建筑重置成本法

第一节 重置成本法的原理和应用范围

一、重置成本的概念

1. 重置成本的含义

重置成本法是我国目前资产评估及房屋估价的规范方法之一，也是资产评估用得最多的方法，尤其是在企业的整体资产评估和群体项目的资产评估中，无论是流动资产、机器设备，还是房屋建筑价值的确定都离不开重置成本法的运用，特别指出，房屋建筑物的价值评估不同于房地产估价，房屋建筑的重置价值仅指房屋自身的成本价值，而房地产估价的重置成本或重建成本价值，除包括房屋建筑的重置成本价值外，还包括土地取得成本和房地产销售成本费用。

重置成本在房屋建筑评估中的含义是现在重新建造一个和原建筑构造相同或功能相同的建筑物所花费的成本价值。在资产评估中，用成本法评估房屋建筑物的任务就是计算房屋建筑物现在的重置成本价值，而不是房屋建造时期的历史成本价值。为此，我们必须首先要区别历史成本价值和重置成本价值两个不同的概念。同时，我们还必须区别建设项目的工程造价和建设项目的建造成本两个不同的概念。历史成本价值是在建设期间建造该工程项目所花费的建设成本费用；重置成本价值是指房屋建造以后某时点建造同一个工程项目所必须花费的成本费用；建设项目的工程造价指的是建造一个房屋项目所花费的建筑安装直接成本费用，它包括直接材料费、人工费、机械费和建造期间的施工管理税费等，但不包括建设时期总体项目所花费的各类相关的摊销费和资金成本费用；建设项目的建造成本是基本建设财务决算的工程项目的总成本费用，它既包括建设项目全部工程项目的建筑安装造价，也包括建设项目的各类相关的摊销费和资金成本费用。

2. 资产评估中重置成本价值和房地产评估中重建成本价值概念的区别

（1）房地产的重建成本价值

房地产重建成本中应包括房屋和土地的投入成本，还包括和房地产配套的功能性配套设施费，销售税费及利润，其中包括：

1）土地取得费用。
2）土地取得以后的二次平整费和场地清理费等。
3）房屋建设成本价值。
4）室外配套设施建设价值。

此项包括使用功能配套的构筑物、给水、排水、供暖、电力等重置价值或重建价值，但不包括与设备配套的工艺管线。

5）开发期间管理费用。
6）投资利息。
7）销售税费。

8) 开发利润。

开发利润应以1) ~7) 项费用之和为基础，根据开发、建造类似房地产相应的平均利润率水平来求取。

(2) 资产评估的房屋重置成本价值

资产评估的房屋重置成本价值仅指房屋自身直接投入的成本费用，不包括土地价值，也不包括销售税费及利润。

按照资产评估的规定，重置成本法的评估对象应为单一性项目。评估中应将房屋、构筑物，与房屋配套的室外管道沟槽、配电、供暖等专业的成本价值进行分别评估，而且评估价值中不应包括与设备配套的工艺管线的价值，也不含土地价值。

二、重置成本法的基本原理

在资产评估中，房屋建筑的重置成本分为复原重置成本和更新重置成本两种，前者系指按照原设计、原材料、原技术方法建造一个与原建筑完全相同的建筑物所耗费的资金，而后者则指的是按照原设计、现代新材料、新技术方法建造一个与原建筑功能完全相同的建筑物所支付的成本代价；在房地产估价中房地产的重置价格或重建价格，应是重新取得或重新开发、重新建造全新状态的估价对象所需的各项必要成本费用和应纳税金、正常开发利润。现在就以资产评估的房屋价值评估为例，在实际的房屋建筑估价中，复原重置成本一般是无法实现的，因为设想在现在的建设环境中再去建造一个与原来建设环境完全相同的环境是不可能的，预算定额中材料品质的更新、施工方法的改变、机械化程度的提高，特别是当时的技术签证和现场环境更是难以想象和重现，所以在资产评估中复原重置成本法是无法操作的，而更新重置成本法除个别评估项目重编预算外，大量的评估项目也只能是近似做到，因为在房屋建筑估价中，有众多评估项目参与评估，不可能将这些评估项目的原图设计原封不动地一一重新编制概预算或竣工结算造价，去求得那些委估项目的评估价值。在目前的资产评估中，遇有这样大量评估项目参与评估时所采取的评估方法也只是利用评估基准日时市场同类型建筑或通过案例求得的现行每平方米造价作为参照标准，再根据委估建筑和参照建筑之间所存在的条件差异，采用条件差异系数去修正参照建筑的每平方米造价，从而求得委估项目的现行每平方米造价。这个方法称之"每平方米造价比较法"，它是利用其他类似建筑的每平方米造价通过差异调整来替代委估建筑的实际造价，在资产评估中它是按照"替代原则"的理论去实现的，所求得的评估值也只能是近似值，只要这个近似价值符合评估基准日时的市场价值标准，且误差值控制在合理的范围内，这个评估值就是正确的。按照这个方法求得的评估值既不是复原重置成本，也不是完全的更新重置成本，它只能是近似更新重置成本，因为它不是按照原设计编制的造价。对于个体建筑的评估项目，即使按照原设计图纸采用概预算法去重新编制概预算，许多评估项目在建造时期的现场变更签证也很难齐全，编制的造价也只能是近似准确。

上述的"替代原则"和"近似理论"概念非常重要，它奠定了我们采用重置成本法去对房屋建筑估价的应用基础。

三、重置成本法的应用范围

房屋建筑或房地产的估价方法总体来讲分为市场比较法、收益法、重置成本法三种类型。市场比较法适用于房地产买卖性估价，它是跟随市场价格行情确定它的买卖价格，与房地产成本价格无关；收益法适用于经营性房地产，它的价值是投入一笔资金以后，通过逐年经营取得的收益累加计算而得。这两种估价方法确定的房屋价值已不再是房屋成本的概念了，因为它们都含有房地产的时间效益，换句话说就是含有经营利润，这个利润可能是正，可能是负，不可能为零。只有重置成本法求得的房屋价值才是现在的完全成本价值。

根据上述对房屋建筑价值求取的方法分析，对于不追求经营收益的非盈利的房屋建筑的价值评估一般采用重置成本法的评估方法。

第二节 重置成本法的计算方法

一、重置成本法的种类和方法概述

房屋建筑的重置成本评估方法一般采用更新重置成本方法，但具体操作方法很多，不同的评估依据材料所采用的操作方法是不一样的，应根据评估资料的具体情况选用不同的操作方法。

在房屋建筑的估价中，用重置成本法求取房屋评估值一般分为 3 个计算阶段，即造价计算阶段、重置价值计算阶段和评估值计算阶段，无论采用什么方法去进行房屋价值评估，后 2 个阶段全都相同，所不同的就是造价计算所采用的计算方法各不相同，从总体上可归纳为以下 4 种类型。

1. 概预算编制法

概预算编制法概括来讲就是编制概算或预算。编制概预算的目的就是求取房屋建筑的工程造价，它的编制依据资料一般有建筑工程量、概预算定额、现行人工、材料、机械单价等。其中建筑工程量是最基础的数据，通常都是根据图纸标定的结构构造和装修做法、尺寸进行逐项列式计算，费工、费时。如果我们能够借用委估项目过去已编好的概预算工程量按照现行定额要求进行修改使用，或部分修改使用，将会减少工程量的计算时间。因此，我们首先要充分利用以往已有的工程概预算或竣工结算资料，然后补充、完善。根据我们所能收集的编制资料选用相应的编制方法。概预算编制法总体上可分为以下几种方法。

(1) 重编概预算法

重编概预算法系根据图纸、现行定额、人工、材料、机械的现行价格重新编制概预算的方法。

(2) 造价换算法

造价换算法实际上就是重套定额法，它按照原预（结）算的项目工程量套用现行预算定额估算房屋现行造价的一种房屋估价方法，一般适用于单体建筑的评估。在当委估建筑的建造时期已过久，概预算定额已有变动，其建筑造价至今已有较大的变化，原竣工结算造价已无法作为评估依据时，一般可以采用造价换算法。但是，必须在委估建筑各类技术资料齐全、原竣工结算资料完整的情况下采用此法，否则，不得使用。

(3) 竣工结算调整法

竣工结算调整法一般适用于原竣工结算数据齐全，定额标准没有变动的情况。按照已竣工的竣工结算造价，在不改变定额标准、不重新编制概预算的前提下，只对人工、材料、机械的现行价格和原定额价格之间的差价进行调整，求取现行的建造价值。如果上述条件不具备，建议慎用。

目前各部委、设计院采用的概算定额为专业概算定额，如《电力建设工程概算定额》、《煤炭建设井巷工程概算定额》等，它和各省、自治区、直辖市颁发的概预算定额含义不一样，用途也不一样，注意不要混同。

2. 工料机价值编制法

工料机价值编制法就是先将委估建筑工程竣工结算的人工、材料、机械三类费用的数量按现行的相应价格分别计算出现行的直接费，而后再按施工取费规定求出建筑造价，然后按照评估基准日前期和其他费用标准以及当期中国人民银行贷款利率计算重置价值。它一般适用于单体建筑的评估。这个方法适用范围很窄，因为这三类费用的原始数据很难齐全，人工工日及机械台班几乎没有记载，而材料数量也很少有记载，即使能够找到的也只是部分主要材料，其材料品种、规格更难齐全，次要材料的价值一般按主材的一定比例去估算，人工工日及机械台班一般按材料费的一定比例去估算，比例的选择因人而异，准确度难以掌握，有的则按概算指标去估算材料用量，准确度更差，失去了造价的正确性。采用此方法能将造价做得准确很少见。现今采用这种方法估价的情况很少见，建议不要采用。

3. 造价系数调整法

造价系数调整法是指采用造价系数调整历史成本求取现行工程造价的方法。这个方法对历史成本的准确性要求很严，采用的造价系数要求必须准确，否则不能采用。由于目前对历史成本的真实性和准确性还没有一个有效的鉴定方法，故无法确认历史成本的可靠性。而造价系数对房屋评估的适用性更是无法考证，因此采用这个方法求取现行工程造价需慎重考虑。详细方法见本章第五节相关内容。

4. 概算指标编制法

用设计概算指标去编制建筑造价的方法就是用概算指标单价乘以建筑面积求取建筑造价的方法。首先分析概算指标的内容，概算指标是建筑物每平方米的综合投资单价，其内容包罗万象，包括了建设工程直接工程费、间接工程费及其他费用等的全部费用，很多情况与实际情况差异很大。其次再分析概算指标的用途，概算指标是进行房屋建筑初步设计时的建设投资控制指标，由于工程情况变化很大，概算指标控制不了工程建设过程中的变化，如建筑施工中人工费、材料费、机械费的上涨、建筑设计的变更等，经常追加投资，说明原来的概算指标已经不能使用，评估人员根本掌握不了这些情况，所以房屋估价采用概算指标去编制建筑造价，很可能误差太大而失去评估值的准确性。总之，用概算指标法去估价房屋价值是不可行的。

5. 单方造价比较法和基准单方造价比较法

（1）单方造价比较法的概念

单方造价比较法就是采用已存在的或通过案例求得的同类型建筑现行单方造价作为参照标准，再根据委估建筑和参照建筑之间所存在的条件差异，采用条件差异系数去修正参照建筑的单方造价，从而求得委估项目的现行单方造价。这个方法称之单方造价比较法，它是利用其他类似建筑的单方造价通过差异系数调整来替代委估建筑的实际造价，符合资产评估中的"替代原则"。

（2）基准单方造价比较法的概念

基准单方造价比较法是从单方造价比较法衍生出来的一种应用形式。我们将单方造价比较法所用到的对比标准设定为结构和装修最基本的、最简单的形式，采用这种结构构造和装修标准来制定我们评估过程中房屋单方造价的对比标准，这个标准就是基准单方造价，用基准单方造价作为对比标准求取委估房屋单方造价的评估方法称为基准单方造价比较法。

由于单方造价比较法和基准单方造价比较法都是根据已确定的单方造价对比标准通过对比调整后求得的单方造价，可靠性、准确性比较高。在房屋建筑估价中除少数委估项目采用概预算编制法外，大批的委估项目一般都采用这个方法，因为这个方法操作方便、计算速度快、准确性高,目前这个方法应用得最为广泛。

单方造价比较法和基准单方造价比较法因涉及内容较多,将另列一章介绍,详见本书第六章内容。

二、房屋建筑重置价值的计算程序和计算方法

1. 房屋建筑重置价值的计算程序和计算公式

(1) 房屋建筑重置价值的计算程序

房屋建筑重置价值计算程序如图5-1所示。

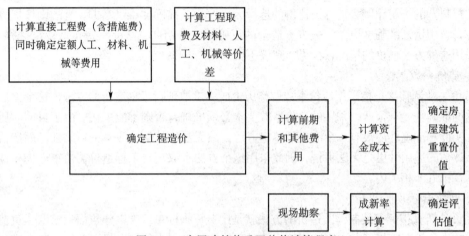

图5-1 房屋建筑价重置价值计算程序

(2) 房屋建筑重置价值的计算公式

房屋建筑重置价值的组成费用应包括工程造价、前期费用、资金成本、建筑物折旧等。

$$重置价值 = 工程造价 + 前期费用 + 资金成本$$
$$评估价值 = 重置价值 \times 综合成新率$$

2. 工程造价的计算方法

(1) 建安工程(建筑安装工程的简称)直接费

建安工程直接费应包括定额人工、材料、机械等费用,首先分专业计算图纸工程量,然后套用本地区的相应概预算定额计算工程直接费或采用其他方法确定工程直接费,工程造价的计算方法较多,请详见本章第四节相关内容。

(2) 建安工程造价

建安工程造价应为建安工程直接费与施工各项取费之和。施工各项取费应包括措施费、管理费、劳动保险费、施工企业利润、人工工资价差、材料费价差、机械费差价和税金等。施工的各项取费一般应按各地区定额规定的计费项目、计费费率以及计费程序进行计算。

建安工程一般分三个专业分别计取施工取费,其中有建筑工程、装修工程和水暖电安装工程等,各项取费应按各地区定额规定的计取方法计算。

建安工程造价 = Σ(专业工程直接费 + 专业工程取费 + 现行人工费、材料费、机械费和定额之间相应费用的价差)

3. 前期费用的确定方法

(1) 前期费用的确定方法

前期费用,现称为前期和其他费用,简称前期费用。前期费用一般包括勘察设计费、

建设管理费、监理费、环境评价费、招投标费以及各地区规定的地方取费，资产评估应按评估基准日时国家和各地区的规定计算。

前期费用的各项取费方法通常以建筑安装工程造价的百分率计取，个别项目按建筑面积每平方米的价值计取，例如墙改基金等。

前期费用的计算公式：

前期费用 = 建安造价 × 前期费用率 + 按单方建筑面积计取的前期费用 × 建筑面积

或

单方前期费用 = 单方建安造价 × 前期费用率 + 按单方建筑面积计取的前期费用

前期费用 = 单方前期费用 × 建筑面积

（2）前期费用的计取依据

建安工程前期费用的各项取费应按国家和各地区的有关计费文件规定的计取方法计取。计取依据和计取标准详见附录。

专业工程建设项目的前期费用应执行各部委颁布的前期费用标准，例如电力工业建设、水利电力工程建设、井巷工程建设等前期费用标准。

（3）前期费用计算表

前期费用通常列表计算，计算表的形式如表5-1所示。

前期费用

表5-1

序号	费用名称	取费基数	取费标准（按造价百分比）	取费标准（按建筑面积元/m^2）	依据
1	建设单位管理费	工程造价			财政部财建［2002］394号
2	工程勘察设计费	工程造价			原国家计委、原建设部计价格［2002］10号
3	工程建设监理费	工程造价			发改价格［2007］670号
4	招标代理服务费	工程造价			原国家计委、原建设部计价格［2002］1980号
5	环境影响咨询服务费	工程造价			原国家计委、原国家环保总局计价格［2002］125号
6	招标代理服务费	工程造价			原国家计委计价格［2002］1980号
7	新型墙体材料专项基金	建筑面积			财政部财综［2002］55号
	……				
	房屋、构筑物采用费用合计				

4. 资金成本的计算方法和计算公式

（1）资金成本的计算方法

资金成本是财务和金融业对资本投入所产生的时间效益的总称，在基本建设中，投入资本所产生的时间效益是投资利息，因为资本投入以后需要贷款，必然要付出贷款利息。目前一般按中国人民银行颁布的现行贷款利率计算，根据工期定额或按照建设整体规模估算确定建设工期，选择相应的贷款利率。

资金成本费用的计算方法为：

资金成本费用 =（建筑安装工程造价 + 前期费用）× 资金成本率

（2）资金成本率的计算公式

1）工期为整年年期资金成本率的计算公式

$$I = [na_0 + (n-1)a_1 + (n-2)a_2 + (n-3)a_3 + \cdots + (n-i)a_i + (100\% - a_0)1/2]I_n$$

附公式推导：

$$I = [(a_0 + a_1 \times 1/2) + (a_0 + a_1 + a_2 \times 1/2) + (a_0 + a_1 + a_2 + a_3 \times 1/2) + \cdots + (a_0 + a_1 + a_2 + a_3 + \cdots + a_i + \cdots a_n \times 1/2)C]I_n$$

$$= [na_0 + (n-1)a_1 + (n-2)a_2 + (n-3)a_3 + \cdots + (n-i)a_i + (100\% - a_0) \times 1/2C]I_n$$

2）工期为非整年年期资金成本率的计算公式

$$I = [(n-1)a_0 + (n-2)a_1 + (n-3)a_2 + (n-4)a_3 + \cdots + (n-i-1)a_i + (100\% - a_0 - a_n) \times 1/2 + (100\% - a_n \times 1/2)C]I_n$$

附公式推导：

$$I = [(a_0 + a_1 \times 1/2) + (a_0 + a_1 + a_2 \times 1/2) + (a_0 + a_1 + a_2 + a_3 \times 1/2) + \cdots + (a_0 + a_1 + a_2 + a_3 + \cdots + a_i + \cdots + a_n \times 1/2)C]I_n$$

$$= [(n-1)a_0 + (n-2)a_1 + (n-3)a_2 + (n-4)a_3 + \cdots + (n-i-1)a_i + (100\% - a_0 - a_n) \times 1/2 + (a_0 + a_1 + a_2 + a_3 + \cdots + a_i + \cdots + a_n \times 1/2)C]I_n$$

$$= [(n-1)a_0 + (n-2)a_1 + (n-3)a_2 + (n-4)a_3 + \cdots + (n-i-1)a_i + (100\% - a_0 - a_n) \times 1/2 + (100\% - 0.5a_n)C]I_n$$

3）工期为非整年年期常用资金成本率计算公式

当工期为 4～5 年时，$n = 5$

$$I = [4a_0 + 3a_1 + 2a_2 + a_3 + (100\% - a_0 - a_5) \times 1/2 + (100\% - a_5 1/2)C]I_5$$

当工期为 3～4 年时，$n = 4$

$$I = [3a_0 + 2a_1 + a_2 + (100\% - a_0 - a_4) \times 1/2 + (100\% - a_4 1/2)C]I_4$$

当工期为 2～3 年时，$n = 3$

$$I = [2a_0 + a_1 + (100\% - a_0 - a_3) \times 1/2 + (100\% - a_3 1/2)C]I_3$$

当工期为 1～2 年时，$n = 2$

$$I = [a_0 + (100\% - a_0 - a_2) \times 1/2 + (100\% - a_2 1/2)C]I_2$$

式中 a_0——预付工程款比例；

a_i——逐年贷款比例，$i = 1, 2, 3, \cdots, n$ 代表贷款年次；

I_n——评估基准日执行的银行法定贷款利率，$n = 1, 2, 3, \cdots, n$ 代表贷款年期；

C——最后一年的工期系数；

工期系数 = $n_n/12$；例如 n_n 为 8 个月，$C = 8/12 = 0.75$；

n_n——最后一年的施工工期（月）。

（3）确定资金成本率考虑的主要因素

首先要明确资金成本在施工建设期内各个年度的投入数额并非相等，通常是中间施工年度高于初期和尾期，因此各个施工年度的资金投入比例是不同的，不能采取平均投入的比例系数，必须分年度设置比例系数，中间年度比例高，初期和尾期比例小。在不影响评估结果的前提下，为了简化评估数据的设置，可以在一个施工年度内近似采用均匀投入的方法计算资金成本率。

预付工程款是施工单位为工程建设提前备料、建设现场临时设施和为建设工程开工准备所需的其他费用，还有建设单位为工程建设需提前办理各类手续缴纳的费用等，这些都属于建设资金，而且都是在工程建设开工之前支付的费用，我们统称之为预付工程款。按照要求，资金成本中必须计算预付工程款的项目，其中施工单位的预付工程款大约为20%。

资金成本的期限一般应按照建设规模根据工期定额进行计算，由于工期定额资料很难查找，而且建设规模都是根据账面原值确定的，账面原值是历史成本，它和现行成本差距很大，同时，账面的数值经常变动，已经失真，很难作为确定委估资产的依据，因此，在评估作价时可以按照评估项目的整体情况进行分析估算，只要求近似准确。建设总工期一般以半年为单位，例如半年、一年、一年半等。

(4) 贷款利率计算举例

【例 5 – 1】 有一个建设工程，工期 3 年，第一年按照规定首次预付款为 20%，计划贷款 25%，第二年计划贷款 35%，第三年计划贷款 20%。工程款按全年均匀向银行取款投入工程项目，计算综合贷款利率。

按银行规定的三年合法贷款年利率 $I_3 = 5.31\%$，

$$I = (na_0 + (n-1) a_1 + (n-2) a_2 + (n-3) a_3 + (n-4) a_4 + \cdots + (100 - a_0) 1/2) I_n$$
$$= [20\% \times 3 + (3-1) \times 25\% + (3-2) \times 35\% + (100\% - 20\%) \times 1/2] \times 5.31\%$$
$$= 9.82\%$$

【例 5 – 2】 将【例 5 – 1】工期改为 33 个月，其他参数不变，计算综合贷款利率。

$$C = (33 - 12 \times 2)/12 = 0.75$$
$$I = [(n-1) a_0 + (n-2)a_1 + (n-3)a_2 + (n-4) a_3 + (100\% - a_0 - a_n) \times 1/2 + (100\% - 0.5a_n) C] I_n$$
$$= [(3-1) \times 0.2 + (3-2) \times 0.25 + (3-3) \times 0.35 + (1-0.2-0.2) \times 0.5 + (1-0.5 \times 0.2) \times 0.75] \times 5.31\%$$
$$= 8.63\%$$

或

$$I = [2a_0 + a_1 + (100\% - a_0 - a_3) \times 1/2 + (100\% - a_3 \times 1/2) C] I_3$$
$$= [2 \times 0.2 + 0.25 + (100\% - 0.2 - 0.2) \times 1/2 + (100\% - 0.2 \times 1/2) \times 0.75] \times 5.31\%$$
$$= 8.63\%$$

5. 房屋重置价值的确定方法

房屋重置价值的计算过程可以按全部重置价值方式计算，也可以按单方重置价格方式计算。

(1) 按全部重置价值计算的计算方法

重置价值 = 建安工程造价 + 前期费用 + 资金成本费用

(2) 按单方重置价格计算的计算方法

单方重置价格 = 单方建安造价 + 单方前期费用 + 单方资金成本

重置价值 = 单方重置价格 × 建筑面积

6. 房屋评估价值的计算公式

$$评估价值 = 重置价值 \times 综合成新率$$

综合成新率的确定方法详见本节相关内容。

三、房屋成新率的确定方法

1. 房屋成新率的基本概念

成新率是固定资产新旧程度的标志,它和固定资产的寿命年限及尚可使用年限有关。因此固定资产的成新率一般采用年限法计算。房屋建筑物是固定资产的一部分,成新率亦应按照年限法计算。房屋建筑物的使用年限分为房屋建筑物寿命年限(一般称为应使用年限)、已使用年限和尚可使用年限。它们的关系为:

$$房屋建筑物寿命年限 = 房屋已使用年限 + 房屋尚可使用年限$$

$$房屋建筑物成新率 = 房屋建筑物尚可使用年限 / 房屋建筑物寿命年限$$

房屋建筑物已使用年限为房屋建筑物从工程竣工交付使用之日起至评估基准日为止的日历天数,财务记账和资产评估的计算方法是一致的,但是尚可使用年限和寿命年限对房屋建筑物成新率的年限计算依据财务部门和资产评估的口径是不一样的,财务是按照财务制度规定的折旧年限进行计算的,资产评估是按照房屋建筑物设计使用年限或房屋建筑物的实际能够使用的最高年限考虑的,两者的计算依据各不相同,计算的成新率亦有较大差别,所以财务折旧年限不能用于资产评估。

2. 按年限法确定成新率的方法

按年限法确定固定资产成新率的一般计算公式为:

$$固定资产成新率 = 1 - 固定资产总折旧率$$

或

$$固定资产成新率 = (规定使用年限 - 已使用年限) / 规定使用年限$$

房屋建筑物属于固定资产,因此房屋建筑物成新率应按照固定资产成新率的计算方法确定。

房屋建筑物成新率分为财务成新率、设计使用年限成新率、经济使用年限成新率3种。

(1) 财务成新率确定方法

财务成新率按照财务规定的折旧年限计算,计算公式为:

$$总折旧率 = 房屋已使用年限 / 规定的财务折旧年限$$

或

$$总折旧率 = 年折旧率 \times 已使用年限$$

$$财务成新率 = 1 - 总折旧率$$

$$财务账面净值 = 账面价值 \times 财务成新率$$

(2) 设计使用年限成新率确定方法

房屋设计使用年限成新率通常称为理论成新率,其计算公式为:

$$理论成新率 = (设计使用年限 - 已使用年限) / 设计使用年限$$

或

$$理论成新率 = 1 - 已使用年限 / 设计使用年限$$

(3) 经济使用年限成新率确定方法

房屋建筑物的经济使用年限成新率系按照房屋建筑物实际能够使用的最高年限考虑的。经济使用年限成新率一般采用房屋建筑物尚可使用年限和房屋建筑物实际使用年限之比的比例系数来表示，即：

经济使用年限成新率 = 尚可使用年限/（已使用年限 + 尚可使用年限）

设计使用年限和经济使用年限是两个不同的概念，设计使用年限为房屋建筑物在建筑设计时设定的使用年限，是一个固定不变的数值；经济使用年限表示房屋在继续使用过程中，经常维修或更新改造，当使用到每年维修费用超过年折旧费用时，这时可以对该建筑实行强制性报废，那么该建筑物从开始使用的时间点起到报废的时间点止之间的使用年限确定为该建筑物的经济使用年限，这是一个可变的数值。显然，上述两个使用年限是不相等的，含义也不相同。如果建筑物的建造质量很好，或经过更新改造，日常维护较好，可以延长设计规定的使用年限，这时经济使用年限将会超过设计使用年限，有时候还会超过很多；反之，经济使用年限将会低于设计使用年限。还有，工业建筑及工艺管道的经济使用年限系按照设备的使用年限确定的，当设备使用年限达到规定的使用年限时设备将要报废，和设备配套使用的房屋建筑物、构筑物也同时报废，经济使用年限将会低于该建筑物的设计使用年限或经济使用年限。在房屋建筑物估价中，采用经济使用年限是合理的。

表5-2所示的是房屋建筑物设计规定的使用年限，在房屋建筑物评估时，经济使用年限往往是不知道的，通常参考表5-2的数据先计算理论成新率，然后通过现场勘察调整设定的数据，得到综合成新率，这个综合成新率就表示经济使用年限所确定的新旧程度。采用现场考察调整设定的理论成新率，其方法简单，比较实用可行。

3. 综合成新率的确定方法

在房屋建筑物估价中，房屋建筑物综合成新率一般可以按照设计使用年限成新率调整计算或按照经济使用年限成新率计算，现分别作如下介绍。

(1) 按照设计使用年限成新率调整计算

房屋建筑的综合成新率应由理论成新率、现场勘察成新率综合确定。

综合成新率 = 理论成新率 + 现场勘察成新率调整值

(2) 按照经济使用年限成新率计算

综合成新率 = 尚可使用年限/（已使用年限 + 尚可使用年限）

尚可使用年限一般由现场勘察确定。

(3) 特殊情况成新率

特殊情况综合成新率的使用年限按具体情况确定，例如火力发电厂的生产性建筑物使用年限规定按照设备的耐用年限确定，通常定为30年。但是，与发电生产无关的房屋，在发电设备生产服务年限到期以后仍然可以继续使用的，应按正常情况确定成新率，例如办公楼、宿舍楼等。

(4) 技术性和经济性贬值

一般情况房屋建筑物不考虑技术性和经济性贬值，因为房屋建筑物的建造价值是按实计算的，不存在技术性贬值问题，经济性贬值已在实物勘察中考虑，在现场勘察成新率调整值中，没有特殊情况不需要考虑。

4. 现场勘察成新率调整值的确定

现场勘察成新率调整值应按各分部工程的现行勘察状况确定，其中包括基础、主体（含结构、墙体和屋面）、装修（含门窗、楼地面、内外墙面装饰、顶棚等）、配套设施（含给水、排水、电气、供暖、通信等）的质量状况和目前使用状况。

目前，众多评估机构采用基础、结构、装修和配套设施逐项打分确定房屋建筑现场勘察成新率的方法，由于评估项目较多，勘察部位复杂，全部项目实行全面打分是难以做到的，况且打分标准亦无科学规定，人为因素很多，打了分也只不过是形式主义，因此打分法确定现场勘察成新率方法没有任何实际意义，对评估项目抽查勘察更会造成存在问题的遗漏。提倡对每个评估项目的分部分项都要逐项仔细考察，根据建筑物目前的质量状况、更新改造情况、维修保护情况，采取综合评定来确定每一个评估项目勘察成新率的调整值。

每个评估项目现场勘察成新率增值或减值都必须说明理由，评估人员必须按评估项目逐项做好现场勘察记录。特别是使用功能和工程质量存在问题的项目要根据问题的具体情况适当降低成新率；对更新改造的评估项目应根据更新改造的年限和更新改造的新旧状况适当增加成新率，要对现场勘察情况做好记录。

应当指出，为了保证评估质量，房屋建筑的每个评估项目都必须逐项进行现场考察，逐项确定勘察成新率的调整值，重点抽查性勘察也只能了解部分项目的使用状况，其他未勘察的评估项目的使用状况无法了解，也就无法确定新旧程度。更主要的是，如果评估项目中有拆除、报废、无实物的评估项目，财务亦没有销账，如果现场不逐项核查，就会将拆除、报废、无实物的评估项目作为正常评估项目进行评估，将会造成不应该的错误。对于上述评估项目，在评估过程中必须将成新率设定为"0"。

现场勘察成新率调整值的确定方法一般为：

（1）正常使用情况：大多数情况为正常使用状况，现场勘察成新率调整值为 0 ~ -2，因为装修价值的自然折旧比主体结构要快得多，而经济年限成新率系按照主体结构确定的，因此综合成新率一般应下调。

（2）近期更新改造的项目：根据当前的实物状况适当增加成新率调整值，如果改造时间已久，也可以不增加调整值。

（3）有损坏或严重损坏的情况：根据损坏程度减少成新率调整值，特别严重的、已经失去使用功能的房屋建筑，综合成新率应为"0"。

（4）账面值为"0"的房屋评估项目，如果仍有使用价值应按照实际情况确定成新率进行估价。

在确定勘察成新率的过程中，必须坚持以待估对象能否继续使用功能为前提，以基础和主体结构的稳定性和牢固性为主要条件，而装修和配套设施只有在基础和主体结构能继续使用的前提下计算其新旧程度，并且作为修正基础和主体结构成新率的辅助条件。

5. 房屋建筑物、构筑物耐用年限参考表

参照建筑设计规定，选取了部分建筑物和构筑物的耐用年限列于表 5-2 中，供房屋建筑评估时计算建筑物和构筑物成新率参考。

房屋建筑物、构筑物耐用年限参考　　　　　　表 5-2

建筑物名称	耐用年限	建筑物名称	耐用年限
一、房屋建筑物		二、构筑物	
1. 钢结构		1. 道路、堆场	20
（1）生产用房	50	2. 围墙	30
（2）受腐蚀生产用房	35	3. 混凝土烟囱	30
（3）受强腐蚀生产用房	25	4. 砖混烟囱	25
（4）非生产用房	60	5. 冷却塔	30
2. 钢筋混凝土结构		6. 水塔	30
（1）生产用房	50	7. 蓄水池	30
（2）受腐蚀生产用房	40	8. 污水池	20
（3）受强腐蚀生产用房	30	9. 储油罐、池	30
（4）非生产用房	60	10. 一般水井	30
3. 砖混结构		11. 深水井	20
（1）生产用房	40	12. 破碎场	20
（2）受腐蚀生产用房	30	13. 砖结构露天库	20
（3）受强腐蚀生产用房	20	14. 框架结构露天	30
（4）非生产用房	50	15. 船厂平台	30
4. 砖木结构		16. 船坞	15
（1）生产用房	30	17. 修车槽	30
（2）非生产用房	40	18. 加油站	30
5. 简易结构		19. 水电站大坝	30
（1）简易砖混结构	30	20. 铁路线路上部建筑（含路基、道碴、轨枕、钢轨等）	30
（2）简易砖木结构	20	21. 铁路线上的桥梁、涵洞、隧道	60
（3）临时建筑	10	22. 水工建筑物（大坝）	35
6. 彩板结构		三、管道	
（1）工业标准彩板结构	30	1. 长输油管道	30
（2）民用、仓库标准彩板结构	40	2. 长输气管道	20
（3）工业排架彩板结构	50	3. 其他管道	20

四、房地产重置价值（重建价值）的计算程序和计算方法

房地产重置价值和房屋建筑物重置价值是不一样的，因为房地产包括房屋和与房屋使用功能相配套的其他建筑物以及土地的价值，而房屋建筑物不含土地价值；房地产的重置价值包括房地产的开发价值而房屋建筑物重置价值不含开发价值。

1. 房地产重置价值计算程序

房地产重置价值计算程序如图 5-2 所示。

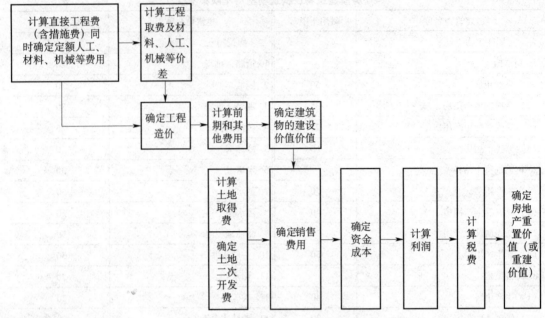

图 5-2 房地产重置价值计算程序

2. 房地产重置价值的计算方法

(1) 房地产重置价值的组成费用

房地产重置价值,又称重建价值,它包括下列组成费用。

1) 土地取得费

土地取得费应包括土地青苗补偿费、拆迁补偿费、土地出让金、基础配套设施费等。

2) 土地二次开发费

土地二次开发费系指土地取得以后需进行障碍物拆除、清理、土地二次平整,整平到图纸的设计标高所花费的成本费用,其中包括厂区挖填土方、开山整平、填海、局部地基处理等发生的费用。

3) 施工场地临时设施费

该项费用应为房屋建筑在施工期间所需的临时给水、排水、配电、通信等的建设费用。如果使用永久性基础设施,该费用可以大大减少。

4) 房屋建筑物的建设价值①,其中包括:

①房屋建设价值,一般指房屋自身的建设价值,为不含资金成本的重置价值;

②其他与房屋使用功能相配套的房屋建筑物的建设价值,如专用锅炉房、变电室、空调机房等的建设价值,如果在一个房地产开发区域内有多个房地产开发项目,应按开发项目建筑面积的比例计算分摊费用;

③与房屋使用功能配套的室外设施建设价值,其中有室外各类构筑物、道路、围墙、给水、排水、供暖、电力等建设价值,但不包括与设备配套的工艺管线的价值,如果在一个房地产开发区域内有多个房地产开发项目,应按开发项目的建筑面积的比

---

① 上述的建设价值为建筑物现行建设成本,等于重置价值减去资金成本。

例计算分摊费用。

5）销售税费

6）投资利息

贷款利息的计取基数应为房屋尚未销售之前或贷款还贷之前，包括从土地征购至房屋开发销售完毕的全部投资贷款所发生的贷款利息。自筹资金亦视同贷款计算投资利息。

7）开发利润

房地产相关规范规定，开发利润应以土地取得费用、房屋建筑物建设价值与开发成本之和为基础，根据开发、建造类似房地产相应的平均利润率水平来求取。

一般情况开发商均按开发总成本费用计取开发利润，因此计算基数应为上述1）~6）全部成本费用之和，这也是本章计算利润的假设前提。如果实际计取方式与假设不同，评估时按实际计算。

(2) 房地产重置价值的计算公式

房地产重置价值系房屋总价现值，它和假设开发中房地产总价的计算公式一致。其计算公式为：

房地产总价现值 = 土地价值 + 房屋建筑物建设价值 + 销售费用 + 贷款利息 + 开发利润 + 税金

即 $P_z = P_d + P_f + P_x + D_x + P_l + P_s$

或 $P_z = (P_d + P_f)(1 + f_x)(1 + d_x)(1 + f_l)(1 + f_s)$

式中 P_z——房地产总价值，包括开发项目中房屋建筑物和土地的市场现行总价值，其中包括与委估房屋建筑物使用功能相配套的其他房屋建筑物、构筑物、设备以及配套设施的价值；

P_d——土地价值，为土地开发至具备工程建设开工条件时的现行市场价值；

P_f——房屋建设成本价值，指房屋建筑物及与房屋建筑物使用功能相配套的其他建筑物以及配套设施的现行建设成本价值，房屋建设成本价值中规定不得计算资金成本；

P_x——销售费用，房地产销售过程中所发生的费用，一般按土地和房屋建筑物合计成本价值的比例计取；

f_x——销售费用率，为房地产销售过程中所发生的费用占房地产总成本价值的比例，其中包括（以下比例供参考）：宣传广告费约1.5%、外聘人员费用1.5%、销售管理费约2%、管理人员工资约2.5%、职工劳动保险基金约1.5%、职工福利费0.5%、其他1%，合计10.5%；

D_x——贷款利息，为房地产开发期间向银行贷款所支付的利息，它是资金投入的时间价值，无论是否贷款都要计算，贷款利息的计取基数应为房屋尚未销售之前或贷款还贷之前所有已计入成本的费用；

d_x——贷款利息率，为房地产开发期间向银行贷款所支付的利息比率；

P_l——开发利润，为开发商开发房地产所获利益，一般情况开发商按开发总成本费用计取利润，因此计算基数应为上述全部成本费用之和，这也是本章计算利润的假设前提，如果实际计取方式与假设不同，评估时按实际计算；

f_l——开发利润率，为开发商开发房地产所获利润占全部房地产开发费用的比例，随商品房市场开发效益在变动；

P_s——税金，为国家税法规定缴纳的房地产销售税；

f_s——税率，为房地产销售税的比率，应按销售价值5.25%计算，如果计算比例国家有新的规定，以国家文件规定为准。

上述公式一般情况均可以适用。如果估价项目与实际情况有变化，可以按变化情况更改公式或数据。房地产重置价值的计算实例可参考第四章第三节的相关内容。

第三节 房屋建筑评估工作程序及其主要内容

一、评估任务项目的总体工作顺序

房屋单独估价或房屋和土地一体的房地产估价程序系指房屋估价或房地产估价全部进程中的工作步骤和顺序，这些步骤和顺序是按照各估价工序之间的相关关系和自然节律而形成的，一切估价工作都必须遵循这个工作节律才能有条不紊地作好估价工作，从而保证工作质量，节省工作时间。

一个评估任务项目的总体工作顺序如图5-3所示。

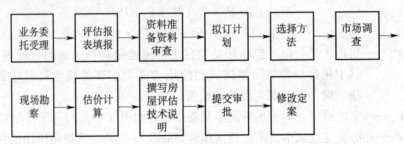

图5-3 房地产或房屋估价程序

上述估价程序系指房屋或房地产估价的一般程序，每个程序均包括若干工作内容，这些内容总体构成了完成一个评估任务的全部工作。为了表达每个程序的工作内容，下面将以房屋建筑重置价值估价为例简要阐述固定资产——房屋建筑物估价每个程序中的工作内容。

二、评估工作具体内容

1. 评估前期工作内容

（1）业务委托和受理

无论是房屋建筑估价业务或房地产估价业务都要由委托评估的业主向具有资产评估资格的评估机构或具有房地产估价资格的评估机构提出资产评估委托书，如果接受委托的评估任务是房屋建筑物或房地产单项评估项目，应办理房屋建筑物或房地产单项资产委托书，如果房屋建筑物或房地产是委托单位委托评估总体资产中的部分资产，委托的资产应当是总体资产，而房屋建筑物或房地产应包含在总体资产中而不需要单独委托。

委托书的主要内容概括为以下几个方面：

1）委托人的名称、住址、法人；

2）委托评估的资产类别、评估范围；

3）委托人的资产性质，如全民、集体、合作、合资、股份、个体等所有制；

4）评估目的，如股份制改造、合资、合作、兼并、收购、改制、拍卖、资产清查、成立公司等；

5）其他需要提供的有关法律文件；

6）其他需要说明的问题和委托人的特殊要求。

在评估机构或房地产评估机构接到房地产估价委托书以后，双方约定时间进行洽谈，有时候有多家参与竞标，约定投标时间进行投标，当中标以后就可以作进一步洽谈，这时候需要进一步了解资产委托方的各方面情况，例如，委托方委托的资产状况、资产总值、净值、负债等情况，商谈评估基准日、报表提供日期、评估机构进场日期、评估机构评估结果及报告提供日期、收费标准、收取费用包括的范围以及其他需要商谈的问题等。

（2）评估明细表填报

重置成本法评估报表称为评估明细表，其表格格式和表列内容根据不同的估价对象和不同的评估方法是不一样的，下面只叙述一般建筑物评估所需的评估明细表。

资产评估规定的房屋、构筑物、管道沟槽的评估明细表应由资产占有方填报。表格的基本形式如表5-3~表5-6所示。

固定资产——房屋建筑物清查评估明细

资产占有单位： 单位：元 表5-3

序号	权证号码	建筑物名称	结构	建成年月	建筑面积(m²)	成本单价(元/m²)	账面价值		调整后账面值		评估价值			增值率(%)	评估单价(元/m²)
							原值	净值	原值	净值	原值	成新率(%)	净值		
1															
2															
3															
4															
合计															

固定资产——构筑物及其他辅助设备清查评估明细

资产占有单位： 单位：元 表5-4

序号	名称	结构	建成年月	长度(m)	宽度(直径)(m)	高度(m)	厚度(m)	单位	数量	账面价值		调整后账面值		评估价值			增值率(%)	评估单价(元/m²)
										原值	净值	原值	净值	原值	成新率(%)	净值		
1																		
2																		
3																		
4																		
5																		
合计																		

固定资产——沟槽清查评估明细

资产占有单位： 单位：元 表5-5

序号	名称	结构	建成年月	长度(m)	宽度(m)	高度(m)	厚度(m)	单位	数量	账面价值		调整后账面值		评估价值			增值率(%)	评估单价(元/m²)
										原值	净值	原值	净值	原值	成新率(%)	净值		
1																		

续表

序号	名称	结构	建成年月	长度(m)	宽度(m)	高度(m)	厚度(m)	单位	数量	账面价值		调整后账面值		评估价值			增值率(%)	评估单价(元/m²)
										原值	净值	原值	净值	原值	成新率(%)	净值		
2																		
3																		
4																		
5																		
合计																		

固定资产——管道清查评估明细
资产占有单位：　　　　　　　　单位：元　　　　　　表5-6

序号	名称	长度(m)	管径(mm)	材质	绝缘方式	建成年月	账面价值		评估价值			增值率(%)	备注
							原值	净值	原值	成新率(%)	净值		
1													
2													
3													
合计													

（3）拟订计划

拟订计划包括下列内容：评估总进度的安排、分阶段完成的时间安排、工作进点日期、资料准备进度、协调配合计划、现场勘察时间、评估作价时间、评估报告撰写时间、全部完成交稿时间等。

（4）评估资料准备

评估必须准备的资料一般包括法定的权证资料和评估计算的依据资料等。

1）权证资料

①资产占有方应提供房屋所有权证和土地使用权证复印件，并提供原件验证，验证后原件由提供方收回。

②资产占有方不能提供房屋及土地的权证时需提供替代性文件，替代性文件一般应有上级主管部门对建设项目的批文、房屋规划许可证、开工许可证、竣工验收报告等。

2）工程造价计算的依据资料

资产占有单位应向现场评估人员提供相关的估价计算定额、施工取费标准、主要工程项目图纸及相关技术资料、主要工程项目竣工结算资料、评估基准日时点的造价信息等。如果资产方提供有困难，在评估单位有条件的情况下，可以由评估单位协助解决。

3）前期费用取费依据

前期费用系指建设单位在建设期间为工程建设而必须支出的直接工程成本以外的各项费用。如建设单位管理费、勘察设计费、工程监理费、定额测定费、招投标费、白蚁防治费、墙改基金等费用，这些费用基本上都是按照有关的费用文计取的，其中有：

①国家有关部委颁布的基本建设期间应缴纳的各种费用文件及费用标准；
②各地区颁布的基本建设期间应缴纳的各种费用文件及费用标准；
③上级管理部门对建设费用支出的限额规定。
(5) 资料核查

资料核查的目的主要是查看评估报表和评估资料是否齐全，是否合理、合法，对评估资料存在的问题提交相关部门进行解决，直至达到评估作价要求为止。

2. 评估工作主要程序

(1) 选择评估方法

评估方法主要指的是实现重置成本的具体操作方法，实现重置成本的具体操作方法比较多，应根据评估项目的性质和评估资料的具体情况进行选用，重置成本的具体操作方法详见本章第二节所述的相关内容。

(2) 市场调查

评估作价之前，评估人员应做好市场调查工作，根据重置成本法评估方法的要求，必须调查和收集下列评估作价资料：

1) 调查房屋建筑物所处地区当前的造价水平；
2) 调查房屋建筑物所处地区当前的人工工资单价标准、主要材料市场价格；
3) 收集房屋建筑物所处地区地方政府收取的建设费用种类和费用标准；
4) 收集当前国家规定的贷款利率；
5) 其他与评估作价有关的资料。

(3) 现场勘察

1) 现场勘察的主要内容

①房屋及构筑物的各类几何参数，结构构造；
②房屋装修、屋面、配套设施的做法；
③建筑物的使用状况和存在问题，包括基础和主体结构的承载能力，外观有无变形、开裂；
④建筑装修的新旧程度，门窗使用功能的完好程度；
⑤评估明细表申报的评估项目中有无拆除、报废的项目；
⑥水、暖、电等功能配套设施的完好程度；
⑦核查评估申报的房屋建筑面积和实际建筑面积是否相符，评估项目缺少建筑面积数值的，应在现场丈量补齐；
⑧根据现场勘察的实际情况确定评估项目综合成新率的调整值或建筑物的尚可使用年限；
⑨其他需要勘察的内容。

2) 现场勘察的要求

现场勘察项目要求全面勘察，除无法勘察的项目外，凡是具备勘察条件的评估项目都必须做到现场逐项勘察，不得漏项；必须做到按规定的填表方法填表记录，按实物的实际状况用文字或数字逐项填写；不得追求速度快、节省时间，采用对房屋状况现场重点抽查，按定制的现场勘察表打"√"的方法填表；不得在资料不完整或根本没有资料的情况下作价。

现场无法勘察的构筑物及管道沟槽项目必须由资产方提供数据资料，填写在《构筑物结构勘察表》和《管道沟槽勘察表》中，例如地下水池、地沟以及地下无法勘察的其他构筑物。委托评估的房屋建筑物或构筑物的结构构造、装修做法以及配套设施如果资产方有关部门能够直接填表提供，可认为是现场勘察工作的一部分，可以简化现场勘察程序，节约现场勘察时间。

（4）估价计算和撰写评估技术说明

评估计算主要指房屋建筑物、构筑物等项目评估价值的计算过程，评估计算过程已在本章第二节详细作了介绍，在此从略。

全部评估计算工作完成以后，需要撰写评估报告，评估报告分为总体评估报告和评估技术说明两种。房屋建筑物估价属于资产方总体资产中的一部分，也是固定资产的一部分，因此评估人员只写《房屋建筑评估技术说明》即可。

房屋评估技术说明只表达房屋建筑评估过程中有关技术性方面的问题，如评估依据、评估方法、评估结果等，房屋评估说明的具体内容详见本节下面相关内容。

三、房屋评估技术说明的主要内容

1. 总体概况

概况没有规定的要求，但应当能够概括说明企业被评估房屋建筑物的资产状况和单位或企业的总体概况，总体来说，评估说明应当概括以下内容：

（1）本次评估的房屋建筑物的资产概况，其中包括房屋建筑物的资产评估范围、账面原值、账面净值；

（2）简要说明被评估单位或企业的总体概况，其中包括单位或企业的性质、主要产品品种、生产状况等；

（3）简要说明被评估单位或企业的建设概况，主要描述单位或企业的建成时间、房屋建筑物的建设发展情况、建设规模、未来发展规划等，重点评估项目举例说明房屋的结构类型、层数、层高、建筑面积、装修等级、建成日期等；

（4）区域概况，一般包括委估资产的地理位置、区域环境、交通种类及其便捷程度、城市配套情况、市政设施配套情况等。

2. 建筑概况

建筑概况一般选择主要结构类型的房屋描述其构造状况，主要结构类型基本上有钢筋混凝土框架结构、钢或钢筋混凝土排架结构和砖混结构，其他结构可以不作描述。描述的内容一般有以下几个方面。

（1）房屋基础做法

按房屋不同结构类型分别描述房屋建筑的地基处理、基础做法。

（2）房屋主体结构构造

按房屋不同结构分别叙述房屋的主体结构构造，其中包括墙体、梁、板、柱、屋架、屋面等结构的构造情况。

（3）房屋装修做法

综合描述门窗、楼地面、内墙面、外墙面、顶棚等装修做法的种类。

（4）房屋配套设施

只简单叙述房屋水、暖、电、通信等配套设施的完善程度，不需要叙述详细做法。

（5）构筑物做法

叙述构筑物的种类及其相应的结构做法。

（6）地质概况

主要描述地层分层的岩土类别、地基承载能力、地下水对基础有无腐蚀作用、建筑物基础坐落的地层承载能力，同时说明是否满足建筑物地基的设计承力要求，是否需要打桩或地基换土、加固处理等。

3. 评估依据

（1）法律法规依据

法律法规依据主要指国家对资产评估或房地产评估一系列的法律、法规、政策，例如资产评估相关规范、《房地产估价规范》GB/T 50291—1999 以及其他相关的政策文件。

（2）评估计算依据

评估计算依据主要指房屋建筑物、土地以及房地产在评估作价过程中各项费用计取规定和计取标准。例如概预算定额、建筑工程费用计取标准、勘察设计费、建设监理费等的计费文件和取费标准，工程竣工结算书等造价资料、现行中国人民银行贷款利率等。

（3）估价的技术依据

估价的技术依据系指图纸、各种技术规定文本、现场勘察记录、市场调查资料、地质勘察资料等。

4. 评估方法说明

评估技术报告必须详细叙述房屋建筑物、构筑物的估价计算方法和计算过程，采用多种计算方法时，对每一种评估方法的内容都要加以说明，并举例介绍方法的应用。

5. 评估结果

评估计算工作完成以后，对所有评估项目的重置价值和评估价值进行分类汇总，根据原国有资产管理局规定的房屋建筑物分类，分为房屋建筑物、构筑物、管道沟槽三类，房屋建筑物类资产汇总表可以采用表 5-7 形式。

房屋建筑物类资产汇总（单位：元） 表 5-7

名称	重置价值	评估价值
房屋建筑物		
构筑物		
管道沟槽		
合计		

6. 对评估报告的声明

对评估报告的声明主要内容应为：

（1）本技术报告的应用范围；

（2）本技术报告的有效期限；

（3）对评估中的瑕疵进行披露，声明责任关系；

（4）其他需要声明的问题。

第四节 建筑工程概预算编制法的估价方法及其应用

一、工程造价概预算编制方法和计算模板

1. 工程造价概预算编制方法

（1）概预算编制方法概述

建设工程概预算分为建筑工程、装修工程、安装工程三个专业工程，其中安装工程又分为给水、排水、电气、供暖、通风等专业，不同专业的概预算应分别编制。各个专业的概预算编制应采用各自相应的定额，则工程总造价应为各专业工程造价之和，即

工程总造价 = 建筑工程造价 + 装修工程造价 + 安装工程造价

建设工程概预算定额或基价表均由各省、自治区、直辖市自行编制，评估作价应根据不同专业选取各自的定额。其中建筑工程、装修工程概预算的编制方法和一般概预算编制方法相同，应按分部分项套用对应定额子目，计算直接工程费或定额基价，然后在工程造价计算表中按相应的取费算出工程造价或单方造价。由于专业安装工程定额种类较多、分项项目琐碎繁杂，但是安装工程所占总体造价比例较小，所以安装工程不再按定额计算工程量和直接费，只按建筑工程直接费的一定比例计算专业工程的直接费，然后套用安装工程的取费定额算出专业工程造价。

（2）工程直接费或定额基价的计算方法

工程直接费或定额基价分主体结构、装修和安装专业三部分分别编制，其中安装专业分电气、给水排水、供暖和通信四部分，分别选取占主体工程直接费的比例，而后再将分项比例加总算出安装工程占主体工程直接费的总比例。

主体结构工程直接费或定额基价是工程概预算最基本的费用，要求分项项目齐全，计算数据准确。由于房屋估价要求的精确度允许有一定的合理误差，因此房屋估价中主体结构工程直接费计算表一般只列计主要分项项目，要求主要项目不能漏项，主要项目的直接费要占据工程直接费或定额基价的95%左右，其他次要分项项目按一定比例列计，其比例系数应根据直接费列示的项目完整程度而定，一般为主要分项项目直接费的3%~8%。

在概预算编制具体操作中，主体结构工程直接费或定额基价计算表的主要计算项目应事先做好模板，编制预算时按模板表列工程量项目填空计算，空格填完、算完为止。做好的模板保存以后就按这个模板项目计算，供今后重复使用，这将会对长期的估价工作带来很大方便。

主体结构工程直接费计算表和装修工程直接费计算表的计算格式和正规的概预算格式相同，其中基价和人工费必须按定额计算，机械费根据各地方定额施工取费基数决定是否计算，施工取费基数为"人工费 + 机械费"时，机械费必须计算，否则不要计算。

工程直接费全部计算过程和编制要点完全和概预算编制方法相同，不重复叙述。

2. 主体结构直接费主要项目模板

（1）模板的表格形式

经过多次房屋估价实践，砖混结构的主体工程直接费主要项目可以参照表5-8的模板形式计算，框架结构和钢筋混凝土排架结构的模板可以模仿表5-8内容建立模板格式。该表分项项目基本概括了大约95%的主体结构工程造价，但不包括地基处理、地基加固、桩基础。

（砖混结构）主体结构工程直接费或定额基价计算项目　　表5-8

序号	定额编号	项目名称	定额单位	工程量	单价			合价		
					金额	其中人工	其中机械	金额	其中人工	其中机械
1		土石方工程								
	1-31	场地平整	100m³							
	1-9	人工挖地槽（三类）	100m³							
		人工挖基坑（三类）								
	1-33	人工回填土	100m³							
	1-85	余土运输	100m³							
		土石方工程小计								
2		脚手架工程								
	12-39	综合脚手架	100m²							
		脚手架工程小计								
3		砌筑工程								
	3-1	M2.5砖（石）条形基础	10m³							
	3-4	M5砂浆砌365mm外墙	10m³							
	3-3	M5砂浆砌240mm内墙	10m³							
	3-29	零星砌砖	10m³							
	3-30	砖砌体钢筋加固	t							
		砌筑工程小计								
4		模板工程								
		以下按混凝土模板接触面积 m² 套用								
	13-10	C10混凝土垫层模板	100m²							
	13-29	C20钢筋混凝土基础圈梁模板	100m²							
	13-29	C20钢筋混凝土圈梁模板	100m²							
	13-31	C20钢筋混凝土过梁模板	100m²							
	13-43	C20钢筋混凝土肋形板厚大于10cm模板	100m²							
	13-43	C20钢筋混凝土肋形板厚不大于10cm模板	100m²							
	13-22	C20钢筋混凝土构造柱模板（矩形柱）	100m²							
	13-50	钢筋混凝土楼梯模板	10m²							
	13-62	零星构件模板	10m²							
		模板工程小计								
		以下按混凝土 m³ 套用								
		C10混凝土垫层	10m³							
		C20钢筋混凝土基础圈梁	10m³							

续表

序号	定额编号	项目名称	定额单位	工程量	单价			合价		
					金额	其中人工	其中机械	金额	其中人工	其中机械
		C20 钢筋混凝土圈梁	10m³							
		C20 钢筋混凝土过梁	10m³							
		C20 钢筋混凝土肋形板厚大于10cm	10m³							
		C20 钢筋混凝土肋形板厚不大于10cm	10m³							
		C20 钢筋混凝土构造柱	10m³							
		钢筋混凝土现浇楼梯	10m³							
		零星构件	10m³							
		模板工程小计								
5		混凝土及钢筋混凝土工程								
	7-23	C10 混凝土垫层	10m³							
	4-21	C20 钢筋混凝土基础圈梁	10m³							
	4-21	C20 钢筋混凝土圈梁	10m³							
	4-22	C20 钢筋混凝土过梁	10m³							
	4-32	C20 钢筋混凝土肋形板厚大于10cm	10m³							
	4-32	C20 钢筋混凝土肋形板厚不大于10cm	10m³							
	4-16	C20 钢筋混凝土构造柱	10m³							
	4-41	钢筋混凝土现浇楼梯	10m²							
	4-50	零星构件	10m³							
		混凝土及钢筋混凝土工程小计								
6		钢筋工程								
	4-246	现浇构件光面钢筋 φ10mm 内	t							
	4-248	现浇构件螺纹钢筋 φ25mm 内	t							
	4-253	一般铁件调整	t							
		钢筋工程小计								
7		木结构工程								
	6-(37+38+91+92)	胶合板门制作安装								
	6-37	其中：胶合板门框制作	100m²							
	6-38	胶合板门框安装	100m²							
	6-91	胶合板门扇制作	100m²							
	6-92	胶合板门扇安装	100m²							
	6-1	木窗扇（双扇）制作	100m²							
	6-2	木窗扇（双扇）安装	100m²							
	6-15	木窗框（双扇）制作	100m²							

续表

序号	定额编号	项目名称	定额单位	工程量	单价			合价		
					金额	其中人工	其中机械	金额	其中人工	其中机械
	6-16	木窗框（双扇）安装	100m²							
		木窗安玻璃（含在安装费中）	100m²							
		百叶门	100m²							
		检修孔木盖板	10m²							
		门锁安装	把							
		木门窗运输（已含在制作项目项中）								
		木结构工程小计								
8		楼地面工程								
	7-10	垫层砾（碎）石干铺	10m³							
	7-23	C10混凝土垫层	10m³							
	7-25	水泥砂浆找平层（20mm厚）	100m²							
	7-222	水泥砂浆地面	100m²							
	7-139	混凝土散水（厚60mm）	100m²							
		楼地面工程小计								
9		屋面及防水工程								
	8-70	铸铁（塑料）水落管 110	100m							
	8-72	铸铁（塑料）管水口 110	10个							
	8-74	铸铁（塑料）管水斗 110	10个							
	7-(25+28)	水泥砂浆找平层(25mm厚)	100m²							
	9-215	加气块保温	10m³							
	8-21	二毡三油屋面防水	100m²							
		屋面及防水工程小计								
10		装饰工程								
	10-9	混合砂浆墙面	100m²							
	10-261	内墙面喷普通涂料	100m²							
		外墙装饰								
	10-1	天棚抹石灰砂浆	100m²							
	10-173	天棚刮腻子喷普通涂料	100m²							
	10-178	木门窗油漆	100m²							
	6-298	型钢栏杆上塑料扶手	10m							
		装饰工程小计								
11	15-1	垂直运输费用	100m²							
		定额内费用合计								
		零星项目	%							
		定额基价费用合计								

模板项目确定以后，分项项目工程量的计算可以在表内采用定型公式进行计算，事先将委估对象绘制成一个模拟平面简图，按实物的平面尺寸标定在模拟简图上，标定的尺寸尽量接近准确，然后在 Excel 表格内的分项项目"工程量"位置列示计算公式进行工程量计算，如果设置技巧比较好，工程量计算速度是很快的。关键是图形的设置，要将不规则的图形用规则的图形来替代，将工程量计算规则化，同时还要具备一定的准确度。

二、主体结构项目工程量的计算公式

1. 房屋尺寸和工程量计算关系

房屋尺寸和工程量之间存在着一定的逻辑关系，如果充分利用房屋尺寸的这种关系，将工程量计算公式进行标准化、定型化，就可以有效地简化工程量计算的烦琐过程，大大提高工程量的计算速度。经过对土建工程砖混结构的数据连接关系的研究，已经成功建立了"土建工程砖混结构"的工程量计算通式。

现将房屋尺寸的数据逻辑关系和计算公式列于表 5-9，供使用参考。

房屋尺寸和工程量计算关系 表 5-9

参数符号	参数名称	数据来源	数据类别	用途
S	建筑面积	$(A_中 + b_w)(B_中 + b_w)n$	一般按申报建筑面积计算，无申报面积的规则图形按公式计算，不规则图形按图纸尺寸计算	计算楼板混凝土体积、屋面面积、场地平整 = $(A_中 + b_w + 4)(B_中 + b_w + 4)$、垂直运输等
$A_中$	建筑物中心长度	图纸尺寸	图纸尺寸	
$B_中$	建筑物中心宽度	图纸尺寸	图纸尺寸	
$L_{w中}$	外墙中心线长	$(A_中 + B_中)2$	导出数据	计算外墙挖地槽土方、圈梁、基础及墙体砌砖
$L_{w边}$	外墙外边线长	$(A_中 + B_中)2 + b_w 4$	导出数据	计算散水
$L_{n中}$	内墙中心线长	按设置图形各内墙中心线长度之和计算	按设置图形计算	计算内墙挖地槽土方、圈梁、基础及墙体砌砖
$L_{n净}$	内墙净长线长	$L_{n中} - b_接$	导出数据	计算内墙抹灰
$b_接$	内墙接头面积	$0.24 \times$ 接头数	导出数据	
b_w	外墙厚度	图纸尺寸	图纸尺寸	
b_n	内墙厚度	图纸尺寸	图纸尺寸	
h_c	平均层高	图示各层高度平均值	图示各层高度平均值	计算砖墙工程量、墙面抹灰
h_j	砖墙平均计算高度	$h_c - 0.24$	平均层高 - 圈梁高	计算砖墙工程量
n	层数	图纸标定	图纸标定	计算砖墙工程量、墙面抹灰
$S_{w墙}$	外墙断面面积	$L_{w中} b_w$	导出数据	计算外墙砌砖、外墙砖基础（大放脚单算）、基础防潮层

续表

参数符号	参数名称	数据来源	数据类别	用途
$S_{n墙}$	内墙断面面积	$L_{n中}b_n$	导出数据	计算内墙砌砖、内墙砖基础（基础深度可以根据建筑物层数假设，大放脚单算或近似增加一个百分比）、基础防潮层
$S_{净}$	建筑物地面净面积	$S-(S_{w墙}+S_{n墙})n$	导出数据	计算楼地面面积、天棚抹灰
F_w	外墙表面积	$L_{w边}(n_c+檐口高)$（檐口高一般取 0.3~0.5m）	导出数据	计算外墙装饰
F_n	内墙表面积	$2L_{n中}h_c n$——近似值	导出数据	计算内墙面装饰
M_w	外门面积	按图纸或者近似按占外墙比例计算，只限于房屋估价简化计算之用、对总造价影响不大	图纸数量或估算	计算门窗面积及墙体扣除之用
C_w	外窗面积	按图纸或者近似按占外墙比例计算，只限于房屋估价简化计算之用、对总造价影响不大	图纸数量或估算	计算门窗面积及墙体扣除之用
M_n	内门面积	按图纸或者近似按外墙比例计算，只限于房屋估价简化计算之用、对总造价影响不大	图纸数量或估算	计算门窗面积及墙体扣除面积之用
C_n	内窗面积	按图纸或者近似按外墙比例计算，只限于房屋估价简化计算之用、对总造价影响不大	图纸数量或估算	计算门窗面积及墙体扣除面积之用

注：表中"导出数据"系非图纸直接尺寸，而是由若干个图纸尺寸经过运算后导出的复合数据，即为导出数据。导出数据非常重要，在房屋建筑的工程量计算公式中，基本上使用的都是导出数据，如此，大大简化了计算公式参数的设置，使用起来非常方便。

砖混结构工程直接费计算表的各分项项目工程量是计算砖混结构房屋分部分项直接费的基础数据，这些数据可以通过工程量计算公式求取，例如外墙砌砖的工程量：

$$外墙砌砖体积 = [(L_{w中}h_j n+0.5)-(M_w+C_w)]b_w$$

房屋尺寸和工程量计算关系表可以解决表中大部分主要工程量，其他不能用表列工程量计算式计算的分项项目，基本上都是次要项目，可以建立一个数据库，建立那些不能直接用公式计算的项目数据，通常采用每平方米建筑面积的工程量数表，查表计算，这样工程造价计算表中的工程量均能填齐。其计算公式为：

$$工程量 = 每平方米建筑面积工程量 × 建筑面积$$

例如房屋建筑砖混结构每平方米钢筋用量为 0.025t，将 0.025t 乘以建筑面积后的数量填入工程量表格的对应位置。

2. 房屋尺寸和工程量计算关系举例

【例 5-3】 有 1 幢办公楼，砖混结构，6 层，层高 3.3m，模拟平面布置图如图 5-4 所示。

这个办公楼的基本工程量采用房屋尺寸和工程量计算关系表的计算方法和计算公式，经整理如表 5-10 所示。

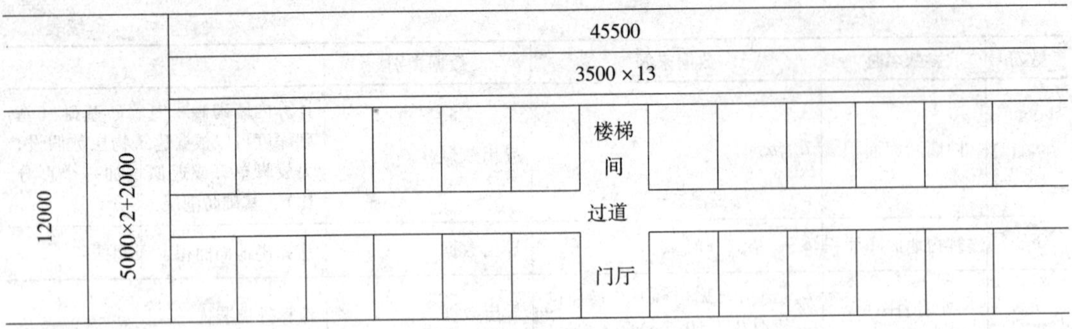

图 5-4 平面布置

办公楼房屋尺寸和工程量计算关系   表 5-10

参数符号	参数名称	数据来源	单位	数量	备注
S	建筑面积	$(A_中 + b_w)(B_中 + b_w) n$	m²	3402.72	
$A_中$	建筑物中心长度	图纸尺寸	m	45.50	
$B_中$	建筑物中心宽度	图纸尺寸	m	12.00	
$L_{w中}$	外墙中心线长	$(A_中 + B_中) 2$	m	115.00	
$L_{w边}$	外墙外边线长	$L_{w中} 2 + b_w 4$	m	116.46	
$L_{n中}$	内墙中心线长	按设置图形各内墙中心线长度之和计算	m	211.00	
$L_{n净}$	内墙净长线长	$L_{n中} - b_接$	m	204.28	
$b_接$	内墙接头长度	0.24 × 接头数	m	6.72	
b_w	外墙厚度	图纸尺寸	m	0.37	
b_n	内墙厚度	图纸尺寸	m	0.24	
h_c	平均层高	图示各层高度平均值	m	3.30	
h_j	砖墙平均计算高度	$h_c - 0.24$	m	3.06	
n	层数	图纸标定	层	6.00	
$S_{w墙}$	外墙断面面积	$L_{w中} b_w$	m²	41.98	
$S_{n墙}$	内墙断面面积	$L_{n中} b_n$	m²	50.64	
$S_净$	建筑物楼地面净面积	$S - (S_{w墙} + S_{n墙}) n$	m²	2847.00	
F_w	外墙表面积	$L_{w边}(h_c n + 檐口高)$（檐口高一般取 0.3~0.5m）	m²	2168.90	
F_n	内墙表面积	$L_{n中} h_c 2n$ ——近似值	m²	8089.49	
M_w	外门面积	按图纸或者近似按占外墙比例计算，只限于房屋估价简化计算之用、对总造价影响不大	m²	15.00	
C_w	外窗面积	按图纸或者近似按占外墙比例计算，只限于房屋估价简化计算之用、对总造价影响不大	m²	759.12	取外墙表面积的 35%
M_n	内门面积	按图纸或者近似按外墙比例计算，只限于房屋估价简化计算之用、对总造价影响不大	m²	444.92	取内墙面积的 5.5%
C_n	内窗面积	按图纸或者近似按外墙比例计算，只限于房屋估价简化计算之用、对总造价影响不大	m²	0.00	内窗面积一般不考虑

3. 主体结构工程量的计算公式

以上述办公楼为例，办公楼的基本工程量可以采用（砖混结构）主体结构工程量计算表模板的计算形式,按照平面图形尺寸之间的工程量逻辑关系,建立一系列工程量计算公式,如表 5-11 所示。

(砖混结构)主体结构工程量计算表模板　　　　表 5-11

序号	定额编号	项目名称	定额单位	定额工程量	工程量计算公式	设定
		建筑面积	m^2	3402.72	$(A_中 + b_w)(B_中 + b_w)n$	
1		土石方工程				
		场地平整	$100m^3$	8.16	$S/n + L_{w边}2 + 4×4$	计算长度按外墙外边线放出2m
		人工挖地槽（三类）	$100m^3$	7.38	$(L_{w中}1 + L_{n中}0.8) × 2.6×1.5$	假设外墙、内墙槽宽分别为1.0、0.8m,可以作为固定系数,槽深2.6m为变数,土方放坡系数增加土方50%
		人工挖基坑（三类）				
		人工回填土	$100m^3$	3.88	挖地槽－余土运输	
		余土运输	$100m^3$	3.50	条形基础＋混凝土垫层＋地圈梁	
		土石方工程小计				
2		脚手架工程				
		综合脚手架	$100m^2$	34.03	S	
		脚手架工程小计				
3		砌筑工程				
		M2.5砖（石）条形基础	$10m^3$	30.82	$(L_w b_w + L_{n中} b_n) × (2.8-0.24) ×1.3$	基础计算深度＝2.8－0.24＝2.56m,大放脚按增加30%计算
		M5砂浆砌365mm外墙	$10m^3$	50.91	$(L_{w中}(h_j n + 0.5) - M_w - C_w) b_w$	
		M5砂浆砌240mm内墙	$10m^3$	92.98	$L_{n中} b_n h_j n$	
		零星砌砖	$10m^3$	2.86	$(50.91+92.98)×2\%$	按外墙和内墙砌筑量的2%计算
		砖砌体钢筋加固	t			
		砌筑工程小计				
4		模板工程				
		以下按混凝土接触面积 m^2 套用				
		C10混凝土垫层模板	$100m^2$		按项目每立方米混凝土体积模板用量×项目工程量	项目每立方米混凝土体积模板用量需制定用量表
		C20钢筋混凝土基础圈梁模板	$100m^2$		按项目每立方米混凝土体积模板用量×项目工程量	项目每立方米混凝土体积模板用量需制定用量表
		C20钢筋混凝土圈梁模板	$100m^2$		按项目每立方米混凝土体积模板用量×项目工程量	项目每立方米混凝土体积模板用量需制定用量表

续表

序号	定额编号	项目名称	定额单位	定额工程量	工程量计算公式	设定
4		C20钢筋混凝土过梁模板	100m²		按项目每立方米混凝土体积模板用量×项目工程量	项目每立方米混凝土体积模板用量需制定用量表
		C20钢筋混凝土肋形板厚大于10cm模板	100m²		按项目每立方米混凝土体积模板用量×项目工程量	项目每立方米混凝土体积模板用量需制定用量表
		C20钢筋混凝土肋形板厚不大于10cm模板	100m²		按项目每立方米混凝土体积模板用量×项目工程量	项目每立方米混凝土体积模板用量需制定用量表
		C20钢筋混凝土构造柱模板（矩形柱）	100m²		按项目每立方米混凝土体积模板用量×项目工程量	项目每立方米混凝土体积模板用量需制定用量表
		钢筋混凝土楼梯模板	10m²		按项目每立方米混凝土体积模板用量×项目工程量	项目每立方米混凝土体积模板用量需制定用量表
		零星构件模板	10m³		按项目每立方米混凝土体积模板用量×项目工程量	项目每立方米混凝土体积模板用量需制定用量表
		模板工程小计				
		以下按混凝土m³套用			按项目每立方米混凝土体积计算	
		C10混凝土垫层	10m³	2.27	按项目每立方米混凝土体积计算	
		C20钢筋混凝土基础圈梁	10m³	1.88	按项目每立方米混凝土体积计算	
		C20钢筋混凝土圈梁	10m³	11.27	按项目每立方米混凝土体积计算	
		C20钢筋混凝土过梁	10m³		按项目每立方米混凝土体积计算	
		C20钢筋混凝土肋形板厚>10cm	10m³		按项目每立方米混凝土体积计算	
		C20钢筋混凝土肋形板厚≤10cm	10m³	34.03	按项目每立方米混凝土体积计算	
		C20钢筋混凝土构造柱	10m³		按项目每立方米混凝土体积计算	
		钢筋混凝土现浇楼梯	10m²	10.50	按项目每立方米混凝土体积计算	
		零星构件	10m³	2.27	按项目每立方米混凝土体积计算	
		模板工程小计				
5		混凝土及钢筋混凝土工程				
		C10混凝土垫层	10m³	2.27	$(L_{w中}1.0 + L_{n中}0.8) \times 0.08$	宽度系数1.0、0.8可以作为固定数
		C20钢筋混凝土基础圈梁	10m³	1.88	$(L_{w中} b_n) + (L_{n中} b_n) 0.24$	
		C20钢筋混凝土圈梁	10m³	11.27	$(L_{w中} b_n) + (L_{n中} b_n) 0.24n$	

第五章　房屋建筑重置成本法

续表

序号	定额编号	项目名称	定额单位	定额工程量	工程量计算公式	设定
5		C20 钢筋混凝土过梁	10m³		每平方米建筑面积含量×建筑面积/10	
		C20 钢筋混凝土肋形板厚大于10cm	10m³		每平方米建筑面积含量×建筑面积/10	
		C20 钢筋混凝土肋形板厚不大于10cm	10m³	34.03	S0.1	楼板厚10cm
		C20 钢筋混凝土构造柱	10m³		每平方米建筑面积含量×建筑面积/10	
		钢筋混凝土现浇楼梯	10m²	10.50	$17.5 \times n \times$ 数量	每个楼梯每层投影面积按 $17.5 m^2$ 计算,n 为层数
		零星构件	10m³			
		混凝土及钢筋混凝土工程小计				
6		钢筋工程				
		现浇构件光面钢筋 $\phi 10 mm$ 内	t		按每平方米建筑面积钢筋含量×房屋建筑面积	每平方米建筑面积钢筋参考含量：砖混结构 0.012~0.016t
		现浇构件螺纹钢筋 $\phi 25 mm$ 内	t		按每平方米建筑面积钢筋含量×房屋建筑面积	每平方米建筑面积钢筋参考含量：砖混结构 0.016~0.020t
		一般铁件调整	t		按每平方米建筑面积钢筋含量×房屋建筑面积	每平方米建筑面积钢筋参考含量：砖混结构 0.003t
		钢筋工程小计				
7		木结构工程				
		胶合板门制作安装				
		其中：胶合板门框制作	100m²	4.60	$M_w + M_n$	外门、内门合并计算
		胶合板门框安装	100m²	4.60	$M_w + M_n$	外门、内门合并计算
		胶合板门扇制作	100m²	4.60	$M_w + M_n$	外门、内门合并计算
		胶合板门扇安装	100m²	4.60	$M_w + M_n$	外门、内门合并计算
		木窗扇（双扇）制作	100m²	7.59	C_w	
		木窗扇（双扇）安装	100m²	7.59	C_w	
		木窗框（双扇）制作	100m²	7.59	C_w	
		木窗框（双扇）安装	100m²	7.59	C_w	
		百叶门	100m²		按图计算	
		木窗安玻璃（含在安装费中）	100m²			
		检修孔木盖板	10m²		按图计算	
		门锁安装	把		按图计算	
		木门窗运输（已含在制作项目项中）				

续表

序号	定额编号	项目名称	定额单位	定额工程量	工程量计算公式	设定
7		木结构工程小计				
8		楼地面工程			2847.00	
		垫层砾（碎）石干铺	$10m^3$	9.49	$S_{净}/n0.2$	垫层砾（碎）石干铺厚度28cm，不调整
		C10 混凝土垫层	$10m^3$	2.85	$S_{净}/n0.06$	垫层厚度6cm，不调整
		水泥砂浆找平层（20mm厚）	$100m^2$	4.75	$S_{净}/n$	
		水泥砂浆地面	$100m^2$	28.47	$S_{净}/n$	
		混凝土散水（厚60mm）	$100m^2$	0.71	$L_{w边}0.6+0.6×0.6×4$	非特殊说明，一般散水宽60cm
		楼地面工程小计				
9		屋面及防水工程				
		铸铁（塑料）水落管110	100m		按图计算	
		铸铁（塑料）管水口110	10个		按图计算	
		铸铁（塑料）管水斗110	10个		按图计算	
		水泥砂浆找平层（25mm厚）	$100m^2$	5.67	$S_{净}$	
		加气块保温	$10m^3$	14.18	$S/n0.25$	厚度25cm，不变
		二毡三油屋面防水	$100m^2$	5.67	S/n	
		屋面及防水工程小计				
10		装饰工程				
		混合砂浆内墙面	$100m^2$	85.94	$F_n - M_n$	
		内墙面喷普通涂料	$100m^2$	85.94	$F_n - M_n$	
		外墙装饰	$100m^2$	13.95	$F_w - M_w - C_w$	
		天棚抹石灰砂浆	$100m^2$	34.03	S	
		天棚刮腻子喷普通涂料	$100m^2$	34.03	S	
		木门窗油漆	$100m^2$	7.74	$C_w + M_n$	
		型钢栏杆上塑料扶手	10m	3.8	$7.6(n-1)×$数量	
		装饰工程小计				
11		垂直运输费用	100	34.03	S	
		定额内费用合计				
		其他零星项目	%	3~6		
		直接费或定额基价费用合计				

从表 5-11 看出，大部分工程量而且是主要工程量都能使用《房屋尺寸和工程量计算

关系表》建立计算公式，不能列式计算的项目可以通过建立的数据库查表计算解决。钢筋用量可以制定房屋建筑每平方米钢筋含量计算表查表计算，注意：不同结构定额钢筋含量是不同的。

钢筋混凝土框架结构的工程量计算模板可以在砖混结构直接费计算模板的基础上进行局部修改和补充制定出来。排架结构的工程量计算模板也可以采用相同方法制定，但比较麻烦，采用的数据表比较多。

4. 装修工程直接费计算表的使用

如果装修项目较多，必须重新列示装修工程直接费计算表计算装修工程量和装修工程直接费。这种情况必须先将建筑工程主体结构直接费表中的基本装修项目全部移至装修工程直接费计算表中，例如木结构工程、楼地面工程、装饰工程等分项项目都必须移至装修工程直接费计算表中，然后再进行装修分项项目分解，并增加新的装修项目。表 5 - 12 是一个装修估价例表，供评估使用参考。

装修工程直接费计算（例表）　　　　　表 5 - 12

定额编号	项目名称	单位	工程量	单价 金额	单价 其中：人工费	合价 金额	合价 其中：人工费
B1 - 8	混凝土散水（厚60mm）	10m³	0.22	1205.61	327.00	265.23	71.94
B2 - 36	混合砂浆墙面	100m²	7.57	695.21	434.50	5262.74	3289.17
B5 - 251	内墙面喷普通涂料	100m²	7.57	175.11	119.00	1325.58	900.83
B5 - 251	天棚抹石灰砂浆	100m²	3.31	625.95	430.25	2071.89	1424.13
B5 - 2	天棚刮腻子喷普通涂料	100m²	3.31	175.11	119.00	579.61	393.89
B4 - 347	铝合金推拉窗	100m²	2.16	4566.92	1470.00	9864.55	3175.2
B2 - 533	玻璃幕墙	100m²	1.04	31769.20	4767.3	33039.97	4957.99
B1 - 64	瓷砖地面	100m²	0.15	3453.97	1267.20	518.10	190.08
B2 - 244	瓷砖外墙贴面	100m²	2.34	3274.85	606.50	7663.15	1419.21
B4 - 20 + 主材	装饰门	100m²	0.40	55000.00	1350.00	22000.00	540.00
估	窗钢护栏	100m²	0.60	4500.00	500.00	2700.00	300.00
B4 - 351	防盗门	100m²	0.40	27626.12	750.00	11050.45	300.00
B1 - 14	水磨石地面	100m²	3.21	3427.02	1594.50	11000.73	5118.35
B1 - 43	花岗石楼梯贴面	100m²	0.24	13339.19	1101.90	3201.41	264.46
B1 - 158	不锈钢楼梯栏杆	10m	1.10	3240.27	219.00	3564.30	240.90
	基本费用合计					114107.71	22586.15
	其他		0.05			5705.39	1129.31
	合计					119813.10	23715.46

注意事项：装修工程量平衡问题，当它们其中某个分项工程量被分解以后，不管分解多少子项项目，分解后的子项工程量之和要等于原表分项总量，例如原主体结构表"水泥砂浆地面"工程量为 $360m^2$，现在新的地面装修项目分解为瓷砖地面 $15m^2$，水磨石地面 $321m^2$，花岗石门厅地面 $24m^2$。

$$新的地面工程量 = 15 + 321 + 24 = 360 \text{m}^2$$

新的地面工程量和原主体结构表水泥砂浆地面工程量相等,说明分解无误。如果分量不等于总量,必须调整分量,总量不能改变。

装修工程直接费计算表中计算的装修项目工程量应在主体结构工程量计算表的对应项目中扣除,不得重复计算。

5. 工程直接费计算表的项目调整

主体结构工程直接费计算表是概预算分部分项的基础表格,其中含有主体结构的主要分项项目和部分基本的也是最简单的装修项目,对于装修比较简单的房屋建筑,此表如果符合估价要求,在不增加装修项目或增加少量装修项目的情况下,可以在此表相应分部后面增加所要增加的装修项目,不再另列如表5-10所示的装修造价计算表格,即主体结构工程直接费计算表和装修工程直接费计算表两表合一。

如果结构比较复杂,估价项目超出了表列基本项目范围,视其情况对某些需要增加的项目作必要增项,或者在"其他零星项目"栏目中增加系数。使用此表的项目只是房屋建筑主要的、而且是最基础的数据,它不等于设计图纸的全部内容,因此在必要情况下,随时作相应调整,例如增加桩基础、室内地沟、室内工作台等,可以在表中增加相应项目,也可以在"其他零星项目"栏目中增加系数。

三、工程造价计算

1. 工程造价的计算方法

工程造价计算方法和一般编制概预算方法完全相同,工程造价计算表的形式和内容及其各项取费标准以各地区的概预算定额规定为准,这里不再列示。特别提示下列应注意事项:

(1) 建筑工程、装修工程的取费基数各地区不一致,要事先认真阅读当地所使用的定额规定;

(2) 要注意人工费、材料费和机械费的差价调整,不可遗漏;

(3) 要核定单方造价是否在正常范围内,如果单方造价明显不合理,应检查直接费计算表和工程造价计算表的各项运算数据、计量单位、计算公式和计算过程是否有误,特别提示,各分部小计数值一定要反复核实。

2. 差价调整方法

(1) 人工费差价调整

人工费差价按现行人工平均单价和定额规定的人工平均单价之差进行调整,在工程造价计算表的"人工调差"栏目中一般按人工费调差系数进行调整。

$$人工费调差系数 = \frac{现行人工平均单价 - 定额人工平均单价}{定额人工平均单价}$$

$$人工费差价 = 定额人工费 \times 人工调差系数$$

例如建筑工程定额直接人工费为45000元,定额人工单价为26元,现行人工单价为36.5元,则

$$人工费调差系数 = \frac{36.5 - 26}{26} = 40.38\%$$

$$人工费差价 = 45000 \times 40.38\%$$
$$= 18171 元$$

(2) 材料费差价调整

材料费差价调整分主要材料和次要材料 2 种，主要材料为钢筋、型钢、水泥、木材、中粗砂、碎（砾）石、黏土砖等；次要材料实际上就是其他材料，一般按主材差价的一定比例计取，或者按直接费的一定比例计取。材料差价计算表的一般形式如表 5-13 所示。

材料差价　　　　　　　　　表 5-13

钢材调价	单位	数量	定额单价	市场单价	差价	合价
钢筋（10mm 内圆钢）	t					
钢筋（10mm 外螺纹钢）	t					
M32.5 水泥	t					
M42.5 水泥	t					
砂	t					
石子	t					
黏土砖	千块					
木材	m³					
主材合计						
其他材料调整占主材比例	%					
合计						

(3) 机械费差价调整

机械费差价因为无法找到可靠的测定依据，同时这部分差价很小，通常不作调整，如果为保持差价调整的完整性，可以取工程直接费的 0.5%~0.8%，将建筑工程有关取费计算表中增加"机械费调差"栏目，进行机械费差价计算。

第五节 建筑工程概预算调整法的估价方法及其应用

建筑工程概预算调整法的估价方法较多，现只列举部分方法为例说明估价方法的应用。

一、竣工结算调整法及其应用

1. 竣工结算调整法的计算方法

概预算编制法无论从哪个角度来看，都比较烦琐，通常也很少使用，在不得已的情况下才选用。竣工结算调整法应用比较多，因为这个方法相对概预算编制法要节省很多时间，一般在一群房屋项目评估中，重点房屋建筑的评估项目一般都是采用竣工结算调整法估价。

竣工结算调整法一般适用于原竣工结算数据齐全、准确可靠、采用定额不变的情况。竣工结算调整法又分为下列两种情况：

（1）如果竣工结算距评估基准日很近，现行建筑造价变动幅差不大的情况下，通常也可以采用不超过 ±5% 的造价调整系数对原竣工结算进行调整，求得委估建筑的现行造价，然后按照评估基准日的前期和其他费用标准以及当期的中国人民银行贷款利率计算重置价值。

（2）竣工结算距评估基准日较远，但执行的是同期定额，可以采用人工、材料、机械等费用调整的方法进行调整计算。竣工结算调整方法即采用原竣工结算直接工程费，套用现行工程取费表的取费系数，同时进行人工、材料、机械等费用的差价调整，从而算出现行工程造价，应注意各种取费规定及费率的变化和调整等情况。

2. 采用竣工结算调整法的注意要点

（1）竣工结算资料必须齐全，估价人员要仔细检查清点资料，特别注意桩基础造价资料，桩基础经常是独立的竣工结算书，重大工程多数要做桩基础，如果重大工程竣工结算资料中没有桩基竣工结算资料，要调查知情人员问清该工程有无设置桩基，如果设置桩基，一定要找到桩基竣工结算资料或施工承包合同；不管任何情况，资料没有找到，经调查确实是设置桩基，可以估算桩的数量套定额做出价格，补到直接费计算表中。

（2）勘察现在房屋装修情况是否和竣工结算内容一致，如果发现房屋已重新装修，要查找新装修的竣工结算价格，找到或没有找到都必须对原竣工结算价值按现行装修情况进行调整。注意，原装修费用必须扣除。

（3）核实竣工结算价值的法定性和有效性，法定性指的是数据必须经过工程审计单位审查确认；有效性指的是竣工结算的数据项目必须在房屋建筑规定的造价项目范围内，超出范围的造价项目应剔除或转到其他相应的评估项目中去评估。竣工结算经常是一个包，有时这个包还很大，它不仅包括房屋建筑的竣工价值，常常还包括构筑物和沟槽价值，有时还有大量土方价值，这些虽然都属于土建工程造价，但评估类别是不同的，而经常放在一个竣工结算书中，我们要注意进行类别的分离，按不同建筑类别分别评估价值，土方工程不是实物，它的造价属于摊销费用，评估时必须将土方的工程造价摊到每个评估项目中去估价，不得单独列项评估。

（4）人工、材料的现行价格必须以评估基准日当地造价管理部门公布的《造价信息》为准。

3. 竣工结算调整法应用实例

【例5-4】 某省市机械制造厂熔化工段，主厂房钢筋混凝土排架结构，建筑面积5207.89m^2，2004年9月竣工投入生产。现对该厂房建筑物计算评估作价。评估基准日2009年10月31日。

（1）建筑概况

1）建筑结构状况

熔化工段，主厂房排架结构；辅房，砖混结构。主厂房为单层、三跨，跨度36m，层高21m，吊车3台，起重量为5t，建筑面积5207.89m^2，2008年9月竣工投入生产。

该建筑主厂房地基为钢筋混凝土桩基础，钢筋混凝土满堂基础，局部箱形基础，上部基础为C25现浇钢筋混凝土独立基础、现浇钢筋混凝土基础梁、辅房M5混合砂浆砌砖条形基础。

主厂房主体结构为排架结构，上部钢筋混凝土现浇柱、钢吊车梁、钢支撑，围护结构为250mm厚围护墙；屋顶为标准彩板结构做法，轻钢斜形组合梁式屋架，彩板屋面。

2）建筑装修概况

主厂房地面为水泥砂浆面层，内外墙均喷刷涂料。辅房为水泥砂浆地面，门窗为木门、铝合金窗。

室内给水、排水、电气、通信等设施齐全。

经现场考察，该建筑物基础无沉陷，结构牢固，使用状况良好。

（2）建筑造价计算

经查阅，该厂房工程竣工结算资料齐全，经查对，评估基准日时执行的建设工程预算定额和厂房工程竣工结算时的定额相同，故决定采用原工程竣工结算直接费，套用 2003 年所在地区建筑工程预算费用定额计算现行工程造价，其中材料费及人工费按所在地区 2009 年 6 月份造价信息数据进行调整。其土建工程及安装工程造价计算过程结果如表 5 - 14 ~ 表 5 - 16 所示。

本例只计算工程造价，重置价值及评估价值的计算为常规计算方法，不再列示。

1）土建工程费用计算资料

查阅该厂房竣工结算书，经整理，土建（已含装修）直接工程费为 17513222 元，安装直接工程费为 183187 元，由于竣工结算的原始相关资料太多，无法在评估说明中列示，现已存档备案，可以查阅。各专业工程造价计算如表 5 - 14 ~ 表 5 - 16 所示。

2）工程造价计算

本例评估基准日和竣工结算时执行的是同一个定额，因此工程造价只进行人工、材料的价差调整。

土建工程造价计算　　　　　　　　　　　　　　　　表 5 - 14

工程名称：熔化工段　　结构类型：排架　　建筑面积：5207.89m²

序号	费用项目	计算公式	费率或调差系数（%）	金额（元）	备注
一	直接费			17513222.00	
	其中：1. 人工费			1907189.88	人工单价19.5 元/工日
	2. 机械费			978989.11	
	3. 人、机小计	1 + 2		2886178.99	
二	施工技术措施费				
	其中：4. 人工费			0	
	5. 机械费			0	
	6. 人、机小计	4 + 5		0	
三	施工组织措施费	(3 + 6) × 费率	7.45	215020.33	
	其中：环境保护费	(3 + 6) × 费率	0.15	4329.27	
	文明施工费	(3 + 6) × 费率	0.7	20203.25	
	安全施工费	(3 + 6) × 费率	0.5	14430.89	
	临时设施费	(3 + 6) × 费率	4.8	138536.59	
	夜间施工照明费	(3 + 6) × 费率	0.1	2886.18	
	材料二次搬运费	(3 + 6) × 费率	1.1	31747.97	
	已完工程及设备保护费	(3 + 6) × 费率	0.1	2886.18	

续表

序号	费用项目	计算公式	费率或调差系数（%）	金额（元）	备注
四	综合费用	(3+6)×费率	35	1010162.64	
	其中：企业管理费	(3+6)×费率	21	606097.59	
	利润	(3+6)×费率	14	404065.06	
五	调价			4646703.24	
	其中：7. 人工调价	1×调差系数	61.5385	1173656.04	人工调价=(31.5−19.5)÷19.5=61.5385%
	8. 材料调价	表5−15		3473047.20	
六	规费	（一+四）	4.358	807249.10	
七	税金	（一+二+三+四+五+六）×费率	3.448	834152.48	
八	建筑、装修工程造价	一+二+三+四+五+六+七		25026510.00	

材料调价 表5−15

钢材调价	单位	数量	定额单价	市场单价	差价	合价
钢筋（φ10内圆钢）	t	113.3884	2139.96	3743.00	1603.04	181766.00
钢筋（φ10外螺纹钢）	t	566.7763	2176.68	3787.00	1610.32	912691.00
型钢	t	950.6470	2500	4000.00	1500.00	1425971.00
M32.5水泥	t		271.00	300.00	29.00	0.00
M42.5水泥	t	1201.3700	322.00	330.00	8.00	9611.00
砂	t	5702.8100	41.37	70.00	28.63	163271.00
石子	t	11907.5700	32.90	46.00	13.10	155989.00
砖	千块	78.8700	211.00	420.00	209.00	16484.00
木材	m³	220.0000	925.50	1200.00	274.50	60390.00
主材小计						2926173.00
其他材料						546874.20
合计						3473047.20

安装工程费用计算 表5−16

序号	费用项目	计算基数	费率（%）	金额（元）	备注
一	直接费			183187	
	其中：1. 人工费			10075.29	
二	施工技术措施费				
	其中：2. 人工费			0	
三	施工组织措施费	(1+2)×费率	10.27	1034.73	
	其中：环境保护费	(1+2)×费率	0.3	30.23	

续表

序号	费用项目	计算基数	费率（%）	金额（元）	备注
	文明施工费	（1+2）×费率	1.2	120.9	
	安全施工费	（1+2）×费率	1.2	120.9	
	临时设施费	（1+2）×费率	7.1	715.35	
	夜间施工照明费	（1+2）×费率	0.1	10.08	
	材料二次搬运费	（1+2）×费率	0.17	17.13	
	已完工程及设备保护费	（1+2）×费率	0.2	20.15	
四	综合费用	（1+2）×费率	35	3526.35	
	其中：企业管理费	（1+2）×费率	21	2115.81	
	利润	（1+2）×费率	14	1410.54	
五	调价			6200.18	
	其中：人工调价		61.54	6200.18	
	材料调价	一×费率	5	9159.35	
六	规费	（一+四）×费率	23.18	2335.45	
七	税金	（一+二+三+四+五+六）×费率	3.448	7083.68	
八	安装工程造价			212527.00	

熔化工段工程造价 = 25026510 + 212527 = 25239037 元

二、造价换算法及其应用

1. 造价换算法计算方法

造价换算法实际上就是重套定额法，按照原预结算项目工程量套用现行概预算定额估算房屋现行造价的一种房屋估价方法，实际上它是属于概预算法的另一种编制形式，一般适用于单体建筑的评估。当委估建筑建造期时过已久，概预算定额及其工程建筑造价至今已有较大变化，原竣工结算造价无法作为评估依据时，一般可以采用造价换算法。但是，必须在委估建筑各类技术资料齐全、原竣工结算资料完整的情况下采用此法，否则，不得使用。

造价换算的操作方法系按照原竣工结算书中已有的工程量、现行定额、人工、材料、机械的现行价格编制。人工费、材料费和机械费按评估基准日当地的造价信息价格进行调整；由于竣工签证的项目有时候较多，换算很烦琐，可以采用以下处理方法。

（1）合并项目计算

将竣工结算书中签证项目和原预算书相同项目进行工程量合并计算，挑选其中价值大的项目合并后套新定额计算直接费，其余次要项目按主体直接费的一定比例增加到换算的直接费价值中。

（2）原预算项目换价法

将原预算项目套用新定额做出工程直接费，竣工结算增加项目和变更项目按工程竣工结算书的签证价值和原工程预算价值的比例计算出价值，而后增加到新的预算价值中。

2. 造价换算法应用实例

【例 5 – 5】 有一个工程按原预算工程量套用现行定额计算直接工程费及各项取费（计算过程这里从略，但正规评估不能省略），计算出现行工程造价为 3678299 元。查原预算工程造价为 3597568 元，竣工结算价值为 3776387 元，则

$$签证和变更增加比例 = (3776387 - 3597568) \div 3597568$$
$$= 4.97\%$$
$$新工程造价 = 3678299 \times (1 + 4.97\%)$$
$$= 3861110 \text{ 元}$$

三、建安造价系数调整法的估价方法及其应用

1. 建安造价系数调整法计算方法

建安造价系数调整法在确定房屋建筑物重置价值计算过程中经常用到的调整系数通常有 3 个，即建安造价调整系数、前期和其他费用调整系数以及资金成本调整系数，其中建安造价调整系数系指在房屋建筑建造过程中所耗费的建造成本在不同建造时期的比例关系；前期和其他费用系数系指在房屋建筑建造过程中建造成本以外所耗费的前期和其他费用在不同建造时期的比例关系；资金成本调整系数系指资金成本率在不同建造时期的比例关系。在房屋建筑物估价计算中，通常采用这三个调整系数组合而成的建筑造价综合调整系数用以确定房屋建筑物最后的重置单价或重置价值。

建筑造价综合调整系数可以近似地按下列公式计算。

$$C = C_1 (1 + C_{q_1})(1 + C_{z_1}) / [(1 + C_{q_2})(1 + C_{z_2})]$$
$$J_c = J_z C$$

式中　C——建筑造价综合调整系数；

C_1——评估基准日时建安造价调整系数；

C_{q_1}——评估基准日时前期和其他费用系数；

C_{z_1}——评估基准日时资金成本率；

C_{q_2}——建筑物建造时期前期和其他费用系数；

C_{z_2}——建筑物建造时期资金成本率；

J_c——建筑重置价值或建筑每平方米重置价值；

J_z——建筑账面成本价值或建筑账面每平方米成本价值。

在房屋建筑评估中，仅用一个物价指数去调整账面价值计算建筑造价的方法是不科学的，是错误的。

2. 建安造价系数调整法应用实例

【例 5 – 6】 北京市某办公楼，砖混结构，6 层，层高 3.0m，砖条形基础，365mm 厚砖外墙，240mm 厚砖内墙，钢窗，包板木门，包门套，水磨石地面，外墙水刷石，内墙喷大白浆，每层设有普通卫生间，水、暖、电配套齐全，建筑面积 3058m²，竣工造价 2170409 元，1995 年 12 月竣工使用，评估基准日为 2008 年 12 月，现求评估基准日时每平方米重置价值。

经测定，评估基准日和房屋建造时每平方米造价相比调整系数为 155%，建造时期前期和其他费用率为 30.65%，当期资金成本率应为 10.5%；评估基准日时前期和其他费用率为 7.86%，资金成本按一年期均匀投入，资金成本率为 5.31% 的一半，即 2.655%，则

当时单方成本价 = 2170409 ÷ 3058 = 709.75 元/m²

建筑综合调价系数 = 155% × (1 + 7.68%) × (1 + 2.655%) ÷ [(1 + 30.65%) × (1 + 10.5%)]

= 1.1868

评估基准日时单方重置价值 = 709.75 × 1.1868

= 842.33 元/m²

重置价值 = 842.33 × 3058

= 2575845 元

四、建安造价调整系数确定方法

1. 建安造价调整系数确定方法

建安造价调整系数系由于物价上涨或下降所引起的不同建造时期房屋建造价格之间的比例关系，建安造价系数的测定也并非是一件简单的事情，至今也没有人能够做到，更谈不上准确地测定。原因很简单，因为房屋是由多种材料组成的实体，材料品种太多，测定工作无从下手，加之还有人工、机械费的调整，使得调整系数的测定更加复杂。目前大多数估价人员都是用物价通用指数进行房屋价格的调整，这是错误的，因为两者组价因素根本不同，自然差别很大；同时建筑工程也有建筑物和构筑物的区别，建筑物自身也有结构类别的区别，所以建立一个通用的房屋调差系数在应用上是不可行的。最好的办法是选择不同时期有代表性的各种类型的建筑物、构筑物编制预算进行比较，求得各个建设时期相应的调差系数；或者选择不同时期有代表性的各种类型的建筑物、构筑物的主要材料、人工、机械单价及其各自每平方米费用和现行定额费用进行比较，求得各个建设时期相应的造价调整系数。

首先选取一个测定对象，经核定财务账面记载的建筑面积正确，账面原值合理。根据财务账面原值通过分解，计算出工程造价和直接工程费，然后依次计算其他各类费用。为了更清楚地表达造价指数的测定过程和计算方法，下面采用例题形式进行说明。

2. 建安造价系数确定方法举例

【例 5 - 7】 某房屋建筑物框架结构，建筑面积 1356.60m²，2001 年 8 月竣工，账面原值 998911.33 元，经分解，账面原值中含各类摊销费 132056.08 元，工程造价 866855.25 元。评估基准日 2009 年 9 月 30 日，计算评估基准日时工程造价调整系数。

本例计算公式中使用的符号定义如下：

F_z——被测定对象原竣工结算直接工程费；

F_{dz}——被测定对象原竣工结算每平方米直接费；

B_r——人工费占工程直接费的比值；

B_c——材料费占工程直接费的比值；

B_j——机械费占工程直接费的比值；

R_y——被测定对象原竣工结算每平方米人工费；

C_y——被测定对象原竣工结算每平方米材料费；

J_y——被测定对象原竣工结算每平方米机械费；

R_{yd}——原定额平均工资单价；

R_{xd}——现行定额平均工资单价；

R——（现/原）定额工资比例系数；
R_x——被测定对象现行每平方米人工费；
L——被测定对象每平方米主要材料用量；
J_y——原市场材料单价；
J_x——现市场材料单价；
C_{zy}——原竣工结算每平方米主要材料价值；
C_{zx}——被测定对象现行每平方米主要材料价值；
C_l——（现/原）主要材料价值测定系数；
C_x——被测定对象现行每平方米材料费；
J_x——被测定对象现行每平方米机械费；
F_x——被测定对象现行每平方米直接工程费；
C_z——（现/原）直接工程费比例系数；
Q_y——原定额对应的施工取费；
Q_x——现行定额对应的施工取费；
Z_y——原定额对应的建安造价和直接费的比例系数；
Z_x——现行定额对应的建安造价和直接费的比例系数；
C_q——（现/原）建安造价比例系数；
C——现行建安造价综合调整系数。

(1) 直接工程费的确定

经测定，当时施工取费率为 21.85%，则被测定对象原竣工结算直接工程费（F_z）应为

$$F_z = 866855.25 \div (1 + 21.85\%)$$
$$= 711411.78 \text{ 元}$$

被测定对象原竣工结算每平方米直接费（F_{dz}）应为

$$F_{dz} = F_z / S$$
$$= 711411.78 \div 1356.60$$
$$= 524.41 \text{ 元/m}^2$$

(2) 每平方米直接工程费组成费用计算

每平方米直接工程费的组成比例系数分别设定为：人工费（B_r）占工程直接费的比值一般为 10%~18%，现取值 12%；材料费（B_c）占工程直接费的比值一般为 85%~77%，现取值 83%；机械费（B_j）占工程直接费的比值一般为 5%。

被测定对象原竣工结算每平方米人工费（R_y）应为

$$R_y = F_{dz} B_r$$
$$= 524.41 \times 12\% = 62.93 \text{ 元/m}^2$$

被测定对象原竣工结算每平方米材料费（C_y）应为

$$C_y = F_{dz} B_c$$
$$= 524.41 \times 83\%$$
$$= 435.26 \text{ 元/m}^2$$

被测定对象原竣工结算每平方米机械费（J_y）应为

$$J_y = F_{dz}B_j$$
$$= 524.41 \times 5\%$$
$$= 26.22 \text{ 元/m}^2$$

(3) 现行每平方米直接费计算

1) 现行每平方米人工费计算

原定额平均工资单价（R_{yd}）为 16.5 元/工日，现行定额平均工资单价（R_{xd}）为 26 元/工日，（现/原）定额工资比例系数（R）应为

$$R = R_{xd}/R_{yd}$$
$$= 26/16.5$$
$$= 1.5758$$

被测定对象现行每平方米人工费（R_x）为

$$R_x = R_y R$$
$$= 62.93 \times 1.5758$$
$$= 99.16 \text{ 元/m}^2$$

2) 每平方米材料费计算

每平方米材料费可以取钢筋、水泥、砂、石子、砖、木材等六种主要材料进行测定，其他材料及外购构件可以按主要材料的百分比计算，一般可以按 45%~55% 计取，本例取值 52%。

被测定对象竣工结算每平方米主要材料用量（L），按被测定对象竣工结算表的数量确定；原市场材料单价（J_y），查找确定；现市场材料单价（J_x），查找确定。

被测定对象原竣工结算每平方米主要材料价值（C_{zy}）计算公式为

$$C_{zy} = \Sigma(LJ_y)$$

被测定对象现行每平方米主要材料价值（C_{zx}）计算公式为

$$C_{zx} = \Sigma(LJ_x)$$

注：材料单价都是按照当时市场价格进行竣工结算的，不能采用定额价格。

被测定对象每平方米材料价值测定按表 5-17 的形式和内容进行计算。

每平方米材料价值测定　　　　　　　　　　　　表 5-17
建筑面积：1356.60m²

钢材名称	单位	预竣工结算用量	每百平方米用量	原市场材料单价（J_y）	合价（C_{zy}）	现行市场材料单价（J_x）	合价（C_{zx}）	备注
钢筋（φ10 内圆钢）	t	14.68	1.08	3139.96	3391.16	4150	4482	
钢筋（φ10 外螺纹钢）	t	36.92	2.65	3176.68	8418.20	4150	10997.5	
M32.5 水泥	t	129.57	9.55	240.00	2292.00	290	2769.5	
M42.5 水泥	t	221.78	16.35	275.00	4496.25	310	5068.5	
砂	t	895.30	66.00	20.00	1320.00	32	2112	
石子	t	474.78	35.00	23.00	805.00	55	1925	
黏土砖	千块	358.10	26.40	235.00	6204.00	262	6916.8	
木材	m³	20.36	1.5	970.00	1455.00	1300	1950	

续表

钢材名称	单位	预竣工结算用量	每百平方米用量	原市场材料单价(J_y)	合价(C_{zy})	现行市场材料单价(J_x)	合价(C_{zx})	备注
合价					28381.61		36221.30	
其他材料及外购构件、半成品	52%				14758.44		18835.08	
每百平方米材料价值					43140.05		55056.38	
每平方米材料价值					431.40		550.56	

根据测定，每平方米建筑面积按原市场材料价格计算的材料价值为

$$C_{zy} = 431.40 \; 元/m^2$$

按评估基准日市场材料价格计算的材料价值为

$$C_{zx} = 550.56 \; 元/m^2$$

（现/原）主要材料价值测定系数（C_1）

$$C_1 = C_{zx}/C_{zy}$$
$$= 550.56 \div 431.40$$
$$= 1.2762$$

被测定对象现行每平方米材料价值应为

$$C_x = C_y C_1$$
$$= 435.26 \times 1.2762$$
$$= 555.48 \; 元/m^2$$

注：现行每平方米材料价值（C_x）550.56 元/m^2 为测定值，在误差不大的情况下，计算值可以按设定值 555.48 元/m^2 计取，否则要重新调整三项费用的比例系数。

3）现行每平方米机械费价值计算

被测定对象现行单方机械费价值（J_x）

设定机械费占直接工程费的5%，则

$$J_x = (R_x + C_x)/(1 - 0.05) \times 0.05$$
$$= (99.16 + 555.48) \div 0.95 \times 0.05$$
$$= 34.45 \; 元/m^2$$

4）现行每平方米直接工程费（F_x）计算

被测定对象现行每平方米直接工程费应为

$$F_x = R_x + C_x + J_x$$
$$= 99.16 + 555.48 + 34.45$$
$$= 689.09 \; 元/m^2$$

5）直接工程费比例系数

（现/原）直接工程费比例系数（C_z）

$$C_z = F_x/F_y$$
$$= 689.09/524.41$$
$$= 1.3140$$

计算表明，直接工程费增长了 31.40%。

(4) 建安造价调整系数确定

原定额对应的施工取费（Q_y），查当时取费标准，经测算施工取费为 114.58 元/m²，即 Q_y = 114.58 元/m²（测算过程从略）；

现行定额对应的施工取费（Q_x），查现行取费标准，经测算施工取费为 169.84 元/m²，即 Q_x = 169.84 元/m²（测算过程从略）。

原定额对应的造价和直接费的比例系数（Z_y），即原定额的每平方米造价和原定额每平方米直接工程费之比，即

$$\begin{aligned} Z_y &= (F_y + Q_y)/F_y \\ &= (524.41 + 114.58) \div 524.41 \\ &= 1.2185 \end{aligned}$$

现行定额对应的造价和直接费的比例系数（Z_x），即现定额每平方米造价和现定额每平方米直接工程费之比，即

$$\begin{aligned} Z_x &= (F_x + Q_x)/F_x \\ &= (689.09 + 169.84) \div 689.09 = 1.2465 \end{aligned}$$

（现/原）定额造价的比例系数（C_q）为

$$\begin{aligned} C_q &= Z_x/Z_y \\ &= 1.2465/1.2185 = 1.0230 \end{aligned}$$

现行建安造价综合调整系数（C）为

$$\begin{aligned} C &= C_z C_q \\ &= 1.3140 \times 1.0230 = 1.3442 \end{aligned}$$

经测算，评估基准日和账面日期之间建筑框架结构的建安造价系数为 1.3442。其原每平方米造价和评估基准日每平方米造价应为

原每平方米造价（Z_{jy}）

$$\begin{aligned} Z_{jy} &= F_y + Q_y \\ &= 524.41 + 114.58 \\ &= 638.99 \text{ 元/m}^2 \end{aligned}$$

评估基准日每平方米造价（Z_{jx}）

$$\begin{aligned} Z_{jx} &= F_x + Q_x \\ &= 689.09 + 169.84 \\ &= 858.93 \text{ 元/m}^2 \end{aligned}$$

3. 建安造价系数调整法使用要点分析

(1) 建安造价系数调整法应用分析

建安造价系数调整法系按照账面原值乘以建安造价综合调整系数估算房屋现行重置价值的一种房屋估价方法，它一般适用于群体建筑的评估，也可用于单体建筑的评估，但评估的可靠性较差。运用该方法进行房屋估价计算有两个关键因素，即账面原值和采用的调整系数，只有在账面原值正确、采用的调整系数准确的前提下，这样计算的结果才能准确可靠。在一个群体房屋建筑评估中，由于评估项目数量多，建造年代各不一样，账面值组

成复杂,所以账面值的正确性难以考核。同时,准确的建安造价调整系数亦不易取得,在以往的评估中,采用此法曾出现过某些项目重置值太大或过小,有的房屋每平方米造价达万元以上,失去了评估的真实性。问题不在于所用的方法,而是很多项目账面值缺乏可靠性,有的调整系数不准确所致。比如有些项目账面值本来就高得离谱,再用物价系数去调,越调越高;而有的项目账面折旧后的净值只有很少一点价值,用十几倍系数调整都不行,结果估算房屋的每平方米造价只有二三百元,在任何地方这个造价都无法造出房子。在群体项目的评估中,应避免使用建安造价系数调整法。

在不得已的情况必须采用建安造价系数调整法进行房屋估价时,应认真审核账面原值及造价调整系数的正确性,只有在两个因素相关关系符合评估要求的情况下,才能使用此法进行房屋重置价值计算。

(2) 前期和其他费用应用分析

前期和其他费用系数也是一个复合项目组成系数,前期和其他费用是从1992年开始执行的,在这之前基本建设没有这项费用,因此1992年1月1日之前这项系数很小,仅有建设管理费、设计费、勘察设计费等,没有政府收取的税费。1992年以后前期和其他费用费率项目明显增多,各地区根据本地区的具体情况制定标准,标准高低区别较大,北京最高在50%以上,其他地区在35%左右。这项费用和建筑物用途有很大关系,主要区别在投资方向调节税的计取标准,当时规定经营性房地产,如商业、宾馆、写字楼、别墅、礼堂等税率为投资额的30%,住宅税率为5%,更新改造税率为10%,其余税率为15%,包括自用办公用房、食堂、医院、学校等。从1997年下半年开始取消了这项费用,后来又取消了城市建设维护费,最近又取消了技术监督费,还有其他政府收费被取消。总之,每个时期的前期和其他费用综合费率是不一样的,而且是在逐渐减少,正好和物价上涨相反。因此必须要考虑这个房屋价值负增长因素。以北京为例,前期和其他费用率最高时为51%,而现在为7%~9%,比1992~1997年减少了40%以上,这是一个不小的数额,必须认真考虑。前期和其他费用系数应根据不同建设年代的取费规定单独测定。

(3) 资金成本应用分析

目前资金成本都是以贷款利息来表示的。在1992年之前没有前期和其他费用,也没有贷款利息的规定。1992年之后,资产评估中的贷款利息是和前期和其他费用同时计取的,当时国家银行一年期贷款利率最高为11%左右,私家银行更高,现在中国人民银行公布的贷款利率为5.31%,减少了一半。由此,贷款利息对各个建设期的房屋建筑建造价值影响较大,而且是房屋价值的负影响关系,必须重视。在系数调整法的计算方法中,资金成本必须分不同时期分别计算,资金成本的对比系数应当以各个贷款期的贷款利率进行比较确定。

(4) 建安造价综合调整系数使用要点

在使用建安造价系数调整法进行房屋造价评估时,应注意造价调整系数的类别,要选择和委估项目相对应类别的造价调整系数作为评估计算的依据。一般情况,造价调整系数按结构类型划分,可分为钢筋混凝土框架、钢筋混凝土排架、砖混、砖木等结构以及其他结构建安造价综合调整系数,构筑物可以分为钢筋混凝土结构、砖结构、其他结构,分别制定建安造价综合调整系数，应用时可按其相应结构类型选择调整系数。特别指出，国家有关部门公布的物价指数及环比指数、清产核资采用的固定资产调整指数都不能用于资产评估。因为这些指数是国家用于统计物价涨幅或跌幅的一个指标，综合范围太广，概念含糊，没有针对性；同时按建筑物用途划分造价系数也是错误的，例如仓库、医院、办公楼、住宅、锅炉房、车间等不同用途的造价系数是无法共用的，因为房屋造价只与结构构造有关，而与用途无关。

特别指出，重置价值的增长率和同期建筑造价增长率是不相等的，因为当前期和其他费用率或资金成本率大幅度减少时，不同程度影响建筑重置价值的提高，有可能还会致使建筑重置价值的降低。

五、总结

确定房屋重置成本建造价值的评估方法大致有以上几种方法，其中不可行的有两种，一种是造价系数调整法，一种是概算指标法。其他方法在房屋估价的应用中分具体情况选用。房屋建筑主要评估方法应当是房屋类比法，只有主要建筑物评估项目和基准每平方米造价的对比标准采用概预算法或概预算调整法计算房屋造价或每平方米造价外，其余大多数评估项目仍然采用基准每平方米造价比较法去求取房屋造价。不过，在房屋建筑估价中，概预算法是一切评估方法的基本方法，它和每平方米造价比较法同样非常重要。每平方米造价比较法和基准每平方米造价比较法将在第六章介绍。

第六节　在建工程项目成本法评估

一、房屋建筑在建工程的含义和类别

1. 房屋建筑在建工程的含义

房屋建筑在建工程系指房屋建筑包括房屋及室外构筑物中经过建设已经完成部分分部分项工程项目或虽然完成全部工程项目而没有转为固定资产的工程项目。

2. 在建工程评估的费用类别

资产评估在建工程的价值系指在建工程项目在建设过程中所发生的实际成本费用，包括工程进度支付费用（俗称工程进度款）、前期待摊费用、贷款利息三类，其中工程进度支付费用按照概预算的费用组成已包括工程直接费和建筑工程的法定取费。其中工程进度支付费用属于房屋建筑专业的评估范围，前期及其他费用属于流动资产评估范围，由财务评估人员评估作价，但贷款利息应跟随在建工程评估项目的工程费用一并计算。

二、在建工程估价准备工作

1. 在建工程报表

在建工程评估作价需要资产占有单位提供下列报表：

（1）在建工程项目在评估基准日的工程进度报表；

（2）建设单位向施工单位支付工程款的财务凭证；

（3）在建工程——土建工程清查评估明细表，如表 5-18 所示。

在建工程——土建工程清查评估明细

评估基准日　　年　月　日

资产占有单位：　　　　　　　单位：元　　　表 5-18

序号	项目名称	开工日期	预计完工日期	概预算价值	完成形象进度（%）	付款比例（%）	已付工程款价值	评估价值	增值率（%）	备注
1										
2										
…										

2. 收集在建工程的概预算价值依据资料

由资产占有单位向评估人员提供主要工程的概预算书或在建工程评估明细表列示的概预算价值依据资料。这是在建工程项目评估的重要依据资料，资产占有单位必须提供，评估机构无法负责编制。

3. 资产占有单位应提供下列法定性文件资料

（1）有效的土地使用证；
（2）土地规划许可证；
（3）房屋建筑规划许可证；
（4）建设工程项目的开工报告。

4. 资产占有单位应提供下列技术性文件资料

（1）重要工程的主要施工图纸；
（2）地基土质进行加固处理的技术资料；
（3）已完成的分部分项工程项目的质量验收报告；
（4）重大技术变更洽商资料；
（5）重要工程项目的施工技术方案。

5. 现场勘察

（1）核查评估基准日的形象进度是否和在建工程评估明细表相符，由于评估基准日是在评估报表之后，因此现场勘察的形象进度应大于或等于报表的对应数据；
（2）勘察在建工程项目已完工结构和装修项目的实际状况。

三、在建工程评估方法

房屋建筑在建工程的评估应采用成本法。房屋建筑物在建工程应根据已完成的形象进度进行计算价值。在建工程项目可分为建设项目已完成部分工程项目和完成全部工程项目而没有转为固定资产两种情况。根据在建工程形象进度的不同选用不同的评估方法。

1. 建设项目已完成部分工程项目

建设项目已完成部分工程项目的情况通常按照工程概预算价值乘以完成形象进度的百分比进行价值计算。计算公式为：

在建工程项目已完成价值 = 分项工程概预算价值 × 已完成形象进度百分比 ×（1 + 贷款利率）

注：在建工程项目的前期和其他费用应按已发生的实际待摊费用计算。实际发生的待摊费用不得超过按现行规定计算的待摊费用总值，超过部分不得计算。

2. 完成全部工程项目

如果已完成全部工程的工作量，经质量检验合格而没有转为固定资产的工程项目，应按固定资产的评估方法进行估价。

附录一 国家颁布的部分前期费用取费标准

1. 建设单位管理费表　　　　　　　　　　　表 5-19
2. 建设单位咨询服务费表　　　　　　　　　表 5-20
3. 工程勘察设计费表　　　　　　　　　　　表 5-21
4. 施工监理服务收费表
（1）施工监理服务收费基价表　　　　　　表 5-22
（2）施工监理收费复杂程度调整系数表　　表 5-23
（3）施工监理收费高程调整系数表　　　　表 5-24
（4）施工监理服务收费专业调整系数表　　表 5-25
（5）施工监理服务收费综合调整系数表　　表 5-26
5. 环境影响咨询服务费表　　　　　　　　　表 5-27
6. 招标代理服务费表　　　　　　　　　　　表 5-28
7. 新型墙体材料专项基金征收和使用管理办法标准

附表

1. 建设单位管理费表

建设单位管理费表如表 5-19 所示。

建设单位管理费（单位：万元）　　　　　　表 5-19

工程总投资	费表率（%）	工程总投资	建设单位管理费
1000 以下	1.5	1000	1000×1.5%=15
1001~5000	1.2	5000	15+(5000—1000)×1.2%=63
5001~10000	1.0	10000	63+(10000—5000)×1%=113
10001~50000	0.8	50000	113+(50000—10000)×0.8%=433
50001~100000	0.5	100000	433+(100000—50000)×0.5%=683
100001~200000	0.2	200000	683+(200000—100000)×0.2%=883
200000 以上	0.1	280000	883+(280000—200000)×0.1%=963

注：摘自财政部财建 [2002] 394 号。

计算方法：按建设项目估算投资额分档收费标准计算。

2. 建设单位咨询服务费表

建设单位咨询服务费表如表 5-20 所示。

建设单位咨询服务费　　　　　　　　　　　表 5-20

咨询评估项目	估算投资额（万元）						
	1000 以下	1000~3000	3000~10000	10000~50000	50000~100000	100000~500000	500000 以上
编制项目建议书	1.5~2.5	2.5~6	6~14	14~37	37~55	55~100	100~125

续表

咨询评估项目	估算投资额（万元）						
	1000 以下	1000~3000	3000~10000	10000~50000	50000~100000	100000~500000	500000 以上
编制可行性研究报告	3~5	5~12	12~28	28~75	75~110	110~200	200~250
评估项目建议书	0.8~1.7	1.7~4	4~8	8~12	12~15	15~17	17~20
评估可行性研究报告	1.4~2.4	2.4~5	5~10	10~15	15~20	20~25	25~35

使用说明：1. 建设项目估算投资额是指项目建议书或可行性报告的估算投资额。
    2. 建设项目的具体收费标准，根据估算投资额在相对应的区间内用插入法计算。
    3. 根据行业特点和各行业内部不同类别工程的复杂程度，计算咨询费表用时可分别乘以行业调整系数和工程复杂程度调整系数（详见原国家计委计价格［1999］1283 号）。

注：摘自原国家计委计价格［1999］1283 号。

计算方法：按建设项目估算投资额分档收费标准计算。

3. 工程勘察设计费表

工程勘察设计费表如表 5-21 所示。

工程勘察设计费（单位：万元）　　　表 5-21

取费基数 （工程费+联合试运转费）	费率（％）	备注
200	9.0	
500	20.9	
1000	38.8	
3000	103.8	
5000	163.9	（1）计算额处于两个数值区间的采用直线内插法确定。 （2）施工图预算按设计费的 10% 计算。 （3）竣工图按设计费的 8% 计算。 （4）具体项目应按原国家计委、建设部计价格［2002］10 号的有关规定计算。
8000	249.6	
10000	304.8	
20000	566.8	
40000	1054.0	
60000	1515.2	
80000	1960.1	
100000	2393.4	
200000	4450.8	

注：摘自原国家计委、建设部计价格［2002］10 号。

计算方法：按建设项目估算投资额分档收费标准计算。

4. 施工监理服务收费表

施工监理服务收费相关表格，如表 5-22~表 5-26 所示。表格摘自国家发展和改革委员会、原建设部发改价格［2007］670 号。

（1）施工监理服务收费基价表

施工监理服务收费基价表如表 5-22 所示。

施工监理服务收费基价 表5-22

序号	计费额（万元）	收费基价（万元）	收费基价系数（%）
1	500	16.50	3.3000
2	1000	30.10	3.0100
3	3000	78.10	2.6033
4	5000	120.80	2.4160
5	8000	181.00	2.2625
6	10000	218.60	2.1860
7	20000	393.40	1.9670
8	40000	708.20	1.7705
9	60000	991.40	1.6523
10	80000	1255.80	1.5698
11	100000	1507.00	1.5070
12	200000	2712.50	1.3563
13	400000	4882.60	1.2207
14	600000	6835.60	1.1393
15	800000	8658.40	1.0823
16	1000000	10390.10	1.0390

注：1. 收费基价系数=收费基价/计费额。
2. 计费额大于1000000万元的，以计费额乘以1.039%的收费率计算。
3. 计费额和收费基价系数处于两个数值区间的，采用直线内插法确定施工监理服务收费基价和施工监理服务收费基价系数。

（2）施工监理收费复杂程度调整系数表

施工监理收费复杂程度调整系数表如表5-23所示。

施工监理收费复杂程度调整系数 表5-23

复杂程度级别	状况	调整系数
Ⅰ级	一般	0.85
Ⅱ级	较复杂	1.00
Ⅲ级	复杂	1.10

计算施工监理服务收费时，工程复杂程度在文件相应章节的《工程复杂程度表》中查找确定。详见《建设工程监理与相关服务收费管理规定》（发改价格［2007］670号）。

（3）施工监理收费高程调整系数表

施工监理收费高程调整系数表如表5-24所示。

施工监理收费高程调整系数 表5-24

序号	海拔高程（m）	调整系数
1	2001以下	1
2	2001~3000	1.1

续表

序号	海拔高程（m）	调整系数
3	3001~3500	1.2
4	3501~4000	1.3

海拔高程4001m以上的，高程调整系数由发包人和监理人协商确定。

（4）施工监理服务收费专业调整系数表

施工监理服务收费专业调整系数表如表5-25所示。

施工监理服务收费专业调整系数　　　　表5-25

工程类型	专业调整系数
1. 矿山采选工程	
黑色、有色、黄金、化学、非金属及其他矿采选工程	0.9
选煤及其他煤炭工程	1.0
矿井工程、铀矿采选工程	1.1
2. 加工冶炼工程	
冶炼工程	0.9
船舶水工工程	1.0
各类加工工程	1.0
核加工工程	1.2
3. 石油化工工程	
石油化工	0.9
化工、石化、化纤、医药工程	1.0
核化工工程	1.2
4. 水利电力工程	
风力发电、其他水利工程	0.9
火电工程、送变电工程	1.0
核能、水电、水库工程	1.2
5. 交通运输工程	
机场道路、助航灯光工程	0.9
铁路、公路、城市道路、轻轨及机场空管工程	1.0
水运、地铁、桥梁、隧道、索道工程	1.1
6. 建筑市政工程	
园林绿化工程	0.8
建筑、人防、市政公用工程	1.0
邮电、电信、广播电视工程	1.0
7. 农业林业工程	
农业工程	0.9
林业工程	0.9

（5）施工监理服务收费综合调整系数表

施工监理服务收费综合调整系数表如表5-26所示。

施工监理服务收费综合调整系数 表 5–26

专业类型	专业调整系数	高程调整系数		复杂程度调整系数		
				Ⅰ级	Ⅱ级	Ⅲ级
		高度	调整系数	0.85	1.00	1.10
				综合调整系数		
园林绿化工程	0.8	2001 以下	1.0	0.6800	0.8000	0.8800
		2001~3000	1.1	0.7480	0.8800	0.9680
		3001~3500	1.2	0.8160	0.9600	1.0560
		3501~4000	1.3	0.8840	1.0400	1.1440
黑色、有色、黄金、化学、非金属及其他矿采选工程；冶炼工程；石油化工工程；风力发电、其他水利工程；机场道路、助航灯光工程；农业工程；林业工程	0.9	2001 以下	1.0	0.7650	0.9000	0.9900
		2001~3000	1.1	0.8415	0.9900	1.0890
		3001~3500	1.2	0.9180	1.0800	1.1880
		3501~4000	1.3	0.9945	1.1700	1.2870
船舶水工工程；各类加工工程；化工、石化、化纤、医药工程；火电工程、送变电工程；铁路、公路、城市道路、轻轨及机场空管工程；建筑、人防、市政公用工程；邮电、电信、广播电视工程	1.0	2001 以下	1.0	0.8500	1.0000	1.1000
		2001~3000	1.1	0.9350	1.1000	1.2100
		3001~3500	1.2	1.0200	1.2000	1.3200
		3501~4000	1.3	1.1050	1.3000	1.4300
矿井工程、铀矿采选工程；水运、地铁、桥梁、隧道、索道工程	1.1	2001 以下	1.0	0.9350	1.1000	1.2100
		2001~3000	1.1	1.0285	1.2100	1.3310
		3001~3500	1.2	1.1220	1.3200	1.4520
		3501~4000	1.3	1.2155	1.4300	1.5730
核加工工程；核化工工程；核能、水电、水库工程	1.2	2001 以下	1.0	1.0200	1.2000	1.3200
		2001~3000	1.1	1.1220	1.3200	1.4520
		3001~3500	1.2	1.2240	1.4400	1.5840
		3501~4000	1.3	1.3260	1.5600	1.7160

施工监理服务收费基准价 = 施工监理服务收费基价 × 施工监理服务收费综合调整系数
施工监理服务收费综合调整系数 = 专业调整系数 × 工程复杂程度调整系数 × 高程调整系数
施工监理服务收费系数 = 施工监理服务收费基价系数 × 施工监理服务收费综合调整系数

例如，有一矿井工程，资产额 8500 万元，复杂程度Ⅱ级，海拔 1880m，计算施工监理服务收费系数。

建设投资额 8500 万元是在建设投资额 8000 万元和 10000 万之间，施工监理服务基价收费系数也应在 8000 万元和 1000 万元之间，投资额 8500 万元的施工监理服务基价收费系数一般采用插入法进行计算。

根据表 5–22，查到投资额 8000 万元的施工监理服务基价收费系数为 2.2625，投资额 10000 万的施工监理服务基价收费系数为 2.1860，则 8500 万元的施工监理服务基价收费系数计算如下：

$$施工监理服务基价收费系数 = 2.2625\% + (2.1860\% - 2.2625\%) \div (10000 - 8000) \times (10000 - 8500) = 2.2051\%$$

专业调整系数为 1.1，高程调整系数为 1.0，复杂程度调整系数为 1.0，查表求得综合调整系数为 1.1

施工监理服务收费系数 = 2.2051% × 1.1 = 2.4256%

5. 环境影响咨询服务费表

环境影响咨询服务费表如表 5-27 所示。

环境影响咨询服务费　　　　　　　表 5-27

咨询服务项目	估算投资额（万元）			
	3000 以下	3000~20000	20000~100000	100000~500000
编制环境影响报告表	1~2	2~4	4~7	7 以上
环境影响报告书（含大纲）	5~6	6~15	15~35	35~75
评估环境影响报告表	0.5~0.8	0.8~1.5	1.5~2	2 以上
环境影响报告书（含大纲）	0.8~1.5	1.5~3	3~7	7~9

注：摘自原国家计委、国家环保总局计价格 [2002] 125 号。

计算方法：按建设项目估算投资额收费标准计算。

6. 招标代理服务费表

招标代理服务费表如表 5-28 所示。

招标代理服务费　　　　　　　表 5-28

项目投资额（万元）	货物招标（%）	服务招标（%）	工程招标（%）	备注
100 万元以下	1.50	1.50	1.00	招标代理服务收费由建设单位和施工单位共同负担的，收费标准适当调整
100~500 万元	1.10	0.80	0.70	
500~1000 万元	0.80	0.45	0.55	
1000~5000 万元	0.50	0.25	0.35	
5000~10000 万元	0.25	0.10	0.20	
10000~100000 万元	0.05	0.05	0.05	
>100000 万元	0.01	0.01	0.01	

注：摘自原国家计委计价格 [2002] 1980 号。

计算方法：按工程费用差额定率累进计费。

7. 新型墙体材料专项基金征收和使用管理办法标准

（摘自《新型墙体材料专项基金征收和使用管理办法》财政部财综 [2002] 55 号）

第六条 未使用新型墙体材料的建筑工程，由建设单位在工程开工前，按照工程概算确定的建筑面积以及最高不超过每平方米 8 元的标准预缴新型墙体材料专项基金。在主体工程竣工后 30 日内，凭有关部门批准的工程决算以及购进新型墙体材料原始凭证等资料，经地方财政部门和原预收新型墙体材料专项基金的墙体材料革新办公室核实无误后，办理新型墙体材料专项基金清算手续，实行多退少补。新型墙体材料专项基金不得向施工单位重复收取，也不得在墙体材料销售环节征收，严禁在新型墙体材料专项基金外加收任何名目的保证金或押金。

新型墙体材料专项基金的具体征收标准，由各省、自治区、直辖市财政部门会同同级新型墙体材料行政主管部门依照本条规定，结合本地实际情况以及建设单位承受能力制定，报经同级人民政府批准执行。

附录二 建设工程监理与相关服务收费管理规定

（发改价格〔2007〕670号）

国家发展和改革委员会
建 设 部 文件

发改价格〔2007〕670号

国家发展改革委、建设部关于印发《建设工程监理与相关服务收费管理规定》的通知
国务院有关部门，各省、自治区、直辖市发展改革委、物价局、建设厅（委）：

为规范建设工程监理及相关服务收费行为，维护委托双方合法权益，促进工程监理行业健康发展，我们制定了《建设工程监理与相关服务收费管理规定》，现印发给你们，自2007年5月1日起执行。原国家物价局、建设部下发的《关于发布工程建设监理费有关规定的通知》（〔1992〕价费字479号）自本规定生效之日起废止。

附：建设工程监理与相关服务收费管理规定

国家发展改革委
建 设 部
二〇〇七年三月三十日

建设工程监理与相关服务收费管理规定

第一条　为规范建设工程监理与相关服务收费行为，维护发包人和监理人的合法权益，根据《中华人民共和国价格法》及有关法律、法规，制定本规定。

第二条　建设工程监理与相关服务，应当遵循公开、公平、公正、自愿和诚实信用的原则。依法须招标的建设工程，应通过招标方式确定监理人。监理服务招标应优先考虑监理单位的资信程度、监理方案的优劣等技术因素。

第三条　发包人和监理人应当遵守国家有关价格法律法规的规定，接受政府价格主管部门的监督、管理。

第四条　建设工程监理与相关服务收费根据建设项目性质不同情况，分别实行政府指导价或市场调节价。依法必须实行监理的建设工程施工阶段的监理收费实行政府指导价；其他建设工程施工阶段的监理收费和其他阶段的监理与相关服务收费实行市场调节价。

第五条　实行政府指导价的建设工程施工阶段监理收费，其基准价根据《建设工程监理与相关服务收费标准》计算，浮动幅度为上下20%。发包人和监理人应当根据建设项目的实际情况在规定的浮动幅度内协商确定收费额。实行市场调节价的建设工程监理与相关服务收费，由发包人和监理人协商确定收费额。

第六条　建设工程监理与相关服务收费，应当体现优质优价的原则。在保证工程质量的前提下，由于监理人提供的监理与相关服务节省投资，缩短工期，取得显著经济效益的，发包人可根据合同约定奖励监理人。

第七条　监理人应当按照《关于商品和服务实行明码标价的规定》，告知发包人有关服务项目、服务内容、服务质量、收费依据，以及收费标准。

第八条　建设工程监理与相关服务的内容、质量要求和相应的收费金额以及支付方式，由发包人和监理人在监理与相关服务合同中约定。

第九条　监理人提供的监理与相关服务，应当符合国家有关法律、法规和标准规范，满足合同约定的服务内容和质量等要求。监理人不得违反标准规范规定或合同约定，通过降低服务质量、减少服务内容等手段进行恶性竞争，扰乱正常市场秩序。

第十条　由于非监理人原因造成建设工程监理与相关服务工作量增加或减少的，发包人应当按合同约定与监理人协商另行支付或扣减相应的监理与相关服务费用。

第十一条　由于监理人原因造成监理与相关服务工作量增加的，发包人不另行支付监理与相关服务费用。

监理人提供的监理与相关服务不符合国家有关法律、法规和标准规范的，提供的监理服务人员、执业水平和服务时间未达到监理工作要求的，不能满足合同约定的服务内容和质量等要求，发包人可按合同约定扣减相应的监理与相关服务费用。

由于监理人工作失误给发包人造成经济损失的，监理人应当按照合同约定依法承担相应赔偿责任。

第十二条　违反本规定和国家有关价格法律、法规规定的，由政府价格主管部门依据《中华人民共和国价格法》、《价格违法行为行政处罚规定》予以处罚。

第十三条　本规定及所附《建设工程监理与相关服务收费标准》，由国家发展改革委会同建设部负责解释。

第十四条　本规定自 2007 年 5 月 1 日起施行，规定生效之日前已签订服务合同及在建项目的相关收费不再调整。原国家物价局与建设部联合发布的《关于发布工程建设监理费有关规定的通知》（［1992］价费字 479 号）同时废止。国务院有关部门以及各地制定的相关规定与本规定相抵触的，以本规定为准。

附件：建设工程监理与相关服务收费标准

附件：

建设工程监理与相关服务收费标准

1　总　则

1.0.1　建设工程监理与相关服务是指监理人接受发包人的委托，提供建设工程施工阶段的质量、进度、费用控制管理和安全生产监督管理、合同、信息等方面协调管理服务，以及勘察、设计、保修等阶段的相关服务。各阶段的工作内容见《建设工程监理与相关服务的主要工作内容》（附表一）。

1.0.2　建设工程监理与相关服务收费包括建设工程施工阶段的工程监理（以下简称"施工监理"）服务收费和勘察、设计、保修等阶段的相关服务（以下简称"其他阶段的相关服务"）收费。

1.0.3　铁路、水运、公路、水电、水库工程的施工监理服务收费按建筑安装工程费分档定额计费方式计算收费。其他工程的施工监理服务收费按照建设项目工程概算投资额分档定额计费方式计算收费。

1.0.4　其他阶段的相关服务收费一般按相关服务工作所需工日和《建设工程监理与

相关服务人员人工日费用标准》(附表四)收费。

1.0.5 施工监理服务收费按照下列公式计算:
(1) 施工监理服务收费＝施工监理服务收费基准价×(1±浮动幅度值)
(2) 施工监理服务收费基准价＝施工监理服务收费基价×专业调整系数×工程复杂程度调整系数×高程调整系数

1.0.6 施工监理服务收费基价

施工监理服务收费基价是完成国家法律法规、规范规定的施工阶段监理基本服务内容的价格。施工监理服务收费基价按《施工监理服务收费基价表》(附表二)确定,计费额处于两个数值区间的,采用直线内插法确定施工监理服务收费基价。

1.0.7 施工监理服务收费基准价

施工监理服务收费基准价是按照本收费标准规定的基价和1.0.5(2)计算出的施工监理服务基准收费额。发包人与监理人根据项目的实际情况,在规定的浮动幅度范围内协商确定施工监理服务收费合同额。

1.0.8 施工监理服务收费的计费额

施工监理服务收费以建设项目工程概算投资额分档定额计费方式收费的,其计费额为工程概算中的建筑安装工程费、设备购置费和联合试运转费之和,即工程概算投资额。对设备购置费和联合试运转费占工程概算投资额40%以上的工程项目,其建筑安装工程费全部计入计费额,设备购置费和联合试运转费按40%的比例计入计费额。但其计费额不应小于建筑安装工程费与其相同且设备购置费和联合试运转费等于工程概算投资额40%的工程项目的计费额。

工程中有利用原有设备并进行安装调试服务的,以签订工程监理合同时同类设备的当期价格作为施工监理服务收费的计费额;工程中有缓配设备的,应扣除签订工程监理合同时同类设备的当期价格作为施工监理服务收费的计费额;工程中有引进设备的,按照购进设备的离岸价格折换成人民币作为施工监理服务收费的计费额。

施工监理服务收费以建筑安装工程费分档定额计费方式收费的,其计费额为工程概算中的建筑安装工程费。

作为施工监理服务收费计费额的建设项目工程概算投资额或建筑安装工程费均指每个监理合同中约定的工程项目范围的计费额。

1.0.9 施工监理服务收费调整系数

施工监理服务收费调整系数包括:专业调整系数、工程复杂程度调整系数和高程调整系数。

(1) 专业调整系数是对不同专业建设工程的施工监理工作复杂程度和工作量差异进行调整的系数。计算施工监理服务收费时,专业调整系数在《施工监理服务收费专业调整系数表》(附表三)中查找确定。

(2) 工程复杂程度调整系数是对同一专业建设工程的施工监理复杂程度和工作量差异进行调整的系数。工程复杂程度分为一般、较复杂和复杂三个等级,其调整系数分别为:一般(Ⅰ级)0.85;较复杂(Ⅱ级)1.0;复杂(Ⅲ级)1.15。计算施工监理服务收费时,工程复杂程度在相应章节的《工程复杂程度表》中查找确定。

(3) 高程调整系数如下:

海拔高程2001m以下的为1;

海拔高程 2001~3000m 为 1.1；

海拔高程 3001~3500m 为 1.2；

海拔高程 3501~4000m 为 1.3；

海拔高程 4001m 以上的，高程调整系数由发包人和监理人协商确定。

1.0.10 发包人将施工监理服务中的某一部分工作单独发包给监理人，按照其占施工监理服务工作量的比例计算施工监理服务收费，其中质量控制和安全生产监督管理服务收费不宜低于施工监理服务收费额的 70%。

1.0.11 建设工程项目施工监理服务由两个或者两个以上监理人承担的，各监理人按照其占施工监理服务工作量的比例计算施工监理服务收费。发包人委托其中一个监理人对建设工程项目施工监理服务总负责的，该监理人按照各监理人合计监理服务收费额的 4%~6% 向发包人收取总体协调费。

1.0.12 本收费标准不包括本总则 1.0.1 以外的其他服务收费。其他服务收费，国家有规定的，从其规定；国家没有规定的，由发包人与监理人协商确定。

2 矿山采选工程

2.1 矿山采选工程范围

适用于有色金属、黑色冶金、化学、非金属、黄金、铀、煤炭以及其他矿种采选工程。

2.2 矿山采选工程复杂程度

2.2.1 采矿工程

采矿工程复杂程度　　　　　　表 2.2-1

等级	工程特征
Ⅰ级	1. 地形、地质、水文条件简单； 2. 煤层、煤质稳定，全区可采，无岩浆岩侵入，无自然发火的矿井工程； 3. 立井筒垂深 <300m，斜井筒斜长 <500m； 4. 矿田地形为Ⅰ、Ⅱ类，煤层赋存条件属Ⅰ、Ⅱ类，可采煤层 2 层及以下，煤层埋藏深度 <100m，采用单一开采工艺的煤炭露天采矿工程； 5. 两种矿石品种，有分采、分贮、分运设施的露天采矿工程； 6. 矿体埋藏垂深 <120m 的山坡与深凹露天矿； 7. 矿石品种单一，斜井，平硐溜井，主、副、风井条数 <4 条的矿井工程
Ⅱ级	1. 地形、地质、水文条件较复杂； 2. 低瓦斯，偶见少量岩浆岩、自然发火倾向小的矿井工程； 3. 300m≤立井筒垂深 <800m，500m≤斜井筒斜长 <1000m，表土层厚度 <300m； 4. 矿田地形为Ⅲ类及以上，煤层赋存条件属Ⅲ类，煤层结构复杂，可采煤层多于 2 层，煤层埋藏深度 ≥100m，采用综合开采工艺的煤炭露天采矿工程； 5. 有两种矿石品种，主、副、风井条数 ≥4 条，有分采、分贮、分运设施的矿井工程； 6. 两种以上开拓运输方式，多采场的露天矿； 7. 矿体埋藏垂深 ≥120m 的深凹露天矿； 8. 采金工程
Ⅲ级	1. 地形、地质、水文条件复杂； 2. 水患严重、有岩浆岩侵入、有自然发火危险的矿井工程； 3. 地压大，地温局部偏高，煤尘具爆炸性，高瓦斯矿井，煤层及瓦斯突出的矿井工程； 4. 立井筒垂深 ≥800m，斜井筒斜长 ≥1000m，表土层厚度 ≥300m； 5. 开采运输系统复杂，斜井胶带，联合开拓运输系统，有复杂的疏干、排水系统及设施； 6. 两种以上矿石品种，有分采、分贮、分运设施，采用充填采矿法或特殊采矿法的各类采矿工程； 7. 铀矿采矿工程

2.2.2 选矿工程

选矿工程复杂程度 表2.2-2

等级	工程特征
Ⅰ级	1. 新建筛选厂（车间）工程； 2. 处理易选矿石，单一产品及选矿方法的选矿工程
Ⅱ级	1. 新建和改扩建入洗下限≥25mm选煤厂工程； 2. 两种矿产品及选矿方法的选矿工程
Ⅲ级	1. 新建和改扩建入洗下限＜25mm选煤厂、水煤浆制备及燃烧应用工程； 2. 两种以上矿产品及选矿方法的选矿工程

3 加工冶炼工程

3.1 加工冶炼工程范围

适用于机械、船舶、兵器、航空、航天、电子、核加工、轻工、纺织、商物粮、建材、钢铁、有色等各类加工工程，钢铁、有色等冶炼工程。

3.2 加工冶炼工程复杂程度

加工冶炼工程复杂程度 表3.2-1

等级	工程特征
Ⅰ级	1. 一般机械辅机及配套厂工程； 2. 船舶辅机及配套厂，船舶普航仪器厂，吊车道工程； 3. 防化民爆工程、光电工程； 4. 文体用品、玩具、工艺美术品、日用杂品、金属制品厂等工程； 5. 针织、服装厂工程； 6. 小型林产加工工程； 7. 小型冷库、屠宰厂、制冰厂，一般农业（粮食）与内贸加工工程； 8. 普通水泥、砖瓦水泥制品厂工程； 9. 一般简单加工及冶炼辅助单体工程和单体附属工程； 10. 小型、技术简单的建筑铝材、铜材加工及配套工程
Ⅱ级	1. 试验站（室）、试车台、计量检测站、自动化立体和多层仓库工程； 2. 造船厂、修船厂、坞修车间、船台滑道、海洋开发工程设备厂、水声设备及水中兵器厂工程； 3. 坦克装甲车车辆、枪炮工程； 4. 航空装配厂、维修厂、辅机厂，航空、航天试验测试及零部件厂，航天产品部装厂工程； 5. 电子整机及基础产品项目工程，显示器件项目工程； 6. 食品发酵烟草工程、制糖工程、制盐及盐化工工程、皮革毛皮及其制品工程、家电及日用机械工程、日用硅酸盐工程； 7. 纺织工程； 8. 林产加工工程； 9. 商物粮加工工程； 10. ＜2000t/d的水泥生产线，普通玻璃、陶瓷、耐火材料工程、特种陶瓷生产线工程，新型建筑材料工程； 11. 焦化、耐火材料、烧结球团及辅助、加工和配套工程、有色、钢铁冶炼等辅助、加工和配套工程
Ⅲ级	1. 机械主机制造厂工程； 2. 船舶工业特种涂装车间，干船坞工程； 3. 火炸药及火工品工程、弹箭引信工程； 4. 航空主机厂、航天产品总装厂工程；

续表

等级	工程特征
Ⅲ级	5. 微电子产品项目工程、电子特种环境工程、电子系统工程； 6. 核燃料元/组件、铀浓缩、核技术及同位素应用工程； 7. 制浆造纸工程、日用化工工程； 8. 印染工程； 9. ≥2000t/d 的水泥生产线，浮法玻璃生产线； 10. 有色、钢铁冶炼（含连铸）工程，轧钢工程

4 石油化工工程

4.1 石油化工工程范围

适用于石油、天然气、石油化工、化工、火化工、核化工、化纤、医药工程。

4.2 石油化工工程复杂程度

石油化工工程复杂程度　　　　　表 4.2－1

等级	工程特征
Ⅰ级	1. 油气田井口装置和内部集输管线，油气计量站、接转站等场站、总容积＜50000m³ 或品种＜5 种的独立油库工程； 2. 平原微丘陵地区长距离油、气、水煤浆等各种介质的输送管道和中间场站工程； 3. 无机盐、橡胶制品、混配肥工程； 4. 石油化工工程的辅助生产设施和公用工程
Ⅱ级	1. 油气田原油脱水转油站、油气水联合处理站、总容积≥50000m³ 或品种≥5 种的独立油库、天然气处理和轻烃回收厂站、三次采油回注水处理工程；硫磺回收及下游装置、稠油及三次采油联合处理站、油气田天然气液化及提氦、地下储气库； 2. 山区沼泽地带长距离油、气、水煤浆等各种介质的输送管道和首站、末站、压气站、调度中心工程； 3. 500 万吨/年以下的常、减压蒸馏及二次加工装置，丁烯氧化脱氢、MTBE、丁二烯抽提、乙腈生产装置工程； 4. 磷肥、农药、精细化工、生物化工、化纤工程； 5. 医药工程； 6. 冷冻、脱盐、联合控制室、中高压热力站、环境监测、工业监视、三级污水处理工程
Ⅲ级	1. 海上油气田工程； 2. 长输管道的穿跨越工程； 3. 500 万吨/年以上的常减压蒸馏及二次加工装置，芳烃抽提、芳烃（PX）、乙烯、精对苯二甲酸等单体原料，合成材料，LPG、LNG 低温储存运输设施工程； 4. 合成氨、制酸、制碱、复合肥、火化工、煤化工工程； 5. 核化工、放射性药品工程

5 水利电力工程

5.1 水利电力工程范围

适用于水利、发电、送电、变电、核能工程。

5.2 水利电力工程复杂程度

水利、发电、送电、变电、核能工程复杂程度　　　　　表 5.2-1

等级	工程特征
Ⅰ级	1. 单机容量 200MW 及以下凝汽式机组发电工程，燃气轮机发电工程，50MW 及以下供热机组发电工程； 2. 电压等级 220kV 及以下的送电、变电工程； 3. 最大坝高 <70m、边坡高度 <50m、基础处理深度 <20m 的水库水电工程； 4. 施工明渠导流建筑物与土石围堰； 5. 总装机容量 <50MW 的水电工程； 6. 单洞长度 <1km 的隧洞； 7. 无特殊环保要求
Ⅱ级	1. 单机容量 300MW～600MW 凝汽式机组发电工程，单机容量 50MW 及以上供热机组发电工程，新能源发电工程（可再生能源、风电、潮汐等）； 2. 电压等级 330kV 的送电、变电工程； 3. 70m≤最大坝高 <100 或 1000 万 m^3 ≤库容 <1 亿 m^3 的水库水电工程； 4. 地下洞室的跨度 <15m，50m≤边坡高度 <100m，20≤基础处理深度 <40m 的水库水电工程； 5. 施工隧洞导流建筑物（洞径 <10m）或混凝土围堰（最大堰高 <20m）； 6. 50MW≤总装机容量 <1000MW 的水电工程； 7. 1km≤单洞长度 <4km 的隧洞； 8. 工程位于省级重点环境（生态）保护区内，或毗邻省级重点环境（生态）保护区，有较高的环保要求
Ⅲ级	1. 单机容量 600MW 以上凝汽式机组发电工程； 2. 换流站工程，电压等级≥500kV 送电、变电工程； 3. 核能工程； 4. 最大坝高≥100m 或库容≥1 亿 m^3 的水库水电工程； 5. 地下洞室的跨度≥15m，边坡高度≥100m，基础处理深度≥40m 的水库水电工程； 6. 施工隧洞导流建筑物（洞径≥10m）或混凝土围堰（最大堰高≥20m）； 7. 总装机容量≥1000MW 的水库水电工程； 8. 单洞长度≥4km 的水工隧洞； 9. 工程位于国家级重点环境（生态）保护区内，或毗邻国家级重点环境（生态）保护区，有特殊的环保要求

5.3 其他水利工程

其他水利工程复杂程度　　　　　表 5.3-1

等级	工程特征
Ⅰ级	1. 流量 <15m^3/s 的引调水渠道管线工程； 2. 堤防等级 Ⅴ 级的河道治理建（构）筑物及河道堤防工程； 3. 灌区田间工程； 4. 水土保持工程
Ⅱ级	1. 15m^3/s≤流量 <25m^3/s 引调水渠道管线工程； 2. 引调水工程中的建筑物工程； 3. 丘陵、山区、沙漠地区的引调水渠道管线工程； 4. 堤防等级 Ⅲ、Ⅳ 级的河道治理建（构）筑物及河道堤防工程
Ⅲ级	1. 流量≥25m^3/s 的引调水渠道管线工程； 2. 丘陵、山区、沙漠地区的引调水建筑物工程； 3 堤防等级 Ⅰ、Ⅱ 级的河道治理建（构）筑物及河道堤防工程； 4. 护岸、防波堤、围堰、人工岛、围垦工程，城镇防洪、河口整治工程

6 交通运输工程

6.1 交通运输工程范围

适用于铁路、公路、水运、城市交通、民用机场、索道工程。

6.2 交通运输工程复杂程度

6.2.1 铁路工程

铁路工程复杂程度　　　　表 6.2-1

等级	工程特征
Ⅰ级	Ⅱ、Ⅲ、Ⅳ级铁路
Ⅱ级	1. 时速200km/h 客货共线； 2. Ⅰ级铁路； 3. 货运专线； 4. 独立特大桥； 5. 独立隧道
Ⅲ级	1. 客运专线； 2. 技术特别复杂的工程

注：1. 复杂程度调整系数Ⅰ级为0.85，Ⅱ级为1，Ⅲ为0.95；
　　2. 复杂等级Ⅱ级的新建双线复杂程度调整系数为0.85。

6.2.2 公路、城市道路、轨道交通、索道工程

公路、城市道路、轨道交通、索道工程复杂程度　　　　表 6.2-2

等级	工程特征
Ⅰ级	1. 三级、四级公路及相应的机电工程； 2. 一级公路、二级公路的机电工程
Ⅱ级	1. 一级公路、二级公路； 2. 高速公路的机电工程； 3. 城市道路、广场、停车场工程
Ⅲ级	1. 高速公路工程； 2. 城市地铁、轻轨； 3. 客（货）运索道工程

注：穿越山岭重丘区的复杂程度Ⅱ、Ⅲ级公路工程项目的部分复杂程度调整系数分别为1.1和1.26。

6.2.3 公路桥梁、城市桥梁和隧道工程

公路桥梁、城市桥梁和隧道工程复杂程度　　　　表 6.2-3

等级	工程特征
Ⅰ级	1. 总长<1000m或单孔跨径<150m的公路桥梁； 2. 长度<1000m的隧道工程； 3. 人行天桥、涵洞工程
Ⅱ级	1. 总长≥1000m或150m≤单孔跨径<250m的公路桥梁； 2. 1000m≤长度<3000m的隧道工程； 3 城市桥梁、分离式立交桥、地下通道工程
Ⅲ级	1. 主跨≥250m拱桥，单跨≥250m预应力混凝土连续结构，≥400m斜拉桥，≥800m悬索桥； 2. 连拱隧道、水底隧道、长度≥3000m的隧道工程； 3. 城市互通式立交桥

6.2.4 水运工程

水运工程复杂程度　　　　　　　　　　　　　　　　表 6.2-4

等级	工程特征
Ⅰ级	1. 沿海港口、航道工程：码头＜1000t级，航道＜5000t级； 2. 内河港口、航道整治、通航建筑工程：码头、航道整治、船闸＜100t级； 3. 修造船厂水工工程：船坞、舾装码头＜3000t级，船台、滑道船体重量＜1000t； 4. 各类疏浚、吹填、造陆工程
Ⅱ级	1. 沿海港口、航道工程：1000t级≤码头≤10000t级，5000t级≤航道＜30000t级，护岸、引堤、防波堤等建筑物； 2. 油、气等危险品码头工程＜1000t级； 3. 内河港口、航道整治、通航建筑工程：100t级≤码头＜1000t级，100t级≤航道整治＜1000t级，100t级≤船闸＜500t级，升船机＜300t级； 4. 修造船厂水工工程：3000t级≤船坞、舾装码头＜10000t级，1000t≤船台、滑道船体重量＜5000t
Ⅲ级	1. 沿海港口、航道工程：码头≥10000t级，航道≥30000t级； 2. 油、气等危险品码头工程≥1000t级； 3. 内河港口、航道整治、通航建筑工程：码头、航道整治≥1000t级，船闸≥500t级，升船机≥300t级； 4. 航运（电）枢纽工程； 5. 修造船厂水工工程：船坞、舾装码头≥10000t级，船台、滑道船体重量≥5000t； 6. 水上交通管制工程

6.2.5 民用机场工程

民用机场工程复杂程度　　　　　　　　　　　　　　　表 6.2-5

等级	工程特征
Ⅰ级	3C 及以下场道、空中交通管制及助航灯光工程（项目单一或规模较小工程）
Ⅱ级	4C、4D 场道及空中交通管制及助航灯光工程（中等规模工程）
Ⅲ级	4E 及以上场道、空中交通管制及助航灯光工程（大型综合工程含配套措施）

注：工程项目规模划分标准见《民用机场飞行区技术标准》。

7 建筑市政工程

7.1 建筑市政工程范围
适用于建筑、人防、市政公用、园林绿化、电信、广播电视、邮政、电信工程。

7.2 建筑市政工程复杂程度

7.2.1 建筑、人防工程

建筑、人防工程复杂程度　　　　　　　　　　　　　　表 7.2-1

等级	工程特征
Ⅰ级	1. 高度＜24m 的公共建筑和住宅工程； 2. 跨度＜24m 厂房和仓储建筑工程； 3. 室外工程及简单的配套用房； 4. 高度＜70m 的高耸构筑物
Ⅱ级	1. 24m≤高度＜50m 的公共建筑工程； 2. 24m≤跨度＜36m 厂房和仓储建筑工程；

续表

等级	工程特征
Ⅱ级	3. 高度≥24m 的住宅工程； 4. 仿古建筑，一般标准的古建筑、保护性建筑以及地下建筑工程； 5. 装饰、装修工程； 6. 防护级别为四级及以下的人防工程； 7. 70m≤高度<120m 的高耸构筑物
Ⅲ级	1. 高度≥50m 或跨度≥36m 的厂房和仓储建筑工程； 2. 高标准的古建筑、保护性建筑； 3. 防护级别为四级以上的人防工程； 4. 高度≥120m 的高耸构筑物

7.2.2 市政公用、园林绿化工程

市政公用、园林绿化工程复杂程度　　　　　表 7.2-2

等级	工程特征
Ⅰ级	1. $DN<1.0m$ 的给水排水地下管线工程； 2. 小区内燃气管道工程； 3. 小区供热管网工程，<2MW 的小型换热站工程； 4. 小型垃圾中转站，简易堆肥工程
Ⅱ级	1. $DN≥1.0m$ 的给水排水地下管线工程；<$3m^3/s$ 的给水、污水泵站；<10 万 t/日给水厂工程，<5 万 t/日污水处理厂工程； 2. 城市中、低压燃气管网（站），<$1000m^3$ 液化气贮罐场（站）； 3. 锅炉房，城市供热管网工程，≥2MW 换热站工程； 4. ≥100t/d 的大型垃圾中转站，垃圾填埋工程； 5. 园林绿化工程
Ⅲ级	1. ≥$3m^3/s$ 的给水、污水泵站，≥10 万 t/日给水厂工程，≥5 万 t/日污水处理厂工程； 2. 城市高压燃气管网（站），≥$1000m^3$ 液化气贮罐场（站）； 3. 垃圾焚烧工程； 4. 海底排污管线，海水取排水、淡化及处理工程

7.2.3 广播电视、邮政、电信工程

广播电视、邮政、电信工程复杂程度　　　　　表 7.2-3

等级	工程特征
Ⅰ级	1. 广播电视中心设备（广播 2 套及以下，电视 3 套及以下）工程； 2. 中短波发射台（中波单机功率 P<1kW，短波单机功率 P<50kW）工程； 3. 电视、调频发射塔（台）设备（单机功率 P<1kW）工程； 4. 广播电视收测台设备工程；三级邮件处理中心工艺工程
Ⅱ级	1. 广播电视中心设备（广播 3~5 套，电视 4~6 套）工程； 2. 中短波发射台（中波单机功率 1kW≤P<20kW，短波单机功率 50kW≤P<150kW）工程； 3. 电视、调频发射塔（台）设备（中波单机功率 1kW≤P<10kW，塔高<200m）工程； 4. 广播电视传输网络工程；二级邮件处理中心工艺工程； 5. 电声设备、演播厅、录（播）音馆、摄影棚设备工程； 6. 广播电视卫星地球站、微波站设备工程； 7. 电信工程
Ⅲ级	1. 广播电视中心设备（广播 6 套以上，电视 7 套以上）工程； 2. 中短波发射台设备（中波单机功率 P≥20kW，短波单机功率 P≥150kW）工程； 3. 电视、调频发射塔（台）设备（中波单机功率 P≥10kW，塔高≥200m）工程； 4. 一级邮件处理中心工艺工程

8 农业林业工程

8.1 农业林业工程范围

适用于农业、林业工程。

8.2 农业林业工程复杂程度

农业、林业工程复杂程度为Ⅱ级。

附表一

建设工程监理与相关服务的主要工作内容

服务阶段	具体服务范围构成	备注
勘察阶段	协助发包人编制勘察要求、选择勘察单位，核查勘察方案并监督实施和进行相应的控制，参与验收勘察成果	建设工程勘察、设计、施工、保修等阶段监理与相关服务的具体工作内容执行国家、行业有关规范、规定
设计阶段	协助发包人编制设计要求、选择设计单位，组织评选设计方案，对各设计单位进行协调管理，监督合同履行，审查设计进度计划并监督实施，核查设计大纲和设计深度、使用技术规范合理性，提出设计评估报告（包括各阶段设计的核查意见和优化建议），协助审核设计概算	
施工阶段	施工过程中的质量、进度、费用控制，安全生产监督管理、合同、信息等方面的协调管理	
保修阶段	检查和记录工程质量缺陷，对缺陷原因进行调查分析并确定责任归属，审核修复方案，监督修复过程并验收，审核修复费用	

附表二

施工监理服务收费基价（单位：万元）

序号	计费额	收费基价
1	500	16.5
2	1000	30.1
3	3000	78.1
4	5000	120.8
5	8000	181.0
6	10000	218.6
7	20000	393.4
8	40000	708.2
9	60000	991.4
10	80000	1255.8
11	100000	1507.0
12	200000	2712.5
13	400000	4882.6
14	600000	6835.6
15	800000	8658.4

续表

序号	计费额	收费基价
16	1000000	10390.1

注：计费额大于1000000万元的，以计费额乘以1.039%的收费率计算收费基价。其他未包含的其收费由双方协商议定。

附表三

施工监理服务收费专业调整系数

工程类	专业调整系
1. 矿山采选工程	
黑色、有色、黄金、化学、非金属及其他矿采选工程	0.9
选煤及其他煤炭工程	1.0
矿井工程、铀矿采选工程	1.1
2. 加工冶炼工程	
冶炼工程	0.9
船舶水工工程	1.0
各类加工工程	1.0
核加工工程	1.2
3. 石油化工工程	
石油化工	0.9
化工、石化、化纤、医药工程	1.0
核化工工程	1.2
4. 水利电力工程	
风力发电、其他水利工程	0.9
火电工程、送变电工程	1.0
核能、水电、水库工程	1.2
5. 交通运输工程	
机场道路、助航灯光工程	0.9
铁路、公路、城市道路、轻轨及机场空管工程	1.0
水运、地铁、桥梁、隧道、索道工程	1.1
6. 建筑市政工程	
园林绿化工程	0.8
建筑、人防、市政公用工程	1.0
邮电、电信、广播电视工程	1.0
7. 农业林业工程	
农业工程	0.9
林业工程	0.9

附表四

建设工程监理与相关服务人员人工日费用标准

建设工程监理与相关服务人员职级	工日费用标准（元）
一、高级专家	1000~1200
二、高级专业技术职称的监理与相关服务人员	800~1000
三、中级专业技术职称的监理与相关服务人员	600~800
四、初级及以下专业技术职称监理与相关服务人员	300~600

注：本表适用于提供短期服务的人工费用标准。

第六章 单方造价比较法和基准单方造价比较法

第一节 概论

一、概述

单方造价比较法和基准单方造价比较法是房屋建筑评估作价最常用的方法之一，也是当今最具有广泛应用价值的房屋建筑物估价方法。

在我们日常接触到的事物中，总是会遇到事物有大小、多少、高低、优劣的差别，这些差别都是通过不同事物相互比较后才能够知晓的。在房屋建筑估价中同样会遇到房屋建筑物价格差别，这种价格差别也是通过不同房屋建筑物之间存在的条件差别经对比计算后取得的。例如有一建筑物甲，它单方造价为 880 元$/m^2$，又有一建筑物乙，它的单方造价未知，但只知道建筑物乙很多存在条件优于建筑物甲，经过对两建筑物的存在条件进行比较和对条件进行量化后，得出建筑物乙比建筑物甲的单方造价高 25%，则

建筑物乙单方造价 $= 880 + 880 \times 25\% = 1100$ 元$/m^2$

在房屋建筑物估价中，经常遇到和举例相同的情况，采用单方造价比较法来求取委估房屋建筑物单方造价的实例，单方造价比较法已成为资产评估中确定待估房屋建筑物单方造价法定的而且是重要的评估方法之一，是目前在群体房屋建筑物估价中最为广泛应用的评估方法。

通过以上举例，我们必须知道单方造价比较法对比中的两件事，一是两个对比主体存在条件的差别，二是如何对存在条件的差别进行价格量化，两个对比主体的存在条件应该是已知的，而量化则是房屋估价人员应做的工作。量化必须要有一个对比数值标准才能够进行对比量化计算，在每次估价对比计算中，只能使用一个数值标准进行价格的差别计算，否则标准多于一个以上就会引起计算工作混乱。同时在选择单方造价对比标准时应当选择数值最简单、最容易操作的对比数值，最好是零起点才是最有效的标准，只有这样，才能使估价工作顺利进行，因此引出了基准单方造价比较法的房屋建筑估价方法，因为基准单方造价只有一个对比标准，而且是最基本的对比标准。

基准单方造价比较法是从单方造价比较法经过整理、提炼、补充、优化得来的，方法操作具有系统化、程序化的优点，可以在计算机 Excel 表格中进行自动化操作计算，它可以将若干个独立操作的数表通过 Excel 的自动链接关系从数据输入到计算结果自动生成。最适用于群体房屋建筑物计算机程序化的评估作价，计算结果数值准确度高、速度快，同时可以由计算机进行自动修改，操作非常方便。

二、单方造价比较法概念

单方造价比较法就是利用评估基准日时市场同类型房屋建筑物或由典型案例求得的单方造价作为参照标准，再根据委估房屋建筑物和参照建筑之间所存在的条件差异，采用条件差异系数修正参照建筑物的单方造价，从而求得委估项目现行单方造价的评估方法。它最适用于群体建筑的价值评估，应用范围甚广。采用该方法评估时确定建筑单方造价的主要因素有两个，一个是对比条件，另一个是对比系数。在选择参照物时，要力求参照物的

结构、装修、配套设施等构造简单，具有广泛的代表性；测定对比系数时，采用的数据要全面、可靠，包含的子目内容要明确、全面；在评估操作上，要求做到计算程序简明，操作方便，计算结果正确。由于单方造价比较法对比标准的唯一性很难确定，同时也很难寻找，所以采用基准单方造价比较法进行房屋价值的对比计算，更能够简化计算程序，使用计算机自动计算，操作更加方便。

三、基准单方造价比较法概念

基准单方造价比较法是从单方造价比较法衍生出来的一种应用形式，也是单方造价比较法的一种特殊形式。其中"基准"一词可以直观理解，那就是"基本"和"标准"的含义。因此，在资产评估中，我们将单方造价比较法所用到的对比标准设定为结构和装修最基本的简单形式，采用这种结构构造和装修标准来制定评估过程中房屋单方造价的对比标准，这个标准就是"基准单方造价"，用基准单方造价作为对比标准求取待估房屋建筑物价值的评估方法称为基准单方造价比较法。

基准单方造价比较法就是首先确定某种房屋建筑物的结构类型在所规定的基本标准条件下的基本单方造价，其次再将同类型的委估建筑项目内容和基准单方造价所确定的内容进行比较，求得对比差异系数，最后再用所求得的差异系数去调整基准单方造价，从而求得委估建筑的单方造价。它和一般单方造价对比法的不同之处就是对比标准不一样，基准单方造价比较法采用的是"基本标准"，简称为"基准"。而一般单方造价比较法采用的则是"实物标准"，就是将委估建筑和选定的实物进行存在条件对比，然后采用条件差异系数修正实物的单方造价，从而求得委估建筑的现行单方造价。由于我们选定的"实物标准"只能局限于某个特定的使用环境，例如在某个评估项目内，或者某个评估单位内而且是限于本次使用，明显的这是一次性的使用标准，没有通用性，换了一个环境就不能使用了，而且对比标准确定困难。但基准单方造价所确定的对比标准具有通用性、固定性。基准单方造价求取的模型可以标准化、定型化，可以在全国各地区内、在确定的结构类型范围内通用，这就是基准单方造价最主要的优点，就好比概预算定额具有通用性一样。

其实在基准单方造价确定过程中，基准单方造价也是由实物模型转换而来的，不过，选定的实物模型必须符合事先设定的条件，这个条件就是基本标准条件。由于基准单方造价比较法所选定的基本标准是以最简单的结构形式所具备的构造内容来做对比标准的，故称为零起点标准。它的特点就是将实物标准系数的对比增减计算变为零起点系数的直接增减计算，从而大大减少了内容对比计算的工作量，这不仅减少了许多对比增减的计算过程，提高了工作效率，而且也减少了许多因对比不当而产生的误差。

但是，要掌握整个操作程序和正确输入计算数据还必须下功夫，要仔细领会每一个操作过程的数据含义、计算公式。基准单方造价比较法的操作要领是数据表之间的链接关系，数据绝对不能链接错误。

基准单方造价比较法的计算程序和计算机语言程序是两个不同概念，计算机语言程序设置后程序不能修改，否则不能通用，而且有区域性、专业性范围，比如概预算定额的使用程序就有区域性、专业性范围，不同区域、不同专业不能通用，程序绝不能随意修改。基准单方造价比较法制定的计算程序是各个地区都能通用的计算程序，它之所以能够通用是因为这个程序是非封闭程序，每一个地区可以根据本地区的实际情况更改程序中的应用数据，如重新编制本地区的基准单方造价标准、变更造价的调整系数、重新修改计算公式等，以适合本地区、本次评估特点的评估作价需要。因此，应用基准单方造价比较法对房屋建筑进行评估作价，必须坚持评估程序的原则性，不得随意更改计算程序和链接关系，要正确编制计算数据表，其中最主要的是基准单方造价表和对比增减系数表。这些数表是随着地区不同而变化的，应用时一定要根据本次评估所在地区的定额和造价计算规定认真编制。

四、基准单方造价比较法计算原理

单方造价比较法和基准单方造价比较法的计算原理都是采用的替代原理和近似原理，在资产评估中，这两条原理是计算房屋评估值重要的而且是唯一的原理，因为房屋自身真正的价值是无法直接求取的，只有通过相同类型的参照物用对比法，采用条件差异系数对参照物进行修正后的价值替代委估房屋的现行价值，这就是替代原理，替代原理所确定的房屋建筑物价值必然是近似值，即使是编制概预算也只能按照现行的标准和状况去编制，不可能和原来状况完全相同，计算的评估价值也只能是近似值。但近似值和精确值之间的误差必须控制在合理的范围内，否则单方造价比较法就失去了应用价值。

在运用基准单方造价比较法进行房屋价值评估时，其基准单方造价只能选用唯一的造价对比标准，而确定基准单方造价对比标准的基准条件是制定基准单方造价的重要前提，也是计算委估房屋建筑物单方造价时确定增减对比系数和单方造价数值的关键因素。不同的基准条件对应于不同的单方造价，前者为因，后者为果，它们互为相关的因果关系。同时，我们在确定基准单方造价的基准条件时，必须充分考虑到运用基准单方造价进行房屋估价时要方法简便、操作易行、依据可靠、数据准确。

根据房屋建筑物建造结构的广泛应用程度和便于求取各种常用结构类型的基准单方造价这两个前提，我们将在房屋常用结构类型中首先选取砖混结构类型设定基本结构构造条件及其装修标准来制定最基础的基准单方造价标准，其他结构类型的基准单方造价可以在砖混结构类型基准单方造价的基础上采用不同结构类型和砖混结构之间基准单方造价的比例系数进行调整计算求得。

通常在房屋建筑中最常用的结构类型除了砖混结构外，还有钢筋混凝土框架结构和排架结构，如果有条件也可以单独制定这两种结构类型的基准单方造价，制定方法和砖混结构基准单方造价的制定方法相同，只是设定的基准条件要按照各自结构类型的基准要求重新设置。

五、采用基准单方造价比较法估价的基础工作

为了使广大房地产及资产评估工作人员能够很好地阅读本章内容，理解和掌握基准单方造价的操作要领，在这里首先介绍一下应用基准单方造价比较法计算单方造价的基础工作，其中主要的基础工作有以下几点。

1. 测定对比标准

基准单方造价比较法首先要有一个符合基准单方造价比较法要求条件的房屋建筑物对比标准，这个标准必须通过概预算法进行测定，本章选定的标准为符合基准单方造价比较法规定的基准条件的砖混结构，本章将提供砖混结构标准工程量的数据模板。

2. 建立基准单方造价系数表

房屋建筑物的结构类型比较多，不可能都去编制概预算求取基准单方造价，只能通过不同结构类型的单方造价和相同条件下的砖混结构单方造价之间的比例系数求取，因此必须建立一个基准单方造价的系数表去计算房屋建筑物不同结构类型的基准单方造价。

3. 建立基准单方造价表

通过已测定的砖混结构基准单方造价，以这个单方造价为基础数据乘以基准单方造价系数表的每个系数就可以计算出符合基准单方造价条件的、不同结构类型的基准单方造价，这些不同结构类型的基准单方造价汇总在一起就组成了一个基准单方造价表，这个表是确定各种结构类型房屋建筑物基准单方造价的重要依据。

4. 建立单方造价调整系数

建立的房屋建筑物基准单方造价表中的基准单价是房屋建筑物共用的基础单价，不是我们需要求取的委估建筑物的最终单方造价。最终建造单价还需要将委估房屋建筑物和测定标准——基准单方造价选定的基准条件进行相互比较，找出两者之间的条件差异系数，用条件差异系数去修正基准单方造价表中的基准单方造价才能求得。这里首先要确定条件差异调整系数的种类，条件差异调整系数调整的种类范围很广，不可能一一去调，一般情况，我们只能选择影响房屋建筑物造价较大的主要差异调整系数，这些条件差异调整系数的种类大概有以下几种：

（1）层数调整系数，表示房屋建筑物相同结构、相同平面参数，当房屋建筑物层数不同时的单方造价调整系数。

（2）层高调整系数，表示房屋建筑物相同结构、相同平面参数，当房屋建筑物层高不同时的单方造价调整系数。

（3）平面图形特征调整系数，表示不同房屋建筑物之间因平面图形特征差异引起的单方造价调整系数。它表示房屋建筑物因图形平面尺寸、图形形状不同对房屋建筑物单方造价的影响关系，这个影响关系最终反映在不同建筑物之间单方建筑面积外墙周长的比值上，因而，委估建筑物在评估作价时采用的平面特征调整系数通常以委估房屋建筑物和测定的标准砖混结构房屋建筑物之间的单方建筑面积外墙周长比值差异来表示，这个调整系数通常采用公式计算。

（4）结构、装修、配套设施做法调整系数，基准单方造价表设定的结构、装修及配套设施标准为最基本的标准，当结构、装修做法及配套设施标准与设定的基本标准有差异时，需要对结构、装修做法及配套设施的单方造价差异进行调整，因此，必须事先设定不同结构、装修、配套设施做法的差异调整系数，通过差异调整系数进行调整，以求得不同结构、装修做法及配套设施的单方造价。

5. 建立应用程序

本章介绍的基准单方造价比较法是采用计算机程序计算求取单方造价的方法，采用手工计算非常复杂，不易实现。只有在 Excel 工作表中建立计算程序才能实现计算工作，才能达到应用效果。由于在 Excel 工作表中建立的计算程序无法在 Word 文档中用文字表达，只有应用该方法进行房屋建筑物估价的估价人员在 Excel 工作表中自己去建立计算程序，特别提示的是，计算程序的关键是各种独立数表之间的链接关系，必须链接正确，本章将在某些地方作简要提示。

上述基准单方造价比较法的基础工作实际上是应用基准单方造价方法进行房屋建筑物估价特有的数据建立工作，所谓特有是指这些基础数据与众不同，它是估价整个计算工作的关键所在，因此在这里作了特别提示。

基准单方造价比较法的房屋建筑物估价方法是当今一件新鲜事物，在社会上众多关于房地产以及资产评估的书籍中尚无此内容，希望读者反复阅读，仔细领会，希望基准单方造价比较法的估价方法能够在今后的房屋建筑估价工作中得到广泛应用，取得良好效果。

第二节 基准单方造价的确定方法

一、制定基准单方造价的基准限定条件

为满足制定房屋建筑物基准单方造价，必须选用房屋建筑物最基本的结构构造、最简单的装修标准、最基本的配套设施来要求，我们设置了基准单方造价的限定条件，这个限定条件的基本标准如下所示。

1. 基本参数的设定

层数：6层，无地下室。

层高：砖混结构和框架结构为3m，排架结构、彩板结构为6m。

2. 结构

（1）砖混结构

基础：砖或毛石砌筑，下面设有混凝土垫层，无地基加固处理。

砖墙：砖砌内、外墙。墙厚：北方，外墙厚365mm，内墙厚240mm；南方外墙厚240mm，内墙厚240mm。

结构：钢筋混凝土楼、顶板，圈梁、过梁、构造柱。

屋面：油毡防水，保温层随地区而定，一般南方按无保温层设定。

（2）框架结构

基础：钢筋混凝土独立基础、框架基础梁，或筏形基础，无地基处理。

砖墙：砖砌内墙、外墙填充墙，材质、厚度随南、北方而定。

结构：钢筋混凝土框架柱、梁、板。

屋面：油毡防水，保温层材料随地区而定，一般南方按无保温层设定。

（3）排架结构

基础：钢筋混凝土独立基础或杯基础，无地基加固处理。

砖墙：砖砌内墙，砖外墙或填充墙，材质、厚度随南、北方而定。

结构：钢筋混凝土柱、预制吊车梁、大型屋面板、薄腹梁或拱形屋架。

屋面：二毡三油防水，保温层随地区而定，一般南方按无保温层设定。

3. 装修

（1）楼、地面

混凝土垫层，楼板面抹水泥砂浆。

（2）内装修

内墙面：砂浆抹面、喷刷大白浆或涂料。

顶板：满刮腻子、喷刷大白浆或涂料。

（3）外装修

清水墙勾缝。

4. 专业配套设施

只限于房屋建筑物内与房屋建筑物使用功能相配套的基本设施。

（1）室内给水、排水：一般常规配套；

（2）室内配电：一般工业及民用线路及照明；

（3）室内供暖：仅限供暖地区的供热设施；

（4）室内其他：一般通信及电视天线。

上述配套不包括可移动设备的购置及安装费、工艺管线费等。

在实际估价操作中，我们将根据委估建筑的结构构造和装修内容分别制定一系列基准单方造价的对比增减系数进行条件对比时的基准单方造价调整计算。这些系数的制定是极其重要的，它直接影响到委估建筑的单方造价，这部分内容将是本章介绍的重要内容之一。

二、基准单方造价的测定方法和条件要求

1. 砖混结构基准单方造价测定方法

首先要测定砖混结构的基准单方造价，因为它是制定房屋建筑物其他常用结构类型基准单方造价的基础单价。一般情况应采用概预算编制法求取，就是按照选定的标准图纸和技术资料计算出各组成专业的工程量，然后套用现行概预算定额单价及取费标准求得被选定工程的工程造价。由于这个方法比较烦琐，可以应用第五章第四节介绍的"（砖混结构）直接费计算表模板"和操作方法进行操作。

2. 被测定对象的条件要求

首先选定对比标准图形，然后进行基准单方造价的测定工作，对比标准图形选定条件应为：

（1）按照选定对比标准图形和对应的房屋建筑设计方案，制作一个符合基准单方造价要求的概预算项目标准模型，其中分项工程量必须具备永久性使用的前提，尽量避免选择一次性使用的项目。

（2）测定对象必须符合本章节基准单方造价规定的基准条件。

（3）按要求应选取砖混结构、钢筋混凝土框架结构、排架结构三种类型进行测算，为了简化繁杂的计算过程，通常只需要测定砖混结构的基准单方造价即可；其他结构类型的基准单方造价可以在砖混结构类型基准单方造价的基础上，采用不同结构类型和砖混结构之间的基准单方造价比例系数进行计算。

（4）建筑结构模型题材：标准形式的办公楼。

（5）办公楼应设置走廊，走廊宽2m。

（6）建筑面积规模：可以选择一个中等规模的平面图，建筑面积在 2500～3500m^2 之间为宜，图形的长宽比合理，要符合通常的使用要求。图形选定以后，在今后的使用过程中尽量不要随意更改，否则全部设定条件要重新制定。

三、基准单方造价的测定

根据测定条件的要求，我们选用了一栋建筑平面如图 6-1 所示的砖混结构办公楼作为测定基准单方造价的标准建筑。

1. 标准建筑办公楼的构造状况

结构类型：砖混结构。

构造参数：层数6层，层高3m，外墙中心线长度39.5m，中心线宽13.0m，建筑面积3196m^2，开间3.5m，走廊宽2m，房间尺寸如图 6-1 图示。

结构构造：砖条形基础，外墙厚365mm，内墙厚240mm；屋面加气块保温、二毡三油防水。

(尺寸为墙中心线，单位：mm)

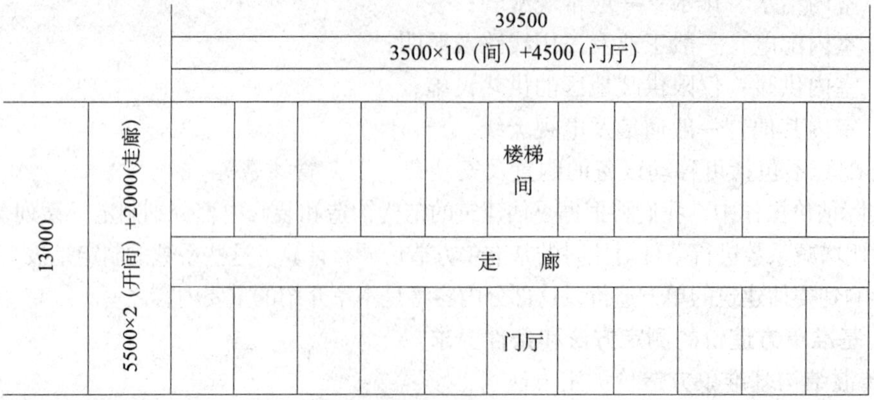

```
              39500
       3500×10（间）+4500（门厅）
┌────┬────┬────┬────┬────┬────┬────┬────┬────┬────┬────┐
│                                                      │
│                    楼梯间                            │
├────┴────┴────┴────┴────┴────┴────┴────┴────┴────┴────┤
│                    走廊                              │
├────┴────┴────┴────┴────┴────┴────┴────┴────┴────┴────┤
│                    门厅                              │
└──────────────────────────────────────────────────────┘
```

图 6-1　办公楼测定平面示意

装修：外墙进门设置一般玻璃门，墙上设立木窗（或钢窗），室内普通木门；地面基层设混凝土垫层，楼地面面层水泥砂浆抹面；内墙面涂料、外墙面无装修，无吊顶。

配套设施：为简化本例计算程序，室内给水、排水、供暖、配电、通信等配套设施按基本功能配套齐全，不包括卫生设施。配套设施不分材料按常规做法综合考虑。

2. 基准单方造价的测定

（1）直接费计算

按第五章第四节表 5-8 介绍的（砖混结构）主体结构工程直接费或定额基价计算表模板和操作方法进行操作，其中不能用直接费模板设定公式进行计算的项目，均采用砖混结构每百平方米的数量代入对应项目内计算，计算公式为：

每平方米建筑面积工程量 = 每百平方米建筑面积的数量/100 × 定额单位

每百平方米建筑面积工程量可以查找有关数据资料取得，建议平时将常用的、需要的资料进行积累建立一个数据库，以便用时查找。

经数据整理确定以后，为了举例说明，本章选定了××省定额、采用选定的建筑工程直接费计算表模板作为例表进行基准单方造价测定工作，计算模板如表 6-1、表 6-3 所示，其中室内配套设施如表 6-2 所示（配套设施项目的比例是为本章测定而设定的，仅供参考）。在实际应用中，应按照所在地区的概预算定额及相应的取费规定进行测定。

建筑工程直接费计算　　　表 6-1

序号	定额编号	项目名称	定额单位	工程量	单价（元）			合价（元）		
					金额	其中人工	其中机械	金额	其中人工	其中机械
1		土石方工程								
	1-31	场地平整	100m³	6.39	65.21	56.70	0.00	416.92	362.51	0.00
	1-9	人工挖地槽（三类）	100m³	5.14	1072.42	929.52	0.00	5513.64	4778.95	0.00
		人工挖基坑（三类）								
	1-33	人工回填土	100m³	2.92	821.59	529.20	0.00	2400.03	1545.90	0.00
	1-85	余土运输	100m³	2.22	94.39	82.08	0.00	209.56	182.23	0.00
		土石方工程小计						8540.14	6,869.58	0.00

续表

序号	定额编号	项目名称	定额单位	工程量	单价（元）			合价（元）		
					金额	其中人工	其中机械	金额	其中人工	其中机械
2		脚手架工程								
	12-39	综合脚手架	100m²	31.97	1249.58	330.74	63.83	39946.25	10573.01	79760.69
		脚手架工程小计						39946.25	10,573.01	79,760.69
3		砌筑工程								
	3-1	M2.5砖（石）条形基础	10m³	23.37	1203.54	280.14	16.56	28126.21	6546.75	387.00
	3-4	M5砂浆砌365mm外墙	10m³	36.65	1365.90	371.45	16.98	50059.84	13613.54	622.31
	3-3	M5砂浆砌240mm内墙	10m³	64.57	1365.68	382.72	16.13	88181.96	24712.23	1041.51
	3-29	零星砌砖	10m³	1.28	1583.91	529.00	14.86	2025.36	676.44	19.00
	3-30	砖砌体钢筋加固	t	3.52	3215.26	651.82	29.83	11306.31	2292.09	104.90
		砌筑工程小计						179699.68	47841.05	2174.72
4		模板工程								
		以下按混凝土模板面积m²套用								
	13-10	C10混凝土垫层模板	100m²	0.37	2511.21	265.88	37.05	936.57	99.16	13.82
	13-29	C20钢筋混凝土基础圈梁模板	100m²	1.27	2004.73	747.04	74.61	2552.57	951.19	95.00
	13-29	C20钢筋混凝土圈梁模板	100m²	7.64	2004.73	747.04	74.61	15315.42	5707.12	569.99
	13-31	C20钢筋混凝土过梁模板	100m²	3.87	4262.84	1213.25	137.24	16490.78	4693.45	530.91
	13-43	C20钢筋混凝土肋形板厚≤10cm模板	100m²	19.03	2127.66	637.56	177.35	40483.41	12130.98	3374.47
	13-22	C20钢筋混凝土构造柱模板（矩形柱）	100m²	2.88	2472.00	848.70	151.23	7112.18	2441.79	435.10
	13-50	钢筋混凝土楼梯模板	10m²	20.75	936.61	220.11	26.49	19433.68	4567.05	549.64
	13-62	零星构件模板	10m³	1.60	9274.82	3263.93	275.87	14824.75	5217.02	440.95
		模板工程小计						117171.58	35816.373	6011.1748

续表

序号	定额编号	项目名称	定额单位	工程量	单价（元） 金额	其中人工	其中机械	合价（元） 金额	其中人工	其中机械
5		混凝土工程								
	7-23	C10混凝土垫层	10m³	1.17	1609.48	236.16	46.53	1880.64	275.95	54.37
	4-21	C20钢筋混凝土基础圈梁	10m³	1.94	2217.29	546.25	44.48	4291.25	1057.19	86.08
	4-21	C20钢筋混凝土圈梁	10m³	11.61	2217.29	546.25	44.48	25747.53	6343.14	516.51
	4-22	C20钢筋混凝土过梁	10m³	4.00	2352.65	591.79	72.47	9401.11	2364.77	289.59
	4-32	C20钢筋混凝土肋形板厚≤10cm	10m³	25.57	1983.90	306.36	73.64	50736.65	7834.91	1883.28
	4-16	C20钢筋混凝土构造柱	10m³	4.80	2318.66	585.35	72.32	11118.35	2806.85	346.79
	4-41	钢筋混凝土现浇楼梯	10m²	7.20	580.38	119.14	30.33	4178.74	857.81	218.38
	4-50	零星构件	10m³	1.60	3379.23	1210.95	99.38	5401.32	1935.57	158.85
		混凝土工程小计						112755.59	23476.19	3553.84
6		钢筋工程								
	4-246	现浇构件光面钢筋ϕ10mm内	t	24.93	2912.00	479.78	32.24	72610.25	11963.24	803.90
	4-248	现浇构件螺纹钢筋ϕ25mm内	t	52.75	2545.70	197.11	47.94	134277.47	10396.92	2528.68
	4-253	一般铁件调整	t	0.38	6307.35	1343.43	1053.19	2419.58	515.36	404.02
		钢筋工程小计						209307.30	22875.51	3736.60
7		木结构工程								
	6-(37+38+91+92)	胶合板门制作安装								
	6-37	其中：胶合板门框制作	100m²	7.18	7961.17	670.45	242.26	57177.12	4815.17	1739.91
	6-38	胶合板门框安装	100m²	7.18	396.11	275.08	0.00	2844.86	1975.62	0.00
	6-91	胶合板门扇制作	100m²	7.18	1351.84	55.89	25.34	9708.91	401.40	181.99
	6-92	胶合板门扇安装	100m²	7.18	364.52	131.79	0.68	2617.98	946.52	4.88
	6-1	木窗扇（双扇）制作	100m²	9.81	5414.17	311.65	176.77	53116.26	3057.47	1734.22
	6-2	木窗扇（双扇）安装	100m²	9.81	2512.47	0.00	34.70	24648.84	0.00	340.43
	6-15	木窗框（双扇）制作	100m²	9.81	979.58	82.34	34.02	9610.27	807.80	333.76
	6-16	木窗框（双扇）安装	100m²	9.81	261.25	108.56	0.68	2563.02	2563.02	6.67
		木窗安玻璃（含在安装费中）	100m²	9.81	1500.00	150.00		14715.90	1471.59	0.00
		检修孔木盖板	10m²	0.11	350.00	48.00		38.50	5.28	0.00
		木结构工程小计						177041.66	16043.88	4341.86

第六章 单方造价比较法和基准单方造价比较法

续表

序号	定额编号	项目名称	定额单位	工程量	单价（元）			合价（元）		
					金额	其中人工	其中机械	金额	其中人工	其中机械
		楼地面工程								
8	7-10	垫层砾（碎）石干铺	10m³	13.08	657.44	102.24	0.00	8601.51	1337.64	0.00
	7-23	C10混凝土垫层	10m³	10.47	1485.10	236.16	46.53	15544.05	2471.81	487.01
	7-25	水泥砂浆找平层（20mm厚）	100m²	5.23	488.88	179.40	10.62	2558.47	938.86	55.58
	7-222	水泥砂浆地面	100m²	31.40	2642.87	1207.27	138.68	82986.12	37908.28	4354.55
	7-139	混凝土散水（厚60mm）	100m²	0.68	717.36	324.30	10.62	486.37	219.88	7.20
		楼地面工程小计						110176.51	42876.46	4904.34
		屋面及防水工程								
9	8-70	铸铁（塑料）水落管 DN110	100m	1.08	3180.96	517.50	0.00	3435.44	558.90	0.00
	8-72	铸铁（塑料）管水口 DN110	10个	0.60	175.52	80.50	0.00	105.31	48.30	0.00
	8-74	铸铁（塑料）管水斗 DN110	10个	0.60	247.83	69.00	0.00	148.70	41.40	0.00
	7-(25+28)	水泥砂浆找平层（25mm厚）	100m²	5.43	688.90	211.83	13.17	3743.84	1151.19	71.57
	9-215	加气块保温	10m³	13.86	1393.36	89.28	0.00	19309.21	1237.24	0.00
	8-21	二毡三油屋面防水	100m²	5.43	2095.97	196.65	0.23	11390.58	1068.70	1.25
		屋面及防水工程小计						38133.07	545.36	72.82
		装饰工程								
10	10-9	混合砂浆墙面	100m²	72.18	551.33	294.86	10.19	39795.00	21282.99	735.51
	10-261	内墙面喷普通涂料	100m²	72.18	165.38	85.33	0.00	11937.13	6159.12	0.00
		外墙装饰	100m²	0	0.00	0.00	0.00	0.00	0.00	0.00
	10-1	顶棚抹石灰砂浆	100m²	31.40	533.84	299.23	5.94	16762.58	9395.82	186.52
	10-173	顶棚刮腻子喷普通涂料	100m²	31.40	1647.88	589.68	0.00	51743.43	18515.95	0.00
	10-178	木门窗油漆	100m²	16.99	1837.07	678.60	0.00	31216.60	11531.18	0.00
	6-298	型钢栏杆上塑料扶手	10m	4.20	665.21	93.24	183.70	2793.88	391.61	771.54
		装饰工程小计						154248.61	67276.67	1693.57
11	15-1	**垂直运输费用**	100m²	31.97	1411.12	0.00	1411.12	45110.32	0.00	45110.32
12		定额内费用合计						1081932.01	231309.03	146454.32
13		零星项目	%	8.00				86554.56	0.00	0.00
14		定额直接费用合计						1168486.57	231309.03	146454.32

229

配套设施比例 表6-2

地区	北方（%）	南方（%）
给水排水	3.6	3.6
供暖	4.5	0
电气	3.2	3.2
通信	1.0	1.0
合计	12.3	7.8

（2）建筑工程造价计算

建筑工程造价计算根据表6-1计算的直接费、人工费套用相应预算定额的费用定额计算。计算过程如表6-3所示，表中材料差价的计算如表6-4所示。

建筑工程造价计算 表6-3

序号	费用名称	计算基数	费率（%）	金额（元）	备注
1	工程直接费	按定额		1168486.57	
2	其中：人工费及机械费	按定额		377763.35	
3	冬雨季施工增加费	2	4.24	16017.17	
4	夜间施工增加费	2	1.76	6648.63	
5	生产工具用具使用费	2	2.96	11181.80	
6	检验试验费	2	1.80	6799.74	
7	工程定位复测场地清理费	2	1.42	5364.24	
8	成品保护费	2	1.55	5855.33	
9	二次搬运费	2	2.95	11144.02	
10	临时停电停水费	2	1.06	4004.29	
11	临时设施费	2	8.14	30749.94	
12	土建施工与生产同时进行增加费	2	5.31	20059.23	
13	有害环境降效增加费	2	5.31	20059.23	
14	土建费用合计	∑（1~13）-2		1306370.20	
15	工程配套设施费	14	12.30	160683.53	
16	工程费用合计			1467053.73	
17	材料调整	材料差价表数据		365798.45	
18	人工调整	231309.03	30.77	71172.01	
19	规费	16+17+18	0.22	4188.85	
20	税金	16+17+18+19	3.41	65070.06	
21	工程造价	16+17+18+19+20		1973283.11	
22	建筑面积（m²）	3196.77			
23	单方造价	21/建筑面积		617.00	

材料差价 表6-4

钢材调价	单位	数量	定额单价（元）	市场单价（元）	差价（元）	合价（元）
钢筋（10mm内圆钢）	t	28.45	2139.96	4400	2260.04	64301.00
钢筋（10mm外螺纹钢）	t	53.13	2176.68	4400	2223.32	118126.00
32.5级水泥	t	109.94	240.00	290	50.00	5497.00
42.5级水泥	t	182.42	275.00	310	35.00	6385.00
砂	t	703.29	20.00	32	12.00	8439.00
石子	t	479.52	23.00	75	52.00	24935.00
黏土砖	千块	66.21	280.00	310	30.00	1986.00
木材	m³	19.18	970.00	1300	330.00	6330.00
主材费用合计						235999.00
其他材料费（按主材%）	%	55.00				129799.45
材料差价合计						365798.45

注：表中其他材料费按主材取55%是经验数字，基本上准确，仅供参考。

(3) 价差调整

在工程造价计算的取费表中，应计算人工费、材料费及机械费的差价，差价的调整方法如下所示。

1) 人工费差价调整

人工费差价按现行人工平均单价和定额规定的人工平均单价之差进行调整，在工程造价计算表的"人工调差"栏目中一般按人工费调差系数进行调整。

$$人工费调差系数 = \frac{现行人工平均单价 - 定额人工平均单价}{定额人工平均单价}$$

$$人工费差价 = 定额人工费 \times 人工费调差系数$$

例如：建筑工程定额直接人工费为45000元，定额人工单价为每工日26元，现行人工单价为每工日34元，则

$$人工费调差系数 = \frac{34-26}{26} = 30.77\%$$

$$人工费差价 = 45000 \times 30.77\%$$
$$= 13846.50 元$$

2) 材料费差价调整

表6-4为一般常用的材料差价调整形式。通常材料费差价调整分主要材料和次要材料两种类型，主要材料为钢筋、型钢、水泥、木材、中粗砂、碎（砾）石、黏土砖等；次要材料实际上就是其他材料，一般按主材差价的一定比例计取，或者按直接费的一定比例计取。

3) 机械费差价调整

机械费差价因为无法找到可靠的测定依据，同时这部分差价很小，通常不作单独调整，可以在直接费计算表的"零星项目"中考虑一定系数。

3. 测定结果

经过选定图形——标准图形的计算，计算结果如下所示。

(1) 标准图形测定的某省基准单方造价为617元/m^2；

(2) 选定图形的外墙单方建筑面积周长（以下简称单方周长）为0.1971m/m^2；

(3) 标准图形测定的某省利用外墙周长参与计算的主体及装修造价占总造价的比例为44.06%。

上述数据如果在选定图形不变、各省市定额标准不一样的情况下，其基准单方造价、利用外墙周长参与计算的主体及装修造价占总造价的比例将跟随定额标准变化，而基准单方造价测定的工程量是不会变化的。我们可以按照测定的工程量重新套用所在省市的定额，重新测定基准单方造价及外墙单方周长参与计算的主体及装修造价占总造价的比例，以供我们在本省市房屋评估时使用。

在选定的测定图形和本书设定的图形相同的情况下，其对比标准的房屋建筑物工程量可以参照表6-1的工程量数据计算，测定的单方周长应为：

$$单方周长 = 外墙中心线周长 / 建筑面积$$
$$= (39.5 + 13) \times 2 \div [(39.5 + 0.365)$$
$$\times (13 + 0.365)] = 0.1971 m/m^2$$

此单方周长在以后选用的测定图形和本书设定的图形相同的情况下是一个不变的定数,用于以后求取待估房屋建筑物基准单方造价图形特征调增系数时使用。

第三节 基准单方造价系数表及基准单方造价表的制定

一、基准单方造价系数表的制定

1. 基准单方造价系数表的含义

根据前面砖混结构基准单方造价的测定结果和房屋建筑物不同结构基准单方造价之间的关系,制定框架结构、排架结构以及其他结构的基准单方造价系数表。

基准单方造价系数表表达了房屋建筑物不同结构类型在不同情况下的单方造价和测定的砖混结构基准单方造价之间的比例关系,例如表 6-6 简易砖混结构序号 1、外墙厚 365mm、内墙厚 240mm 的系数为 0.9200,表示该简易砖混结构的单方造价和测定的砖混结构基准单方造价之间的比例系数为 0.9200。

作者曾无数次进行案例的整理、加工,并在案例的基础上总结和归纳,制作了房屋建筑物不同结构类型造价相互换算系数表,即不同结构基准单方造价系数表。以供评估人员在群体房屋建筑物评估项目评估时参考使用。此系数表可以在各省、自治区、直辖市内通用。基准单价系数表可以解决平时房屋建筑物各类结构类型的基准单价制定工作。

2. 基准单方造价系数表的制定方法

基准单方造价系数表的系数分不同的结构类型分别制定,首先设定砖混结构的系数为 1,其他结构类型的造价系数按照它们和砖混结构造价之间的造价关系导出相应的造价系数。基准单方造价系数表制定过程中尽可能考虑各种因素对单方造价的影响关系,这些因素大概有以下几个主要方面。

(1) 地区区别

由于南方和北方的结构构造差异,基准单价(基准单方造价的简称,下同)所包含的内容有一定区别,主要区别表现为南方外墙厚 240mm、屋面无保温层、无供暖设施。北方外墙厚 365mm,屋面有保温层、有供暖设施。因此基准单价系数表分南方、北方分别制定。

(2) 抗震与非抗震区别

有抗震设施和无抗震设施,应用时要注意区别,例如砖混结构有抗震设施的为正规砖混结构,设置有圈梁、构造柱、墙体内加钢筋;简易砖混结构、简易结构、木结构为非抗震结构,则无上述设施。

(3) 内隔墙密度和建造质量区别

内隔墙密度表示建筑物内隔墙设置数量的多少。建筑物内隔墙的设置密度对建筑造价有显著影响,同样的砖混结构,按同样开间尺寸满设内隔墙的办公楼和无内隔墙的仓库,造价要相差 25% 左右,因此,系数表将针对内隔墙的不同密度设置不同的计算系数。系数表中将内隔墙的密度分为五种类型 10 个档次、五种类型,即"4"、"3"、"2"、"1"、"0","4" 表示按开间满设内隔墙,"3"、"2"、"1" 依次表示内隔墙的密度为较少、少、很少,"0" 则表示无隔墙。每种类型又分为 2~3 档次,档次按 3.5~4.2m 不同开间尺寸选用,开间大于 3.5m 时,要适当降低档次。排架及彩板可按跨度和跨数选用,单跨、跨度 18m 以内按最高值套用，跨数增多、跨度加大，酌情降低档次。多跨排架结构相邻两跨之间为公共隔墙，隔墙明显减少时，要适当降低基准单价档次。总之在套用基准单方造价时要充分分析各种房屋结构构造的特点和影响造价的因素，做到正确套用。

隔墙密度的划分标准如表 6-5 所示。

隔墙密度及质量状况等级划分标准　　　　　　　　　　　　　表 6-5

密度类型编号	砖内隔墙密度区间	档次划分数量	套用说明
4	85%~100%	2	在规定开间尺寸内，按密度大小确定选用基准单价
3	55%~85%（含85%）	3	在规定开间尺寸内，按密度大小确定选用基准单价
2	25%~55%（含55%）	3	在规定开间尺寸内，按密度大小确定选用基准单价
1	5%~25%（含25%）	2	在规定开间尺寸内，按密度大小确定选用基准单价
0	0~5%（含5%）	0	按无隔墙套用；用于排架结构及彩板结构时根据跨度尺寸选用档次

内隔墙设置的五种类型，除表示内隔墙密度外，也表示建造质量情况，如果房屋建造质量较差，可以按情况降低档次套用。

（4）结构类型区别

基准单方造价系数表是分不同结构类型制定的，这些结构类型包括砖混结构、简易砖混结构、框架结构、排架结构、砖木结构、简易结构、轻钢彩板结构等。

轻钢彩板结构一般为工厂化制作，现场安装，它的价格根据钢材市场价格的波动而变动，而且价格的稳定性较差，系数表中的系数只是根据以往使用过的彩板结构单方造价数据制定的。由于彩板结构系工厂化生产，产品定型，在评估中应以现行市场产品价格计算，表列系数仅供参考。

特别指出，钢筋混凝土排架结构经常使用外墙彩板围护墙体及彩板屋面，外观形似彩板结构，其实不是彩板结构，应按照排架结构计算造价。

二、基准单方造价系数表的形式和内容

基准单方造价系数表按照不同地区分为北方（供暖）地区和南方（非供暖地区）两种地区分别制定，每种表又根据不同结构类型制定不同的基准单方造价系数表和基准单方造价表。

1. 北方基准单方造价系数表的形式和系数

北方基准单方造价系数表的形式和系数如表 6-6 所示。

北方基准单方造价系数　　　　　　　　　　　　　表 6-6

序号	隔墙密度及质量状况等级	砖混结构（层高3m）						简易砖混结构（层高3m）		
		抗震						非抗震		
		外490mm 内240mm	外365mm 内240mm	外240mm 内240mm	外490mm 无隔墙（按砖墙密度等级为0）	外365mm 无隔墙（按砖墙密度等级为0）	外240mm 无隔墙（按砖墙密度等级为0）	外365mm 内240mm	外240mm 内240mm	外365mm 无隔墙（按砖墙密度等级为0）	外240mm 无隔墙（按砖墙密度等级为0）
1	4	1.0650	1.0000	0.9200	0.8153	0.7455	0.6740	0.9200	0.8464	0.6859	0.6201
2	4	1.0374	0.9741	0.8962	0.7941	0.7262	0.6566	0.8962	0.8245	0.6681	0.6041
3	3	1.0098	0.9482	0.8723	0.7730	0.7069	0.6390	0.8723	0.8025	0.6503	0.5879
4	3	0.9824	0.9224	0.8486	0.7520	0.6876	0.6217	0.8486	0.7807	0.6326	0.5720

续表

序号	隔墙密度及质量状况等级	砖混结构（层高3m）						简易砖混结构（层高3m）			
		抗震						非抗震			
		外490mm 内240mm	外365mm 内240mm	外240mm 内240mm	外490mm 无隔墙（按砖墙密度等级为0）	外365mm 无隔墙（按砖墙密度等级为0）	外240mm 无隔墙（按砖墙密度等级为0）	外365mm 内240mm	外240mm 内240mm	外365mm 无隔墙（按砖墙密度等级为0）	外240mm 无隔墙（按砖墙密度等级为0）
5	3	0.9548	0.8965	0.8248	0.7309	0.6683	0.6042	0.8248	0.7588	0.6148	0.5559
6	2	0.9272	0.8706	0.8010	0.7098	0.6490	0.5868	0.8010	0.7369	0.5971	0.5399
7	2	0.8996	0.8447	0.7771	0.6886	0.6297	0.5693	0.7771	0.7149	0.5793	0.5238
8	2	0.8720	0.8188	0.7533	0.6675	0.6104	0.5519	0.7533	0.6930	0.5616	0.5077
9	1	0.8445	0.7930	0.7296	0.6465	0.5912	0.5345	0.7296	0.6712	0.5439	0.4917
10	1	0.8170	0.7671	0.7057	0.6254	0.5719	0.5170	0.7057	0.6492	0.5261	0.4756

北方基准单方造价系数　　　　　　表6-6续

序号	隔墙密度及质量状况等级	框架结构（层高3m）					排架结构（层高6m）			砖木结构（层高3m）			
		抗震					抗震			非抗震			
		外490mm 内240mm	外365mm 内240mm	外240mm 内240mm	外365mm 无隔墙（按砖墙密度等级为0）	外240mm 无隔墙（按砖墙密度等级为0）	外490mm 内240mm	外365mm 无隔墙	外240mm 无隔墙	外365mm 内240mm	外240mm 内240mm	外365mm 无隔墙（按砖墙密度等级为0）	外240mm 无隔墙（按砖墙密度等级为0）
1	4	1.2567	1.2000	1.1040	0.8946	0.8088	1.5443	1.4500	1.3340	0.8464	0.7448	0.6036	0.5457
2	4	1.2241	1.1689	1.0754	0.8714	0.7879	1.5042	1.4124	1.2995	0.8245	0.7256	0.5879	0.5316
3	3	1.1916	1.1378	1.0468	0.8483	0.7668	1.4642	1.3749	1.2648	0.8025	0.7062	0.5723	0.5174
4	3	1.1592	1.1069	1.0183	0.8251	0.7460	1.4245	1.3375	1.2305	0.7807	0.6870	0.5567	0.5034
5	3	1.1267	1.0758	0.9898	0.8020	0.7250	1.3845	1.2999	1.1960	0.7588	0.6677	0.5410	0.4892
6	2	1.0941	1.0447	0.9612	0.7788	0.7042	1.3444	1.2624	1.1615	0.7369	0.6485	0.5254	0.4751
7	2	1.0615	1.0136	0.9325	0.7556	0.6832	1.3044	1.2248	1.1268	0.7149	0.6291	0.5098	0.4609
8	2	1.0290	0.9826	0.9040	0.7325	0.6623	1.2644	1.1873	1.0923	0.6930	0.6098	0.4942	0.4468
9	1	0.9965	0.9516	0.8755	0.7094	0.6414	1.2245	1.1499	1.0579	0.6712	0.5907	0.4786	0.4327
10	1	0.9641	0.9205	0.8468	0.6863	0.6204	1.1847	1.1123	1.023265	0.6492	0.5713	0.4630	0.4185

北方基准单方造价系数　　　　　　表6-6续

序号	隔墙密度及质量状况等级	简易建筑（层高3m）				轻钢彩板结构（层高6m）	
		非抗震				保温板	非保温板
		外365mm 内240mm	外240mm 内240mm	外365mm 无隔墙（按砖墙密度等级为0）	外240mm 无隔墙（按砖墙密度等级为0）	无隔墙（按不同地区采购价格分级）	
1	4	0.7618	0.6703	0.5432	0.4911	1.2200	1.1000
2	4	0.7421	0.6530	0.5291	0.4784	1.2078	1.0890
3	3	0.7223	0.6356	0.5151	0.4657	1.1956	1.0780
4	3	0.7026	0.6183	0.5010	0.4531	1.1834	1.0670
5	3	0.6829	0.6009	0.4869	0.4403	1.1712	1.0560
6	2	0.6632	0.5837	0.4729	0.4276	1.1590	1.0450
7	2	0.6434	0.5662	0.4588	0.4148	1.1468	1.0340

续表

序号	隔墙密度及质量状况等级	简易建筑（层高3m）				轻钢彩板结构（层高6m）	
		非抗震				保温板	非保温板
		外365mm 内240mm	外240mm 内240mm	外365mm 无隔墙（按砖墙密度等级为0）	外240mm 无隔墙（按砖墙密度等级为0）	无隔墙（按不同地区采购价格分级）	
8	2	0.6237	0.5488	0.4448	0.4021	1.1346	1.0230
9	1	0.6041	0.5316	0.4307	0.3894	1.1224	1.0120
10	1	0.5843	0.5142	0.4167	0.3767	1.1102	1.0010

2. 南方基准单方造价系数表的形式和系数

南方基准单方造价系数表的形式和系数如表6-7所示。

南方基准单方造价系数　　　　　　　　　　　　　　表6-7

序号	隔墙密度及质量状况等级	砖混结构（层高3m）						简易砖混结构（层高3m）			
		抗震						非抗震			
		外490mm 内240mm	外365mm 内240mm	外240mm 内240mm	外490mm 无隔墙（按砖墙密度等级为0）	外365mm 无隔墙（按砖墙密度等级为0）	外240mm 无隔墙（按砖墙密度等级为0）	外365mm 内240mm	外240mm 内240mm	外365mm 无隔墙（按砖墙密度等级为0）	外240mm 无隔墙（按砖墙密度等级为0）
1	4	1.1577	1.0870	1.0000	0.8862	0.8104	0.7326	1.0000	0.9200	0.7456	0.6740
2	4	1.1277	1.0589	0.9742	0.8633	0.7894	0.7137	0.9742	0.8963	0.7262	0.6566
3	3	1.0977	1.0307	0.9482	0.8403	0.7684	0.6947	0.9482	0.8723	0.7069	0.6391
4	3	1.0678	1.0026	0.9224	0.8174	0.7474	0.6758	0.9224	0.8486	0.6876	0.6217
5	3	1.0378	0.9745	0.8965	0.7944	0.7265	0.6568	0.8965	0.8248	0.6684	0.6043
6	2	1.0078	0.9463	0.8706	0.7715	0.7055	0.6378	0.8706	0.8010	0.6491	0.5868
7	2	0.9779	0.9182	0.8447	0.7486	0.6845	0.6188	0.8447	0.7771	0.6297	0.5693
8	2	0.9480	0.8901	0.8189	0.7257	0.6636	0.5999	0.8189	0.7534	0.6105	0.5519
9	1	0.9179	0.8619	0.7929	0.7027	0.6425	0.5809	0.7929	0.7295	0.5911	0.5344
10	1	0.8880	0.8338	0.7671	0.6798	0.6216	0.5620	0.7671	0.7057	0.5719	0.5170

南方基准单方造价系数　　　　　　　　　　　　　　表6-7续

序号	隔墙密度及质量状况等级	框架结构（层高3m）				排架结构（层高6m）				砖木结构（层高3m）	
		抗震				抗震				非抗震	
		外365mm 内240mm	外240mm 内240mm	外365mm 无隔墙（按砖墙密度等级为0）	外240mm 无隔墙（按砖墙密度等级为0）	外365mm 无隔墙	外240mm 无隔墙	外365mm 内240mm	外240mm 内240mm	外365mm 无隔墙（按砖墙密度等级为0）	外240mm 无隔墙（按砖墙密度等级为0）
1	4	1.3044	1.2000	0.9725	0.8791	1.5762	1.4500	0.9200	0.8096	0.6561	0.5931
2	4	1.2707	1.1690	0.9473	0.8564	1.5354	1.4126	0.8963	0.7887	0.6391	0.5778
3	3	1.2368	1.1378	0.9221	0.8336	1.4945	1.3749	0.8723	0.7676	0.6221	0.5624
4	3	1.2031	1.1069	0.8969	0.8110	1.4538	1.3375	0.8486	0.7468	0.6051	0.5471
5	3	1.1694	1.0758	0.8718	0.7882	1.4130	1.2999	0.8248	0.7258	0.5882	0.5318
6	2	1.1356	1.0447	0.8466	0.7654	1.3721	1.2624	0.8010	0.7049	0.5712	0.5164
7	2	1.1018	1.0136	0.8214	0.7426	1.3314	1.2248	0.7771	0.6838	0.5541	0.5010
8	2	1.0681	0.9827	0.7963	0.7199	1.2906	1.1874	0.7534	0.6630	0.5372	0.4857
9	1	1.0343	0.9515	0.7710	0.6971	1.2498	1.1497	0.7295	0.6420	0.5202	0.4703
10	1	1.0006	0.9205	0.7459	0.6744	1.20901	1.112295	0.7057	0.6210	0.5033	0.4550

南方基准单方造价系数　　　　　　　　　　　表6-7续

序号	隔墙密度及质量状况等级	简易建筑（层高3m）				轻钢彩板结构（层高6m）	
		非抗震				保温板	非保温板
		外365mm 内240mm	外240mm 内240mm	外365mm 无隔墙（按砖墙密度等级为0）	外240mm 无隔墙（按砖墙密度等级为0）	无隔墙（按不同地区采购价格分级）	
1	4	0.8280	0.7286	0.5905	0.5338	1.3261	1.1957
2	4	0.8067	0.7098	0.5752	0.5200	1.3128	1.1837
3	3	0.7851	0.6908	0.5599	0.5062	1.2996	1.1718
4	3	0.7637	0.6721	0.5446	0.4924	1.2863	1.1598
5	3	0.7423	0.6532	0.5294	0.4786	1.2731	1.1479
6	2	0.7209	0.6344	0.5141	0.4648	1.2598	1.1359
7	2	0.6994	0.6154	0.4987	0.4509	1.2465	1.1240
8	2	0.6781	0.5967	0.4835	0.4371	1.2333	1.1120
9	1	0.6566	0.5778	0.4682	0.4233	1.2200	1.1000
10	1	0.6351	0.5589	0.4530	0.4095	1.2068	1.0881

三、基准单方造价表的制定

1. 基准单方造价表的概念

在实际应用中，我们需要的是基准单方造价表而不是系数表，在每次房屋建筑估价中，我们总是根据资产评估所在地区的概预算定额和取费定额测定出该地区砖混结构的基准单方造价，然后制定该地区的基准单方造价表以满足本次房屋建筑物价值评估作价的需要。

基准单方造价表及基准单方造价系数表是两个不同性质的应用数表，但又是相互关联的两个数表，都非常重要。基准单方造价系数表的数据一般通过测定取得，或者根据房屋建筑物估价的案例经过整理加工而求取。而基准单方造价表中的每一个单价都是用该地区砖混结构测定的基准单方造价乘以基准单方造价系数表中各种结构类型对应的系数求取，其计算公式为：

不同结构类型的基准单方造价 = 砖混结构基准单方造价 × 对应基准单方造价系数。

例如：北方地区表6-6中框架结构序号1的系数为1.20。则框架结构的基准单方造价应为：

框架结构基准单方造价 = 617 × 1.2 = 740 元/m²

2. 基准单方造价表的形式和内容

基准单方造价表的形式和项目名称与基准单方造价系数表的形式和项目名称完全一致，只是表中需要表达的内容不是系数而是单方造价数值，它是房屋建筑物估价中最重要的基础数据。

现以北方×地区为例制定基准单方造价表，如表6-8所示，该表测定的标准砖混结构基准单价为617元/m²。

第六章 单方造价比较法和基准单方造价比较法

北方×地区基准单方造价　　　　　　　　表6-8

序号	隔墙密度及质量状况等级	砖混结构（层高3m）						简易砖混结构（层高3m）			
		抗震						非抗震			
		外490mm内240mm	外365mm内240mm	外240mm内240mm	外490mm无隔墙（按砖墙密度等级为0）	外365mm无隔墙（按砖墙密度等级为0）	外240mm无隔墙（按砖墙密度等级为0）	外365mm内240mm	外240mm内240mm	外365mm无隔墙（按砖墙密度等级为0）	外240mm无隔墙（按砖墙密度等级为0）
1	4	657	617	568	503	460	416	568	522	423	383
2	4	640	601	553	490	448	405	553	509	412	373
3	3	623	585	538	477	436	394	538	495	401	363
4	3	606	569	524	464	424	384	524	482	390	353
5	3	589	553	509	451	412	373	509	468	379	343
6	2	572	537	494	438	400	362	494	455	368	333
7	2	555	521	479	425	389	351	479	441	357	323
8	2	538	505	465	412	377	341	465	428	347	313
9	1	521	489	450	399	365	330	450	414	336	303
10	1	504	473	435	386	353	319	435	401	325	293

北方×地区基准单方造价　　　　　　　　表6-8续

序号	隔墙密度及质量状况等级	框架结构（层高3m）					排架结构（层高6m）			砖木结构（层高3m）			
		抗震					抗震			非抗震			
		外490mm内240mm	外365mm内240mm	外240mm内240mm	外365mm无隔墙（按砖墙密度等级为0）	外240mm无隔墙（按砖墙密度等级为0）	外490mm内240mm	外365mm无隔墙	外240mm无隔墙	外365mm内240mm	外240mm内240mm	外365mm无隔墙（按砖墙密度等级为0）	外240mm无隔墙（按砖墙质量分级为0）
1	4	775	740	681	552	499	953	895	823	522	460	372	337
2	4	755	721	664	538	486	928	871	802	509	448	363	328
3	3	735	702	646	523	473	903	848	780	495	436	353	319
4	3	715	683	628	509	460	879	825	759	482	424	343	311
5	3	695	664	611	495	447	854	802	738	468	412	334	302
6	2	675	645	593	481	434	830	779	717	455	400	324	293
7	2	655	625	575	466	422	805	756	695	441	388	315	284
8	2	635	606	558	452	409	780	733	674	428	376	305	276
9	1	615	587	540	438	396	756	709	653	414	364	295	267
10	1	595	568	522	423	383	731	686	631	401	352	286	258

北方×地区基准单方造价　　　　　　　　表6-8续

序号	隔墙密度及质量状况等级	简易建筑（层高3m）				轻钢彩板结构（层高6m）	
		非抗震				保温板	非保温板
		外365mm内240mm	外240mm内240mm	外365mm无隔墙（按砖墙密度等级为0）	外240mm无隔墙（按砖墙密度等级为0）	无隔墙（按不同地区采购价格分级）	
1	4	470	414	335	303	753	679
2	4	458	403	326	295	745	672
3	3	446	392	318	287	738	665

续表

序号	隔墙密度及质量状况等级	简易建筑（层高3m）				轻钢彩板结构（层高6m）	
		非抗震				保温板	非保温板
		外365mm内240mm	外240mm内240mm	外365mm无隔墙（按砖墙密度等级为0）	外240mm无隔墙（按砖墙密度等级为0）	无隔墙（按不同地区采购价格分级）	
4	3	434	381	309	280	730	658
5	3	421	371	300	272	723	652
6	2	409	360	292	264	715	645
7	2	397	349	283	256	708	638
8	2	385	339	274	248	700	631
9	1	373	328	266	240	693	624
10	1	361	317	257	232	685	618

四、影响单方造价的主要对比因素

应用单方造价或基准单方造价对比法确定待估房屋建筑物的单方造价时，首先要求选择相同结构类型的房屋建筑物作对比标准，不同结构类型的房屋建筑物是无法做对比操作的。在房屋建筑物对比计算中，影响房屋建筑物单方造价的对比因素有很多，对比因素太多了不便于操作，太少了影响评估的结果，因此我们决定挑选主要的对比因素进行造价的对比计算。一般情况大致选择以下几种对比因素。

1. 层数对比因素

一般当层数不同、其他条件均相同的情况下，如房屋图纸平面尺寸、装修等情况均相同而房屋层数不相同，层数少的单方造价相对要高。经测定，房屋中心长度36.3m、中心宽度12m的6层办公楼，建筑面积为2720m^2，当平面尺寸不改变、层数为1层平房时，单方造价比办公楼增加了21%。增加的主要原因是基础、屋面和地面的工程量相对办公楼有所增加。

2. 层高对比因素

层高对造价的影响是显然的，层高高的自然造价要高。不同层高造价的增减和结构类型、房屋内隔墙密度有很大的关系。同样排架结构的房屋，基本层高为6m时，经测定，层高每增加1m单方造价增加2.5%，同样砖混结构或框架结构的房屋，层高为3m时，层高每增加1m单方造价增加5%~13%。单方造价系数增减的多少和内隔墙密度关系很大，内隔墙密度越大单方造价增加的比例系数越大，比如老式办公楼按开间3.3~3.6m设置隔墙，密度较大，标准层高为3m时，一般层高每增加1m单方造价增加11%~13%，仓库无内隔墙，房屋长度超过20m时，层高每增加1m单方造价只增加大约5%。

3. 房屋平面图形特征对比因素

房屋不同的平面图形，包括房屋外形宽长比和首层建筑面积大小对房屋造价影响很大。同样形状的房屋建筑面积小的造价高，建筑面积越小造价越高；相同建筑面积的房屋长宽比越大造价越高，当建筑面积相同时，长度等于宽度（正方形）的长宽比最小，造价最低。由于图形特征差异将对房屋单方造价产生很大影响，建筑面积小的比建筑面积大的建筑单方造价能相差1~2倍甚至4~5倍，这是一个不可忽视的单方造价影响因素。

4. 建筑结构变化对比因素

建筑结构包括建筑基础、结构的柱梁板等与设定标准不一样时，需要调整基准单方造价所不能包括的结构部分的单方造价，一般会遇到以下几个方面。

（1）基础加固处理，例如采用钢筋混凝土筏形基础、基础局部或全部加深、采用桩基础等，必须合理增加造价系数。

（2）重型厂房钢筋混凝土框、排架结构柱梁板结构尺寸较大对单方造价影响很大，这是一个不可忽视的造价影响因素，我们在确定框、排架结构的单方造价时，不能千篇一律地认为框、排架结构是一个价格，重型和非重型框、排架有时候单方造价能相差1倍以上。比如一般仓库的排架结构钢筋混凝土柱断面为450mm×550mm，断面面积为0.2475m^2；而重型厂房的排架结构钢筋混凝土柱的断面可达650mm×800mm，断面面积为0.52m^2，两者断面相差1倍。

（3）钢筋混凝土柱梁板结构含有钢结构构件，如钢屋架、钢天窗、钢平台等，其单方造价比不含有钢结构构件的相同钢筋混凝土排架结构的单方造价要高。

5. 屋面做法对比因素

屋面包括屋面保温层、找平层和防水层等使用材料超出标准单价范围时，应增加造价系数。

6. 建筑装修对比因素

建筑装修包括门窗、楼地面、内墙面、顶棚、外墙面等的装修超出标准单价范围时，应增加造价系数。

7. 配套设施对比因素

配套设施包括室内配套的给水、排水、供暖、配电、通信等超出标准单价范围时，应增加造价系数。一般的标准单价都是按基本设施配套制定的，有时有特殊功能要求而又不属于工艺管线的配套，应增加造价系数。

8. 卫生设施对比因素

卫生设施增加的造价一般包括卫生间的装修和设备，分不同档次增加造价系数。

9. 其他方面影响因素

其他方面增加造价的项目一般有室内管沟、房中房、室内附墙设施、室内水池、室内设备基础、天窗、局部高级装修的房间等。

各种对比因素的调整系数详见下述。

五、基准单方造价对比因素的调增系数

针对上述影响单方造价的诸多因素，需要制定影响基准单方造价不同因素的调增系数，其中主要的有层数、层高、房屋平面图形特征、结构构造、装修、配套设施做法以及其他方面等影响因素的调增系数。具体归纳有下列四方面的调增系数。

1. 层数调增系数

根据我们对基准单方造价测定的设定条件，其中规定了标准层数为6层，在房屋评估中没有电梯的楼房最高为6层，正好是我们测定基准单方造价的最高层数。如果房屋是1~5层，基准单方造价就必须调整，一般情况层数越少单方造价越高，而一层平房的基准单价是最高的。经过我们测定，其层数调整系数如表6-9所示。

层数调增系数 表 6-9

层数	调整基数	调增系数
1	基准单价	0.2368
2	基准单价	0.1146
3	基准单价	0.0692
4	基准单价	0.0432
5	基准单价	0.0253
6	基准单价	0

注：6 层以上没有砖混结构，不存在基准单方造价的层数调整，6 层以上的框架结构按表 6-8～表 6-13 的系数计算。暂不作层数调整。

2. 层高调增系数

房屋的基本层高一般设定为 3m，只有排架结构和彩板结构设定为 6m，如果层高有增减，房屋的建造单价也随之增减，根据多年的评估资料整理，确定建筑物层高每增高 1m 增加的造价系数如表 6-10 所示。

建筑物层高每增高 1m 造价调增系数 表 6-10

序号	隔墙密度类型	调增系数	备注
1	4	13%	按间设置隔墙 85%～100%
2	3	11%	按开间设置隔墙 55%～85%（含 85%）
3	2	9%	按开间设置隔墙 25%～55%（含 55%）
4	1	7%	按开间设置隔墙 5%～25%（含 25%）
5	0	5%	按开间设置隔墙 0～5%（含 5%）
6	排架或轻钢结构（无内隔墙）	2.5%	无隔墙

注：高于 6 层楼的房屋建筑均为框架结构，目前尚未测定调整系数，因为有电梯，系数测定标准要重新制定，评估中如果遇到梁柱断面较大、又有电梯间时，评估人员可以根据实际情况在建筑结构、装修、配套设施系数调整表的"基础"及"结构"调整栏目中适当增加或减少系数。

3. 房屋建筑物图形特征调增系数和图形特征综合调整系数

（1）房屋建筑物图形特征调增系数的确定方法

房屋建筑物图形特征调增系数系指房屋建筑物不同平面图形特征引起单方造价增加或减少的调整系数。根据本节前述房屋平面图形特征的单方造价对比因素分析及对房屋建筑物平面图形特征和单方造价关系的测定与分析（见附录），可以认为房屋建筑物图形特征调增系数系由房屋建筑物单位建筑面积外墙周长对房屋建筑物总体造价的影响程度来确定的。由于房屋建筑物的平面尺寸千变万化，因而无法制定固定的房屋建筑物图形特征调增系数表，只能通过房屋建筑物图形的几何尺寸采用公式计算确定，其计算公式为：

图形特征调增系数 =（委估房屋建筑物单方外墙周长 – 标准房屋建筑物单方外墙周长）/标准房屋建筑物单方外墙周长 × 外墙造价系数

式中 图形特征调增系数——系指委估房屋建筑物平面图形特征和标准房屋建筑物平面图形特征不同，需对委估房屋建筑物基准单方造价进行图形特征单价修正的造价调增系数。

单方外墙周长 = 房屋建筑物外墙周长/建筑面积

标准房屋建筑物——系指基准单方造价比较法选用的作为委估房屋建筑物估价对比标准的房屋建筑物。

房屋建筑物外墙周长 =（房屋建筑物外墙中心线长度 + 房屋建筑物外墙中心线宽度）×2

外墙造价系数——含有外墙周长参与计算的房屋建筑物结构和基本装修的工程造价占房屋建筑物总造价的比例系数。

如果房屋建筑物的外墙长、宽以轴心尺寸表示，则可以采用房屋建筑物轴心尺寸替代中心尺寸。

含有外墙周长参与计算的房屋结构和装修项目一般有场地平整、外墙基础土方、外墙基础砌砖、外墙砌砖、散水、外墙面门窗、外墙内面装修、外墙圈梁等。一般与外墙周长有关的工程项目造价约占房屋总造价的 40% ~ 45%，有时比例可能更高。建筑物外墙造价系数可以近似地由房屋建筑物与外墙周长有关的工程项目造价占房屋总造价的比例来确定。

例如有一房屋建筑物，总造价为 120 万元，该房屋建筑物外墙周长参与运算的结构和基本装修项目的工程造价为 52 万元，则：

外墙造价系数 = 52/120 = 43.33%

（2）图形特征综合调整系数计算公式

图形特征综合调整系数系指房屋建筑物层数、层高以及图形特征三个因素所确定的房屋建筑物单方造价综合调整系数，其计算公式为：

图形特征综合调整系数 =（1 + 层高调增系数）×（1 + 层数调增系数）×（1 + 图形特征调增系数）

4. 房屋结构、装修、配套设施造价调增系数

根据作者多次评估实践和定额计算，推算出委估房屋建筑物结构、装修、配套设施和标准建筑物结构、装修、配套设施之间的对比差异调增系数如表 6 - 11 所示。

房屋结构、装修、配套设施造价调增系数参考 表 6 - 11

项目名称		调整子目及系数					基价规定标准	备 注
基础	分项名称	桩基	一般设备基础	重大设备基础	满堂基础		各类型结构基础常规做法	
	调增系数（%）	4 ~ 8	5 ~ 15	16 ~ 35	4 ~ 6			
墙体	分项名称	砖混内墙较少	框架内墙较少	排架内墙少1道	外墙少1道		内隔墙开间 3 ~ 3.5m 满设立	按墙体密度选择系数
	调增系数（%）	-2 ~ -8	-2 ~ -6	-2	-1			
屋面面层	分项名称	三毡四油	保温	新型防水材料			北方加汽块保温、二毡三油防水	
	调增系数（%）	1	±5 ~ 8	5 ~ 8				
门窗	分项名称	铝合金门	卷闸门	单层铝合金窗	单层塑钢窗	纱窗	中空玻璃窗	外墙普通木窗或钢窗、进门普通玻璃门，室内普通木门	
	调增系数（%）	1 ~ 1.5	4 ~ 6	4 ~ 6	5 ~ 7	1	6 ~ 10		
楼地面工程	分项名称	瓷砖	水磨石	花岗石	大理石	玻化砖		混凝土垫层、水泥砂浆抹面	瓷砖和玻化砖（抛光瓷砖）档次差别很大，注意区分
	调增系数（%）	（大）10 ~ 15 （小）5 ~ 7	4.5 ~ 5.5	40 ~ 80	30 ~ 70	20 ~ 25			

续表

项目名称		调整子目及系数					基价规定的标准	备注
内装修	分项名称	防水涂料	壁纸	瓷砖	木墙裙	无装修	普通涂料	
	调增系数（%）	5~7	6~12	12~18	4~6	-2		
外装修	分项名称	水泥	涂料	水刷石	瓷砖	大理石	花岗石	清水墙	
	调增系数（%）	2	3	5	8~10	15~50	25~75		
吊顶	分项名称	轻钢石膏板	铝合金石膏板	轻钢矿棉板	木龙骨矿棉板	简易吊顶	板底涂料，无吊顶	
	调增系数（%）	10~12	11~13	13~15	10~12	4~6		
公共卫生设施	分项名称	一般	中级	高级	住宅、宾馆		无	住宅、宾馆每户、每间都设立卫生间，应根据设立情况进行测算
	调增系数（%）	2.5	4~6	10~12	根据情况增加系数			
配套设施	分项名称	无给水排水	北方无供暖	南方有供暖	无电气	无通信	见表6-2	
	调增系数（%）	-3.6	-4.5	4.5	-3.2	-1		
其他	分项名称	内门木门套全设	窗护栏全设	地沟			无	
	调增系数（%）	5	2	2~4				
营业厅装修（元/m²建筑面积）（含柜台防弹玻璃装修综合标准）	分项名称	高级	中级	普通			无	会议室（厅）根据不同装修档次，增加造价一般按400~1200元/m²计算
	调增造价（元/m²）	1200~1500	800~1000	500~700				

注：1. 房屋建筑物基准单方造价的配套设施系根据表6-2的数据制定的，如果委估房屋建筑物没有配置表列的某种设施，必须在委估房屋建筑物的基准单价中扣除表中系数，如果配套设施的标准超过了表6-2所列的标准数值，可以由估价人员根据实际情况适当增加系数。

2. 表列调增系数仅供参考使用，不合适可以调整。

六、实例

现在我们通过一个实例看一下房屋建筑物单方造价调增情况，如果有一个传达室，房屋外形为6m×5.5m的矩形，建筑面积33m²，现选择一个样板楼房建筑，它的长、宽分别为75m和12m，层数为6层，建筑面积为5400m²。两个房屋都是砖混结构，层高均为3m，房屋结构和装修均符合设定的基准条件。假设样板建筑的基准单方造价为650元/m²，现在计算一下传达室的图形特征单方造价以及和样板建筑造价的比例关系。

在这里我们只调整两个造价调增系数，一个是层数，另一个是图形特征，由于层高相同不作层高调整。

1. 传达室计算数据

$$建筑面积 = 33 m^2$$
$$建筑物周长 = (6 + 5.5) \times 2 = 23 m$$
$$建筑物单方周长 = 23 \div 33 = 0.697 m/m^2$$

2. 样板楼房计算数据

下列建筑面积计算尺寸没有考虑外墙厚度,其计算结果误差很小,可以忽略不计。

$$建筑面积 = 75 \times 12 \times 6 = 5400 m^2$$
$$建筑物周长 = (75 + 12) \times 2 = 174 m$$
$$建筑物单方周长 = 174 \div (75 \times 12) = 0.1933 m/m^2$$

3. 传达室造价调增系数

(1) 层数调增系数

从样板楼房的6层调整到1层,经测算,单方造价调增系数为21%。

(2) 图形特征综合调整系数

选择外墙造价系数为40%,传达室和样板楼房的结构和基本装修相比,其图形特征调增系数为:

图形特征调增系数 = (传达室周长 – 样板楼房周长)/样板楼房周长 × 外墙造价系数
$$= (0.697 - 0.1933)/0.1933 \times 40\% = 104.23\%$$

图形特征综合调整系数 = (1 + 层高调增系数) × (1 + 层数调增系数)
× (1 + 图形特征调增系数)
$$= (1 + 21\%) \times (1 + 104.23\%) = 247.12\%$$

传达室的图形特征单方造价 = $650 \times 247.12\% = 1605.5$ 元/m^2

传达室图形特征单方造价和样板楼房单方造价比 = 传达室图形特征单方造价/样板楼房单方造价 = 247.12%

计算过程及计算结果如表6-12所示。

传达室单方造价和样板楼房造价的比例关系   表6-12

项目名称	几何尺寸 (m)			建筑面积 (m^2)	层数	周长		开间尺寸 (m)	层数调增系数 (%)	图形特征调增系数 (%)	图形特征综合调整系数 (%)	外墙造价系数 (%)	图形特征单价 (元/m^2)
	长	宽	高			建筑物周长 (m)	单方周长 (m/m^2)						
样板楼房	75	12	3	5400	6	174	0.1933	3	0	0	1	40	650
传达室	6	5.5	3	33	1	23	0.697	3	21	104.23	247.12	40	1605.5

传达室单方造价为1605.5元/m^2,这个数值高得使人难以相信,有时候简易建筑无非是装修简单,没有抗震设施,如果按照基本装修的砖混结构造价计算,北方一般省市的砖混结构建筑单方造价大约为650元/m^2,没有抗震设施,再减去20%,结构简单可以再减去10%则,

$6m \times 5.5m$ 的简易建筑 = $650 \times 0.70 \times (1 + 247.12\%)$
$$= 1124.36 \text{ 元}/m^2$$

从以上举例分析,建筑面积小的单层建筑,无论是高级装修还是简易建筑,它的单方造价都是很高的,有时候,室外简易砖混结构厕所的单方造价都很高,正规的豪华型厕所单方造价

要达到 2500 元/m² 以上。在资产评估中，有大量的房屋需要评估，有时建筑面积较小的单层建筑数量占据的比重还是不小的，对这些建筑物的价值评估不可随意低估。

由于建筑物形状和建筑面积特征，不仅仅是对房屋外墙造价有影响，对内墙造价也产生同样的影响，内外墙总体影响将通过建筑物的造价测定方能知道。

作者曾通过不同类型房屋平面图形对造价影响关系的测试，试图探测一下房屋建筑物平面图形特征对房屋建筑物单方造价的影响关系，测试过程和具体分析请看本节附录，测定认为房屋建筑形状和建筑面积大小对房屋造价的影响不是一个小问题，可惜的是在评估界至今还没有被人重视，据作者所知，在房屋建筑估价中从来还没有人去作建筑面积大小和房屋形状的单方造价调整，而作者也不过是近年来通过测试才知晓的，这是一个不可忽视的重要的造价影响因素，广大房地产估价人员应当引起重视。

附录：房屋建筑物平面图形特征对单方造价影响关系的测定与分析

1. 房屋建筑物平面图形特征对单方造价影响关系的测定

作者共设定了五个建筑平面图形进行建筑物单方造价与平面图形关系的测试。

对比标准建筑：该图形长 30m，宽 30m，建筑面积 900m²；

实例 1：该图形长 15m，宽 15m，建筑面积 225m²；

实例 2：该图形长 3m，宽 3m，建筑面积 9m²；

实例 3：该图形长 66m，宽 13.64m，建筑面积 900m²；

实例 4：该图形长 45m，宽 20m，建筑面积 900m²；

实例 5：该图形长 45m，宽 45m，建筑面积 2025m²。

计算结果如表 6-13 所示。

图形特征对单方造价影响关系测定　　　　　表 6-13

测试类别	平面图形测试与分析						数据来源或计算方法
图形编号	1	2	3	4	5	6	7
图形名称	样板建筑	实物1	实物2	实物3	实物4	实物5	选定图形
建筑物形状	正方	正方	正方	长方	长方	正方	选定形状
建筑物长度（m）	30	15	3	45	66	45	设定的外围长度
建筑物宽度（m）	30	15	3	20	13.64	45	设定的外围宽度
长宽比	1	1	1	2.25	4.84	1	建筑物长度/建筑物宽度
建筑面积（m²）	900	225	9	900	900	2025	建筑物长度×建筑物宽度
图形特征	样板建筑形状	形状相同，面积小于样板	形状相同，面积小于样板	形状不同，面积相同	形状不同，面积相同	形状相同，面积大于样板	实物和样板进行形状及建筑面积比较求得
建筑物周长（m）	120	60	12	130	159.28	180	（建筑物长度+建筑物宽度）×2
单位建筑面积周长（m/m²）	0.1333	0.2667	1.33	0.1444	0.1770	0.0889	建筑物周长/建筑面积
外墙造价系数（%）	40	40	40	40	40	40	根据测算求取，由于测算过程复杂这里只是按经验取值
图形特征调增系数（%）	0.00%	40.03%	360.09%	3.33%	13.08%	-13.32%	（待估建筑物单方周长-标准建筑物单方周长）/标准建筑物单方周长×外墙造价系数

注：表中建筑物图形周长近似采用图形的（长+宽）×2 进行计算，对测定结果影响甚小。但实际应用中必须采

用建筑物的中心线尺寸。

2. 图形特征和造价调增系数之间关系分析

从表 6-13 中可以看出：

（1）图形形状相同建筑面积小的单方造价系数大，在测定表中，和样板图形形状相同且建筑面积小于样板面积者，单方造价为调增，例如实物 1、实物 2，大于样板面积者为调减，例如实物 5；

（2）建筑面积相同且图形形状不同者，矩形形状的造价总是大于正方形的造价，在测定表中，和样板建筑面积相同且图形形状不相同者有实物 3 和实物 4，实物 3 和实物 4 为矩形，样板图形为正方形，所以实物 3 和实物 4 的单方造价大于样板的单方造价；

（3）图形均为矩形、建筑面积相同、长宽尺寸不同者，长宽比大的造价高。例如实物 3 和实物 4 比较，实物 4 的长宽比大，造价调增系数亦大；

（4）如果样板建筑和实物都是矩形形状、建筑面积不相同、长宽比亦不相同者，只有通过房屋建筑的单位面积周长来确定，实物单位建筑面积周长大于标准建筑时，单方造价系数为调增，否则为调减。

第四节 基准单方造价比较法应用

基准单方造价比较法在群体房屋估价中应用很广，它的操作方法、程序较多，但在 Excel 文档中用计算公式和链接关系以及利用 Excel 文档中的自身功能就可以将前面所述的各种类比关系连在一起，作出全部项目连续的操作程序，自动求得委估项目的单方造价。如果应用程序的模式一旦固定，就可以在以后重复使用。第一次设置通用程序，要花费一定的时间和精力，要充分运用计算机特有的功能和特殊的程序技巧使评估程序自动化。当标准程序设定后，以后的评估操作将会变得容易、简单。

一、基准单方造价比较法操作步骤

1. 设置程序

在评估计算工作进行之前，首先应在 Excel 文档中设置或调整全部应用程序，其中包括对比项目的设定、项目之间的计算公式和项目之间的链接关系，充分应用 Excel 自身功能，建立自动化的数据计算模型。当整个计算模型建立以后，我们就可以按各类操作表的要求输入计算信息，程序将会自动进行计算至最后的评估结果。

2. 测定基准单方造价

在资产评估所在地区，采用该地区的概预算定额，用砖混结构的概预算编制模板编制砖混结构的基准单方造价作为标准基价。

3. 设置基准单方造价表

将编制好的砖混结构基准单方造价设置成基准单方造价表。

4. 收集计算数据

为实现计算机的自动计算，我们在 Excel 评估计算表中设置了大量的运算参数和自动计算程序，并制定了计算机程序计算表。在计算机程序表中要求每一个评估项目都必须填写参与运算的所有参数，如房屋的建筑面积、层数、层高等；还有计算机运算的信息，如房屋的结构类型、基础、结构、装修的材料做法等。由于评估项目较多，评估所需的参数、信息亦多，因此，必须建立一个专门供评估程序使用的数据表格，这个表格的格式和内容应包含评估计算所需的各种数据，并且按照这些内容制定房屋现场勘察表。为了避免人工输入的烦琐操作，设定的房屋现场勘察表应和评估计算程序在 Excel 中对应表格的格式和内容一一对应，便于计算机直接复制。房屋现场勘察表的形式和内容如表 6-14、表 6-15 所示。

5. 现场勘察、填写计算数据资料

房屋现场勘察必须按照表 6-14、表 6-15 的内容进行详细查看，不容许遗漏，查看情况一一填写在表格的对应位置。基准单方造价比较法应用的房屋现场勘察表和一般的房屋现场勘察表的形式区别很大，填写要求很高，因为这个表的内容是确定房屋单方造价的核心表格，表中的每一个内容包括文字表述的内容在内都是基准单方造价比较法在计算机中进行造价计算的数据，而不仅仅是对房屋结构或装修或房屋概况的描述。因此，对房屋现场勘察表的填写必须符合计算机运算规定的要求，使计算机能够顺利操作。

房屋现场勘察表的数据除来源于现场勘察记录外，还可以来源于设计图纸相关资料和由资产方知情人提供的相关资料。将所有调查和寻找的评估数据资料填写在预先设置好的房屋现场勘察表后，就可以将现场勘察表中整个数据表粘贴到程序表的规定位置，计算机将会自动和其他相应计算表链接起来进行计算。要强调的是，房屋勘察表的所有数据及参数必须填写齐全，不能有缺，否则程序不予运算；要求资料真实可靠，否则影响评估结果的准确度。

6. 向计算机输入对比系数、设置计算公式

基准单方造价表中的对比项目很多，其中层数、层高、建筑面积、卫生设施等可以设置计算公式由计算机自动选定计算，其他项目如门窗、楼地面、装修、屋面保温防水、墙面装修等采用人工输入系数，最后由计算机算出综合调增系数，由计算机自动计算出单方造价以及重置单价。

二、房屋评估计算表格的设置和应用

房屋评估计算表格按照基准单价对比项目计算流程进行顺序排列设置，本章共设置了 6 种应用表格，详见表 6-14～表 6-19。这 6 种分表包括了一个房屋评估项目单方造价计算的全部过程，最后求得房屋建造单价和重置单价。这个单价已包括了土建、装修、配套设施等房屋的全部价值内容。

房屋评估计算表格的 6 种表格将会在计算机 Excel 表格中按表列顺序由计算机自动进行链接计算，有的计算参数系数将通过设置的条件语句公式自动计算得出结果、自动填写在已设定好的栏目中。例如房屋层数、层高的系数计算都是通过计算机条件语句自动选择计算的。

房屋评估计算表 6 种表格的形式、内容和填写方式作如下分述。

（有些表格采用例表形式表达更清楚）

1. 房屋参数表和房屋构建状况表的内容设置

（1）房屋参数表

房屋参数表的内容可以由现场勘察表相应内容直接复制而成，该表主要表示房屋建筑物的结构类型及各部分尺寸、吊车吨位及建成日期等，该表是确定基准单方造价计算数据最基本的表格之一。房屋参数表具体内容如表 6-14 所示。

房屋参数 表6-14

序号	建筑物名称	结构		房屋尺寸（m）		建筑面积（m²）			
		主体	附属	长	宽	合计	地下	主建筑	附属建筑

房屋参数 表6-14续

层数			层高（m）			排架跨度(m)	吊车（吨×台）	建成日期
地下	地上主建筑	局部	地下	主建筑	局部			

（2）房屋构造状况表的内容设置

房屋构造状况表的内容可以由现场勘察表相应内容直接复制而成。该表主要表示房屋建筑全部构造状况，包括基础、结构构造、装修和配套设施的具体做法，该表是确定基准单方造价计算数据最基本的表格之一。房屋构造状况表的具体内容如表6-15所示。

房屋构造状况 表6-15

序号	建筑物名称	基础做法	结构做法	(内、外)墙厚、材质	屋面（保温、防水等）做法	门窗做法	楼地面做法	内墙面做法	吊顶做法	外墙面做法

房屋构造状况 表6-15续

配套设施（只填"有"、"无"）				其他设备内容	卫生设施档次（普、中、高）	屋架做法	其他做法
给水、排水	供暖（热力）	电气	通信				

2. 房屋参数表和房屋构造状况表的填写要求

房屋参数表和房屋构造状况表的内容主要由现场勘察或者查看有关图纸形成，现在分别介绍这两种表格的填写要求。

（1）填写的数字参数必须是阿拉伯数字，不得夹有文字或其他符号，如建筑面积、房屋尺寸、层数、层高等必须填写阿拉伯数字。建成日期不属于勘察范围应由委托方直接提供。

（2）结构类型的填写应符合建筑设计有关规范的名称称谓，为了计算机操作定型化，现将填写方式统一规定如下：

1）砖混结构：以砖墙为主要承重结构，具有抗震性能的结构类型，填写"砖混"；

2）简易砖混结构：以砖墙为主要承重结构，无抗震性能的结构类型，填写"简易砖混"；

3）框架结构：以钢筋混凝土框架为承重结构的结构类型，填写"框架"；

4）排架结构：以钢筋混凝土柱、屋架为承重结构的结构类型，填写"排架"；

5）钢排架结构：以钢柱、钢屋架为承重结构的结构类型，填写"钢排架"；

6）砖木结构：以砖柱和木屋架为承重结构的结构类型，填写"砖木"；

7）简易结构：一般指非正规房屋，如简易结构的临时建筑、简易木结构等，填写"简易"；

8）彩板结构：工厂化生产的以轻钢构件为骨架、砖砌墙裙和彩板为围护结构的结构类型，填写"彩板"。

（3）装修项目，包括门窗、楼地面、内外墙面、吊顶等做法不作名词填写要求，对做法能表达清楚即可，因为这部分的对比增减系数全部为手工输入，不需要计算机识别。但是，如果装修项目有2种以上不同做法时要求填写做法的比例系数，例如楼地面做法有水泥面层62%、瓷砖贴面28%、复合地板10%，3种做法在"楼地面"栏目里必须分别填写"水泥62、瓷砖28、复合地板10"（表格设置规定单位为%，故%不需要填写）。

（4）屋面应填写实际做法，其中包括屋面保温、防水、隔热等做法。

（5）水、暖、电、通信等配套设施只需填写"有"或"无"的字样，在计算机中可以按照"有"或"无"的符号自动识别设置系数，一般设置"有"为正常状态，不作增减，"无"则设置为"－数字"，例如没有给水、排水，计算机将在对应栏目中填写"－2.5"表示要减少2.5%。

（6）"设备"栏目只填写与房屋功能配套的设备，如中央空调、电梯等，作为房屋配合费用增调参考，但设备费用不在房屋建筑评估的范围内。

（7）"其他"栏目填写房屋参数表和房屋结构状况表设置项目不包括的做法内容，常见项目有：

1）房中房，一般指厂房内设置设计图纸以外的单层房屋，应填写建筑面积及结构类型；

2）地沟，一般填写地沟长度；

3）室内水（油）池，填写池子容量或几何尺寸；

4）厂房天窗，只填"有天窗"即可；

5）局部高级装修项目，指会议室、门厅、小餐厅包间以及有特殊装修要求的房间，因单方造价比较高、装修量又不大，通常按建筑装修的单方造价估价，应填写房间大概的建筑面积及装修的综合单方造价。

3. 房屋基准单方造价和特征单价计算表的形式

房屋基准单方造价和特征单价计算表包括基本参数数据和特征单价计算两部分内容，前者是后者的计算数据。该表包括基准单价套用和特征单价计算两个主要操作过程。为了使该表的应用状况表达更加清楚明了，表格采用了例表形式，表格内容如表6-16（例表）所示。

房屋基准单方造价和特征单价计算（例表）
（基本参数数据表） 表6-16

序号	建筑名称	结构类型		房屋尺寸（m）		建筑面积（m²）			层数			层高（m）		
		主体	附属	长	宽	合计	主建筑	附属建筑	地下	主房	局部	地下	主房	局部
1	104机修动力厂房	排架	0	105	36	3813.90	3813.90	0	0	1	0	0	14	0
2	104机修厂房生活间	砖混	0	105	6.4	1397.59	1397.59	0	0	2	0	0	3.5	0

第六章 单方造价比较法和基准单方造价比较法

续表

序号	建筑名称	结构类型		房屋尺寸（m）		建筑面积（m²）			层数			层高（m）		
		主体	附属	长	宽	合计	主建筑	附属建筑	地下	主房	局部	地下	主房	局部
3	305锅炉房	排架	0	166.72	18	3045.35	3045.35	0	0	1	2	0	12	0
4	301中心配电房	砖混	0	52.34	8	433.26	433.26	0	0	1	0	0	4	0
5	单身宿舍	砖混	0	77.59	8	3847.92	3847.92	0	0	6	0	0	3.3	0
6	2号生活楼	砖混	0	56	9	1039.32	1039.32	0	0	2	0	0	4	0
7	平房	简易砖混	0	35	6	219.90	219.90	0	0	1	0	0	3	0
8	105厂房	排架	0	131.74	30	3991.08	3991.08	0	0	1	3.3	0	10	3.3
9	201半成品库	框架	0	79.57	15	3648.91	3648.91	0	0	3	0	0	3.5	0
10	202综合楼	框架	0	40.02	16	1307.64	1307.64	0	0	2	0	0	3.5	0

房屋基准单方造价和特征单价计算（例表）
（特征单价计算表）

表 6-16 续

序号	建筑名称	内外墙做法及厚度（mm）	隔墙密度（多、中、少、无、排架、彩板）4、3、2、1、0、p（排架、彩板）	标准基准单价（元/m²）	调整系数				特征单价（元/m²）	说明	
					层数增加系数	层高增加系数	单方周长（m）	图形特征调增系数	图形特征综合调整系数		标准造价占总造价比例（测定数）	45.00%
											单方面积标准周长（m/m²）（测定数）	0.1971
1	104机修动力厂房	（砖）外240	p	852	0.0000	0.2	0.0739	0	1.2000	1022.40		
2	104机修厂房生活间	（砖）外240 内240	4	620	0.1146	0.065	0.3188	0.2779	1.5169	940.48		
3	305锅炉房	（砖）外240 内240	p	829	0.0000	0.15	0.1213	0	1.1500	953.35		

续表

序号	建筑名称	内外墙做法及厚度(mm)	隔墙密度(多、中、少、无、排架、彩板)4、3、2、1、0、p(排架、彩板)	标准基准单价(元/m²)	调整系数					特征单价(元/m²)	说明	
					层数增加系数	层高增加系数	单方周长(m)	图形特征调增系数	图形特征综合调整系数		标准造价占总造价比例(测定数)	45.00%
											单方面积标准周长(m/m²)(测定数)	0.1971
4	301中心配电房	(砖)外240内240一道	1	476	0.0000	0.07	0.2785	0.1858	1.2688	603.95		
5	单身宿舍	(砖)外240内240	4	620	0.0000	0.039	0.2669	0.1594	1.2046	746.85		
6	2号生活楼	(砖)外240内240	4	620	0.1146	0.13	0.2502	0.1212	1.4121	875.50		
7	办公平房	(砖)外240内240	4	570	1.2368	0	0.3729	0.4014	3.1347	987.98		
8	105厂房	(砖)外240	p	829	0.0000	0.1	0.0811	0	1.1000	911.90		
9	201半成品库	(砖)外240内240	1	571	0.0692	0.035	0.1555	-0.095	1.0015	571.86		
10	202综合楼	(砖)外240内241	3	705.54	0.1146	0.055	0.1714	-0.0587	1.1069	780.96		

4. 房屋基准单方造价和特征单价计算表的填写方法

房屋基准单方造价和特征单价计算表的填写步骤如下。

（1）基准单价的确定

首先按照每个评估项目的结构类型和内隔墙密度在表6-6或表6-7基准单方造价系

数表中查找出对应的单方造价系数，并计算出单方造价填写在表 6-16 的对应位置。

(2) 房屋图形特征单价的确定

图形特征单价系指房屋建筑物的基准单方造价经图形特征综合调整系数调整后所确定的单价。计算机首先根据房屋层数、层高、平面尺寸（含建筑面积）3 个参数对造价影响因素分别计算房屋特征调整系数，计算前首先对房屋层数、层高、平面尺寸和面积的调整系数在 Excel 表对应位置设置选择性计算公式，由计算机自动选择计算，然后汇总求取图形特征综合调整系数，最后通过基准单方造价和图形特征综合调整系数求得图形特征单价。

图形特征综合调整系数可以根据本章第三节的图形特征综合调整系数计算公式计算得出，计算公式为：

图形特征综合调整系数 = （1 + 层数调增系数）× （1 + 层高调增系数）× （1 + 图形特征调增系数）

$$图形特征单价 = 基准单价 \times 图形特征综合调整系数$$

(3) 实例： 表 6-16 第 10 项 202 综合楼，计算图形特征单价

该建筑为框架结构，2 层，层高 3.5m，基本开间尺寸 3.5m。室内有部分三开间合一的大房间，经估算确定内隔墙密度为 75%，查《基准单方造价表》框架结构，外墙厚 365mm，内墙厚 240mm，隔墙密度符合 3 类，数据 705.54，即 705.54 元/m²，将 705.54 用人工填写在"标准基准单价"一栏对应位置中。按照房屋评估明细表所列项目逐项查找完成所有的基本单价。

1) 层数调增系数

基准单方造价表设置的各结构类型基准单方造价是按照一般 6 层楼作为标准来制定的。低于 6 层楼应按表 6-9 的系数在 Excel 表设置选择性公式，计算机将根据表列"层数"栏目的层数数据进行判断自动选择层数增加系数，例如该建筑物 2 层，计算机在已经设置好的层数调增系数表表 6-9 中找到房屋为 2 层的增加系数 0.1146，计算机会在"层数调增系数"一栏中自动填写 0.1146。

2) 层高调增系数

层高调增系数一般按照内隔墙密度 4、3、2、1、0、p（排架、彩板）由计算机在 Excel 表的对应栏目中按表 6-10 系数设置选择性数据进行选择，计算机将会自动确定填写在对应栏目中。

202 综合楼隔墙密度符合 3 类，按表 6-10 层高每米调增系数为 11% 计算，则

$$层高调增系数 = （3.5 - 3）\times 11\% = 5.5\%$$

计算机将会自动计算，将 5.5% 填写在"层高调增系数"栏目中。

内隔墙密度的查找比较困难，由于评估项目较多，无法一一翻阅图纸计算砖内隔墙密度，只有在现场勘察时目测按实际确定，并做出记录，一般近似估算就可以了，但不要偏差太大。

3) 图形特征调增系数

图形特征调增系数可以根据本章第三节的图形特征调增系数计算公式计算，其计算公式为

图形特征调增系数 = （待估房屋建筑物单方外墙周长 - 标准房屋建筑物单方外墙周长）

/标准房屋建筑物单方外墙周长×外墙造价系数

根据表 6-16 的数据,求得该项目的图形特征调增系数为

$$\text{图形特征调增系数} = (0.1714 - 0.1971) \div 0.1971 \times 0.45$$
$$= -0.0587$$

经测定,标准图形(见本章第二节)导出:

内外墙基础、墙体、装修等造价占总造价比例系数取 45%,则

单方面积标准周长(测定数)= 0.1971m/m^2

上述标准图形墙体等造价比例系数 45% 及标准单方周长 0.1971m/m^2 均为标准图形基准单方造价经测定计算产生的数值,如果测定标准改变了,上述数值将跟随改变。实际应用中,测定基准单方造价的标准图形可以自行选定,但必须按照重新设定的标准图形重新制定计算数据。如果本章所选定的标准图形及其应用数据在以后房屋估价应用中无特殊情况,可以继续使用,这样可以节省重复编制标准图形数据的时间。

4)图形特征综合调整系数

图形特征综合调整系数根据本章第三节的计算公式计算,下列公式将由计算机自动计算:

$$\text{图形特征综合调整系数} = (1 + \text{层数调增系数}) \times (1 + \text{层高调增系数})$$
$$\times (1 + \text{图形特征调增系数})$$
$$= (1 + 0.1146) \times (1 + 0.055) \times (1 - 0.0587)$$
$$= 1.1069$$

5)图形特征单价

图形特征单价按下列公式由计算机自动计算。

$$\text{图形特征单价} = \text{基准单价} \times \text{图形特征综合调整系数}$$
$$= 705.54 \times 1.1069 = 780.96 \text{元}/\text{m}^2$$

5. 建筑结构、装修、配套设施系数调整表的填写方法

建筑结构、装修、配套设施系数调整表包括基础、结构、墙体、屋面、门窗、楼地面、吊顶、内墙面、外墙面、给水、排水、供暖、电气、通信、其他设备、卫生设施、其他设施等项目的调整系数,这些系数值可以参考表 6-11 的系数值或者自行确定系数标准,将选好的系数手工填写在《建筑结构、装修、配套设施系数调整表》的对应栏目中。建筑结构、装修、配套设施系数调整表如表 6-17 所示。

建筑结构、装修、配套设施系数调整表 表 6-17

序号	房屋名称	基础		结构		墙体		屋面		门窗	
		做法	系数(%)	做法	系数(%)	做法	系数(%)	做法	系数(%)	做法	系数(%)

建筑结构、装修、配套设施系数调整表 表 6-17 续

门窗		楼地面		内墙面装修		吊顶		外墙面装修	
做法	系数(%)	做法	系数(%)	做法	系数(%)	做法	系数(%)	做法	系数(%)

建筑结构、装修、配套设施系数调整表（例表）　　　　　　　　表6-17续

配套设施（只填"有"、"无"）								其他设备		卫生设施		其他设施	
给水、排水	系数(%)	供暖(热力)	系数(%)	电气	系数(%)	通信	系数(%)	内容	系数(%)	档次（普、中、高）	系数(%)	作法	系数(%)
无	-2.6	有	0	有	0	有	0		0	普	2.5	地沟	2

注：202综合楼有室内高级装修，建筑面积165m²，其中包括门厅72m²，采用花岗石地面及大理石墙面；会议室及部分办公室93 m²，铺设高级木地板、造型吊顶、木墙裙等，应另行计算装修造价。

6. 建造单价及重置单价计算数据表的形式和应用

（1）建造单价及重置单价计算数据表的应用

建造单价及重置单价计算数据表首先将前面建筑结构、装修、配套设施调整系数由计算机自动进行汇总，计算出建筑结构装修调整系数和结构装修增减单价，最后根据房屋有无特殊结构和特殊装修选定计算公式计算求得房屋的建造单价。其数表形式如表6-18、表6-19所示。表中部分栏目的数据由表6-16链接而来。

建造单价及重置单价计算数据（例表）　　　　　　　　表6-18

测定标准基准单价（元/m²）	705.54	前期和其他费用率（%）	7.42	按面积计算的前期和其他费用（元/m²）	8.15	资金成本（%）	5.4

建造单价及重置单价计算（例表）　　　　　　　　表6-19

序号	建筑名称	调整系数汇总								
		基础	结构	墙体	屋面	门窗	地面	内墙面	吊顶	外墙面
①	202综合楼	0	0	0	8	9	10	0	15	9

建造单价及重置单价计算（例表）　　　　　　　　表6-19续

调整系数汇总（%）						结构装修调整系数(%)	图形特征单价(元/m²)	结构装修增减单价(元/m²)	建造单价（元/m²）					重置单价(元/m²)
给水、排水	供暖	电气	卫生	其他设备	其他设施				综合单价(元/m²)	比例(%)	特殊构造、装修单价(元/m²)	比例(%)	建造单价(元/m²)	
0	0	5	0.00	0	0	56	780.96	437.34	1218.30	87.38	1100	12.62	1301.93	1482.64

表中增加了"特殊构造、装修单价"栏目，这个单价系指价值量较高的特殊装修和特殊构造无法用系数计算的单价值，"比例"系指特殊装修和特殊构造建筑面积占总建筑面积的比例。

（2）建造单价的计算

例如表6-16的202综合楼建筑面积1307.64m²，其中有高级装修的室内面积165m²，其中门厅72m²，采用花岗石地面及大理石墙面；会议室及部分办公室93 m²，铺设高级木地板、造型吊顶、木墙裙等。经计算该建筑物的基准单价为705.54元/m²，经特征系数调整后的图形特征单价为780.96元/m²，结构装修调整系数为56%，特殊构造及装修平均1100元/m²，现计算建造单价。

特殊装修的面积比例 = 特殊装修面积/建筑面积
= 165/1307.64 = 12.62%

图形特征单价 = 780.96 元/m², 由表 6-16 链接而来。
$$结构装修增减单价 = 图形特征单价 \times 结构装修调整系数$$
$$= 780.96 \times 56\% = 437.34 \text{ 元/m}^2$$
$$综合单价 = 780.96 + 437.34 = 1218.30 \text{ 元/m}^2$$
$$建造单价 = 综合单价 \times 相应比例$$
$$+ （图形特征单价 + 特殊构造、装修单价）$$
$$\times 相应比例$$
$$= 1218.30 \times (1 - 12.62\%) + (780.96 + 1100)$$
$$\times 12.62\% = 1301.93 \text{ 元/m}^2$$

（3）重置单价的计算

表 6-18 中的前期费用率为 7.42%，按建筑面积计算的前期费用为 8.15 元/m²，计算机自动计算重置单价，计算公式为

$$重置单价 = [建造单价 \times (1 + 前期费用率) + 按面积计算的前期费用单价]$$
$$\times 1 + 资金成本率$$
$$= [1301.93 \times (1 + 7.42\%) + 8.15] \times (1 + 5.4\%)$$
$$= 1482.64 \text{ 元/m}^2$$

（4）表 6-18、表 6-19 部分名词解释

测定标准基准单价——《基准单方造价表》中经测定确定作为对比标准的砖混结构房屋建筑物的基准单方造价。

结构装修调整系数——指《建筑结构、装修、配套设施系数调整表》中所有项目造价调整系数的总和。

结构装修增减单价——指结构装修调整系数所对应的造价增减值，其数值为：
$$结构装修增减单价 = 图形特征单价 \times 结构装修调整系数$$

综合单价——指房屋建筑物经过各种因素调整计算后所确定的建造单价，计算公式为：
$$综合单价 = 结构装修增减单价 + 图形特征单价$$

特殊构造、装修单价——指价值量较高的特殊装修和特殊构造无法用系数计算的单价值。

建造单价——最终确定的房屋建安单方造价，计算公式为：
$$建造单价 = 综合单价 \times 对应比例$$
$$+ （图形特征单价 + 特殊构造、装修单价）$$
$$\times 对应比例$$

三、基准单方造价比较法应用说明

（1）测定标准基准单方造价所选用的图形可以选用本章提供的标本，也可以由评估人员根据评估的具体情况自行选定。

（2）基准单方造价比较法所使用的各种数据是通过评估实际操作和图形测定统筹所确定的，只适用房屋构造的一般情况，仅供评估人员在采用该方法时参考。如果遇到特殊情况或评估人员认为不合适时，或数据不够应用时可以修改、补充应用数据，或重新制定更准确的数据应用于房屋建筑估价工作。

(3) 基准单方造价比较法在当今的房屋建筑物评估方法中处于领先地位，也是房屋建筑群体项目估价中唯一能够应用的估价方法，方法先进，速度快，评估依据可靠，评估结果的精确度可以满足评估要求。由于计算机计算程序的要求，评估链接的数表较多，链接关系比较复杂，不小心就会产生链接错误，应特别注意对链接过程反复检查。

(4) 评估数据必须认真求取，依据资料要绝对可靠，确保评估结果准确。在应用基准单方造价比较法去估价房屋建筑物价格时，虽然是采用的替代原理求取它的近似值，但是特别注意，采用的计算数据和计算方法必须要保证近似值的误差不能太大，依据要可靠，计算过程要清晰，否则就失去了评估的意义。

(5) 基准单方造价比较法的数据计算链接过程中，应充分发挥计算机自动选择功能对选择性数据进行设置，这样可以大大减少数据的查找和人工输入的时间。基准单方造价比较法应用条件选择功能建立公式的数据项目大致有：

1) 层数，1～6 层按层数选择调整系数。
2) 层高，按隔墙密度及质量状况等级的划分标准选择造价调整系数。
3) 给水、排水、电气、通信、供暖，按有或无选择造价调整系数。
4) 卫生设施，按普通、中级、高级选择造价调整系数。
5) 基础做法、结构构造，按不同结构类型选择构造做法。

其他装修项目，如门窗、屋面、墙面、吊顶等装修做法按实际做法手工填写。

(6) 基准单方造价比较法应用要点

1) 估价计算必须按给定的表格用计算机操作，保证表与表之间正确的链接关系。

2) 现场勘察项目除无法勘察的项目外，凡是具备勘察条件的评估项目都必须做到现场逐项勘察，不漏项，必须做到按规定的填表方法填表，按实物的实际状况用文字或数字表达。不得追求速度快、节省时间，采用对房屋状况现场重点抽查，按定制的现场勘察表打"√"的方法填表；不得在资料不完整或根本没有资料的情况下估价。

3) 不同地区估价必须应用不同地区的基准单方造价，不同地区的基准单方造价表需经过测定后制定使用。如果能够测定出地区与地区之间房屋造价的比例系数，可以采用已知地区的基准单方造价表进行系数换算后使用。

4) 建筑结构、装修、配套设施系数调整表中项目的对比增减系数要经过测定，或者查找相关可靠数据资料，不得无依据地盲目填写。

5) 一个评估项目凡可以采用基准单方造价比较法作价的，必须逐项按基准单方造价比较法规定的方法作价，不得抽取重点项目作价，其余项目随便给价，也不得采用造价系数调整法进行作价。

6) 评估项目中有商品房的，商品房必须按市场法作价，有收益的经营建筑，确定用收益法评估作价的，应按收益法进行作价。

7) 按基准单方造价比较法进行评估作价的项目，其作价过程和作价依据资料必须留存工作底稿，以备查和供以后评估项目作价参考。

基准单方造价比较法已使用了 10 作余年，通过数十次的实践和检验，不断发现问题并不断改进，方法已基本上达到了应用的良好效果。它的特点，在 Excel 表中自动化计算程度高，速度快，计算精确度高。应用这个方法估价，绝大多数房屋评估项目的评估价值准确度都在 95% 以上。实践证明，这个方法在群体房屋项目评估中，估价效果更为显著，主要是计算速度非常快，省去了大量评估项目的人工烦琐操作。当然任何再好的评估方法都并非十全十美，这个方法也不例外，仍然有不足之处，今后仍需进一步改进，使其评估方法进一步简化和完善，评估值的精确度进一步提高，使估价效果更加显著。

（7）采用基准单方造价比较法估价的有效时间估计

一个企业的房屋评估项目一般要超过50项。现在就以50个房屋评估项目为例，从现场勘察到评估值做完大概需要8~9天的时间。以上时间为基准单方造价比较法评估房屋价值计算的有效工作时间，但不包括遇到问题的等待时间、收益法和市场法项目的估价时间、做案例的时间以及撰写评估说明的时间等。

基准单方造价比较法评估计算包括以下工作程序：

1）在评估明细表已经确认的前提下，用已经设计好的基准单方造价房屋勘察专用表格，制作房屋勘察表，打印勘察表。

2）现场勘察、记录房屋状况，凡是具备勘察条件的都必须勘察和照相（照相需另外配人）。

3）查找图纸资料、找有关人员调查情况、收集相关资料等调查工作。

4）整理勘察表输入计算机。

5）用本书制定的基准单方造价编制模式采用预算编制法测定基准单方造价，制定《基准单方造价表》。

6）在基准单方造价评估计算表上计算重置价值及评估值。

7）复查调整计算过程并调整计算单价。

第五节 应用实例

为使房屋评估人员充分了解基准单方造价比较法的全部操作过程，特选择一个比较完整的房屋建筑物估价实例供房屋估价人员参考。

××机械制造厂，表列部分房屋16项需要进行评估作价，评估基准日：2009年9月30日。评估项目的全部计算为数表计算机操作，计算过程如下所示。

一、房屋构造、装修及配套状况

房屋构造、装修及配套状况是房屋评估作价的基础资料，一般通过查阅图纸和现场勘察取得，它分为房屋参数表和房屋结构、装修、配套设施状况表来表达。如表6-20和表6-21所示。

房屋参数 表6-20

序号	建筑名称	结构		建筑面积（m^2）				层数			层高（m）			排架跨度（m）	吊车（吨×台）	建成日期
		主体	附属	合计	地下	主建筑	附属建筑	地下	地上主建筑	局部	地下	主建筑	局部			
1	办公楼	框架		5231.54		5231.54			8			3.5				2000-9-30
2	1号厂房	排架	砖混	2687.5		2429.5	258		1	2		9	4.5	24	5×2	2000-9-30
3	变电所	砖混		103.43		103.43			1			4				2000-9-30
4	仓库	砖木		400.19		400.19			1			4.5				2000-9-30
5	餐厅	砖混		387.83		387.83			1			3.5				2000-9-30
6	宿舍	砖混		3734.05		3734.05			6			3				2000-9-30
7	综合楼	砖混		2589.97		2589.97			4			3.3				2005-6-30

第六章 单方造价比较法和基准单方造价比较法

续表

序号	建筑名称	结构 主体	结构 附属	建筑面积（m²）合计	建筑面积（m²）地下	建筑面积（m²）主建筑	建筑面积（m²）附属建筑	层数 地下	层数 地上主建筑	层数 局部	层高（m）地下	层高（m）主建筑	层高（m）局部	排架跨度（m）	吊车（吨×台）	建成日期
8	泵房	砖混		34.15		34.15			1			3				2000-9-30
9	平房	简易砖混		579.17		579.17			1			3				2003-10-31
10	浴室	砖混		187.08		187.08			1			3.5				2001-4-30
11	锅炉房	框架		748.74		748.74			2			5				2000-9-30
12	车库	砖混		228.91		228.91			1			4				2000-9-30
13	装配车间	排架	砖混	7857.85		7196.02	662		1	3		12	4	27×2	15×2+5×2	2000-9-30
14	污水处理车间	砖混		228.18		228.18			1			3.5				2000-9-30
15	2#车间	排架	砖混	5356.84		4945.82	411		1	2		9	4.5	18×2	5×2+10×2	2008-12-31
16	门卫室	砖混		58.29		58.29			1			3				2000-11-30

房屋结构、装修、配套设施状况　　　　表6-21

序号	建筑名称	（内/外）墙厚、材质（mm）	屋面（保温、防水等）做法	门窗做法	楼地面面做法	内墙面做法	吊顶做法	外墙面做法	配套设施（只填"有"、"无"）给水排水	供暖（热力）	电气	通信	其他设备内容	卫生档次（普、中、高）	屋架做法	其他做法
1	办公楼	外370 内240	水泥珍珠岩保温、SBS防水	钢窗、木门（包套）	玻化砖	涂料	矿棉板30%	瓷砖30%、水泥	有	有	有	有		中		
2	1号厂房	外370	水泥珍珠岩保温、SBS防水	塑钢窗、钢门	耐磨水泥	涂料		瓷砖35%、水泥	有	有	有	有		普	钢混屋架	
3	变电所	外370	水泥珍珠岩保温、SBS防水	塑钢窗、钢门	水泥	涂料		涂料	无	有	有	无				有地沟
4	仓库	外370	屋面板，木基层、平瓦	木窗、钢门	水泥	涂料		涂料	无	有	有	无			木屋架	
5	餐厅	外370 内240	水泥珍珠岩保温、SBS防水	塑钢窗、木门	瓷砖（600mm方）	涂料、瓷砖30%		涂料	有	有	有	无				
6	宿舍	外370 内240	水泥珍珠岩保温、SBS防水	塑钢窗、木门	瓷砖（600mm方）	涂料		涂料	有	有	有	有		普		

续表

序号	建筑名称	(内、外)墙厚、材质(mm)	屋面(保温、防水等)做法	门窗做法	楼地面做法	内墙面做法	吊顶做法	外墙面做法	配套设施(只填"有"、"无")				其他设备内容	卫生档次(普、中、高)	屋架做法	其他做法
									给水排水	供暖(热力)	电气	通信				
7	综合楼	外370 内240	水泥珍珠岩保温,SBS防水	塑钢窗、木门(包套)	瓷砖(601mm方)	涂料		瓷砖35%,水泥	有	有	有	有		中		
8	泵房	外370	水泥珍珠岩保温,SBS防水	塑钢窗、木门	水泥	涂料		涂料	无	有	有	无				
9	平房	外370 内240	水泥珍珠岩保温,SBS防水	塑钢窗、木门	水泥	涂料		涂料	无	有	有	无				
10	浴室	外370 内240	水泥珍珠岩保温,SBS防水	塑钢窗、木门(包套)	瓷砖(400mm方)	瓷砖60%,涂料		瓷砖65%,水泥	有	有	有	有		普		
11	锅炉房	外370	水泥珍珠岩保温,SBS防水	钢窗、钢门	水泥	涂料		涂料	无	有	有	无				
12	车库	外370 内240	水泥珍珠岩保温,SBS防水	钢门窗	水泥	涂料		涂料	无	有	有	无				
13	装配车间	外370	水泥珍珠岩保温,SBS防水	塑钢窗、钢门	耐磨水泥	涂料		涂料	有	有	有	有			钢屋架	房中房386m²
14	污水处理车间	外370	水泥珍珠岩保温,SBS防水	塑钢窗、钢门	水泥	涂料		涂料	无	有	有	无				有水池一个18×9×5=810m³
15	2号车间	外370	水泥珍珠岩保温,SBS防水	塑钢窗、钢门	耐磨水泥	涂料		涂料	有	有	有	有			钢混屋架	有天窗
16	门卫室	外370 内240	水泥珍珠岩保温,SBS防水	塑钢门窗	瓷砖(400mm方)	瓷砖		涂料	无	有	有	无				

二、基准单方造价表的确定

基准单方造价表是表达房屋建筑物最基本的单方造价数表,是确定房屋建筑物建造单价和重置单价的计算依据。本例评估使用的基准单方造价表如表6-22所示,其中砖混结构测定后的基准单方造价为617元/m²。

基准单方造价

表 6-22
(单位：元/m²)

区域	序号	隔墙密度及质量状况等级	砖混结构（层高2m）				简易砖混结构（层高3m）				框架结构（层高3m）			
							非抗震				抗震			
			外365mm内240mm	外240mm内240mm	外365mm无隔墙（按砖墙密度等级为0）	外240mm无隔墙（按砖墙密度等级为0）	外365mm内240mm	外240mm内240mm	外365mm无隔墙（按砖墙密度等级为0）	外240mm无隔墙（按砖墙密度等级为0）	外365mm内240mm	外240mm内240mm	外365mm无隔墙（按砖墙密度等级为0）	外240mm无隔墙（按砖墙密度等级为0）
北方供暖地区	1	4	617	568	460	416	568	522	423	383	740	681	552	499
	2	4	601	553	448	405	553	509	412	373	721	664	538	486
	3	3	585	538	436	394	538	495	401	363	702	646	523	473
	4	3	569	524	424	384	524	482	390	353	683	628	509	460
	5	3	553	509	412	373	509	468	379	343	664	611	495	447
	6	2	537	494	400	362	494	455	368	333	645	593	481	434
	7	2	521	479	389	351	479	441	357	323	625	575	466	422
	8	2	505	465	377	341	465	428	347	313	606	558	452	409
	9	1	489	450	365	330	450	414	336	303	587	540	438	396
	10	1	473	435	353	319	435	401	325	293	568	522	423	383

基准单方造价

表 6-22 续
(单位：元/m²)

区域	序号	隔墙密度及质量状况等级	框架结构（层高3m）	排架结构（层高6m）		砖木结构（层高3m）				简易建筑（层高3m）			
			抗震	抗震		非抗震				非抗震			
			外240mm无隔墙（按砖墙密度等级为0）	外365mm无隔墙	外240mm无隔墙	外365mm内240mm	外240mm内240mm	外365mm无隔墙（按砖墙密度等级为0）	外240mm无隔墙（按砖墙密度等级为0）	外365mm内240mm	外240mm内240mm	外365mm无隔墙（按砖墙密度等级为0）	外240mm无隔墙（按砖墙密度等级为0）
北方供暖地区	1	4	499	895	823	522	460	372	337	470	414	335	303
	2	4	486	871	802	509	448	363	328	458	403	326	295
	3	3	473	848	780	495	436	353	319	446	392	318	287
	4	3	460	825	759	482	424	343	311	434	381	309	280
	5	3	447	802	738	468	412	334	302	421	371	300	272
	6	2	434	779	717	455	400	324	293	409	360	292	264
	7	2	422	756	695	441	388	315	284	397	349	283	256
	8	2	409	733	674	428	376	305	276	385	339	274	248
	9	1	396	709	653	414	364	295	267	373	328	266	240
	10	1	383	686	631	401	352	286	258	361	317	257	232

三、标准图形特征数据表、图形特征单方造价计算表的确定

标准图形特征数据表和图形特征单方造价计算表都是用来计算图形特征单方造价的计算表格。

1. 标准图形特征数据表的确定

标准图形特征数据表系选用标准图形经测定后的数据表，该表的表列数据是确定图形

特征单方造价的依据资料。表达形式如表 6-23 所示。

2. 图形特征单方造价计算表的确定

该表是根据待估房屋建筑物基准单价和层数、层高以及平面特征进行调整计算确定图形特征单价的表格，称为图形特征单方造价计算表，表的形式如表 6-24 所示。

标准图形特征数据 表 6-23

标准建筑面积（m²）	3197	单方面积标准周长（m/m²）（测定数）	0.1971	标准砖砌体、墙面装修等造价占总造价比例（测定数）	0.4406

图形特征单方造价计算 表 6-24

序号	建筑名称	结构类型		房屋尺寸(m)		建筑面积			层数	层高(m)		内墙密度 4、3、2、1、0、p（排架、彩板）	标准基准单价（元/m²）	图形特征调整系数				图形特征单价（元/m²）
		主体	附属	长	宽	合计	主建筑	附属	主房	主房	局部			层数调增系数	层高调增系数	单位周长(m/m²)	图形特征调增系数	图形特征综合系数	
1	办公楼	框架	0	46.8	13.5	5231.5	5231.5	0.00	8	3.50	0.00	4	740.00	1.0000	0.065	0.1844	-0.0284	1.0348	765.75
2	1号厂房	排架	砖混	114	21	2687.5	2429.5	258.00	1	9.00	4.50	P	895.00	1.0000	0.075	0.1111	0.00	1.075	961.75
3	变电所	砖混	0	12	8	103.43	103.43	0.00	1	4.00	0.00	1	473.00	1.2368	0.07	0.3867	0.4238	1.8842	891.79
4	仓库	砖木	0	32	12	400.19	400.19	0.00	1	4.50	0.00		372.00	1.2368	0.075	0.2199	0.051	1.3974	520.42
5	餐厅	砖混	0	31		387.83	387.83	0.00	1	3.50	0.00		521.00	1.2368	0.045	0.2217	0.055	1.3635	710.63
6	宿舍	砖混	0	46.2	13	3734.1	3734.1	0.00	6	3.00	0.00	4	617.00	1.0000		0.1902	-0.0154	0.9846	607.5
7	综合楼	砖混	0	52	12	2590	2590	0.00	4	3.00	0.00		617.00	1.0432	0.033	0.1977	0.0013	1.079	665.74
8	泵房	砖混	0	6	5	34.15	34.15	0.00	1	3.00	0.00		460.00	1.2368	0	0.6442	0.9995	2.473	1137.51
9	平房	简易砖混	0	84	6.5	579.17	579.17	0.00	1	3.00	0.00	4	601.00	1.2368	0	0.3125	0.258	1.5559	935.13
10	浴室	砖混	0	22	8	187.08	187.08	0.00	1	3.00	0.00	3	553.00	1.2368	0.055	0.3207	0.2763	1.6653	921.14
11	锅炉房	框架	0	24	15	748.74	748.74	0.00	2	3.00	0.00		552.00	1.1146	0.1	0.2084	0.0253	1.2571	693.88
12	车库	砖混	0	27	8	228.91	228.91	0.00	1	4.00	0.00	2	505.00	1.2368	0.09	0.3058	0.243	1.6757	846.56
13	装配车间	排架	砖混	132	60	7857.9	7196	662.00	1	12.00	0.00	P	848.00	1.0000	0.15	0.0534	0	1.15	975.55
14	污水处理车间	砖混	0	24	9	228.18	228.18	0.00	1	3.50	0.00	0	423.00	1.2368	0.025	0.2892	0.2059	1.5287	646.95
15	2号车间	排架	砖混	137.5	37	5356.8	4945.8	411.00	1	9.00	4.50	p	871.00	1.0000	0.075	0.0706	0	1.075	936.84
16	门卫室	砖混	0	10.5	5	58.29	58.29	0.00	1	3.00	0.00	3	683.00	1.2368		0.5318	0.7482	2.1622	1476.69

图形特征综合调整系数和调整后的图形特征单价按下列公式由计算机自动计算：

图形特征综合调整系数 =（1+层数调增系数）×（1+层高调增系数）×（1+图形特征调增系数）

图形特征单价 = 基准单价 × 图形特征综合调整系数
例如：序号1 办公楼
6层层数调增系数
层高调增系数 = (3.5 - 3.0) × 0.13 = 0.065
办公楼单方外墙周长 = (外墙中心长度 + 外墙中心宽度) × 2 × 层数/建筑面积
　　　　　　　　　= (46.8 + 13.5) × 2 × 8 ÷ 5231.5 = 0.1844
　　图形特征调增系数 = (待估项目单方外墙周长 - 标准外墙单方周长)
　　　　　　　　　　/标准外墙单方周长 × 外墙造价系数
　　　　　　　　　= (0.1844 - 0.1971) ÷ 0.1971 × 0.4406
　　　　　　　　　= -0.0284
　　图形特征综合调整系数 = (1 + 0) × (1 + 0.065) × (1 - 0.0284)
　　　　　　　　　　　　= 1.0348
　　　　　　　　　基准单价 = 740 元/m²
　　　　　图形特征单价 = 740 × 1.0348 = 765.75 元/m²

表中数字由于计算机自动计算有微小误差，但不影响计算的准确性。

四、建筑结构、装修、配套设施调整系数表的确定

建筑结构、装修、配套设施系数调整表系对待估房屋的结构、装修以及配套设施通过和基准单方造价标准单价进行条件对比后，确定的该对比项目的调整系数，待估房屋建筑物通过该系数的调整计算后可以求得待估项目评估使用的单方造价。该表的内容如表6-25所示，表中系数一般由人工填写。

建筑结构、装修、配套设施调整系数　　　表6-25

序号	房屋名称	基础		结构		墙体		屋面		门窗		楼地面		内墙面		吊顶	
		做法	系数(%)	做法	系数(%)	做法(mm)	系数(%)	做法	系数(%)	做法	系数(%)	做法	系数(%)	做法	系数(%)	做法	系数(%)
1	办公楼	钢筋混凝土独立基础，基础梁	0	钢筋混凝土柱、梁、板	0	外370 内240	0	水泥珍珠岩保温，SBS防水	12	钢窗、木门（包套）	5	玻化砖	22	涂料	5	矿棉板30%	15
2	1号厂房	钢筋混凝土杯形基础，基础梁	0	钢筋混凝土预制柱，吊车梁、大型屋面板、钢筋混凝土（钢）屋架	0	外370	0	水泥珍珠岩保温，SBS防水	12	塑钢窗、钢门	7	耐磨水泥	3	涂料	0	0	0

续表

序号	房屋名称	基础 做法	基础 系数(%)	结构 做法	结构 系数(%)	墙体 做法(mm)	墙体 系数(%)	屋面 做法	屋面 系数(%)	门窗 做法	门窗 系数(%)	楼地面 做法	楼地面 系数(%)	内墙面 做法	内墙面 系数(%)	吊顶 做法	吊顶 系数(%)
3	变电所	砖条形基础,钢筋混凝土圈梁	0	砖墙,钢筋混凝土楼板、圈梁、构造柱	0	外370	0	水泥珍珠岩保温,SBS防水	12	塑钢窗、钢门	7	水泥	0	涂料	0	0	0
4	仓库	砖条形基础	0	砖墙、柱,简易木屋架、木基层	0	外370	0	屋面板,木基层、平瓦	12	木窗、钢门	1	水泥	0	涂料	0	0	0
5	餐厅	砖条形基础,钢筋混凝土圈梁	0	砖墙,钢筋混凝土楼板、圈梁、构造柱	0	外370 内240	0	水泥珍珠岩保温,SBS防水	12	塑钢窗、木门	7	瓷砖(600mm方)	12	涂料、瓷砖30%	3	0	0
6	宿舍	砖条形基础,钢筋混凝土圈梁	0	砖墙,钢筋混凝土楼板、圈梁、构造柱	0	外370 内240	0	水泥珍珠岩保温,SBS防水	12	塑钢窗、木门	7	瓷砖(600mm方)	12	涂料	0	0	0
7	综合楼	砖条形基础,钢筋混凝土圈梁	0	砖墙,钢筋混凝土楼板、圈梁、构造柱	0	外370 内240	0	水泥珍珠岩保温,SBS防水	12	塑钢窗、木门(包套)	11	瓷砖(601mm方)	12	涂料	0	0	0
8	泵房	砖条形基础,钢筋混凝土圈梁	0	砖墙,钢筋混凝土楼板、圈梁、构造柱	0	外370	0	水泥珍珠岩保温,SBS防水	12	塑钢窗、木门	7	水泥	0	涂料	0	0	0
9	平房	砖条形基础	0	非抗震砖墙、简易人字架,钢筋混凝土屋面板	0	外370 内240	0	水泥珍珠岩保温,SBS防水	12	塑钢窗、木门	7	水泥	0	涂料	0	0	0

第六章 单方造价比较法和基准单方造价比较法

续表

序号	房屋名称	基础 做法	基础 系数(%)	结构 做法	结构 系数(%)	墙体 做法(mm)	墙体 系数(%)	屋面 做法	屋面 系数(%)	门窗 做法	门窗 系数(%)	楼地面 做法	楼地面 系数(%)	内墙面 做法	内墙面 系数(%)	吊顶 做法	吊顶 系数(%)
10	浴室	砖条形基础,钢筋混凝土圈梁	0	砖墙,钢筋混凝土楼板、圈梁、构造柱	0	外370 内240	0	水泥珍珠岩保温,SBS防水	12	塑钢窗、木门(包套)	11	瓷砖(400mm方)	8	瓷砖60%,涂料	3	0	0
11	锅炉房	钢筋混凝土独立基础,基础梁	0	钢筋混凝土柱、梁、板	0	外370	0	水泥珍珠岩保温,SBS防水	12	钢窗、钢门	0	水泥	0	涂料	0	0	0
12	车库	砖条形基础,钢筋混凝土圈梁	0	砖墙,钢筋混凝土楼板、圈梁、构造柱	0	外370 内240	0	水泥珍珠岩保温,SBS防水	12	钢门窗	0	水泥	0	涂料	0	0	0
13	装配车间	钢筋混凝土杯形基础,基础梁	0	钢筋混凝土预制柱,吊车梁、大型屋面板、钢筋混凝土(钢)屋架	0	外370	0	水泥珍珠岩保温,SBS防水	12	塑钢窗、钢门	7	耐磨水泥	3	涂料	0	0	0
14	污水处理车间	砖条形基础,钢筋混凝土圈梁	0	砖墙,钢筋混凝土楼板、圈梁、构造柱	0	外370	0	水泥珍珠岩保温,SBS防水	12	塑钢窗、钢门	7	水泥	8	涂料	9	0	0
15	2号车间	钢筋混凝土杯形基础,基础梁	0	钢筋混凝土预制柱,吊车梁、大型屋面板、钢筋混凝土(钢)屋架	0	外370	0	水泥珍珠岩保温,SBS防水	12	塑钢窗、钢门	7	耐磨水泥	3	涂料	0	0	0

续表

序号	房屋名称	基础 做法	基础 系数(%)	结构 做法	结构 系数(%)	墙体 做法(mm)	墙体 系数(%)	屋面 做法	屋面 系数(%)	门窗 做法	门窗 系数(%)	楼地面 做法	楼地面 系数(%)	内墙面 做法	内墙面 系数(%)	吊顶 做法	吊顶 系数(%)
16	门卫室	砖混	0	砖墙,钢筋混凝土楼板、圈梁、构造柱	0	外370 内240	0	水泥珍珠岩保温,SBS防水	12	塑钢门窗	8	瓷砖(400mm方)	8	瓷砖	8		0

建筑结构、装修、配套设施调整系数　　　　　　　　　表6-25 续

序号	房屋名称	基础 做法	外墙面 做法	外墙面 系数(%)	配套设施（只填"有"、"无"）（可以设置选择性公式由计算机自动计算） 给水排水	系数(%)	供暖(热力)	系数(%)	电气	系数(%)	通信	系数(%)	其他设备 内容	卫生设施（可以设置选择性公式由计算机自动计算）档次(普、中、高)	系数(%)	屋架 类别	屋架 系数(%)	其他设施 类别	其他设施 系数(%)
1	办公楼	钢筋混凝土独立基础,基础梁	瓷砖30%、水泥	2.5	有	0	有	0	有	0	有	0		中	3.5	无	0	无	0
2	1号厂房	钢筋混凝土杯形基础,基础梁	瓷砖35%、水泥	3	有	0	有	0	有	0	有	0		普	2.5	钢筋混凝土屋架	0	无	0
3	变电所	砖条形基础,钢筋混凝土圈梁	涂料	5	无	-2.6	有	0	有	0	无	-1		无	0	无	0	有地沟	2
4	仓库	砖条形基础	涂料	5	无	-2.6	有	0	有	0	无	-1		无	0	木屋架	0	无	0
5	餐厅	砖条形基础,钢筋混凝土圈梁	涂料	5	有	0	有	0	有	0	无	-1		无	0	无	0	无	0

续表

序号	房屋名称	基础	外墙面 做法	系数(%)	配套设施（只填"有"、"无"）（可以设置选择性公式由计算机自动计算）									其他设备	卫生设施（可以设置选择性公式由计算机自动计算）		屋架		其他设施	
					给水排水	系数(%)	供暖(热力)	系数(%)	电气	系数(%)	通信	系数(%)	内容	档次（普、中、高）	系数(%)	类别	系数(%)	类别	系数(%)
6	宿舍	砖条形基础，钢筋混凝土圈梁	涂料	5	有	0	有	0	有	0	有	0		普	2.5	无	0	无	0
7	综合楼	砖条形基础，钢筋混凝土圈梁	瓷砖35%，水泥	3	有	0	有	0	有	0	有	0		中	3.5	无	0	无	0
8	泵房	砖条形基础，钢筋混凝土圈梁	涂料	5	无	-2.6	有	0	有	0	无	-1		无	0	无	0	无	0
9	平房	砖条形基础	涂料	5	无	-2.6	有	0	有	0	无	-1		无	0	无	0	无	0
10	浴室	砖条形基础，钢筋混凝土圈梁	瓷砖65%，水泥	6	有	0	有	0	有	0	有	0		普	2.5	无	0	无	0
11	锅炉房	钢筋混凝土独立基础，基础梁	涂料	5	无	-2.6	有	0	有	0	无	-1		无	0	无	0	无	0

续表

序号	房屋名称	基础做法	外墙面做法	系数(%)	配套设施（只填"有"、"无"）（可以设置选择性公式由计算机自动计算）									其他设备内容	卫生设施（可以设置选择性公式由计算机自动计算）		屋架		其他设施	
					给水排水	系数(%)	供暖(热力)	系数(%)	电气	系数(%)	通信	系数(%)		档次(普、中、高)	系数(%)	类别	系数(%)	类别	系数(%)
12	车库	砖条形基础，钢筋混凝土圈梁	涂料	5	无	-2.6	有	0	有	0	无	-1	无	无	0	无	0	无	0
13	装配车间	钢筋混凝土杯形基础，基础梁	涂料	5	有	0	有	0	有	0	有	0	无	无	0	钢屋架	3	房中房386m²	3.18
14	污水处理车间	砖条形基础，钢筋混凝土圈梁	涂料	5	无	-2.6	有	0	有	0	无	-1	无	无	0	无	0	有水池一个18×9×5=810m³	244.09
15	2号车间	钢筋混凝土杯形基础，基础梁	涂料	5	有	0	有	0	有	0	有	0	无	无	0	钢混屋架	0	有天窗	3
16	门卫室	砖混	涂料	5	无	-2.6	有	0	有	0	无	-1	无	无	0	无	0	无	0

五、系数汇总及单价计算

系数汇总及单价计算包括计算数据、计算过程，共有3种表格，即分项调整系数汇总表、重置单价计算数据表、建造单价及重置单价计算表，其中：

(1) 分项调整系数汇总表系将建筑结构、装修、配套设施调整系数表确定的分项调整系数进行最后的汇总，求得汇总系数，表格形式如表6-26所示，该表数据由计算机自动汇总。

（2）重置单价计算数据表系为计算建造单价及重置单价提供计算数据的表格，表格的形式如表6-27所示。

（3）建造单价及重置单价计算表系根据表6-26及表6-27提供的数据进行最后的建造单价及重置单价的计算。该表计算均由计算机自动完成。其计算公式为

重置单价＝［建造单价×（1＋前期和其他费用率）
+按建筑面积计取的前期费用］×（1＋资金成本率）

分项调整系数汇总　　　　　　　　　　　　　　　　表6-26

序号	建筑名称	调整系数（%）															合计（%）
		基础	结构	墙体	屋面	门窗	地面	内墙面	吊顶	外墙面	给水排水	供暖	电气	通信	卫生	其他设备	屋架	其他设施	
1	办公楼	6	0	0	12	5	22	5	2.5	15	0	0	0	0	3.5	0.00	0		71.00
2	1号厂房	0	0	0	12	7	3	0	3	0	0	0	0	0	2.5	0.00	0		27.50
3	变电所	0	0	0	12	7	0	0	5	0	-2.6	0	0	-1	0	0.00	0		20.40
4	仓库	0	0	0	12	1	0	0	5	0	-2.6	0	0	-1	0	0.00	0		14.40
5	餐厅	0	0	0	12	7	12	3	5	0	0	0	0	-1	0	0.00	0		38.00
6	宿舍	0	0	0	12	7	12	0	5	0	0	0	0	0	2.5	0.00	0		38.50
7	综合楼	0	0	0	12	11	12	0	5	0	0	0	0	0	3.5	0.00	0		41.50
8	泵房	0	0	0	12	0	0	0	5	0	-2.6	0	0	-1	0	0.00	0		20.40
9	平房	0	0	0	12	7	0	0	5	0	-2.6	0	0	-1	0	0.00	0		20.40
10	浴室	0	0	0	12	11	8	3	6	0	0	0	0	0	2.5	0.00	0		42.50
11	锅炉房	0	0	0	12	0	0	0	5	0	-2.6	0	0	-1	0	0.00	0		13.40
12	车库	0	0	0	12	0	0	0	5	0	-2.6	0	0	-1	0	0.00	0		13.40
13	装配车间	0	0	0	12	7	3	0	5	0	0	0	0	0	0	0.00	3	3.18	33.18
14	污水处理车间	0	0	0	12	7	8	9	5	0	-2.6	0	0	-1	0	0.00	0	244.1	281.50
15	2号车间	0	0	0	12	7	3	0	5	0	0	0	0	0	0	0.00	3		30.00
16	门卫室	0	0	0	12	8	8	5	5	0	-2.6	0	0	-1	0	0.00	0		37.40

重置单价数据计算　　　　　　　　　　　　　　　　表6-27

砖混基准单价（元/m²）	740	前期和其他费用率（%）	7.42	前期和其他费用（元/m²）	8.15	资金成本率（%）	5.4

注：表中的前期和其他费用明细从略。

建造单价及重置单价计算　　　　　　　　　　　　　表6-28

序号	建筑名称	结构、装修调整系数（%）	图形特征调整单价（元/m²）	结构、装修增减单价（元/m²）	建造单价（元/m²）				建造单价（元/m²）	重置单价（元/m²）
					综合单价（元/m²）	比例（%）	特殊构造、装修单价（元/m²）	比例（%）		
1	办公楼	71.00	765.75	543.68	1309.43	91.47	1100	8.53	1356.89	1544.87
2	1号厂房	27.50	961.75	264.48	1226.23	100	0	0	1226.23	1396.94
3	变电所	22.40	891.79	199.76	1091.55	100	0	0	1091.55	1244.45
4	仓库	14.40	520.42	74.94	595.36	100	0	0	595.36	682.66
5	餐厅	38.00	710.63	270.04	980.67	100	0	0	980.67	1118.91
6	宿舍	38.50	607.5	233.89	841.39	100	0	0	841.39	961.22
7	综合楼	41.50	665.74	276.28	942.02	100	0	0	942.02	1075.15
8	泵房	20.40	1137.51	232.05	1369.56	100	0	0	1369.56	1559.22
9	平房	20.40	935.13	190.77	1125.90	100	0	0	1125.90	1283.34

续表

序号	建筑名称	结构、装修调整系数（%）	图形特征调整单价（元/m²）	结构、装修增减单价（元/m²）	建造单价（元/m²）					重置单价（元/m²）
					综合单价（元/m²）	比例（%）	特殊构造、装修单价（元/m²）	比例（%）	建造单价（元/m²）	
10	浴室	42.50	921.14	391.48	1312.62	100	0	0	1312.62	1494.75
11	锅炉房	13.40	693.88	92.98	786.86	100	0	0	786.86	899.48
12	车库	13.40	846.56	113.44	960.00	100	0	0	960.00	1095.51
13	装配车间	33.18	975.55	323.69	1299.24	100	0	0	1299.24	1479.6
14	污水处理车间	281.49	646.95	1821.10	2468.05	100	0	0	2468.05	2802.93
15	2号车间	30.00	936.84	281.05	1217.89	100	0	0	1217.89	1387.49
16	门卫室	37.40	1476.69	552.28	2028.97	100	0	0	2028.97	2305.8

例如办公楼的单价计算：

（1）建造单价计算

结构、装修调整系数 = （6 + 12 + 5 + 22 + 5 + 2.5 + 15 + 3.5）/100 = 71%

自动填写在"结构、装修调整系数"栏目中。

结构、装修增减单价 = 砖混基准单价 × 图形特征综合调整系数 × 结构、装修调整系数
$$= 765.75 \times 71\% = 543.68 \text{ 元/m}^2$$

图形特征单价数值为 765.75 元/m²，

$$综合单价 = 543.68 + 765.75 = 1309.43 \text{ 元/m}^2$$

该建筑有门厅及会议室等高级装修，其装修建筑面积占总建筑面积的 8.53%，确定装修标准为 1100 元/m²，则

$$综合单价的比例 = 100\% - 8.53\% = 91.47\%$$

$$办公楼建造单价 = 1309.43 \times 91.47\% + （765.75 + 1100）\times 8.53\%$$
$$= 1356.89 \text{ 元/m}^2$$

（2）重置单价计算

前期和其他费用为建造单价的 7.42%，按建筑面积计取的前期费用为 8.15 元/m²，资金成本率为 2 年建设期利率按均匀投入计算，

$$资金成本率 = 5.4\% \times 2/2 = 5.4\%$$

$$重置单价 = [1356.80 \times (1 + 7.42\%) + 8.15] \times (1 + 5.4\%) = 1544.87 \text{ 元/m}^2$$

$$重置价值 = 1544.87 \times 5231.54 = 8082049 \text{ 元}$$

（3）评估值计算

办公楼 2000 年 9 月竣工使用，至评估基准日 2009 年 9 月 30 日，已使用年限 9 年，则

$$经济年限成新率 = （60 - 9）/60 = 85\%$$

经现场勘察，认为装修维护较好，不扣除成新率，但也不增加成新率，成新率增加值为 0，综合成新率确定为 85%，

$$评估值 = 8082049 \times 85\% = 6869742 \text{ 元}$$

本例是为了说明基准单方造价比较法的评估方法和评估过程而编制的例题，不追究其中某些给定系数的精确程度，广大评估工作者在评估作价时应认真做好所有评估表的数据填写和计算工作，做到填写的各类数据准确可靠，依据充分，把评估值计算准确。

第七章 土地成本法

第一节 土地价值类别和土地成本法的基本概念

一、土地价值的基本概念

土地是自然界天然存在的资源性资产,它本身并无价值,当人们征地、开发形成房屋建筑以后,它的价值就显示出来了。土地在不同的情况下有不同的价值,这些价值一般可分为成本价值、市场价值和收益价值。本章只叙述土地成本法估价的成本价值,其他的土地评估价值估价方法将分别在其他相关章节里介绍。

二、土地价值的类别

1. 按土地价值的形成分类

土地处在不同的环境里有不同的价值。根据我国目前土地取得、开发和交易的情况,总体分为土地成本价值、收益价值、市场价值等类型。

(1) 成本价值

土地的成本系指土地从征购到房屋开发至可以建设时全部过程中所发生的与土地开发相关的各种费用,一般包括土地取得费、场地障碍物拆迁清理费、土地二次填挖方平整费等。其中,土地取得费根据土地的不同取得方式确定所发生的费用。土地取得的方式大体上分为国家出让取得、拍卖取得、土地转让取得、土地划拨取得等。这里指的是国有土地,农业集体土地和私家土地不列入本次的评估范围。

(2) 收益价值

土地的收益价值基本上分为土地自身经营的收益价值和土地连同房屋共同开发的收益价值,它和土地取得的成本价值没有关系。土地收益价值的估价方法请参阅本书第三章"收益法"相关内容。

(3) 市场价值

土地的市场价值是指单一土地或土地连同上部建筑物一起在评估时点市场公允的交易价值,它和土地取得的成本价值没有关系。土地的市场价值估价方法请参阅本书第二章"市场比较法"相关内容。

2. 按国有土地使用权的性质分类

按国有土地使用权的性质分类,可分为出让土地和划拨土地。

(1) 国有出让土地

国有出让土地系指国家将国有土地有偿出让给土地使用者,按照国有土地出让的规定,由土地使用者按规定的使用用途、规定的使用最高年限缴纳相应的土地出让金,领取国有土地使用证,然后进行开发建设。土地的用途按规定分为商业、住宅、综合和工业四种,使用年限规定商业40年、综合50年、住宅70年、工业50年。土地出让金的收取标准按各省、自治区、直辖市所属市、县政府颁布的规定执行。

(2) 划拨土地

划拨土地是国家计划经济时代的产物。在国家还未实行土地有偿使用的政策规定的历史时期，如果企、事业单位因建设需要用地，用地单位必须按照取得土地的申请程序，向地方政府申请建设用地，经国家相关部门批准后，国家将土地无偿提供给建设用地的需求者进行建设使用，这就是划拨土地。划拨土地只限于土地使用者按批准的用途自己使用，如盖自用办公楼、职工宿舍楼、福利用房，也可以建工厂。国家实行土地出让政策以后，规定划拨土地以及在该土地上建设的房地产不容许进行以获取利润为目的的房地产经营、合资、转让、销售等，也不容许将土地私自转让或买卖。如果要改变划拨土地的性质，必须向地方土地管理部门申请，将划拨土地改变为出让土地，并缴纳相应的土地出让金，在取得出让土地的使用证后方可将划拨土地改变为以经济获利为目的的出让土地，然后进行房地产开发、经营、合资、转让或单纯的土地买卖。

三、土地成本法估价方法的类型

目前，我国土地的成本评估一般有基准地价法和成本逼近法两种评估方法。土地取得的渠道不同，成本的费用组成也有区别。例如，土地拍卖取得、转让取得等也有拍卖或者转让取得的成本，但拍卖评估是属于市场法的评估类型，不能采用成本法来评估。转让取得的土地也有好几种情况，在计划经济的时期都是按账面取得成本进行入账或转账，一般可按成本法进行评估，或按基准地价减去土地出让金计算，如果是出让土地按出让成本转账入账的，一般应按现行基准地价标准进行评估；如果转让土地是通过市场取得的，必须按市场法进行估价。

1. 基准地价法

土地基准地价法是指估价的土地按照地方政府颁布的土地出让金标准价格来确定土地价值的估价方法，它适用于通过国有土地使用权出让取得的土地的地价评估。这是国有出让土地估价的基本方法。

2. 基准地价修正法

由于基准地价随时间的变化也在调整，一般采用条件修正系数来修正当期基准地价标准以求得待估土地在评估时点的评估价值，因此称为基准地价修正法，这也是常用的求取地价的评估方法。

采用基准地价修正法评估土地，常用的修正系数有两个，一个是基准地价随时间和区域环境条件变化不断增长的综合修正系数，还有一个是待估土地自身条件变化对基准地价影响的修正系数。前一个修正系数一般由地方政府定期或不定期地公布当地不同地区当期的基准地价修正系数，有时候寻找不到政府公布的相应修正系数，可以由土地估价人员根据评估时点的具体情况制定。后一个修正系数应由评估人员根据待估土地自身存在的各种条件制定合理的修正系数。基准地价修正法是国有出让土地估价的主要方法，也是应用最广的土地估价方法。

除了上述的数据资料之外，构成土地评估价值的其他费用还有土地二次平整费以及土地开发的销售费用、利润、利息和税费等。其中，土地开发的销售费用、利润、利息和税费一般只是用于在已销售的房地产土地价值的评估计算中。各省、自治区、直辖市可能还有其他方面的地价计算规定，应遵照各省、自治区、直辖市的规定执行。

3. 成本逼近法

成本逼近法评估土地常用于划拨土地的价值评估。用成本逼近法评估土地时，土地开发价值主要是由从征购土地开发至完全具备建设条件时所发生的与土地开发相关的各类费用、国家收取的税费、土地开发者开发土地获取的经济收益以及国家收取的土地增值收益等价值构成，土地的开发价值实际上就是土地开发费用加投资利润和土地的增值收益，它的一般计算公式为：

土地成本费用 = 征地补偿费 + 土地开垦费 + 土地占用税 + 教育费附加 + 土地交易税 + 市政基础设施配套建设费 + 土地开发费 + 投资利润 + 投资利息 + 土地增值收益

土地价值 = 土地单方成本费用 × 土地计算面积

四、土地成本费用

评估中所指的土地成本费用系指评估基准日时点的现行土地成本费用，而不是委托方财务报表账面所列示的土地成本费用。财务报表账面所列示的土地成本费用系指土地取得时的成本费用，称为账面成本价值。必须指出，评估时点的成本费用价值和评估时点的土地开发价值是具有相关关系、而含义不同的两个成本概念。评估时点的土地成本价值仅指土地在评估时点按现行规定实际发生的成本费用额度，其中包括土地取得费和土地二次平整费。而评估时点的开发价值是指土地经过开发后可以进入市场交易所发生的全部费用和开发利润，例如土地开发后或连同该土地上修建的商品房一同进入市场进行交易，那么该土地的开发价值除土地成本费用而外，还包括销售过程中发生的各种税费和开发利润。本章只叙述土地的成本价值的估价方法。成本逼近法规定，土地的价值应包括一定的土地开发利润，但不是土地市场交易的土地开发利润。

根据土地的取得方式不同，有不同的成本费用。土地从取得至开发达到具备建设条件时的成本费用大致有以下几种。

1. 土地取得成本

土地取得成本一般分为土地征购取得成本和土地出让取得成本两种。

（1）土地征购取得的成本

土地通过征购取得，一般是计划经济时企事业单位通过征购农业用地的渠道取得建设用地。征购取得的土地，其现行取得成本费用应为：

征购土地成本费用 = 征用耕地补偿费 + 政府收取的其他费用 + 市政配套费

现行的费用计取标准可参照下列计算数据。

1）征用耕地补偿费

征用耕地的补偿费用通常包括土地补偿费、安置补助费以及地上附着物和青苗补偿费等。

征地补偿费按照《中华人民共和国土地管理法》（2004修订）规定：

①征用耕地的土地补偿费，为该耕地被征用前三年平均年产值的六至十倍。

②征用耕地的安置补助费，按照需要安置的农业人口数计算。每一个需要安置的农业人口的安置补助费标准，为该耕地被征用前三年平均年产值的四至六倍。但是，每公顷被征用耕地的安置补助费，最高不得超过被征用前三年平均年产值的十五倍。

③征用其他土地的土地补偿费和安置补助费标准，由省、自治区、直辖市参照征用耕地的土地补偿费和安置补助费的标准规定。

④被征用土地上的附着物和青苗的补偿标准，由省、自治区、直辖市规定。

⑤征用城市郊区的菜地，用地单位应当按照国家有关规定缴纳新菜地开发建设基金。

⑥依照本条的规定支付土地补偿费和安置补助费，尚不能使需要安置的农民保持原有生活水平的，经省、自治区、直辖市人民政府批准，可以增加安置补助费。但是，土地补偿费和安置补助费的总和不得超过土地被征用前三年平均年产值的三十倍。

2) 政府收取的其他费用

政府收取的其他费用是为了弥补农业用地被占用后土地减少的损失而开辟新地所支付的费用。其中有土地开垦费、土地占用税、水利建设基金、新菜地建设基金等；还有其他税费，如教育费附加、土地交易税等。

3) 市政基础设施配套建设费

市政基础设施配套建设费应按各省、自治区、直辖市的地方规定计算，首先计算出应缴纳的总费用，然后再计算单方土地面积的费用，即：

单方市政基础设施配套建设费＝市政基础设施配套建设费总额/土地计算面积

市政基础设施配套建设费必须在土地价值中评估，不得列入房屋的重置成本或房屋建筑的前期费用中评估，如果发现已列入房屋前期费用中评估时，应在房屋评估中删除，否则会造成不合理的重复计算。

（2）土地出让取得的成本

土地通过出让取得的成本费用仅指土地使用者向地方政府缴纳的土地出让金和市政基础设施配套建设费，而土地出让金和市政基础设施配套建设费，只是土地基准地价中的一部分。实际上，土地出让金是指国家将出让土地租给土地使用者而收取的规定用途和规定出让最高期限内的地租收益；而市政基础设施配套建设费是指土地开发程度为宗地外通路、通电、通信、通给水、通排水、通燃气、通热力及宗地内土地平整（以下简称七通一平），或宗地外通路、通电、通信、通给水、通排水及宗地内土地平整（以下简称五通一平），政府收取的基础设施建设费。土地基准地价扣除出让金和市政基础设施配套建设费以外的其他费用为土地使用者对土地开发的收益。

土地出让取得时，其现行成本价值应为：

出让土地成本价值＝土地基准地价（已含市政建设配套费）×（1＋综合调整系数）

土地评估时，出让土地成本价值应按基准地价计算，基准地价一般按单方土地面积计算。但北京市 2002 年出让国有土地使用权基准地价规定是按楼面地价计算的。北京市地价表分楼面熟地价和楼面毛地价两种。其中，楼面熟地价是指各土地级别内，完成七通一平或五通一平的土地在平均容积率条件下，每平方米建筑面积分摊的完整土地使用权的平均价格。楼面毛地价是指各土地级别内，在平均容积率条件下，政府收取的某种用途法定最高出让年期内的土地出让金、市政基础设施配套建设费的平均楼面价格。

在套用基准地价表时应注意，基准地价中一般已包含了市政基础设施配套建设费，此项费用不得在土地中另行列项计算，也不得在房屋评估中重复计算。如果有些地区基准地价中不含市政基础设施配套建设费，应根据土地使用者缴纳该费用付款凭证按地方在评估时点规定的市政基础设施配套建设费的收取标准计算费用加到土地开发成本中；如果没有缴纳的付款凭证，此项费用不得计算。

（3）土地以拍卖方式取得的成本

土地以拍卖方式取得的成本费用，其账面价值应为土地拍卖时发生的所有费用，包括土地拍卖取得费、国家税收以及其他与土地购买相关的各项费用。以拍卖方式取得的土地，必须是国家出让的土地，地价中已包括土地出让金以及市政基础设施配套建设费。

（4）土地以转让方式取得的成本

土地以转让方式取得的成本费用应分清原转让土地的性质。

1）原转让土地是划拨性质的土地，其成本费用应为土地转让取得的地价以及和土地转让相关的其他费用。转让的土地仍然是划拨性质的土地，地价中不含土地出让金及市政基础设施配套建设费。

2）原转让土地是出让性质的土地，应按出让土地取得费计算成本费用。

2. 土地开发的其他成本费用

（1）土地二次平整费

土地二次平整费为土地的二次填挖土方和场地平整所发生的费用，一般可以按 30～150 元/m^2 取值。

（2）投资利息

投资利息为房地产开发而贷款所支付的利息，如果是自筹资金，这部分费用视为投入资金的利息损失。无论开发土地的投入资金是贷款或自筹都要计算投资利息。投资利息一般应按土地开发投入资金的时间和评估基准日中国人民银行贷款利率进行计算。

五、影响土地基准地价的主要因素

国有土地基准地价由国土资源部统一领导，各省、自治区、直辖市国土资源局统一组织编制。因此，国有土地基准地价的标准必须按照各省、自治区、直辖市所属各市、县的具体情况进行编制。各省、自治区、直辖市根据各年度的物价涨幅对土地的影响程度以及城市规划、城市状况的变动，定期或不定期地修正土地基准地价的标准或重新编制土地基准地价。

影响土地基准地价的主要因素首先是土地所在地区物价的综合水平。显然，物价指数水平高的地区土地出让金的基数一般要高于物价指数水平较低的地区。这里讲的是土地基准地价的地区基数水平，这只是对国有土地基准地价标准高低的一个总体概念，有时说某个地方土地基准地价比较低或比较高，指的是土地基准地价在不同地区之间差别的概念。实际上，影响土地基准地价的因素不完全是地区的差别，还有地段和用途的差别。在同一地区，不同地段、不同用途的土地基准地价的标准数额是不同的，有时相差甚大。因此，在同一地区，影响土地基准地价标准的就是土地所在地段的区域环境和土地用途两大因素。

1. 不同地段区域环境对土地基准地价的影响

各省、自治区、直辖市在制定土地基准地价的过程中，首先是将一个区域（一般指一个市或县）划分为若干个地段，根据土地的地区、地段的地理位置、区域环境、繁华程度、城市配套完善状况、交通条件等情况来划分土地的等级。例如，北京市将北京市区及郊区县的土地划分为十级，对其中每一等级所包括的区域范围都明确地作了划分说明。

2. 土地的用途对土地出让金的影响

在土地基准地价制定中，土地的用途按规定分为商业、综合、居住、工业四类。其中，商业类土地出让金最高，以下依次为综合、居住、工业。土地的用途和土地的经济收益对基准地价的影响较大，例如商业类的房地产相对而言平均经济收益最高，所以土地基准地价最高。

第二节 基准地价修正法及其应用

一、基准地价修正法的计算公式

1. 修正基准地价的计算公式

土地的基准地价修正法一般用于通过出让取得的、土地上尚未建造房屋的单独土地或者土地上面已建造房屋的土地价值评估。单独土地价值的评估又分为尚未开发的土地和已经开发到具备建设条件的土地价值的评估，前者没有发生土地的二次平整费用，而后者则需增加土地的二次平整费用。土地的二次平整费用包括待估土地地面残留障碍物的清理和土地平整到设计标高时的填挖方或地表整平所发生的费用。

基准地价修正法的修正系数一般分为基准地价期日修正系数和个别因素修正系数两种。在基准地价修正法的计算中使用了综合修正系数，综合修正系数系综合了基准地价期日修正系数和个别因素修正系数两种因素对原基准地价进行综合调整的计算系数。

综合修正系数的计算公式为：

$$综合修正系数 = 基准地价期日修正系数 \times 个别因素修正系数$$

修正基准地价应按下列公式计算：

$$修正基准地价 = 表列基准地价 \times 综合修正系数$$

式中 综合修正系数——基准地价的期日修正系数和个别因素修正系数两种因素对原基准地价进行综合调整计算的综合调整系数；

表列基准地价——各地区地方政府公布的"基准地价表"列示的基准地价；

修正基准地价——各地区地方政府公布的"基准地价表"列示的基准地价经过宗地综合修正系数调整后的基准地价，也就是评估基准日时点的应用基准地价。

例如，某宗地表列基准地价为 626 元/m^2，地方政府公布的评估基准日的期日修正系数为 1.08，个别因素修正系数经计算为 1.15，则：

$$综合修正系数 = 1.08 \times 1.15 = 1.2420$$

$$修正基准地价 = 626 \times 1.2420 = 777.49 \text{ 元}/m^2$$

2. 基准地价修正系数的确定方法

（1）基准地价修正系数调整的主要因素

影响基准地价修正系数的主要因素有以下几个方面。

1）商业繁华程度

商业繁华程度主要指土地所在区域的商业购物的方便程度，包括商业网点的设置状况、规模与集聚程度、商品种类、客流数量与商品质量。

2）交通条件

交通条件主要指土地所在地段交通便捷度，距市中心的距离，公交乘车种类和数量，距火车站、长途汽车站等交通的距离，居民小区区域道路密集程度等。

3）土地临街状况

土地临街系指土地上部建筑物临街的距离对经营性房地产的影响程度，不同建筑的用途要求也不一样。如对商店、宾馆、写字楼等经营性的建筑要求临街，临街还分临主要街道和次要街道的状况，主要街道和次要街道对商业经营收益关系影响是很大的。自用办公建筑和居民住宅不能临街，有噪声和污染。

4）宗地形状及可利用程度

宗地形状及可利用程度系指宗地形状、规模对土地利用率的影响程度。不规则形状的土地利用率一般较低，因为边缘及棱角无法利用，会造成土地的浪费。房屋的规划很重要，规划的房屋类型、面积规模、层数等正好符合土地的形状和大小，可使土地达到最大的利用效率，反之土地的利用率则低。

5）市政基础设施配套状况

市政基础设施配套状况指"七通一平"或"五通一平"基础设施的配套完善程度，不同地区或地段基础设施要求是不一样的，南方一般为"五通一平"，而北方则为"七通一平"；工业开发区一般具备"五通一平"就可以了。出让土地一般都应具备通平的条件国家才能出让，不能排除偏僻山区土地有可能不具备通平条件，应当重新制定符合当时当地具体情况的出让条款签订土地出让合同。

6）城市配套设施状况

城市配套设施系指商业、学校、幼儿园、医院、文体设施等的配套完善情况。在制定基准地价时，对城市配套设施一般情况下都做了考虑，工业开发区、高科技开发区对城市配套没有完善的要求，要求高的是居民住宅区，因此，在调整基准地价时，这个因素必须根据具体需求考虑。

7）土地规划的合理性

土地规划的合理性主要指土地利用计划的合理性。在一个建筑群的区域内，居住、商业、公共设施配套等建筑的布局和规划非常重要，特别是商业的配套无论是数量、规模、设置地点等都必须合理，居民区住宅的规模、层数、朝向、数量等也必须合理布局，还有环境要求、交通便捷程度的要求等都属于土地合理利用的问题，如果利用不合理，土地的使用价值将会受到很大的影响，也影响到土地的评估价值。

（2）基准地价期日修正系数的确定方法

基准地价期日修正系数系指各地区，对原有的由政府公布的"基准地价表"中的基准地价因物价指数随时间推移在变化而进行调整的修正系数。在政府还未制定新的基准地价标准以前，通常采用基准地价期日修正系数对原有的政府公布的"基准地价表"的基准地价进行调整。有些地方由政府定期公布数据，也有不公布数据的。如果政府有规定，按政府规定执行。如果找不到政府规定，那就由评估人员按照前述的影响地价的因素参照表7-1制定基准地价修正系数。

（3）个别因素修正系数的确定方法

个别因素对地价的修正一般有两种情况，一种情况是个别区域环境改变而产生地区地价升高或降低对地价的修正。某些区域随着时间的推移在不断地开发，区域环境亦随之改善，基准地价必须作相应调整，以符合评估时点当地的实际情况。另一种情况是当土地上部建筑的自身某种条件明显优于或劣于周围大多数同类建筑时，也应该对地价进行调整。各地区基准地价是一个综合了地段等级范围内各种优劣情况的平均地价水平，因此，影响地价的个别因素只有在自身条件与周围大多数建筑相比优劣差距明显的情况下才能调整。

一般情况下，级别低的地区，特别是新开辟的开发区、住宅小区条件改善的比较快，调整系数亦增长较快，而市中心区由于已无发展空间，因而调整系数增长较慢。当然，也会遇到区域条件不如原来的情况，那就要降低基准地价，这个情况极少，几乎是没有的。

应特别注意，个别因素修正系数是指政府公布的期日基准地价修正系数没有考虑到的个别情况，如果政府公布的期日基准地价修正系数已综合考虑了区域环境的变化情况，区域环境对地价影响的个别因素就不应该再考虑了。

个别因素调整系数一般可按区域环境的变化情况参照表7-1选择使用。此表为基准地价个别因素的修正系数，使用时要特别注意土地上部建筑的用途与地价影响因素的个性关系。例如，商业建筑要求临街，而居住建筑则不能临街。所以，首先要掌握土地上部建筑的使用要求和自身的存在条件再作出土地是否需要修正、怎样修正的决定。

基准地价个别因素修正系数参考表，如表7-1所示。

基准地价个别因素修正系数参考表（%）　　　　　　　　　　表7-1

影响因素	土地级别									
	一级	二级	三级	四级	五级	六级	七级	八级	九级	十级
商业繁华程度	0.5~2.5	0.6~3	0.8~3.5	1~4.0	1.2~5.0	1.5~5.5	1.8~6.5	3~8	4~10	5~11
交通条件	0.4~2.20	0.5~2.25	0.55~2.3	0.7~2.32	0.9~2.5	1~2.7	1.2~3	1.4~3.3	1.6~3.8	2~4.2
土地临街状况	-2~3.0	-2~3.0	-2~3.0	-2~3.0	-2~3.0	-2~3.0	-2~3.0	-2~3.0	-2~3.0	-2~3.0
宗地形状及可利用程度	-1.2~1.2	-1.2~1.2	-1.2~1.2	-1.2~1.2	-1.4~1.4	-1.6~1.46	-2.0~2.0	-2.6~2.9	-2.6~2.9	-2.6~2.9
基础设施状况	0~1.05	0~1.05	0~1.05	-0.5~1.05	-0.8~1.4	-1.0~1.50	-1.3~1.75	-2.~2.6	-2.4~2.8	-2.4~2.8
城市配套设施状况	0.5~2.5	0.6~3	0.8~3.5	1~4.0	1.2~5.0	1.5~5.5	1.8~6.5	3~8	4~10	5~11
土地规划的合理性	-1.5~1.5	-1.5~1.5	-1.5~1.5	-1.5~1.5	-2.0~2.0	-2.0~2.0	-2.5~2.5	-2.5~3.0	-2.5~3.5	-2.5~3.5

二、不同开发状况的土地估价方法

征购的土地有的尚未建设，目前仍为未开发的空地，属于尚未开发的土地；有的虽然尚未建设，但已经完成了建设土地平整的前期工作；还有的土地已经建设了房屋。后两种情况都属于已开发的土地。上述不同情况土地开发价值的计算方法有一定的差别。

1. 尚未开发的土地估价方法

尚未开发的土地成本费用只有土地出让金，而没有土地的其他费用，因此土地的评估时点基准地价应为：

$$土地价格 = 表列基准地价 \times (1 + 综合修正系数)$$

【例7-1】 某城市有一块通过出让征得的综合用地，土地面积2563.56m²，该土地已取得了16个月，查基准地价表该区域为三级地段，基准地价579元/m²，土地的时间和区域变化的期日修正系数为1.05，因该宗地目前尚未开发，没有发生其他方面相关的土地费用，个别因素亦不作调整，因此评估时点的基准地价应为：

$$修正基准地价 = 579 \times 1.05$$
$$= 607.95 \text{元}/m^2$$

则: 土地的价值 = 607.95 × 2563.56
               = 155.85 万元

2. 已开发土地的估价方法

土地已开发到具备建设条件或土地上已经建设房屋时,其土地价值应按照下列公式计算:

已开发的土地价格 = 表列基准地价 × (1 + 综合修正系数) + 土地二次平整费用/土地计算面积

公式中不得计算贷款利息和开发利润,因为基准地价已经调整到评估时点的地价标准。

【例 7-2】 某城市有一块刚通过出让征得的综合用地 469m²,查基准地价表该区域为三级地段,基准地价 1469 元/m²,评估时点基准地价因区域状况变化的期日修正系数为 1.15,个别因素没有变化不作调整。土地支付的二次平整费约为 28146 元,土地的修正基准地价应为:

修正基准地价 = 1469 × 1.15
           = 1689.35 元/m²

则: 土地成本价值 = 1689.35 + 28146/469
               = 1749.36 元/m²

【例 7-3】 某市某地区有用地一块,2005 年 9 月 30 日通过出让取得,土地面积 8673m²,商业用途,地区类别为四类,该地区四类地段商业基准地价为 2680 元/m²,评估基准日为 2010 年 6 月 30 日,根据评估时点公布的基准地价期日修正系数为 1.18。

该地区为新开发的地区,已经开发了 5 年,各种区域条件及环境变化很大,已超过了政府公布的修正系数,因此决定对个别因素作相应调整,该土地个别因素修正系数,如表 7-2 所示。

个别因素修正系数　　　　　　　　　　　　　　　　表 7-2

影响因素	修正系数(%)	具体情况
商业繁华程度	1.5	有很大改善,增加了商场和超市
交通条件	1.8	增加了很多公交车和道路
土地临街状况	0	原状
宗地形状及可利用程度	0	原规划
基础设施状况	0	原状
城市配套设施状况	2	增加了幼儿园、学校、医院等,发展较快
土地规划的合理性	1	总体规划有新的改善
合计	6.30	

个别因素修正系数 = 1 + 6.3% = 1.063
综合修正系数 = 1.18 × 1.063
           = 1.25
修正基准地价 = 表列基准地价 × 综合修正系数
           = 2680 × 1.25
           = 3350 元/m²

3. 已购置商品房的地价评估方法

已购置商品房的出让土地，其土地价值应为商品房的市场价值减去房屋的建设成本价值和全部销售费用、利润、建设期的贷款利息以及税费等。求取土地的现行价值的具体计算方法和举例参阅第四章"假设开发法"第四节相关内容。其计算公式为：

$$P_\mathrm{d} = \frac{p_\mathrm{z} - p_\mathrm{f} \times (1 + f_\mathrm{x}) \times (1 + f_\mathrm{s}) \times (1 + d_\mathrm{x}) \times (1 + f_l)}{(1 + f_\mathrm{x}) \times (1 + f_\mathrm{s}) \times (1 + d_\mathrm{x}) \times (1 + f_l)}$$

式中

P_d——土地价值，指土地开发至工程建设开工条件时的现行市场价值；

P_z——房地产总价值，指包括开发项目房屋和土地的市场总价值；

P_f——房屋建设价值（或房屋重置价值），指房屋现行建设成本，或称重置成本；

f_x——销售费用率，指房地产销售过程中所发生的费用占房地产总成本价值的比例，其中包括（以下比例供参考）：宣传广告费约 1.5%、外聘人员费用 1.7%、销售管理费约 2%、管理人员工资约 2.5%、职工劳动保险基金约 1.5%、职工福利费 0.5%、其他 1%，合计 10.7%；

f_s——税率，指房地产销售税的比率，应按销售价值的 5% 计算，如果计算比例有新的规定，以国家文件规定为准；

d_x——贷款利息率，指房地产开发期间向银行贷款所支付的利息比率；

f_l——开发利润率，指开发商开发房地产所获利润占全部房地产开发费用的比例，随商品房市场开发效益在变动。

第三节　北京市基准地价在土地估价中的应用

北京市房地产建设开发得比较早，土地的估价项目目前在全国占据首位。目前北京市执行的基准地价系北京市政府 2002 年公布的基准地价，北京市政府公布该基准地价的同时，制定了一套完整的应用方法。北京市基准地价的计算方法和其他省市、自治区不完全相同，有其特殊性，因此对北京市基准地价的应用有必要作一专门的介绍。

一、北京市（2002 年）基准地价的特点

北京市（2002 年）基准地价（详见本章附录一）主要有以下几个方面的特征。

（1）基准地价的计算单位和全国其他省市、自治区的不一样，全国各省市、自治区基准地价总体上都是以土地面积为计量单位，而北京市是以楼面地价为计量单位，楼面地价又分为楼面熟地价和楼面毛地价两种。

（2）基准地价的取值规定了一个区间而不是一个定数，使得国有出让土地在同一土地级别内的地域环境和条件有差异的情况下，可以根据差异情况在区间内选择基准地价的数值，上限值一般用于同一地段内条件最好的中心区域，下限值一般用于同一地段的边缘区域。评估时可以根据不同的区域条件在区间内选择基准地价，当地价指数或区域条件变化时也可以在区间值内作增减调整，给应用上带来很大的方便，避免了同一区域内不同区域条件选用同一个地价数值的不合理弊端。

（3）基准地价文件中规定了土地出让金的收取办法和收取标准，出让金收费政策公开、透明。

（4）公布了应用 2002 年北京市基准地价测算宗地的方法、宗地价格的类型、计算公

式和计算参数,给地价评估带来很大的方便,详见本章附录二附件1。

(5) 公布了容积率修正系数,即在不同用途、不同容积率下土地基准地价的修正系数,详见本章附录二附件2。

(6) 公布了《北京市基准地价因素修正系数表》,分商业、综合、居住、工业四种类型分别制定,为土地评估在修正地价时使用,非常方便,详见本章附录二附件3。

二、北京市(2002年)基准地价的类别和应用参数

1. 北京市(2002年)基准地价分类

(1) 按用途分类

按用途分为商业、综合、居住、工业四类。

(2) 按区域级别分类

按区域不同地理条件从市区到远郊区共分十级。近郊区为1~6级,远郊区为7~10级。对制定基准地价的平均容积率作了规定,商业、综合、居住三类房屋建筑:规定市区及近郊区容积率为2,远郊区容积率为1;工业建筑容积率为1。

(3) 按楼、地面价格分类

"北京市基准地价表"的宗地价格按楼、地面价格分类可分为宗地楼面熟地价、宗地地面熟地价、宗地楼面毛地价、宗地地面毛地价四种类型。宗地地价计算公式将商业、综合、居住用地归为一种类型,工业为一种类型。各种类型地价的含义:

宗地楼面熟地价。是指各土地级别内,完成通平的土地在平均容积率条件下,每建筑面积分摊的完整土地使用权的平均价格。

宗地地面熟地价。是指各土地级别内,完成通平的土地在平均容积率条件下,每地面面积分摊的完整土地使用权的平均价格。

宗地楼面毛地价。是指各土地级别内,在平均容积率条件下,政府收取的某种用途法定最高出让年期内的土地出让金、市政基础设施配套建设费的平均楼面价格。

宗地地面毛地价。是指各土地级别内,在平均容积率条件下,政府收取的某种用途法定最高出让年期内的土地出让金、市政基础设施配套建设费的平均地面价格。

评估中,楼面熟地价的计算面积系采用该宗地建造的房屋楼面的全部建筑面积,地面熟地价的计算面积系采用该宗地的地面面积。

注:宗地楼面毛地价、宗地地面毛地价的评估不在资产评估范围内,不作介绍。

2. 基准地价计算公式中的应用参数

基准地价计算公式中应用到的参数有适用的楼面熟地价、适用的楼面毛地价、期日修正系数、年期修正系数、容积率修正系数、因素修正系数、宗地容积率。

(1) 适用的楼面熟地价

适用的楼面熟地价系指基准地价表列示的楼面熟地价。

(2) 适用的楼面毛地价

适用的楼面毛地价系指基准地价表列示的楼面毛地价。

(3) 期日修正系数

期日修正系数系指评估基准日时点地价指数的修正系数。期日修正系数应按下列公式确定:

$$期日修正系数 = 宗地评估基准日地价指数 / 基准地价基准日地价指数$$

宗地评估基准日地价指数及基准地价基准日地价指数应由北京市定期公布。

(4) 年期修正系数

年期修正系数系指宗地剩余使用年限内的收益系数。年期修正系数一般按下列公式确定：

$$年期修正系数 = \frac{1 - \left(\frac{1}{(1+r)^n}\right)}{1 - \left(\frac{1}{(1+r)^m}\right)}$$

式中　r——土地还原利率；

n——宗地剩余使用年限；

m——法定最高出让年限。

(5) 容积率修正系数

容积率修正系数系指按照城市规划管理部门规划的宗地容积率（R），查相应的《容积率修正系数表》确定容积率修正系数。对楼面毛地价不进行容积率修正。

当 $R_1 < R < R_2$（R_1、R_2 为上述修正系数表所列的和 R 上、下相近的容积率）时，用插入法公式计算容积率修正系数 X，计算公式为：

$$X = X_1 + (X_2 - X_1) \times (R - R_1)/(R_2 - R_1)$$

式中　R——房屋建筑物规划的容积率；

R_1、R_2——《容积率修正系数表》中和 R 上、下相近的容积率，其中 $R_1 < R_2$；

X_1、X_2——分别为 R_1、R_2 对应的容积率修正系数。

(6) 因素修正系数

因素修正系数系指除容积率、期日、年期、用途之外的其他地价影响因素的综合修正系数。参照《北京市基准地价因素修正系数说明表》，根据宗地各种因素情况确定每种因素的修正系数，使用下面公式确定宗地总体的因素修正系数：

$$因素修正系数 = \Sigma k_i$$

式中　k_i——第 i 种因素的修正系数。

三、北京市（2002年）基准地价的计算方法

1. 商业、综合、居住用地的计算方法

(1) 宗地楼面熟地价的计算公式

宗地楼面熟地价的计算公式为

宗地楼面熟地基准单价 = 适用的基准地价（楼面熟地价）× 期日修正系数 × 容积率修正系数 × 因素修正系数

宗地楼面熟地评估单价 =（宗地楼面熟地基准单价 + 单方土地二次平整费）× 年期修正系数

宗地楼面熟地评估价值 = 宗地楼面熟地评估单价 × 楼面面积

【例7-4】 有一宗地，位于北京市朝阳区东四环中路附近，于2005年8月31日通过出让取得，土地用途为综合，地段等级为四级，出让年限50年，于2055年8月30日到期。宗地面积 1547m²，上部建筑 4338m²，土地二次平整费用为 269856 元。该建筑已于2005年8月建成。评估基准日为2009年5月31日，地区区域条件尚好，市政基础设施及城市配套设施均完善。试求宗地楼面熟地评估价值。

【解】 查基准地价表四级综合用途确定：基准地价取值 3850 元/m²，基本最高值。

$$土地二次平整费 = 269856/4338 = 62 \text{ 元}/m^2$$
$$容积率 = 4338/1547 = 2.8$$

查容积率修正系数表确定：

$$容积率修正系数 = 0.915$$

基准地价的取值较高，不再进行期日修正，期日修正系数为1。

该宗地所在区域为四类地区，2002年开发，由于待估宗地的区域环境发展得比较快，条件比较好，应按表7-3所列因素修正系数进行修正。

因素修正系数表　　　　　　　　　　　　表7-3

影响因素	土地状况	
	四级地段	说明
办公集聚程度	1.5	附近写字楼发展较快
交通便捷度	2.6	公交发展很快
区域土地利用方向	0.8	尚好
临街宽度和深度	0	无变化
临街道路状况	2	道路已加宽，整修
宗地形状及可利用程度	0	原规划无变化
公共服务设施和基础设施状况	1.2	附近商业、银行等服务设施增多
合计	8.1	

宗地楼面熟地基准单价 = 适用的基准地价（楼面熟地价）×期日修正系数×容积率修正系数×因素修正系数

$$= 3850 \times 1 \times 0.915 \times (1 + 0.081)$$
$$= 3808 \text{ 元}/m^2$$

注：适用的基准地价（楼面熟地价）即为本章第二节定义的表列基准地价。

该宗地2005年8月31日通过出让取得，出让年限50年，评估基准日为2009年5月31日，已过去3.75年，剩余46.25年。

$$年期修正系数 = \frac{1 - \left(\frac{1}{(1+6\%)^{46.25}}\right)}{1 - \left(\frac{1}{(1+6\%)^{50}}\right)} = 0.9860$$

$$宗地楼面熟地评估单价 = (3808 + 62) \times 0.9860 = 3816 \text{ 元}/m^2$$
$$宗地楼面熟地评估价值 = 3816 \times 4338 = 16553808 \text{ 元}$$

（2）宗地地面熟地价计算公式

在房屋建筑中，宗地地面熟地价的计算面积为土地上建造的房屋地面总面积。

宗地地面熟地基准单价 = 适用的基准地价（楼面熟地价）×期日修正系数×容积率修正系数×因素修正系数×宗地容积率

宗地地面熟地评估单价 =（宗地地面熟地基准单价 + 单方土地二次平整费）×年期修正系数

宗地地面熟地评估价值 = 宗地地面熟地评估单价×地面面积

【例7-5】　有一宗地，位于北京市海淀区北四环西路附近，于2009年3月31日通过出让取得，土地用途为商业，地段等级为四级，出让年限40年，于2049年3月30日到期。宗地面积2158m²，建筑规划批准容积率为3.8，该建筑目前尚未开发。评估基准日为

2010 年 7 月 31 日，场地区域条件尚好，市容较繁华，市政基础设施及城市配套设施都齐全，求取宗地地面熟地评估价值。

【解】基准地价取值 4900 元/m^2。

$$容积率 = 3.8$$
$$容积率修正系数 = 0.757$$

基准地价的取值较高，不再进行期日修正，期日修正系数为 1。该宗地所在区域为四类地区，目前尚未开发，由于待估宗地的区域环境发展得比较快，条件比较好，应按表 7-4 所列因素修正系数进行因素修正。

因素修正系数表　　　　　　　　　　　　　　　　　　　表 7-4

影响因素	土地状况	
	四级地段	说明
商业繁华度	1.2	附近商业、银行等服务设施增多
交通便捷度	1.8	公交发展很快
区域土地利用方向	0	符合规划
临街宽度和深度	0	无变化
临街道路状况	1.5	道路已建好，临主要道路
宗地形状及可利用程度	0	原规划无变化
基础设施状况	1.0	基础设施更加完善
合计	5.5	

$$宗地地面熟地基准单价 = 4900 \times 1 \times 0.757 \times (1 + 0.055) \times 3.8$$
$$= 14871 \text{ 元}/m^2$$

该宗地 2009 年 3 月 31 日通过出让取得，出让年限 40 年，评估基准日为 2010 年 7 月 31 日，已过去 1.33 年，剩余 38.67 年。

$$年期修正系数 = \frac{1 - \left(\frac{1}{(1+6\%)^{38.67}}\right)}{1 - \left(\frac{1}{(1+6\%)^{40}}\right)} = 0.9913$$

$$宗地地面熟地评估单价 = (宗地地面熟地基准单价 + 单方土地二次平整费) \times 年期修正系数$$
$$= 14871 \times 0.9913 = 14742 \text{ 元}/m^2$$
$$宗地地面熟地评估价值 = 14742 \times 2158$$
$$= 31813236 \text{ 元}$$

2. 工业用地的计算方法

（1）当宗地容积率大于 1 时的计算公式

1）宗地楼面熟地价计算公式

宗地楼面熟地基准单价 = 适用的基准地价（楼面熟地价）× 期日修正系数 × 因素修正系数
宗地楼面熟地评估单价 = （宗地楼面熟地基准单价 + 单方土地二次平整费）× 年期修正系数
宗地楼面熟地评估价值 = 宗地楼面熟地评估单价 × 楼面面积

【例 7-6】有一宗地，位于北京市昌平区科技园，于 2005 年 3 月 31 日通过出让取得，土地用途为工业，地段等级为七级，出让年限 50 年，于 2055 年 3 月 30 日到期。宗地面积 3585m^2，上部建筑 4786m^2，土地二次平整费用为 299586 元。该建筑已于 2005 年 8

月建成。评估基准日为 2009 年 5 月 31 日,地区区域条件尚好,市政基础设施及城市配套设施都较好。试求宗地楼面熟地评估价值。

基准地价取值 650 元/m²。

$$单方土地二次平整费 = 299586/4786 = 62.6 \text{ 元}/m^2$$

$$容积率 = 4786/3585 = 1.34 > 1$$

基准地价的取值较高,不再进行期日修正,期日修正系数为 1。

该宗地所在区域为七级地区,2005 年 8 月开发,由于待估宗地的区域环境发展得比较快,条件比较好,应按表 7-5 所列因素修正系数进行修正。

因素修正系数   表 7-5

影响因素	土地状况	
	七级地段	说明
办公集聚程度	0	无变化
交通便捷度	1.0	公交路线有增加
区域土地利用方向	0.8	尚好
临街宽度和深度	0	无变化
临街道路状况	1.5	区域道路已加宽、整修
宗地形状及可利用程度	0	原规划无变化
公共服务设施和基础设施状况	1.2	增加了两个便利商店,基础设施进一步改善
合计	4.5	

$$宗地楼面熟地基准单价 = 650 \times 1 \times (1 + 0.045)$$
$$= 679.3 \text{ 元}/m^2$$

该宗地 2005 年 3 月 31 日通过出让取得,出让年限 50 年,评估基准日为 2009 年 5 月 31 日,已过去 4.17 年,剩余 45.83 年。

$$年期修正系数 = \frac{1 - \left(\frac{1}{(1+6\%)^{45.83}}\right)}{1 - \left(\frac{1}{(1+6\%)^{50}}\right)} = 0.9842$$

宗地楼面熟地评估单价 =(宗地楼面熟地基准单价 + 单方土地二次平整费)×年期修正系数

$$= (679.3 + 62.6) \times 0.9842 = 730.2 \text{ 元}/m^2$$

$$宗地楼面熟地评估价值 = 730.2 \times 4786$$
$$= 3494737 \text{ 元}$$

2)宗地地面熟地价计算公式

宗地地面熟地基准单价 = 适用的基准地价(楼面熟地价)×期日修正系数×因素修正系数×宗地容积率

宗地地面熟地评估单价 = 宗地地面熟地基准单价×年期修正系数

宗地地面熟地评估价值 = 宗地地面熟地评估单价×地面面积

【例 7-7】 有一宗地,位于北京市密云工业开发区,于 2008 年 5 月 31 日通过出让取得,土地用途为工业,地段等级为七级,出让年限 50 年,于 2058 年 5 月 30 日到期。宗地面积 2563m²,宗地建筑总面积 3460m²,容积率 1.35,该建筑至今尚未开发。评估基准日为 2009 年 8 月 31 日，地区区域条件尚好，市政基础设施及城市配套设施都较好。试求取该宗地的地面熟地评估价值。

基准地价取值 320 元/m^2。

$$容积率 = 1.35$$

基准地价的取值较高，不再进行期日修正，期日修正系数为 1。

该宗地所在区域为工业七级地区，2008 年 5 月取得，由于待估宗地的区域环境发展得比较快，条件比较好，应按表 7 - 6 所列因素修正系数进行修正。

因素修正系数　　　　　　　　　　　　表 7 - 6

影响因素	土地状况	
	七级地段	说明
办公集聚程度	0	无要求
交通便捷度	1.1	区域交通有较大发展
区域土地利用方向	0.8	尚好
临街宽度和深度	0	无变化
临街道路状况	1.2	道路已加宽、整修
宗地形状及可利用程度	0	原规划无变化
公共服务设施和基础设施状况	1.1	服务设施增多
合计	4.2	

宗地地面熟地基准单价 = 适用的基准地价（楼面熟地价）× 期日修正系数 × 因素修正系数 × 宗地容积率

$$= 320 \times 1 \times (1 + 0.042) \times 1.35$$
$$= 450 元/m^2$$

该宗地 2008 年 5 月 31 日通过出让取得，出让年限 50 年，评估基准日为 2009 年 8 月 31 日，已过去 1.25 年，剩余 48.75 年。

$$年期修正系数 = \frac{1 - \left(\frac{1}{(1+6\%)^{48.75}}\right)}{1 - \left(\frac{1}{(1+6\%)^{50}}\right)} = 0.9957$$

宗地地面熟地评估单价 = $450 \times 0.9957 = 448$ 元/m^2

宗地地面熟地评估价值 = 448×2563
$$= 1148224 元$$

（2）当宗地容积率小于 1 时的计算公式

1）宗地楼面熟地价计算公式

宗地楼面熟地基准单价 = 适用的基准地价（楼面熟地价）× 期日修正系数 × 因素修正系数/宗地容积率

宗地楼面熟地评估单价 = （宗地楼面熟地基准单价 + 单方土地二次平整费）× 年期修正系数

宗地楼面熟地评估价值 = 宗地楼面熟地评估单价 × 楼面面积

【例 7 - 8】　有一宗地，位于北京市大兴区开发区，于 2003 年 4 月 30 日通过出让取得，土地用途为工业，地段等级为六级，出让年限 50 年，于 2053 年 4 月 29 日到期。宗地面积 45882m², 上部建筑 39893m², 土地二次平整费用为 2985871 元。该建筑已于 2006 年 8 月建成。评估基准日为 2009 年 6 月 30 日, 地区区域条件尚好, 市政基础设施及城市配套设施都较好。计算宗地楼面熟地评估价值。

基准地价取值 500 元/m²。

$$单方土地二次开发费 = 2985871/39893 = 75 元/m²$$

$$容积率 = 39893/45882 = 0.87 < 1$$

基准地价的取值较高, 不再进行期日修正, 期日修正系数为 1。

该宗地所在区域为六级地区, 2003 年 4 月开发, 由于待估宗地的区域环境发展得比较快, 条件比较好, 应按表 7-7 所例因素修正系数进行修正。

因素修正系数　　　　　　　　　　　　　　表 7-7

影响因素	土地状况	
	六级地段	说明
产业集聚程度	0	无要求
交通便捷度	0.8	公交路线有增加
区域土地利用方向	0.6	尚好
临路状况	1.0	道路已加宽, 整修
宗地形状及可利用程度	0	无变化
基础设施状况	1.2	增加了超市、商店, 基础设施有进一步改善
环境状况	0	原规划无变化
合计	3.6	

宗地楼面熟地基准单价 = 适用的基准地价（楼面熟地价）× 期日修正系数 × 因素修正系数/宗地容积率

$$= 500 \times 1 \times (1 + 0.036)/0.87$$

$$= 595 元/m²$$

该宗地 2003 年 4 月 30 日通过出让取得, 出让年限 50 年, 评估基准日为 2009 年 6 月 30 日, 已过去 4.17 年, 剩余 45.83 年。

$$年期修正系数 = \frac{1 - \left(\frac{1}{(1+6\%)^{43.83}}\right)}{1 - \left(\frac{1}{(1+6\%)^{50}}\right)} = 0.9753$$

$$宗地楼面熟地评估单价 = (595 + 75) \times 0.9753 = 653 元/m²$$

$$宗地楼面熟地评估价值 = 653 \times 39893$$

$$= 26050129 元$$

2) 宗地地面熟地价计算公式

宗地地面熟地基准单价 = 适用的基准地价（楼面熟地价）× 期日修正系数 × 因素修正系数

宗地地面熟地评估单价 = (宗地地面熟地基准单价 + 单方土地二次平整费) × 年期修正系数

宗地地面熟地评估价值 = 宗地地面熟地评估单价 × 地面面积

【例 7-9】 有一宗地, 位于北京市顺义工业开发区, 于 2008 年 3 月 31 日通过出让取得，土地用途为工业，地段等级为六级，出让年限50年，于2058年3月30日到期。宗地面积25896m²，宗地建筑总面积20966m²，容积率为0.81，该建筑至今尚未开发。评估基准日为2009年7月31日，地区区域条件尚好，市政基础设施及城市配套设施都较好。计算宗地地面熟地评估价值。

基准地价取值503元/m²。

$$容积率 = 0.81$$

基准地价的取值较高，不再进行期日修正，期日修正系数为1。

该宗地所在区域为工业六级地区，2008年3月取得，由于待估宗地的区域环境发展得比较快，条件比较好，应按表7-8所列因素修正系数进行修正。

因素修正系数   表7-8

影响因素	土地状况	
	六级地段	说明
产业集聚程度	0	无要求
交通便捷度	1.0	区域交通有显著改变
区域土地利用方向	0.5	尚好
临路状况	1.0	道路已加宽，整修
宗地形状及可利用程度	0	无变化
基础设施状况	0.8	服务设施增多
环境状况	0	原规划无变化
合计	3.3	

宗地地面熟地基准单价 = 适用的基准地价（楼面熟地价）× 期日修正系数 × 因素修正系数
$$= 503 \times 1 \times (1 + 0.033) = 520 元/m^2$$

该宗地2008年3月31日通过出让取得，出让年限50年，评估基准日为2009年7月31日，已过去1.27年，剩余48.73年。

$$年期修正系数 = \frac{1 - \left(\frac{1}{(1+6\%)^{48.73}}\right)}{1 - \left(\frac{1}{(1+6\%)^{50}}\right)} = 0.9956$$

宗地地面熟地评估单价 = 520 × 0.9956
$$= 517.71 元/m^2$$

宗地地面熟地评估价值 = 517.71 × 25896
$$= 13405618 元$$

四、北京市划拨土地的评估计算

北京市划拨土地的评估可以参照北京市（2002年）基准地价表的地价进行评估，计算公式如下。

（1）当宗地容积率不小于1时楼面熟地价计算公式

宗地楼面熟地价 = （适用的基准楼面熟地价 - 适用的基准楼面毛地价）× 期日修正系数 × 容积率修正系数 × 因素修正系数

宗地楼面熟地评估单价 = 宗地楼面熟地基准单价 + 单方土地二次平整费

宗地楼面熟地评估价值 = 宗地楼面熟地评估单价 × 楼面面积

(2) 当宗地容积率小于1时楼面熟地价计算公式

宗地楼面熟地基准单价 = (适用的基准楼面熟地价 − 适用的基准楼面毛地价) × 期日修正系数 × 因素修正系数/宗地容积率

宗地楼面熟地评估单价 = 宗地楼面熟地基准单价 + 单方土地二次平整费

宗地楼面熟地评估价值 = 宗地楼面熟地评估单价 × 楼面面积

【例7−10】 有一宗地,位于北京市朝阳区东四环路附近,1975年通过划拨取得,土地用途为办公用房,地段等级为四级,宗地面积1663m²,上部建筑为6层办公楼及辅助建筑,建筑面积5211m²,土地二次平整费用估算为65元/m²。评估基准日为2009年5月31日,地区区域条件尚好,基础设施及城市配套设施都较好。计算宗地楼面熟地评估价值。

基准地价取值3860元/m²,毛地价取值1310元/m²。

实际上,土地出让金及市政配套设施建设费的实际收费标准是无法确定的,评估时应以当地当时政府的收费政策来确定,本例系假设按基准单价表规定的毛地价收取。

单方土地二次平整费 = 65元/m²

容积率 = 5211/1663 = 3.13 > 1

容积率修正系数 = 0.821

基准地价的取值较高,不再进行期日修正,期日修正系数为1。

该宗地所在区域为四类地区,开发时间较长,由于待估宗地的区域环境发展得比较快,条件比较好,应按表7−9所列因素修正系数进行修正。

因素修正系数　　　　　　　　　　　　表7−9

影响因素	土地状况	
	四级地段	说明
办公集聚程度	1.2	附近写字楼发展较快
交通便捷度	2.0	公交发展很快
区域土地利用方向	0.8	尚好
临街宽度和深度	0	无变化
临街道路状况	1.8	道路已加宽,整修
宗地形状及可利用程度	0	原规划无变化
公共服务设施和基础设施状况	1.2	附近商业、银行等服务设施增多
合计	7	

宗地楼面熟地价 = (3860 − 1310) × 1 × 0.821 × (1 + 0.07)

= 2240元/m²

宗地楼面熟地评估单价 = 2240 + 65 = 2305元/m²

宗地楼面熟地评估价值 = 2305 × 5211

= 12011355元

第四节　成本逼近法在土地估价中的应用

一、成本逼近法的计算方法

成本逼近法是计算土地从征购至土地开发到完全具备建设条件为止的全部成本费用的

估价方法。土地的成本价值应包括土地的购置成本、国家收取的税费、土地开发者开发土地获取的经济收益以及国家收取的土地增值收益等价值，即：

土地成本费用 = 征地补偿费 + 土地开垦费 + 土地占用税 + 教育费附加 + 土地交易税 + 市政设施配套费 + 土地开发费 + 投资利润 + 投资利息 + 土地增值收益

土地成本费用的各项取值和计算方法列于表 7-10 中（仅供参考，如有新的规定，按新规定计算）。

土地成本价值计算　　　　　　　　　　　　　　表 7-10

序号	费用名称	计算基数	费率（%）	单方费用金额（元/m²）	备注
1	征地补偿费	按单方土地面积费用计算			按政策规定
2	土地开垦费	按单方土地面积费用计算			按政策规定
3	土地占用税	按单方土地面积费用计算		5.6	
4	水利建设基金	按单方土地面积费用计算		5.0	
5	小计	1~4 之和			
6	教育费附加	5	7		
7	土地交易税	5	3		
8	土地取得费合计	5+6+7			
9	单方市政设施配套建设费			按地方规定计算	
10	土地开发费	按单方土地面积费用计算		一般 30~150	
11	开发成本合计	8~10 之和			
12	投资利息	11		按银行规定利率	
13	投资利润	11+12		投资利润率由投资者设定	
14	土地增值收益	11+12+13	10		
15	单方土地价值合计	11+12+13+14			

土地价值 = 单方土地价值 × 土地计算面积

二、实例

有一宗地，由于企业进行改制需对该宗地进行开发价值的评估计算。

1. 宗地概况

该企业 1978 年 8 月为建设工厂厂房，在某城市远郊区征购农民耕地 42 亩，折合 28000m²，该工厂建成后的建筑面积为 85786m²。经调查，该宗地评估基准日时前三年平均年产值为 650 元/亩，根据目前的社会调查，确定该宗地的征地补偿费总计为耕地前三年平均年产值的 26 倍，土地开垦费缴纳额为耕地补偿费的 45%，土地二次平整费为 80 元/m²，投资利润率设定为 12%，土地开发到可以进行房屋建设的开发期按 2 年计算，评估基准日为 2010 年 5 月 31 日。现评估该宗地在评估基准日时的成本价值。

2. 评估计算

每平方米土地的年产值 = 650/666.67 = 0.975 元/m²

征地补偿费为年产值的 26 倍，则：

征地补偿费 = 0.975 × 26 = 25.35 元/m²

土地开垦费为征地补偿费的 45%，则：

土地开垦费 = 25.35 × 45% = 11.41 元/m²

土地占用税 = 5.6 元/m²

$$水利建设基金 = 5.0 \text{ 元/m}^2$$

$$\begin{aligned}土地取得成本 &= 征地补偿费 + 土地开垦费 + 土地占用税 + 水利建设基金\\ &= 25.35 + 11.41 + 5.6 + 5.0\\ &= 47.36 \text{ 元/m}^2\end{aligned}$$

$$\begin{aligned}教育费附加 &= 土地取得成本 \times 7\%\\ &= 47.36 \times 7\%\\ &= 3.32 \text{ 元/m}^2\end{aligned}$$

$$\begin{aligned}土地交易税 &= 土地取得成本 \times 3\%\\ &= 47.36 \times 3\%\\ &= 1.42 \text{ 元/m}^2\end{aligned}$$

$$\begin{aligned}土地取得费合计 &= 土地取得成本 + 教育费附加 + 土地交易税\\ &= 47.36 + 3.32 + 1.42\\ &= 52.10 \text{ 元/m}^2\end{aligned}$$

该土地上的房屋建筑面积为 85786m^2，市政基础设施配套建设费按房屋建筑面积每平方米缴纳 10 元，则每平方米土地应扣除费用为：

$$\begin{aligned}市政基础设施配套建设费 &= 85786 \times 10/28000\\ &= 30.64 \text{ 元/m}^2\end{aligned}$$

单方土地开发平整费按 80 元/m^2 计算，则：

$$\begin{aligned}土地开发成本 &= 52.10 + 30.64 + 80\\ &= 162.74 \text{ 元/m}^2\end{aligned}$$

投资利息按中国人民银行现行贷款利率计算，开发期限为 2 年，贷款年利率取 5.85%，则：

$$\begin{aligned}投资利息 &= 162.74 \times 5.85\% \times 2\\ &= 19.04 \text{ 元/m}^2\end{aligned}$$

投资利润率按 12% 计算，则：

$$\begin{aligned}投资利润 &= (土地开发成本 + 投资利息) \times 12\%\\ &= (162.74 + 19.04) \times 12\%\\ &= 21.81 \text{ 元/m}^2\end{aligned}$$

增值收益率一般按 10% 计算，则：

$$\begin{aligned}增值收益 &= (土地开发成本 + 投资利息 + 投资利润) \times 10\%\\ &= (162.74 + 19.04 + 21.81) \times 10\%\\ &= 20.36 \text{ 元/m}^2\end{aligned}$$

$$\begin{aligned}单方土地开发价值 &= 土地开发成本 + 投资利息 + 投资利润 + 增值收益\\ &= 162.74 + 19.04 + 21.81 + 20.36\\ &= 223.95 \text{ 元/m}^2\end{aligned}$$

土地面积为 28000m^2，则：

$$\begin{aligned}土地开发总价值 &= 单方土地开发价值 \times 土地面积\\ &= 223.95 \times 28000\\ &= 6270600 \text{ 元}\end{aligned}$$

附录一　北京市人民政府关于调整本市出让国有土地使用权基准地价的通知

各区、县人民政府，市政府各委、办、局，各市属机构：

根据《中华人民共和国城市房地产管理法》、《北京市实施〈中华人民共和国城镇国有土地使用权出让和转让暂行条例〉办法》和国土资源部关于全国城市基准地价更新与平衡工作的部署，为进一步加强本市国有土地使用权出让价格管理，规范和培育房地产市场，市国土房管局会同有关部门对1993年本市出让国有土地使用权基准地价进行了调整更新。现将《北京市基准地价表7》印发给你们，请认真贯彻执行，并就有关事项通知如下：

一、本次调整的出让国有土地使用权基准地价（以下简称基准地价）是在1993年本市基准地价的基础上，以近期市场资料为依据，采用分类定级方法确定的各类土地基准价格。

二、基准地价一般由市政府每2年至3年调整一次。在房地产市场价格发生重大变化的情况下，市政府也可适时进行调整。市国土房管局可根据实际情况，对局部地区的基准地价级别进行调整。

三、本次基准地价更新成果除本通知印发的基准地价表7及使用说明、基准地价级别范围外，还包括的应用方法、修正系数表7、基准地价级别示意图等文件材料，由市国土房管局负责公布实施。

四、宗地出让、转让价格需参照基准地价，按照规定的程序，使用合理的评估方法确定。其中，出让价格须经国土房管部门审核后确定。

五、本通知自2002年12月10日起施行，《北京市人民政府发布北京市出让国有土地使用权基准地价的通知》（京政发〔1993〕34号）同时废止。施行中的具体问题由市国土房管局负责协调解决。

二〇〇二年十二月四日

北京市基准地价表

地用途	价格类型	土地级别									
		一级	二级	三级	四级	五级	六级	七级	八级	九级	十级
商业	基准地价（楼面熟地价）	7210－9750	5680－7680	4530－6130	3720－5090	2720－4000	1970－2900	1150－1980	530－1180	250－540	140－260
	楼面毛地价	2660－4900	1680－3120	1500－2420	1240－1860	970－1450	720－1090	500－740	360－540	180－380	90－190
综合	基准地价（楼面熟地价）	5540－8250	4440－6000	3620－4940	2650－3900	1960－2790	1290－2080	880－1320	430－900	200－450	140－260
	楼面毛地价	1640－4500	1460－2200	1130－1690	880－1320	660－990	500－740	400－600	250－470	140－260	90－150

续表

地用途	价格类型	土地级别									
		一级	二级	三级	四级	五级	六级	七级	八级	九级	十级
居住	基准地价（楼面熟地价）	4740–7000	3800–5760	2730–4590	2090–3600	1500–2790	1060–1820	630–1080	330–650	180–370	140–260
	楼面毛地价	1710–3000	900–2100	550–1300	400–930	300–680	190–430	150–350	120–280	100–220	90–50
工业	基准地价（楼面熟地价）	1200–1800	1000–1220	850–1050	600–900	420–680	310–510	220–330	150–240	100–170	
	楼面毛地价	420–850	430–530	340–440	270–360	195–300	135–225	100–160	60–100	20–60	

附件1　北京市基准地价使用说明

一、基本内容

（一）基准地价是各土地级别内，土地开发程度为宗地外通路、通电、通信、通上水、通下水、通燃气、通热力及宗地内土地平整（以下简称"七通一平"），或宗地外通路、通电、通信、通上水、通下水及宗地内土地平整（以下简称"五通一平"），在平均容积率条件下，同一用途的完整土地使用权的平均价格。

（二）基准地价的表示形式为楼面熟地价，同时公布楼面毛地价。楼面熟地价是指各土地级别内，完成通平的土地在平均容积率条件下，每建筑面积分摊的完整土地使用权的平均价格。楼面毛地价是指各土地级别内，在平均容积率条件下，政府收取的某种用途法定最高出让年期内的土地出让金、市政基础设施配套建设费的平均楼面价格。

（三）基准地价土地用途划分为商业、综合、居住、工业等四类。

1. 商业类：包括商业服务业用地（含商场、购物中心、专卖店、加油站、超级市场、各种商业网点、批发市场等用地），旅游业用地（含饭店、酒店、度假村、游乐园、旅馆、旅游附属设施等用地），金融保险业用地（含银行、信托、证券、保险机构等用地），餐饮娱乐业用地（含酒楼、饭庄、快餐店、俱乐部、康乐中心、歌舞厅、高尔夫球场、赛车场、赛马场等用地）。

2. 综合类：包括办公科研用地（含写字楼、会展中心、普通办公楼、科工贸一体化办公楼、科研和勘测设计机构、停车场、停车楼等用地），文体教育用地（含各种学校、体育场馆、文化馆、博物馆、图书馆、影剧院等用地），医疗卫生用地（含医疗、保健、卫生、防疫、康复和急救设施等用地）。

3. 居住类：包括居住小区、居住街坊、居住组团和单位生活区等各种居住类型用地。

4. 工业类：包括工业用地（含工业生产及其相应附属设施用地、高新技术产业研发与展示中心），仓储用地（含用于物资储备、中转的场所及相应附属设施用地），交通运输用地（含用于运输通行的地面线路、场站等用地，包括民用机场、地面运输管道和居民点道路及其相应附属设施用地）。其他未列入上述范围的用地，其用途类别可参照相关或相近用地的用途类别确定。

（四）根据不同用途土地的特点及相应地价水平，将四类用地的基准地价由高至低，由城区至远郊区分别划分为若干个级别。其中，商业、综合和居住用地的基准地价分为十个级别，工业用地的基准地价分为九个级别。各类用地基准地价级别范围见附件2。

（五）本次基准地价基准期日为2002年1月1日。

（六）各类基准地价级别土地开发程度。商业、综合、居住用地：一至六级的开发程度为"七通一平"，七至十级的开发程度为"五通一平"。工业用地：一至五级的开发程度为"七通一平"，六至九级的开发程度为"五通一平"。

（七）各类基准地价级别土地的平均容积率。商业、综合、居住用地：一至六级的平均容积率为2，七至十级的平均容积率为1。工业用地的平均容积率为1。

二、注意事项

（一）对于需要征收土地出让金的项目，凡在四环路道路中心线以内地区的，其土地出让金应按毛地价的40%征收；凡在四环路道路中心线以外地区的，其土地出让金应按毛地价的60%征收。

（二）依据本市实际情况，为鼓励集约利用建设用地，商业、综合、居住用地按照楼面毛地价（或出让金）形式核定地价水平。工业用地按照地面毛地价（或出让金）形式核定地价水平。在项目建成后，如原审批的规划容积率发生调整的，应按重新核定的地价水平调整地价款（或出让金）。

（三）国有土地使用权租赁年租金水平，按照相应地价（或出让金）进行还原确定，其中土地还原利率应参考同期银行贷款利率确定。

（四）对危旧房改造、代征地较多且拆迁量较大的项目，应合理计算开发成本费用，可按照《北京市人民政府批转市计委关于加强基础设施专项建设资金审批管理意见的通知》（京政发〔2001〕25号）有关规定适当核减地价款，并按程序办理。

（五）在补办存量房地产出让手续时，缴纳的地价款可根据房屋建成年代和市场交易类型，按照相应基准地价水平的80%至100%确定。

（六）对经营性用途的地下建筑物，其基准地价可参照相应用地基准地价水平的三分之一确定。

（七）河道、水系两侧及轻轨周边地区的地价参照基准地价的高限选取。

（八）公寓、别墅用地价格参照居住用地基准地价的高限选取。

（九）便民店、社区服务网点用地价格参照商业用地基准地价的低限选取。

（十）运用基准地价测算的宗地地价水平在多种评估方法确定的宗地地价水平中所占权重应不低于30%。

（十一）远郊区县国土房管部门可依据本次基准地价更新成果制订区县基准地价，并报市国土房管局和区县人民政府批准后执行。

附件2　北京市基准地价级别范围

一、商业用途

一级：王府井大街，建国门内大街，东、西长安街，复兴门内大街，西单北大街等街道两侧地区。

二级：1. 复兴路—柳林院路—玉渊潭南路—三里河东路—月坛北街—南礼士路—阜成门外大街—阜成门内大街—西四东大街—西安门大街—文津街—景山前街—五四大街—东

四西大街—朝阳门内大街—朝阳门外大街—关东店北街—东三环中路—朝阳路—西大望路—通惠河—东便门—崇文门东大街—崇文门西大街—前门东大街—前门大街（至珠市口）—前门西大街—宣武门东大街—宣武门西大街—永定河引水渠—真武庙路—复兴门外大街—复兴路；所围地区除一级地价区以外的地区及繁华边界路段外侧地区。2. 三里屯路—新源南路—亮马桥路—麦子店街西侧—三里屯东六街及东延长线—三里屯路；所围地区及繁华边界路段外侧地区。3. 中关村大街两侧地区。

三级：1. 京秦铁路—广渠门北滨河路—广渠门内大街—珠市口东大街—前门大街两侧（珠市口至天桥）—珠市口西大街—骡马市大街—广安门内大街—广安门外大街—莲花河—红莲南路—马连道路—北蜂窝南路—莲花池东路—白云路—永定河引水渠—会城门东路及延长线至什坊院—西三环中路—玉渊潭南岸—三里河路—阜成门外大街—展览馆路—百万庄大街—阜成门北大街—西直门南大街—西直门外大街南侧—中关村南大街西侧—苏州街和中关村大街中心线—北四环西路—科学院南路—中关村南大街东侧—西直门外大街北侧—德胜门西大街—德胜门东大街—安定门西大街—安定门东大街—东直门北大街—东直门外斜街—东三环北路—亮马桥路北侧—麦子店街—农展馆北路—东三环北路—东直门外大街—东中街—吉市口五条—工人体育馆南路—南三里屯路—朝阳北路北侧—金台西路—朝阳路北侧—西大望路与东四环中心线—京秦铁路；所围地区除一、二级地价区外的地区及繁华边界路段外侧地区。2. 北四环中路—北辰东路—大屯路—北苑路—北四环中路；所围地区及繁华边界路段外侧地区。

四级：西三环北路—苏州街—北四环西路—中关村北大街—成府路—中关村北二街—中关村南三街—北三环西路—北三环中路—安定路西侧—北四环中路—北辰东路西侧—北小河—小营路北延长线—小营路—北四环东路—安定路东侧—北三环东路—东三环北路—西坝河路—霄云里南街延长线至亮马桥路—枣营路—朝阳公园西路—农展馆南路—团结湖路—团结湖中路—水碓子中街—甜水园西街—金台路—二道沟—东四环中路—百子湾路—东三环中路—东三环南路—左安路—左安门西滨河路—永定门东滨河路—永定门西滨河路—右安门东滨河路—右安门西滨河路—广安门滨河路—三路居路及延长线—太平桥路—广安路—西三环中路—莲花河—万寿路—阜成路—西三环北路；所围地区除一至三级地价区外的地区及繁华边界路段外侧地区。

五级：1. 颐和园路—清华西路—中关村北大街—林业大学北路西延长线—双清路—保福寺桥—北四环西路—北四环中路—北辰西路—天辰路—科荟东路—关庄路—北四环东路—东四环北路—东四环中路—朝阳路—四惠东站—京秦铁路—东四环南路—弘燕路及其东延长线—武圣路南延长线—周庄路—南三环东路—南三环中路—南三环西路—西三环南路—丰台北路—西三环南路西侧—京石高速路—西四环中路—西四环北路—万泉河—颐和园路；所围地区除一至三、四级地价区外的地区及繁华边界路段外侧地区。2. 丰台镇中心地区。3. 石景山路、复兴路地铁沿线地区。4. 望京、酒仙桥、上地地区，国家级软件园区。

六级：1. 朝阳、海淀、石景山区除一至五级地价区外的地区。2. 丰台区永定河以东除一至五级地价区以外的地区。3. 通州、顺义、昌平、大兴区人民政府所在地中心区。

七级：1. 丰台区永定河以西地区。2. 通州、昌平、大兴人民政府所在地建成区内除六级地价区外的地区。3. 顺义区人民政府所在地建成区内除六级地价区外的地区；天竺地区、后沙峪镇的城镇规划区。4. 门头沟、房山、怀柔、平谷区人民政府所在地中心区。

293

八级：1. 规划市区外的各类市级开发区，各主要建制镇、名胜古迹和旅游点地区。2. 昌平区龙城花园、回南路、太平庄以南地区。3. 大兴区西红门镇、亦庄镇、旧宫镇的城镇规划区。4. 门头沟、房山、怀柔、平谷区人民政府所在地建成区除七级地价区外的地区。5. 延庆、密云县县城的建成区。

九级：市域范围内，除一至八级地价区外的其他平原地区。

十级：市域范围内，除一至九级地价区外的其他地区。

二、综合用途

一级：1. 复兴门南大街—复兴门北大街—阜成门南大街—阜成门内大街—西四东大街—西安门大街—文津街—景山前街—五四大街—东四西大街—朝阳门内大街—朝阳门外大街—关东店北街—东三环中路—朝阳路—西大望路—通惠河—建国门外大街南侧—建国门内大街南侧—东长安街南侧—西长安街南侧—复兴门内大街南侧—复兴门南大街；所围地区及繁华边界路段外侧地区。2. 三里屯路—新源南路—亮马桥路—麦子店街西侧—三里屯东六街及东延长线—三里屯路；所围地区及繁华边界路段外侧地区。

二级：1. 东直门外斜街—东三环北路—亮马桥路北侧—麦子店街—农展馆北路—东三环北路—朝阳路北侧—西大望路与东四环中心线—京秦铁路—东便门—崇文门东大街南侧—崇文门西大街南侧—前门东大街南侧—前门西大街南侧—宣武门东大街南侧—宣武门西大街—广安门北滨河路—广安门外大街—手帕口北街—莲花池东路—羊坊店路—复兴路—柳林院路—玉渊潭南岸—玉渊潭南街—三里河路—西直门外大街南侧—中关村南大街西侧—苏州街和中关村大街中心线—北四环西路—科学院南路—中关村南大街东侧—西直门外大街北侧—西直门大街—德胜门西大街—德胜门东大街—安定门西大街—安定门东大街—东直门北大街—东直门外斜街；所围地区除一级地价区外的地区及繁华边界路段外侧地区。2. 北四环中路—北辰东路—大屯路—北苑路—北四环东路—北四环中路；所围地区及繁华边界路段外侧地区。

三级：西三环北路—苏州街—北四环西路—中关村北大街—成府路—中关村北二街—中关村南三街—北三环西路—北三环中路—安定路西侧—北四环中路—北辰东路西侧—北小河—小营路北延长线—北四环东路—安定路东侧—北三环东路—西坝河—霄云里南街延长线至亮马桥路—枣营路—朝阳公园西路—农展馆南路—团结湖路东侧—二道沟—东四环中路—百子湾路—东三环中路—东三环南路—左安路—左安门西滨河路—永定门东滨河路—永定门西滨河路—右安门东滨河路—右安门西滨河路—广安门南滨河路西侧—红莲南路—马连道路—广安路—西三环中路—西三环北路；所围地区除一、二级地价区外的地区及繁华边界路段外侧地区。

四级：1. 西四环北路—北四环西路—万泉河路—颐和园路—清华西路—中关村北大街—林业大学北路西延长线—双清路—保福寺桥—北四环中路—北辰西路—天辰路—科荟东路—关庄路—北四环东路—东四环北路—东四环中路—朝阳路—四惠东—通惠河—东四环中路—松榆南路—西大望路南延长线—周庄路—南三环东路—南三环中路—南三环西路—丰台北路—西三环南路西侧—京石高速路—西四环南路—复兴路南侧—石景山路南侧—石景山路北侧—复兴路北侧—西四环中路—西四环北路；所围地区除一至三级地价区外的地区及繁华边界路段外侧地区。2. 丰台镇中心地区。3. 望京、酒仙桥地区。

五级：1. 北坞村路—玉泉山路—北五环西路—北五环中路—北五环东路—东五环北路

—东五环中路—通惠河—高碑店路—京沈高速公路—东四环南路—南四环东路—南四环中路—南四环西路—西四环南路西侧—西四环中路西侧—石景山路南侧—西五环中路—田村路—西四环北路西侧—北坞村路；所围地区除一至四级地价区外的地区及繁华边界路段外侧地区。2. 上地开发区、国家级软件园区。

六级：1. 朝阳、海淀、石景山区除一至五级地价区以外的地区。2. 丰台区永定河以东除一至五级地价区以外的地区。3. 通州、顺义、昌平、大兴区人民政府所在地中心区。

七级：1. 丰台区永定河以西地区。2. 通州、昌平、大兴区人民政府所在地建成区内除六级地价区外的地区。3. 顺义区人民政府所在地建成区内除六级地价区外的地区；天竺地区、后沙峪镇的城镇规划。4. 门头沟、房山、怀柔、平谷人民政府所在地中心区。

八级：1. 规划市区外的各类市级开发区，各主要建制镇、名胜古迹和旅游点地区。2. 昌平区龙城花园、回南路、太平庄以南地区。3. 大兴区西红门镇、亦庄镇、旧宫镇城镇规划区。4. 门头沟、房山、怀柔、平谷区人民政府所在地建成区除七级地价区以外的地区。5. 延庆、密云县县城的建成区。

九级：市域范围内，除一至八级地价区外的其他平原地区。

十级：市域范围内，除一至九级地价区外的其他地区。

三、居住用途

一级：西单北大街—西四南大街—西四北大街—地安门西大街—地安门东大街—张自忠路—东四北大街—东四南大街—东单北大街—崇文门内大街—崇文门西大街—前门东大街—前门西大街—宣武门东大街—宣武门内大街—西单北大街；所围地区及繁华边界路段外侧地区。

二级：广安门内大街—广安门北滨河路—西二环护城河引水渠—三里河路—西直门外大街—北二环路—东直门北大街—东直门外斜街—东三环北路—东三环中路—通惠河—广渠门北滨河路—广渠门内大街—珠市口东大街—珠市口西大街—骡马市大街—广安门内大街；所围地区除一级地价区外的地区及繁华边界路段外侧地区。

三级：劲松路—广渠门南滨河路—方庄路—群星路—蒲黄榆路—永定门东滨河路—永定门西滨河路—右安门东滨河路—右安门西滨河路—丽泽路—莲花河—西三环中路—太平东路—万寿路—永定河引水渠—西翠路—八里庄路—蓝靛厂南路—蓝靛厂北路—北四环西路—万泉河路—圆明园路—清华西路—中关村北大街—成府路—志新路—八达岭高速路—北四环中路—北辰东路—大屯路—北苑路—北四环东路—惠新西街—樱花园西街—北三环东路—西坝河—霄云里南街延长线至亮马桥路—枣营路—朝阳公园西路—农展馆南路—甜水园西街—金台路—西大望路—建国路—金台西路南延长线—京秦铁路—东三环中路—东三环南路—劲松路；所围地区除一、二级地价区外的地区及繁华边界路段外侧地区。

四级：1. 西四环中路—北太平路—永定路及其北延长线—杏石口路—旱河路—闵庄路—西五环北路—香山路—北五环西路—中关村北大街—林业大学北路西延长线—双清路—清华东路—大屯路—北小河—小营路北延长线—小营北路—关庄路—北四环东路—东四环北路—东四环中路—朝阳路—十里堡路南侧延长线—通惠河—西大望路—松榆南路—武圣路南延长线—周庄路—南三环东路—南三环中路—南三环西路—菜户营南路—莲花河—凉水河西延线—西三环南路—西三环中路—莲花池西路—莲花河—西四环中路；所围地区除一至三级地价区外的地区及繁华边界路段外侧地区。2. 望京地区（望京西路—湖光北街—

宏泰西街—宏泰东街)。3. 酒仙桥地区。

五级：1. 北五环中路—北五环东路—东五环北路—东五环中路—京秦铁路—东四环中路—东四环南路—南四环东路—南四环中路—南四环西路—西四环南路—丰台西路—程庄路—小屯路—吴家村路—八宝山南路—鲁谷路西段—西五环中路—香山南路—香山脚下—东马连洼北路—上地三街—小营西路—北五环中路；所围地区除一至四级地价区外的地区及繁华边界路段外侧地区。2. 清河居住小区。3. 上地高科技园区、国家级软件园区。4. 北苑居住小区。

六级：1. 朝阳、海淀、石景山区除一至五级地价区以外的地区。2. 丰台区永定河以东除一至五级地价区以外的地区。3. 通州区人民政府所在地中心区。4. 大兴区人民政府所在地中心区及西红门镇、亦庄镇、旧宫镇的城镇规划区。5. 昌平区人民政府所在地中心区及龙城花园、回南路、太平庄以南地区。6. 顺义区人民政府所在地中心区及天竺地区、后沙峪镇的城镇规划区。

七级：1. 丰台区永定河以西地区。2. 昌平、顺义、通州、大兴区人民政府所在地建成区除六级地价区外的地区。

八级：1. 房山、门头沟、怀柔、平谷区人民政府所在地建成区。2. 密云、延庆县县城建成区。3. 规划市区外除五至七级地价区外的市级开发区和主要建制镇。

九级：市域范围内，除一至八级地价区外的平原地区。

十级：市域范围内，除一至九级地价区外的其他地区。

四、工业用途

一级：三环路以内地区。

二级：1. 上地高科技园区。2. 北京经济技术开发区。3. 丰台高科技园区。4. 酒仙桥电子城地区。

三级：1. 四环路内除一、二级地价区以外的地区。2. 上地高科技园区周边地区。3. 石景山八大处高科技园区。

四级：1. 五环路内除一至三级地价区以外的地区。2. 天竺空港工业区、吉祥工业区。

五级：规划市区内除一至四级地价区以外的地区及其外侧紧邻的地区；规划市区内与周围接壤区县之间的市级交通主干道沿线的地区；大兴区人民政府所在地建成区以及西红门镇、亦庄镇、旧宫镇等城乡结合部；通州区人民政府所在地建成区、张家湾开发区；顺义区人民政府所在地建成区；昌平区人民政府所在地建成区、昌平高科技园区。

六级：大兴区除五级地价区以外的开发区；通州区除五级地价区以外的其他开发区；顺义区除四、五级地价区以外的其他开发区，后沙峪镇的城镇规划区；昌平区除五级地价区以外的其他开发区；房山区人民政府所在地建成区；怀柔区人民政府所在地建成区及乡镇企业城、农业投资开发区、民营经济开发区。

七级：六环路内除一至六级地价区以外的地区；大兴区除五、六级地价区以外的主要建制镇；通州区除五、六级地价区以外的主要建制镇；顺义区除四至六级地价区以外的主要建制镇；昌平区除五、六级地价区以外的主要建制镇；房山区除六级地价区以外的开发区以及主要建制镇；门头沟区门城镇、石龙工业开发区及永定镇等平原区；延庆县城中心区域、八达岭开发区、南菜园开发区、沈家营镇、大榆树镇、八达岭镇、康庄镇等主要建制镇；怀柔区除六级地价区以外的开发区和主要建制镇；密云县密云镇、密云工业开发区；平谷区人民政府所在地建成区、兴谷开发区和滨河开发区。

八级：大兴区除五至七级地价区以外的其他平原地区；通州区除五至七级地价区以外的其他平原地区；顺义区除四至七级地价区以外的其他平原地区；昌平区除五至七级地价区以外的其他平原地区；房山区除六、七级地价区以外的其他平原地区；门头沟区除七级地价区以外的其他开发区和建制镇；延庆县张山营镇、旧县镇、井庄镇、永宁镇等建制镇；怀柔区除六、七级地价区以外的其他平原地区；密云县河南寨、十里堡、檀营乡、西田各庄、溪翁庄镇等建制镇；平谷区除七级地价区以外的其他平原地区。

九级：市域范围内，除一至八级地价区外的其他地区。

附录二　2002年北京市基准地价应用附件

附件1　应用2002年北京市基准地价测算宗地价格方法

（一）宗地价格的类型及计算公式

根据基准地价测算的宗地价格可分为宗地楼面熟地价、宗地地面熟地价、宗地楼面毛地价、宗地地面毛地价等四种类型。

1. 商业、综合、居住用地

（1）宗地楼面熟地价、宗地地面熟地价计算公式

宗地楼面熟地价 = 适用的基准地价（楼面熟地价）× 期日修正系数 × 年期修正系数 × 容积率修正系数 × 因素修正系数

宗地地面熟地价 = 适用的基准地价（楼面熟地价）× 期日修正系数 × 年期修正系数 × 容积率修正系数 × 因素修正系数 × 宗地容积率

（2）宗地楼面毛地价、宗地地面毛地价计算公式

①当宗地容积率≥级别平均容积率时：

宗地楼面毛地价 = 适用的楼面毛地价 × 期日修正系数 × 年期修正系数 × 因素修正系数

宗地地面毛地价 = 适用的楼面毛地价 × 期日修正系数 × 年期修正系数 × 因素修正系数 × 宗地容积率

②当宗地容积率＜级别平均容积率时：

宗地楼面毛地价 = 适用的楼面毛地价 × 期日修正系数 × 年期修正系数 × 因素修正系数 × 级别平均容积率/宗地容积率

宗地地面毛地价 = 适用的楼面毛地价 × 期日修正系数 × 年期修正系数 × 因素修正系数 × 级别平均容积率

2. 工业用地

（1）宗地楼面熟地价、宗地地面熟地价计算公式

①当宗地容积率≥1时：

宗地楼面熟地价 = 适用的基准地价（楼面熟地价）× 期日修正系数 × 年期修正系数 × 因素修正系数

宗地地面熟地价 = 适用的基准地价（楼面熟地价）× 期日修正系数 × 年期修正系数 × 因素修正系数 × 宗地容积率

②当宗地容积率＜1时：

宗地楼面熟地价＝适用的基准地价（楼面熟地价）×期日修正系数×年期修正系数×因素修正系数/宗地容积率

宗地地面熟地价＝适用的基准地价（楼面熟地价）×期日修正系数×年期修正系数×因素修正系数

（2）宗地楼面毛地价、宗地地面毛地价计算公式

①当宗地容积率≥1时：

宗地楼面毛地价＝适用的楼面毛地价×期日修正系数×年期修正系数×因素修正系数

宗地地面毛地价＝适用的楼面毛地价×期日修正系数×年期修正系数×因素修正系数×宗地容积率

②当宗地容积率＜1时：

宗地楼面毛地价＝适用的楼面毛地价×期日修正系数×年期修正系数×因素修正系数/宗地容积率

宗地地面毛地价＝适用的楼面毛地价×期日修正系数×年期修正系数×因素修正系数

（二）宗地价格测算中有关参数的选取

1. 宗地用途类别的确定

原则上根据城市规划管理部门批准的主要用途，对照《北京市基准地价用途分类表7》合理确定宗地用途类别。根据该分类表7不能确定用途类别的特殊宗地，可参照其他有关规定合理确定。

2. 宗地地价区级别的确定

根据宗地用途类别和位置，参照《北京市基准地价级别范围文字说明》的规定，确定宗地地价区级别。位于土地级别边界两侧的宗地，按较高土地级别来确定地价区级别。

3. 宗地基准地价水平的确定

基准地价（楼面熟地价）参照《北京市基准地价表7》，取相应地价区级别高低限的算术平均值。

基准楼面毛地价根据宗地用途类别、地价区级别和具体情况，参照《北京市基准地价表7》适当选取。高档用途、宗地位置靠近较高地价区级别的，应靠近级别地价高限取值；低档用途、宗地位置靠近较低地价区级别的，应靠近级别地价低限取值。

4. 期日修正系数的确定

期日修正系数＝宗地评估基准日地价指数/基准地价基准日地价指数

5. 年期修正系数的确定

$$年期修正系数 = \frac{1 - \left(\dfrac{1}{(1+r)^n}\right)}{1 - \left(\dfrac{1}{(1+r)^m}\right)}$$

其中，r：土地还原利率；

n：宗地剩余使用年限；

m：法定最高出让年限。

6. 容积率修正系数的确定

按照城市规划管理部门给定的宗地容积率（R），查相应的《容积率修正系数表7》确定容积率修正系数。对楼面毛地价不进行容积率修正。

当 $R_1 < R < R_2$（R_1、R_2 为上述修正系数表7所列的容积率）时，用下列公式计算容积率修正系数 X：

$$X = X_1 + (X_2 - X_1) \times (R - R_1)/(R_2 - R_1)$$

X_1 是 R_1 对应的容积率修正系数；X_2 是 R_2 对应的容积率修正系数。

7. 因素修正系数的确定

因素修正系数是指除容积率、期日、年期、用途之外的其他地价影响因素的综合修正系数。参照《北京市基准地价因素修正系数说明表7》，根据宗地各种因素情况确定每种因素的修正系数，使用下面公式测算宗地因素修正系数：

$$因素修正系数 = 1 + \sum k_i$$

其中，k_i：第 i 种因素的修正系数。

8. 其他情况修正

对于特殊宗地价格的测算，还需根据具体情况进行修正。例如土地开发程度与级别土地开发程度有不一致之处，还需进行开发程度修正。

附件2　北京市基准地价容积率修正系数表

北京市基准地价容积率修正系数表

容积率	修正系数			容积率	修正系数			容积率	修正系数			容积率	修正系数			容积率	修正系数		
	商业	综合	居住		商业	综合	居住		商业	综合	居住		商业	综合	居住		商业	综合	居住
0.1	1.500	1.437	1.418	2.1	0.980	0.986	0.988	4.1	0.739	0.893	0.928	6.1	0.664	0.837	0.884	8.1	0.590	0.782	0.841
0.2	1.467	1.406	1.387	2.2	0.962	0.973	0.976	4.2	0.735	0.890	0.926	6.2	0.661	0.835	0.882	8.2	0.586	0.779	0.838
0.3	1.435	1.375	1.358	2.3	0.944	0.961	0.966	4.3	0.732	0.887	0.924	6.3	0.657	0.832	0.880	8.3	0.582	0.776	0.836
0.4	1.404	1.346	1.329	2.4	0.926	0.950	0.956	4.4	0.728	0.885	0.922	6.4	0.653	0.829	0.878	8.4	0.579	0.773	0.834
0.5	1.374	1.318	1.301	2.5	0.910	0.940	0.947	4.5	0.724	0.882	0.919	6.5	0.650	0.826	0.876	8.5	0.575	0.771	0.832
0.6	1.344	1.290	1.275	2.6	0.894	0.931	0.940	4.6	0.720	0.879	0.917	6.6	0.646	0.824	0.873	8.6	0.571	0.768	0.830
0.7	1.315	1.263	1.249	2.7	0.879	0.922	0.933	4.7	0.717	0.876	0.915	6.7	0.642	0.821	0.871	8.7	0.567	0.765	0.827
0.8	1.287	1.238	1.224	2.8	0.864	0.915	0.927	4.8	0.713	0.874	0.913	6.8	0.638	0.818	0.869	8.8	0.564	0.762	0.825
0.9	1.259	1.213	1.200	2.9	0.850	0.908	0.922	4.9	0.709	0.871	0.911	6.9	0.635	0.815	0.867	8.9	0.560	0.760	0.823
1	1.232	1.189	1.177	3	0.837	0.903	0.918	5	0.706	0.868	0.909	7	0.631	0.812	0.865	9	0.556	0.757	0.821
1.1	1.205	1.166	1.155	3.1	0.825	0.898	0.915	5.1	0.702	0.865	0.906	7.1	0.627	0.810	0.863	9.1	0.553	0.754	0.819
1.2	1.180	1.144	1.134	3.2	0.813	0.894	0.913	5.2	0.698	0.862	0.904	7.2	0.623	0.807	0.860	9.2	0.549	0.751	0.817
1.3	1.155	1.123	1.114	3.3	0.802	0.891	0.912	5.3	0.694	0.860	0.902	7.3	0.620	0.804	0.858	9.3	0.545	0.748	0.814
1.4	1.131	1.103	1.095	3.4	0.791	0.889	0.912	5.4	0.691	0.857	0.900	7.4	0.616	0.801	0.856	9.4	0.541	0.746	0.812
1.5	1.107	1.083	1.077	3.5	0.782	0.888	0.898	5.5	0.687	0.854	0.898	7.5	0.612	0.799	0.854	9.5	0.538	0.743	0.810
1.6	1.084	1.065	1.060	3.6	0.773	0.888	0.914	5.6	0.683	0.851	0.895	7.6	0.609	0.796	0.852	9.6	0.534	0.740	0.808
1.7	1.062	1.047	1.043	3.7	0.764	0.889	0.917	5.7	0.679	0.849	0.893	7.7	0.605	0.793	0.849	9.7	0.530	0.737	0.806
1.8	1.041	1.031	1.028	3.8	0.757	0.890	0.920	5.8	0.676	0.846	0.891	7.8	0.601	0.790	0.847	9.8	0.526	0.735	0.803

续表

容积率	修正系数			容积率	修正系数			容积率	修正系数			容积率	修正系数			容积率	修正系数		
	商业	综合	居住		商业	综合	居住		商业	综合	居住		商业	综合	居住		商业	综合	居住
1.9	1.020	1.015	1.014	3.9	0.750	0.893	0.925	5.9	0.672	0.843	0.889	7.9	0.597	0.787	0.845	9.9	0.523	0.732	0.801
2	1.000	1.000	1.000	4	0.743	0.896	0.931	6	0.668	0.840	0.887	8	0.594	0.785	0.843	10	0.519	0.729	0.799

注：1. 容积率 $R10$ 时，商业用途容积率修正系数 X_1、综合用途容积率修正系数 X_2、居住用途容积率修正系数 X_3 按以下公式计算：

$$X_1 = -0.0373 \times R + 0.892; \quad X_2 = -0.0278 \times R + 1.007; \quad X_3 = -0.0219 \times R + 1.018$$

2. 远郊区县的商业用途容积率修正系数 X_4、综合用途容积率修正系数 X_5、居住用途容积率修正系数 X_6 按以下公式计算：

$$X_4 = R/1.232; X_5 = R/1.189; X_6 = R/1.177，其中 R 为通过上表 7 查询的容积率修正系数。$$

附件 3

北京市基准地价因素修正系数说明表（商业）
北京市基准地价因素修正系数说明表（综合）
北京市基准地价因素修正系数说明表（居住）
北京市基准地价因素修正系数说明表（工业）

北京市基准地价因素修正系数说明表
（商业）

单位：%

影响因素	土地级别									
	一级	二级	三级	四级	五级	六级	七级	八级	九级	十级
商业繁华度	-4.5 ~ 4.5	-4.5 ~ 4.5	-4.5 ~ 4.5	-4.5 ~ 4.5	-6.0 ~ 6.0	-6.0 ~ 5.4	-7.5 ~ 7.5	-11.4 ~ 11.1	-11.4 ~ 10.5	-9.0 ~ 9.0
交通便捷度	-2.25 ~ 2.25	-2.25 ~ 2.25	-2.25 ~ 2.25	-2.25 ~ 2.25	-3.0 ~ 3.0	-3.0 ~ 2.7	-3.75 ~ 3.75	-5.7 ~ 5.55	-5.7 ~ 5.25	-4.5 ~ 4.5
区域土地利用方向	-1.5 ~ 1.5	-1.5 ~ 1.5	-1.5 ~ 1.5	-1.5 ~ 1.5	-2.0 ~ 1.8	-2.5 ~ 2.5	-3.8 ~ 3.7	-3.8 ~ 3.5	-3.0 ~ 3.0	
临街宽度和深度	-3.0 ~ 3.0	-3.0 ~ 3.0	-3.0 ~ 3.0	-3.0 ~ 3.0	-4.0 ~ 4.0	-4.0 ~ 3.6	-5.0 ~ 5.0	-7.6 ~ 7.4	-7.6 ~ 7.0	-6.0 ~ 6.0
临街道路状况	-1.5 ~ 1.5	-1.5 ~ 1.5	-1.5 ~ 1.5	-1.5 ~ 1.5	-2.0 ~ 2.0	-2.0 ~ 1.8	-2.5 ~ 2.5	-3.8 ~ 3.7	-3.8 ~ 3.5	-3.0 ~ 3.0
宗地形状及可利用程度	-1.2 ~ 1.2	-1.2 ~ 1.2	-1.2 ~ 1.2	-1.2 ~ 1.2	-1.6 ~ 1.6	-1.6 ~ 1.44	-2.0 ~ 2.0	-3.04 ~ 2.96	-3.04 ~ 2.8	-2.4 ~ 2.4
基础设施状况	-1.05 ~ 1.05	-1.05 ~ 1.05	-1.05 ~ 1.05	-1.05 ~ 1.05	-1.4 ~ 1.4	-1.4 ~ 1.26	-1.75 ~ 1.75	-2.66 ~ 2.59	-2.66 ~ 2.45	-2.1 ~ 2.1

注：1. 商业繁华度指距商业中心的距离、商业设施的种类规模与集聚程度、经营类别、客流的数量与质量。
2. 交通便捷度指公交条件、距火车站等交通疏散中心距离、区域道路密集程度。
3. 区域土地利用方向指周边土地利用方向的一致性。
4. 临街宽度和深度指临街宽度和深度对商业经营的影响。
5. 临街道路状况指临街道路类型、级别、人行道宽度和交通管制。
6. 宗地形状及可利用程度指宗地形状对土地利用的影响程度。
7. 基础设施状况指水、电、热、通讯等各种基础设施的配套完善程度。

北京市基准地价因素修正系数说明表
（综合）

单位：%

影响因素	土地级别									
	一级	二级	三级	四级	五级	六级	七级	八级	九级	十级
办公集聚程度	-4.0~4.0	-3.0~3.0	-3.0~3.0	-4.0~4.0	-3.6~3.4	-4.8~4.6	-4.0~4.0	-7.2~6.8	-8.0~7.2	-6.0~6.0
交通便捷度	-5.0~5.0	-3.75~3.75	-3.75~3.75	-5.0~5.0	-4.5~4.25	-6.0~5.75	-5.0~5.0	-9.0~8.5	-10.0~9.0	-7.5~7.5
区域土地利用方向	-2.0~2.0	-1.5~1.5	-1.5~1.5	-2.0~2.0	-1.8~1.7	-2.4~2.3	-2.0~2.0	-3.6~3.4	-4.0~3.6	-3.0~3.0
临街宽度和深度	-2.0~2.0	-1.5~1.5	-1.5~1.5	-2.0~2.0	-1.8~1.7	-2.4~2.3	-2.0~2.0	-3.6~3.4	-4.0~3.6	-3.0~3.0
临街道路状况	-3.0~3.0	-2.25~2.25	-2.25~2.25	-3.0~3.0	-2.7~2.55	-3.6~3.45	-3.0~3.0	-5.4~5.1	-6.0~5.4	-4.5~4.5
宗地形状及可利用程度	-1.6~1.6	-1.2~1.2	-1.2~1.2	-1.6~1.6	-1.44~1.36	-1.92~1.84	-1.6~1.6	-2.88~2.72	-3.2~2.88	-2.4~2.4
公共服务设施和基础设施状况	-2.4~2.4	-1.8~1.8	-1.8~1.8	-2.4~2.4	-2.16~2.04	-2.88~2.76	-2.4~2.4	-4.32~4.08	-4.8~4.32	-3.6~3.6

注：1. 办公集聚程度指办公设施的种类规模与集聚程度、距政府管理职能部门的距离。
2. 交通便捷度指公交条件、距火车站等交通疏散中心距离、区域道路密集程度。
3. 区域土地利用方向指周边土地利用方向的一致性。
4. 临街宽度和深度指临街宽度和深度对商业经营的影响。
5. 临街道路状况指临街道路类型、级别、人行道宽度和交通管制。
6. 宗地形状及可利用程度指宗地形状对土地利用的影响程度。
7. 公共服务设施和基础设施状况指各种公共服务设施和基础设施的配套完善程度。

北京市基准地价因素修正系数说明表
（居住）

单位：%

影响因素	土地级别									
	一级	二级	三级	四级	五级	六级	七级	八级	九级	十级
居住社区成熟度	-2.0~2.0	-2.1~2.1	-1.5~2.5	-1.7~2.6	-3.0~3.0	-2.6~2.6	-2.7~2.6	-3.3~3.3	-3.6~3.2	-3.0~3.0
交通便捷度	-4.0~4.0	-4.2~4.2	-3.0~5.0	-3.4~5.2	-6.0~6.0	-5.2~5.2	-5.4~5.2	-6.6~6.6	-7.2~6.4	-6.0~6.0
区域土地利用方向	-2.0~2.0	-2.1~2.1	-1.5~2.5	-1.7~2.6	-3.0~3.0	-2.6~2.6	-2.7~2.6	-3.3~3.3	-3.6~3.2	-3.0~3.0
临路状况	-2.0~2.0	-2.1~2.1	-1.5~2.5	-1.7~2.6	-3.0~3.0	-2.6~2.6	-2.7~2.6	-3.3~3.3	-3.6~3.2	-3.0~3.0
宗地形状及可利用程度	-1.6~1.6	-1.68~1.68	-1.2~2.0	-1.36~2.08	-2.4~2.4	-2.08~2.08	-2.16~2.08	-2.64~2.64	-2.88~2.56	-2.4~2.4
公共服务设施和基础设施状况	-2.4~2.4	-2.52~2.52	-1.8~3.0	-2.04~3.12	-3.6~3.6	-3.12~3.12	-3.24~3.12	-3.96~3.96	-4.32~3.84	-3.6~3.6

续表

影响因素	土地级别									
	一级	二级	三级	四级	五级	六级	七级	八级	九级	十级
自然和人文环境状况	−4.0～4.0	−4.2～4.2	−3.0～5.0	−3.4～5.2	−6.0～6.0	−5.2～5.2	−5.4～5.2	−6.6～6.6	−7.2～6.4	−6.0～6.0
与商业中心的接近程度	−2.0～2.0	−2.1～2.1	−1.5～2.5	−1.7～2.6	−3.0～3.0	−2.6～2.6	−2.7～2.6	−3.3～3.3	−3.6～3.2	−3.0～3.0

注：1. 居住社区成熟度指区域居住用地比例、居住小区规模和社区发展完善程度。
  2. 交通便捷度指公交条件、距火车站等交通疏散中心距离、区域道路密集程度。
  3. 区域土地利用方向指周边土地利用方向的一致性。
  4. 临路状况指临街道路类型、级别和交通管制。
  5. 宗地形状及可利用程度指宗地形状对土地利用的影响程度。
  6. 公共服务设施和基础设施状况指各种公共服务设施和基础设施的配套完善程度。
  7. 自然和人文环境状况指学校数目和类型；文体休闲设施状况；居民素质；景观；噪音、空气和水体污染及危险设施或污染源的临近程度。
  8. 与商业中心的接近程度指与各种规模商业中心的距离和相互通达状况。

北京市基准地价因素修正系数说明表
（工业）

单位：%

影响因素	土地级别							
	一级	二级	三级	四级	五级	六级	七级	八级
产业集聚程度	−2.0～2.0	−2.0～2.0	−4.0～4.0	−4.8～4.8	−5.0～4.8	−4.0～4.0	−4.6～4.6	−5.2～5.2
交通便捷度	−3.2～3.2	−3.2～3.2	−6.4～6.4	−7.68～7.68	−8.0～7.68	−6.4～6.4	−7.36～7.36	−8.32～8.32
区域土地利用方向	−1.0～1.0	−1.0～1.0	−2.0～2.0	−2.4～2.4	−2.5～2.4	−2.0～2.0	−2.3～2.3	−2.6～2.6
临路状况	−0.8～0.8	−0.8～0.8	−1.6～1.6	−1.92～1.92	−2.0～1.92	−1.6～1.6	−1.84～1.84	−2.08～2.08
宗地形状及可利用程度	−1.2～1.2	−1.2～1.2	−2.4～2.4	−2.88～2.88	−3.0～2.88	−2.4～2.4	−2.76～2.76	−3.12～3.12
基础设施状况	−1.0～1.0	−1.0～1.0	−2.0～2.0	−2.4～2.4	−2.5～2.4	−2.0～2.0	−2.3～2.3	−2.6～2.6
环境状况	−0.8～0.8	−0.8～0.8	−1.6～1.6	−1.92～1.92	−2.0～1.92	−1.6～1.6	−1.84～1.84	−2.08～2.08

注：1. 产业集聚程度指相关产业的配套及集聚状况、工业区的发展趋势。
  2. 交通便捷度指对外交通便捷程度、交通管制、距货物集散地（车站、码头、机场）距离及货物集散地的规模档次、道路等级、道路体系等。
  3. 区域土地利用方向指周边土地利用方向的一致性。
  4. 临路状况指临路类型、级别和交通管制。
  5. 宗地形状及可利用程度指宗地形状对土地利用的影响程度。
  6. 基础设施状况指水、电、热、通讯等各种基础设施的配套完善程度。
  7. 环境状况指污染物排放及治理状况、距危险设施或污染源的临近程度。

第八章 构筑物及道桥工程的价值评估

第一节 建筑工程构筑物概况

一、建筑工程构筑物概述

1. 建筑工程构筑物的含义

建筑工程的总体可分为房屋建筑物、构筑物、专业安装工程三大部分，这三个部分都是房屋建筑能够发挥正常使用功能不可缺少的实体建筑。其中，房屋建筑物是整个建筑物的主体，其他两个部分都是为使房屋能够正常使用而配置的功能性配套工程。

房屋建筑物是一个有顶盖的使人们能够进行居住或活动的空间建筑；构筑物则是建筑工程中除房屋以外的任何一个室外的实体建筑，如道路、围墙、烟囱、水塔、水池、场地等；专业安装工程是指使房屋达到使用条件而设置的配套设施，其中包括给水排水、电气、供暖、天然气、通信等。本节主要阐述构筑物的种类和评估方法。

2. 构筑物的种类和构造概况

构筑物的种类很多，有建筑工程、水工工程、道桥工程等构筑物。其中，建筑工程中的构筑物品种繁多，评估方法也比较复杂。下面，首先对建筑工程的每种构筑物的构造作简要的介绍，供从事房地产估价非建筑专业的人员参考。

(1) 厂区道路

厂区道路一般有混凝土路面、混凝土结构水泥路面、钢筋混凝土结构水泥路面、沥青路面、方砖路面、防滑瓷砖路面、天然石材路面、砂石路面、土路面等。

1) 混凝土路面。基层为夯实土，砂石混合料基层、细石混凝土面层随打随压实。常用于厂区主要运输道路、企业单位所属的场外运输道路。

2) 混凝土结构水泥路面。基层为夯实土，砂石混合料基层、混凝土结构层、水泥砂浆面层压光。常用于厂区或居民小区的道路和人行道。

3) 钢筋混凝土结构水泥路面。基层为夯实土，砂石混合料基层、钢筋混凝土结构层、水泥砂浆面层压光。常用于重型载重汽车路面、飞机场飞行道、滑行道、桥梁路面等。

4) 沥青路面。基层为夯实土，砂石混合料基层、沥青混凝土面层随打随压实。常用于厂区道路、市政公路等。

5) 方（长方）砖路面。基层为夯实土，砂垫层、水泥砂浆砌砖面层。常用于人行道、广场等。

6) 瓷砖路面。基层为夯实土，砂垫层、水泥砂浆铺砌防滑瓷砖面层。常用于人行道、广场等。

7) 天然石材路面。天然石材路面包括大理石、花岗石等面材的路面。基层为夯实土，砂垫层、水泥砂浆找平层、天然石材碎拼路面面层。常用于公园、花园的园区小道，门前场地地面。

8）砂石路面。基层为夯实土，上铺砂石混合料压实。常用于远郊区或山区、矿区载货汽车路面。

9）土路面。按需要的路面宽度进行土方填挖整平夯实。常用于山区、矿区载货汽车路面。

（2）围墙

围墙一般有砖围墙清水勾缝、砖围墙抹灰面、铁艺围墙、花格围墙、铁丝网围墙等。

1）砖围墙清水勾缝。砖条形基础、砖柱、砖砌围墙、压顶，水泥砂浆勾缝。

2）砖围墙抹灰面。砖条形基础、砖柱、砖砌围墙、压顶，砂浆抹灰。

3）铁艺围墙。砖条形基础、砖柱，下部80~100cm高砖墙，上部铁艺栏杆。

4）花格围墙。砖条形基础、砖柱，下部900cm高砖墙，上部砖花格墙。

5）铁丝网围墙。砖独立基础、砖柱或木柱，刺铁丝网围墙。

（3）场地

场地一般有混凝土场地、方砖场地、粗花岗石块石场地、青灰砖场地等。

1）混凝土场地。基层为夯实土，砂石混合料基层、细石混凝土面层随打随压实，或水泥砂浆抹面。常用于停车场、公共活动广场、门前广场、加油站等。

2）方砖场地。基层为夯实土，砂石混合料基层、水泥砂浆铺砌方砖面层。常用于门前广场、公共活动场所等。

3）粗花岗石块石场地。基层为夯实土，砂石混合料基层、水泥砂浆铺砌面层。常用于高级办公楼、宾馆、饭店等门前广场。

（4）水（油）池

水池结构构造基本上有两种，一种是砖砌，另一种是钢筋混凝土浇筑；按照水池的功能要求，一种是普通用途的清水池，一种是高防渗功能的水池，还有一种是具有防腐功能的水池；按照构造形式划分，一种是单一水池，一种是分格水池。具有防腐要求的水池比较复杂，一般都是单独设计。

1）砖水池。

基础：夯实土地基，混凝土垫层；

底板：混凝土底板；

池壁：砖砌；

顶盖：一般为钢筋混凝土盖板，如果不埋地，可以采用木盖板；

池壁内外面：一般抹防水砂浆；

池底面：一般抹防水砂浆；

2）混凝土、钢筋混凝土水池。

基础：夯实土地基，混凝土垫层；

底板：钢筋混凝土底板；

池壁：混凝土或钢筋混凝土，单一或分格；

盖板：钢筋混凝土；

池壁内外面：水泥砂浆或防水砂浆，有防腐要求的需要做防腐层，防腐层的做法按设计要求处理。

储油池的构造和储水池的构造基本相同，只是防渗要求要高于储水池。

(5) 烟囱

烟囱分砖砌和钢筋混凝土浇筑两种，砖砌烟囱一般用于高度为 30~60m 的烟囱，钢筋混凝土烟囱用于烟囱高度为 60m 以上的。

1) 砖烟囱。夯实土地基，混凝土垫层、砖砌环形基础，钢筋混凝土环梁，砖筒身，内壁砌耐火砖内衬，外涂耐酸防腐涂料。

2) 钢筋混凝土烟囱。夯实土地基，混凝土垫层、钢筋混凝土环形基础或满堂基础，钢筋混凝土筒身，内壁砌耐火砖内衬，外涂耐酸防腐涂料。

(6) 水塔

水塔分砖砌水塔和钢筋混凝土水塔两种。水塔的下部是塔身，顶部是水池。砖水塔的高度一般不超过 30m，钢筋混凝土水塔一般用于水塔高度在 30m 以上。

1) 砖砌支筒水塔。夯实土地基，混凝土垫层、砖砌环形基础，钢筋混凝土环梁，砖筒身，顶部钢筋混凝土储水池。

2) 钢筋混凝土支筒水塔。夯实土地基，混凝土垫层、钢筋混凝土环形基础，基础环梁，钢筋混凝土支筒或支架，顶部钢筋混凝土储水池。

(7) 沟槽

沟槽，一般称为地沟。它的种类很多，结构构造做法也随用途的不同而差异很大，总体上分为排水沟、管道沟两种。排水沟的构造基本为砖砌或毛石砌筑；管道沟槽一般为砖砌或混凝土浇筑，特别大的沟槽可以过人，称为通行地沟，沟壁则采用钢筋混凝土浇筑。

1) 砖砌管道沟槽。夯实土地基，混凝土底板，沟壁砌砖，一般为 240mm 厚，顶部安装钢筋混凝土预制盖板。

2) 混凝土管道沟槽。夯实土地基，混凝土底板，沟壁浇筑混凝土，一般为 200~250mm 厚，顶部安装钢筋混凝土预制盖板。

3) 钢筋混凝土管道沟槽。夯实土地基，混凝土垫层，钢筋混凝土底板，钢筋混凝土沟壁，一般为 200~250mm 厚，顶部安装钢筋混凝土预制盖板。一般用于通行地沟。

4) 毛石沟槽。一般用于道路路边或山区排水，沟槽较浅，沟底、沟壁均为毛石砌筑，无盖板。

(8) 挡土墙

挡土墙一般采用毛石或砖砌筑，基础和墙体均为同一材料，下底大、向上逐步缩小，断面呈梯形。

(9) 支架

支架常用于架空管道的支撑，有 2 根立柱，中间用系杆连成整体，顶部为一横梁，管道就搁置在横梁上，间隔一段距离设置 1 排。如果是设备支架，需根据设备的尺寸设置单排或多排系杆连成整体，设备支架大多数情况下采用钢支架，也有用钢筋混凝土制作的。支架的基础都是钢筋混凝土独立基础，支柱根据设计选用钢筋混凝土或钢支柱。

(10) 栈桥

栈桥大多数情况是作为输煤用的廊道，又称输煤廊，也可以输送矿石。一般用于煤矿、矿山、煤场、热电厂、水泥厂等。栈桥的功能是将煤或矿物材料从低处输送到高处。

栈桥的结构构造为支架式建筑，栈桥的主体结构为输送廊道，输送廊道用支柱架空，一端低，一端高，高低相差十几米至二十几米。基础为钢筋混凝土独立基础，基础上部浇筑高低不同的支柱，支柱上部架设输送廊道。输送廊道一般用砖结构或轻钢结构，外墙采用轻质板材封闭，廊道底板一般为钢筋混凝土材料浇筑。廊道内置放输送带。

（11）筒仓

筒仓为圆形，又叫圆仓，一般用于储藏散装材料，如水泥等，筒仓由基础、底板、梁柱、仓壁、顶板等组成，全部为现浇钢筋混凝土材料浇筑。

（12）室外景点

室外景点主要指在庭院内设置的供人们观赏的构筑物，如假山、亭阁、小桥、造型、人工湖塘、花草、树木等。这些景点构筑物没有固定的构造模式，一般构造大致为：

1）假山。用假山石按一定的艺术造型堆积而成的人造石山，有的还设置人工瀑布、水池等。

2）亭阁。亭阁按照过去的做法是一座古典的全木结构，现在基本上已改为钢筋混凝土结构了。现在的结构形式是仿古典的柱式结构形式，有柱、梁、板、屋架，有檐廊、彩绘，四坡水斜屋面，屋面挂小青瓦，突出的是亭阁的彩绘和装修，其格调和风度更加辉煌典雅，别具一格。

3）小桥。供人们游玩的小桥，原先都是木结构，现在大多数已改为钢筋混凝土结构了。小桥一般是跨小河、小湖而设置的，中间一般没有桥墩，支撑桥体的桥墩都立于河岸两边，基础一般为钢筋混凝土结构，桥身都是梁板结构，桥的载重主要落在边梁和横梁连接的框架上，桥面一般为钢筋混凝土板，还有一种是拱形桥，多数用块石砌筑。

4）人工湖塘。主要指人工开挖的小湖、小河、池塘等，大多数人工湖塘的两岸均为毛石砌筑，湖塘中的水主要靠自来水灌注定期换水，也有用机器循环注水的。

5）花草。花草一般指人工种植的各种鲜花、草坪及自然树木，也有人工种植的各种树木。

6）造型。园林的造型变化多异，有铜铸、石雕、石膏制作、混凝土浇筑、砖砌、泡沫塑料板雕刻等。

二、构筑物价值评估计算表数据的设定

在构筑物价值评估作价前，应首先确定构筑物价值评估计算表中各构筑物的计算数据，其中包括结构类型、几何参数和计量单位，因为没有确定的计算数据，就无法确定构筑物的工程量，自然也就无法作价了。

1. 工程量计算参数的确定

构筑物的种类很多，各种类型构筑物的预算定额计量单位也不一样，在构筑物的评估中，尽可能采用和预算定额相同的计量单位，以便于计算。计算中涉及许多构筑物的几何参数，这些参数就是评估人员评估作价的主要依据。一般确定构筑物工程量的几何参数有长、宽、高、厚、面积、体积、容积等，这些几何尺寸的确定方法有：①根据设计图纸标定的尺寸；②根据现场实际勘察测量；③根据委托方固定资产台账的记录。

2. 结构类型及计量单位的设定

构筑物价值评估计算表中填写的构筑物结构类型一般应根据构筑物自身的主体材料做法来确定。构筑物的计量单位一般根据构筑物的工程量计算规则、结构特征和评估计算方法相结合来确定，其中：

(1) 道路

道路的结构类型按照道路路面的材料来确定，一般有混凝土路面、沥青碎石路面、块石路面、砖路面、砂石路面等结构类型。计量单位：m²。

(2) 围墙

围墙的结构类型按照围墙的主体材料来确定，一般有砖、铁艺等结构类型。计量单位：m。

(3) 烟囱、水塔

烟囱、水塔的结构类型按照烟囱、水塔的主体材料来确定，一般有砖、钢筋混凝土等结构类型。冷却塔为钢筋混凝土结构。计量单位：座。

(4) 水池

水池的结构类型按照主体材料来确定，一般有砖、混凝土、钢筋混凝土等结构类型。计量单位：容积 m³。

(5) 沟槽

沟槽的结构类型按照主体材料来确定，一般有砖、混凝土、钢筋混凝土等结构类型。计量单位：m。

(6) 挡土墙

挡土墙的结构类型按照主体材料来确定，一般有毛石、砖等结构类型。计量单位：m³。

(7) 支架

支架一般用于室外管道的架空支撑结构，有钢支架和钢筋混凝土支架等。钢支架的计量单位：t；钢筋混凝土支架的计量单位：m³。

(8) 栈桥

栈桥大多数情况下为钢筋混凝土结构。计量单位：m²。

其他还有各类室外基础、栈台、坑道等，这些构筑物一般都是按实体体积计算。这里不作介绍。

第二节 飞机场构筑物概况

一、飞机场主要构筑物的种类

飞机场构筑物虽属于建筑工程，但和一般建筑工程的构筑物有所不同，主要是飞机场有为飞机工作提供的特殊用途的构筑物，这些构筑物大体上有跑道、滑行道、停机坪、联络道、滑行桥等。这些构筑物的构造要求均超过了一般建筑工程构筑物的做法标准。本节只叙述构造比较特殊的几种构筑物的构造做法。

1. 跑道

机场跑道是指飞机场内的飞机在起飞或降落时加速或减速的陆地通道，其面层材质可以是沥青或混凝土，或者是整平的草地、土或碎石地面，也可以是水面，甚至可以是木板、页岩、珊瑚虫、黏土等铺设的通道。现在全球范围内的跑道多数情况下使用的为陆地通道。

2. 滑行道

滑行道是机场内专供飞机滑行的规定通道。它可以使着陆的飞机从跑道滑行到候机楼区，使已到达的飞机迅速离开跑道，此外，滑行道还提供了飞机由候机楼区滑行进入跑道后迅速起飞的功能。其面层材质可以是沥青或混凝土。

3. 停机坪

停机坪是机场专供停放飞机的场地。其面层材质可以是混凝土或沥青材料。

4. 联络道

联络道是位于机场停机坪内专为汽车行驶设置的服务通道。规定一般服务汽车未经许可不得随便进入停机坪区，只能在规定的联络道内行驶。其面层材质一般是混凝土。

5. 滑行桥

机场滑行道穿过道路、河沟架设的跨线桥。其主体结构一般为钢筋混凝土构架，面层材质可以是沥青或混凝土。

二、飞机场主要构筑物的构造

1. 跑道

以混凝土跑道为例。混凝土跑道的结构一般分为三层，基层为碎石或砂石层，大约250~300mm；中层为混凝土层，大约400~450mm；面层大约550~600mm。

2. 滑行道

以混凝土滑行道为例。混凝土滑行道的结构一般分为三层，基层为碎石或砂石层，厚度大约200~250mm；中层为混凝土，厚度大约250~300mm；面层为混凝土，厚度大约350~400mm。

3. 停机坪、联络道

停机坪以混凝土结构为例。其结构做法一般分为三层，基层为碎石或砂石层，大约250~300mm；中层为混凝土，厚度大约250~300mm；面层为混凝土，厚度大约350~400mm。

4. 滑行桥

滑行桥一般由钢筋混凝土墩台、横梁、桥面组成，具体尺寸根据飞机滑行对桥梁的承重要求由设计确定。

第三节 道桥工程构筑物概况

在资产评估中，除了建筑工程的构筑物之外，还经常碰到道桥工程类型的构筑物的评估。道桥工程属于土木工程，在这里只简要介绍一下道桥工程中的桥梁、铁路、公路、隧道等工程的类型、结构构造和评估方法。

一、桥梁

1. 桥梁的种类

桥梁按照用途、规模、结构形式、使用材料的不同可以划分为不同的种类。

（1）按使用性能分

按使用性能，可划分为公路桥、公铁两用桥、铁路桥、人行桥、过水桥等。

（2）按跨径大小和多跨总长分

按跨径大小和多跨总长，可分为特大桥、大桥、中桥、小桥、涵洞。

1）特大桥。多孔跨径总长不小于500m，单孔跨径不小于100m。

2）大桥。多孔跨径总长100~500m，单孔跨径40~100m。

3) 中桥。多孔跨径总长30~100m，单孔跨径20~40m。

4) 小桥。多孔跨径总长8~30m，单孔跨径5~20m。

5) 涵洞。多孔跨径总长小于8m，单孔跨径小于5m。

(3) 按承重构件受力情况分

按承重构件受力情况，可分为梁式桥、拱式桥、刚架桥、斜拉桥、悬索桥。

1) 梁式桥。梁式桥是以梁为承重结构的桥，通常单跨桥为简支梁，多跨桥为连续梁。

2) 拱式桥。桥的洞身呈拱形的桥，拱式桥的承力结构为拱体和支座组成的拱形结构，拱体除了承受压力荷重而外，在两端支座处还产生水平推力。

3) 刚架桥。刚架桥的桥跨结构的梁、柱和墩台为整体连接，其腿和梁垂直相交呈门架形，刚架的腿形成墩（台）身，梁和腿为刚性连接，一般用于跨度不大的市政跨线桥、跨河桥或立交桥。

4) 斜拉桥。斜拉桥作为一种拉索体系，比梁式桥的跨越能力更大，是大跨度桥梁的最主要桥型。它是由承压的塔、受拉的索和承弯的梁体组合起来的一种结构体系。

5) 悬索桥。悬索桥也叫吊桥，是跨越能力最大的一种桥型。主要以悬索悬吊桥面而承载桥面的载重。

(4) 按材料类型分

桥梁按材料类型，可分为木桥、石桥、钢筋混凝土桥、预应力桥、钢桥等。

2. 桥梁的结构

(1) 梁式桥结构

梁式桥梁的两端支承在桥台上，多跨桥中间设立桥墩，桥墩是桥梁中部支承桥梁的承力结构。梁式桥通常使用的材料有木料、钢筋混凝土、钢材等。梁式桥的构造形式，如图8-1所示。

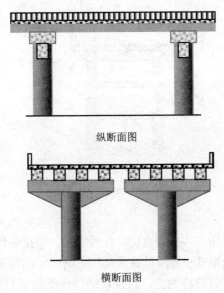

图8-1 梁式桥示意图

(2) 拱式桥结构

拱式桥通常使用石料砌筑，多跨的拱桥则使用钢筋混凝土浇筑。拱式桥常用于园林的跨河人行桥、景点桥。拱式桥的结构形式，如图8-2所示。

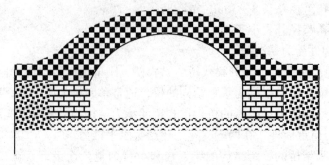

图8-2 拱式桥示意图

（3）刚架桥结构

刚架桥一般可用钢、钢筋混凝土或预应力混凝土制造。有些跨度较小的跨河桥采用石料砌筑，例如拱形桥。刚架桥的结构形式，如图8-3所示。

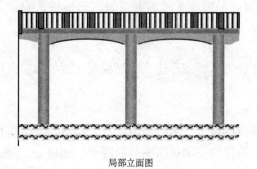

图8-3 刚架桥示意图

（4）斜拉桥结构

斜拉桥的结构系将主梁用许多拉索直接拉在桥塔上，用拉索代替支墩形成多跨弹性支承连续梁。它可以使梁体内弯矩减小，降低建筑高度，减轻了结构重量，节省了材料。斜拉桥在我国一直以钢筋混凝土的斜拉桥为主，斜拉索仍以传统的平行镀锌钢丝、冷铸锚头为主。钢绞线斜拉索目前在我国已开始应用。钢绞线用于斜拉索，无疑可以使施工操作简单化。

斜拉桥是我国大跨径桥梁最流行的桥型之一。目前为止在我国建成或正在施工的斜拉桥共有30余座，仅次于德国、日本，而居世界第三位。而大跨径钢筋混凝土斜拉桥的数量已居世界第一。目前，世界上建成的最大跨径的斜拉桥为我国的苏通大桥，主跨径为1088m，于2008年4月2日试通车。

斜拉桥的结构形式，如图8-4所示。

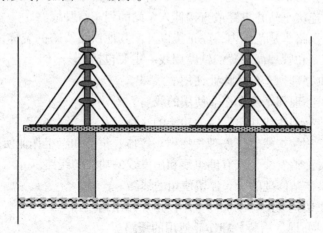

图8-4 斜拉桥纵向立面示意图

（5）悬索桥结构

悬索桥的主体结构系由塔基、桥塔、主缆（也称大缆）、主梁、锚碇、吊索（也称吊杆）、鞍座及桥面等组成。在两个高塔之间悬挂两条主缆索，主缆索和主梁之间安置吊索，靠吊索吊起桥面。缆索固定在高塔两边的锚碇上，由锚碇承载整座桥的重量。近20多年是世界上修建悬索桥的鼎盛时期，目前，跨径超过1000m的悬索桥有近20座。日本于1998年建成目前世界上最大跨径的悬索桥——明石海峡大桥，其主跨跨径为1990m。举世闻名的全长35.66km、双向六车道的润扬长江公路大桥作为"世界第三、中国第一"悬索桥而被载入世界桥梁的史册。

悬索桥的结构形式，如图8-5所示。

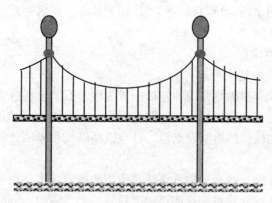

图8-5 悬索桥纵向立面示意图

二、铁路

1. 铁路的分类

（1）按用途划分

铁路按用途划分，可分为社会铁路、专用线铁路和厂区铁路。

1）社会铁路

社会铁路系指国家或地方铁路管理部门管辖的铁路运输路线。

社会铁路线路分为正线、站线、段管线、岔线及特别用途线等类型。

①正线。是指连接车站并贯穿或直接伸入车站的列车行驶线路。

②站线。是在铁路车站范围内，除正线以外的其他铁路线路的统称，是为正在行驶或停靠站内的列车调度和管理而设置的铁路用线。主要包括：

A. 到达线。供办理列车到达作业使用的线路。

B. 出发线。供办理列车发车作业使用的线路。

C. 到发线。兼有到达线和出发线的功能的线路。

D. 调车线。又称编组线，供办理货物列车解体、集结和编组作业使用的线路。

E. 调发线。又称编发线，兼有编组线和出发线的功能的线路。

F. 站修线。供在站修理的货车停留使用的线路。

G. 加冰线。供装运易腐货物的冷藏车停留加冰用的线路。

H. 货物线。供办理货物装、卸作业使用的线路。

I. 整装线。供装载不良或待修货车整理装载状态或倒装货物使用的线路。

2）专用线铁路

专用线铁路系指企业单位自行管辖的铁路运输路线，起点和社会铁路设置的专用线出口道岔处相接，迄点为达到企业单位的铁路站台处。

3）厂区铁路

系指从专用线铁路站台引入到厂区的所有铁路装卸地点的运输线路。

（2）按轨道的重量划分

1）重轨

每米重量（kg）50、43.38、33，用于社会铁路、专用线铁路及起重机轨道。

2）轻轨

每米重量（kg）24、18、15、11、8、5，用于林区、厂区、矿区及施工现场铺设临时轨道及小型机车用的线路。

2. 铁路路线的基本构造

（1）社会铁路路线的基本构造

社会铁路路线的承力基础是路堤，路堤一般为砂、石、土混合料填实，下大上小呈梯形，路基两侧必须用毛石砌筑护坡，以防路基坍塌，在路堤上面铺设路基、枕木，用道钉固定枕木，安装预埋螺栓，然后铺设钢轨，社会铁路路线和专用线铁路的钢轨规格标准应为50kg/m。

地形的复杂，会影响到社会运输铁路线路建造的投资成本。由于地形的变化，将会增加不少施工难度和其他辅助建筑，这些增加项目有桥梁、隧道、涵洞等，而施工难度主要是路堤的土石方填挖、土石方爆破、经常碰到的爆破开山等，这些都将会使施工费用大大增加。

（2）专用线铁路的基本构造

专用线铁路的基本构造和社会运输铁路的构造相似，只是沿途所遇到的地形复杂程度不同。一般情况下，厂矿专用线铁路的距离较短而且靠近企业区域，遇到的难度相对要少得多,建设造价相对社会铁路要低。

社会运输铁路线路和厂矿专用线铁路都不属于建筑工程,评估作价应执行铁路工程相关定额。

(3) 车间铁路的基本构造

车间铁路和室外厂区铁路相接,分界线以房屋外墙边向外 2m 为界,2m 内为车间铁路,2m 外为厂区铁路。车间铁路的轨枕直接铺设在车间路面上,轨枕用道钉固定,安装预埋螺栓,然后铺设钢轨,钢轨规格一般分重轨和轻轨两种,重轨一般为 43kg/m 和 38kg/m 两种,轻轨一般分 18kg/m 和 15kg/m 两种。

三、隧道

1. 隧道的分类

(1) 按照隧道的长度分类

隧道按长度划分,可分为短隧道、中长隧道、长隧道和特长隧道。

1) 短隧道。铁路隧道长度不大于 500m,公路隧道长度不大于 500m。
2) 中长隧道。铁路隧道长度 500~3000m,公路隧道长度 500~1000m。
3) 长隧道。铁路隧道长度 3000~10000m,公路隧道长度 1000~3000m。
4) 特长隧道。铁路隧道长度大于 10000m,公路隧道长度大于 3000m。

(2) 按照隧道的横断面面积分类

按照国际隧道协会(ITA)定义的隧道横断面面积划分标准分类。

1) 极小断面隧道。隧道断面积 $2~3m^2$。
2) 小断面隧道。隧道断面积 $3~10m^2$。
3) 中等断面隧道。隧道断面积 $10~50m^2$。
4) 大断面隧道。隧道断面积 $50~100m^2$。
5) 特大断面隧道。隧道断面积大于 $100m^2$。

(3) 按照隧道所在的位置分类

1) 山岭隧道。公路、铁路线路穿过高山峻岭的隧道。
2) 水底隧道。穿过水底下面的隧道,一般用于城市水底隧道。例如,上海黄浦江水下隧道、青岛胶州湾海底隧道等。
3) 城市隧道。城市隧道一般有两种,一种是城市市政公路需穿越城市的山包开通的隧道,一种是城市地下公路或城市地铁的隧道。

(4) 按照隧道埋置的深度分类

按照隧道埋置的深度分类,分为浅埋隧道和深埋隧道。

1) 浅埋隧道。隧道埋深的覆盖土层在 2 倍洞径以下时算作浅埋隧道。
2) 深埋隧道。隧道埋深的覆盖土层在 2 倍洞径以上时算作深埋隧道。

(5) 明洞

明洞就是用明挖法在路堑或半路堑中修建衬砌结构,并在其外表回填土石的隧道。当山区隧道的上方或侧边距离山坡地表很近时,若用暗挖法修建,常使山体坍塌,难以施工,因此只能进行边坡大开挖,在其中修筑衬砌结构,然后在衬砌外表面回填土石。由于明洞修于山坡,因此其洞口一般可以见到,如图 8-6 所示。

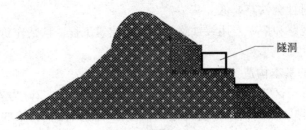

图 8-6 明洞示意图

2. 隧道的结构构造

隧道的结构主要由洞口和洞身两部分组成。

(1) 洞口的结构构造

隧道洞口一般需要进行加固处理,以保证隧道洞口的稳定性。较大的隧道洞口一般都是采用钢筋混凝土整体结构,较小的隧道洞口一般可以采用混凝土喷锚结构。

(2) 洞身的结构构造

1) 洞身衬砌的一般形状

隧道洞身的主要构造是衬砌,衬砌就是洞壁的支护,衬砌形式一般有下列几种。

①直墙式

直墙式隧道的侧墙是直线形,顶部呈拱形。一般用于Ⅳ、Ⅴ类围岩,有时也可以用于Ⅲ类围岩。

②曲墙式

曲墙式隧道的侧墙是曲线形,抵抗围岩压力的能力高于直墙式,顶部呈拱形,常用于Ⅲ类围岩。

③圆形

圆形结构形式隧道系整个洞身都是圆形,常用于侧压力较大的隧道,如山岭隧道、海底隧道等。

④矩形

矩形形式隧道系整个洞身都是矩形,顶部采用钢筋混凝土板,常用于地下为软土层的隧道。由于抵御土压力能力比较小,无法做成拱形。常用于多车道的隧道、城市地下人行通道等。

2) 隧道衬砌支护的方式和常用做法

隧道衬砌支护系指隧道内壁的支护结构,也是隧道的承力结构。

隧道衬砌支护分为施工临时性支护和永久性支护两种。施工临时性支护称为一次支护;永久性支护是在一次支护的基础上再增加一次支护,称为二次支护。

①整体浇筑支护

整体浇筑支护系指整个隧道的衬砌由钢筋混凝土整体浇筑而成。这种支护方式方法简单,易于操作,这是我国使用最广泛的隧道支护结构。

②砌块支护

砌块支护由块状材料用砂浆砌筑而成。常用的材料有砖、块石、混凝土砌块等,常用于跨度较小、侧压力较小的隧道。

③喷锚混凝土支护

隧道为同时使用锚杆和喷射混凝土的支护方法，常用于施工临时性支护，如果设计为永久性支护，也可以作为永久性支护而不需要再做新的支护了。

④装配式支护

装配式支护就是将预制好的部件进行装配的支护方法。最常用的装配式支护是圆形管片衬砌，由若干预制好的钢筋混凝土管片用拼装机械在隧道中装配而成，管片之间和相邻环管片间的接头多用螺栓连接。管片的规格根据洞身的形状和规格由设计确定。管片衬砌设计，施工要求高，拼装缝隙要求严密，具有较高的防水防渗功能。

⑤复合支护

复合支护就是在隧道临时支护的基础上再增加二次支护，作为永久性支护。为了能够充分利用施工临时支护，在施工结束以后，采取施工临时支护和二次支护共同作为永久性支护的办法，可以增加支护强度，节省资金。

对于围岩抗压能力很高的隧道，施工安全程度很高的情况下，可以直接做永久性支护而不另做施工临时支护。

四、公路

1. 公路的分类

公路根据使用任务、功能和适应的交通量，分为高速公路、一级公路、二级公路、三级公路、四级公路五个等级。

（1）高速公路

高速公路为专供汽车分方向、分车道行驶并全程控制出入的干线公路。其中：

1）四车道高速公路。一般能适应按各种汽车折合成小客车的年平均昼夜交通量为25000～55000辆。

2）六车道高速公路。一般能适应按各种汽车折合成小客车的年平均昼夜交通量为45000～80000辆。

3）八车道高速公路。一般能适应按各种汽车折合成小客车的年平均昼夜交通量为60000～100000辆。

其他公路为除高速公路以外的干线公路、集散公路、地方公路，分四个等级。

（2）一级公路

一级公路为供汽车分向、分车道行驶的公路，一般能适应按各种汽车折合成小客车的年平均昼夜交通量为15000～30000辆。

（3）二级公路

一般能适应按各种车辆折合成中型载重汽车的年平均昼夜交通量为3000～7500辆。

（4）三级公路

一般能适应按各种车辆折合成中型载重汽车的年平均昼夜交通量为1000～4000辆。

（5）四级公路

一般能适应按各种车辆折合成中型载重汽车的年平均昼夜交通量为：双车道1500辆以下，单车道200辆以下。

2. 公路路面的结构构造

（1）一般社会公路的结构构造

一般社会公路采用的路面材料主要为沥青路面或混凝土路面，也有其他的路面做法，但应用得很少。路面的做法和本章第一节中厂区道路做法相同，在此不再重述。

(2) 高速公路的结构构造

1) 沥青路面

沥青路面耐久性较好，柔性好，成本低，易于修理，所以高速公路的路面大多数采用沥青路面，应用率约占高速公路路面的70%以上。路面材料为沥青、碎石、砂及矿物填料按合理的配合比组成的混合材料。高速公路的沥青面层厚度在15~18cm之间。

2) 混凝土路面

在高速公路中有时也使用混凝土路面，但应用率较低。主要优点是强度高，缺点是容易产生裂缝，不易修复。应用率约占高速公路路面的30%以下，路面混凝土厚度大约为20~25cm。

第四节 构筑物价值的评估方法

本章叙述的构筑物价值评估分为建筑工程构筑物价值评估和道桥工程构筑物价值评估，其评估方法有两种，评估计算方法大体上相同。

一、构筑物价值评估的基本方法

构筑物价值评估不像房屋评估可以以单方建筑面积来作价。由于构筑物品种较多，计量单位各不相同，因此不可能采用单一的作价方法。构筑物的评估方法总体来讲大致有以下几种。

1. 造价系数调整法

一般情况下不提倡使用，因为构筑物的造价系数无法确定，因此该方法只能用于无法套定额的构筑物项目，可以参照各地区公布的造价信息中的材料价格及相关资料由估价人员测定造价系数，对原造价进行调整。

2. 造价换算法

如果评估基准日执行的定额和竣工结算执行的不是同一定额的情况，可以按原工程结算的工程量进行整理和调整，求得新的工程量，再按现行概预算定额及取费规定求取新的工程造价。

3. 竣工结算调整法

如果评估基准日执行的定额和竣工结算执行的定额一致，可以按照原竣工结算直接费套用现行的取费标准，按照现行的材料价格和人工费原价调整材料费和人工费，最后求得工程造价。

4. 组价法

组价法是指将构筑物价值评估对象的基础、结构、装修等的全部结构构造的组成分项套用本地区的概预算相关子目的定额、取费标准计算出分项单价后，再进行汇总组合，求取评估对象的建筑综合单方造价。组价法求得的单方造价可以作为同类型构筑物的基准单价使用。

5. 单方造价比较法

单方造价比较法就是选用同类型、同结构的构筑物已经组合的综合单价，将评估对象构造参数和对比物对应构造参数进行比较后，用求得的差异系数，对对比物的综合单价进行调整，求得评估对象综合单价的方法。

例如，有一围墙，砖砌，墙厚240mm，高2.5m，确定其综合单价。

砖围墙厚240mm，高2m经过定额组价后的建安综合单价为198元/m。查围墙不同高度造价系数表，砖围墙厚240mm、高2.5m，造价调整系数为1.2363，则：

$$待估围墙基准单价 = 198 \times 1.2363$$
$$= 244.79 \text{ 元}/\text{m}^2$$

6. 查表计算法

查表计算法就是事先将各种构筑物的单方造价分不同型号、规格制定好一套应用数表，评估应用时直接查找表中相应数据即可。应用数表必须分地区制定，不同地区不能串用，同一定额不同年度的数据表必须经过调价后才能使用。

构筑物数据表的制定工作比较烦琐，需要寻找大量资料，建立很多计算公式，还要拟订一套单价的调整方法。单方造价数表一旦制定好，使用起来则是事半功倍。例如，混凝土道路，可以设计一个道路断面图，按挖土、垫层、面层、路边石等的一般常规做法制定一个每平方米路面的单方造价。由于道路的面层厚度不同，所以必须按面层厚度分别制定单方造价。由于有些道路没有路边石，因此必须按有路边石和无路边石制定道路路面的单方造价。

全国每一个省、自治区、直辖市分别制定一套数据表是很难做到的。现在的方法是，先制定一个地区的数据表作为标准数据表，其他地区则采用地区造价系数调整的方法，将标准数据表乘以地区系数变成本地区的造价数据表。这个数据表不包括偏远地区或山区的造价调整，偏远地区或山区应根据各地区定额说明的偏远地区或山区的造价调整系数进行调整。

7. 概预算编制法

构筑物的概预算编制法和房屋的概预算编制法完全相同，具体编制方法详见第五章的相关内容。一般情况下，概预算编制法不提倡使用。概预算编制法通常用于特别重要的构筑物估价项目、构筑物造价数据表制定中标准目标项目、构造比较简单且造价比例较大的构筑物估价项目等的工程造价计算。例如，毛石挡土墙、砖砌围墙、隧道的支护、机场跑道、滑行道、公路等。

二、构筑物价值评估计算表的形式和采用的定额

1. 构筑物价值评估计算表的形式

构筑物价值评估可以直接在评估计算表中进行，构筑物评估计算表的形式，如表8-1所示。

构筑物价值评估表 表8-1

| 序号 | 名称 | 结构 | 建成年月 | 规格尺寸（m） | | | | 单位 | 数量 | 评估价值 | | | 建造单价（元/m²） | 重置单价（元/m²） |
				长	宽（直径）	高	厚			原值	成新率(%)	净值		
1	道路	混凝土	1993-9-1	210	5		0.2	m²	1050					
2	围墙	砖	1994-12-31	132		2.1	0.24	m³	132					
3	自动伸缩大门	自动门	1995-12-31	163		2		m²	342.3					
4	公路	混凝土	1995-12-31	313	8	0	0.2	m²	2504					
5	厂区护坡及挡墙	毛石	1986-12-1	920		10	1.2	m³	11040					
6	一号灰坝	土石	1986-12-1	130		26.00	15.00	m³	50700					
7	暗涵排洪沟	毛石	1986-12-1	325	3.8		0.60	m³	2652					

续表

序号	名称	结构	建成年月	规格尺寸（m）长	宽（直径）	高	厚	单位	数量	评估价值 原值	成新率(%)	净值	建造单价（元/m²）	重置单价（元/m²）
8	240t/h 澄清池	钢筋混凝土	1987-10-1		D8	5.00	0.30	m³	251.33					
9	煤泥沉淀池	钢筋混凝土	1986-12-1	18	6	4.00	0.30	m³	201.06					
10	混凝土平台	混凝土	1993-9-1	20	12	1.00	0.12	m³	36.48					
11	排水沟	毛石	1993-9-1	105	0.5	0.70	0.50	m	115.50					
12	煤场	土	1986-12-1	190	70			m²	13300					
13	四号输煤栈桥	砖混	1986-12-1	78	7	9.5		m³						
14	烟囱	钢筋混凝土	1986-12-1		直径顶5/底部25	180		座	1					
15	600t 水池	钢筋混凝土	1986-12-1		D14.72	5	0.3	m³	750					
合计														

构筑物价值评估表系评估人员评估作价的操作用表，并非资产评估规定的构筑物价值评估明细表，正规的构筑物价值评估明细表应以评估单位提供的表格为准。

表中：

计量单位——一般应和概预算定额规定的计量单位一致，如果是综合性单价，其计量单位应和项目组合的综合单价或采用的项目组合数据表的计量单位一致；

建造单价——构筑物的单方建安造价；

重置单价——有的称为评估单价，是重新建造一个相同的构筑物所花费的全部成本单价；

重置单价 = 单方建安造价 × （1 + 前期和其他费用率） × （1 + 资金成本率）

（评估价值）原值——财务系统称为评估原值，为构筑物的重置价值；

评估原值 = 重置单价 × 工程量

（评估价值）净值——财务系统称为评估净值，为构筑物的评估价值；

评估净值 = 评估原值 × 综合成新率

综合成新率——构筑物在评估基准日时的综合新度系数。综合成新率的确定方法和房屋建筑物综合成新率的确定方法相同，详见本书第五章第二节的内容。

构筑物的经济耐用年限详见本书第五章第二节表5-2的数据。

2. 构筑物概预算定额

（1）建筑工程构筑物的概预算定额

建筑工程构筑物的概预算定额和房屋建筑的概预算定额是同一类定额，构筑物的概预算编制应当执行各地区制定的建筑工程概预算定额以及相应的施工取费标准的规定。

（2）道桥工程概预算定额

道桥工程概预算定额的专业类型比较多，其中包括市政道路、公路、桥梁、隧道、涵洞等，这些定额又分为公路和铁路两大类定额，估价时应根据项目的类别选择对应的定额。两类定额的名称分述如下：

1) 原中华人民共和国交通部 2007 年颁布的公路工程概预算定额,其中有:

《公路工程概算定额》JTG/T B06-01-2007

《公路工程预算定额》JTG/T B06-02-2007

《公路工程基本建设项目概算预算编制办法》JTG B06-2007

2) 原中华人民共和国铁道部 2006 年、2007 年颁布的铁路工程概预算定额。

第五节　构筑物价值评估实例

实例一　竣工结算调整法举例

建筑名称:水泥圆库(6座)

结构类型:钢筋混凝土

评估目的:计算水泥圆库的评估价值

1. 建筑结构概况

该建筑为水泥圆库、钢筋混凝土筒仓结构,共6座,单层,直径10m,高22m,总建筑体积10367m³,2004 年 11 月 1 日投入使用,评估基准日为 2007 年 10 月 30 日。

该圆库基础下部为钢筋混凝土满堂基础,上部做钢筋混凝土环形基础、基础环梁,总深度4.5m;上部结构为钢筋混凝土壁,壁厚250mm,顶部为现浇钢筋混凝土屋面板;屋面SBS防水;地面及筒壁为水泥砂浆抹面;圆库外设置铁爬梯1座。

2. 建筑造价计算

(1) 直接费计算

土建直接费。本次圆库的评估方法系采用竣工结算调整法。经过核查,本次评估基准日执行的定额和圆库竣工结算执行的定额属同一定额,可以采用竣工结算调整法求得现行工程造价。具体方法系按照原竣工结算的直接费套用现行的取费标准及按照现行的材料价格和人工费单价调整材料费和人工费,最后求得工程造价。

根据该建筑审定的竣工结算资料,经整理和合理调整,求得圆库竣工工程直接工程费为1403095元,分部工程的结算价值,如表8-2所示。

原工程结算造价　　　　　　　　　　　　　　　表8-2

项目名称	结算造价	备注
主体结构	1157896	
装修工程	152387	
安装工程	57456	
其他	35356	
合计	1403095	

圆库竣工结算资料已收集存档备查,不再列示。

(2) 造价计算

按照上表所列数据,建筑工程直接费套用本地区工程预算定额的取费标准,本例计算结果以每立方米造价表示,计算过程如表8-3所示。

建筑工程造价计算表

项目名称：水泥圆库　　　　　　　　　　　　　　　　　　　　　表 8-3

序号	项目名称	计算基数	系数（%）	金额（元）	备注
1	定额直接费			1403095.00	
	其中人工费			189249.70	
	人工工日	19		9960.51	
2	组织措施费			72680.32	
2-1	其中：安全文明施工措施费	1	1.2	16837.14	
2-2	临时设施费	1	2.23	31289.02	
2-3	检验试验等6项组织措施费	1	1.75	24554.16	
3	企业管理费	1+2	7.51	110830.73	
4	材料差价	详见表8-4		645516.00	
5	人工费调整	(30-19)/19	57.89	109556.65	
6	利润	1+2+3+4+5	5.5	87263.33	
7	规费	(7-1)~(7-5)		139468.03	
7-1	社会保障费	(7-1-1)~(7-1-2)		106630.56	
7-1-1	其中：养老保险费	1+2+3+4+5+6	3.25	78940.62	
7-1-2	失业保险费	1+2+3+4+5+6	0.16	3886.31	
7-1-3	医疗保险费	1+2+3+4+5+6	0.98	23803.63	
7-2	住房公积金	1+2+3+4+5+6	0.81	19674.43	
7-3	危险作业意外损害保险	1+2+3+4+5+6	0.1	2428.94	
7-4	工程排污费	1+2+3+4+5+6	0.05	1214.47	
7-5	上级（行业）管理费	1+2+3	0.6	9519.64	
8	工程定额测定费	1+2+3+4+5+6+7	0.2	5136.82	
9	不含税工程造价	1+2+3+4+5+6+7+8		2573546.88	
10	税金	9	3.348	86162.35	
11	工程造价	8+9		2659709.23	
	建筑体积（m³）	10367			
	单方造价（元/m³）			257.00	

土建材料调价按表8-4的材料项目及评估基准日的市场价格进行调整计算。

土建工程材料调价

表 8-4

材料调价	单位	数量	定额单价（元）	市场单价（元）	差价（元）	合价（元）
钢筋	t	130.4	3000.00	4660.00	1660.00	216464.00
水泥	t	488.68	260.00	330.00	70.00	34207.60
中砂	t	796.19	19.48	60.00	40.52	32261.62
碎石	t	974.5	78.00	55.00	-23.00	-22413.50
木材	m³	881.2	443.00	700.00	257.00	226468.40
主材合计						486988.12
其他材料		70%				158527.88
合计						645516.00

采用单方造价 = 257 元/m³

3. 前期及其他费用的确定

前期费用按表8-5中数据标准确定。

前期费用表　　　　　　　　　　　　　　　　　表8–5

序号	费用名称	取费基数	取费标准（按造价%）	取费标准（按建筑面积元/m²）	依据
1	建设单位管理费	工程造价	1.11		财政部财建〔2002〕394号
2	工程勘察设计费	工程造价	3.04		国家计委、建设部计价格〔2002〕10号
3	工程建设监理费	工程造价	1.97		发改价格〔2007〕670号
4	招标代理服务费	工程造价	0.22		国家计委、建设部计价格〔2002〕1980号
5	建设工程质量监督费	工程造价	1.8		赣价费字〔2001〕122号
6	房屋、构筑物采用系数合计		8.14		

前期及其他费用按建安造价的8.14%计取。

4. 资金成本

资金成本按评估基准日中国人民银行贷款利率计算，计取标准为：

$$1 \text{年半工期贷款利率} = 5.76 \times 1.5/2 = 4.32\%$$

5. 重置价值计算

$$\text{单方建造价值} = 257 \text{元}/m^3$$

$$\text{单方重置价值} = 257 \times (1+8.14\%) \times (1+4.32\%)$$
$$= 289.93 \text{元}/m^3$$

$$\text{重置价值} = 289.93 \times 10367$$
$$= 3005662 \text{元}$$

6. 评估值计算

（1）成新率确定

1）经济使用年限成新率计算

$$\text{经济使用年限} = (1-3/20) \times 100\% = 85\%$$

2）现场勘察成新率

该建筑使用年限不久，经勘察，现场勘察成新率确定为85%

（2）评估值计算

$$\text{评估值} = 3005662 \times 85\%$$
$$= 2554813 \text{元}$$

实例二　概预算法举例

评估对象：机场跑道

结构类型：混凝土

评估目的：计算机场跑道的评估价值

1. 建筑概况

该道路为混凝土路面，长3800m，宽60m，路面面积228000m²，于1994年10月31日竣工投入使用。评估基准日为2006年7月31日。

该道路为多层结构。基层开槽后先用素土碾压，其密实度为95%；第二层采用碎石基层，厚 300mm；第三层为 C20 混凝土结构层，厚 450mm；第四层为 C25 混凝土面层，厚 250mm，随打随找坡、抹平。

2. 造价计算

工程直接费系按照原竣工结算图纸直接计算工程量，然后套用本地区建筑工程预算定额基价、建筑工程费用定额、当期建设工程造价信息等计算工程造价。计算房屋工程造价应首先计算工程量，然后计算直接费及房屋建造价值。本案例工程量计算从略。

（1）直接费计算

工程直接费按分项项目套概预算定额计算，计算过程如表 8-6 所示。

直接费计算表 表 8-6

工程名称：机场跑道 单位：元/m² 路面

项目名称	单位	工程量	单价（元/m²）	合价（元/m²）
挖土方	m³	1.995	10.33	20.61
回填土方	m³	0.665	6.82	4.54
压实土层	m²	1.000	0.2	0.2
碎石	m³	0.3	77.123	23.14
中层混凝土	m³	0.45	297.37	133.82
面层混凝土	m³	0.58	332.93	193.1
路肩	m³	0.030	297.37	8.92
路边排水沟混凝土	m³	0.032	297.37	9.52
合计				393.85
其他	%		3.000	11.82
				405.67

（2）工程造价计算

工程造价按取费定额标准计算，计算过程如表 8-7 所示。

工程造价计算表 表 8-7

序号	项目名称	计算基数	系数（%）	金额（元/m²）	备注
1	直接费			405.67	
	其中：人工费			56.66	
2	临时设施费	1	2.6	10.55	
3	现场经费	1	4.8	19.47	
4	企业管理费	1	5.7	23.12	
5	材料调价			118.62	
6	人工费调整	(30-26.5)/26.5	20.75	11.01	
7	利润	1~4	7	32.12	
8	税金	1~7	3.4	21.10	
9	土建含税工程造价			641.66	

土建材料调价按表 8-8 的材料项目及评估基准日的市场价格进行调整，调整计算如表 8-8 所示。

土建材料调价　　　　　　　　　　表8-9

调价	单位	数量	定额价格（元/m²）	市场价格（元/m²）	差价（元/m²）	合价（元/m²）
42.5水泥	t	0.52	315.00	420.00	105.00	55.00
砂	t	0.85	28.00	67.00	39.00	33.00
石子	t	0.96	35.00	58.00	23.00	22.00
主材合计	m³					109.83
其他		8%				8.79
合计						118.62

经计算，道路单方造价为641.66元/m²。

3. 前期费用计算

前期费用标准，如表8-9所示。

前期费用表　　　　　　　　　　表8-9

序号	费用名称	计算基数	费率（%）	计算依据
1	建设管理费	建筑工程造价	1.8	
2	设计费	建筑工程造价	0.6	国家计委建设部计价价格［2002］10号
3	勘察设计费	建筑工程造价	0.5	国家计委建设部计价价格［2002］10号
4	工程建设监理费	建筑工程造价	1.8	发改价格［2007］670号
5	技术监督费	建筑工程造价	0.25	北京市前期及其他费用规定
6	招标费	建筑工程造价	0.60	北京市前期及其他费用规定
7	其他		0.3	
	合计		5.85	

$$单方前期费用率 = 5.85\%$$
$$单方前期费用 = 641.66 \times 5.85\%$$
$$= 37.54 \text{元}/m^2$$

4. 资金成本

资金成本按评估基准日中国人民银行贷款利率计算，计取标准为，3年期资金按均匀投入计算：

$$综合贷款利率 = 5.76\% \times 1/2 \times 3$$
$$= 8.64\%$$
$$单方资金成本 = (641.66 + 37.54) \times 8.64\%$$
$$= 58.68 \text{元}/m^2$$

5. 重置价值计算

$$单方重置价值 = 641.66 + 37.54 + 58.68$$
$$= 737.88 \text{元}/m^2$$
$$重置价值 = 737.88 \times 228000$$
$$= 168236640 \text{元}$$

6. 评估值计算

（1）成新率确定

该建筑于 1994 年 10 月 31 日竣工投入使用，至评估基准日已使用约 11.67 年。经济使用年限为 30 年，已使用 11.67 年，则：

$$经济使用年限成新率 = (30 - 11.67)/30 \times 100\% = 61.1\%$$

经现场勘察，认为该道路经常保养，使用状况良好，估计尚可使用年限可以增加 1%，则：

$$综合成新率 = 61.1\% + 1\% = 62\%$$

（2）评估值计算

$$评估值 = 168236640 \times 62\%$$
$$= 104306717$$

实例三　综合项目举例（仅计算建造价值）

评估对象：码头道路工程综合项目（包括碎石路面及停车场、挡土墙、护坡、排水管线及土石道路等项目）

结构类型：碎石黏土碾压

评估目的：计算码头工程的评估价值，本例只计算其中的建造价值

1. 建筑概况

该道路为码头运输道路及停车场的综合项目，整个项目工程包括碎石路面及停车场、挡土墙、护坡、排水管线及土石道路等，账面值为打包价值无法分开，评估只能按整体计算。查原始竣工结算书，道路工程中路面及停车场没有划分界线，合计 19500m²，混凝土面层厚 250mm；基础换土加固平均厚度 300mm；挡土墙为毛石砌筑，工程量 1109m³；护坡为毛石砌筑，工程量 2487 m³；临时土石路长 825m，宽 6m，路面面积 4950m²；混凝土排水管长度合计 583m，直径分别为 200mm、300mm、400mm、500mm、700mm 等，具体长度见表 8-14。工程于 1997 年 3 月 31 日竣工投入使用。评估基准日为 2009 年 9 月 30 日。

本例主要介绍打包项目的计算方法，因此只计算工程造价。

2. 造价计算

按照原竣工结算工程量套用本地区 2009 年建筑工程预算定额基价及建筑工程费用定额，先计算工程直接费，然后计算出工程造价。

由于执行的是与评估基准日相同的最新定额，故不作差价调整。

根据原预算的工程量按照当前的建筑工程预算定额进行造价计算，计算结果如表 8-10 所示，表中的单价已包括了定额的施工取费。

工程造价计算表　　表 8-10

项目名称	单位	数量	厚度（管径 D，mm）	单价（元）	合价（元）	备注
汽车道路	m²	19500				
其中：1. 混凝土路面厚度 250mm	m²	19500	250	220	4290000	
2. 路面基层换土处理厚度 300mm	m²	19500	300	60	1170000	

续表

项目名称	单位	数量	厚度（管径 D, mm）	单价（元）	合价（元）	备注
浆砌毛石挡土墙	m³	1109		360	399240	
浆砌毛石护坡	m³	2487		380	945060	
混凝土排水管	m	129	$D200$	217.8	28096.2	
	m	120	$D300$	309.1	37092	
	m	20	$D400$	335.5	6710	
	m	196	$D500$	375.1	73519.6	
	m	118	$D700$	486.2	57371.6	
临时道路	m²	4950		80	396000	
建造价值	元				7403089	
路面及停车场面积	m²	19500				
单方造价（元/m²）					379.65	

经计算，该道路工程的综合建造价值为 7403089 元，单方造价为 379.65 元/m²。

第九章　火力发电厂建筑物的价值评估

第一节　火力发电厂的组成和建筑物的结构构造

一、火力发电厂的一般概念

火力发电厂是利用燃料进行发电的工厂，它的基本生产原理是利用燃料在锅炉中燃烧将水加热成为蒸汽，将燃料的化学能转变成热能，利用蒸汽压力推动汽轮机旋转，然后再将热能转换成机械能使汽轮机的运转带动发电机旋转，使机械能变成了电能。火电厂按其燃料不同可分为：燃煤发电厂，主要燃料为粉煤；燃油发电厂，主要燃料为石油；燃气发电厂，主要燃料为天然气；余热发电厂，主要热源为发电厂的余热；其他还有矸石发电厂，即以煤矸石为燃料的电厂等。目前，还是以煤为燃料的发电厂为大多数。火电厂按输出能源不同可分为凝汽式发电厂（只发电），热电厂（发电兼供热）；按发电厂装机容量分：小容量发电厂（100MW 以下），中容量发电厂（100~250MW），大中容量发电厂（250~1000MW），大容量发电厂（1000MW 以上）。我国目前最大的火电厂为浙江北仑港电厂，装机容量 300 万 kW（即 3000MW），5 台 60 万 kW（600MW）机组。还有较大火电厂广东沙角 C 发电厂，装机容量 200 万 kW（即 2000MW），3 台 66 万 kW（660MW）机组。

二、火力发电厂的房屋和构筑物的组成

火力发电厂（或简称火电厂）房屋建筑按功能可分为八个大系统（并非工艺流程系统），其中有输煤系统、燃烧系统、发电系统、输变电系统、供水系统、除灰排渣系统、水处理系统和公用系统等。其中，燃烧系统和发电系统组成发电主厂房，发电主厂房是火力发电厂的核心建筑。上述每个系统均又各自包含若干个功能配套的建筑物，现作如下简要叙述。

1. 输煤系统

输煤系统的房屋及构筑物大体上有：铁路运输的专用线（或水路运煤码头）、卸煤栈台、储煤场、卸煤沟、翻煤机室、输煤栈桥、转运站、碎煤机室等。它的主要功能是将原煤运送到铁路栈台或煤码头，通过卸煤机堆放在堆煤场，然后将原煤输送到碎煤机室进行打碎，而后用输煤皮带通过转运站逐层转运送到主厂房煤仓间。

2. 燃烧系统

燃烧系统是主厂房的重要组成部分之一，它的建筑物有锅炉房、煤仓间、引风机室、送风机室、点火油泵房、除灰间等。构筑物主要是烟囱、烟道。主要功能是将输煤系统送来的块煤经过煤磨机磨成粉煤送入锅炉的炉中进行燃烧，使锅炉的水加热变为蒸汽，通过蒸汽管道送到汽机房使汽轮机转动发电。

3. 发电系统

发电系统是主厂房的重要组成部分之一，它的主要建筑就是主厂房内的汽机房和发电

机房,此外,厂房内还设有除氧间、中央控制室等配套房间。发电系统的主要功能是将锅炉的蒸汽送入汽轮机将热能转为机械能推动汽轮机转动,从而带动发电机发电,再将机械能转变为电能,最后将发电机产生的电输送到变电站。对于最后排入凝汽器进行冷却后的凝结水进行加热、除氧,而后用给水泵送至高压加热器,经过加热后打入锅炉循环使用。主厂房发电的操作流程全部由中央控制室的自动控制仪表指挥调度。

4. 输变电系统

输变电系统主要是升压站。输变电系统的房屋建筑是主变电室;构筑物有升压站的钢筋混凝土构筑物及输变电支架等。输变电系统的主要功能是将发电机输出的低压电经过变电后变为高压电,再将高压电送入公共电网。

5. 供水系统

供水系统的主要建筑物有循环水泵房、补给水泵房、水源头取水泵房、加压泵房、消防泵房、升压水泵房等;构筑物有冷却塔、水池等。供水系统主要是提供发电厂工业与生活用水,并通过水泵将水加压输送到需要的地方。发电后回收的高温水用凝结水泵送入凝汽器,经过冷却、除氧再送到锅炉进行水循环使用。经过凝汽器的冷却水已经变为高温水,将水继续送入冷却塔冷却,再用水泵打入凝汽器进行循环使用。在海边建立的火电厂高温水直接排入海中,由海水补充冷却水,不需要循环水冷却,因此,没有冷却塔。

6. 除灰、排渣系统

除灰、排渣系统的主要建筑物有灰水回收泵房、灰渣泵房、冲洗泵房、粉煤灰包装车间等;构筑物有灰渣场、灰堤等。这些建筑物和构筑物主要是将烟气中的粉煤灰回收利用,以减少烟气污染,最后将无用的废渣堆放到灰渣场。

7. 水处理系统

水处理系统的建筑物有化学处理室、加氯间和中间间、水厂投药间、水化验室等;构筑物有各类化学处理池、清水池。水处理的目的主要是将电厂排放的污水进行化学处理后变为无污染的水进行排放。

8. 公用系统

公用系统是属于全厂公用的建筑。其中,房屋建筑有办公楼、仓库、修理间、变电所、食堂、车库、室外厕所等;构筑物有道路、围墙、场地、绿化等。

上述八个系统的房屋建筑物和构筑物只是一般火电厂常见的配套项目,由于火电厂采用的发电方式不同,还会有不同的其他配套项目出现。目前,我们国家火电厂星罗棋布,评估项目更是一年比一年多,大量评估人员中非电厂专业人员占据很大比例,这些评估人员应该首先了解火电厂发电项目配套的基本情况,这不仅会给估价人员的评估操作带来很大好处,同时也是完成评估工作所必需的。

三、火电厂部分建筑物的结构构造

1. 主厂房

火电厂的主要项目包括汽机房、锅炉房、煤仓间、除氧间等。

(1) 汽机房

汽机房主体一般为二层框架或排架结构,底层为汽机房,二层为发电机房,运转层标高一般位于地上 8~12m,厂房规模较大的可达 16m,跨度一般 27~33m,房屋高度一般

30m左右。主体结构为钢筋混凝土框架柱、梁、板、钢或钢筋混凝土屋架，内设钢平台；外墙以往都是砖墙，现在多数为彩板围护，彩板墙下部做1.2m砖墙。汽机房构造系按照发电工艺要求设计的，比一般通用工业厂房复杂，由于发电工艺有一定的规律，所以它的结构构造也是有规律的。

（2）锅炉房

锅炉房的主体结构通常为钢筋混凝土框架结构或钢结构，锅炉房的屋面有封闭的也有敞开的。锅炉房主体分为两层，底层为燃烧炉，上层为蒸汽锅炉层。内部结构基本上都是重型设备框架承重结构，还有燃烧炉基础和锅炉基础。底层一般全封闭；上层有全封闭、半封闭，也有全敞开的。

（3）煤仓间

煤仓间是专为锅炉房加工输送燃煤的建筑，通常为钢筋混凝土框架结构。煤仓间为立体作业，大部分为5层，总高度一般超过30m，较大规模的发电厂锅炉房煤仓间高度可达50m，甚至80m。

（4）除氧间

除氧间专为从汽机回收的高温蒸汽通过凝汽器冷却后的冷凝水进行除氧，然后再送到锅炉进行水循环使用。除氧间一般为钢筋混凝土框、排架结构。

2. 转运站

转运站是堆煤场输送煤炭到锅炉房的高空转运站，一般大中型火电厂的煤仓间进煤口的高度都在30m以上，因为每个转运站的长度和高度受输煤皮带长度和倾斜角度的限制，因而从堆煤场到进煤口在空中大概需要4~6个转运站分段转运。它的结构为一般钢筋混凝土框架结构，也有砖砌的。每个转运站的层数及高度随转运总高度分段设计而定。

3. 输煤栈桥

输煤栈桥是火电厂重要建筑物之一，构造上与房屋相似，但和房屋又有不同之处，在建筑物的资产类别划分中列为构筑物的资产类型。它和房屋建筑的主要区别是，房屋坐落在地下基础上，而栈桥则架立在空的支柱上，支柱一般由钢筋混凝土腹杆组合而成。

输煤栈桥分为水平运输输煤栈桥和高空运输输煤栈桥。水平输煤栈桥一般是将火车站或煤码头卸下的原煤输送到堆煤场进行碎煤加工。如果是直线运输，中途不需要转运站；如果有转弯，就需设立一个转运站。高空输煤栈桥主要是指从堆煤场将已经打碎的块煤运送到煤仓间的粉磨机室进行粉磨加工的输煤设施。它和转运站配套使用，每个栈桥的倾斜角度一般为5°~12°，按照规定，最大不允许超过18°。栈桥的宽度应根据皮带支架的宽度和工作面的尺寸要求来确定。一般情况下，栈桥的宽度为4~6m，如果双排皮带运输也有更宽的。

输煤栈桥的结构有砖混结构、钢筋混凝土框架结构和钢框架结构三种，根据栈桥的宽度来设定。屋顶一般采用钢桁架彩板屋面。围护结构可以采用砖墙或彩板围护。输煤栈桥的主要承力结构是支撑栈桥的支柱，支柱通常采用钢筋混凝土腹杆支架或钢支架，它的断面尺寸随栈桥高度增高而增大，因此，栈桥的单方造价随着栈桥高度增高而增加，支柱的造价往往是栈桥自身造价的若干倍。

4. 冷却塔

冷却塔是火电厂对汽轮机已作完功的高温蒸汽进行冷凝提供冷却水的重要设施。火电厂冷却塔对高温水的冷却方式大多是自然通风冷却，冷却塔外形呈双曲线筒状，主要结构系钢筋混凝土筒壁，下部是一层淋水格板和冷却水的水池，冷却塔的淋水装置是扩大水气接触面积的主要设施，冷却塔的冷却原理是利用高温水和空气对流将高温水珠落在淋水板上进行降温。淋水板板条有木板条、钢丝网水泥板条和塑料板条，其断面可做成矩形、三角形或半圆形。板条有规则地分层固定在支架上。上层板条上的水滴落在下层板条上后，溅成许多小水滴，又向更下一层填料层溅落，由此形成了数目众多的细小水滴，与接触的气流进行热交换。一般情况下，在淋水板下放置塑料填料，以增加降温的效果。

5. 烟囱

火电厂烟囱的功能是排除锅炉燃烧的烟气。它的主要构造是：钢筋混凝土圆形或环形基础，钢筋混凝土筒壁，耐火砖内衬，最里层涂耐酸防腐内衬。耐酸材料通常有耐酸砖、耐酸砂浆、耐酸胶结料、耐酸胶泥等。烟囱壁外设有爬梯。

6. 取水泵房

取水泵房是水源地从海里或江河里取水安装水泵的房屋。它的特点是：泵房坐落在水岸边、水平面以下 -10m 左右的深处，泵房底部伸进河心处有一个取水口，它是一个水面以下在深水处取水的钢筋混凝土矩形箱体结构的建筑物，它和泵房之间以钢管相连用以取水，它的尺寸和到江河水平的距离根据设计的供水量指标和设计取水深度设计，由于它是水下建筑，因此地面上无法见到。

7. 储灰场

火电厂储灰场是火电厂储存排出的灰渣的场地，储灰场一般选择在无人居住的偏远郊区或山区，储灰场一般都要用储灰坝拦筑。

火电厂储灰坝根据其筑坝材料分为碾压石渣坝、堆石坝、灰渣坝等多种坝型。在坝型选择上，设计者一般根据灰坝所处的地理位置，并进行技术和经济比较，综合考虑后确定。由于坝型的不同，其构造也不尽相同。山区和石材产地由于石料丰富，一般优先选用石渣坝，其次是堆石坝，灰渣坝多为后期加高的子坝使用。

以上所介绍的项目都是火电厂比较特殊的建筑物。火电厂房屋建筑物和构筑物的项目繁多，除以上介绍的项目以外，其他大多数建筑物还是属于一般的工业与民用建筑，在这里不再介绍。

第二节 火电厂建筑工程定额及估算指标

一、火电厂建筑工程定额的种类

火电厂建筑工程项目评估作价的主要依据就是火电厂建筑工程概预算定额资料和火电系统制定的各项取费标准，同时，有些火电厂中的民用工程项目作价可以套用各地区制定的建筑工程概预算定额。火电厂房屋建筑物估价依据资料总体上有以下种类。

（1）《电力建设工程概算定额——建筑工程》（2006 年）。

该定额为火电建设土建工程确定造价的主要定额。项目综合内容较多，例如，砖砌体综合了基础、门窗、脚手架等项目；现浇钢筋混凝土结构综合了钢筋、模板和混凝土等项目；地面项目包括了地面挖土、地面垫层和面层等项目；装修项目综合了饰面面层、砂浆基层等项目。

（2）《电力建设工程预算定额——建筑工程》（2006年）。

该定额为火电建设土建工程确定造价的主要定额。分部分项定额子目划分较细，和各省市自治区的地方建筑工程预算定额相似，套用比较麻烦，但精确度较高。

（3）《电力工程建设投资估算指标——火电工程》（2001年）。

火电工程建设投资估算指标是编制火电工程投资的重要依据，也是火电工程项目评估作价的主要依据资料之一。估算指标和概算指标相类似，项目内容综合范围更广，一般作为投资控制使用。在资产评估中采用估算指标操作比较简单方便，但精确度较差。由于资产评估只要求近似精确，因而在现今的火电项目中，投资估算指标已被列为评估作价的重要依据之一。

（4）《火电、送变电工程建设预算费用构成及计算标准》（2002年）。

该定额为电力工程取费的费用定额，其中包括电力建筑施工单位计取的各项费用和建设单位在建设期间发生的前期和其他工程费用的费用计取标准。该定额已作为电力建设工程评估项目计取工程直接费以外的各项费用的依据。如果套用各省、自治区、直辖市的地区定额计算直接费的应按各地区规定的计费标准计取费用。

（5）《电力工业基本建设预算编制办法》（2002年）。

（6）《电力工业基本建设预算项目及费用性质划分办法》（2002年）。

（7）《电力工业引进成套设备基本建设工程预算编制办法》（2002年）。

二、"电力工程建设投资估算指标"的特点及应用要点

1. 电力估算指标的特点

（1）计量单位的特点

电力估算指标的计量单位有两个特点：

1）定额单位为指标计量单位

估算指标采用了扩大的指标计量单位，没有像概预算定额那样有分部分项细目，指标标定的基价概括的范围较广，精确度较低，使用时必须慎重。房屋建筑物及精确度要求高的构筑物尽可能不使用估算指标评估作价，以避免误差太大影响评估值。

2）指标计量单位比较特殊

根据电力行业实体项目的特征，规定了不同的指标单位的表达方法。其中，房屋的基价一般以建筑体积 m^3 为计量单位，这与通常的土建专业的房屋以建筑面积 m^2 为计量单位的表示方法不同；而构筑物的计量单位，一般情况下有 m^3、m^2、m、座、套等。特别指出，评估中构筑物项目具体采用的计量单位应和组价的计量单位一致，或按照估算指标规定的计量单位确定。例如，场地是以面积为计量单位的，工程量应当是以"m^2"表示；再如，挡土墙是以体积为计量单位的，工程量应当是以"m^3"表示。

在实体项目评估中，房屋建筑最好不要使用"建筑体积（m^3）"单位，因为概预算规定的房屋计量单位都是以"建筑面积（m^2）"计算表示的，房屋建筑的估算指标是作为房屋评估作价时核对评估结果是否超出或低于指标范围，或核对评估结果是否有错，分析查找原因的一个数据，绝不能作为评估定额进行套用。同时，房屋产权证都是以房屋建筑面积平方米作为计量的。如果采用体积为计量单位时，应同时计算建筑面积的平方米数量列入评估项目中。

(2) 按不同类别或规格制定基价

电力估算指标又按实体项目的不同类别或规格分成若干档次分别制定基价。例如，转运站分成了 12 种不同规格制定估算基价。估算指标定额详细规定了项目的使用方法，估价项目的内容与指标规定的内容不相同时，应按最相似的项目进行比较，用条件因素差异系数去修正最相似项目的基价后进行使用。

2. 电力估算指标的应用要点

电力建设工程投资估算指标只是编制设计图纸时对设计方案选择和控制建设投资的重要依据。当设计图纸确定以后，必须重新编制施工图的设计概算，以使得计算项目的建造价值能够符合实际情况。设计概算确定的工程造价有时候会突破估算指标，当然也可能节约了计划投资。为了使电力项目评估准确可靠，评估人员在评估作价之前应当首先估算一下设计投资估算指标和设计概算定额之间的差距，测定一个差距系数，然后对估算指标进行合理的调整，将误差率减小到最低限度，然后再使用。应该注意，账面值不合理的超指标的价值不应列入评估范围。

应用电力估算指标对火电建设项目进行估价，通常是不容许的。但由于评估项目太多，采用估算指标进行评估作价简单易操作，因此这个方法在现今火电建设项目的评估中应用甚广。由于估算指标终究不是施工图概算，准确度很难掌握，还是应该尽量避免使用。火电厂的房屋建筑，特别是主厂房绝对不容许套用估算指标进行估价。

三、"电力工程建设投资估算指标——火电工程"的应用说明

1. "电力工程建设投资估算指标——火电工程"(2001 年)应用的总体说明

(1) 火电工程估算指标的内容。火电工程估算指标的内容包括：电力建设建筑、安装工程各生产系统、辅助生产工程、附属生产工程、厂外工程等工程项目的基价和费用组成。

(2) 对 2001 年估算指标基价调整的规定。2001 年估算指标（以下简称估算指标）是按照 1996 年北京地区价格水平编制的。其中，人工单价建筑工程 19.5 元/工日、安装工程 21 元/工日，变电安装工程人工单价需按照安装人工基价乘以 1.047 的系数。火电工程项目估价时使用的人工单价必须按照评估基准日当地当时各专业的人工单价调整差价。

(3) 使用估算指标时，如果估算项目的技术条件和工程量与估算指标标定的情况不同时，需根据具体情况对估算基价作相应调整后再套用。

(4) 在套用估算指标时，非北京地区应调整地区差价，差价系数应执行当地电力行业规定的本地区与北京地区的差价调整系数，如果当地电力行业无相应规定，可以参照地区概预算定额规定的人工单价、主要材料单价测定相应的差价系数进行调整，机械费可以不调或按整体基价的 0.2% ~ 0.3% 进行调整。

(5) 在套用估算指标时，需调整评估基准日与估算指标制定日期之间的人工、材料与机械的差价，则：

$$估算指标基价 = \Sigma（原估算指标基价 \times 期日差价调整系数）$$

式中　　Σ——估算指标的人工、材料与机械的差价之和。

(6) 估算指标基价中不包括高原、高寒、沙漠等特殊自然条件下的施工因素，这些地区的基价可参照各地区概预算定额规定的调整方法进行调整。

(7) 电力建设工程估算指标分为土建专业估算指标和单项工程估算指标两部分分别制定，后者为前者的补充指标。单项工程估算指标是按单独项目制定的。

2. 火电工程土建专业估算指标的应用规定

(1) 火电工程土建专业估算指标对下列工作内容已综合考虑在相关指标的子目内：建（构）筑物的挖土、运土、回填土；设备基础的二次灌浆；建筑物及设备基础的预埋件、材料二次搬运费；建（构）筑物供暖、通风、除尘、给水排水、照明、一般消防；主要建（构）筑物的泵罐车使用增加费；建（构）筑物的脚手架费用等。

上述项目已包括的子项内容不得重复计算。

(2) 火电工程土建专业估算指标未包括下列内容：施工排水及地基处理费；空调、除尘等设备费；特殊消防工程费；大型施工组织措施费等。如果发生了上述费用，应按实际情况合理增加费用。

(3) 建筑面积的计算规则和常规概预算定额的计算规则相同，在此从略。

(4) 建筑体积工程量计算规则：建筑体积按建筑物垂直地面的横断面面积乘以长度计算。横断面面积是指屋面外轮廓线和建筑物第一层的室内地面间的横断面面积。长度是指勒脚以上两端山墙间的外包水平距离。有地下室的建筑物，其地下部分的建筑体积按水平断面面积乘以地下室高度计算。水平断面面积是指地下室上口外墙外围面积，高度应为地下室地面至建筑物第一层地面间的距离。地下室入口的建筑体积应并入地下室的建筑体积内。

(5) 主厂房建筑体积的计算：主厂房建筑体积应按汽机房、除氧间、煤仓间、锅炉房各车间分别计算。锅炉露天布置时，其体积从第一层的室内地面计算至运转层标高。锅炉露天布置时，两炉之间的独立建筑物，如集控室、电梯井、配电室等，应计算体积，合并在主厂房体积内。

(6) 翻车机室和卸煤设施应配套使用；输煤栈桥均应包括拉紧装置小室；估算指标的防腐均为一般防腐材料处理，即环氧玻璃钢，如材料不同时可根据具体材料进行调整。

(7) 估算指标中凡单位是"套"的均按二机二炉考虑，如一机一炉时可作相应调整。

3. 火电工程单项工程估算指标的应用规定

(1) 火电工程单项工程投资估算指标种类

火电工程单项工程投资估算指标分为厂内外公路、铁路专用线、卸船泊码头、厂区土石方、地基处理、厂外管线工程、深井工程、独立避雷针、贮水池、施工降排水、顶管、围堰、防洪堤防工程、公路桥等项目。

(2) 工程内容及工程量计算规则

1) 厂内外公路按实际面积以平方米计算。

2) 铁路专用线（此项指标仅供参考）按铁路实铺长度以千米计算。

3) 卸船泊码头（此项指标仅供参考）按平面尺寸以泊位计算。

4) 厂区土石方工程均按挖方量以立方米计算；水下基床抛石体积按设计断面和挖泥允许超深超宽计算，同时扣除构筑物（取水头钢管等）本身所占体积。

5) 地基处理工程。

钢筋混凝土预制桩（含桩尖）、钢筋混凝土灌注桩（回旋钻机成孔灌注桩除外）、灰土挤密桩、砂石振冲桩、深层搅拌桩：按桩横断面面积乘以长（深）度以立方米计算，其中预制管桩应扣除空心部分的体积。

回旋钻机成孔灌注桩：按设计长度以延长米计算。

钢管桩、钢板桩：按钢材重量以吨计算。

强夯：按地基处理有效面积以平方米计算。

换填砂：按图示尺寸的体积以立方米计算。

6）厂外管线工程按管线实铺长度以米计算。

7）深井工程按深井的不同深度以座计算。

8）独立避雷针根据不同高度以座计算。

9）贮水池根据不同容量按座计算。

10）施工降水。

抽水机降水：按排水槽底面积以平方米计算。

井点排水：以 100 个井点 24h 工作计算。

轻型井点降水：按套（10 根）·天（24h）计算。

11）顶管。根据钢管不同的规格以钢管的实际长度以米计算。

12）围堰。

双排钢板桩围堰：分不同高度按围堰中心线长度以米计算。计算高度规定为施工期内最高临水面加 0.5m 计算。

土石混合围堰：按围堰的施工断面乘以围堰中心线的长度以立方米计算。

13）防洪堤防工程共有 10 个子目，除土工布铺设以外，均按项目图示体积以立方米计算。

土工布铺设：按图示面积以平方米计算。

14）公路桥。其中，小于 20m 的小桥及中桥不分结构类型按桥面面积以平方米计算；大于 20m 的一般中桥及大桥：按结构类型分类，按桥面面积以平方米计算。

四、火电建设项目估算指标基价表分类

火电建设项目估算指标基价表分为建筑专业估价指标基价表和单项工程估算指标基价表两种。

1. 火电工程建筑专业估价指标基价表

火电工程建筑专业估价指标基价表中的指标是火电建设工程项目投资估算的扩大造价指标，每个估算指标项目所包括的内容范围较广，综合性大，估算指标所表达的价值也比较粗。尽管如此，目前在火电厂的房屋建筑评估中依然使用较广。为了火电工程建设项目估价方便，现将"电力工程建设投资估算指标—火电工程—建筑专业"基价表的建筑物、构筑物的部分项目基价列于表 9-1～表 9-23 中，供火电工程评估时作价参考。

2. 火电工程单项工程估算指标基价表

火电工程单项工程估算指标基价表是火电建设工程中单项工程的估算指标，涉及的项目比较具体，它对建筑专业估价指标内容进行了补充，对评估作价有一定的参考价值。现选择单项工程估算指标基价表中主要项目的基价列于表 9-24～表 9-35 中，供火电工程评估时作价参考。

（1）建筑专业估算指标基价表

主厂房本体

表 9−1

序号	名称	主要技术特征	单位	基价（元）	其中人工费（元）	备注
1	600MW 主厂房本体	双框架，体积 60.9 万 m^3，跨度 33−10.5−15.8m，柱距 12m，锅炉露天，运转层 13.8m，总长 227.6m，压型钢板围护，钢球磨机基础 12 座	m^3	229	26	
2	600MW 主厂房本体	双框架，体积 51.6 万 m^3，跨度 30.6−10.5−10.5m，柱距 12m，锅炉露天，运转层 15.2m，总长 199.2m，压型钢板围护，钢球磨机基础 12 座	m^3	329	33	
3	600MW 主厂房本体	双框架，体积 59.1 万 m^3，跨度 30.6−10.5−10.5m，柱距 10m，锅炉紧身封闭，运转层 13.7m，总长 201.2m，浮石钢筋混凝土墙板围护，钢球磨机基础 12 座	m^3	249	33	
4	300MW 主厂房本体	双框架，体积 42.2 万 m^3，跨度 27.9−18.5−5.6m，柱距 12m，锅炉露天，运转层 12.6m，总长 171m，压型钢板围护，钢球磨机基础 8 座	m^3	216	27	主厂房本体的基价不能作为评估单价直接使用，仅供核对评估结果参考
5	300MW 主厂房本体	双框架，体积 44.2 万 m^3，跨度 27.9−13.9−6.5m，柱距 12m，锅炉露天，运转层 12.6m，总长 168m，大型混凝土墙板围护，钢球磨机基础 8 座	m^3	222	28	
6	300MW 主厂房本体	双框架，体积 42 万 m^3，跨度 28.1−9.13−7.5m，柱距 9m，锅炉紧身封闭，运转层 12.6m，总长 165.8m，大型混凝土墙板围护，中速磨基础 10 座	m^3	236	31	
7	300MW 主厂房本体	双框架，体积 37.1 万 m^3，跨度 27.0−9.0−12.8m，柱距 9m，锅炉露天，运转层 12.6m，总长 163.8m，大型混凝土墙板围护，中速磨基础 10 座	m^3	225	29	
8	300MW 主厂房本体	双框架钢结构，体积 36.6 万 m^3，跨度 27.5−8.0−9.8m，柱距 9m，锅炉紧身封闭，运转层 12.6m，总长 162m，压型钢板围护，中速磨基础 10 座	m^3	327	34	
9	200MW 主厂房本体	双框架结构，体积 36.1 万 m^3，跨度 33.0−13.5−7.0m，柱距 9m，锅炉紧身封闭，运转层 10m，总长 199m，大型混凝土墙板围护，钢筋混凝土炉架，中速磨基础 10 座	m^3	266	35	

续表

序号	名称	主要技术特征	单位	基价（元）	其中人工费（元）	备注
10	200MW 主厂房本体	双框架，体积 29.9 万 m^3，跨度 30m，柱距 12m，锅炉露天，运转层 10m，总长 147.7m，大型混凝土墙板围护	m^3	255	36	主厂房本体的基价不能作为评估单价直接使用，仅供核对评估结果参考
11	200MW 主厂房本体	双框架，体积 33.2 万 m^3，跨度 27.0-15.0m，柱距 9m，锅炉紧身封闭，运转层 10m，总长 164.4m，大型混凝土墙板围护，中速磨基础 8 座	m^3	233	29	
12	125MW 主厂房本体	双框架，体积 16.8 万 m^3，跨度 33.0-6.15-4.5m，柱距 8m，锅炉紧身封闭，运转层 9m，总长 89m，大型混凝土墙板围护，钢筋混凝土炉架，钢球磨机基础 4 座	m^3	264	36	

锅炉基础　　　　　　　　　　　　　　　　表 9-2

序号	名称	主要技术特征	单位	基价（元）	其中人工费（元）	备注
1	600MW 锅炉基础	钢筋混凝土结构，3600m^3，不包括螺栓固定架	座	3230209	309514	数据供参考
2	600MW 锅炉基础	钢筋混凝土结构，3200m^3，不包括螺栓固定架	座	2871686	275123	
3	600MW 锅炉基础	钢筋混凝土结构，2900m^3，不包括螺栓固定架	座	2602466	249331	
4	300MW 锅炉基础	钢筋混凝土结构，2850m^3，不包括螺栓固定架	座	2557596	245031	
5	300MW 锅炉基础	钢筋混凝土结构，2750m^3，不包括螺栓固定架	座	2467856	236434	
6	300MW 锅炉基础	钢筋混凝土结构，2400m^3，不包括螺栓固定架	座	2153765	206342	
7	200MW 锅炉基础	钢筋混凝土结构，2250m^3，钢筋混凝土护架	座	2019155	193446	
8	200MW 锅炉基础	钢筋混凝土结构，1500m^3，钢护架	座	1346103	128964	
9	125MW 锅炉基础	钢筋混凝土结构，1200m^3，不包括螺栓固定架	座	1076882	103171	
10	600MW 锅炉附属设备基础	钢筋混凝土结构，素混凝土 900m^3，钢筋混凝土 3100m^3	座	1799962	270895	

续表

序号	名称	主要技术特征	单位	基价（元）	其中人工费（元）	备注
11	300MW 锅炉附属设备基础	钢筋混凝土结构，素混凝土 $650m^3$，钢筋混凝土 $1900m^3$	座	1185374	173470	数据供参考
12	200MW 锅炉附属设备基础	钢筋混凝土结构，素混凝土 $520m^3$，钢筋混凝土 $1050m^3$，包括中速磨基础5座，一次风机、送风机基础各2座	座	550000	52623	
13	125MW 锅炉附属设备基础	钢筋混凝土结构，素混凝土 $290m^3$，钢筋混凝土 $550m^3$	座	341279	51361	

气机基础

表 9-3

序号	名称	主要技术特征	单位	基价（元）	其中人工费（元）	备注
1	600MW 气机基础	钢筋混凝土结构，$5600m^3$，不包括螺栓固定架	座	5578227	650322	
2	600MW 气机基础	钢筋混凝土结构，$4110m^3$，不包括螺栓固定架	座	4042194	471248	
3	600MW 气机基础	钢筋混凝土结构，$4850m^3$，不包括螺栓固定架	座	4774857	556664	
4	300MW 气机基础	钢筋混凝土结构，$2980m^3$，不包括螺栓固定架	座	3192599	349729	
5	300MW 气机基础	钢筋混凝土结构，3400^3，不包括螺栓固定架	座	3602471	396775	
6	300MW 气机基础	钢筋混凝土结构，$2670m^3$，不包括螺栓固定架	座	2948573	318139	
7	200MW 气机基础	钢筋混凝土结构，$1980m^3$，不包括螺栓固定架	座	2005500	223146	数据供参考
8	200MW 气机基础	钢筋混凝土结构，$1680m^3$，不包括螺栓固定架	座	1698154	188547	
9	125MW 气机基础	钢筋混凝土结构，$1075m^3$，不包括螺栓固定架	座	1097821	133672	
10	600MW 气机附属设备基础	钢筋混凝土结构，素混凝土 $500m^3$，钢筋混凝土 $2510m^3$	座	1240020	186624	
11	300MW 气机附属设备基础	钢筋混凝土结构，素混凝土 $350m^3$，钢筋混凝土 $1450m^4$	座	982472	143846	
12	200MW 气机附属设备基础	钢筋混凝土结构，素混凝土 $250m^3$，钢筋混凝土 $750m^6$	座	415681	48461	
13	125MW 气机附属设备基础	钢筋混凝土结构，素混凝土 $150m^3$，钢筋混凝土 $480m^7$	座	221000	33261	

烟道及支架

表 9–4

序号	名称	主要技术特征	单位	基价（元）	其中人工费（元）	备注
1	300MW 烟道	钢筋混凝土烟道，水泥砂浆砌筑红砖内衬，耐火泥隔离层，断面尺寸 6.24m×8.4m	m	22830	4148	
2	300MW 烟道	钢筋混凝土烟道，耐酸砂浆砌筑红砖内衬，耐酸砂浆隔离层，断面尺寸 6.24m×8.4m	m	23799	4332	
3	300MW 烟道	钢筋混凝土烟道，耐火泥砌筑耐火砖内衬，耐火泥隔离层，断面尺寸 6.24m×8.4m	m	23814	4189	
4	300MW 烟道	钢筋混凝土烟道，耐酸胶泥砌筑耐火砖内衬，耐酸砂浆隔离层，断面尺寸 6.24m×8.4m	m	24816	4371	
5	300MW 烟道	钢筋混凝土烟道，耐酸砂浆砌筑耐酸砖内衬，耐酸砂浆隔离层，断面尺寸 6.24m×8.4m	m	26385	4477	
6	300MW 烟道	钢筋混凝土烟道，耐火泥砌筑耐火砖内衬，耐火泥隔离层，断面尺寸 5.8m×7.4m	m	20858	3648	
7	300MW 烟道	钢筋混凝土烟道，耐酸胶泥砌筑耐火砖内衬，耐酸砂浆隔离层，断面尺寸 5.8m×7.4m	m	21776	3813	
8	300MW 烟道	钢筋混凝土烟道，耐酸砂浆砌筑耐酸砖内衬，耐酸砂浆隔离层，断面尺寸 5.8m×7.4m	m	23226	3910	
9	200MW 烟道	钢筋混凝土烟道，水泥砂浆砌筑红砖内衬，耐火泥隔离层，断面尺寸 6.24m×8.15m	m	23730	4378	
10	200MW 烟道	钢筋混凝土烟道，耐酸砂浆砌筑耐火砖内衬，耐酸砂浆隔离层，断面尺寸 5.8m×7.4m	m	21073	2774	
11	125MW 烟道	钢筋混凝土烟道，耐酸砂浆砌筑耐火砖内衬，耐火泥隔离层，断面尺寸 6.32m×4m	m	12206	2208	
12	600MW 钢烟道钢支架	钢支架，钢筋混凝土基础	m	10501	1287	

续表

序号	名称	主要技术特征	单位	基价（元）	其中人工费（元）	备注
13	600MW 钢烟道钢筋混凝土支架	钢筋混凝土支架，钢筋混凝土基础	m	6500	771	
14	300MW 钢烟道钢支架	钢支架，钢筋混凝土基础	m	7148	654	
15	300MW 钢烟道钢筋混凝土支架	钢筋混凝土支架，钢筋混凝土基础	m	4150	385	
16	200MW 钢烟道钢支架	钢支架，钢筋混凝土基础	m	5500	480	
17	200MW 钢烟道钢筋混凝土支架	钢筋混凝土支架，钢筋混凝土基础	m	3814	344	
18	125MW 钢烟道钢筋混凝土支架	钢筋混凝土支架，钢筋混凝土基础	m	3500	310	

送、引风机室及基础支架　　　　表 9-5

序号	名称	主要技术特征	单位	基价（元）	其中人工费（元）	备注
1	600MW 引风机室	排架结构，钢屋架，包括引风机基础，体积 29484m³	m³	159	25	
2	300MW 引风机室	排架结构，包括引风机基础，体积 26800m³	m³	162	27	
3	200MW 引风机室	排架结构，包括引风机基础，体积 22920m³	m³	169	26	
4	125MW 引风机室	钢筋混凝土结构，包括引风机基础，体积 16630m³	m³	175	28	
5	300MW 送风机室	钢筋混凝土结构，包括引风机基础，体积 6770m³	m³	177	28	
6	300MW 送风机室	钢筋混凝土结构，包括引风机基础，体积 10070m³	m³	196	32	
7	600MW 引风机基础及支架	钢筋混凝土基础及地坪，不包括钢支架	台炉	886700	145400	
8	300MW 引风机基础及钢支架	钢支架，钢筋混凝土基础	台炉	1040809	113391	
9	300MW 引风机基础及钢筋混凝土支架	钢筋混凝土支架，钢筋混凝土基础	台炉	768313	97597	
10	200MW 引风机基础及钢筋混凝土支架	钢筋混凝土支架，钢筋混凝土基础	台炉	584620	62976	
11	600MW 送风机基础及支架基础	钢筋混凝土基础及地坪，不包括钢支架	台炉	801500	128240	
12	300MW 送风机基础及钢支架	钢支架，钢筋混凝土基础	台炉	1069761	117294	
13	300MW 送风机基础及钢筋混凝土支架	钢筋混凝土支架，钢筋混凝土基础	台炉	710216	102941	

钢筋混凝土烟囱   表9-6

序号	名称	主要技术特征	单位	基价（元）	其中人工费（元）	备注
1	240/7.0 烟囱	套筒式，内筒为耐酸胶泥砌筑耐火砖，耐酸砂浆隔离层，包括照明，防雷接地	座	11204376	1488810	
2	240/7.5 烟囱	单筒式，内筒为耐酸胶泥砌筑耐火砖，耐酸砂浆隔离层，包括照明，防雷接地	座	10189588	1333831	
3	240/7.0 烟囱	套筒式，内筒为耐酸胶泥砌筑耐酸砖，内衬为耐酸砖，包括照明，防雷接地	座	12449638	1628034	
4	240/10.0 烟囱	单筒式，内筒为耐酸胶泥砌筑耐火砖，耐酸砂浆隔离层，包括照明，防雷接地，4台炉合用	座	12218786	1664516	
5	240/2Φ5 烟囱	双筒式，内筒为耐酸胶泥砌筑耐酸砖，耐酸砂浆隔离层，包括照明，防雷接地	座	16691587	2108292	
6	210/7.5 烟囱	单筒式，内筒为耐酸胶泥砌筑耐酸砖，耐酸砂浆隔离层，包括照明，防雷接地	座	8599601	1215492	
7	210/7.0 烟囱	套筒式，内衬为钢结构，包括照明，防雷接地，钢结构462t	座	12731259	1707600	
8	210/6.0 烟囱	套筒式，内筒为耐酸胶泥砌筑耐酸砖，内衬耐酸砖，包括照明，防雷接地	座	8168489	995499	
9	180/6.0 烟囱	单筒式，内筒为水玻璃耐酸胶砂浆砌筑耐火砖，水泥膨胀珍珠岩板保温，包括照明，防雷接地	座	6234000	951830	
10	180/ϕ6.0 烟囱	单筒式，内筒为耐酸胶泥砌筑耐火砖，耐酸砂浆隔离层，包括照明，防雷接地	座	5890000	761931	

卸煤设施   表9-7

序号	名称	主要技术特征	单位	基价（元）	其中人工费（元）	备注
1	翻车机室	双台折返式，建筑体积22570m³，地下为-10m，现浇结构，地上排架结构，钢屋架，砖外墙	m³	282	44	
2	重车调车实施	地下现浇混凝土结构，混凝土条形基础，埋深-4m，断面8.9m×4m+5m×6.6m，包括道床、导向轮基础，铁牛沟张紧轮基础等	套	1586823	223242	

续表

序号	名称	主要技术特征	单位	基价（元）	其中人工费（元）	备注
3	空车调车实施	现浇混凝土结构，混凝土条形基础，埋深-4.6m，总长90m，包括道床、导向轮基础，铁牛沟张紧轮基础等	套	694502	108124	
4	火车卸煤沟	地下为钢筋混凝土挡墙结构，壁厚0.4m，每3m设有壁柱。有梁满堂式基础，底板厚0.5m，地上为钢筋混凝土预制框排架结构，地下净断面11.8m×11.6m，地上净断面15.8m×10.7m	m	101500	12180	
5	火车卸煤沟	地下为钢筋混凝土挡墙结构，壁厚0.35m，每3m设有壁柱。钢筋混凝土条形基础，底板厚0.5m，地上为钢筋混凝土预制框排架结构，地下净断面11.4m×9.02m，地上净断面15.8m×10.7m	m	91091	10932	
6	汽车卸煤沟	地下为钢筋混凝土隧道式结构，壁厚1.1m，底板厚1.3m，地上为钢筋混凝土预制框排架结构，地下净断面11m×9.6m，地上净断面12.2m×10.1m	m	118500	14220	

贮煤设施　　　　　　　　　　　　　　　　　　　表9-8

序号	名称	主要技术特征	单位	基价（元）	其中人工费（元）	备注
1	门型堆取料机基础及驱动室	双排基础，两基础中心距6m，单基础底宽3.2m，埋深-2.78m，总长210m，尾部驱动小室15m×15m，砖混单层结构	m	12000	1568	
2	门型堆取料机基础及驱动室	双排基础，两基础中心距7m，单基础底宽3.2m，埋深-1.5m，总长300m，包括尾部驱动站（15m×15m×7m）	m	11000	1800	
3	轮斗机基础	双排基础，两基础中心距6m，单基础底宽3.2m，埋深-2.62m，总长240m	m	9713	1149	
4	轮斗机基础	双排基础，两基础中心距6m，单基础底宽2.0m，埋深-2.62m，总长160m	m	8800	1197	
5	轮斗机基础	双排基础，两基础中心距6m，单基础底宽3.2m，埋深-2.62m，总长245m	m	9750	1224	

续表

序号	名称	主要技术特征	单位	基价（元）	其中人工费（元）	备注
6	贮煤场	素土夯实，总面积31250m²	m²	25	6	
7	贮煤场	碎石面层，总面积57460m²	m²	42	6	
8	干煤棚	排架结构，钢筋混凝土独立基础，埋深-3m，80m跨钢桁架，玻璃钢屋面，10100m²	m²	1119	106	
9	干煤棚	钢网架结构，钢筋混凝土独立基础，埋深-3m，跨度102m，长度60m，网架最高点为44m，彩板围护，附设挡煤墙	m²	1167	173	
10	φ18m储煤罐	钢筋混凝土满堂基础，埋深-3.5m，罐高36m，壁厚0.6m，体积9640m³	m³	295	54	
11	φ15m储煤罐	钢筋混凝土满堂基础，埋深-3.0m，罐高33m，壁厚0.25m，体积6310m³	m³	277	46	
12	沉淀池	地下钢筋混凝土结构，地上砖混结构，建筑体积1730m³（其中地下790m³）	m³	300	56	
13	沉淀池	地下钢筋混凝土结构，地上砖混结构，建筑体积3300m³（其中地下1300m³）	m³	286	49	

输煤设施　　　　　　　　　　　　　　　　表9-9

序号	名称	主要技术特征	单位	基价（元）	其中人工费（元）	备注
1	地下输煤道	钢筋混凝土结构，净断面7.5m×2.7m，壁厚1.0m，埋深-6m	m	25037	3134	
2	地下输煤道	钢筋混凝土结构，净断面7.0m×2.5m，壁厚0.6m，埋深-5m	m	14070	1795	
3	地下输煤道	钢筋混凝土结构，净断面7.0m×2.8m，壁厚0.6m，埋深-5.3m	m	14463	1842	
4	地下输煤道	钢筋混凝土结构，净断面7.4m×2.7m，壁厚0.8m，埋深-5.6m	m	19668	2479	
5	地下输煤道	钢筋混凝土结构，净断面8.0m×2.5m，壁厚1.0m，埋深-5.8m	m	25530	3190	
6	地下输煤道	钢筋混凝土结构，净断面8.0m×3.0m，壁厚1.0m，埋深-6.3m	m	26626	3330	
7	地下输煤道	钢筋混凝土结构，净断面8.8m×2.5m，壁厚1.0m，埋深-5.8m	m	26827	3392	

续表

序号	名称	主要技术特征	单位	基价（元）	其中人工费（元）	备注
8	地下输煤道	钢筋混凝土结构，净断面 11.0m × 2.7m，壁厚1.2m，埋深 −6.4m	m	38616	4794	
9	地下输煤道	钢筋混凝土结构，净断面 7.0m × 2.7m，壁厚1.0m，埋深 −6.7m	m	25542	3200	
10	地下输煤道	钢筋混凝土结构，净断面 7.0m × 3.0m，壁厚0.8m，埋深 −6.6m	m	19809	2507	
11	地下输煤道	钢筋混凝土结构，净断面 8.0m × 2.7m，壁厚0.8m，埋深 −6.3m	m	20869	2636	
12	地下输煤道	钢筋混凝土结构，净断面 8.0m × 3.0m，壁厚1.0m，埋深 −7.0m	m	26936	3379	
13	地下输煤道	钢筋混凝土结构，净断面 8.8m × 2.7m，壁厚1.0m，埋深 −6.7m	m	27863	3492	
14	输煤栈桥	钢筋混凝土框架，钢桁架，钢支撑，预制槽板楼面，压型钢板水泥珍珠岩保温轻型屋面，两侧彩色保温压型钢板围护。净断面 8.8m×3.2m，桥面高度 20～30m	m	27671	3044	
15	输煤栈桥	钢筋混凝土框架，钢桁架，钢支撑，预制槽板楼面，压型钢板水泥珍珠岩保温轻型屋面，两侧彩色保温压型钢板围护。净断面 8.8m×3.2m，桥面高度20m以内	m	25436	2797	
16	输煤栈桥	钢筋混凝土框架，钢桁架，钢支撑，预制槽板楼面，压型钢板水泥珍珠岩保温轻型屋面，两侧彩色保温压型钢板围护。净断面 7.0m×3.2m，桥面高度 18～28m	m	23634	2600	
17	输煤栈桥	钢筋混凝土框架，钢桁架，钢支撑，预制槽板楼面，压型钢板水泥珍珠岩保温轻型屋面，两侧彩色保温压型钢板围护。净断面 7.0m×3.2m，桥面高度18m以内	m	21453	2360	
18	输煤栈桥	钢筋混凝土框架，钢桁架，钢支撑，预制槽板楼面，压型钢板水泥珍珠岩保温轻型屋面，两侧彩色保温压型钢板围护。净断面 6.3m×3.0m，桥面高度 15～25m	m	18631	2049	
19	输煤栈桥	钢筋混凝土框架，钢桁架，钢支撑，预制槽板楼面，压型钢板水泥珍珠岩保温轻型屋面，两侧彩色保温压型钢板围护。净断面 6.3m×3.0m，桥面高度 15m以内	m	16133	1775	

续表

序号	名称	主要技术特征	单位	基价（元）	其中人工费（元）	备注
20	输煤栈桥	预制钢筋混凝土框架，钢桁架支撑，预制混凝土三角拱板围护，圆钢窗。桥宽8.8m，桥面高度15m以内	m	15057	1853	
21	输煤栈桥	钢筋混凝土框架，预制钢筋混凝土薄腹梁面，净断面7.09m×3.0m，桥面高度15m以内	m	12919	1739	
22	转运站	钢筋混凝土半地下结构，地下1层，底厚1.5m，壁厚0.8m，建筑体积1476m³，地上框架结构2层，建筑体积6660m³	m³	249	39	
23	转运站	全地上框架结构2层，12.6m×20.3m，高31.7m，建筑体积8510m³	m³	228	38	
24	转运站	钢筋混凝土半地下结构，地下1层，底厚1.0m，壁厚0.8m，建筑体积4965m³（地下3600m³）	m³	272	46	
25	转运站	钢筋混凝土半地下结构，地下1层，底厚1.0m，壁厚0.8m，建筑体积2960m³（地下1375m³）	m³	247	39	
26	转运站	钢筋混凝土半地下结构，地下1层，底厚1.0m，壁厚0.8m，建筑体积4860m³（地下2112m³）	m³	270	44	
27	转运站	钢筋混凝土半地下结构，地下1层，底厚1.0m，壁厚0.8m，建筑体积5120m³（地下2534m³）	m³	265	41	
28	转运站	钢筋混凝土半地下结构，地下1层，底厚1.0m，壁厚0.8m，建筑体积2330m³（地下1032m³）	m³	282	47	
29	转运站	钢筋混凝土半地下结构，地下1层，底厚1.0m，壁厚0.8m，建筑体积5700m³（地下2065m³）	m³	253	39	
30	转运站	钢筋混凝土半地下结构，地下1层，底厚1.2m，壁厚0.6m，建筑体积9750m³（地下2923m³）	m³	259	37	
31	转运站	钢筋混凝土半地下结构，地下1层，底厚1.2m，壁厚0.7m，建筑体积2860m³（地下1550m³）	m³	279	44	
32	转运站	全地上框架结构，建筑体积1540m³	m³	250	37	

续表

序号	名称	主要技术特征	单位	基价（元）	其中人工费（元）	备注
33	转运站	全地上框架结构，建筑体积7950m³	m³	230	38	
34	地下煤斗间	钢筋混凝土结构，底厚0.6m，壁厚0.6m，单煤斗，建筑体积282m³（6.8m×6.8m×6.1m）	m³	468	64	
35	地下煤斗间	钢筋混凝土结构，底厚0.6m，壁厚0.6m，双煤斗，建筑体积560m³（15.8m×4.98m×6.65m）	m³	426	57	
36	地下煤斗间	钢筋混凝土结构，底厚1.0m，壁厚0.8m，单煤斗，建筑体积680m³（9.0m×10.89m×6.96m）	m³	487	68	
37	地下煤斗间	钢筋混凝土结构，底厚1.0m，壁厚1.0m，单煤斗，建筑体积1375m³（12.5m×11m×10m）	m³	415	53	

碎煤设施　　　　　　　　　　　　　　　　　　　表9-10

序号	名称	主要技术特征	单位	基价（元）	其中人工费（元）	备注
1	碎煤机室	钢筋混凝土半地下结构，建筑体积11930m³	m³	249	40	
2	碎煤机室	钢筋混凝土半地下结构，地上框架结构，建筑体积8240m³	m³	241	38	
3	碎煤机室	框架结构，钢筋混凝土独立基础，埋深-2.2m，建筑体积7780m³	m³	221	36	
4	碎煤机室	框架结构，钢筋混凝土独立基础，埋深-2.2m，建筑体积5835m³	m³	229	37	
5	碎煤机室	框架结构，钢筋混凝土独立基础，埋深-3.0m，建筑体积10520m³	m³	225	38	
6	碎煤机室	框架结构，钢筋混凝土独立基础，埋深-2.2m，建筑体积10910m³	m³	220	36	

点火油系统　　　　　　　　　　　　　　　　　　表9-11

序号	名称	主要技术特征	单位	基价（元）	其中人工费（元）	备注
1	卸油栈台	钢筋混凝土独立基础，基础埋深-2.0m，预制钢筋混凝土柱，柱距6m，高度3.5m，宽1.7m，总长56m。设有预制钢筋混凝土平台及扶梯、栏杆	m	2200	352	

续表

序号	名称	主要技术特征	单位	基价（元）	其中人工费（元）	备注
2	卸油栈台	钢筋混凝土独立基础，基础埋深-2.2m，预制钢筋混凝土柱，柱距6m，高度3.8m，宽1.7m，总长75m。卸油沟断面0.8m×1.2m，长47m；断面1.2m×1.2m，长42m；断面1.2m×0.8m，长11m。设有预制钢筋混凝土平台及扶梯、栏杆	m	3400	833	
3	卸油栈台	钢筋混凝土独立基础，基础埋深-2.0m，预制钢筋混凝土柱，柱距6m，高度3.5m，宽1.7m，总长72m。设有预制钢筋混凝土平台及扶梯、栏杆	m	3202	732	
4	油管支架	钢筋混凝土杯形基础，预制钢筋混凝土单柱，柱距6m，高度4.0m	m	278	63	
5	油管支架	钢筋混凝土杯形基础，预制钢筋混凝土双柱，柱距6m，高度3.0m	m	392	88	
6	事故油池	钢筋混凝土结构，ϕ6.0m，底厚0.5m，壁厚0.3m，顶厚0.3m，建筑体积165m^3	m	66131	12793	

水力除灰系统　　　　　　　　　　　　　　　表9-12

序号	名称	主要技术特征	单位	基价（元）	其中人工费（元）	备注
1	灰浆泵房	排架结构，基础埋深-2.5m，建筑体积100m^3	m^3	259	44	
2	灰浆泵房	排架结构，基础埋深-2.5m，建筑体积2280m^3	m^3	269	47	
3	灰浆泵房	排架结构，基础埋深-2.5m，建筑体积2610m^3，含灰浆池一座，规格4m×10m×5m，壁厚0.4m	m^3	266	46	
4	柱塞泵房	排架结构，基础埋深-2.5m，建筑体积13750m^3，包括检修间、配电室、控制室、变压器室、闸门间、水池	m^3	246	42	
5	柱塞泵房	排架结构，基础埋深-2.5m，建筑体积69600m^3，包括检修间、配电室、控制室、变压器室、闸门间、水池	m^3	224	40	

续表

序号	名称	主要技术特征	单位	基价（元）	其中人工费（元）	备注
6	柱塞泵房	排架结构，基础埋深－3.0m，建筑体积7120m³，包括检修间、配电室、控制室、变压器室、闸门间、水池	m³	249	41	
7	灰水回收水池	钢筋混凝土半地下结构，底厚0.7m，顶厚0.2m，壁厚0.6m，15.6m×10m，高7.7m，埋深－2.7m，建筑体积1200m³	m³	338	66	
8	灰水回收水池	钢筋混凝土半地下结构，底厚0.4m，顶厚0.2m，壁厚0.3m，建筑体积180m³	m³	232	43	
9	灰水回收泵房	砖混结构，体积950m³（24.48m×6.24m×6m）	m³	233	44	
10	φ45m浓缩池	钢筋混凝土结构，钢筋混凝土基础，砖砌体围护，埋深－1.9m，含进口分配槽及灰浆管	座	1647151	314210	

气力除灰系统　　　　　　　　　　　　表9－13

序号	名称	主要技术特征	单位	基价（元）	其中人工费（元）	备注
1	灰库	φ12m，高26.3m，钢筋混凝土筒仓结构，钢筋混凝土带形基础，深－2.5m，筒仓壁厚0.4m，建筑体积2975m³	座	948915	173000	
2	灰库	φ12m，高31.0m，钢筋混凝土筒仓结构，钢筋混凝土带形基础，深－4.5m，筒仓壁厚0.4m，建筑体积3888m³	座	1178585	213190	
3	脱水仓及沉淀池基础	2φ11m脱水仓钢筋混凝土独立基础，埋深－3.5m，沉淀池，14.3m×13.3m＋15.34m×12.34m，钢筋混凝土基础，板厚1.8m	座	740120	98870	
4	脱水仓平台	现浇框架结构，钢筋混凝土独立基础，埋深－3.0m，建筑体积3500m³	座	209776	40813	
5	脱水仓平台	现浇框架结构，钢筋混凝土独立基础，埋深－3.0m，砖墙围护，建筑体积6670m³	座	1104274	189883	
6	φ29沉清池	钢筋混凝土结构，φ29m，池深－8m，容积2835m³	座	1065107	171561	
7	φ25沉清池	钢筋混凝土结构，φ25m，池深－7.5m，容积2095m³	座	608473	84103	

续表

序号	名称	主要技术特征	单位	基价（元）	其中人工费（元）	备注
8	φ21沉清池	钢筋混凝土结构，φ21.8m，池深-7.2m，容积1575m³	座	601528	95410	
9	φ16.9沉清池	钢筋混凝土结构，φ16.9m，池深-6.35m，容积945m³	座	364497	61515	

灰场建筑物　　　　　　　　　　　　　　　　　　　　表9-14

序号	名称	主要技术特征	单位	基价（元）	其中人工费（元）	备注
1	堆石坝	包括采石、清理覆盖层、砂石开采、运输、分层铺设、碾压、修坡及局部干砌块石护坡	m³	44	11	
2	土筑坝	包括土料开采、运输、分层铺设、碾压、修坡及局部干砌块石护坡	m³	30	5	
3	砂砾料筑坝	包括清理覆盖层、采砂石、运输、分层铺设、碾压、修坡及局部浆砌块石护坡	m³	38	8	

厂区除灰管沟及支架　　　　　　　　　　　　　　　　表9-15

序号	名称	主要技术特征	单位	基价（元）	其中人工费（元）	备注
1	钢筋混凝土管沟	钢筋混凝土结构，规格2.0m×1.0m	m	2000	493	沟内可做3根管道
2	钢筋混凝土管沟	钢筋混凝土结构，规格1.4m×1.0m	m	1401	345	沟内可做2根管道
3	钢筋混凝土管沟	钢筋混凝土结构，规格1.0m×1.0m	m	1000	246	沟内可做1根管道
4	钢筋混凝土管沟	钢筋混凝土结构，规格2.4m×1.1m	m	2578	635	沟内可做3根管道
5	钢筋混凝土冲灰沟	钢筋混凝土结构，规格3.2m×1.6m	m	5122	1262	不包括沟内衬砌，如有沟内衬砌另行计算
6	钢筋混凝土冲灰沟	钢筋混凝土结构，规格2.0m×0.6m	m	1200	296	
7	钢筋混凝土冲灰沟	钢筋混凝土结构，规格1.1m×0.8m	m	880	217	
8	钢筋混凝土冲灰沟	钢筋混凝土结构，规格1.1m×0.9m	m	961	237	
9	灰管钢支架	钢结构，钢筋混凝土基础，埋深-1.2m，跨度6m	m	1100	150	
10	灰管钢筋混凝土支架	钢筋混凝土结构，钢筋混凝土基础，埋深-1.2m，跨度5m	m	428	95	

化学水处理系统   表 9 – 16

序号	名称	主要技术特征	单位	基价（元）	其中人工费（元）	备注
1	化学水处理室外地下设施	断面（0.6~1.2）m×（0.97~1.45）m，钢筋混凝土工业沟道及排水沟，长119m。有设备基础、支墩	套	1099995	232261	
2	化学水处理室外地下设施	包括中和池1座，尺寸14.6m×12.6m×（-4.6m），除盐水箱基础2座，排水沟46m，管沟70m，电缆沟40m等	套	883971	193252	
3	化学水处理室外地下设施	包括中和池1座，尺寸14.5m×12.5m×（-5.2m），除盐水箱基础2座，机修加速澄清池基础1座，澄清池基础[φ10.9m×（-1.4m）]1座，管沟等	套	990000	176713	
4	化学水处理室外地下设施	包括中和池1座，尺寸14.5m×12.6m×（-4.6m），除盐水箱基础2座，排水沟46m，管沟70m，电缆沟40m等	套	1655197	416868	
5	化学水处理室外地下设施	包括除盐水箱基础2座，排水沟92m，管沟28m，电缆沟35m等	套	276504	54875	
6	酸碱库及中和池	排架结构，建筑体积3670m³（地下900m³）	m³	325	45	
7	酸碱库及室外地下设施	排架结构，钢筋混凝土杯形基础，埋深-2.5m，建筑体积2250m³	m³	337	67	
8	中和池、酸洗池	钢筋混凝土结构，埋深-4.0m，建筑体积720m³，一般涂布防腐	m³	412	76	
9	废水中和池	钢筋混凝土结构，埋深-4.0m，建筑体积2240m³，一般涂布防腐	m³	363	90	
10	锅炉酸洗池	钢筋混凝土结构，埋深-3.8m，建筑体积680m³，一般涂布防腐	m³	422	80	

循环水设施   表 9 – 17

序号	名称	主要技术特征	单位	基价（元）	其中人工费（元）	备注
1	循环水泵房进水流道	钢筋混凝土构筑物，宽8m，高2.5~8.2m，长15m	m	45080	7850	
2	钢筋混凝土循环水管沟	单孔，2.0m×2.0m，底、壁厚0.2m	m	2105	594	

续表

序号	名称	主要技术特征	单位	基价（元）	其中人工费（元）	备注
3	钢筋混凝土循环水管沟	单孔，2.5m×2.5m，底、壁厚0.2m	m	3288	927	
4	钢筋混凝土循环水管沟	单孔，3.0m×3.0m，底、壁厚0.2m	m	4737	1336	
5	钢筋混凝土循环水管沟	双孔，2.0m×3.0m，底、壁厚0.2m	m	6316	1781	
6	钢筋混凝土循环水管沟	双孔，2.5m×3.0m，底、壁厚0.2m	m	7895	2226	
7	钢筋混凝土循环水管沟	双孔，3.0m×3.0m，底、壁厚0.25m	m	9474	2671	
8	钢筋混凝土循环水管沟	双孔，2.0m×3.0m，底、壁厚0.25m	m	6416	2084	
9	钢筋混凝土循环水管沟	单孔，2.0m×2.0m，底、壁厚0.25m	m	2627	764	

冷却塔 表9–18

序号	名称	主要技术特征	单位	基价（元）	其中人工费（元）	备注
1	9500m³冷却塔	自然通风塔，铸铁托架，除水器塑料填料	座	35672500	5187000	
2	9200m³冷却塔	自然通风塔，铸铁托架，除水器塑料填料	座	34546000	5023200	
3	8000m³冷却塔	自然通风塔，铸铁托架，除水器塑料填料	座	29640000	4208000	
4	7000m³冷却塔	自然通风塔，铸铁托架，除水器塑料填料	座	25480000	3542000	
5	6000m³冷却塔	自然通风塔，铸铁托架，除水器塑料填料	座	21306000	2988000	
6	5500m³冷却塔	自然通风塔，铸铁托架，除水器塑料填料	座	19222500	2700500	
7	5000m³冷却塔	自然通风塔，铸铁托架，除水器塑料填料	座	16920000	2270000	
8	4500m³冷却塔	自然通风塔，铸铁托架，除水器塑料填料	座	15039000	2025000	
9	4000m³冷却塔	自然通风塔，铸铁托架，除水器塑料填料	座	13260000	1792000	

续表

序号	名称	主要技术特征	单位	基价（元）	其中人工费（元）	备注
10	3500m^3冷却塔	自然通风塔，铸铁托架，除水器塑料填料	座	11480000	1575000	
11	3000m^3冷却塔	自然通风塔，铸铁托架，除水器塑料填料	座	9780000	1335000	
12	2500m^3冷却塔	自然通风塔，铸铁托架，除水器塑料填料	座	8075000	1100000	
13	2000m^3冷却塔	自然通风塔，铸铁托架，除水器塑料填料	座	6102000	860000	

水池、水井 表9-19

序号	名称	主要技术特征	单位	基价（元）	其中人工费（元）	备注
1	浓缩池	钢筋混凝土结构，ϕ24m，水池底板采用分离式，基础采用环板式	座	901248	143117	
2	清水池	钢筋混凝土结构，ϕ36m，水池底板标高-3.2m，壁厚0.35~0.2m，底厚0.2m	座	842000	148000	
3	500m^3蓄水池	钢筋混凝土结构，容积500m^3，水池底板标高-3.0m，池顶厚0.12m，壁厚0.32m，底厚0.2m	座	178160	24080	
4	2000m^3蓄水池	钢筋混凝土结构，容积2000m^3，水池底板标高-3.0m，壁厚0.35~0.2m，底厚0.2m	座	535000	111908	
5	工业蓄水池	钢筋混凝土结构，容积90000m^3，水池底板标高-8.0m，壁厚0.5~4.6m，底厚1.0m	座	21670066	3815739	
6	ϕ100辐流式沉淀池	钢筋混凝土结构，直径100m，壁厚0.3~0.5m，深6.0m	座	4514000	699000	
7	滤网井	钢筋混凝土结构，容积200m^3，井底板标高-3.0m，壁厚、底厚均为0.5m	座	83000	13200	
8	吸水井	钢筋混凝土结构，容积810m^3，井底板标高-7.5m，壁厚、底厚均为0.5m	座	273000	34000	
9	补给水阀门井	钢筋混凝土结构，容积25m^3，壁厚、底厚均为0.2m	座	15448	3032	
10	24m钢筋混凝土生活水塔	砖支筒，钢筋混凝土基础，储水体积30m^3	座	173000	37900	

气机 A 排外主变压器构架及基础 表 9–20

序号	名称	主要技术特征	单位	基价（元）	其中人工费（元）	备注
1	600MW 气机房 A 排外主变压器构架及基础	包括 A 列外架构；避雷器支架，主变压器基础 6 座，厂用高压变压器基础、启动/备用变压器基础；防火墙；支墩；母线桥支架；电缆沟等	套	2499991	320170	
2	300MW 气机房 A 排外主变压器构架及基础	包括 A 列外架构；避雷器支架，主变压器基础，厂用高压变压器基础、启动/备用变压器基础；防火墙；支墩；隔离开关、充油电缆、母线桥、避雷器等支架；电缆沟、引线小室等	套	2232981	341456	
3	200MW 气机房 A 排外主变压器构架及基础	包括 A 列外架构；主变压器基础，厂用高压变压器基础、启动/备用变压器基础；电缆室、引线小室等	套	2026707	313028	
4	125MW 气机房 A 排外主变压器构架及基础	包括 A 列外架构；主变压器基础，厂用高压变压器基础、启动/备用变压器基础；防火墙；支墩；隔离开关、充油电缆、母线桥支架；电缆沟、引线小室等	套	644836	101577	

屋外配电装置构筑物 表 9–21

序号	名称	主要技术特征	单位	基价（元）	其中人工费（元）	备注
1	500kV 升压站	包括各类构架及基础；电气设备支架及基础；构架采用钢管混凝土杆，钢桁架，占地 12560m^2	m^2	216	18	
2	330kV 屋外配电装置构筑物	一个半接线双列中型布置，包括各类构架及基础；构架采用预应力杆，钢桁架；占地 17625m^2	m^2	162	29	
3	330kV 屋外配电装置构筑物	一个半接线双列中型布置，包括各类构架及基础；构架采用预应力杆，钢桁架；占地 22880m^2	m^2	169	29	
4	220kV 屋外配电装置构筑物	一个半接线双列中型布置，包括各类构架及基础；构架采用预应力杆，钢桁架；占地 11210m^2	m^2	186	29	
5	220kV 屋外配电装置构筑物	双母线带旁路中型布置，包括各类构架及基础；全部电气设备支架及基础；构架采用预应力杆，钢桁架；占地 20750m^2	m^2	141	26	

续表

序号	名称	主要技术特征	单位	基价（元）	其中人工费（元）	备注
6	220kV屋外配电装置构筑物	框架结构，钢筋混凝土独立基础，埋深-3.0m，建筑体积162380m³；电气设备支架及基础	m²	104	19	
7	110kV屋外配电装置构筑物	双母线带旁路半高型布置，包括各类构架及基础；全部电气设备支架及基础；构架采用预应力杆，钢桁架，占地3170m²	m²	277	47	
8	35kV屋外配电装置构筑物	包括隔离开关、避雷器、电流互感器支架；断路器等基础	m²	98	16	

污水处理站   表9-22

序号	名称	主要技术特征	单位	基价（元）	其中人工费（元）	备注
1	污泥浓缩池	钢筋混凝土结构，ϕ4.8m，上部筒形，下部锥形，壁厚0.15m，高5.5m，埋深-5.25m，浆砌块石基础	座	27756	5448	
2	污泥池	钢筋混凝土结构，池壁厚0.25m，底厚0.30m，埋深-2.1m，建筑体积530m³	m³	274	45	
3	升压泵房及含油废水调节池	半地下结构，水池容积76m³，埋深-2.1m，地上单层砖混结构，建筑体积154m³，槽形调节池584m³，埋深-1.4m，底厚0.4m，壁厚0.3m，体积910m³	m³	258	44	
4	隔油池	钢筋混凝土结构，浆砌块石基础，体积630m³	m³	280	63	
5	清水池	钢筋混凝土池体，体积2700m³，埋深-4.9m，底板厚0.4m	m³	244	42	
6	气浮池	钢筋混凝土池体，体积380m³，埋深-2.0m	m³	355	61	
7	消毒接触池	钢筋混凝土池体，上部弧形，下部锥形，ϕ5m，壁厚0.15m，浆砌块石基础，埋深-6.15m，底板厚0.4m，体积80m³	m³	385	69	
8	接触氧化沉淀池	钢筋混凝土池体，15.3m×2.5m×4.85m，埋深-2.25m，建筑体积270m³	m³	359	62	

续表

序号	名称	主要技术特征	单位	基价（元）	其中人工费（元）	备注
9	煤水沉淀池	半地下结构，地下钢筋混凝土池体，深-5.4m，地上单层砖混结构，建筑体积2500m³	m³	245	41	
10	污水处理室及污洗池	砖混结构，混凝土带形基础，埋深-2m，建筑体积140m³，其中池体33m³，壁厚0.20m	m³	285	55	
11	污水站汇水井	钢筋混凝土晒泥池（510m³）2个，埋深-0.5m，钢筋混凝土汇水井1座，埋深-2.4m，建筑体积1040m³	m³	265	49	
12	污水处理站地下设施	含事故排放井1座，浆砌石排洪沟，钢筋混凝土暖气沟、电缆沟，砖围墙，占地8780m²	m³	59	17	

厂区性构筑物　　　　　　　　　　表9-23

序号	名称	主要技术特征	单位	基价（元）	其中人工费（元）	备注
1	砖围墙	高2m	m	269	93	
2	铁栅栏围墙	高1.5m	m	247	61	
3	混凝土花格墙	高2m	m	294	81	
4	进厂钢管铁丝网大门	大门宽6m，便门宽2.4m，高2.4m	座	5290	502	
5	进厂钢栅栏大门	大门宽6m，便门宽2.4m，高2.4m	座	6475	975	
6	进厂电动伸缩门	大门宽15m，便门宽2.4m，高1.5m	座	65000	1950	

（2）单项工程估算指标基价表

厂内外公路　　　　　　　　　　表9-24

项目名称	主要技术条件	单位	基价（元）	其中人工费（元）	备注
厂内沥青路面	表面处理，沥青面层2cm；泥灰结级配石垫层23cm；天然砂砾基层26cm	m²	70	7	
厂内混凝土路面	表面处理，C25混凝土面层22cm，粗砂垫层2cm；基层：碎石16cm；底层：灰渣16cm	m²	91	11	
厂内泥结石路面	表面处理，泥灰结级配石20cm；基层：天然砂砾基层25cm	m²	40	4	

续表

项目名称	主要技术条件	单位	基价（元）	其中人工费（元）	备注
厂外沥青路面	表面处理，沥青面层 2cm，泥灰结级配石垫层 23cm，天然砂砾基层 26cm	m²	139	24	
厂外混凝土路面	表面处理，C25 混凝土面层 22cm，粗砂垫层 2cm；基层：碎石 16cm；底层：灰渣 16cm；筑 2.5m 以内的土质路堑或路堤	m²	161	28	

厂区土石方　　　　　　　　　　　　　　　　　　　表 9－25

项目名称	主要技术条件	单位	基价（元）	其中人工费（元）	备注
厂区土方	适用于厂区性平整	m³	13	0.80	
厂区石方	适用于厂区性平整	m³	34	1.26	
主厂房土方	已考虑二次开挖及回填	m³	31	10.01	
主厂房石方	已考虑二次开挖及回填	m³	62	17.75	
主要建筑物土方	包括烟囱、冷却塔、卸煤沟、翻车机室、输煤地下道、地下转运站、水泵房、循环水管沟	m³	24	3.71	
水下基床抛块石	包括工作船抛锚移船定位、潜水员水下冲吸泥、定桩位并打桩、测量标高、人工装石、用船运石、抛锚定位、移船抛石等	m³	177	37.00	

地基处理及桩基加固　　　　　　　　　　　　　　　表 9－26

项目名称	主要技术条件	单位	基价（元）	其中人工费（元）	备注
钢筋混凝土预制方桩	包括预制方桩制作、定位、打桩	m³	1105	23	
钢筋混凝土预制管桩	包括预制管桩制作、定位、打桩	m³	1134	22	
钢管冲击成孔混凝土灌注桩	包括打桩准备、钻孔、安放钢筋笼、灌注混凝土、拔钢管	m³	944	122	
螺旋钻成孔混凝土灌注桩	包括打桩准备、钻孔、安放钢筋笼、灌注混凝土、清理钻孔余土	m³	675	91	
回旋钻机成孔混凝土灌注桩（桩径 600mm 以内）	包括护筒埋设、拆除、钻孔、出渣、加泥浆、安放钢筋笼、灌注混凝土、现场清理	m	423	165	
回旋钻机成孔混凝土灌注桩（桩径 800mm 以内）	包括护筒埋设、拆除、钻孔、出渣、加泥浆、安放钢筋笼、灌注混凝土、现场清理	m	545	189	

续表

项目名称	主要技术条件	单位	基价（元）	其中人工费（元）	备注
回旋钻机成孔混凝土灌注桩（桩径1000mm以内）	包括护筒埋设、拆除、钻孔、出渣、加泥浆、安放钢筋笼、灌注混凝土、现场清理	m	728	224	
回旋钻机成孔混凝土灌注桩（桩径1200mm以内）	包括护筒埋设、拆除、钻孔、出渣、加泥浆、安放钢筋笼、灌注混凝土、现场清理	m	907	252	
蜗锥成孔混凝土灌注桩	包括机具准备、安放钢筋笼、灌注混凝土、清理钻孔余土	m^3	620	112	
人工挖孔混凝土灌注桩（混凝土护壁）	包括安放钢筋笼、灌注混凝土、现场清理	m^3	795	277	
打钢管桩（普通土）	包括桩架操作场地的平整、机具准备、桩内排水安放、割焊盖帽、接头焊接	t	5729	158	
灰土挤密桩	包括机具准备、灰土过筛拌合、成孔、填充、夯实	m^3	273	25	
强夯300t·m	300t·m10击，低锤满夯	m^2	73	5	
强夯600t·m	600t·m10击，低锤满夯	m^2	153	9	
强夯800t·m	800t·m10击，低锤满夯	m^2	217	37	
换填砂	运砂、回填、夯实	m^3	52	8	
打钢板桩（按10m考虑）	准备机具、定位、校正、打桩	t	4173	36	
拔钢板桩（按10m考虑）	准备机具、校正、拔桩	t	154	26	

厂外管线工程　　　　　　　　　　　　　　　　　　　　　表9-27

项目名称	主要技术条件	单位	基价（元）	其中人工费（元）	备注
厂外灰管线工程	包括管线支墩及支架（含土方1.5m^3，支墩0.65m^3）	m	359	93	指标不包括管线材料及安装费用
厂外补给水管线工程	包括补给水管线土方及垫层（含土方12m^3，石方2m^3，支墩0.01m^3，按2×φ650钢管，埋深3m）	m	376	99	

深井工程　　　　　　　　　　　　　　　　　　　　　　　表9-28

项目名称	主要技术条件	单位	基价（元）	其中人工费（元）	备注
深井工程	管井口径250mm，井深100m	座	90169	9800	
深井工程	管井口径300mm，井深150m	座	164965	17928	
深井工程	管井口径350mm，井深200m	座	278927	30313	
深井工程	管井口径400mm，井深250m	座	385346	41879	
深井工程	管井口径450mm，井深300m	座	496879	54000	

独立避雷针 表9-29

项目名称	主要技术条件	单位	基价（元）	其中人工费（元）	备注
高度25m	钢结构1.33t，带照明平台	座	15425	1962	
高度30m	钢结构2.21t，带照明平台	座	25632	3261	
高度30m	钢结构1.57t，不带照明平台	座	19208	2316	
高度35m	钢结构2.98t，带照明平台	座	34008	4034	
高度40m	钢结构3.12t，不带照明平台	座	35606	4224	

贮水（油）池 表9-30

项目名称	主要技术条件	单位	基价（元）	其中人工费（元）	备注
圆形50m³	钢筋混凝土结构	座	26738	5297	
圆形100m³	钢筋混凝土结构	座	36723	7727	
圆形150m³	钢筋混凝土结构	座	45391	5297	
圆形200m³	钢筋混凝土结构	座	64457	12395	
圆形300m³	钢筋混凝土结构	座	88017	17239	
圆形400m³	钢筋混凝土结构	座	113458	20613	
圆形500m³	钢筋混凝土结构	座	132695	25580	
圆形600m³	钢筋混凝土结构	座	150494	29814	
圆形800m³	钢筋混凝土结构	座	188081	36555	
圆形1000m³	钢筋混凝土结构	座	221419	44846	
矩形100m³	钢筋混凝土结构	座	49298	10018	
矩形200m³	钢筋混凝土结构	座	76120	15351	
矩形300m³	钢筋混凝土结构	座	97701	19830	
矩形400m³	钢筋混凝土结构	座	124200	24190	
矩形500m³	钢筋混凝土结构	座	145832	29029	
矩形600m³	钢筋混凝土结构	座	173178	35890	
矩形800m³	钢筋混凝土结构	座	208298	43470	
矩形1000m³	钢筋混凝土结构	座	242054	50708	

施工降排水 表9-31

项目名称	主要技术条件	单位	基价（元）	其中人工费（元）	备注
抽水机降水（深度1m以内）	降水深度1m以内，包括设备安拆、场内搬运、降排水、排水井点维护等	100m²	2166	39	
抽水机降水（深度2m以内）	降水深度2m以内，包括设备安拆、场内搬运、降排水、排水井点维护等	100m²	3713	59	

第九章 火力发电厂建筑物的价值评估

续表

项目名称	主要技术条件	单位	基价（元）	其中人工费（元）	备注
抽水机降水（深度3m以内）	降水深度3m以内，包括设备安拆、场内搬运、降排水、排水井点维护等	100m²	4514	98	
井点排水（打拔井点）（深度9m以内）	打拔井点深度9m以内，包括打拔井点管、设备安拆、场内搬运、临时堆放、降水、填井点坑等	100个井	19908	2681	
井点排水（打拔井点）（深度12m以内）	打拔井点深度12m以内，包括打拔井点管、设备安拆、场内搬运、临时堆放、降水、填井点坑等	100个井	26400	3566	
井点排水（设备使用摊销费）（深度9m以内）	井点深度9m以内，管道设备摊销费	每昼夜	508		
井点排水（设备使用摊销费）（深度12m以内）	井点深度12m以内，管道设备摊销费	每昼夜	516		
轻型井点（井管降水安拆）（井管深7m）	井管深7m，包括井点装置成型、地面试管、铺总管、装水泵、水箱、冲水沉管、灌砂、孔口封土、连接试抽、拆管、清洗、整理、堆放	10根	1229	305	
轻型井点降水使用（井管深7m）	井管深7m，包括抽水、值班、井管堵漏	套·天	829	59	
喷射井点（井管降水安拆）（井管深10m）	井管深10m，包括井点装置成型、地面试管、铺总管、装水泵、水箱、冲水沉管、灌砂、孔口封土、连接试抽、拆管、清洗、整理、堆放	10根	4124	897	
喷射井点降水使用（井管深10m）	井管深10m，包括抽水、值班、井管堵漏	套·天	1157	117	
喷射井点（井管降水安拆）（井管深15m）	井管深15m，包括井点装置成型、地面试管、铺总管、装水泵、水箱、冲水沉管、灌砂、孔口封土、连接试抽、拆管、清洗、整理、堆放	10根	6664	1473	
喷射井点降水使用（井管深15m）	井管深15m，包括抽水、值班、井管堵漏	套·天	1171	117	
喷射井点（井管降水安拆）（井管深20m）	井管深20m，包括井点装置成型、地面试管、铺总管、装水泵、水箱、冲水沉管、灌砂、孔口封土、连接试抽、拆管、清洗、整理、堆放	10根	9291	1901	
喷射井点降水使用（井管深20m）	井管深20m，包括抽水、值班、井管堵漏	套·天	1193	117	

续表

项目名称	主要技术条件	单位	基价（元）	其中人工费（元）	备注
喷射井点（井管降水安拆）	井管深30m，包括井点装置成型，地面试管，铺总管，装水泵、水箱，冲水沉管、灌砂，孔口封土，连接试抽，拆管，清洗，整理，堆放	10根	12459	2467	
喷射井点降水使用（井管深30m）	井管深30m，包括抽水、值班、井管堵漏	套·天	1282	117	

顶管   表9-32

项目名称	主要技术条件	单位	基价（元）	其中人工费（元）	备注
工具管导向出土顶管 $D=1.2m$	包括吊放钢管对接钢管口，焊接钢管，接头处补涂漆环氧管内沥青防腐，工作头、中间站、水力机械出土，顶进钢管测量纠偏等	10m	45042	2994	
工具管导向出土顶管 $D=1.6m$	包括吊放钢管对接钢管口，焊接钢管，接头处补涂漆环氧管内沥青防腐，工作头、中间站、水力机械出土，顶进钢管测量纠偏等	10m	67613	3904	
工具管导向出土顶管 $D=2.0m$	包括吊放钢管对接钢管口，焊接钢管，接头处补涂漆环氧管内沥青防腐，工作头、中间站、水力机械出土，顶进钢管测量纠偏等	10m	101878	4500	
工具管导向出土顶管 $D=2.6m$	包括吊放钢管对接钢管口，焊接钢管，接头处补涂漆环氧管内沥青防腐，工作头、中间站、水力机械出土，顶进钢管测量纠偏等	10m	159985	5247	
工具管导向出土顶管 $D=3.0m$	包括吊放钢管对接钢管口，焊接钢管，接头处补涂漆环氧管内沥青防腐，工作头、中间站、水力机械出土，顶进钢管测量纠偏等	10m	213000	8693	

围堰   表9-33

项目名称	主要技术条件	单位	基价（元）	其中人工费（元）	备注
双排钢板桩围堰（高4m以内）	包括5km内取土（不含购土费）、夯实、压草袋、拆除清理、钢板桩打拔	10m	17322	4068	
双排钢板桩围堰（高5m以内）	包括5km内取土（不含购土费）、夯实、压草袋、拆除清理、钢板桩打拔	10m	21631	5377	

续表

项目名称	主要技术条件	单位	基价（元）	其中人工费（元）	备注
双排钢板桩围堰（高6m以内）	包括9km内取土（不含购土费）、夯实、压草袋、拆除清理、钢板桩打拔	10m	26120	7378	
土石混合围堰	包括清理基底、5km内取土（不含购土费）、块石抛填、干砌、堆砌、拆除清理	100m³	7657	3255	

防洪堤防工程　　　　　　　　　　　　　　　　　　表9-34

项目名称	主要技术条件	单位	基价（元）	其中人工费（元）	备注
土堤	包括清理覆盖层，土料挖、运、分层铺设、碾压、修坡	100m³	2180	215	
干砌石堤	包括清理覆盖层，石料开采、运输、砌筑、填缝	100m³	9348	1973	
浆砌石堤	包括清理覆盖层，石料开采、运输、拌合、运砂浆、砌筑、勾缝	100m³	16134	2819	
钢筋混凝土防浪堤	包括清理基层，模板制作、安装、拆除，钢筋制作、安装，混凝土浇筑	100m³	39838	8305	
干砌块石护坡	包括清理基层，石料开采、运输、砌筑、填缝	100m³	9544	2171	
浆砌块石护坡	包括清理基层，石料开采、运输、拌合，运砂浆、砌筑、勾缝	100m³	16857	3280	
预制钢筋混凝土平板护坡	包括混凝土构件预制、运输、铺砌	100m³	36195	8865	
土工布铺设	包括土工布裁剪、拼接铺设	100m²	1775	132	
预制混凝土涵管排水	包括钢筋混凝土涵管制作、运输、安装	100m³	98729	15676	
钢筋混凝土排水渠道	包括钢筋混凝土模板、钢筋制作、安装，混凝土浇筑	100m³	61585	9389	

公路桥　　　　　　　　　　　　　　　　　　　　表9-35

项目名称	主要技术条件	单位	基价（元）	其中人工费（元）	备注
平原地区小桥及标准跨度小于20m的中桥（不分类别，用于平原地区）	包括挖基础、围堰、基础、下部上部桥台锥体、支撑梁、河床铺砌、桥面坛工及支架等全部工序	100m²	119482	44889	

续表

项目名称	主要技术条件	单位	基价（元）	其中人工费（元）	备注
山岭地区小桥及标准跨度小于20m的中桥（不分类别，用于山岭地区）	包括挖基础、围堰、基础、下部上部桥台锥体、支撑梁、河床铺砌、桥面圬工及支架等全部工序	100m²	123969	49413	
标准跨度大于20m的中桥及大桥（预应力空心板，用于基础在干处的桥）	包括挖基础、围堰、基础、下部上部桥面体系及桥头搭板等全部工序	100m²	149164	21860	
标准跨度大于20m的中桥及大桥（预应力空心板，用于基础在水中的桥）	包括挖基础、围堰、基础、下部上部桥面体系及桥头搭板等全部工序	100m²	222673	29133	
标准跨度大于20m的中桥及大桥（钢筋混凝土T形梁、板，用于基础在干处的桥）	包括挖基础、围堰、基础、下部上部桥面体系及桥头搭板等全部工序	100m²	155920	27651	
标准跨度大于20m的中桥及大桥（钢筋混凝土T形梁、板，用于基础在水中的桥）	包括挖基础、围堰、基础、下部上部桥面体系及桥头搭板等全部工序	100m²	261006	33404	
标准跨度大于20m的中桥及大桥（预应力T形梁，用于基础在干处的桥）	包括挖基础、围堰、基础、下部上部桥面体系及桥头搭板等全部工序	100m²	172267	27281	
标准跨度大于20m的中桥及大桥（预应力T形梁，用于基础在水中的桥）	包括挖基础、围堰、基础、下部上部桥面体系及桥头搭板等全部工序	100m²	279565	30888	
标准跨度大于20m的中型及大型钢索吊桥（用于跨度在150m以内的加劲钢桁架桥）	包括挖基础、围堰、基础、下部上部桥面体系及桥头搭板等全部工序	100m²	741194	70161	

第三节 电力工程建设预算费用的计算标准和计算方法

本节按照《火电、送变电工程建设预算费用构成及计算标准》（2002版）介绍火电、送变电工程建设预算费用的计算标准和计算方法。

一、火电、送变电工程建设预算费用的构成

火电、送变电工程建设预算包括下列费用：建筑工程费、设备购置费、安装工程费、其他费用和价差预备费、建设期贷款利息等。其中，价差已按实计算，因此价差预备费在估价中不得重复计取。为考虑机械设备评估作价的应用方便，设备安装的取费也列入本表中。

1. 建筑工程费

建筑工程费包括直接工程费和间接费两种。

(1) 直接工程费。

$$直接工程费 = 基本直接费 + 其他直接费$$

1) 基本直接费。

基本直接费包括：人工费、材料费、施工机械使用费。

2) 其他直接费。

其他直接费包括：冬雨期施工增加费、夜间施工增加费、施工工具用具使用费、特殊工程技术培训费、特殊地区施工增加费。

3) 现场经费。

现场经费包括：临时设施费、现场管理费。

(2) 间接费。

间接费包括：企业管理费、财务费用、施工机构转移费。

(3) 利润。

(4) 税金。

2. 设备购置费

(1) 设备原价。

(2) 设备运杂费。

3. 其他费用

(1) 建设场地征用及清理费。

1) 建设场地征用费。

2) 旧有设施迁移补偿费。

3) 余物拆除清理费。

(2) 项目建设管理费。

1) 建设项目法人基本管理费。

建设项目法人基本管理费包括：建设项目法人管理费、标书编制费。

2) 前期工程费。

3) 设备成套服务费（属设备取费）。

4) 备品备件购置费（属设备取费）。

5) 工程保险费。

(3) 项目建设技术服务费。

1) 研究试验费。

2) 勘察设计费。

3) 设计文件评审费。

4) 工程监理费。

5) 设备监造费（属设备取费）。

6) 电力建设项目后评价工作费。

(4) 生产准备费。

该费用系指为工程竣工后投产初期顺利过渡提供保证所发生的费用，包括：投产初期所需的车辆购置费；工器具、办公、生产及生活家具购置费；生产职工培训及提前进场费；整套启动试运费及分系统调试费。该费用为工程投产前进行生产准备而发生的费用，应为电力生产费用，工程竣工投产后，该项费用已转为企业递延资产，在电力投产后的生产成本中摊销，因此不得计入建设项目固定资产的摊销费中。

(5) 其他。

1) 施工安全措施补助费。

2) 工程质量监督检测费。

3) 预算定额编制管理费、劳动定额测定费。

4) 通信设施防送电线路干扰措施费。

(6) 基本预备费

属设计和施工过程中的不可预见费用，评估不得计取。

4. 动态费用

(1) 价差预备费。

(2) 建设贷款利息。

二、火电、送变电工程建设预算费用的计取标准

火电、送变电工程建设预算费用计取标准参照《火电、送变电工程建设预算费用构成及计算标准》（2002版）的内容经整理列于下列"火电、送变电工程建设预算费用数表"中，供电力工程评估时作价参考。

下列内容包括火电、送变电工程建设预算费用计算标准、计算方法以及计算规定。其取费的具体内容列于表9-36～表9-68中。

1. 建筑工程费、安装工程费的计取

(1) 六类以上地区工资基价表

六类以上地区工资调整系数，如表9-36所示。

六类以上地区工资调整系数表　　　　表9-36

七类	八类	九类	十类	十一类	备注
1.0261	1.0522	1.0763	1.1043	1.1304	
兰州	西宁	乌鲁木齐	拉萨	经济特区	
1.1756	1.3226	1.5373	1.7182	1.4020	

计算方法：

六类以上地区定额人工单价 = 六类工资基价 × 地区工资调整系数

其中：

六类以上地区工资基价 = 六类地区定额人工单价 - 工资性补贴

工资性补贴除特殊规定外，一般为每工日1.19元。

(2) 其他直接费表

1) 冬雨期施工增加费

冬雨期施工增加费系指建筑、安装工程在冬雨期连续施工需要增加的费用，应按地区类别选择费率。

①建筑、安装工程地区分类表

建筑、安装工程地区分类表，如表9-37所示。

地区分类表　　　　　　　　　　　　　　　　　　　　　表 9-37

地区分类	省、自治区、直辖市	备注
Ⅰ	上海、江苏、安徽、浙江、福建、江西、湖南、湖北、广东、广西、海南	
Ⅱ	北京、天津、山东、河南、河北（张家口、承德以南地区）、云南、贵州、四川、重庆	
Ⅲ	辽宁（盖县及以南）、陕西（榆林以南地区）、山西、河北（张家口、承德以北地区）	
Ⅳ	辽宁（盖县以北）、内蒙古（锡林郭勒盟锡林浩特市以南各盟市、旗，不含阿拉善盟）、新疆（伊犁及哈密地区以南）、吉林、甘肃、宁夏	
Ⅴ	黑龙江、青海、西藏、新疆（伊犁及哈密地区以北，含伊犁及哈密地区以北），内蒙古除四类地区以外的其他地区	

②安装工程冬雨期施工增加费

安装工程冬雨期施工增加费计算标准，如表 9-38 所示。

安装工程冬雨期施工增加费费率表（%）　　　　　　　表 9-38

地区分类		Ⅰ	Ⅱ	Ⅲ	Ⅳ	Ⅴ	备注
火电		9.96	14.1	21.58	28.27	31.54	
变电		9.07	12.85	19.66	25.75	28.74	
送电	工地运输及土石方	4.6	6.52	9.95	13	14.55	
	其他部分	8.7	12.27	18.76	24.53	27.42	

计算方法：

　　　　火电、送变电安装工程冬雨期施工增加费 = 安装工程人工费 × 费率

③建筑工程冬雨期施工增加费

建筑工程冬雨期施工增加费计算标准，如表 9-39 所示。

建筑工程冬雨期施工增加费费率表（%）　　　　　　　表 9-39

地区分类	Ⅰ	Ⅱ	Ⅲ	Ⅳ	Ⅴ	备注
火电	0.78	1.11	1.70	2.42	3.01	
变电	0.92	1.30	1.98	2.82	3.51	

计算方法：

　　　　火电、送变电建筑工程冬雨期施工增加费 = 建筑工程基本直接费 × 费率

2）夜间施工增加费

夜间施工增加费计算标准，如表 9-40 所示。

夜间施工增加费费率表（%）　　　　　　　　　　　　表 9-40

工程类别	费率	工程类别	费率
建筑	0.33	安装	5.81

注：夜间施工增加费内容包括：夜餐费、工效降低以及安全照明设施费用

计算方法：

　　　　火电安装工程夜间施工增加费 = 安装工程人工费 × 费率

火电建筑工程夜间施工增加费 = 建筑工程基本直接费 × 费率

送变电工程原则上不列此项。

3）施工工具用具使用费

施工工具用具使用费计算标准，如表9-41所示。

施工工具用具使用费费率表（%） 表9-41

工程类别	火电工程		送电工程	送电工程工地运输及土石方	变电工程		备注
	建筑	安装			建筑	安装	此项费用为施工中生产、检验、试验部门所需的不属于固定资产的工具用具购置、摊销和维护费用
费率	0.59	14.10	7.90	4.20	0.69	8.34	

计算方法：

火电安装工程施工工具用具使用费 = 安装工程人工费 × 费率

火电建筑工程施工工具用具使用费 = 建筑工程基本直接费 × 费率

4）特殊工程技术培训费

特殊工程技术培训费计算标准，如表9-42所示。

特殊工程技术培训费费率表（%） 表9-42

单机容量（MW）	125及以下	250及以下	400及以下	600及以下	备注
费率	安装				为火电安装工程高温、高压管道及容器焊接对焊工技术培训的费用
	20.23	16.44	13.3	10.69	

计算方法：

火电安装工程特殊工程技术培训费 = 安装工程人工费 × 费率

5）特殊地区施工增加费

特殊地区施工增加费系指工程所在地处于高原、沙漠、酷热、严寒等地区增加的费用，按各地区定额管理部门规定的增加系数进行计算。

6）现场经费

现场经费包括临时设施费、现场管理费。

①临时设施费

临时设施费计算标准，如表9-43所示。

临时设施费费率表（%） 表9-43

地区分类		I	II	III	IV	V	备注
火电	建筑	3.66	4.19	4.61	4.97	5.23	
	安装	4.8	5.26	5.6	5.83	6.06	
送电	安装	1.42	1.69	1.89	2.09	2.29	
变电	建筑	2.21	2.67	3.05	3.24	3.44	
	安装	2.7	3.15	3.45	3.82	4.2	

计算方法：
$$火电、送变电临时设施费 = 各单位工程基本直接费 \times 费率$$

②现场管理费

现场管理费计算标准，如表 9-44 所示。

现场管理费费率表（%） 表 9-44

工程类别	火电工程		送电工程	送电工程工地运输及土石方	变电工程		备注
	建筑	安装			建筑	安装	
费率	4.34	42.96	27.57	14.54	5.08	39.75	

计算方法：
$$火电、送变电建筑工程现场管理费 = 各单位工程基本直接费 \times 费率$$
$$火电、送变电安装工程现场管理费 = 各单位工程人工费 \times 费率$$

2. 间接费的计取

（1）企业管理费

企业管理费计算标准，如表 9-45 所示。

企业管理费费率表（%） 表 9-45

工程类别	火电工程		送电工程	送电工程工地运输及土石方	变电工程		备注
	建筑	安装			建筑	安装	
费率	2.85	40.18	25.96	15.84	3.28	35.54	送电工程列为安装工程，送电工程工地运输及土石方列为土建工程

计算方法：
$$火电安装工程企业管理费 = 安装工程人工费 \times 费率$$
$$火电建筑工程企业管理费 = 建筑工程基本直接费 \times 费率$$

（2）财务费用

财务费用计算标准，如表 9-46 所示。

财务费用费率表（%） 表 9-46

工程类别	火电、变电建筑工程	火电、变电安装工程	送电工程	备注
费率	1.20	1.00	1.10	指贷款利息计划指标，评估时应按评估基准日规定贷款利率计取

计算方法：
$$财务费用 = 工程基本直接费 \times 费率$$

（3）施工机构转移费

1）建筑工程施工机构转移费计算标准，如表 9-47 所示。

建筑工程施工机构转移费费率表（%）　　　　表9-47

工程类别	火电单机容量（MW）				变电电压等级（kV）			备注
等级	125及以下	250及以下	400及以下	600及以下	220以下	330	500	为施工队伍派至工程所在地发生的搬迁费用
费率	1.31	1.24	1.18	0.98	1.53	1.37	1.30	

计算方法：

$$火电、送变电建筑工程施工机构转移费 = 工程基本直接费 \times 费率$$

2）安装工程施工机构转移费

安装工程施工机构转移费计算标准，如表9-48所示。

安装工程施工机构转移费费率表（%）　　　　表9-48

工程类别	火电单机容量（MW）				变电电压等级（kV）			备注
等级	125及以下	250及以下	400及以下	600及以下	220以下	330	500	
费率	18.46	17.34	15.77	14.08	15.69	13.62	12.46	

计算方法：

$$火电、送变电安装工程施工机构转移费 = 安装工程人工费 \times 费率$$

3. 利润计取标准

电力工程的利润计取标准，如表9-49所示。

利润率表（%）　　　　表9-49

工程类别	火电、变电安装工程	建筑工程		送电工程
		热力系统	其他系统	
费率	7	6.5	6	5

计算方法：

$$利润 = （工程直接费 + 间接费）\times 费率$$

三、设备购置费的计算方法

1. 设备购置费的计算公式

$$设备购置费 = 设备原价 + 运杂费$$

其中：

设备原价为设备出厂价（包括包装费）。

火电、变电建设工程各类设备的运杂费包括设备采购、运输费（从厂家至仓库），装卸费，保管费，运输保险费等。

火电、变电设备运杂费 = 设备原价 × 运杂费率（含铁路、水路运杂费费率和公路运杂费费率）

2. 运杂费费率计取标准

运杂费费率计取标准：

火电、变电设备运杂费费率计取标准按主设备（包括锅炉、汽轮机、发电机、主变压器、调相机）及其他设备分别制定。

（1）火电、变电主设备运杂费费率

铁路、水路运杂费费率：运距在100km及以内，费率按设备原价的1.5%计算；超过100km，每增加100km，费率增加0.25%（百分点），不足100km，按100km计算。

（2）火电、变电其他设备运杂费费率

1）火电、变电其他设备铁路、水路运杂费费率标准，如表9-50所示。

火电、变电其他设备铁路、水路运杂费费率表（%）　　　　表9-50

序号	适用地区	费率	备注
1	上海、天津、北京、辽宁、江苏	3.5	
2	浙江、安徽、山东、山西、河南、河北、黑龙江、吉林、湖南、湖北	4	
3	陕西、江西、福建、四川、重庆	5	
4	内蒙古、云南、贵州、广东、广西、宁夏、甘肃（武威及以东）、海南	6	
5	新疆、青海、甘肃（武威以西）	7.5	
6	西藏	具体测算	

2）其他设备公路运杂费费率：运距在50km及以内费率为1.06；若铁路专用线、专用码头可直达现场，公路段运杂费按0.5%计算。运距超过50km时，每增加50km增加0.5%（百分点），不足50km按50km计算。

上述费用不包括运输超限发生的桥涵加固、信号灯改移等措施费用。

四、其他费用

1. 建设项目场地征用及清理费

建设项目场地征用及清理费包括建设场地征用费及旧有设施迁移补偿费，可按照各省、自治区、直辖市主管部门的规定标准计算。

2. 建设项目管理费

（1）建设项目法人管理费

1）火电工程建设项目法人基本管理费

火电工程建设项目法人基本管理费计算标准，如表9-51所示。

火电工程建设项目法人基本管理费费率表（%）　　　　表9-51

单机容量（MW）	250及以下	400及以下	600及以下	备注
新建一台费率	1.61	1.54	1.05	
新建二台费率	1.51	1.36	0.92	
新建二台以上费率	1.32	1.20	0.92	
扩建费率	1.13	1.02	0.78	

计算方法：

火电工程建设项目法人基本管理费=（建筑工程费+安装工程费）×费率

2）变电工程建设项目法人基本管理费

变电工程建设项目法人基本管理费计算标准，如表9-52所示。

变电工程建设项目法人基本管理费费率表（%） 表9-52

电压等级（kV）	220及以下	330及以下	500及以下
新建费率	3.06	2.21	2.00
扩建费率	1.99	1.43	1.30

计算方法：

变电工程建设项目法人基本管理费 =（建筑工程费 + 安装工程费）× 费率

3）送电工程建设项目法人基本管理费

送电工程建设项目法人基本管理费计算标准，如表9-53所示。

送电工程建设项目法人基本管理费费率表（%） 表9-53

电压等级（kV）	220及以下	330及以下	500及以下	备注
费率	0.73	0.74	0.76	

计算方法：

送电工程建设项目法人基本管理费 = 安装工程费 × 费率

（2）标书编制费

标书编制费指施工标书、标底及设备技术规范的编制费。标书编制费计算标准，如表9-54~表9-56所示。

火电工程标书编制费费率表（%） 表9-54

本期容量（MW）	700及以下	700以上	备注
费率	0.1	0.08	

计算方法：

火电工程标书编制费 =（建筑安装工程费 + 设备购置费）× 费率

变电工程标书编制费费率表（%） 表9-55

电压等级（kV）	330及以下	500	备注
费率	0.5	0.4	

计算方法：

变电工程标书编制费 =（建筑安装工程费 + 设备购置费）× 费率

送电工程标书编制费费率表（%） 表9-56

电压等级（kV）	330及以下	500	备注
费率	0.3	0.25	

计算方法：

送电工程标书编制费 = 本体费用 × 费率

（3）前期工程费用

前期工程费用系指电力工程初步可行性研究和可行性研究阶段（含环境评价）所发生的费用。

1) 可行性研究费用

电力工程可行性研究费用计算标准，如表 9-57 所示。

电力工程可行性研究费用费率表（%） 表 9-57

工程名称	火电工程	变电工程	送电工程		备注
			100km 及以内	超过 100km	
费率	10	12	11	9	

计算方法：

$$火电、送变电工程前期工程费用 = 勘察设计费 \times 费率$$

2) 电力建设标准化编制管理费

电力建设标准化（施工标准化、勘察设计标准化）编制管理费费率按勘察设计费的 1.5% 计算。

计算方法：

$$电力建设标准化编制管理费 = 勘察设计费 \times 费率$$

(4) 设备成套服务费

指工程建设所需设备委托招标、订货、供货、技术咨询等服务所支付的费用。费率为设备购置费的 0.5%。

计算方法：

$$设备成套服务费 = 设备购置费 \times 费率$$

(5) 备品备件购置费

指工程竣工前的建设期间所需备品备件及专用材料的购置费。

1) 火电工程备品备件购置费

火电工程备品备件购置费计算标准，如表 9-58 所示。

火电工程备品备件购置费费率表（%） 表 9-58

单机容量（MW）	125 及以下	250 及以下	400 及以下	600 及以下	备注
费率	0.40	0.30	0.20	0.10	

计算方法：

$$火电工程备品备件购置费 = 设备购置费 \times 费率$$

2) 送变电工程备品备件购置费

送变电工程备品备件购置费计算标准，如表 9-59 所示。

送变电工程备品备件购置费费率表（%） 表 9-59

电压等级（kV）	125 及以下	250 及以下	400 及以下	备注
送电工程	0.25	0.20	0.15	
变电工程	0.30	0.25	0.20	

计算方法：

$$变电工程备品备件购置费 = 设备购置费 \times 费率$$

$$送电工程备品备件购置费 = 设备安装费 \times 费率$$

(6) 工程保险费

指工程建设中因安全因素可能造成建设财产损失而进行保险的保险费用。

计算方法：成套进口设备按保险公司签订的协议计算；国产设备由基本预备费支出，不再单列计划。

3. 项目建设技术服务费

项目建设技术服务费系指承担工程建设必需的技术服务项目所发生的费用。

(1) 研究试验费

研究试验费系指建设项目建设过程中发生的必要试验项目所支付的费用。

计算标准：根据各单位提出的计划计列。

(2) 勘察设计费

勘察设计费系指建设项目进行勘察设计发生的费用。

计算标准：根据《国家计委、建设部关于发布〈工程勘察设计收费管理规定〉的通知》（计价格〔2002〕10号）执行。

(3) 设计文件评审费

1) 初步设计评审费

计算标准：

火电、变电工程：按设计费的2.2%计算。

送电工程：100km以内，按设计费的4.8%计算；100～300km，按设计费的3.2%计算；300km以上，按设计费的2.2%计算。

2) 施工图文件审查费

计算标准：

火电、送变电工程：按设计费的1.5%～2.0%计算。

(4) 工程监理费

1) 火电工程监理费

火电工程监理费计算标准，如表9-60所示。

火电工程监理费费率表 (%) 表9-60

单机容量（MW）		50	100	200	300	600	备注
本期规模	两台	1.98	1.70	1.56	1.44	1.35	
	两台以上	1.60	1.40	1.30	1.20	1.10	

计算方法：

$$火电工程监理费 = （建筑工程费 + 安装工程费） \times 费率$$

2) 变电工程监理费

变电工程监理费计算标准，如表9-61所示。

变电工程监理费费率表 (%) 表9-61

电压等级（kV）	110	220	330	500	备注
费率	5.50	3.60	3.30	3.00	

注：1. 火电工程新建、扩建一台按两台费率乘以1.1系数。
　　2. 成套进口设备项目按本标准乘以1.1系数。
　　3. 35kV变电所监理费按每站2～10万元计列，箱式变压器按每站0.5～2万元计列。

计算方法：

$$变电工程监理费 = （建筑工程费 + 安装工程费） \times 费率$$

3）送电工程监理费

送电工程监理费计算标准，如表 9-62 所示。

送电工程监理费（万元） 表 9-62

电压等级（kV）	单回路	同杆（塔）双回路	备注
500	1.48	2.07	
330	1.05	1.42	
220	0.84	1.09	
110	0.45	0.5	
35	0.25	0.3	

注：1. 本标准是按平地、丘陵地形考虑的，河网泥沼、一般山地按本标准乘以 1.1 系数，高山大岭按本标准乘以 1.2 系数。
2. 特殊大跨越工程按安装工程费的 1.4% ~ 1.8% 计算。
3. 穿越城区的电网工程可根据施工难度按本标准乘以 1.1 ~ 1.2 系数。

（5）设备监造费

设备监造费系指对设备制造厂的设备制造质量进行见证、监督而发生的费用。

1）监造范围

火电工程：汽轮机、锅炉、发电机、磨煤机、变压器、高压加热器、低压加热器、凝气机、给水泵、凝结水泵、循环水泵、风机及水箱。

变电工程：变压器、电抗器、断路器。

2）计算标准

火电工程：按全部设备购置费的 0.16% 计列。

变电工程：330kV 及以下按全部设备购置费的 0.6% 计列；500kV 按全部设备购置费的 0.4% 计列。

五、生产准备费

生产准备费除安装单位参加整套启动试运费可以计入建设项目成本而外，其余费用不得计列工程建设费用。

安装单位参加整套启动试运费：

（1）火电工程整套启动试运费

火电工程整套启动试运费计算标准，如表 9-63 所示。

火电工程整套启动试运费费率表（%） 表 9-63

单机容量（MW）	50 及以下	125 及以下	200 及以下	300 及以下	600 及以下
费率	2.92	1.08	1.06	0.71	0.42

计算方法：

$$火电工程安装单位参加整套启动试运费 = 火电安装工程费 \times 费率$$

（2）送电工程整套启动试运费

送电工程整套启动试运费计算标准，如表 9-64 所示。

送电工程整套启动试运费费率表（%）　　　　　表 9-64

电压等级（kV）	220 及以下	330 及以下	500 及以下	备注
费率	0.20	0.17	0.13	

注：35kV 及以下送电工程不列此项目。

计算方法：

$$送电工程安装单位参加整套启动试运费 = 送电安装工程费 \times 费率$$

（3）变电工程整套启动试运费

变电工程整套启动试运费计算标准，如表 9-65 所示。

变电工程整套启动试运费费率表（%）　　　　　表 9-65

电压等级（kV）	220 及以下	330 及以下	500 及以下	备注
费率	0.58	0.77	0.92	

计算方法：

$$变电工程安装单位参加整套启动试运费 = 变电安装工程费 \times 费率$$

六、其他

1. 施工安全措施补助费

指为保证建设工程采取的特殊安全措施所支付的费用。

（1）火电工程施工安全措施补助费

不分机组容量，按本期建设规模 1.5 元/kW 计列。

（2）变电工程施工安全措施补助费

变电工程施工安全措施补助费计取标准，如表 9-66 所示。

变电工程施工安全措施补助费费率表（%）　　　　　表 9-66

电压等级（kV）	500	330	220	备注
指标（万元）	10	8	5	220kV 以下参照执行

（3）送电工程施工安全措施补助费

电压等级在 220kV 及以上线路，10km 内 1 万元，每增加 1km 增加 500 元，220kV 以下参照执行。

2. 工程质量监督检测费

根据原电力工业部《电力建设工程质量监督规定》（电建 [1995] 36 号）的规定。

计算标准：

（1）工程质量监督检测费计算标准，如表 9-67 所示。

工程质量监督检测费费率表（%）　　　　　表 9-67

本期容量（MW）	700	300~700	300 及以下	备注
火电（%）	0.05	0.1	0.15	电力工业部（电建 [1995] 36 号）
送变电（%）		0.15		

计算方法：

$$工程质量监督检测费 = (建筑工程费 + 安装工程费) \times 费率$$

(2) 预算定额编制管理费、劳动定额测定费计算标准，如表 9-68 所示。

预算定额编制管理费、劳动定额测定费费率表（%）　　表 9-68

工程名称	费率	备注
建筑及安装工程	0.12	国家计委、财政部（[1998]建标造字第 5 号）

计算方法：
　　预算定额编制管理费、劳动定额测定费 =（建筑工程费 + 安装工程费）× 费率

七、基本预备费

基本预备费包括设计变更（含施工过程中的设计图纸更改、工程量增减、设备改型、材料代用等）、现场签证、设备保险等增加的费用，以及一般自然灾害造成的损失。一般用于编制设计概算时作为不可预见费用。基本预备费费率标准，如表 9-69 所示。

基本预备费费率表（%）　　表 9-69

设计阶段	发电	送电	变电	备注
可行性研究估算	8.00	8.00	8.00	
初步设计概算	4.50	3.50	3.50	
施工图预算	3.00	2.50	2.50	

计算方法：
　　基本预备费 = 建筑工程费 +（安装工程费 + 设备购置费 + 其他费用）× 费率
　　建设工程估价不得计算基本预备费。

第四节　火电建筑评估计算方法

一、计算方法的选择

火电厂评估计算方法为重置成本法。重置成本法只是一个评估方法类型的总称，具体操作，根据火电厂评估项目的具体情况而方法各异。总体分为重编预算或概算法、概预算或竣工结算调整法、套用电力估算指标法、基准单方造价比较法等。构筑物可以采用概预算法、电力估算指标法、数表数据查找法等。数表数据查找法就是首先制定一套单位工程量价格的数据表，评估时根据评估项目的名称、类型在单方造价数表中查找对应的单价，抄录在评估表中的对应位置就可以使用了。其实这种单方造价的数表就是评估人员制定的构筑物"估算指标"。不过，这个"估算指标"是根据各地区概预算定额制定的，数据的准确度比较可靠。为了数表能够具有通用性，数据表可以采用地方概预算定额制定，这和第八章叙述的构筑物评估数据表的应用方法相同。应用到火电厂评估时，个别项目的数据不完全适用，可以采用系数调整。火电厂的绝大多数构筑物的结构构造都属于常规做法，特殊的结构构造很少，可以采用制定的构筑物数据表计算工程项目的单方造价，也可以参照火电厂的估算指标进行估价。

二、重置价值的计算

火电厂建筑物的重置价值计算方法和一般房屋建筑物的重置价值计算方法相同，其计

算程序如下：

1. 直接工程费计算

火电厂建筑物评估项目的直接工程费一般按选定的概预算定额计算，可以查找修订的火电建设指标和制定的数据表计算直接工程费。如果是非电力工程建设项目，一般套用各地区的建筑工程概预算定额计算直接工程费。

2. 工程造价计算

工程建设中，施工单位的取费应按火电建设规定的取费标准计算。计取费用项目如表 9-70 所示。如果是非电力工程建设项目，一般套用各地区的建筑工程概预算定额的取费标准计算施工单位工程取费。火电工程造价表的内容和形式如表 9-70 所示。

火电工程造价计算表　　　　表 9-70

序号	费用名称	计算基数	费率（%）	计算式（元）	取费依据
一	直接工程费	（一）+（二）			
（一）	基本直接费				按施工图计算套定额
（一）-1	其中：人工费				
（二）	其他直接费	1~5			
1	冬雨季施工增加费	（一）		计算基数×系数	
2	夜间施工增加费	（一）		计算基数×系数	
3	施工工具使用费	（一）		计算基数×系数	
4	临时设施费	（一）		计算基数×系数	
5	现场管理费	（一）		计算基数×系数	
二	间接费				
1	企业基本管理费	（一）		计算基数×系数	
2	职工养老和失业保险	（一）		计算基数×系数	
3	工会、教育经费和住房公积金	（一）		计算基数×系数	
4	财务费			计算基数×系数	
5	施工机构转移费	（一）		计算基数×系数	
三	计划利润	一+二		计算基数×系数	
四	定额费用合计	一+二+三			
五	材差及工资调整	1+2			
1	材料价差				按实际计算
2	人工工资调整				按规定计算
六	工程费用合计	四+五			
七	税金	六		计算基数×税率	国家规定税率
八	工程造价	六+七			

3. 前期费用计算

建设单位在建设期间发生的前期和其他费用按火电建设规定的计费标准计算，有些地方规定的取费应合理考虑。计取费用项目如表 9-71 所示。

前期费用表　　　　　　　　　　　　　表 9-71

二期扩建 2×300MW

费用名称	取费基数	费率	金额（元）
建筑工程费			
建设项目法人管理费	建筑工程费		
标书编制费	建筑工程费		
勘察及设计费	建筑工程费		
前期工程费（含标准化编制管理费）	勘察及设计费		
设计文件评审费	勘察及设计费		
施工图审查	勘察及设计费		
工程监理费	建筑工程费		
工程质量监督检测费	建筑工程费		
预算定额编制管理费、劳动定额测定费	建筑工程费		
其他工程费合计			
比例系数（%）			

4. 资金成本计算

资金成本应按中国人民银行规定的当期贷款利率计算。建设工期按建设项目的规模套工期定额确定。有两台机组以上时，应按各机组分别制定建设工期，分别制定综合资金成本率。资金成本率的计算方法详见本章第五节实例一"主厂房"二、3 的资金成本计算方法。

5. 成新率计算

（1）经济使用年限成新率的计算方法

经济使用年限成新率 =（经济使用年限 – 已使用年限）/经济使用年限 ×100%

或　经济年限成新率 =（1 – 已使用年限/经济使用年限）×100%

火电厂主厂房的经济使用年限一般按发电设备的寿命使用年限确定，通常定为 30 年。

（2）综合成新率的计算方法

综合成新率的计算方法和本书第五章第二节三、3 的确定方法相同。由于经济使用年限成新率是一个理论值，它与实际情况总有差别，实际成新率应按现场勘察状况由评估人员对经济使用年限成新率进行调整确定，调整后的成新率为综合成新率。

综合成新率 = 经济使用年限成新率 ± 现场勘察成新率调整值

现场勘察成新率增值或减值必须说明理由，评估人员必须按评估项目逐项做好现场勘察记录。特别是使用功能和工程质量存在问题的项目和更新改造的评估项目要合理调整成新率的数值。

特别强调，由于评估项目较多，打分标准亦无科学规定，因此勘察成新率采用基础、结构、装修和配套设施打分法确定的方法不可取。

6. 评估值确定

评估值 = 重置价值 × 综合成新率

第五节 火力发电项目评估实例

实例一 主厂房

一、概况

某电厂主厂房为框架结构,总装机容量为 2×300MW。

该厂房包括汽机房、除氧煤仓间、集控楼等配套建筑,厂房建筑面积 34020m², 建筑体积 390679m³, 分别于 1992 年 9 月、1993 年 5 月全部建成并投入使用。其中,汽机房总长度 172.5m, 柱距 9m, 跨度 27m, 屋架下弦标高 29.5m, 运转层标高 12.6m, 总高 33.8m; 除氧煤仓间跨度 9m, 柱距 11+9m, 檐高 42.15 (36.0) m; 运转层标高 12.6m, 主体总高度 70.6m。

汽机房主体基础为冲孔灌注桩基础,桩承台底部标高 -3.5~-7.0m; 汽机房、除氧煤仓间为钢筋混凝土框架结构;外墙围护结构做法为:180mm 厚砖墙,墙上设立钢窗;屋架为钢桁架,跨度 27m; 屋面为钢筋混凝土预制槽型板。室内水、电、照明、空调、除尘设备齐全。

锅炉房为露天钢结构,露天部分的建筑造价随同设备评估,不在房屋评估范围内。

评估基准日为 2006 年 9 月 30 日。

二、评估计算

1. 工程造价计算

根据主厂房的竣工结算资料整理后的工程量,套 2002 电力工程建设概算定额,求得直接费工程;再根据火电建设规定的取费标准,计算施工过程中的各项费用及工程造价;然后按单方体积的造价单位表示,进行重置价值的计算。

(1) 直接工程费计算

直接工程费计算方法,如表 9-72 所示。

直接工程费计算表 表 9-72

工程名称:扩建 2×300MW 主厂房

定额号	项目名称	单位	数量	单价(元)	合价(元)
	主厂房本体	m³	390679		570740.92
	土建工程	m³	390679		
GT1-1	平整场地	m²	1556.00	12.65	19683.40
GT1-2	机械挖土	m³	56182.90	29.65	1665822.87
GT2-7	混凝土基础	m³	4950.72	257.7	1275800.54
GT2-16	钢筋混凝土方柱基础	m³	2641.95	1094.40	2891350.08
GT2-8	钢筋混凝土基础	m³	5892.48	699.99	4124677.08
GT3-2	汽机房地面	m²	6263.75	246.48	1543890.18
GT3-10	汽机房屋面	m²	9065.52	174.95	1586012.72
GT3-3	汽机房混凝土地面	m²	1146.96	253.33	290559.38
GT4-1	汽机平台	m²	7201.44	179.04	1289345.82

续表

定额号	项目名称	单位	数量	单价（元）	合价（元）
GT4-10	除氧煤仓间及裙房楼面	m²	11504.16	347.99	4003332.64
GT4-7	汽机房屋面	m²	16559.64	449.08	7436603.13
YT9-29	屋面聚氨酯一布二油	m²	8750.16	21.13	184890.88
估	屋面玻璃钢瓦	m²	17502.48	9	157522.32
GT4-21	地砖地面	m²	11902.40	40.04	476572.03
GT4-24	静电木地板	m²	1567.08	132.95	208343.29
GT4-27	轻钢龙骨吊顶	m²	1071.36	51.63	55314.32
甲方提供	吸声板顶棚	m²	1041.12	27.99	29140.95
GT5-1	钢屋架	t	696.60	8019.83	5586613.58
GT5-4	钢构件刷防火涂料	t	696.60	2438.22	1698464.05
GT6-2	240砖外墙	m²	9186.23	88.48	812797.78
GT6-4	金属墙板	m²	17449.56	270.61	4722025.43
GT6-12	240砖内墙	m²	313.20	45.88	14369.62
GT6-14	加气混凝土墙	m²	7629.12	44.01	335757.57
GT6-27	墙面抹灰	m²	17128.55	5.78	99003.03
GT7-1	钢筋混凝土框架	m³	4571.64	981.09	4485190.29
GT7-2	主厂房钢筋混凝土柱梁	m³	1707.48	1182.99	2019931.77
GT7-4	钢筋混凝土单梁	m³	1622.16	1195.17	1938756.97
GT7-9	预制吊车梁	m³	317.52	2025.53	643146.29
GT7-14	钢支架	t	535.68	7570.62	4055429.72
GT7-16	钢梁支撑	t	172.80	5748.65	993366.72
GT7-19	钢吊车梁	t	133.92	7608.09	1018875.41
GT7-20	其他钢梁柱	t	203.04	6244.11	1267804.09
GT7-21	钢平台	t	92.88	6015.61	558729.86
GT7-22	钢梯	t	78.84	5544.38	437118.92
GT7-23	钢栏杆	t	75.60	5773.16	436450.90
GT10-10	给水排水道	100m³	3906.79	199.34	778779.52
GT10-11	供暖	100m³	3906.79	220.89	862970.84
GT10-12	通风	100m³	3906.79	84.83	331413.00
GT10-13	照明	100m³	3906.79	206.84	808080.44
	地基处理费				250000.00
	基本直接费合计				61393937.39
	其他零星项目及签证	%	5.00		3069696.87
	直接费合计				64463634.26

(2) 工程造价计算

工程造价计算方法，如表9-73所示。材料价差表，如表9-74所示。

工程造价计算表

表 9-73

工程名称：扩建 2×300MW 主厂房

序号	费用名称	取费基数	费率（%）	合计（元）	备注
一	直接工程费	（一）+（二）		70716606.79	
（一）	基本直接费			64463634.26	
（一）-1	其中：人工费			11603454.17	
（二）	其他直接费	1~5	9.70	6252972.52	
1	冬雨季施工增加费	（一）	0.78	502816.35	
2	夜间施工增加费	（一）	0.33	212729.99	
3	施工工具使用费	（一）	0.59	380335.44	
4	临时设施费	（一）	3.66	2359369.01	
5	现场管理费	（一）	4.34	2797721.73	
二	间接费	1~5		5053948.93	
1	企业基本管理费	（一）	2.85	1837213.58	
2	职工养老和失业保险	（一）	0.81	522155.44	
3	工会、教育经费和住房公积金	（一）	1.8	1160345.42	
4	财务费	（一）	1.2	773563.61	
5	施工机构转移费	（一）	1.18	760670.88	
三	计划利润	一+二	6.50	4925086.12	
四	定额费用合计	一+二+三		80695641.83	
五	材差及工资调整	1+2		10276935.67	
1	材料价差			6409504.40	
2	人工工资调整	((一)-1)	33.33	3867431.27	
六	工程费用合计	四+五		90972577.51	
七	税金	六	3.09	2811052.64	
八	工程造价	六+七		93783630.00	
九	建筑体积（m³）	390679.00			
十	单方造价（元/m³）	八/九		240.05	

材料价差表

表 9-74

名称	单位	工程量	定额价（元）	市场价（元）	价差（元）	合计价（元）
钢筋	t	3272	2600	3450.00	850.00	2781200
型钢	t	432	2700	3600.00	900.00	388800
水泥	t	13259	288	388.00	100.00	1325900
中粗砂	t	33148	28	33.00	5.00	165740
碎石	t	21214	35	42.00	7.00	148498
木材	m³	325	1150	1520.00	370.00	120250
主材小计	元					4930388
其他材料	%	30				1479116.4
合计						6409504.4

2. 前期费用计算

建设单位在建设期间发生的前期和其他费用。计取费用项目,如表9-75所示。

单方前期费用表 表9-75

工程名称:扩建2×300MW主厂房

费用名称	计算基础		费率(%)	费用(万元)
建筑工程单方造价				240.05
建设项目法人管理费	建筑工程费	240.05	1.02	2.45
标书编制费	建筑工程费	240.05	0.10	0.24
勘察及设计费	建筑工程费	240.05	2.32	5.57
前期工程费(含标准化编制管理费)	勘察及设计费	5.57	11.50	0.64
设计文件评审费	勘察及设计费	5.57	2.20	0.12
施工图审查	勘察及设计费	5.57	1.50	0.08
工程监理费	建筑工程费	240.05	1.44	3.46
工程质量监督检测费	建筑工程费	240.05	0.10	0.24
预算定额编制管理费、劳动定额测定费	建筑工程费	240.05	0.12	0.29
单方前期费用合计				13.09
占工程造价比例(%)		13.09/240.05		5.45

单方前期费用 = 13.09 元/m³

3. 资金成本计算

资金成本按评估基准日中国人民银行2006年8月9日公布的贷款利率计算。该厂本期共投资两台机组,第一台机组设定工期为19个月,第二台机组设定工期为27个月,一律近似按3年内的贷款利率计算,当期利率为6.30%,计取标准如表9-76所示。

资金成本计算表 表9-76

工程名称:2×300MW主厂房

机组台数	二台	总工期(月)	27	
基础数据				
机组编号	1号	2号	合计	
占总投资的比例	60.00%	40.00%	100.00%	
施工工期(月)	19	27		
3年期年贷款利率	6.30%			
施工工期计划分配				
工期分配	第一年	第二年	第三年	合计
第一台机组施工工期 n_i(月)	12	7	0	19
工期系数 C_i($C_i = n_i/12$)	100%	58.33%	0%	
第二台机组施工工期 n_i(月)	12	12	3	27
工期系数 C_i($C_i = n_i/12$)	100%	100%	25%	

续表

机组台数	二台	总工期（月）	27	
逐年投资计划分配				
静态投资各年度比例	32.00%	52.00%	16.00%	100.00%
第一台机组投资比例	40.00%	60.00%		100.00%
投资系数	24.00%	36.00%		60.00%
利息系数	0.76%	1.54%		2.30%
第二台机组投资比例	20.00%	40.00%	40%	100.00%
投资系数	8.00%	16.00%	16.00%	40.00%
利息系数	0.30%	1.00%	0.50%	1.76%
利息系数合计				4.06%

利息系数计算方法：

施工工期 n_i：n_i 按月计算

工期系数 c_i：$c_i = n_i/12$

第一台机组第一年利息系数 $= 24\% \times 6.3\%/2 = 0.76\%$

第一台机组第二年利息系数 $= (24\% + 36\%/2) \times 6.3\% \times 58.33\% = 1.54\%$

第一台机组利息系数合计 $= 0.76\% + 1.54\% = 2.3\%$

第二台机组第一年利息系数 $= 8\% \times 6.3\%/2 = 0.3\%$

第二台机组第二年利息系数 $= (8\% + 16\%/2) \times 6.3 = 1.0\%$

第二台机组第三年利息系数 $= (8\% + 16\% + 16\%/2) \times 6.3\% \times 25\% = 0.5\%$

第二台机组利息系数合计 $= 0.3\% + 1.0\% + 0.5\% = 1.76\%$

两台机组利息系数合计 $= 2.30\% + 1.76\% = 4.06\%$

$$资金成本 = (240.05 + 13.09) \times 4.06\%$$
$$= 10.28 \ 元/m^3$$

4. 重置价值计算

$$重置单价 = 240.05 + 13.09 + 10.28$$
$$= 263.42 \ 元/m^3$$

该建筑的建筑体积为 390679m^3

$$重置价值 = 263.42 \times 390679$$
$$= 102912662 \ 元$$

5. 计算

（1）成新率确定

1）理论成新率

该建筑评估基准日为 2006 年 9 月 30 日，投产使用日期为 1992 年 9 月 1 日。至评估基准日已使用约 14.08 年，经济使用年限按发电设备使用年限计算应为 30 年，故：

经济使用年限成新率 $= (1 - 14.08/30) \times 100\% = 53.04\%$

2）现场勘察成新率

经现场勘察，认为主要机器设备运转状况良好，成新率可以提高 1.2%。

3）综合成新率

$$综合成新率 = 53.04\% + 1.2\%$$
$$= 54\%$$

（2）评估值计算

$$评估值 = 102912662 \times 54\%$$
$$= 55572837 \text{ 元}$$

实例二　输煤栈桥

一、栈桥计算公式

输煤栈桥的计算分为栈桥的主体和支柱两个部分。主体部分和房屋相同，可以应用房屋的评估方法来计算它的造价。支柱一般是腹杆结构，柱子的高度随栈桥的坡度变化，断面随柱子的高度不同而不同，柱子的高度越高，断面面积也越大，这给工程量计算带来很大的麻烦。目前，按照图纸计算工程量占用时间较多，影响评估进度，因此采用近似公式进行计算，简化了计算程序，虽然没有概预算那么精确，只能是近似准确，但一般可以满足估价的要求。经过多次测算，现推荐以下计算公式。

$$A_d = A_j \times (1 + C \times h) + A_z$$

式中　A_d——栈桥主体建筑评估单价；

　　　A_j——栈桥基准单价，不包括支架；

　　　A_z——栈桥装修及其他单价；

　　　C——栈桥支柱平均高度每米的增加系数；

　　　h——栈桥支柱的平均高度。

支柱的计算高度通常按柱子的平均高度计算，一般的情况，柱子的平均高度不会超过30m，支柱每米的造价大约为栈桥房屋主体价值的10%~16%，高度越高，腹杆断面越大，造价越高。

现设定栈桥支柱的最大平均高度为30m，则 C 的计算公式为：

$$C = 10\% + (16\% - 10\%)/30 \times h$$
$$= 10\% + 0.20\% \times h$$

二、栈桥评估实例

1. 概况

有一输煤栈桥，主体为钢筋混凝土框架结构，总长449m，其中1号栈桥长229m，2号栈桥长220m，两个栈桥的宽度均为8m，层高2.6m。栈桥主体为钢筋混凝土框架柱、梁结构，钢筋混凝土底板，屋顶为钢桁架，铁皮波形瓦屋面排水；外墙为240mm砖墙，混合砂浆抹面，铝合金窗；支柱为钢筋混凝土腹杆结构。1号栈桥高度为1~15m，2号栈桥高度为13~27m。该栈桥1992年9月1日竣工使用，评估基准日为2006年9月30日，现计算评估基准日栈桥的评估价值。

2. 评估计算

1号栈桥、2号栈桥的价值分别计算而后再汇总。评估计算过程如下。

（1）1号栈桥评估计算

1）工程造价计算

1号栈桥主体结构采用基准单方造价比较法计算。

栈桥为框架结构，栈桥高度为1~15m，支柱每米的造价按栈桥房屋主体价值的10%~16%计算，现行基准单价经测定为850元/m²（测定过程从简），装修及其他费用估计280元/m²。

栈桥建筑面积 = 229 × 8 = 1832m²

栈桥平均高度 h = (1 + 15)/2 = 8m

栈桥支柱增加造价系数 C 计算：

$$C = 10\% + (16\% - 10\%)/30 \times 8$$
$$= 10\% + 0.2\% \times 8 = 11.6\%$$
$$A_d = A_j \times (1 + C \times h) + A_z$$
$$= 850 \times (1 + 11.6\% \times 8) + 280$$
$$= 1918.8 \text{元}/m^2$$

单方造价确定为1918.8元/m²。

1号栈桥建造价值 = 1918.8 × 1832
                = 3515241.6 元

2）前期费用计算

按照实例一主厂房前期费用表（表9-75）数据计算前期费用，前期费用率为5.45%，则：

前期费用 = 3515241.6 × 5.45%
        = 191580.67 元

3）资金成本计算

按照实例一主厂房数据计算资金成本，综合费率为4.06%，则：

资金成本 = (3515241.6 + 191580.67) × 4.06%
        = 150496.98 元

4）重置价值计算

重置价值 = 3515241.6 + 191580.67 + 150496.98
        = 3857319 元

5）评估价值计算

综合成新率和实例一主厂房相同为54%，则：

1号栈桥评估价值 = 3857319 × 54%
              = 2082952 元

(2) 2号栈桥评估计算

栈桥高度为13~27m，支柱每米的造价按栈桥房屋主体价值的10%~16%计算。

1）工程造价计算

栈桥建筑面积 = 220.5 × 8 = 1764m²

栈桥平均高度 h = (13 + 27)/2 = 20m

栈桥支柱增加造价系数 C 计算：

$$C = 10\% + (16\% - 10\%)/30 \times h$$
$$= 10\% + 0.2\% \times 20 = 14\%$$

$$A_d = A_j \times (1 + C \times h) + A_z$$
$$= 850 \times (1 + 14\% \times 20) + 280$$
$$= 3510 \text{ 元}/\text{m}^2$$

单方造价确定为 3510 元/m²。
2 号栈桥建造价值 = 3510×1764
　　　　　　　 = 6191640 元

2）前期费用计算

按照实例一主厂房数据计算前期费用，前期费用率为 5.45%，则：
前期费用 = 6191640×5.45%
　　　　 = 337444.38 元

3）资金成本计算

栈桥的资金成本按照实例一表 9-76 的数据计算，综合费率为 4.06%，则：
资金成本 = （6191640 + 337444.38）×4.06%
　　　　 = 265080.83 元

4）重置价值计算

重置价值 = 6191640 + 337444.38 + 265080.83
　　　　 = 6794165 元

5）评估价值计算

综合成新率和实例一主厂房相同为 54%：
2 号栈桥评估价值 = 6794165×54%
　　　　　　　　 = 3668849 元

2 号栈桥评估价值为 3668849 元。

（3）栈桥总价值

本次评估共 2 座栈桥，则：
栈桥重置价值 = 3857319 + 6794165
　　　　　　 = 10651484 元
栈桥评估总价值 = 2082952 + 3668849
　　　　　　　 = 5751801 元

实例三　烟囱

一、概况

本次委估项目中有单筒式钢筋混凝土烟囱 2 座，结构相同，高 210m，外筒分 3 段梯度，底部直径 234m，上部直径 8m，出口直径 7m，烟囱于 1993 年 9 月 1 日投入使用。烟囱采用钢筋混凝土满堂基础，基础埋深为 -9m，烟囱内衬：45m 以下保温层采用耐火胶泥砌筑耐火砖，45m 以上保温层采用现浇陶粒混凝土，采用滑模施工工艺与结构同时滑升施工，30m 以上内壁表面涂耐酸胶泥，烟囱结构与保温层之间涂沥青隔离层。评估基准日为 2006 年 9 月 30 日，现计算评估基准日烟囱的评估价值。

二、评估计算

1. 工程造价计算

工程造价采用编制概算法，工程量采用竣工结算的工程量经整理后的数值，然后套用概算定额算出工程直接费,再根据火电建设规定的取费标准计算施工过程中的各项费用及工程造价。

(1) 直接工程费计算

直接工程费计算方法,如表9-77所示。

直接工程费计算表 表9-77

工程名称:钢筋混凝土烟囱(210/7)

定额号	项目名称	单位	数量	单价(元)	合价(元)
	钢筋混凝土烟囱(210/7)	座	1		8424058.39
	主要项目				
GT1-1	平整场地	m^3	435.61768	12.65	5511
GT1-4	机械挖土方	m^3	5624.0192	22.26	125191
GT8-39	钢筋混凝土满堂基础	m^3	2145.5796	561.89	1205580
GT8-40	钢筋混凝土筒身	m^3	4063.5977	1294.06	5258542
GT8-45	红砖内衬	m^3	907.64519	506.18	459434
GT8-4	耐火砖内衬	m^3	110.52986	849.33	93876
估	陶粒混凝土	m^3	422.61416	350	147914
GT8-48	耐酸胶泥内衬	m^3	396.60714	900.63	357199
GT8-58	内衬涂隔离层	m^2	6963.381	9.59	66779
GT10-32	照明	m	210	259.82	54562
	定额直接费合计	元			7774588
	其他零星项目及签证	%	3.00		233238
	直接费合计				8007826

(2) 工程造价计算

工程造价计算,如表9-78所示。其中,材料价差调整,如表9-79所示。

工程造价计算表 表9-78

工程名称:烟囱210/7

序号	费用名称	计算基数	费率(%)	金额
一	直接工程费	(一)+(二)		8784585.12
(一)	基本直接费			8007826.00
(一)-1	其中人工费			1441408.68
(二)	其他直接费	1~5	9.70	776759.12
1	冬雨季施工增加费	(一)	0.78	62461.04
2	夜间施工增加费	(一)	0.33	26425.83
3	施工工具使用费	(一)	0.59	47246.17
4	临时设施费	(一)	3.66	293086.43

续表

序号	费用名称	计算基数	费率（%）	金额
5	现场管理费	（一）	4.34	347539.65
二	间接费	1+2		627813.56
1	企业基本管理费	（一）	2.85	228223.04
2	职工养老和失业保险	（一）	0.81	64863.39
3	工会、教育经费和住房公积金	（一）	1.8	144140.87
4	财务费	（一）	1.2	96093.91
5	施工机构转移费	（一）	1.18	94492.35
三	计划利润	一+二	6.50	611805.91
四	定额费用合计	一+二+三		10024204.59
五	材差及工资调整	1+2		1215284.56
1	材料价差			734815.00
2	人工工资调整	（一）-1	33.33	480469.56
六	工程费用合计	四+五		11239489.15
七	税金	六	3.09	347300.21
八	工程造价	六+七		11586789.00

材料价差表　　表9-79

名称	单位	工程量	定额价（元）	市场价（元）	价差（元）	合计价（元）
钢筋	t	649.5	2600.00	3300.00	700.00	454650
型钢	t	22.5	2700.00	3095.00	395.00	8887.5
水泥	t	3144	288.00	330.00	42.00	132048
中粗砂	t	7702.8	28.00	33.00	5.00	38514
碎石	t	4558.8	35.00	42.00	7.00	31911.6
砖	千块	477.42	320.00	360.00	40.00	19096.8
木材	m³	76.5	1150.00	1520.00	370.00	28305
主材小计	元					713412.9
其他材料	%	3				21402.39
合计						734815

2. 前期费用计算

建设单位在建设期间发生的前期和其他费用按火电建设规定的计费标准计算。计取费用项目，如表9-80所示。

前期费用表　　表9-80

工程名称：烟囱

费用名称	计算依据	费率（%）	金额（元）	备注
建筑工程造价			11586789.00	
建设项目法人管理费	11586789	1.02	118185.25	
标书编制费	11586789	0.10	11586.79	
勘察及设计费	11586789	2.32	268813.50	
前期工程费（含标准化编制管理费）	268814	11.50	30913.55	
设计文件评审费	268814	2.20	5913.90	
施工图审查	268814	1.50	4032.20	
工程监理费	11586789	1.44	166849.76	
工程质量监督检测费	11586789	0.10	11586.79	
预算定额编制管理费、劳动定额测定费	11586789	0.12	13904.15	
前期费用合计			631785.89	

前期费用 = 631785.89 元

3. 资金成本计算

烟囱的资金成本按照实例一表 9-76 的数据计算，综合费率为 4.06%，则：

$$资金成本 = (11586789 + 631785.89) \times 4.06\%$$
$$= 496074.14 \text{ 元}$$

4. 重置价值计算

$$重置价值 = 11586789 + 631785.89 + 496074.14$$
$$= 12714649 \text{ 元}$$

5. 评估值计算

（1）成新率确定

1）理论成新率

该建筑评估基准日为 2006 年 9 月 30 日，投产使用日期为 1992 年 9 月 1 日，至评估基准日已使用约 14.08 年，经济使用年限按发电设备使用年限计算应为 30 年，故：

$$经济使用年限成新率 = (1 - 14.08/30) \times 100\% = 53.04\%$$

2）现场勘察成新率

经现场勘察，认为主要机器设备运转状况良好，成新率可以提高 1.2%。

3）综合成新率

$$综合成新率 = 53.04\% + 1.2\%$$
$$= 54\%$$

（2）评估值计算

本次建造的烟囱共 2 座，则：

$$评估值 = 12714649 \times 54\% \times 2$$
$$= 6865910 \times 2$$
$$= 13731820 \text{ 元}$$

实例四　冷却塔

一、概况

本次委估项目中有某火电厂冷却塔 4 座，结构构造相同，塔高 99.7m，底部直径 72.44m，于 1993 年 9 月 1 日投入使用。该冷却塔采用预制钢筋混凝土桩，做钢筋混凝土环形基础，塔体呈双曲线形，钢筋混凝土塔壁，下部设有钢筋混凝土循环水池，水泥网隔板，设有塑料填料制品，淋水面 4000m²。评估基准日为 2006 年 7 月 31 日，现计算评估基准日冷却塔的评估价值。

二、评估计算

1. 工程造价计算

工程造价采用编制概算法，工程量采用竣工结算的工程量经整理后的数值，然后套用概算定额算出工程直接费，再根据火电建设规定的取费标准计算施工过程中的各项费用及工程造价。

（1）直接工程费计算

直接工程费计算方法，如表9-81所示。

直接工程费计算表　　　　　　　　　　　　　　　　　　　　　　表9-81

工程名称：冷却塔

定额号	项目名称	单位	数量	单价（元）	合价（元）
	钢筋混凝土冷却塔	座	1		
GT2-16	钢筋混凝土柱基础	m³	498.6	1094.40	545 668
GT8-13	钢筋混凝土基础	m³	2113.2	712.1	1 504 810
GT8-14	钢筋混凝土筒壁	m³	2702.88	1352.06	3 654 456
GT8-15	淋水装置构架	m³	810	1289.61	1 044 584
GT8-16	塑料填料制品	m²	3240	709.14	2 297 614
GT8-17	水泥网隔板	m²	21185.28	47.92	1 015 199
	主要项目直接费小计				10 062 330
	其他及洽商（%）	3			301870
	直接费合计				10 364 200

（2）工程造价计算

工程造价计算方法，如表9-82所示。其中，材料价差调整，如表9-83所示。

工程造价计算表　　　　　　　　　　　　　　　　　　　　　　表9-82

工程名称：冷却塔

序号	费用名称	计算基数	费率（%）	金额（元）	备注
一	直接工程费	（一）+（二）		11 886 701	
（一）	基本直接费			10 364 200	
（一）-1	其中人工费			4758333	
（二）	其他直接费	1~5	9.70	1 005 327	
1	冬雨季施工增加费	（一）	0.78	80 841	
2	夜间施工增加费	（一）	0.33	34 202	
3	施工工具使用费	（一）	0.59	61 149	
4	临时设施费	（一）	3.66	379 330	
5	现场管理费	（一）	4.34	449 806	
二	间接费	1~5		517 174	
1	企业基本管理费	（一）	2.85	295 380	
2	职工养老和失业保险	（一）	0.81	83 950	
3	工会、教育经费和住房公积金	（一）	1.8	186 556	
4	财务费	（一）	1.2	124 370	
5	施工机构转移费	（一）	1.18	122 298	
三	计划利润	一+二	6.50	806251.82	
四	定额费用合计	一+二+三		13 210 126	
五	材差及工资调整	1+2		2 655 909	
1	材料价差			1 069 956	
2	人工工资调整	（一）-1	33.33	1 585 953	
六	工程费用合计	四+五		15 866 035	
七	税金	六	3.09	490 260	
八	工程造价	六+七		16 356 295	

材料价差表 表9-83

名称	单位	工程量	定额价	市场价（元）	价差（元）	合计价（元）
钢筋	t	1002	2600.00	3300.00	700.00	701400
型钢	t	168	2700.00	3095.00	395.00	66360
水泥	t	3356	288.00	330.00	42.00	140952
中粗砂	t	8022	28.00	33.00	5.00	40110
碎石	t	4179	35.00	42.00	7.00	29253
砖	千块	0	320.00	360.00	40.00	0
木材	m³	164.1	1150.00	1520.00	370.00	60717
主材小计	元					1038792
其他材料	%	3				31164
合计						1069956

2. 前期费用计算

建设单位在建设期间发生的前期和其他费用按火电建设规定的计费标准计算。计取费用项目，如表9-84所示。

前期费用表 表9-84

工程名称：冷却塔

费用名称	计算依据	费率（%）	金额（元）	备注
建筑工程造价			16356295.00	
建设项目法人管理费	建筑工程费	16 356 295	1.02	166834.21	
标书编制费	建筑工程费	16 356 295	0.10	16356.30	
勘察及设计费	建筑工程费	16 356 295	2.32	379466.04	
前期工程费（含标准化编制管理费）	勘察及设计费	379 466	11.50	43638.60	
设计文件评审费	勘察及设计费	379 466	2.20	8348.25	
施工图审查	勘察及设计费	379 466	1.50	5691.99	
工程监理费	建筑工程费	16 356 295	1.44	235530.65	
工程质量监督检测费	建筑工程费	16 356 295	0.10	16356.30	
预算定额编制管理费、劳动定额测定费	建筑工程费	16 356 295	0.12	19627.55	
前期费用合计			891849.88	

前期费用 = 891849.88 元

3. 资金成本计算

冷却塔的资金成本按照实例一表9-76的数据计算，综合费率为4.06%，则：

资金成本 = （16356295 + 891849.88）×4.06%

= 700274.68 元/m³

4. 重置价值计算

重置单价 = 16356295 + 891849.88 + 700274.68

= 17948420 元

5. 评估值计算

（1）成新率确定

1）理论成新率

该建筑经济使用年限成新率和主厂房相同（见实例一），为53.04%。

2）现场勘察成新率

经现场勘察，认为主要机器设备运转状况良好，成新率可以提高 1.2%。

3）综合成新率

综合成新率 = 53.04% + 1.2%
= 54%

（2）评估值计算

评估值 = 17948420 × 54% × 4
= 38768588 元

第十章 井巷工程的价值评估

第一节 井巷工程的项目分类和基本构造

一、井巷工程项目的分类

井巷工程是矿山开采的核心,目前,煤炭建设的井巷工程评估项目占据全国矿山井巷工程评估项目的80%以上。而煤炭开采的井巷工程设施比冶金矿山采矿复杂,主要原因是,煤炭的井巷多半是软岩,支护要求较高,种类繁多;而冶金矿山开采的井巷大多数是坚岩,不少矿井利用岩石的自身强度作为支护,不需另加支护设施,节省了大量建设资金。井巷工程设置的内容应保证矿山开采作业人员进出地下开采作业面的方便,保证矿石开采作业的顺利进行,保证井下采矿的通风和作业的安全,保证矿石能够从井下顺利运送到地面,因此井巷工程的价值也就是为实现上述内容所耗费的资金。井巷工程的概预算定额对井巷工程上述内容进行了项目分类,这些分类总体上可分为立井、斜井、斜巷、平巷、硐室、轨道等项目。

1. 立井

立井就是竖井,在井巷工程中称为立井。立井的主要用途是提升运送地下开采的矿石,运送井下作业人员,运输材料和设备,并兼作通风和排水井道。

2. 斜井

斜井就是带有倾斜坡度的井,它类似于斜巷,但又不同于斜巷。斜井在整个井段范围内坡度不变;而斜巷的坡度根据巷道位置的具体情况设定,坡度可以变化。

斜井按其用途可分为主斜井、副斜井和风井。其中,主斜井主要用来提升开采的矿石;副斜井主要用来上下行人、提升矿石、进风;风井主要用来通风。

斜井的倾斜角度根据提矿设备的种类选定。一般串车设备的提升倾角为15°~25°,箕斗提升的倾角一般为20°~30°,胶带运输的倾角一般为18°。

3. 斜巷

斜巷就是带有坡度的巷道,斜巷的倾角一般不超过30°,多数情况下在20°以内。斜巷一般作为井下输送矿物的运输巷道,也有兼作通风巷道,斜巷的宽度必须满足矿车的行驶作业宽度和地下行人行走的需要。

4. 平巷

平巷是不带倾角的巷道,平巷的用途和斜巷相同,虽然没有倾角,但必须留0.5%以内的坡度,以利于排水和运输。

5. 平硐

平硐一般为地面进山的水平巷道,实际上就是隧道,有的叫作平窿,它的作用是运送地下开采的矿物和地下作业人员,它进入山里的一端和地下巷道或竖井相接,将地下开采的矿物通过平硐送出地面以及保证地下作业人员的上下通行。

6. 硐室

硐室是地下采矿作业的处所,例如中央水泵房、水仓、箕斗装载室、破碎机硐室等,硐室一般集中布置在地下停车场附近。

7. 切眼

切眼是煤矿等矿山采区用来放置综采设备便于采掘矿产的工作面,切眼那条巷道一般是在矿产开采以后就会作废,成为废巷。

8. 石门

石门是煤矿中穿过岩层或煤层并与岩层或煤层走向垂直或斜交的水平岩石巷道。可以用来通风、运料、人员安全进出,它是矿井的主要巷道、煤层上下方的安全通道。

二、井巷工程结构的基本构造

井巷工程的总体结构构造主要是支护的做法。一般情况下,坚硬岩石的巷道可以不加支护,称之为裸岩。次坚岩、软岩和煤炭岩都必须做支护以承载围岩的压力。支护的方法根据井壁的岩石种类确定。常见的支护做法有装配式钢筋混凝土支架支护、石碹支护、金属支架支护、锚喷支护和木棚支护等。

1. 支架支护结构构造

支架支护常用的支撑骨架材料有装配式钢筋混凝土支架、金属支架、木棚支架三种。壁板通常是采用木板、混凝土预制板或苇箔等材料做成的围护结构。支架支护的巷道断面一般有矩形和梯形两种。支架支护的简单形式如图10-1、图10-2所示。各种支架的简单构造作如下简述。

(1) 装配式钢筋混凝土支架支护

装配式钢筋混凝土支架,又称水泥支架,或洋灰棚子,它是由钢筋混凝土支柱、梁及背板组成的支架结构,可以做成矩形或梯形。

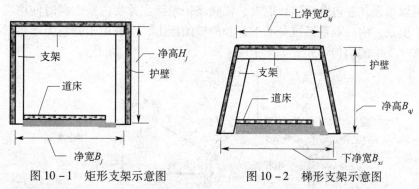

图10-1 矩形支架示意图　　图10-2 梯形支架示意图

(2) 金属支架支护

金属支架支护常用的材料为3号或5号钢轧制而成的工字钢或采用产品16~20号工字钢、16~18号矿用U型钢或矿用工字钢,也有用组合槽钢制作而成的。背板一般采用木板或混凝土预制板。金属支架支护的井巷断面可以采用矩形或梯形形式。

(3) 木棚支架支护

木棚支架支护是井巷支护的最简易的形式。主要采用木板或竹笆沿井巷内壁贴护,用木龙骨做骨架支撑围岩的压力,一般用于比较坚硬的围岩支护。

2. 块料支护结构构造

块料支护常用的块料有砖、天然石材、混凝土砌块等。砖支护通常采用普通黏土砖砂浆砌筑,石材支护一般都是采用天然石材如石灰石、砂岩以及粗加工花岗石用砂浆砌筑,混凝土砌块砌体均采用普通混凝土预制块用砂浆砌筑。块料支护的井巷断面形式一般为拱形，拱顶做成弧形或半圆形的拱碹，两侧面砌筑砌块墙。块料支护的结构形式，如图10-3所示。

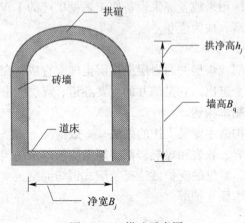

图10-3 拱碹示意图

3. 锚喷支护结构构造

锚喷支护系指锚杆和喷浆两种不同支护形式的联合支护结构，一般先在岩石内钻孔埋设锚杆，然后进行喷浆。锚杆支护形式很多，在井巷工程中常用的锚杆形式有钢筋砂浆锚杆、倒楔式锚杆、管缝式锚杆，还有树脂锚杆等。一般采用的锚杆材料有钢筋、高强度钢管等。钢筋的直径一般为12~16mm，长度为1400~2300mm；高强度钢管的直径一般为30~43mm，长度为1200~2500mm。喷浆是指在井巷的内壁用喷浆机喷射一层细石混凝土或砂浆，用以增强井巷内壁的抗压能力。锚喷支护系指在井巷内壁中同时使用埋设锚杆和喷浆的支护形式，用以双重抵抗井巷上部和侧壁的压力，一般用于井巷为煤层抵抗力较低的情况。锚喷支护的结构形式，如图10-4所示。

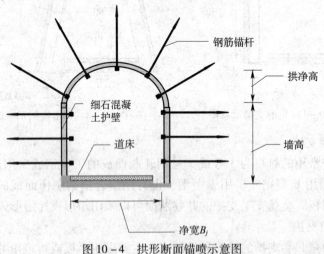

图10-4 拱形断面锚喷示意图

第二节 煤炭工程建设的基本定额

煤炭工程建设目前使用的定额共分为三种类型，即《煤炭建设井巷工程概算定额》、

《煤炭建设井巷工程辅助费综合定额》、《煤炭建设井巷工程费用定额》。其中,《煤炭建设井巷工程费用定额》分为三个部分,即《煤炭建设井巷工程费用定额》、《煤炭建设工程费用定额及煤炭建设其他费用规定》和《煤炭建设凿井措施工程费概算指标》。

一、《煤炭建设井巷工程概算定额》(2007年)套用方法

《煤炭建设井巷工程概算定额》(2007年)是计算直接费工程的基本定额,井巷工程的井巷项目直接工程费的计算方法主要是按规定的支护方式和相应参数套用井巷工程的相应定额单价求取分项项目的直接工程费。由于煤炭开采的井巷支护种类较多,因此煤炭定额的项目比较复杂。煤炭定额的井道分为立井和斜井两种,地下巷道有平巷、平硐、斜巷、轻轨等。

现将各类井巷定额套用的条件和参数分述如下:

为使定额使用说明表达得更清楚,下列定额内容及套用方法均采用例表的形式表示。由于井巷工程的支护结构类型很多,不能一一举例,下列例表仅对立井、斜井、地下平巷、平硐、斜巷、轻轨等井巷类型列举有代表性的支护方式,对井巷定额的套用方法加以说明。

1. 立井支护定额套用方法

立井按支护方式、井筒净直径、岩石类别和支护厚度的数据套用定额,其中井筒净直径分为3m、4m、4m、5m、5m、6m等档次。其定额单价套用形式,如表10-1所示。

立井井筒混凝土砌壁定额　　　　　　　　　表10-1

定额编号	单价(元/10m)	净直径(m)	岩石类别	支护厚度(mm)
0348	36536	3	软岩	350
0349	40423			400
0351	35006		中硬岩	350
0352	38697			400
0354	41758		硬岩	350
0355	45790			400
0357	42578	3.5	软岩	350
0358	46870			400
0360	40820		中硬岩	350
0361	45020			400
0363	47551		硬岩	350
0364	52086			400

2. 斜井支护定额套用方法

斜井按支护方式、岩石类别和倾斜角度、掘进断面套用定额。其中,倾斜角度只分小于18°、小于30°和大于30°三种,大多数情况,斜井坡度都在30°以内。其定额单价套用形式,如表10-2所示。

斜井混凝土砌碹定额　　　　　　　　　表10-2

定额编号	单价(元/10m)	岩石类别	倾斜角度(°)	掘进断面(m²)	支护厚度(mm)
0952	31193	软岩	<18	9	300
0962	34337	软岩	<18	10	350
0971	35699	软岩	<18	11	350
0947	28254	中硬岩	<18	8	250

续表

定额编号	单价（元/10m）	岩石类别	倾斜角度（°）	掘进断面（m²）	支护厚度（mm）
0965	35192	中硬岩	<18	9	300
0974	36126	中硬岩	<18	10	300
0977	42443	硬岩	<18	11	300
0986	45670	硬岩	<18	12	300
0995	48718	硬岩	<18	13	300
1106	27941	软岩	<30	8	300
1115	30598	软岩	<30	9	350
1124	32860	软岩	<30	10	350
1109	26846	中硬岩	<30	8	250
1118	31262	中硬岩	<30	9	300
1127	33401	中硬岩	<30	10	300
1112	31587	硬岩	<30	8	250
1121	36113	硬岩	<30	9	300
1130	38809	硬岩	<30	10	300

3. 平巷及平硐支护定额套用方法

平巷及平硐按支护方式、支护厚度、岩石类别、掘进断面套用定额。其定额单价套用形式，如表10-3所示。

平巷及平硐混凝土砌碹定额　　　　表10-3

定额编号	单价（元/10m）	岩石类别	掘进断面（m²）	支护厚度（mm）
2424	28042	煤	<12	350
2436	29721	煤	<13	350
2448	31474	煤	<14	350
2392	26924	软岩	<9	350
2404	28843	软岩	<10	350
2416	30000	软岩	<11	350
2454	36985	中硬岩	<14	300
2466	38992	中硬岩	<15	300
2478	39365	中硬岩	<16	300
2410	34887	硬岩	<10	300
2422	36391	硬岩	<11	300
2434	39868	硬岩	<12	350

4. 斜巷支护定额套用方法

斜巷按支护方式、岩石类别和倾斜角度、掘进断面套用定额。其中，倾斜角度只分小于18°、小于30°和大于30°三种，大多数情况，斜井坡度一般都在30°以内。其定额单价套用形式，如表10-4所示。

斜巷梯形金属支护定额 表 10-4

定额编号	单价（元/10m）	岩石类别	倾斜角度（°）	掘进断面（m²）
5873	35947	煤		10
5876	42666	煤		11
5879	44681	煤		12
5874	40159	软岩		10
5877	47355	软岩	<18	11
5880	49775	软岩		12
5875	37347	中硬岩		10
5878	42631	中硬岩		11
5881	44956	中硬岩		12
5918	36920	煤		10
5921	43754	煤		11
5924	45832	煤		12
5919	41442	软岩		10
5922	48697	软岩		11
5925	51190	软岩	<30	12
5920	38772	中硬岩		10
5923	44184	中硬岩		11
5926	46649	中硬岩		12
4539	34169	硬岩		10
4551	35757	硬岩		11
4563	38734	硬岩		12

5. 斜井和斜巷锚杆架设定额套用方法

斜井和斜巷锚杆架设按锚杆材料和巷道倾角确定。其定额单价套用形式，如表 10-5 所示。

斜井和斜巷的锚杆架设定额 表 10-5
每 100 根

定额编号	岩石类别	定额单价（元）	定额编号	岩石类别	定额单价（元）
倾斜角 <18°			倾斜角 <30°		
钢筋砂浆锚杆					
6908	软岩	3979	6923	软岩	4307
6909	中硬岩	4833	6924	中硬岩	5308
6910	硬岩	6751	6925	硬岩	7526
倒楔式锚杆					
6911	软岩	6021	6926	软岩	6323
6912	中硬岩	6876	6927	中硬岩	7322
6913	硬岩	8793	6928	硬岩	9542
管缝式锚杆					
6914	软岩	8078	6929	软岩	8380
6915	中硬岩	8930	6930	中硬岩	9380
6916	硬岩	10848	6931	硬岩	11597

6. 立井井筒锚杆架设定额套用方法

立井锚杆架设按锚杆材料、岩石类别确定。其定额单价套用形式，如表10-6所示。

立井井筒锚杆架设定额 表10-6
每100根

定额编号	岩石类别	定额单价（元）
钢筋砂浆锚杆		
6893	软岩	3385
6894	中硬岩	4151
6895	硬岩	5664
倒楔式锚杆		
6896	软岩	5551
6897	中硬岩	6317
6898	硬岩	7829
管缝式锚杆		
6899	软岩	7190
6900	中硬岩	7956
6901	硬岩	9467

7. 轻轨铺设定额套用方法

轻轨铺设定额分木轨枕和混凝土轨枕两种，分别按轨距和轨型的不同类型套用定额。其定额单价套用形式，如表10-7、表10-8所示。

轻轨铺设（木轨枕）定额 表10-7

定额编号	单价（元/km）	轨距（mm）	轨型（kg/m）
6463	195580	600	15
6464	23052	600	18
6465	277058	600	22
6466	319339	600	24
6467	367906	600	30
6468	218469	900	15
6469	253645	900	18
6470	300361	900	22
6471	344118	900	24
6472	392770	900	30
6473	525938	900	38

轻轨铺设（钢筋混凝土轨枕）定额 表10-8

定额编号	单价（元/km）	轨距（mm）	轨型（kg/m）
6474	204194	600	15
6475	232593	600	18
6476	289489	600	22
6477	310731	600	24
6478	380812	600	30
6479	221740	900	15
6480	250358	900	18
6481	307379	900	22
6482	329949	900	24
6483	405685	900	30
6484	485982	900	38

井巷工程各评估项目的价值计算通常是在固定格式的评估计算表中进行的，评估计算表的形式由评估人员根据评估内容自行设计。表格中的各类计算参数一般应由委托方填写，这些参数是套用井巷工程定额作价的主要而且是最基本的条件。

二、《煤炭建设井巷工程辅助费综合定额》

1. 《煤炭建设井巷工程辅助费综合定额》主要内容

《煤炭建设井巷工程辅助费综合定额》主要是井巷开拓过程中工程直接费以外的辅助费用以及必需的措施费用。定额规定的工作内容系包括从井筒破土至全部工程按设计要求竣工验收过程中的全部工作，如井巷掘进、支护、水沟、电缆沟、管子沟、台阶、扶手、设备基础、铺轨（不含斜井井筒及平硐硐身）、管线敷设、机电设备安装及其他零星工程。还包括施工过程中一般自然条件影响，如巷道滴水、淋水；平均厚度在0.8m以下、一处冒落体积在20m³以内的局部片帮冒顶；壁后注浆；3小时以内的临时停水、停电和其他非主观原因造成的较少时间的影响因素。凡定额中包括的内容，不得另取井巷工程辅助费。设计为无永久轨道、带式（刮板）输送机、搪瓷（铸石）溜槽、单轨吊的工程（不含斜井井筒及平硐硐身），乘以0.96系数调整。

上述工作内容以外发生的其他相关施工费用，应由建设单位和施工单位在现场办理经济洽商。评估中可以增加合理的相关费用。

2. 《煤炭建设井巷工程辅助费综合定额》套用方法

（1）立井井筒开拓辅助定额套用方法

1）立井主、副井井筒开拓的辅助定额费用按表土施工方法、井深、井筒直径、涌水量等条件套用。其定额单价套用形式，如表10-9所示。

立井井筒开拓辅助定额　　　　　　　　表10-9

主、副井井筒表土段（普通施工法）				主、副井井筒基岩段			
定额编号	单价（元/10m）	净径（m）	涌水量（m³·h⁻¹）	定额编号	单价（元/10m）	井深（m）	涌水量（m³·h⁻¹）
0001	27096	<4	<5	0013	23639	<200	<5
0002	34992		>5	0014	31597		<10
0003	29998	<5	<5	0015	38998		<20
0004	38693		>5	0016	24437	<300	<5
0005	39023	<6	<5	0017	33218		<10
0006	47847		>5	0018	41486		<20
0007	47716	<7	<5	0019	25097	<400	<5
0008	56508		>5	0020	34656		<10
0009	55973	<8	<5	0021	44077		<20
0010	67523		>5	0022	27185	<500	<5
0011	63538	<9	<5	0023	37624		<10
0012	73571		>5	0024	47875		<20
				0025	28280	<600	<5
				0026	39348		<10
				0027	50040		<20

2）立井主、副井硐室开拓的辅助定额费用按井深、涌水量等条件套用。其定额单价套用形式，如表10-10所示。

立井硐室开拓辅助定额　　　　　　　　表 10-10
主、副井硐室 （一般硐室）

定额编号	单价（元/100m³）	井深（m）	涌水量（m³·h⁻¹）
0121	19147	<300	<5
0122	24586		<10
0123	30670		<20
0124	20124	<400	<5
0125	26071		<10
0126	32963		<20
0127	24319	<500	<5
0128	31065		<10
0129	38303		<20
0130	26354	<600	<5
0131	33648		<10
0132	41352		<20
0133	27744	<700	<5
0134	35685		<10
0135	45207		<20

（2）立井主、副井平巷支护辅助定额套用方法

立井主、副井平巷支护的辅助定额费用按支护方式、巷道工程量、井深、掘进断面等条件套用。其定额单价套用形式，如表 10-11、表 10-12 所示。

主、副井砌碹岩石平巷辅助定额　　　　　　　　表 10-11

巷道工程量<10000m				巷道工程量<20000m			
定额编号	单价（元/10m）	井深（m）	掘进断面（m²）	定额编号	单价（元/10m）	井深（m）	掘进断面（m²）
0358	22609	<200	<20	0388	24003	<300	<20
0359	24424		<25	0389	25862		<25
0360	26466		<30	0390	28066		<30
0364	24066	<300	<20	0394	25166	<400	<20
0365	25997		<25	0395	27117		<25
0366	28172		<30	0396	29428		<30
0370	25416	<400	<20	0400	26418	<500	<20
0371	27453		<25	0401	28468		<25
0372	29751		<30	0402	30896		<30
0376	26815	<500	<20	0406	27935	<600	<20
0377	28960		<25	0407	30103		<25
0378	31389		<30	0408	32669		<30

主、副井锚喷岩石平巷支护辅助定额　　　　　　　　表 10-12

巷道工程量<10000m				巷道工程量<20000m			
定额编号	单价（元/10m）	井深（m）	掘进断面（m²）	定额编号	单价（元/10m）	井深（m）	掘进断面（m²）
0166	18322	<200	<20	0196	19400	<300	<20
0167	20066		<25	0197	21257		<25
0168	21449		<30	0198	22747		<30
0172	19503	<300	<20	0202	20340	<400	<20
0173	21358		<25	0203	22291		<25
0174	22831		<30	0204	23850		<30

续表

定额编号	单价（元/10m）	井深（m）	掘进断面（m²）	定额编号	单价（元/10m）	井深（m）	掘进断面（m²）
0178	20596	<400	<20	0208	21355	<500	<20
0179	22557	<400	<25	0209	23403	<500	<25
0180	24111	<400	<30	0210	25037	<500	<30
0184	21726	<500	<20	0214	22582	<600	<20
0185	23795	<500	<25	0215	24747	<600	<25
0186	25435	<500	<30	0216	26476	<600	<30

（3）斜井井筒开拓辅助定额套用方法

斜井主、副井筒及硐室开拓的辅助定额费用按掘进断面、斜长、涌水量等条件套用。其定额单价套用形式，如表10-13~表10-15所示。

井筒表土段辅助定额　　表10-13

定额编号	单价（元/10m）	掘进断面（m²）	涌水量（m³·h⁻¹）
3158	16406	<10	<5
3159	18337	<10	>5
3160	21581	<15	<5
3161	24746	<15	>5
3162	24096	<20	<5
3163	27065	<20	>5
3164	26151	<25	<5
3165	28915	<25	>5
3166	29764	<30	<5
3167	34012	<30	>5

筒基岩段辅助定额　　表10-14
掘进断面<10m²（锚喷）

定额编号	单价（元/10m）	斜长（m）	涌水量（m³·h⁻¹）
3168	10723	<200	<5
3169	12782	<200	<10
3170	14191	<200	<20
3171	11416	<400	<5
3172	13733	<400	<10
3173	15427	<400	<20
3174	11716	<600	<5
3175	14355	<600	<10
3176	16294	<600	<20
3177	12615	<800	<5
3178	15509	<800	<10
3179	17816	<800	<20

井筒硐室辅助定额　　表10-15
一般硐室（锚喷）

定额编号	单价（元/100m³）	斜长（m）	涌水量（m³·h⁻¹）
3306	10141	<400	<5
3307	11809	<400	<10
3308	13516	<400	<20
3309	10516	<600	<5
3310	12434	<600	<10
3311	14324	<600	<20
3312	11226	<800	<5
3313	13289	<800	<10
3314	15499	<800	<20
3315	11575	<1000	<5
3316	13857	<1000	<10
3317	16281	<1000	<20

（4）斜井支护辅助定额套用方法

斜井支护的辅助定额费用按支护方式、巷道工程量、斜长、掘进断面等条件套用。其定额单价套用形式,如表10-16、表10-17所示。

砌碹岩石辅助定额　　　　　　　　　　　　　　　　　　表10-16

巷道工程量<20000m				巷道工程量<10000m			
定额编号	单价（元/10m）	井筒斜长（m）	掘进断面（m²）	定额编号	单价（元/10m）	井筒斜长（m）	掘进断面（m²）
3579	18482	<400	<20	3639	21378	<200	<20
3580	19900	<400	<25	3640	22915	<200	<25
3581	21609	<400	<30	3641	24649	<200	<30
3585	19602	<600	<20	3645	22858	<400	<20
3586	21105	<600	<25	3646	24500	<400	<25
3587	22919	<600	<30	3647	26355	<400	<30
3591	20711	<800	<20	3651	24677	<600	<20
3592	22302	<800	<25	3652	26449	<600	<25
3593	24217	<800	<30	3653	28453	<600	<30

支架岩石平巷辅助定额　　　　　　　　　　　　　　　　表10-17

巷道工程量<20000m				巷道工程量<10000m			
定额编号	单价（元/10m）	井筒（斜长,m）	掘进断面（m²）	定额编号	单价（元/10m）	井筒（斜长,m）	掘进断面（m²）
3728	11184	<200	<15	3758	11802	<400	<15
3729	12503	<200	<20	3759	13207	<400	<20
3730	13726	<200	<25	3760	14492	<400	<25
3734	11956	<400	<15	3764	12519	<600	<15
3735	13368	<400	<20	3765	14005	<600	<20
3736	14678	<400	<25	3766	15371	<600	<25
3740	12909	<600	<15	3770	13228	<800	<15
3741	14430	<600	<20	3771	14800	<800	<20
3742	15847	<600	<25	3772	16242	<800	<25
3746	13641	<800	<15	3776	14146	<1000	<15
3747	15247	<800	<20	3777	15825	<1000	<20
3748	16744	<800	<25	3778	17375	<1000	<25

（5）斜井开拓轨道铺设辅助定额套用方法

斜井开拓尾工（轨道铺设）的辅助定额费用按道床类型、巷道工程量等条件套用。其定额单价套用形式,如表10-18所示。

尾工（铺轨）辅助定额　　　　　　　　　　　　　　　　表10-18

普通道床				固定道床			
定额编号	单价（元/100m）	巷道工程量（m）	井深（m）	定额编号	单价（元/100m）	巷道工程量（m）	井深（m）
6096	7041	<10000	<200	6111	10517	<10000	<200
6097	7618	<10000	<400	6112	11382	<10000	<400
6098	8158	<10000	<600	6113	12193	<10000	<600
6099	8974	<10000	<800	6114	13415	<10000	<800
6100	9522	<10000	<1000	6115	14234	<10000	<1000

续表

定额编号	单价（元/100m）	巷道工程量（m）	井深（m）	定额编号	单价（元/100m）	巷道工程量（m）	井深（m）
6101	8261	<20000	<400	6116	12413	<20000	<400
6102	8933		<600	6117	13424		<600
6103	9383		<800	6118	14098		<800
6104	9939		<1000	6119	14934		<1000
6105	10331		<1200	6120	15522		<1200
6106	8479	>20000	<400	6121	12667	>20000	<400
6107	9183		<600	6122	13719		<600
6108	9525		<800	6123	14232		<800
6109	10155		<1000	6124	15175		<1000
6110	10377		<1200	6125	15505		<1200

三、煤炭定额取费规定的基础数据

1. 煤炭定额（统一基价）工资单价表

煤炭定额（统一基价）工资单价表，如表 10-19 所示。

煤炭定额（统一基价）工资单价表　　　　　　　表 10-19

项目	井巷			特殊凿井		露天剥离		土建	安装	
	井下直接工	井下辅助工	地面辅助工	冻结工	其他工	直接工	辅助工	综合工	地面工	井下工
工资单价（元/日）	58.32	47.75	27.91	30.30	29.20	29.41	28.25	25.68	26.62	41.85

2. 工程排污费、住房公积金、危险作业意外伤害保险费、工程定额测定费率表

工程排污费、住房公积金、危险作业意外伤害保险费、工程定额测定费率表，如表 10-20 所示。

工程排污费、住房公积金、危险作业意外伤害保险费、工程定额测定费率表　　表 10-20

工程类别	计算基础	工程排污费	住房公积金	危险作业意外伤害保险费	合计
井巷工程	分部分项工程费、其他项目费之和	0.05	0.75	0.28	1.08
露天剥离工程特殊凿井工程		0.03	0.35	0.16	0.54
特殊凿井工程		0.05	0.54	0.24	0.83
土建工程		0.05	0.55	0.22	0.82
安装工程		0.05	0.63	0.21	0.89

3. 建筑工程类别划分表

建筑工程类别划分，如表 10-21 所示。

建筑工程类别划分表　　　　　　　表 10-21

项目				一类	二类	三类
工业建筑	单层	檐口高度	m	≥18	≥12	<12
		跨度	m	≥24	≥18	<18
	多层	檐口高度	m	≥24	≥18	<18
		建筑面积	m²	≥5000	≥3000	<3000
	锅炉房	单炉蒸发量	t	≥20	≥10	<10
		总蒸发量	t	≥50	≥30	<30

续表

项	目			一类	二类	三类
民用建筑	公共建筑	檐口高度	m	≥36	≥24	<24
		跨度	m	≥27	≥18	<18
		建筑面积	m²	≥6000	≥4000	<4000
	矿区住宅	檐口高度	m	≥36	≥27	<27
		跨度	m	≥12	≥9	<9
		建筑面积	m²	≥7000	≥4000	<4000
构筑物	井塔	高度	m	≥40	<40	
	井架	高度	m	≥30	<30	
	圆筒仓	内径	m	≥15	≥12	<12
	方形仓	边长	m	≥6	<6	
	水塔	有效高度	m	≥30	≥25	<25
		容量	m³	≥100	≥50	<50
	烟囱	高度 钢筋混凝土	m	≥50	<50	
		砖	m	≥40	≥30	<30
	贮水（油）池	容量	m³	≥1000	≥400	<400
	栈桥	支架平均高度	m	≥10	≥5	<5
	回煤漏斗	建筑体积	m³	≥300	<300	

四、定额工期分期情况

本定额工期按施工阶段工期分为四期。

1. 第一期——井筒期

井筒期按开拓方式分为：

（1）立井。指立井（暗斜井）井筒，斜井与井底车场连接处，井底水窝及位于井筒中的硐室工程。

（2）斜井。指斜井（暗斜井）井筒，斜井联络巷，井底水窝及位于井筒中的硐室交叉点、铺轨工程。

（3）平硐。指平硐本身，平硐联络巷及位于硐身中的硐室、交叉点、铺轨工程。

2. 第二期——主要巷道期

主要巷道期按施工区分为：

（1）主、副井施工区。指主、副井底车场巷道，主要运输石门，运输大巷以及由本施工区施工的采区上下山、炸药库、回风巷、联络巷、硐室及交叉点等工程。

（2）风井施工区。指风井井底车场巷道，总回风石门，总回风巷以及由本施工区施工的采区上下山、联络巷、硐室及交叉点等工程。

3. 第三期——采区巷道期

采区巷道期指一、二期以外的全部巷道、硐室及交叉点等工程。

4. 第四期——尾工期

尾工期指全矿井井巷工程竣工后，剩余的设备安装、管线铺设以及其他收尾工作期间所发生的辅助费用。

第三节　井巷工程评估的前期工作

一、前期的基础数据资料准备

井巷工程评估前期准备工作的第一步，就是由资产占有单位的相关人员向评估人员提供评估基础数据资料的数据表，数据表提供的数据主要是用来套定额作价使用，数据表应包括下列的种类和内容。

1. 井巷工程评估明细表

井巷工程评估明细表按规定的格式和填表要求填写，评估明细表由评估单位提供规定的统一格式，资产占有单位应按表格要求认真填写。

2. 评估数据表

资产方应向评估人员提供评估作价所需要的基本计算数据资料。数据资料必须按规定要求如实填写，内容齐全。填写的主要内容有下列项目。

（1）岩石的类别、等级。

（2）立井或斜井的井筒支护结构做法和尺寸。

（3）巷道的支护方式、支护厚度、坡度、断面形状、长度、净高度、净宽度、拱碹高度等。

（4）锚杆的材质、直径、每根长度、间距。

（5）轻轨的规格、轨距，枕木材料及间距。

（6）井巷支护方法简图，要明确支护的结构材料做法，标示主要尺寸。

（7）井巷工程施工期的类别，即属于第几期。

3. 资产占有单位及井巷工程概况资料

（1）井巷工程的一般情况。一般情况包括建矿投产的时间、建设工期、历史采矿年生产能力、企业的基本情况等。

（2）矿区的交通和各矿区的地理位置及坐标。

（3）矿产储量及产量。矿产储量及产量应包括矿区数量、矿区的矿产总储量、采区分布、历史已开采的矿产数量、各采区尚可开采数量、年计划开采量、计划开采年限等。

（4）井巷的服务年限。井巷的服务年限应包括各矿区公用井巷项目和采区井巷项目的尚可服务年限。

（5）各井巷的支护方式、安全设施。该项包括主井、副井、风井以及巷道的支护方式，围护措施以及地下安全设施，例如地下作业的通风设施、防瓦斯爆炸、防地下水的侵袭措施、安全通道的设置。

（6）矿区采矿平面图、井巷布置图等。

二、概预算的定额资料准备

评估人员在评估工作进行之前应准备井巷工程评估所需的定额资料。现以煤炭建设井巷工程为例介绍井巷工程概算定额的种类。目前煤炭井巷工程定额有：

（1）《煤炭建设井巷工程概算定额》（2007年），这是煤炭建设井巷工程计算直接工程费的主要定额，也是井巷工程的基本定额。评估人员按照井巷项目的工程量套用该定额计算评估项目的材料费、人工费和机械费，最后组成评估项目直接工程费。

(2)《煤炭建设井巷工程辅助费综合定额》（2007年），这是用来计算井巷工程在开拓过程中不可避免地发生的工程直接费以外的其他工程费用。

(3)《煤炭建设井巷工程费用定额及造价管理有关规定》（2007年），这是井巷工程开拓中施工单位计取的工程直接费以外的其他工程费用的规定标准。

(4) 资产评估所在地评估基准日当月或当季的造价信息。

三、井巷的现场勘察

评估人员在评估计算工作之前应做好井巷工程的地下现场勘察工作。现场勘察工作主要核查下列内容：

(1) 核查资产占有单位提供的井巷工程评估明细表内容和数据的真实性和可靠性及完善程度，必要的情况还要作井巷的尺寸测量抽查。

(2) 补充井巷项目缺少的计算数据。

(3) 查看井巷工程的支护情况。

1) 检查支护分布的合理性、全面性。

2) 检查支护结构的牢固性、安全性。

四、井巷项目工程量计算

井巷项目工程量是确定评估项目价值的重要依据。资产占有单位提供的井巷项目的评估计算数据有些可以直接使用，有些属于过渡数据，必须经过二次计算确定。这些数据主要是井巷工程的基本几何尺寸，应由资产使用单位直接提供；还有掘进断面和掘进体积、锚杆的数量及总重量、喷锚砂浆或混凝土的工程量、支架的工程量（包括支架的体积或重量）、钢轨的重量、枕木的体积等，这些数据一般由资产使用单位提供支护方案以及必要的支护结构图，由评估人员按照资产使用单位提供的基础数据和技术资料进行计算。这些工程量有些是为套定额作价使用，但大部分还是为材料调价时确定材料数量使用。井巷工程评估项目作价方法比较简单，就是逐项套定额确定价格，但套定额的项目要比评估明细表的项目多好几倍，尤其是材料调价更是烦琐。但人工费、材料费的调价必须作，不管调价数额占据总造价的比例是多少，评估程序都不能省略。现在有很多评估人员不作材料调价，或随便估估，这种做法应当避免。为了材料调价的方便，对于井巷工程支护所用的各种结构工程量和主要材料用量的计算工作可以在 Excel 表格中设置计算链接程序进行自动计算，一次设置后可以将程序格式固定下来，重复使用，这样可以大大简化计算的烦琐性和复杂性。本章将介绍井巷工程掘进和支护工程量的计算方法与计算公式，供计算程序设置时使用。

第四节 井巷项目工程量计算方法和实例

一、巷道断面形状的种类和计算符号的设定

1. 巷道断面形状的种类

井巷的断面形状很多，有些是有规则的，有些是无规则的，本节只介绍常见的有规则的井巷断面形状，如矩形、梯形、拱形等断面形状的掘进工程量和支护工程量的计算方法。矩形、梯形、拱形三种断面的基本图形，如图10-1~图10-4所示。

井巷的简图绘制，要求图示的几何尺寸按要求填写齐全，标定的数据必须和资产方书

面提供的数据一致。

2. 计算符号的设定

下面是井巷计算公式中运算符号的设定。其中，某些运算参数是工程量计算的基础数据，列为已知，例如，"L——井巷长度（已知）"，L 应为工程量计算不可缺少的数据，必须由资产方提供齐全；某些运算符号为已知数据的导出数据，在后面列出的公式为导出公式，例如，"B——掘进断面的宽度"，后面的 "$B = B_j + (b_z + b_f) \times 2$" 为导出公式。列出导出公式的目的是为了帮助估价人员简化计算过程。下列井巷工程工程量计算中常用的计算符号和含义解释，在后面的计算公式应用中不重复注释。

（1）井巷计算符号的设定

L——井巷长度（已知）；

B——掘进断面的宽度，$B = B_j + (b_z + b_f) \times 2$；

H——掘进断面的高度，$H = H_j + b_z + b_f$；

b_f——壁缝尺寸，指巷道支护顶板或侧壁和岩石之间的毛面缝隙，一般每个面取 20mm，仅供参考，最好按实际情况设定；

b_z——支护厚度（已知）；

F——掘进断面面积；

V——掘进体积；

B_j——井巷矩形断面的净宽，指巷道两侧支护板面之间的距离（已知）；

B_{sj}——井巷梯形断面支护板面上部净宽度（已知）；

B_{xj}——井巷梯形断面支护板面下部净宽度（已知）；

B_s——井巷梯形断面掘进面上部宽度，$B_s = B_{sj} + (b_z + b_f) \times 2$；

B_x——井巷梯形断面掘进面下部宽度，$B_x = B_{xj} + (b_z + b_f) \times 2$；

B——井巷矩形断面的掘进宽度，$B = B_j + (b_z + b_f) \times 2$；

B_z——井巷断面两侧支护层的中心宽度，$B_z = B_j + b_z$；

H_j——井巷断面支护净高，指巷道的基底至支护顶板底的高度（已知）；

H_q——井巷墙高，指巷道基底至墙顶的实际高度（已知）；

h_j——拱净高（已知）；

H_g——掘进拱高 $H_g = h_j + b_z + b_f$；

f——支护材料断面面积；

V——支护材料体积；

h_z——拱中心线高度，$h_z = h_j + 1/2\, b_z$

f_g——拱圈面积；

C——拱圈断面面积系数，为半圆拱的面积和半圆拱直径围成的正方形面积的比例。

$C = f_g/B^2$

式中 B 为拱圈直径（掘进断面宽度）。

（2）喷锚支护计算符号的设定

l_d——单根锚杆长度（已知）；

l_z——井巷锚喷支护周长，$l_z = B_j + H_j \times 2$；

d_m——锚杆直径（已知）；

a_h——锚杆横向间距（已知）；

a_z——锚杆纵向间距（已知）；

n_h——锚杆横向设置根数，$n_h = l_{z/l} / a_h$；

n_z——锚杆纵向设置根数，$n_z = L / a_z$；

N_m——锚杆设置总根数，$N_m = n_h \times n_z$；

L_m——锚杆总长度，$L_m = l_d \times N_m$；

（3）支架支护计算符号的设定

B_{jk}——支架计算宽度，$B_{jk} = B_j + b_z \times 2$；

H_{jg}——支架计算高度，$H_{jg} = (H_j + b_z) \times 2$；

g_m——单位重量（kg/m）；

g——每个支架单位重量（kg/支架）；

a_j——支架间距；

N_j——支架数量；

G——钢材总重量；

F_h——井巷支护面积；

b——木料断面宽度；

h——木料断面高度；

f_i——支护构件木料断面面积，$f_i = b \times h$，$i = 1, 2, 3, \cdots, n$，为断面编号；

v——支护构件木材体积；

V——支护木料总体积。

二、掘进工程量的计算方法

1. 掘进数据的确定

掘进断面的断面面积和体积应当由评估人员根据资产方提供的数据计算，尽量避免由资产方直接提供，因为由资产方直接提供的数据经常和实际误差很大，将会造成评估工作的麻烦，重新复查不如一次算准。

井巷工程掘进工程量是由井巷的断面面积和掘进长度来决定的，而掘进宽度和掘进高度是由支护尺寸的净宽和净高经过换算求得。井巷的净宽和净高一般由资产占有单位直接书面提供或者由支护结构图标示，如果无法提供，需现场丈量。井巷的长度和立井的高度一般应由资产方直接提供，由于井巷在地下，巷道纵横交错，又没有光线，现场丈量评估人员无法工作。按井巷工程平面布置图计算，是可以的，但是应注意，井巷的实际开拓长度与图纸长度有时相差很大，按图纸计算可能不准确，最好还是按实际计算，计算数据应由资产占有单位填报，评估人员现场抽查核实确定。

2. 掘进工程量计算方法

（1）矩形断面计算方法

掘进高度和宽度的计算方法应为：

$$H = H_j + b_z + b_f$$
$$B = B_j + (b_z + b_f) \times 2$$

顶板或壁板和岩石之间的毛面缝隙 b_f，通常每个面可以平均取 20mm，但此数值仅供参考，最好按实际情况设定。

掘进断面面积和掘进体积计算公式为：
$$F = B \times H$$
$$V = F \times L$$

（2）梯形断面计算方法

梯形断面掘进宽度分顶部和底部两种宽度。掘进宽度和掘进高度的计算方法与矩形断面相同，掘进断面面积与掘进体积计算公式为：
$$H = H_j + b_z + b_f$$
$$B_s = B_{sj} + (b_z + b_f) \times 2;$$
$$B_x = B_{xj} + (b_z + b_f) \times 2;$$
$$F = (B_s + B_x)/2 \times H$$
$$V = F \times L$$

（3）拱形断面计算方法

掘进宽度计算方法同矩形断面，掘进高度分墙高和拱高。掘进墙高为图示高度，掘进宽度和拱高为：
$$H = H_j + b_z + b_f$$
$$B = B_j + (b_z + b_f) \times 2$$
$$H_g = h_j + b_z + b_f$$

掘进断面为：
$$F = B \times H_g + f_g$$

1）当拱为半圆形时
$$f_g = 3.1416/4 \times B^2/2 = 0.3927 B^2$$
$$C = f_g/B^2 = 0.3927$$

则 $F = B \times (H_q + 0.3927 \times B)$

式中 B——拱直径，即巷道掘进宽度。
$$V = F \times L$$

2）当拱为半椭圆形时
$$F = B \times (H_q + 0.7854 \times H_g)$$
$$V = F \times L$$

三、井巷支护结构工程量的计算方法

1. 砌块工程量计算方法

（1）矩形断面砌块
$$f = (B_j + H_j \times 2 + 2 \times b_z) \times b_z$$
$$v = f \times L$$

（2）梯形断面砌块

假设梯形坡度系数为1.03。
$$f = (B_s + H_j \times 2) \times 1.03 \times b_z$$
$$v = f \times L$$

（3）拱形断面砌块

1）当拱为半椭圆形状时

$$h_z = h_j + 1/2\ b_z$$
$$B_z = B_j + 1/2 b_z$$
$$f = [H_q \times 2 + \pi h_z + 2(1/2 B_z - h_z)] \times b_z$$
$$V = f \times L$$

2) 当拱为半圆形状时

$$B_z = B_j + 1/2\ b_z$$
$$h_z = h_j + 1/2\ b_z$$
$$f = (H_q \times 2 + \pi h_z) \times b_z$$
$$v = f \times L$$

2. 锚喷工程量计算方法

(1) 锚杆重量计算

锚杆长度、规格、纵向、横向布置间距应由资产占有单位提供。

矩形净周长：

$$l_z = B_j + H_j \times 2$$

梯形净周长（假设梯形坡度系数为 1.03）：

$$l_z = B_{sj} + H_j \times 2 \times 1.03$$

椭圆拱形净周长：

$$l_z = H_q \times 2 + \pi h_j + 2 \times (1/2 B_j - h_j)$$

半圆拱周长：

$$l_z = H_q \times 2 + \pi h_j$$

锚杆横向根数：

$$n_h = l_z / a_h + 1$$

锚杆纵向排数：

$$n_z = L / a_z + 1$$

锚杆设置总根数：

$$N = n_h \times n_z$$

锚杆设置总长度：

$$L_m = l_d \times N$$

锚杆总重量：

$$G = g \times L_m$$

(2) 喷浆工程量计算

断面为矩形的喷浆面积：

$$F_h = (B_j + H_j \times 2) \times L$$

当断面为梯形时，侧面斜长系数近似取巷道高度的 1.03 倍，则断面为梯形的喷浆面积：

$$F_h = (B_s + H_j \times 2 \times 1.032 \times b_z) \times L$$

顶部为拱形（椭圆）的喷浆面积：

$$F_h = (H_j \times 2 + l_z) \times L$$
$$= [H_j \times 2 + \pi h_j + 2(1/2 B_j - h_j)] \times L$$

当拱为半圆形时的喷浆面积：
$$F_h = (H_q \times 2 + \pi h_j) \times L$$

椭圆周长计算公式：
$$l_{tz} = 2\pi h_j + 4(1/2 B_j - h_j)$$
$$l_z = 1/2 l_{tz}$$
$$= \pi h_j + 2(1/2 B_j - h_j)$$

3. 金属支架重量计算方法

金属支架一般以工字钢或槽钢为承重骨架组合而成，井巷跨度较大时可以采用钢轨做顶梁。金属支架的工程量都是以重量计算的。由于金属支架经常采用复合材料，因此工程量计算比较麻烦。一般根据资产方提供的支架构造图进行计算。金属支架支护的巷道大部分为矩形和梯形，有时巷道跨度较大时采用拱形。在一个巷道中，有时有两种或两种以上的型材，必须分别计算再汇总。

（1）巷道为矩形断面

支架计算宽度：
$$B_{jk} = B_j + b_z \times 2$$

支架计算高度：
$$H_{jg} = H_j$$

钢材每米重量：
$$g_m$$

每排支架重量：
$$g = B_{jk} \times g_{m1} + 2 \times H_{jg} \times g_{m2}$$

支架数量：
$$N_j = L/a_j$$

支架总重量（连接件的重量一般取总重量的2%）
$$G = g \times n \times 1.02$$

（2）巷道为梯形断面

支架计算宽度：
$$B_{jk} = B_{js} + 2b_z$$

支架计算高度：
$$H_{jg} = H_j$$

每排支架重量：
$$g = B_{jk} \times g_{m1} + 2 H_{jg} \times g_{m2} \times 1.03 \times g_{m2}$$

支架数量：
$$n = L/a_j$$

支架总重量（连接件的重量一般取总重量的2%）：
$$G = g \times n \times 1.02$$

（3）巷道为拱形断面

支架拱顶计算周长：
$$l_z = \pi h_z + 2(1/2 B_j - h_z)$$

当拱为半圆形时，支架半圆顶计算周长：

$$l_z = \pi h_z$$

支架计算高度：
$$H_{jk} = H_j$$

每排支架重量：
$$g = l_z \times g_{m1} + 2H_{jk} \times g_{m2}$$

支架数量：
$$n = L/a_j$$

支架总重量（连接件的重量一般取总重量的2%）：
$$G = g \times n \times 1.02$$

4. 木支架工程量计算方法

木支架又称木棚，它的支护部件的工程量计算方法和金属支架的工程量计算方法基本相同。木支架的工程量应按消耗的木材体积计算。

（1）巷道为矩形断面

支架计算宽度：
$$B_{jk} = B_j + b_z \times 2$$

支架计算高度：
$$H_{jg} = H_j$$

木支架断面面积：
$$f_i = h \times b$$

每排支架体积：
$$v = B_{jk} \times f_1 + 2H_{jg} \times f_2$$

支架数量：
$$N_j = L/a_j$$

支架总体积（材料损耗一般取总重量的2%）：
$$V = v \times n \times 1.02$$

（2）巷道为梯形断面

支架计算宽度：
$$B_{jk} = B_{js} + (b_z + b_f) \times 2;$$

支架计算高度：
$$H_{jg} = H_j$$

每排支架重量：
$$v = (B_{jk} \times f_1 + 2H_{jg} \times f_2) \times 1.03 \times g_{m2}$$

支架数量：
$$N_j = L/a_j$$

支架总体积（材料损耗率一般取总重量的2%）：
$$V = v \times n \times 1.02$$

（3）巷道为拱形断面

支架拱顶计算周长：
$$l_z = \pi h_z + 2(1/2B_j - h_z)$$

当拱为半圆形时，支架半圆顶计算周长：

支架计算高度：
$$l_z = \pi h_z$$

$$H_{jk} = H_j$$

每排支架体积：
$$v = B_{jk} \times f_1 + 2H_{jk} \times f_2$$

支架数量：
$$n = L/a_j$$

支架总体积（材料损耗一般取总重量的2%）：
$$V = v \times n \times 1.02$$

5. 护壁板工程量计算方法

护壁板是为保护井巷墙壁而设置的结构物，通常采用木板或苇箔作为护壁材料，工程量以平方米计算。工程量分不同巷道断面形状建立计算公式，具体计算方法如下。

（1）巷道为矩形断面

护壁工程量：
$$F_h = (B_{jk} + 2H_{jg}) \times L$$
$$B_{jk} = B_j + 2b_z$$
$$H_{jk} = H_j$$

（2）巷道为梯形断面

护壁工程量：
$$F_h = (B_{jk} + 2H_{jk}) \times L \times 1.03$$
$$B_{jk} = B_j + 2b_z$$
$$H_{jk} = H_j$$

（3）巷道为拱形断面

护壁工程量：
$$F_h = (l_z + 2H_{jg}) \times L$$

支架拱顶计算周长：
$$l_z = \pi h_z + 2(1/2B_j - h_z)$$

当拱为半圆形时，支架半圆顶计算周长：
$$l_z = \pi h_z$$

支架计算高度：
$$H_{jk} = H_j$$

四、轻轨工程量的计算方法

1. 轻轨计算符号的设定

B_g——轻轨基础的宽度；

h_g——轻轨基础的厚度；

v_g——轻轨基础的体积；

b_m——枕木的宽度；

l_m——枕木的长度；

h_m——枕木的厚度；

a_m——枕木的间距；

v_d——枕木单体体积；
V_m——枕木总体积；
n_m——枕木的数量；
L_g——轻轨的长度；
n_g——轻轨的数量，单轨为1，双轨为2；
G_g——轻轨的重量。

道岔部分的增加工程量测定比较困难，可以近似按计算工程量取1.03系数。如果可以测定，按测定系数计算。

2. 轻轨项目工程量计算公式

（1）轻轨基础工程量计算公式

轻轨基础一般按体积计算：

$$v_g = B_g \times h_g \times L_g \times n_g \times 1.03$$

（2）轻轨枕木工程量计算公式

轻轨枕木通常按体积计算：

$$v_d = b_m \times h_m \times l_m$$
$$n_m = L_g / a_m + 1$$
$$V = v_d \times n_m \times n_g \times 1.03$$

（3）轻轨重量计算

轻轨通常按长度或重量计算：

$$G_g = g \times 2 \times L_g \times n_g \times 1.03$$

五、工程量计算实例

下列实例的工程量均按照本章第四节"二、掘进工程量的计算方法、三、井巷支护结构工程量的计算方法、四、轻轨工程量的计算方法"等叙述的工程量计算公式进行计算。实例中对公式来源不再单独提示。

【例 10-1】 拱形断面巷道砖墙墙体支护工程量计算

有一巷道为拱形断面，砖墙支护，图示尺寸：巷道净宽（B_j）3m，墙体高（H_q）2.6m，砖支护厚（b_z）240mm，拱净高（h_j）1.2m，巷道长（L）155m，如图10-5所示。计算巷道掘进体积和支护工程量。

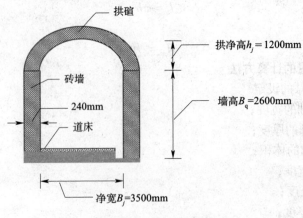

图 10-5 例1示意图

【解】1. 煤岩掘进工程量计算

$$B = B_j + (b_z + b_f) \times 2$$
$$= 3.5 + (0.24 + 0.02) \times 2 = 4.02\text{m}$$
$$H_g = h_j + b_z + b_f$$
$$= 1.2 + 0.24 + 0.02 = 1.46\text{m}$$
$$F = B \times (H_q + 0.7854 \times H_g)$$
$$= 4.02 \times (2.6 + 0.7854 \times 1.46)$$
$$= 15.06\text{m}^2$$
$$V = F \times L$$
$$= 15.06 \times 155$$
$$= 2334\text{m}^3$$

2. 砖拱体积计算

$$h_z = h_j + 1/2\, b_z$$
$$= 1.2 + 0.5 \times 0.24 = 1.32\text{m}$$
$$B_z = B_j + 1/2 b_z$$
$$= 3.5 + 0.5 \times 0.24$$
$$= 3.62\text{m}$$
$$f = [H_q \times 2 + \pi h_z + 2(1/2\, B_z - h_z)] \times b_z$$
$$= [2.6 \times 2 + \times 3.1416 \times 1.32 + 2 \times (1/2 \times 3.62 - 1.32)] \times 0.24$$
$$= 2.48\text{m}^3$$
$$V = f \times L$$
$$= 2.48 \times 155$$
$$= 384.40\text{ m}^3$$

【例 10-2】 矩形断面巷道工字钢支护工程量计算

有一巷道为矩形断面，图示尺寸：巷道净宽（B_j）3.6m，净高（H_j）3m，采用 16 号工字钢支架支护，支架设置间距（a）800mm，两侧及顶部采用木板材支护，厚度（b_z）15mm，巷道长（L）286m，如图 10-6 所示。计算巷道掘进体积和支护工程量。

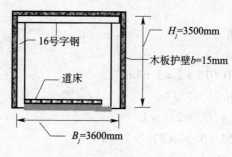

图 10-6 例 2 示意图

【解】1. 煤岩掘进工程量计算

工字钢翼缘为（b）160mm。

$$B = B_j + (b_z + b_f) \times 2$$

$$= 3.6 + (0.015 + 0.02) \times 2 = 3.67 \mathrm{m}$$
$$H = H_j + b_f$$
$$= 3.5 + 0.02 = 3.52 \mathrm{m}$$
$$F = B \times H$$
$$= 3.67 \times 3.52$$
$$= 12.92 \mathrm{m}^2$$
$$V = F \times L$$
$$= 12.92 \times 289$$
$$= 3734 \mathrm{m}^3$$

2. 金属支架工程量计算

支架计算宽度 $\quad B_{jk} = B_j + 2b_z$
$$= 3.6 + 0.015 \times 2$$
$$= 3.63 \mathrm{m}$$

支架计算高度 $\quad Hj_k = H_j - 0.16$
$$= 3.5 - 0.16$$
$$= 3.34 \mathrm{m}$$

16号工字钢每米重量 $\quad g_m = 20.5 \mathrm{kg/m}$,

每排支架重量 $g = B_{jk} \times g_{m1} + H_{jk} \times 2 \times g_{m2}$
$$= 3.63 \times 20.5 + 3.34 \times 2 \times 20.5$$
$$= 211.36 \mathrm{kg}$$

支架数量 $\quad n = L/a$
$$= 286/0.8 + 1$$
$$= 359 \text{ 排}$$

支架总重量（连接件的重量取总重量的2%）
$$G = g \times n \times 1.02$$
$$= 211.36 \times 359 \times 1.02$$
$$= 77396 \mathrm{kg}$$

护壁板工程量
$$F_h = (B_{jk} + 2H_{jk}) \times L$$
式中 $\quad B_{jk} = B_j + 2b_z$
$$= 3.6 + 0.015 \times 2 = 3.63 \mathrm{m}$$
$$H_{jk} = H_j - 0.16 = 3.34 \mathrm{m}$$
$$F_h = (B_{jk} + H_{jk} \times 2) \times L$$
$$= (3.63 + 3.34 \times 2) \times 286$$
$$= 2948.66 \mathrm{m}^2$$

【例10-3】 拱形断面巷道锚喷支护工程量计算

有一巷道为拱形断面，图示尺寸：巷道净宽（B_j）3.6m，墙高（H_q）3.5m，拱净高（h_j）1.2m；采用锚喷支护，锚杆直径（d）16mm，长度（l_d）1900mm，设置横向间距（a_h）600mm，纵向间距（n_z）900mm；两侧及顶部采用1:2:2细石混凝土喷浆支护，喷射厚度

(b_z) 80mm；巷道长（L）358m，如图10-7所示。试计算巷道掘进体积和支护工程量。

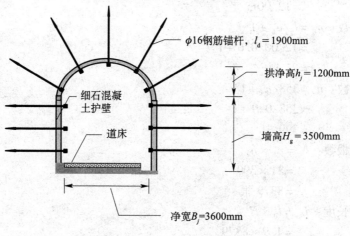

图10-7 例3示意图

【解】 1. 煤岩掘进工程量计算

$B = B_j + (b_z + b_f) \times 2$
$= 3.6 + (0.08 + 0.02) \times 2 = 3.80\text{m}$

$H_g = h_j + b_z + b_f$
$= 1.2 + 0.08 + 0.02 = 1.30\text{m}$

$F = H_q \times B + 3.1416 \times 1/2B \times H_g$
$= 3.5 \times 3.8 + 3.1416 \times 0.5 \times 3.80 \times 1.3$
$= 21.06\text{m}^2$

$V = F \times L$
$= 21.06 \times 358$
$= 7539\text{m}^3$

2. 喷浆工程量计算

$h_z = h_j + b_z \times 0.5$
$= 1.2 + 0.08 \times 0.5 = 1.24\text{m}$

$B_z = B_j + 1/2\, b_z$
$= 3.6 + 0.5 \times 0.08$
$= 3.64\ \text{m}^2$

$l_z = H_q \times 2 + \pi h_j + 2(1/2B_j - h_j)$
$= 3.5 \times 2 + 3.1416 \times 1.2 + 2 \times (1/2 \times 3.6 - 1.2)$
$= 12.00\text{m}$

$F = l_z \times L$
$= 12.06 \times 358$
$= 4317\ \text{m}^2$

3. 锚杆工程量计算

拱形巷道净周长：$l_z = [H_q \times 2 + \pi h_j + 2 \times (1/2B_j - h_j)]$

$$= 3.5 \times 2 + 3.1416 \times 1.2 + 2 \times (1/2 \times 3.6 - 1.2)$$
$$= 12.00 \text{m}$$

锚杆横向根数：$n_h = l_z / a_h + 1$
$$= 12.00/0.6 + 1$$
$$= 21 \text{ 根}$$

锚杆纵向排数：$n_z = 358/a_z + 1$
$$= 358/0.9 + 1$$
$$= 399 \text{ 根}$$

锚杆设置总根数：$N = n_h \times n_z$
$$= 21 \times 399$$
$$= 8379 \text{ 根}$$

锚杆设置总长度：$L_m = l_d \times N$
$$= 1.9 \times 8379$$
$$= 15920 \text{m}$$

锚杆总重量：$G = g \times L_m$
$$= 1.578 \times 15920$$
$$= 25122 \text{kg}$$

【例 10-4】 巷道轻轨铺设工程量计算

有一巷道轻轨铺设，轻轨长（L_g）269m，宽（B_g）3.4m，双轨（n_g）；碎石基础，基础宽（B_g）3.4m，厚（h_g）0.5m；轨枕材料采用落叶松，长（l_m）1.2m，宽（b_m）200mm，厚（h_m）140mm；枕木设置间距（a_m）500mm；轨道采用（g）15kg/m 钢轨（理论重量 15.2kg/m）。计算轻轨基础、枕木、轨道工程量。

【解】 1. 轻轨基础工程量计算

碎石路基体积：$v_g = B_g \times h_g \times L_g \times n_g \times 1.03$
$$= 3.4 \times 0.5 \times 269 \times 2 \times 1.03$$
$$= 942.04 \text{m}^3$$

2. 轻轨枕木计算

单根枕木体积：$v_d = b_m \times h_m \times l_m$
$$= 0.2 \times 0.14 \times 1.2$$
$$= 0.0336 \text{ m}^3/\text{根}$$

枕木数量：$n_m = L_g / a_m + 1$
$$= 269/0.5 + 1$$
$$= 539 \text{ 根}$$

枕木总体积：$V = v_d \times n_m \times n_g \times 1.03$
$$= 0.0336 \times 539 \times 2 \times 1.03$$
$$= 37.31 \text{m}^3$$

3. 轻轨重量计算

15 号钢轨重量：$G_g = g \times 2 \times L_g \times n_g \times 1.03$
$$= 15.2 \times 2 \times 269 \times 2 \times 1.03$$
$$= 16846 \text{kg}$$

第五节 井巷工程评估计算

一、井巷工程评估方法和计算依据

井巷工程的估价一般采用重置成本法,其计算程序和计算方法和通常的房屋建筑物重置成本法的计算程序和计算方法相同,只是采用的定额不同而已。其中,井巷工程中的矿山开采项目应套用冶金系统的相应定额计算造价,煤炭开采应套用煤炭系统的相应定额计算造价。前期费用执行国家统一规定的文件标准或各个系统规定的标准,资金成本采用评估基准日执行的中国人民银行公布的贷款利率。

二、重置价值的计算

1. 重置价值的计算公式

重置价值 = 综合造价 + 前期费用 + 资金成本

2. 综合造价的计算方法

本书只介绍煤炭井巷工程的评估计算方法,其他矿山井巷工程的评估计算方法和煤炭井巷工程的评估计算方法相似,只是采用的定额和行业取费规定不同,评估方法可以相互参照。

煤炭井巷工程的评估计算应根据煤炭井巷工程项目工程量按现行的煤炭定额及取费标准进行计算。

综合造价 = 定额直接费(含辅助定额费)+ 措施费 + 间接费(含企业管理费和规费)+ 差价 + 利润 + 税金

其中:定额直接费按不同工程类别、支护方式、支护厚度、岩石硬度系数、断面大小等不同技术特征分别选取定额,并按有关规定作相应计算。

辅助定额费按不同开拓方式及一、二、三期、尾工期施工区巷道、总工程量、巷道断面、井筒长度选取定额,并按有关规定作相应计算。

目前,煤炭系统的定额取费标准系根据中煤建协字〔2007〕第90号文关于《煤炭建设工程费用定额及造价管理有关规定》结合矿井建设施工情况计取。取费以后的综合造价的计算方法,详见表10-22所示。

综合造价计算表　　　　　　　　表10-22

序号	项目名称	计算依据	费率(%)	费用(元)
一	定额直接费	定额计算的价值		定额计算的价值(含辅助定额费)
	其中人工费	定额计算的人工费用		定额计算的人工费用
二	技术措施费	按措施项目计算的费用		按措施项目计算的费用
三	企业管理费	一 + 二		(一 + 二) × 费率
四	利润	一 + 二 + 三		(一 + 二 + 三) × 费率
五	组织措施费			下列(1~5)之和
1	安全施工费	(一~四)之和		(一~四)之和 × 费率
2	文明施工费	(一~四)之和		(一~四)之和 × 费率
3	环境保护费	(一~四)之和		(一~四)之和 × 费率
4	临时设施费	(一~四)之和		(一~四)之和 × 费率
5	冬雨、夜施及二次搬运费等	(一~四)之和		(一~四)之和 × 费率

续表

序号	项目名称	计算依据	费率（%）	费用（元）
六	其他增加项目	按实际调整		按实际调整计算
七	差价计算	按规定计算		（1~3）之和
1	其中：人工费差价			按规定计算
2	材料费差价			按规定计算
3	机械费差价			按规定计算
八	规费	按规定计算		按规定计算
九	税金	（一~八）之和		（一~八）之和×费率
十	总造价	（一~九）之和		（一~九）之和

综合造价计算表中的临时设施费、企业管理费、冬雨季施工费、夜间施工费、生产工具用具使用费、检验试验费、二次搬运费、特殊工种培训费、工程定位点交清理费等费率及利润率、综合税率等详见本章附录二《煤炭建设工程费用定额》取费数据表的规定。

3. 人工、材料、机械差价的调整

（1）人工费差价的调整

人工费差价 =（评估基准日行业平均工资单价 – 定额平均工资单价）×定额工日数

评估基准日行业平均工资单价根据评估基准日被估价资产所在地区公布的标准计算。

（2）材料差价的调整

1）井巷工程支护项目的主要材料项目

井巷工程支护项目的主要材料项目列举如下：

①块料砌碹支护。块石、砖、混凝土预制块、水泥、细石、中粗砂等。

②锚喷支护。钢筋、水泥、细石、中粗砂等。

③金属支架支护。普通工字钢支架、矿用U型钢支架、矿用工字钢支架、护壁板等。

④木支护。圆木、护壁板等。

⑤轻轨。枕木、钢轨、碎石等。

2）材料用量的确定方法

材料用量主要取决于井巷工程的支护工程量和单方工程量的材料用量，井巷工程的支护工程量在本章第三节已经作了详述，单方材料用量可以查阅相关资料确定。其中：

①钢材、木材的材料用量

钢材、木材的材料用量可以直接采用计算的工程量乘以1.02系数确定，即：

材料用量 = 工程量×1.02

其中，1.02系数已包含2%的材料损耗。

②砌体的材料用量

砌体的材料用量可以将主体材料和粘结材料分开计算。现以砖砌拱碹为例：砖砌体中砖所占比例大约74%，水泥砂浆占26%，1m^3砖砌体用砖量一般按550块计算。水泥砂浆按配合比用量计算，一般1m^3砂浆按M2.5水泥砂浆计算，需用325号水泥227kg，中（粗）砂1350kg，或425号水泥288kg，中（粗）砂1350kg；如果按M5混合砂浆计算，325号水泥253kg，生石灰61kg，中（粗）砂1360kg。

③墙体材料用量计算实例

有一巷道，砖碹支护，经计算砖砌体的体积为385m^3，采用M5混合砂浆砌筑，计算砌体主要材料用量。损耗率按2%计算。

$$普通黏土砖用量 = 385 \times 0.74 \times 550 \times 1.02/1000$$
$$= 159.83 千块$$
$$325 号水泥用量 = 385 \times 0.26 \times 253 \times 1.02/1000$$
$$= 25.83t$$
$$生石灰用量 = 385 \times 0.26 \times 61 \times 1.02/1000$$
$$= 6.23t$$
$$中砂用量 = 0.26 \times 1350 \times 385 \times 1.02/1000$$
$$= 137.84t$$

3）材料差价的调整

井巷工程的材料差价根据评估所在地区公布的造价信息所规定的材料价格和定额规定的材料价格之差进行调整。差价按主要材料和次要材料分别计算，然后再相加。其中，主要材料差价一般按表10-23的项目列项计算。由于工程材料项目较多，只能计算主要材料，次要材料的差价可以按主材差价总额的10%~30%进行计算。

材料费差价 = Σ 主要材料差价 + 次要材料材差

煤炭建设2007年概算定额主要材料价格，如表10-23所示。

定额部分主要材料价格　　　　　　　　　　　　表10-23

名称	规格	单位	定额单价（元）
钢轨	15kg/m	t	3140.00
水泥	325号	t	280.00
水泥	425号	t	310.00
中（粗）砂		m^3	46.50
块石		m^3	45.80
枕木		m^3	826.45
圆木（支护）		m^3	653.00
钢筋锚杆		t	3230.00
U型钢支架		t	3140.00
矿用工字钢		t	3140.00

材料差价可以按表10-24的计算形式和项目进行计算调整。材料差价调整表的合计数就是需要计算的材料差价。

材料差价调整表　　　　　　　　　　　　表10-24

钢材调价	单位	数量	定额单价（元）	市场单价（元）	差价（元）	合价（元）
一、主要材料						
15号钢轨	t					
325号水泥	t					
425号水泥	t					
中（粗）砂	m^3					
碎石	m^3					
枕木	m^3					
圆木（支护）	m^3					
砖	千块					

续表

钢材调价	单位	数量	定额单价（元）	市场单价（元）	差价（元）	合价（元）
钢筋锚杆	t					
U型钢支架	t					
矿用工字钢	t					
主材小计						
二、次要材料	%					
合计						

（3）机械费差价的调整

机械费差价调整比较麻烦，目前尚无一个行之有效的计算方法。由于机械费占据总体造价的比例很小，差价更是微乎其微，对总体造价的影响可以忽略不计，因此，目前评估时一般没有对其进行调整。如果需要，可以近似取 0.2% ~0% 的调增系数进行差价调整。

4. 前期费用的计算方法

前期及其他费用，简称前期费用，包括建设单位管理费、勘察设计费、工程监理费、环境评价费等。根据中煤建协字［2007］第90号文关于《煤炭建设工程费用定额及造价管理有关规定》、国家计委、建设部计价格［2002］第10号《关于发布工程勘察设计收费管理规定的通知》及国家发展改革委、建设部发改价格字［2007］第670号《关于印发建设工程监理服务收费管理办法规定的通知》计取企业合理的前期及其他费用。其主要取费项目，详见表10-25所示。

前期及其他费用费率表　　　表10-25

序号	费用名称	计算依据	单位	取费标准（%）
1	建设单位管理费	财建［2002］394号、中煤建协字［2007］90号	建安工程造价	
2	勘察设计费	计价格［2002］10号、中煤建协字［2007］90号	建安工程造价	
3	工程监理费	发改价格［2007］670号、中煤建协字［2007］90号	建安工程造价	
4	环境评价费	中煤建协字［2007］90号及计价字［2002］125号	建安工程造价	
5	凿井措施费	中煤建协字［2007］90号	按井巷类别及规模确定	

5. 资金成本的计算方法

井巷工程资金成本的计算方法应按照井巷建设的生产周期确定建设工期，按评估基准日中国人民银行执行的相应贷款利率计算矿井建设期合理的资金成本。资金贷款一般近似按贷款期均匀投入计算，则：

$$资金成本 = 相应年贷款利率 \times 合理工期 \times 1/2$$

如果工期不超过半年可以按一次性贷款计算，则：

$$资金成本 = 相应年贷款利率 \times 合理工期$$

三、评估价值的确定方法

1. 评估价值的计算公式

$$评估价值 = 重置价值 \times 综合成新率$$

2. 井巷工程成新率的计算方法

（1）井巷工程服务年限的确定方法

矿山井巷工程，特别是煤矿的井巷工程与地面建（构）筑物区别很大。井巷工程是一种特殊的构筑物，它的寿命年限与矿井所开采的煤炭储量紧密相关，随着煤炭资源开采的减少，其经济寿命相应缩短，当煤炭资源开采完毕，经济寿命结束，因此，矿山的经济使用年限一般采用矿山井巷的服务年限来表示。

井巷工程地质构造复杂、不可预见因素多、施工条件较差，巷道的稳定性与其所处的位置、岩层性质和地质条件密切相关，因此，井巷的支护是决定井巷使用寿命的关键。井巷工程按矿井开拓系统划分，井下可分为开拓巷道、准备巷道和回采巷道，各类巷道的评估成新率的计算方法和地上建筑物的成新率计算方法区别很大。地上建筑的成新率是按照建筑物的新旧程度确定的，而井巷工程的成新率取决于按照矿产储量和年计划开采量所确定的服务年限。必须保证井巷工程能够使用的寿命年限超过矿产开采的服务年限，否则，井巷作业的安全将会受到威胁，因此，为确保井巷开采作业的安全，井巷工程支护结构必须做到经常维护和更新，确保矿山井巷项目在采矿期间的服务期限和服务安全。

在井巷工程资产估价中，井巷的服务年限非常重要，它是确定井巷评估项目最终价值的重要参数。井巷工程服务年限分为总开采年限、已经开采年限和尚可开采年限，这些都是由地矿资源勘察资料来决定的。一个采矿区有一个主井、一个副井，有多个风井和巷道，有些采区矿产开采完毕以后，其他矿产的采区仍然在开采，可能还有新的采区尚待开发。一个矿区地下有很多采区，它们的服务年限都是不一样的，这就决定了巷道的成新率是各不相同的。公用的井巷服务年限是由整个矿井的服务年限来确定的，例如主井、副井、风井、公用的运输巷道等；而各个采区巷道的服务年限系按照自身的矿产资源和计划开采的服务年限来确定。

$$巷道服务年限 = 已开采年限 + 尚可开采年限$$

其中，已开采年限根据开采历史记录确定。

$$尚可开采年限 = 尚可开采矿产储量 / 年计划开采量$$

$$尚可开采矿产储量 = 矿产总储量 - 已开采数量$$

立井、斜井、风井以及运输主巷道的服务年限应按照矿区从开采日期起至该井巷在矿区计划停用日期止的整个矿产开采年限计算。

（2）井巷工程成新率的确定方法

1）井巷工程理论成新率的确定原则

井巷工程理论成新率系按照井巷项目经济使用年限来确定，而经济使用年限又是根据不同井巷项目的开采服务年限计算出来的。井巷工程项目理论成新率应按下列公式计算：

$$理论成新率 = 尚可开采年限 / （已开采年限 + 尚可开采年限）$$

2）井巷工程勘察成新率

井巷工程勘察成新率主要根据井巷支护材料质量、施工质量和安全条件以及日常维护和更新改造的综合情况来确定。现场勘察成新率不允许采用打分法，可以采用成新率修正系数或成新率增减值来确定。例如，现场勘察发现支护材料已经变形、腐蚀，维持不到理论寿命年限就可能损坏，可以按实际情况减分，但不能增分。

实际操作中经常遇到井巷支护结构寿命年限低于井巷计划服务年限的情况，为了保证矿山产品的正常开采，会不断地进行井巷的维修或更换新的支护结构体，使井巷的服务年限达到计划的服务年限，因此，大大地增加了井巷的开拓成本。理论上讲，井巷的成新率不能按照井巷的理论服务年限进行计算。但由于井巷支护结构的维修或者更新是不间断的，确保了井巷项目在规定的矿产开采服务期限内可以继续不断地开采，因此，井巷评估项目成新率通常按井巷项目的服务年限来考虑。井巷工程在矿产开采服务期限内所发生的维护、更新费用，多数情况下已计入开采的产品成本内，而井巷工程账面反映的成本价值并没有增加，显然，账面值反映不了现场井巷支护体长年维护和更新的实际情况，因此，井巷评估项目的理论成新率应当按照井巷项目在有效服务期内具有继续生产功能的前提来考虑，不能单纯按照支护体当前的新旧状况来考虑，而综合成新率仍按矿产开采的服务年限和现场勘察的维护和更新的实际情况综合确定。

3）综合成新率

综合成新率 = 理论成新率 × 现场勘察成新率修正系数

或　综合成新率 = 理论成新率 ± 现场勘察成新率增减值

（3）井巷工程成新率的计算实例

【例 10-5】　某矿井井区井巷项目和矿产开采情况，如表 10-26 所示，计算各个井巷项目的理论成新率。

井巷项目矿产开采状况一览表　　　　　　　　　　表 10-26

评估基准日 2009 年 9 月 30 日

序号	巷道名称	建成使用日期	已开采年限	总开采储量（万 t）	已经开采储量（万 t）	尚可开采储量（万 t）	计划年开采量（万 t）	尚可开采年限	理论成新率（%）
1	巷道 1	1998-7-31	11.18	185	87	98	8.5	11.53	51
2	巷道 2	1999-6-30	10.26	255	96	159	10.33	15.39	60
3	巷道 3	2003-3-28	62	387	120	267	11.33	23.57	78
4	巷道 4	2004-5-3	5.41	325	112	213	12.33	17.27	76
5	巷道 5	2008-6-25	1.27	289	98	191	10.33	18.49	94
6	主斜井	1998-7-31	11.18					23.57	68
7	副斜井	1998-7-31	11.18					23.57	68
8	风井	1998-7-31	11.18					23.57	68

井巷项目综合成新率，如表 10-27 所示。

井巷项目综合成新率表　　　　　　　　　　　表 10-27

序号	巷道名称	理论成新率（%）	勘察成新率增减值	综合成新率（%）
1	巷道 1	51	-1	50
2	巷道 2	60	-1	59
3	巷道 3	78	0	78
4	巷道 4	76	0	76
5	巷道 5	94	0	94
6	主斜井	68	-1	67
7	副斜井	68	-1	67
8	风井	68	-1	67

【解】（1）独立巷道计算方法

井巷项目综合成新率表（表 10-27）中巷道 1~5 是独立的巷道，现以巷道 1 为例介绍独立巷道综合成新率的计算方法。

1）理论成新率的计算

巷道1理论成新率的计算方法如下所示：

$$尚可开采储量 = 总开采储量 - 已经开采储量$$
$$= 185 - 87 = 98 \text{ 万 t}$$
$$尚可开采年限 = 尚可开采储量/计划年开采量$$
$$= 98/8.5 = 11.53 \text{ 年}$$
$$理论成新率 = 尚可开采年限/（已开采年限 + 尚可开采年限）$$
$$= 11.53/（11.18 + 11.53）= 51\%$$

2）勘察成新率调整值的确定

根据现场实地勘察，认为矿井较旧，有局部不安全的因素，但是这些不安全因素可以通过支护结构体的维修或更新消除，因此决定成新率下调一个百分点。

3）综合成新率的计算

$$综合成新率 = 51\% - 1\% = 50\%$$

巷道2~5的计算方法与巷道1的计算方法相同。

（2）主斜井、副斜井、风井计算方法

井巷项目综合成新率表（表10-27）中6、7、8项主斜井、副斜井、风井是公用的井巷项目，它应按从矿区建成使用的第一天开始到矿区的矿产全部开采完毕为止的开采年限计算成新率。

1）理论成新率的计算

该井至评估基准日已使用年限为11.18年，尚可使用年限应按巷道3计算，为23.57年。则：

$$理论成新率 = 尚可开采年限/（已开采年限 + 尚可开采年限）$$
$$= 23.57/（11.18 + 23.57）= 68\%$$

2）勘察成新率调整值的确定

根据现场实地勘察，认为矿井较旧，有局部不安全的因素，但是这些不安全因素可以通过支护结构体的维修或更新消除，因此决定成新率下调一个百分点。

3）综合成新率的计算

$$综合成新率 = 68\% - 1\% = 67\%$$

（3）轻轨的成新率

井巷工程的运输轻轨，是井巷工程的附属设施，其成新率应按井巷主体的成新率计算。

评估人员应在成新率确定前，首先和资产占有单位相关人员以及矿产资源评估人员密切配合，查阅地矿勘察报告、矿井设计资料，了解井下各类巷道所处位置的层位、岩石性质、支护方式以及地质构造的具体情况；其次，到井下选择有代表性的巷道，实地查看巷道的支护状况和维修情况，并向现场工程技术人员了解、查验维修记录和维修方法，询问各类巷道竣工日期和已服务年限，根据地质勘探部门提供的矿井地质储量、可采储量，分层、分采区计算各类巷道的尚可服务年限；最后，分巷道确定其综合成新率。

井巷工程各评估项目的价值计算通常在固定格式的评估计算表中进行，应由评估人员制定井巷参数表和井巷支护状况调查表，交资产方填写，这些参数主要作为套定额的依据。

附录一　《关于煤炭建设工程费用定额》
和《煤炭建设其他费用规定》（修订）
中煤建协字〔2011〕72号

煤炭建设工程费用定额
及煤炭建设其他费用规定（修订）

中国煤炭建设协会

2011.1

中国煤炭建设协会文件

中煤建协字 [2011] 72 号

关于发布《煤炭建设工程费用定额》和《煤炭建设其他费用规定》(修订)的通知

各有关单位:

为进一步加强煤炭建设工程造价(定额)管理工作,满足和适应国家关于加强煤矿安全生产的新规定、新标准、新规范等政策性变化的需要,中国煤炭建设协会组织对 2007 年版《煤炭建设工程费用定额》和《煤炭工程建设其他费用规定》进行了局部修订。现将修订后的《煤炭建设工程费用定额》和《煤炭建设其他费用规定》予以发布,自 2011 年 1 月 1 日起施行,发文之日起已办理完结算的不再调整。中国煤炭建设协会中煤建协字 [2007] 90 号文中发布的《煤炭建设工程费用定额》和《煤炭工程建设其他费用规定》同时停止使用。

本次发布的定额、规定由中国煤炭建设协会归口管理,各煤炭工业工程造价管理站负责解释。

二〇一一年七月二十七日

中国煤炭建设协会组织编制

编制单位：煤炭工业南昌工程造价管理站
　　　　　煤炭工业沈阳工程造价管理站
　　　　　煤炭工业西安工程造价管理站
编制人员：李细荣　赵万里　杨振义　汪　静　田文达　成　革　胡爱华　华美珍
　　　　　冀福全　王小雅　付健仪
审查人员：安和人　单益新　储祥辉　丛树茂　王　威　徐丽萍　王作义　赵相荣
　　　　　董广明　罗　玲　李明利　王　刚　吉　琳　刘玉平　李宗省　孟太平
　　　　　张剑博冰　刘晓侠　袁灵君　李恩利

目 录

第一部分 煤炭建设工程费用定额 …………………………………………………… 429
  第一章 总说明 ……………………………………………………………………… 429
  第二章 费用项目组成及内容 ……………………………………………………… 430
  第三章 费用标准及有关规定 ……………………………………………………… 436
  第四章 费用标准的适用范围 ……………………………………………………… 440
  第五章 建筑安装工程造价计算程序 ……………………………………………… 442
第二部分 煤炭建设其他费用规定 …………………………………………………… 444

第一部分 煤炭建设工程费用定额

第一章 总说明

一、为规范煤炭建设工程造价计价行为，统一煤炭建筑安装工程费用项目、内容和取费标准及计价方法，落实国务院关于加强煤矿安全生产新规定，贯彻执行《建设工程工程量清单计价规范》（GB50500—2008），解决《煤炭建设工程费用定额》（2007）与现行政策不相适应和施行中难以操作的有关具体问题，重新修订《煤炭建设工程费用定额》（2011）（以下简称本定额）。

二、本定额是煤炭建筑安装工程工程造价的计价依据。适用于煤炭建设矿山工程、地面建筑工程、机电设备安装工程编制概算、预算、结算和招标工程编制招标控制价（标底），也可作为投标报价的依据。与煤炭建设各类工程概算定额（指标）、消耗量定额或综合定额2007基价配套使用。

三、本定额制定了工程量清单计价和定额计价两种计价取费程序。无论工程量清单计价还是定额计价，编制招标控制价（标底）时，均应按照煤炭建设工程消耗量定额（2007基价）和本定额规定的取费标准、计算程序及造价管理有关规定计算，投标报价可参照本定额的有关规定并结合工程、企业实际情况自主确定，费用组成要完整，费用计取要合理。

四、规费和税金属于不可竞争的费用，必须按照本定额的费用标准及有关规定计取。

五、本定额中安全防护、文明施工措施费用属于组织措施费，包括安全施工费、文明施工费、环境保护费和临时设施费。该项费用不得作为竞争性费用，不参与商务标价格竞争。编制工程预（结）算、招标控制价（标底）、投标报价时，应按照本定额的费用标准和有关规定单独列项计算，并在合同中明确其内容、计取标准和费用金额，确保专款专用。

六、本定额企业管理费中所列工程造价技术服务费，用于煤炭工业工程造价管理机构制定煤炭建设工程造价计价依据、规范工程造价计价行为、加强工程造价管理等工作，确保煤炭建设工程造价管理工作连续、有效、正常运转。

七、本定额中未列的相关内容，可按照《建设工程工程量清单计价规范》（GB50500—2008）相关规定执行。

八、本定额部分费用标准划分了地区类别，编制概预算和工程预（结）算、招标控制价（标底）时，按建设项目所在地的地区类别选用有关费率标准。地区类别划分如下：

一类地区：黑龙江、吉林、辽宁、内蒙古、宁夏、青海、新疆、甘肃、西藏、山西大同和朔州地区、陕西陕北地区（延安和榆林地区）。

二类地区：山西（不含大同和朔州地区）、陕西（不含陕北地区）、山东、河南、河北、云南、贵州、四川、重庆、北京、天津。

三类地区：江苏、安徽、浙江、江西、湖南、湖北、福建、广东、广西、海南、上海。

第二章　费用项目组成及内容

煤炭建筑安装工程费用由直接费、间接费、利润、税金组成。其组成见下图示：

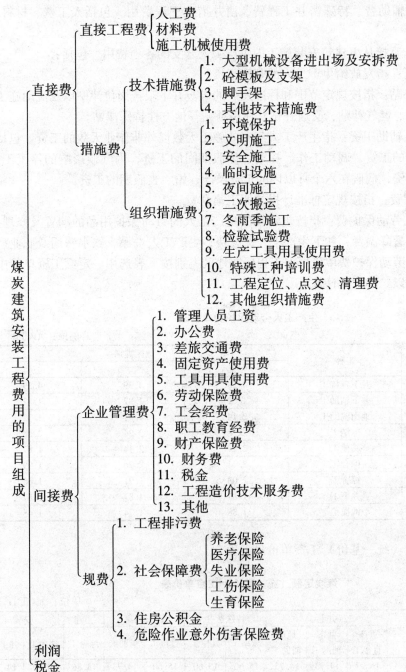

一、直接费

由直接工程费和措施费组成。

（一）直接工程费：指施工过程中耗费的构成工程实体的各项费用以及有助于工程实体形成的井巷工程辅助费、特殊凿井工程费、凿井措施工程费用。包括人工费、材料费、施工机械使用费。

1. 人工费：指直接从事建筑安装施工的生产工人开支的各项费用。包括：

（1）基本工资：指发放给生产工人的基本工资。

（2）工资性补贴：指按规定范围和标准发放的煤炭井下艰苦岗位津贴以及流动施工津贴，物价补贴，煤、燃气补贴，交通补贴，住房补贴等地方性特殊津贴。

（3）生产工人辅助工资：指生产工人年有效施工天数以外非作业天数的工资。包括职工学习、培训期间的工资，调动工作、探亲、休假期间的工资，因气候影响的停工工资，女工哺乳时间的工资，病假在六个月以内的工资及产、婚、丧假期的工资。

（4）职工福利费：指按规定标准计提的职工福利费。

（5）生产工人劳动保护费：指按规定发放生产工人的劳动保护用品的购置及修理费，徒工服装补贴，防暑降温费，井下生产工人保健费，生产工人洗澡、饮水费用及职业病防治费等。各工种劳动保护费单价根据工程所在地区类别按下表选用。定额工资单价中生产工人劳动保护费以二类地区计算。

生产工人劳动保护费单价表

单位：元/工日

工程类别	工种	地区类别		
		一类	二类	三类
井巷工程	井下直接工	4.39	4.39	4.39
	井下辅助工	1.82	1.82	1.82
	地面辅助工	2.14	1.97	1.72
特凿工程	冻结工	3.4	3.24	2.98
	其他工	2.29	2.14	1.87
露天剥离工程	综合工	2.41	2.26	1.99
土建工程	综合工	2.08	1.91	1.66
安装工程	井下工	1.87	1.87	1.87
	地面工	1.88	1.74	1.48

（6）煤炭定额（统一基价）工资单价见下表。

煤炭定额（统一基价）工资单价表

单位：元/工日

项目	井巷			特殊凿井		露天剥离		土建	安装	
	井下直接工	井下辅助工	地面辅助工	冻结工	其他工	直接工	辅助工	综合工	地面工	井下工
一、基本工资	16.97	14.73	14.73	15.60	15.60	15.60	14.73	13.86	14.73	14.73
二、井下艰苦岗位津贴										
1. 井下津贴	15.00	10.00								10.00
2. 班中餐津贴	6.00	6.00								6.00
3. 夜班津贴	4.67	4.67								2.00

续表

项目	井巷			特殊凿井		露天剥离		土建	安装	
	井下直接工	井下辅助工	地面辅助工	冻结工	其他工	直接工	辅助工	综合工	地面工	井下工
三、地方性津贴	4.99	4.92	5.59	5.62	5.62	5.62	5.59	4.89	4.92	4.92
四、生产工人辅助工资	2.85	2.53	2.46	2.54	2.54	2.62	2.50	2.12	2.20	2.28
五、职工福利费	3.45	3.08	3.16	3.30	3.30	3.31	3.17	2.90	3.03	3.05
六、劳动保护费	4.39	1.82	1.97	3.24	2.14	2.26	2.26	1.91	1.74	1.87
七、日工资单价	58.32	47.75	27.91	30.30	29.20	29.41	28.25	25.68	26.62	44.85

2. 材料费：指直接耗用在特定建筑安装产品对象上的原材料、辅助材料、构配件、零件、半成品、周转材料摊销及租赁等费用。包括：

（1）材料原价（或供应价格）。

（2）材料运杂费：指材料来源地运至工地仓库或指定堆放地点所发生的全部费用。

（3）运输损耗费：指材料在运输装卸过程中不可避免的损耗。

（4）采购及保管费：指在组织采购、供应和保管过程中所需要的各项费用。包括：采购费、仓储费、工地保管费、仓储损耗。

3. 施工机械使用费：指施工机械作业所发生的机械使用费以及机械安拆费和场外运费。施工机械台班单价由下列七项费用组成：

（1）折旧费：指施工机械在规定的使用年限内，陆续收回其原值及购置资金的时间价值。

（2）大修理费：指施工机械在规定的大修理间隔台班进行必要的大修理，以恢复其正常功能所需的费用。

（3）经常修理费：指施工机械除大修理以外的各级保养和临时故障排除所需的费用。包括为保障机械正常运转需替换设备与随机配备工具用具的摊销和维护费用，机械运转及日常保养所需润滑与擦拭的材料费用及机械停滞期间的维护和保养费用等。

（4）安拆费及场外运费：安拆费是指施工机械在现场进行安装与拆卸所需的人工、材料、机械和试运转费用以及机械辅助设施的折旧、搭设、拆除等费用；场外运费指施工机械整体或分体自停放地点运至施工现场或由一施工地点运至另一施工地点的运输、装卸、辅助材料及架线等费用。

（5）人工费：指机上司机（司炉）和其他操作人员（不含矿建工程）的工作日人工费及上述人员在施工机械规定年工作台班以外的人工费。

（6）燃料动力费：指施工机械在运转作业中所消耗的固体燃料（煤、木柴）、液体燃料（汽油、柴油）及水、电等费用。

（7）其他费用：指按照国家和有关部门规定应缴纳的施工机械车船使用税、保险费及年检费等。

4. 井巷工程辅助费：指井巷工程施工所发生的提升、给排水、通风安全、运输、供电照明、供热、其他等辅助系统所发生的费用。

5. 特殊凿井工程费：指井筒工程采用冻结、大钻机钻井和地面预注浆等特殊凿井施工方法施工所发生的费用。

6. 凿井措施工程费：指为矿井建设施工服务的特殊凿井、普通凿井主要辅助系统、施工立井井筒永久装备而新增设备设施所发生的临时性建筑安装工程费用及凿井设备设施进出场运输费用。

（二）措施费：指为完成工程项目施工，发生于该工程施工准备和施工过程中的技术、生活、安全、环境保护等方面非工程实体项目的费用，由技术措施费和组织措施费组成。可以计算工程量的措施项目费用为技术措施费，不能计算工程量的措施项目费用为组织措施费。

1. 技术措施费包括：

（1）大型机械设备进出场及安拆费（不含矿建工程大型机械设备）：指机械整体或分体自停放场地运至施工现场或由一施工地点运至另一施工地点，所发生的机械进出场运输转移费用，以及机械在施工现场进行安装、拆卸所需的人工费、材料费、机械费、试运转费和安装所需的辅助设施的费用。

（2）混凝土、钢筋混凝土模板及支架费（矿建工程除外）：指混凝土施工过程中需要的各种钢模板、木模板、支架等的支、拆、运输费用及模板、支架的摊销（或租赁）费用。

（3）脚手架费：指施工需要的各种脚手架搭、拆、运输费用及脚手架的摊销（或租赁）费用。

（4）其他技术措施费：指根据各专业工程特点或工程实际需要补充的技术措施项目费用。

2. 组织措施费包括：

（1）环境保护费：指施工现场为达到环保部门的要求所需要的各项费用。内容主要包括：施工企业按照《中华人民共和国环境保护法》、《建设工程安全生产管理条例》及其他有关环境保护的规定，保护施工现场周边环境防止或者减少粉尘、废气、废水、噪声、振动、施工照明造成对周围环境的污染和对人的危害，以及采取必要的措施修复由于工程施工受到破坏的环境等所需要的各项费用。

（2）文明施工费：指施工现场文明施工所需要的各项费用。内容主要包括：按照《建设工程安全生产管理条例》、《建筑施工安全检查标准》等有关规定，施工现场硬化处理，防病除害措施、卫生保健措施、洗车槽措施、场地绿化等建设和管理措施。

（3）安全施工费：指施工现场安全施工所需要的各项费用。主要内容包括：按照《建设工程安全生产管理条例》、《矿山安全法》、《煤矿安全规程》等规定，施工企业建立安全生产责任、安全检查、安全隐患排除、安全教育、安全生产培训等各种制度，以及为保护井下工作人员生命安全，进行安全救护所发生的费用；设置符合国家标准的安全警示标牌、标志的费用；对可能造成损害的毗邻建筑物、构筑物和地下管线等采取的防护措施，对建筑四周、"四口"（楼梯口、电梯口、通道口、预留洞口）及临边采用安全防护、垂直作业上下隔离防护、施工用电防护、起重吊装专设人员上下爬梯及作业平台临时支护的费用；起重机械（各类吊车、起重机、塔吊等）及需要检测的设备、设施的安全防护和安全检测费用；施工现场配置的消防设施、消防器材的费用；按照《煤矿安全规程》一般规定，通风防尘、防火、防瓦斯爆炸及水害、地压等安全监控系统设施和机电、运输、提升安全保护监控设施的费用，以及创伤急救系统应配备救护车辆、急救器材、急救装备和药品等费用。

(4) 临时设施费：指施工企业为进行建筑安装工程施工所必需生活和生产用的临时建筑物、构筑物和其他临时设施的费用等。

临时设施包括：临时宿舍、生活福利的房屋与构筑物、临时仓库、办公室、加工厂以及规定范围内的道路、水、电、管线等临时设施。不包括矿井施工时所必需的冻结、钻进、预注浆、提升、排水、通风、压风、运输、照明、机电以及广场外的水、电、管线等凿井措施工程。

临时设施费用的内容包括：临时设施的搭设、维修、拆除、摊销费用及施工期间场内道路和水、电、管线的养护费和维修费。

(5) 冬雨季施工费：指建筑安装工程在冬雨季施工期间为保障工程质量所采取的各项措施（保暖、防寒、防雨、防潮、排水等）费用以及增加工序、机械使用、材料消耗和降低工效等所需的补偿费用。

(6) 夜间施工费：指地面建筑安装工程因夜间施工发生的夜班补助费、夜间施工降效、夜间施工照明设备的安装、拆除、摊销及照明用电等费用。

(7) 二次搬运费：指因施工场地狭小等特殊情况所发生的二次搬运费用。

(8) 生产工具用具使用费：指施工生产所需不属于固定资产的生产工具和检验、试验用具等的购置、摊销及维修费，以及支付个人自备工具的补贴费。

(9) 检验试验费：指对建筑材料、构件和建筑安装物进行一般鉴定、检查所发生的费用，包括自设试验室进行试验所耗用的材料和化学药品等费用。不包括新结构、新材料的试验费和建设单位对具有出厂合格证明的材料进行检验，对构件做破坏性试验及其他特殊要求检验试验的费用。

(10) 特殊工种培训费：指对特殊工种进行培训，在培训期间所支付的工资、补贴、劳动保护费、差旅费、学杂费等。

(11) 工程定位、点交、清理费：指工程定位复测（不含井巷工程），工程点交，场地清理和单位工程竣工后移交前的看管费等费用。

二、间接费

由规费、企业管理费组成。

(一) 规费：指政府和有关权力部门规定必须缴纳的费用（简称规费）。包括：

1. 工程排污费：指施工现场按规定缴纳的工程排污费。
2. 社会保障费，包括：
(1) 养老保险费：指企业按规定标准为职工缴纳的基本养老保险费。
(2) 失业保险费：指企业按规定标准为职工缴纳的失业保险费。
(3) 医疗保险费：指企业按规定标准为职工缴纳的基本医疗保险费。
(4) 工伤保险费：指企业按规定标准为职工缴纳的工伤保险费。
(5) 生育保险费：指企业按规定标准为职工缴纳的生育保险费。
3. 住房公积金：指企业按规定标准为职工缴纳的住房公积金。
4. 危险作业意外伤害保险：指按照建筑法规定，企业为从事危险作业的建筑安装施工人员支付的意外伤害保险费。

(二) 企业管理费：指建筑安装企业组织施工生产和经营管理所需费用。内容包括：

1. 管理人员工资：指管理人员的基本工资、工资性补贴、职工福利费、劳动保护费等。

2. 办公费：指企业管理办公用的文具、纸张、账表、印刷、邮电、书报、会议、水、电、烧水和集体取暖（包括现场临时宿舍取暖）用煤等费用。

3. 差旅交通费：指职工因公出差、调动工作的差旅费、住勤补助费，市内交通费和误餐补贴费，职工探亲路费，劳动力招募费，职工离退休、退职一次性路费，工伤人员就医路费，人员来访费用以及管理部门使用的交通工具的油料、燃料、养路费及牌照费。

4. 固定资产使用费：指管理和试验部门及附属生产单位使用的属于固定资产的房屋、设备仪器等的折旧、大修、维修或租赁费。

5. 工具用具使用费：指管理使用的不属于固定资产的工具、用具、家具、交通工具和检验、试验、测绘、消防用具等的购置、维修和摊销费。

6. 劳动保险费：指由企业支付离退休职工的易地安家补助费、职工退职金、六个月以上病假人员工资、职工死亡丧葬补助费、抚恤费、按规定支付给离休干部的各项经费。

7. 工会经费：指企业按职工工资总额计提的工会经费。

8. 职工教育经费：指企业为职工学习先进技术和提高管理水平，按职工工资总额计提的费用。

9. 财产保险费：指施工管理用财产、车辆保险费用。

10. 财务费：指企业为筹集资金而发生的各项费用。

11. 税金：指企业按规定缴纳的房产税、车船使用税、土地使用税、印花税等。

12. 工程造价技术服务费：指企业按规定向煤炭工业工程造价管理机构支付的用于为制定工程造价计价依据，规范工程造价计价行为，加强工程造价管理等工作所发生的费用。

13. 其他：包括技术转让费、技术开发费、业务招待费、绿化费、广告费、公证费、法律顾问费、审计费、咨询费等。

三、利润

指施工企业完成所承包工程获得的盈利。

四、税金

指国家税法规定的应列入建筑安装工程造价内的营业税、城市维护建设税及教育费附加等。

第三章　费用标准及有关规定

一、各类工程企业管理费、利润、临时设施费、安全文明施工及环保措施费、冬雨季施工等七项措施费、税金分别按表一至表六所列的费率、利润率、综合税率计取。

二、措施费列入相应工程的措施项目计算。技术措施费应计取企业管理费、利润，并作为组织措施费的取费基础。组织措施费按本定额规定费率计取，包括人工费、材料费、机械使用费、企业管理费、利润。

三、规费

1. 煤炭建设各类工程规费计算基础为不含税工程造价。

2. 社会保障费：煤炭建设各类工程社会保障费费率由煤炭工程造价管理站核定。各煤炭工程造价管理站应制订本站辖区内各省（矿区）煤炭建设各类工程社会保障费费率核定办法，建设单位、施工单位按核定办法申报核定。凡未经煤炭工程造价管理站核定，自行确定费率计取的社会保障费不得列入工程造价。

3. 煤炭建设各类工程的工程排污费、住房公积金、危险作业意外伤害保险费按下表规定费率执行。

工程排污费、住房公积金、危险作业意外伤害保险费费率表

工程类别	工程排污费（%）	住房公积金（%）	危险作业意外伤害保险费（%）	合计
井巷工程	0.05	0.75	0.28	1.08
露天剥离工程	0.03	0.35	0.16	0.54
特殊凿井工程	0.05	0.54	0.24	0.83
土建工程	0.05	0.55	0.22	0.82
安装工程	0.05	0.63	0.21	0.89

4. 当地方规费项目与本定额不同时，按地方规定执行，费率由煤炭工程造价管理站核定。

四、其他有关规定

1. 企业管理费中工程造价技术服务费标准按建安工作量的0.12%计算，由施工单位向煤炭工程造价管理站支付；或者由建设单位代扣代支付。

2. 企业管理费中取暖费，根据项目所在地省级人民政府规定的取暖期（月）套用相应费率。

3. 企业管理费基本费率包括远地施工增加费，施工企业基地至施工点距离超过25km小于1 000km时，按本定额费率标准计取；小于25km时，以0.96系数调整基本费率；大于1 000km时，以1.06系数调整基本费率。

4. 北纬48°以北高寒地区的工程项目，临时设施费按一类地区标准以1.2系数调整。

5. 根据矿井施工特点，井巷工程的临时设施费分为井筒期（一期）、巷道期（二、三期）和尾工期，其划分原则与井巷工程辅助费定额的规定相同。

6. 在工业广场利用原生产系统的改扩建工程，临时设施费按规定标准的70%计取；新建独立工业广场设置独立系统的改扩建工程，按本定额规定的标准执行。

7. 井巷工程安全施工费分为高沼气矿井和低沼气矿井两档，按设计规定的矿井沼气等级套用相应费率。

8. 井巷工程辅助费补偿费应计取企业管理费、利润、组织措施费、规费和税金。

9. 煤炭建设凿井措施费概算指标已包含取费，编制概算时直接套用。编制预算时根据单位工程类别执行相应取费标准。

10. 当建筑安装工程综合税地方规定与本定额规定不一致时，编制概算执行本定额规定，编制预算、招标控制价（标底）、投标报价与工程结算执行地方规定。

表一、企业管理费费率（%）表

工程名称		计算基础	基本费率	企业管理费费率（%） 取暖费：按取暖期（月）计取						
				2	3	4	5	6	7	>7
一、矿建工程		按计算程序规定计算								
1. 井巷工程										
（1）立井井筒及硐室			11.73	0.11	0.25	0.44	0.71	1.01	1.38	1.80
（2）一般支护			15.20	0.14	0.32	0.59	0.91	1.32	1.79	2.34
（3）金属支架支护			8.60	0.08	0.18	0.32	0.52	0.73	1.00	1.31
2. 井下铺轨工程			2.47	0.02	0.05	0.08	0.13	0.19	0.27	0.35
3. 特殊凿井工程			60.10	0.66	1.49	2.64	4.13	5.94	8.09	10.56
4. 露天剥离工程			3.06	0.04	0.07	0.13	0.20	0.29	0.40	0.52
二、土建工程										
1. 一般土建工程										
（1）一类			8.61	0.10	0.22	0.38	0.60	0.86	1.18	1.54
（2）二类			7.50	0.08	0.19	0.34	0.52	0.74	1.02	1.33
（3）三类			6.52	0.07	0.17	0.29	0.46	0.65	0.89	1.15
2. 金属结构制作及安装			4.14	0.04	1.00	0.16	0.25	0.36	0.49	0.65
3. 金属结构安装			2.47	0.02	0.05	0.08	0.13	0.18	0.25	0.32
4. 地面轻轨铺设工程			2.13	0.02	0.04	0.06	0.10	0.13	0.19	0.24
5. 大型土石方	机械施工		5.00	0.05	0.12	0.22	0.34	0.48	0.65	0.85
	人工施工		15.62	0.17	0.04	0.70	1.08	1.56	2.12	2.78
三、安装工程										
1. 地面安装工程			65.30	0.73	1.63	2.92	4.55	6.55	8.92	11.64
2. 井下安装工程			41.80	0.43	0.97	1.74	2.71	3.90	5.32	6.95

表二、利润率（%）表

工程名称		计算基础	利润率（%）
矿建工程	井巷工程	按计算程序规定计算	7.26
	井下铺轨工程		3.40
	露天剥离工程		3.20
	特殊凿井工程		53
土建工程	一般土建工程		5.54
	金属结构制安		2.91
	金属结构安装		1.62
	地面轻轨铺设		1.30
	大型土石方 机械施工		3.53
	大型土石方 人工施工		19
安装工程	地面安装		53
	井下安装		45

表三、临时设施费费率（％）表

工程名称		计算基础	临时设施费费率（％）								
			一类地区			二类地区			三类地区		
			一期	二、三期	尾工期	一期	二、三期	尾工期	一期	二、三期	尾工期
一、矿建工程		按计算程序规定计算									
1. 井巷工程											
（1）立井井筒及硐室			3.85			3.50			3.32		
（2）一般支护			4.99	2.51		4.54	2.28		4.31	2.17	
（3）金属支架支护			1.40			1.27			1.21		
2. 井下铺轨工程			1.02	0.52	0.17	0.94	0.47	0.16	0.89	0.44	0.14
3. 特殊凿井工程			10.31			9.36			8.89		
4. 露天剥离工程			0.58			0.53			0.50		
二、地面建筑工程											
1. 一般土建工程											
（1）一类			1.74			1.58			1.50		
（2）二类			1.52			1.38			1.31		
（3）三类			1.31			1.19			1.13		
2. 金属结构制作及安装			0.74			0.67			0.64		
3. 金属结构安装			0.37			0.34			0.32		
4. 地面轻轨铺设工程			0.30			0.28			0.26		
5. 大型土石方	机械施工		1.06			0.96			0.91		
	人工施工		5.96			5.42			5.15		
三、安装工程											
1. 地面安装			11.40			10.37			9.85		
2. 井下安装			6.60			6.00			5.70		

表四、安全施工费、文明施工费、环境保护费费率（％）表

工程名称		计算基础	安全施工费		文明施工费	环境保护费
			高沼气	低沼气		
一、矿建工程		按计算程序规定计算				
1. 井巷工程			3.53	2.35	0.46	0.23
2. 井下铺轨工程			0.64	0.42	0.08	0.05
3. 特殊凿井工程			8.54		4.45	2.68
4. 露天剥离工程			0.29		0.20	0.12
二、地面建筑工程						
1. 一般土建工程			0.96		0.68	0.41
2. 金属结构制作及安装			0.47		0.33	0.20
3. 金属结构安装			0.24		0.17	0.11
4. 地面轻轨铺设工程			0.18		0.12	0.08
5. 大型土石方	机械施工		0.62		0.44	0.26
	人工施工		4.53		3.23	1.94
三、安装工程						
1. 地面安装			10.35		5.15	3.09
2. 井下安装			6.84		2.99	1.79

**表五、冬雨季施工、夜间施工、生产工具用具使用费，检验试验费、二次搬运、
特殊工种培训、工程定位、点交、清理费综合费率（%）表**

工程名称		计算基础	一类地区	二类地区	三类地区
一、矿建工程		按计算程序规定计算			
1. 井巷工程			2.79	2.31	1.97
2. 井下铺轨工程			0.56	0.46	0.39
3. 特殊凿井工程			30.43	24.84	20.99
4. 露天剥离工程			1.45	1.19	1.00
二、地面建筑工程					
1. 一般土建工程			4.26	3.39	2.86
2. 金属结构制作及安装			2.06	1.69	1.51
3. 金属结构安装			1.04	0.86	0.72
4. 地面轻轨铺设工程			0.76	0.62	0.52
5. 大型土石方	机械施工		2.64	2.16	1.83
	人工施工		19.60	16.01	13.52
三、安装工程					
1. 地面安装			29.84	24.45	20.73
2. 井下安装			11.91	9.85	8.23

表六、综合税率表

工程所在地	计税基础	税率（%）
市区	分部分项工程费、措施项目费、其他项目费、规费之和（不含税工程造价）	3.41
县城或镇		3.35
其他地区		3.22

第四章 费用标准的适用范围

一、矿建工程

1. 井巷工程

（1）立井井筒及硐室工程：适用于立井井筒、立井井筒与井底车场联接处、箕斗装载硐室及位于井筒中的硐室。

（2）一般支护井巷工程：适用于一般支护的斜井、斜巷、平硐、平巷及硐室工程。

（3）金属支架支护井巷工程：适用于施工企业自行制作（包括刷油）的金属支架支护的斜井、斜巷、平硐、平巷及硐室工程。

2. 井下铺轨工程：适用于井下铺轨、道岔铺设工程。

3. 特殊凿井工程：适用于井筒冻结、地面预注浆等特殊措施工程和大钻机钻井工程。

4. 露天剥离工程：适用于露天矿基本建设剥离工程。

二、地面土建工程

1. 一般土建工程：适用于一般工业与民用建筑新建、扩建、改建工程的永久性和临时性的房屋及构筑物，各种设备基础、管道沟、场区道路、挡土墙、排水沟、围墙等单位工程以及附属于单位工程内挖方或填方量不超过 5 000 m³ 的土石方工程。

一般土建工程按《建筑工程类别划分表》及说明规定的一、二、三类工程类别选用费率标准。

2. 金属结构制作及安装工程：适用于地面建筑工程中的金属结构工程，如钢梁、钢

屋架、钢桁架、球型管网架、金属楼梯、金属框架、铝合金门窗、塑钢窗、塑料窗、金属卷帘门等施工企业自行加工制工作（包括刷及运输）并安装的金属结构工程。

3. 金属结构安装（吊装）工程：适用于施工企业以成品形式购入的金属构件，只负责安装的金属结构工程（含彩钢压型板安装工程）。

4. 地面轻轨铺设工程：适用于地面轻轨铺设，包括道砟、道岔铺设及转车盘、扳道器、电磁转辙器等的安装。

5. 大型土石方工程：适用于单独承发包，或附属于单位工程内挖方或填方（不得挖填相加计算）在 5 000m³ 以上的土石方工程。

三、安装工程

1. 地面安装工程：适用于煤炭建设地面机电设备设施安装、室内给排水、采暖、照明、通风等安装工程，室外供水、给排水热力网、煤气、压风、灌浆等管路敷设工程，室外动力网路、照明线路敷设等工程。

2. 井下安装工程：适用于井筒装备（含辅助费）、井下机电设备设施安装和管线敷设等工程。

建筑工程类别划分表

项	目			一类	二类	三类
工业建筑	单层	檐口高度	m	≥18	≥12	<12
		跨度	m	≥24	≥18	<18
	多层	檐口高度	m	≥24	≥18	<18
		建筑面积	m²	≥5 000	≥3 000	<3 000
	锅炉房	单炉蒸发量	t	≥20	≥10	<10
		总蒸发量	t	≥50	≥30	<30
民用建筑	公共建筑	檐口高度	m	≥36	≥24	<24
		跨度	m	≥27	≥18	<18
		建筑面积	m²	≥6 000	≥4 000	<4 000
	矿区住宅	檐口高度	m	≥36	≥27	<27
		层数	层	≥12	≥9	<9
		建筑面积	m²	≥7 000	≥4 000	<4 000
构筑物	井塔	高度	m	≥40	<40	
	井架	高度	m	≥30	<30	
	圆筒仓	内径	m	≥15	≥12	<12
	方形仓	边长	m	≥6	<6	
	水塔	有效高度	m	≥30	≥25	<25
		容量	m³	≥100	≥50	<50
	烟囱	高度 钢筋混凝土	m	≥50	<50	
		高度 砖	m	≥40	≥30	<30
	贮水（油）池	容量	m³	≥1 000	≥400	<400
	栈桥	支架平均高度	m	≥10	≥5	<5
	回煤漏斗	建筑体积	m³	≥300	<300	

使用说明：

1. 表中各类工程分类均按单位工程划分。一个单位有由几种工程类型组成时，以建筑面积最大的类型选定；多跨工业建筑以檐口高度最高或跨度最大的选定。同一类型中有几个指标，只要满足其中一个指标，即可按该类型选定。

2. 翻车机房、浓缩池、受煤坑、风道及单独施工的沉井、沉箱均按一类工程取费。

3. 地道、暗道及排、框架结构不够二类工程按二类工程取费。

4. 场区道路以及挡土墙、排水沟、围墙等零星工程均按三类工程取费。

5. 表中未涉及的工程可按类似工程选定。

第五章 建筑安装工程造价计算程序

一、工程量清单计价

1. 综合单价计算程序表

序号	费用项目		工程类别：井巷、露天、土建	特凿、安装、人工土石方
（一）	分部分项工程直接工程费		分部分项工程 ∑（人工费+材料费+机械费）	分部分项工程 ∑（人工费+材料费+机械费）
	其中	（1）人工费	∑（人工消耗量×人工单价）	∑（人工消耗量×人工单价）
		（2）材料费	∑（材料消耗量×材料单价）	∑（材料消耗量×材料单价）
		（3）机械费	∑（机械台班消耗量×台班单价）	∑（机械台班消耗量×台班单价）
（二）	企业管理费		（一）×相应费率	（1）×相应费率
（三）	利润		［（一）+（二）］×相应费率	（1）×相应费率
（四）	价差		编制期人工、材料、机械价差∑［（编制期单价-定额单价）×相应数量］	
（五）	综合单价		（一）+（二）+（三）+（四）	（一）+（二）+（三）+（四）

2. 技术措施费计算程序表

序号	费用项目		工程类别：土建	安装、人工土石方
（一）	技术措施项目		∑（人工费+材料费+机械费）	∑（人工费+材料费+机械费）
	其中	（1）人工费	∑（人工消耗量×人工单价）	∑（人工消耗量×人工单价）
		（2）材料费	∑（材料消耗量×材料单价）	∑（材料消耗量×材料单价）
		（3）机械费	∑（机械台班消耗量×台班单价）	∑（机械台班消耗量×台班单价）
（二）	企业管理费		（一）×相应费率	（1）×相应费率
（三）	利润		［（一）+（二）］×相应费率	（1）×相应费率
（四）	价差		编制期人工、材料、机械价差∑［（编制期单价-定额单价）×相应数量］	
（五）	技术措施费		（一）+（二）+（三）+（四）	（一）+（二）+（三）+（四）

3. 组织措施费计算程序表

序号	费用项目	工程类别：井巷、露天、土建	特凿、安装、人工土石方
（一）	分部分项工程费	∑（分部分项工程量×综合单价）	∑（分部分项工程量×综合单价）
	其中：（1）人工费		∑（人工消耗量×人工单价）
（二）	技术措施费（含企业管理费和利润）	∑（分部分项工程量×综合单价）	∑（分部分项工程量×综合单价）
	其中：（2）人工费		∑（人工消耗量×人工单价）
（三）	价差	编制期人工、材料、机械价差∑［（编制期单价-定额单价）×相应数量］	
（四）	组织措施费（含企业管理费和利润）	［（一）+（二）-（三）］×相应费率或（一）×相应费率	［（1）+（2）］×相应费率或（1）×相应费率

4. 煤炭建筑安装工程费用计算程序表

序号	项目名称	计算办法
（一）	分部分项工程费	∑（分部分项工程量×综合单价）
（二）	措施项目费	∑（各项措施项目费）
	其中：安全防护、文明施工费	按规定计算
（三）	其他项目费	∑（各项其他项目费）
（四）	风险费	按合同约定或规定计算
（五）	规费	∑（各项规费）
（六）	税金	[（一）+（二）（三）+（四）+（五）]×税率
（七）	总造价	（一）+（二）+（三）+（四）+（五）+（六）

说明：风险费是指工程结算时按合同约定或规定计算的人工、材料、机械费价差及其他风险费用。

二、定额计价

1. 井巷、露天、土建工程计价程序表

费用项目	计算办法
（一）直接工程费	工程量×消耗量定额基价
（二）技术措施费	工程量×消耗量定额基价
（三）企业管理费	[（一）+（二）]×相应费率
（四）利润	[（一）+（二）+（三）]×相应费率
（五）组织措施费	[（一）+（二）+（三）+（四）]×相应费率
其中：安全防护、文明施工费	按规定计算
（六）其他项目费	列项计算
（七）地区价差	按规定计算
（八）规费	[（一）+（二）+（三）+（四）+（五）+（六）+（七）]×相应费率
（九）税金	[（一）+（二）+（三）+（四）+（五）+（六）+（七）+（八）]×相应税率
（十）工程费用	[（一）+（二）+（三）+（四）+（五）+（六）+（七）+（八）+（九）

2. 特凿、安装、人工土石方工程计价程序表

费用项目	计算办法
（一）直接工程费	∑（工程量×消耗量定额基价）
①其中人工费	∑（工日消耗量×人工单价）
（二）技术措施费	∑（工程量×消耗量定额基价）
②其中人工费	∑（工日消耗量×人工单价）
（三）企业管理费	(①+②)×相应费率
（四）利润	(①+②)×相应费率
（五）组织措施费	(①+②)×相应费率
其中：安全防护、文明施工费	按规定计算
（六）其他项目费	列项计算
（七）地区价差	按规定计算
（八）规费	[（一）+（二）+（三）+（四）+（五）+（六）+（七）]×相应费率
（九）税金	[（一）+（二）+（三）+（四）+（五）+（六）+（七）+（八）]×相应税率
（十）工程费用	（一）+（二）+（三）+（四）+（五）+（六）+（七）+（八）+（九）

第二部分 煤炭建设其他费用规定

一、建设管理费

建设管理费：指建设单位从项目筹建开始直至办理竣工决算为止，发生的项目建设管理费用。

费用内容：

（1）建设单位管理费：是指建设单位发生的管理性质的开支。包括：工作人员工资、工资性补贴、施工现场津贴、职工福利费、住房基金、基本养老保险费、基本医疗保险费、失业保险费、工伤保险费、办公费、差旅交通费、劳动保护费、工具用具使用费、固定资产使用费、必要的办公及生适用品购置费、必要的通信设备及交通工具购置费、零星固定资产购置费、招募生产工人费、技术图书资料费、业务招待费、设计审查费、合同契约公证费、法律顾问费、咨询费、审计费、房产税、土地使用税、印花税和其他管理性质开支。

计费方法：

建设单位所需费用按以下费用×建设单位管理人员数×建设工期。

建设单位管理人员数（建设工期内加权平均人数）和建设工期（含准备期）根据施工组织设计确定。

单位：元/人月

项目	矿井（露天）	选煤厂
费用	18000~25000	15000~18000

注：改扩项目建设单位管理费按60%计取。

（2）工程监理费：指建设单位委托工程监理单位实施工程监理的费用。

计费方法：

按国家发展和改革委员会发改价格〔2011〕534号《国家发展改革委关于降低部分建设项目收费标准规范收费行为等有关问题的通知》和国家发展改革委员会、建设部《关于印发〈建设工程监理与相关服务收费管理规定〉的通知》（发改价格〔2007〕670号）规定执行，矿建工程按1.1系数调整。

（3）工程招标费：指招标、发标等工作所需费用。

计费方法：

依据工程所在省、自治区、直辖市有关规定计算。

（4）工程标底编制、合同签证、合同预算审查费。

计费方法：按建安工作量1%计算。

（5）竣工清理及竣工验收费：指为项目竣工交付使用进行资料档案、环保、劳动卫生、安全消防验收及地面和井下清理等所发生的费用。

计费方法：

7.0元/m^2×工业广场及居住区占地面积+3.0元/m×矿井巷道长度。由建设单位包干使用。

（6）工程质量技术服务费：指煤炭工业建设工程质量监督机构，根据国家法律法规和工程建设强制性标准，对煤炭建设项目实施工程质量监督、检查、技术服务等发生的费用。由建设单位向质量监督站支付。

计费方法：

按建设项目建安工作量的 3.5‰~4‰ 计算。

（7）如建设项目管理采用工程总承包方式，其总包管理费由建设单位与总包单位根据总包工作范围在合同中商定，从建设管理费中支出。

二、建设用地费

建设用地费：指按照《中华人民共和国土地管理法》等规定，建设项目征用土地或租用土地应支付的费用。

费用内容：

（1）土地征用及迁移补偿费：经营性建设项目通过出让方式购置的土地使用权（或建设项目通过划拨方式取得无限期的土地使用权）而支付的土地补偿费、地上附着物和青苗补偿费、余物迁建补偿费、土地登记管理费等；建设单位在建设过程中发生的土地复垦费用和土地损失补偿费用；建设期间临时占地补偿费。

（2）征用耕地按规定一次性缴纳的耕地占用税；征用城镇土地在建设期间按规定每年缴纳的城镇土地使用税；征用城市郊区菜地按规定缴纳的新菜地开发建设基金。

（3）建设单位租用建设项目土地使用权支付的租地费用。

计费方法：

（1）根据应征建设用地面积、临时用地面积，按建设项目所在地省、市、自治区人民政府制定颁发的土地征用补偿费、安置补偿费标准和耕地占用税、城镇土地使用税标准计算。

（2）建设用地上的建（构）筑物如需迁建，其迁建补偿费按地方政府规定执行。如果地方政府没有规定，可按迁建补偿协议计列或按新建同类工程造价计算。建设场地平整中的余物拆除清理费在"场地准备及临时设施费"中计算。

（3）建设项目采用"长租短付"方式租用土地使用权，在建设期间支付的租用地费用计入建设用地费；在生产经营期间支付的土地使用费应进入营运成本中核算。

三、可行性研究费

可行性研究费：系指在建设项目前期工作中，编制和评估项目建议书（或预可行性研究报告）、可行性研究报告所需的费用。

计费方法：

（1）依据前期研究委托合同计算，或按照《国家计委关于印发〈建设项目前期工作咨询收费暂行规定〉的通知》（计投资［1999］1283号）的规定计算。

（2）编制预可行性研究报告参照编制项目建议书收费标准。

（3）单独委托编制技术经济评价按项目所在省、自治区、直辖市有关规定计算。

四、研究试验费

研究试验费：系指为本建设项目提供或验证设计数据、资料等进行必要的研究试验及按照设计规定在建设过程中必须进行试验、验证所需的费用。但不包括：

(1) 应由科技三项费用（即新产品试制费、中间试验费和重要科学研究补助费）开支的项目。

(2) 应在建筑安装费用中列支的施工企业对建筑材料、构件和建筑物进行一般鉴定、检查所发生的费及技术革新的研究试验费。

(3) 应由勘察设计费或工程费用中开支的项目。

计费方法：

按照研究试验内容和要求按有关规定计算。

五、勘察设计费

勘察设计费：系指委托勘察设计单位进行工程水文地质勘察、工程设计所发生的各项费用。包括：

(1) 工程勘察费、初步设计费（基础设计费）、施工图设计费（详细设计费）。

(2) 委托勘察、设计单位进行概、预算编制所需费用。

(3) 调整概算按工程设计费 4.2%~6.3% 计取。

(4) 设计模型制作费。

计费方法：

按国家发展和改革委员会发改价格［2011］534 号《国家发展改革委关于降低部分建设项目收费标准规范收费行为等有关问题的通知》和国家计委、建设部《关于发布〈工程勘察设计收费管理规定〉的通知》（计价格［2002］10 号）规定执行。

六、环境影响评价费

环境影响评价费：系指按照《中华人民共和国环境保护法》、《中华人民共和国环境影响评价法》等规定，为全面、详细评价本建设项目对环境可能产生的污染或造成的重大影响所需的费用。包括编制环境影响报告书（含大纲）、环境影响报告表和评估环境影响报告书（含大纲）、评估环境报告影响报告表等所需的费用。

计费方法：

依据环境影响评价委托合同计列，或按照国家计委、国家环境保护总局《关于规范环境影响咨询收费有关问题的通知》（计价格［2002］125 号）规定计算。

七、劳动安全卫生评价费

劳动安全卫生评价费：系指按照劳动部《建设项目（工程）劳动安全卫生监察规定》和《建设项目（工程）劳动安全卫生预评价管理办法》的规定，为预测和分析建设项目存在的职业危险、危害因素的种类和危害程度，并提出先进、科学、合理可行的劳动安全卫生技术和管理对策所需的费用。包括编制建设项目劳动安全卫生评价大纲和劳动安全卫生预评价报告书，以及为编制上述文件所进行的工程分析和现状调查等所需费用。

计费方法：

按照国家或建设项目所在省（自治区、直辖市）煤矿安全监督监察部门规定标准或委托合同价款计列。

八、场地准备及临时设施费

场地准备及临时设施费：包括场地准备费和临时设施费。

(1) 场地准备费：是指建设项目为达到工程开工条件所发生的场地平整和建设场地余

留的有碍于施工建设的设施，进行拆除清理的费用。

（2）临时设施费：是指为满足施工建设需要而供到场地界区的临时水、电、路、讯、气等工程费用和建设单位的现场临时建（构）筑物的搭设、维修、拆除、摊销或建设期间租赁费用，以及施工期间专用公路养护费、维修费。此费用不包括已列入建筑安装工程费用中的施工单位临时设施费用。

（3）场地准备及临时设施应尽量与永久性工程统一考虑。建设场地的大型土石方工程应进入工程费用中的总图运输费用中。

计费方法：

1）新建项目的场地准备和临时设施费应根据实际工程量估算，或按工程费用的比例计算。改扩建项目只计拆除清理费。

拆除清理费用

项目		计算公式	费率（%）
建筑工程	一般砖木结构	按新建价格×费率	10
	混合结构	按新建价格×费率	15
	混凝土及钢筋混凝土		
	（1）有爆破条件工程	按新建价格×费率	20
	（2）无爆破条件工程	按新建价格×费率	35
安装工程	（1）机械设备及装置	按新建价格×费率	30
	（2）电气设备及装置	按新建价格×费率	45
	（3）工艺管理工程	按新建价格×费率	45
	（4）输电线路及通信线路	按新建价格×费率	60

注：发生拆除清理费时可按同类工程造价或主材费、设备费的比例计算。凡可回收材料的拆除采用以料抵工方式，不再计算拆除清理费。

2）场地准备和临时设施费＝工程费用×拆除清理费用费率＋临时设施费＋平整场地费

场地准备和临时设施费　　　　　　　　　　　单位：万元

项目	场外公路	输电线路	通信线路	输水管路		平整场地		办公室车库宿舍
				埋设	明设	主副井广场	风井广场	
单位	km					一个广场		
矿井费用	26.30	4.97	2.59	41.18	37.76	9.19	5.53	23.76
选煤厂费用	18.41	3.48	1.81	28.82	26.44	6.43		16.63

九、引进技术和引进设备其他费

费用内容：

（1）引进项目图纸资料翻译复制费、备品备件测绘费。

（2）出国人员费用：包括买方人员出国设计联络、出国考察、联合设计、监造、培训等所发生的旅费、生活费、制装费等。

（3）来华人员费用：包括卖方来华工程技术人员的现场办公费用、往返现场交通费用、工资、食宿费用、接待费用等。

（4）银行担保及承诺费：指引进项目由国内外金融机构出面承担风险和责任担保所发生的费用，以及支付贷款机构的承诺费用。

计费方法：

根据设计资料按国家部门的规定或合同计算。

十、工程保险费

工程保险费：指建设项目在建设期间根据需要对建筑工程、安装工程及机器设备进行投保而发生的保险费用。包括建筑工程一切险和人力意外伤害险、引进设备国内安装保险等。

计费方法：

按国家有关规定计算。

十一、联合试运转费

联合试运转费：指新建企业或新增生产能力的扩建企业，在竣工验收前按照设计规定的工程质量标准，对整个生产线或车间进行无负荷和有负荷联合试运转所发生的费用支出大于试运转收入的差额部分费用，不包括应由设备安装工程费项下开支的调试费及试车费。

费用内容：

试运转所需材料、燃料、油料及动力消耗、低值易耗品及其他物料消耗、机械使用费、联合试运转人员工资以及施工企业参加试运转人员的工资及管理费用。试运转收入是指试运输产品销售收入及其他收入。

计费方法：

费用×设计生产能力

项目	设计生产能力（Mt/a）	费用（元/0.01Mt）
矿井	0.3以下	13308
	0.45~1.2	15096
	1.5~1.8	14844
	2.4~4.0	10740
	5.0以上	10224
炼焦煤选煤厂	0.6以下	1572
	0.9~1.2	2604
	1.5~2.4	4764
	3.0以上	4536
非炼焦煤选煤厂	0.6以下	1104
	0.9~1.2	1824
	1.5~2.4	3336
	3.0以上	3168

注：改扩建按新增设计能力。

十二、特殊设备安全监督检验费

特殊设备安全监督检验费：系指在施工现场组装的锅炉及压力容器、消防设备、燃气设备、电梯等特殊设备和设施，由安全监察部门按照有关安全监察条例和实施细则以及设计技术要求进行安全检验，应由建设项目支付的，向安全监察部门缴纳的费用。

计费方法：

按建设项目所在省（市、自治区）安全监察部门的规定标准计算。

十三、市政公用设施建设及绿化费

市政公用设施建设及绿化费：指项目建设单位按照项目所在地人民政府有关规定交纳的市政公用设施建设费，以及绿化补偿费，建设项目在工程移交验收前对工业场区、场外公路、居住区进行绿化所需的费用。
计费方法：
按工程所在地人民政府规定标准计算，无规定标准可按以下方法计算。
(1) 场区：（工业广场占地面积×15% + 居住区占地面积×20%）×50元/m²；
(2) 场外公路：按场外公路长度×10920元/km；

十四、专利及专有技术使用费

费用内容：
(1) 国外设计及技术资料费、引进有效专利、专有技术使用费和技术保密费；
(2) 国内有效专利、专有技术使用费；
(3) 商标使用费、特许经营权费等。
计费方法：
(1) 按专利使用许可协议和专有技术使用合同的规定计列。
(2) 专有技术的界定以省、部级鉴定批准为依据。
(3) 项目投资中只计需在建设期支付的专利及专有技术使用费。协议或合同规定在生产期支付的使用费应在成本中核算。

十五、生产准备及开办费

生产准备及开办费：系指建设项目为保证正常生产而发生的人员培训费、提前进厂费以及投产使用初期必备的生产生活用具、工器具等购置费用。
(1) 生产准备人员费：内容包括工作人员的基本工资、工资性补贴、职工福利费、基本养老保险费、医疗保险费、失业保险费、住房公积金、办公费、差旅交通费、劳动保护费等。
计算方法：
矿井、选煤厂均按5250元/人月×生产准备人员数×准备期。生产准备人员数（准备期加权平均人数）和准备期依据有关规定确定。改扩建项目不发生此项费用不计取。
(2) 人员培训费：包括自行培训、委托其他单位培训人员工资、工资性补贴、职工福利费、基本养老保险费、医疗保险费、失业保险费、住房公积金、办公费、差旅交通费、学习资料费、劳动保护费等。
计费方法：
费用×设计定员
改扩建工程按新增加人员计算。

单位：元/人

项目	矿井（露天）	选煤厂
费用	1620	1320

(3) 生产单位提前进矿（厂）人员费：内容包括为熟悉工艺流程及设备性能等提前进矿（厂）人员的基本工资、工资性补贴、职工福利费、基本养老保险费、医疗保险费、失业保险费、住房公积金、差旅交通费、劳动保护费等。
计费方法：
费用×全矿（厂）在籍人数
改扩建工程在籍人数指新增在籍人数。

单位：元/人

项目	矿井（露天）				选煤厂
	0.3Mt/a 以下	0.45~1.2Mt/a	1.5~4.0Mt/a	5.0Mt/a 以上	
费用	2730	3640	4680	5850	2210

(4) 办公及生活家具用具购置费：指新建项目为保证初期生产、生活和管理所必须的或改扩建项目需补充的办公、生活家具、用具等费用。

费用内容：

办公室、会议室、资料档案室、阅览室、文娱室、职工食堂、浴室、单身宿舍及设计文件规定必须建设的医务室、招待所等所需的家具、用具、器具购置费。

计费方法：

费用×全矿（厂）在籍人数

改扩建工程在籍人数指新增在籍人数。

单位：元/人

项目	矿井	选煤厂	
		矿区及群矿	矿井
新建工程	1068	850	1020
改扩建工程	636	612	

办公及生活家具购置费不包括下列设备及器材：

(a) 行政用具：录像设备、晒图机；
(b) 食堂：炊事机具、冷藏设备；
(c) 医院：医疗诊断仪器和设备。

(5) 生产工器具购置费：指建设项目为保证初期正常生产所必须购置的第一套生产工器具、消防工器具和机电调试设备及工具的费用。

计算方法：费用×全矿（厂）在籍生产人数

改扩建项目在籍人数指新增在籍人数。

单位：元/人

项目	矿井（露天）	选煤厂			
		0.3~0.6Mt/a	0.9~1.2Mt/a	1.5~3.0Mt/a	≥400
费用	864	1632	2076	2016	1824

十六、安全生产评价费

安全生产评价费：系指根据建设项目可行性研究报告的内容，定性、定量分析和预测该建设项目可能存在的各种危险、有害因素，确定其危险度，提出合理可行的安全对策措施及建议所发生的费用。

计费方法：按照国家安全监察局关于贯彻实施《安全评价机构管理规定》的通知，或按地方政府有关规定计算。

十七、水土保持评价费

水土保持评价费：系指水土保持方案编制所发生的费用。

计费方法：按水利部保监（2005）22号《关于开发建设项目水土保持咨询服务费用

计列的指导意见》的规定计算。

十八、探矿权价款

探矿权转让费：指建设单位支付精查、详查（最终）、普查（最终）、扩大延深、补充勘探、矿区水源勘探及补充地震勘探阶段全部技术资料的费用。

计费方法：

按国家或项目所在省（自治区）直辖市有关规定或转让合同价款计列。

十九、采矿权价款

采矿权转让费：系指获得采矿权后在建设期间所支付的采矿使用费、采矿权价款、矿产资源补偿费和资源税等费用。

计算方法：

按国家或项目所在省（自治区）直辖市有关规定或转让合同价款计列。

二十、项目申请报告费

项目申请报告费：系指根据建设项目申报单位概况、拟建项目基本情况、投资资金概况等编制煤炭项目申请报告文本所发生的费用。

计费方法：参照编制预算可行性研究报告收费标准计算。

二十一、节能评估费

节能评估费：指对主要生产装置、系统所采用的有利于节能的新技术、新工艺和高效节能设备及可燃气体的回收利用情况等进行评估所发生的费用。

计费方法：按照国家或省（自治区）直辖市有关规定计算。

二十二、地质灾害防治费

地质灾害防治费：指对矿山地质环境恢复治理、地质灾害防治所发生的费用。

计算方法：按照国家或省（自治区）直辖市有关规定计算。

二十三、井筒地质检查钻探费

井筒地质检查钻探费：系指建设工程在井筒开工前，为了解井筒所在位置的地质及水文情况所需的钻探费用。

主要工作内容包括：生产准备、造孔、全孔取芯、测定层位、测斜、水文观测、抽水试验、化验、封孔、安装与拆卸钻机、移至新区内、新点等。

计费方法：

按原国家计划委员会计价费［1996］2853号文《国家计委关于重新审定颁布煤炭地质勘探收费标准的通知》规定和财政部、国土资源部关于印发《国土资源调查预算标准》（地质调查部分）财建［2007］52号的规定执行。

二十四、矿井井位确定费

矿井井位确定费：指测量、标桩灌注等费用。

计费方法：

单位：万元／一个广场

项目	单井筒	双井筒	三井筒
费用	3.88	6.61	9.35

该项费用可按实调整概算。

二十五、施工机构迁移费

施工机构迁移费：指施工企业由原住地迁移到工程所在地所发生的往返一次性搬迁费用。

费用内容：被调迁职工的差旅费、调迁期间工资、施工机械设备、工具用具、周转使用材料等运杂费。

计费方法：

按建筑安装工程费用 1.2%~1.5% 计算，实际发生按甲乙双方合同计算。

二十六、维修费

维修费：指井下锚喷支护巷道、木支架巷道和工业广场永久建筑工程及外部公路建成后至移交生产前，由施工单位使用和代管期间的维修费。

计费方法：

（1）巷道维修费，按锚喷、木支架支护巷道工程造价的 2%~3% 计算，包干使用。岩石硬度系数 $f<3$ 取上限；$f<6$ 取下限；$f>6$ 不计取。

（2）工业广场外部公路维修费。

a. 中低级路面：指碎石或砾石路面，其他粒料加固或改善路面。

计费方法：

按路面工程造价的 10% 计算。

b. 次高级路面：指沥青或渣油灌入式表面处理路面。

计费方法：

按路面工程造价的 5% 计算。

（3）利用永久建筑工程维修补助费：按工业广场内永久建筑工程造价的 0.5% 计算。该项费用由建设单位安排使用。

二十七、财务费

财务费用：指为建设项目筹集资金发生的各项费用，包括国外借款手续费及承诺费、汇兑净损失及调整外汇手续费、金融机构手续费以及为筹建建设资金发生的其他财务费用。

计费方法：

根据项目建设需要按建筑安装工程费、设备及工器具购置的 0.3% 计算。实际发生的此项费用可按实际调整概算。

附录二 煤炭建设凿井措施工程费概算指标

说明

一、凿井措施工程费，指为矿井建设施工服务的特殊凿井、矿井提升、排水……等临时措施工程所发生的费用，其内容包括：

1. 冻结、钻井、地面预注浆等特殊凿井所需的临时生产性建筑安装工程；
2. 提升、排水、通风、压风（含压风管路敷设）、运输、照明、供电、供热、其他等辅助施工系统的临时性、半永久性建筑安装工程；
3. 施工设备、设施的进出场运输费。

二、凿井措施工程费指标适用于初步设计阶段编制概算。施工图预算或工程量清单编制时可根据施工组织设计和相应消耗量定额按单位工程进行编制。

三、本指标不包括下述内容：

1. 为矿井施工服务的临时性井巷工程，如临时锁口、井下措施巷道等；
2. 为矿井施工服务的行政、生活用临时工程；
3. 井下供电电缆、风筒、管路敷设，井上、下临时铺轨，井下施工用设备安装拆除工程；
4. 为地面土建、安装工程施工服务的临时工程；
5. 为成品、半成品加工服务的临时工程；
6. 为设备、材料供应服务的临时库房（棚）；
7. 广场内临时道路、水、电管线、临时围墙、排水沟渠等设施；
8. 井筒提升和悬吊用的第一根钢丝绳和立井开拓巷道期第一根罐道绳的购置费用；
9. 冻结施工第一次充氨和溶化氯化钙费用；
10. 其他小型临时设施工程。

上述第1项费用按永久工程处理；第2至第10项费用分别包括在直接工程费、井巷工程辅助费和临时设施费中。

措施工程费、井巷工程辅助费、临时设施费三项费用划分见附表。

四、凿井措施工程费指标的使用原则

（1）投产时巷道总工程量是指除井筒工程量以外的，按投产标准要求应完成的全部巷道工程量。

（2）立井开拓的井筒净径、井筒深度、冻结深度、表土深度和斜井开拓的井筒斜长等，在多井筒广场，均按其平均值选用指标。

（3）主副井为一个立井、一个斜井时，按相应条件的立井、斜井指标平均计算；一个矿井有二个或两个以上风井施工区时，按各风井各自的技术条件选用指标。

（4）主副井广场是按两个井筒组合的，只设一个井筒时以0.65系数调整，设三个井筒时以1.3系数调整。

（5）三个井筒的主副井广场，均采用冻结法施工时，按其平均冻结深度和表土深度，选用双井筒指标，可按1.35系数调整。

（6）风井广场是按一个井筒计算的，一个广场设二个风井井筒时以1.54系数调整。

（7）凿井施工设备运输费中不包括地面土建、安装工程大型施工设备进出场费，发生时按建筑安装工程消耗量定额有关规定计算。

（8）凿井措施工程费指标是在利用部分永久工程的情况下编制的，在实施中建设单位应统筹安排，尽量无偿提供永久建筑给施工单位使用。

（9）凿井措施工程费指标中井筒占的比例是：①立井井筒特殊凿井措施工程100%；②立井开拓主副井及风井措施工程70%；③斜井开拓措施工程60%；④平硐开拓措施工程50%。

五、井筒装备指标是指为施工立井井筒永久装备和井筒永久管线敷设服务而新增的设备、设施（如专用吊盘等）所发生的临时性建筑安装工程费，指标中包括的土建临时工程费用如下表：

井筒装备土建临时工程含量表　　　　　　　单位：万元/一个广场

井筒净径（m）	主副井广场	风井广场	备注
<5	15.78	9.89	指标内容包括稳车栅、稳车基础以及防腐等所需的全部土建工程
<6	34.6	17.3	
<7	39.82	19.91	
<8	43.72	21.86	

六、凿井设备、设施进出场运输费的运距是按小于50公里编制的，当运距超过50公里时，以1.08系数调整施工设备运输费，当运距超过200公里时，以1.15系数调整施工设备运输费。

七、地区调整：

（1）本指标是按二类地区条件编制的，当用于一类地区时以1.1系数调整，三类地区以0.95系数调整，北纬48°以北的高寒地区以1.3系数调整。

（2）地区类别的划分：

一类地区：黑龙江、吉林、辽宁、内蒙古、宁夏、青海、新疆、甘肃、西藏、山西雁北地区、陕西陕北地区（含延安和榆林地区）。

二类地区：山西（不含雁北地区）、陕西（不含陕北地区）、山东、河南、河北、贵州、四川、重庆、北京、天津、云南。

三类地区：江苏、安徽、浙江、江西、湖南、湖北、福建、广东、广西、海南、上海。

立井井筒特殊凿井措施工程费

指标编号	项目名称	井筒净径（m）										指标（万元）				
		<4		<5		<6		<7		<8		合计	设备运输费	土建	安装	打钻
		冻结深度	表土深度	冻结深度	表土深度	冻结深度	表土深度	冻结深度	表土深度	冻结深度	表土深度					
001	冻结井单井筒广场	<150	>125	<150	>125	<150	>125	<150	<125	<150	>75	79.05	9.65	21.06	36.10	12.24
002		<250	<180	<250	<140	<250	<140	<150	<125	<150	>75	99.25	12.31	22.58	52.12	12.24
003		<250	>180	<250	<220	<250	<180	<250	<140	<250	<140	123.66	15.12	24.09	70.67	13.78
004		<350	<320	<250	<220	<250	>180	<250	<180	<250	<180	135.64	17.37	25.61	78.88	13.78
005		<350	>320	<350	<280	<350	<200	<250	<180	<250	<220	154.66	19.58	27.10	94.20	13.78
006				<350	<320	<350	<240	<250	<240	<250	<220	171.74	21.63	28.60	107.73	13.78
007				<350	>320	<350	<280	<350	<280	<350	<280	189.39	23.84	30.12	121.65	13.78
008						<350	>280	<350	<280	<350	>280	215.48	26.91	34.64	140.15	13.78
009						<450	<330	<450	<330	<450	<330	238.05	29.80	43.25	151.22	13.78
010						<450	>330	<450	>330	<450	>330	270.02	33.89	48.18	172.62	15.33
011						<550	<450	<550	<450	<550	<450	297.07	37.66	53.53	189.00	16.88
012						<550	>450	<550	>450	<550	>450	330.71	40.49	57.56	215.78	16.88

续表

指标编号	项目名称	井筒净径（m）								指标（万元）				
		<4		<5		<6		<7		<8				
		冻结深度	表土深度	冻结深度	表土深度	冻结深度	表土深度	冻结深度	表土深度	冻结深度	表土深度	合计	设备运输费	土建	安装	打钻

指标编号	项目名称	冻结深度<4	表土深度<4	冻结深度<5	表土深度<5	冻结深度<6	表土深度<6	冻结深度<7	表土深度<7	冻结深度<8	表土深度<8	合计	设备运输费	土建	安装	打钻
013	冻结井双井筒广场	<150	>125	<150	>125	<150	>125	<150	<125	<150	>75	117.78	14.72	24.09	54.48	24.49
014		<250	<180	<250	<140	<250	<140	<150	>125	<150	>75	146.45	18.76	25.61	77.59	24.49
015		<250	>180	<250	<220	<250	<180	<250	<140	<250	<140	183.73	23.22	27.10	105.86	27.55
016		<350	<320	<250	>220	<250	<180	<250	<180	<250	<180	201.66	27.06	30.12	116.93	27.55
017		<350	>320	<350	<280	<350	<200	<250	<180	<250	<220	228.17	30.28	31.61	138.73	27.55
018				<350	<320	<350	<240	<350	<240	<250	>220	254.71	33.58	33.12	160.46	27.55
019				<350	>320	<350	<280	<350	<280	<350	<280	281.25	36.80	34.64	182.26	27.55
020						<350	>280	<350	>280	<350	>280	319.22	41.69	40.65	209.33	27.55
021						<450	<330	<450	<330	<450	<330	344.41	45.75	46.67	224.44	27.55
022						<450	>330	<450	>330	<450	>330	396.72	52.07	55.70	258.35	30.6
023						<550	<450	<550	<450	<550	<450	425.92	57.94	57.48	277.94	32.56
024						<550	>450	<550	>450	<550	>450	480.65	62.29	66.93	317.32	34.11
025	钻机（一个井筒）											297.50	33.84	132.49	131.17	0
026	地面预注浆（一个井筒）											44.97	2.56	18.07	14.55	9.79

立井开拓主副井措施工程费　　　　　单位：一个广场

指标编号	投产时巷道工程总工程量（m）	井深（m）	井筒净径<4m					指标编号	井筒净径<5m				
			指标（万元）	其中：（万元）					指标（万元）	其中：（万元）			
				施工设备运输费	土建	安装	井筒装备			施工设备运输费	土建	安装	井筒装备
027	<3000	<200	182.04	20.02	24.50	89.23	48.29	052	203.71	22.30	24.50	98.42	58.49
028		<300	191.07	21.95	24.50	94.00	50.62	053	219.21	24.62	24.50	108.90	61.19
029		<400	227.04	24.76	24.50	124.66	53.12	054	258.33	27.23	24.50	142.49	64.11
030		<500	240.02	27.45	24.50	132.28	55.79	055	269.74	30.19	24.50	147.80	67.25
031		<600	252.51	29.43	24.50	139.89	58.69	056	279.57	33.12	24.50	151.31	70.64
032	<5000	<200	211.58	23.39	45.72	94.18	48.29	057	233.62	25.62	45.72	103.79	58.49
033		<300	221.15	25.28	45.72	99.53	50.62	058	249.81	27.96	45.72	114.94	61.19
034		<400	258.76	28.43	45.72	131.49	53.12	059	322.82	30.99	45.72	149.90	64.11
035		<500	272.34	31.31	45.72	139.71	55.79	060	302.71	33.84	45.72	155.90	67.25
036		<600	285.44	33.09	45.72	147.94	58.69	061	313.57	36.78	45.72	160.43	70.64
037	<7500	<200	274.12	30.53	91.43	103.87	48.29	062	297.13	32.80	91.43	114.41	58.49
038		<300	284.39	32.02	91.43	110.32	50.62	063	314.58	35.10	91.43	126.86	61.19
039		<400	325.69	36.27	91.43	144.87	53.12	064	358.16	38.88	91.43	163.74	64.11
040		<500	340.56	38.97	91.43	154.37	55.79	065	372.33	41.71	91.43	171.94	67.25
041		<600	354.97	40.97	91.43	163.88	58.69	066	385.39	43.13	91.43	178.63	70.64
042	<10000	<200	370.40	41.78	163.31	117.02	48.29	067	394.76	45.69	163.31	128.90	58.49
043		<300	382.20	43.27	163.31	125.00	50.62	068	414.02	46.36	163.31	143.16	61.19
044		<400	428.29	48.67	163.31	163.19	53.12	069	461.34	50.12	163.31	183.80	64.11
045	<10000	<500	444.97	51.36	163.31	174.51	55.79	070	477.62	52.97	163.31	194.09	67.25
046		<600	461.18	53.34	163.31	185.84	58.69	071	493.69	55.90	163.31	203.84	70.64
047	<20000	<200	411.02	46.84	189.47	126.42	48.29	072	435.25	49.13	189.46	138.17	58.49
048		<300	423.23	48.75	189.47	134.39	50.62	073	454.65	51.45	189.46	152.55	61.19
049		<400	468.15	53.36	189.47	172.20	53.12	074	502.30	55.92	189.16	192.81	64.11
050		<500	484.93	56.05	189.47	183.62	55.79	075	518.48	58.58	189.46	203.19	67.25
051		<600	501.20	58.01	189.47	195.03	58.69	076	532.22	61.71	189.46	210.41	70.64

续表

指标编号	投产时巷道工程总工程量(m)	井深(m)	井筒净径<4m					指标编号	井筒净径<5m				
			指标(万元)	其中:（万元）					指标(万元)	其中:（万元）			
				施工设备运输费	土建	安装	井筒装备			施工设备运输费	土建	安装	井筒装备
	<30000	<200						077	578.20	63.64	284.17	171.90	58.49
		<300						078	597.78	65.94	284.17	186.48	61.19
		<400						079	644.71	70.55	284.17	225.88	64.11
		<500						080	660.82	73.27	284.17	236.13	67.25
		<600						081	677.84	76.20	284.17	246.82	70.65

立井开拓主副井措施工程费　　　　　单位：一个广场

指标编号	投产时巷道工程总工程量(m)	井深(m)	井筒净径<6m					指标编号	井筒净径<7m				
			指标(万元)	其中:（万元）					指标(万元)	其中:（万元）			
				施工设备运输费	土建	安装	井筒装备			施工设备运输费	土建	安装	井筒装备
082	<3000	<200	275.43	28.16	24.50	135.35	87.42						
083		<300	284.39	30.73	24.50	138.72	90.44						
084		<400	324.17	33.32	24.50	172.66	93.69						
085		<500	336.45	36.12	24.50	178.65	97.18						
086		<600	370.39	43.45	24.50	201.50	100.94						
087	<5000	<200	306.48	31.52	45.72	141.82	87.42						
088		<300	315.94	34.09	45.72	145.69	90.44						
089		<400	357.42	37.00	45.72	181.01	93.69						
090		<500	370.39	39.80	45.72	187.69	97.18						
091		<600	405.97	47.13	45.72	212.18	100.94						
092	<7500	<200	372.28	38.66	91.43	154.77	87.42	137	402.83	41.86	91.43	161.10	108.41
093		<300	382.66	41.23	91.43	159.56	90.44	138	425.04	44.54	91.43	176.70	112.37
094		<400	427.62	44.86	91.43	197.64	93.69	139	451.11	48.23	91.43	194.82	116.63
095		<500	442.04	47.67	91.43	205.76	97.18	140	471.78	52.88	91.43	206.28	121.19
096		<600	481.03	54.99	91.43	233.67	100.94	141	495.86	59.27	91.43	219.10	126.06
097		<700	555.97	58.98	91.43	300.56	105.00	142	574.20	66.64	91.43	284.80	131.33
098		<800	622.68	69.70	91.43	352.22	109.33	143	637.80	75.24	91.43	334.13	137.00
099		<900	674.12	77.44	91.43	391.36	113.89	144	688.99	83.60	91.43	371.26	142.71
100		<1000	730.95	86.05	91.43	434.84	118.63	145	745.48	92.89	91.43	412.51	148.65

立井开拓主副井措施工程费　　　　　单位：一个广场

指标编号	投产时巷道工程总工程量(m)	井深(m)	井筒净径<6m					指标编号	井筒净径<7m				
			指标(万元)	其中:（万元）					指标(万元)	其中:（万元）			
				施工设备运输费	土建	安装	井筒装备			施工设备运输费	土建	安装	井筒装备
101	<10000	<200	473.35	49.92	163.31	172.70	87.42	146	503.37	53.12	163.31	178.50	108.44
102		<300	484.96	52.49	163.31	178.72	90.44	147	528.66	55.80	163.31	197.18	112.37
103		<400	534.88	57.22	163.31	220.66	93.69	148	558.26	60.59	163.31	217.73	116.63
104		<500	540.97	60.03	163.31	220.45	97.18	149	582.54	66.42	163.31	231.62	121.19
105		<600	595.29	67.36	163.31	263.68	100.94	150	610.48	71.63	163.31	249.48	126.06
106		<700	684.87	76.90	163.31	339.66	105.00	151	701.03	81.71	163.31	324.68	131.33
107		<800	755.76	84.77	163.31	398.35	109.33	152	770.92	90.31	163.31	380.30	137.00
108		<900	814.00	94.19	163.31	442.61	113.89	153	828.92	100.34	163.31	422.56	142.71
109		<1000	878.39	104.65	163.31	491.79	118.63	154	892.96	111.49	163.31	469.51	148.65

续表

指标编号	投产时巷道工程总工程量(m)	井深(m)	井筒净径<6m					指标编号	井筒净径<7m				
			指标(万元)	其中：（万元）					指标(万元)	其中：（万元）			
				施工设备运输费	土建	安装	井筒装备			施工设备运输费	土建	安装	井筒装备
110	<20000	<200	513.79	55.25	189.46	181.66	87.42	155	557.37	58.25	189.46	201.22	108.44
111		<300	525.56	57.56	189.46	188.10	90.44	156	578.67	60.66	189.46	216.18	112.37
112		<400	574.76	61.95	189.46	229.66	93.69	157	602.86	65.10	189.46	231.67	116.63
113		<500	591.31	64.72	189.46	239.95	97.18	158	621.31	69.94	189.46	240.72	121.19
114		<600	632.67	72.02	189.46	270.25	100.94	159	647.91	76.34	189.46	256.05	126.06
115		<700	716.99	81.59	189.46	340.94	105.00	160	738.05	86.38	189.46	330.88	131.33
116		<800	788.31	89.46	189.46	400.06	109.33	161	831.37	94.98	189.46	409.93	137.00
117		<900	847.26	99.40	189.46	444.51	113.89	162	893.18	105.53	189.46	455.48	142.71
118		<1000	912.44	110.44	189.46	493.90	118.63	163	961.46	117.26	189.46	506.09	148.65

立井开拓主副井措施工程费　　　　单位：一个广场

指标编号	投产时巷道工程总工程量(m)	井深(m)	井筒净径<6m					指标编号	井筒净径<7m				
			指标(万元)	其中：（万元）					指标(万元)	其中：（万元）			
				施工设备运输费	土建	安装	井筒装备			施工设备运输费	土建	安装	井筒装备
119	<30000	<200	655.54	69.75	284.16	214.21	87.42	164	671.06	72.77	284.16	205.69	
120		<300	668.68	72.05	284.16	222.03	90.44	165	687.55	75.16	284.16	215.86	
121		<400	717.38	76.79	284.16	262.74	93.69	166	740.57	79.98	284.16	259.80	
122		<500	733.85	79.61	284.16	272.90	97.18	167	763.85	84.84	284.16	273.66	
123		<600	778.69	86.91	284.16	306.65	100.94	168	793.89	91.22	284.16	292.45	
124		<700	866.18	96.49	284.16	380.53	105.00	169	886.43	101.27	284.16	369.67	
125		<800	931.99	104.33	284.16	434.17	109.33	170	956.60	109.87	284.16	425.57	
126		<900	996.38	115.92	284.16	482.41	113.89	171	1021.80	122.08	284.16	472.86	
127		<1000	1067.61	128.80	284.16	536.01	118.63	172	1093.85	135.64	284.16	525.40	
128	>30000	<200	712.39	75.39	311.49	238.09	87.42	173	726.64	78.40	311.49	228.31	
129		<300	725.97	77.71	311.49	246.33	90.44	174	743.54	80.81	311.49	238.87	
130		<400	774.87	82.44	311.49	287.25	93.69	175	798.05	85.62	311.49	284.31	
131		<500	791.45	85.25	311.49	297.53	97.18	176	821.46	90.48	311.49	298.30	
132		<600	835.84	92.58	311.49	330.83	100.94	177	851.04	96.85	311.49	316.64	
133		<700	924.21	102.13	311.49	405.59	105.00	178	944.02	106.92	311.49	394.28	
134		<800	991.78	109.97	311.49	460.99	109.33	179	1015.71	115.52	311.49	451.70	
135		<900	1059.78	122.19	311.49	512.21	113.89	180	1084.44	128.36	311.49	501.89	
136		<1000	1135.01	135.77	311.49	569.12	118.63	181	1160.42	142.62	311.49	557.65	

立井开拓主副井措施工程费　　　　单位：一个广场

指标编号	投产时巷道工程总工程量(m)	井深(m)	井筒净径<8m				
			指标(万元)	其中：（万元）			
				施工设备运输费	土建	安装	井筒装备
182	<7500	<200	424.02	47.04	91.43	164.24	121.31
183		<300	452.05	50.14	91.43	184.69	125.79
184		<400	483.68	54.31	91.43	207.32	130.62
185		<500	529.33	60.75	91.43	241.36	135.79
186		<600	548.83	66.23	91.43	249.81	141.36
187		<700	635.33	73.99	91.43	322.56	147.35
188		<800	677.80	81.51	91.43	351.08	153.78
189		<900	732.27	90.57	91.43	390.09	160.19
190		<1000	792.35	100.63	91.43	433.43	166.86

续表

指标编号	投产时巷道工程总工程量（m）	井深（m）	井筒净径＜8m				
			指标（万元）	其中：（万元）			
				施工设备运输费	土建	安装	井筒装备
191	＜10000	＜200	523.06	58.27	163.31	180.17	121.31
192		＜300	554.96	61.40	163.31	204.46	125.79
193		＜400	592.06	66.69	163.31	231.44	130.62
194		＜500	644.91	75.42	163.31	270.39	135.79
195		＜600	666.48	78.59	163.31	283.22	141.36
196		＜700	756.06	89.02	163.31	356.38	147.35
197		＜800	812.61	96.57	163.31	398.95	153.78
198		＜900	874.08	107.30	163.31	443.28	160.19
199		＜1000	941.93	119.22	163.31	492.53	166.86
200	＜20000	＜200	584.82	63.62	189.46	210.43	121.31
201		＜300	600.33	66.49	189.46	218.59	125.79
202		＜400	631.90	71.38	189.46	240.44	130.62
203		＜500	682.55	77.81	189.46	279.49	135.79
204		＜600	703.89	83.28	189.46	289.79	141.36
205		＜700	793.26	93.87	189.46	362.58	147.35
206		＜800	873.09	101.27	189.46	428.58	153.78
207		＜900	938.37	112.52	189.46	476.20	160.19
208		＜1000	1010.46	125.02	189.46	529.11	166.86

立井开拓主副井措施工程费　　　　　　　　单位：一个广场

指标编号	投产时巷道工程总工程量（m）	井深（m）	井筒净径＜8m				
			指标（万元）	其中：（万元）			
				施工设备运输费	土建	安装	井筒装备
209	＜30000	＜200	709.27	78.12	284.16	225.68	121.31
210		＜300	739.48	80.98	284.16	248.55	125.79
211		＜400	774.55	86.25	284.16	273.52	130.62
212		＜500	825.09	92.70	284.16	312.44	135.79
213		＜600	849.90	98.18	284.16	326.20	141.36
214		＜700	941.49	108.61	284.16	401.37	147.35
215		＜800	998.92	116.15	284.16	444.21	154.40
216		＜900	1067.62	129.06	284.16	493.57	160.83
217		＜1000	1143.50	143.40	284.16	548.41	167.53
218	＞30000	＜200	765.97	83.77	311.49	249.40	121.31
219		＜300	794.06	86.64	311.49	270.14	125.79
220		＜400	832.01	91.87	311.49	298.03	130.62
221		＜500	882.68	98.33	311.49	337.07	135.79
222		＜600	907.04	103.81	311.49	350.38	141.36
223		＜700	999.08	114.26	311.49	425.98	147.35
224		＜800	1057.41	121.79	311.49	470.35	153.78
225		＜900	1129.61	135.32	311.49	522.61	160.19
226		＜10000	1209.39	150.36	311.49	580.68	166.86

立井开拓风井措施工程费

单位：一个广场

指标编号	投产时巷道工程总工程量（m）	井深（m）	井筒净径<4m 指标（万元）	其中：（万元） 施工设备运输费	土建	安装	井筒装备	指标编号	井筒净径<5m 指标（万元）	其中：（万元） 施工设备运输费	土建	安装	井筒装备
227	<3000	<200	98.75	9.91	12.52	52.17	24.15	252	110.95	10.99	12.52	58.20	29.24
228		<300	104.36	10.84	12.52	55.69	25.31	253	117.48	12.13	12.52	62.24	30.59
229		<400	130.70	12.41	12.52	79.21	26.56	254	145.45	13.65	12.52	87.23	32.05
230		<500	139.30	13.73	12.52	85.15	27.90	255	150.70	13.08	12.52	91.47	33.63
231		<600	147.62	14.67	12.52	91.09	29.34	256	158.66	14.33	12.52	96.49	35.32
232	<5000	<200	114.41	11.74	23.35	55.17	24.15	257	125.15	11.15	23.35	61.41	29.24
233		<300	120.45	12.65	23.35	59.14	25.31	258	132.02	12.13	23.35	65.95	30.59
234		<400	148.38	14.56	23.35	83.91	26.56	259	161.32	13.72	23.35	92.20	32.05
235		<500	157.32	15.89	23.35	90.18	27.90	260	168.75	14.95	23.35	96.82	33.63
236		<600	165.93	16.80	23.35	96.44	29.34	261	177.31	16.20	23.35	102.44	35.32
237	<7500	<200	147.63	15.65	46.72	61.11	24.15	262	158.33	14.55	46.72	67.82	29.24
238		<300	154.49	16.58	46.72	65.88	25.31	263	166.13	15.54	46.72	73.28	30.59
239		<400	185.46	19.19	46.72	92.99	26.56	264	198.43	17.77	46.72	101.89	32.05
240		<500	195.06	20.52	46.72	99.92	27.90	265	206.59	18.98	46.72	107.26	33.63
241		<600	204.36	21.44	46.72	106.86	29.34	266	216.34	20.22	46.72	114.08	35.32
242	<10000	<200	196.22	21.83	81.09	69.15	24.15	267	209.16	19.92	83.46	76.54	29.24
243		<300	204.13	22.74	81.09	74.99	25.31	268	218.15	20.90	83.46	83.20	30.59
244		<400	239.34	26.47	81.09	105.22	26.56	269	254.60	24.10	83.46	114.99	32.05
245		<500	249.91	27.80	81.09	113.12	27.90	270	263.86	25.31	83.46	121.46	33.63
246		<600	260.18	28.72	81.09	121.03	29.34	271	275.31	26.55	83.46	129.98	35.32
247	<20000	<200	210.43	23.30	82.25	80.73	24.15	272	217.25	21.21	84.62	82.18	29.24
248		<300	218.36	24.23	82.25	86.57	25.31	273	232.18	22.19	84.62	94.78	30.59
249		<400	253.93	27.57	82.25	117.55	26.56	274	269.02	25.04	84.62	127.31	32.05
250		<500	264.53	28.89	82.25	125.49	27.90	275	278.34	26.25	84.62	133.84	33.63
251		<600	275.07	30.04	82.25	133.44	29.34	276	287.61	27.50	84.62	140.17	35.32
	<30000	<200						277	267.05	25.74	112.13	99.94	29.24
		<300						278	283.33	26.72	112.13	113.89	30.59
		<400						279	317.31	29.92	112.13	143.21	32.05
		<500						280	326.63	31.13	112.13	149.74	33.63
		<600						281	339.50	32.38	112.13	159.67	35.32

立井开拓风井措施工程费

单位：一个广场

指标编号	投产时巷道工程总工程量（m）	井深（m）	井筒净径<6m 指标（万元）	其中：（万元） 施工设备运输费	土建	安装	井筒装备
282	<3000	<200	141.92	13.65	12.52	72.04	43.71
283		<300	149.71	15.11	12.52	76.86	45.22
284		<400	178.48	16.54	12.52	102.58	46.84
285		<500	184.79	17.93	12.52	105.63	48.71
286		<600	200.80	21.56	12.52	116.25	50.47

续表

指标编号	投产时巷道工程总工程量（m）	井深（m）	井筒净径<6m			
			指标（万元）	其中：（万元）		
				施工设备运输费	土建	安装	井筒装备
287	<5000	<200	158.37	15.48	23.35	75.38	43.71
288		<300	166.52	16.91	23.35	81.04	45.22
289		<400	197.06	18.83	23.35	108.04	46.84
290		<500	203.70	20.19	23.35	111.45	48.71
291		<600	220.60	23.82	23.25	122.96	50.47
292	<7500	<200	193.27	19.39	46.72	83.45	43.71
293		<300	202.12	20.85	46.72	89.33	45.22
294		<400	235.75	23.45	46.72	118.74	46.84
295		<500	243.16	24.82	46.72	122.91	48.71
296		<600	261.90	28.45	46.72	136.26	50.47
297		<700	324.73	33.43	46.72	192.08	52.50
298		<800	358.27	37.36	46.72	219.53	54.66
299	<10000	<200	246.60	25.54	83.43	93.92	43.71
300		<300	256.30	26.99	83.43	100.66	45.22
301		<400	306.11	30.73	83.43	145.11	46.84
302		<500	302.83	32.11	83.43	138.58	48.71
303		<600	324.16	35.73	83.43	154.57	50.43
304		<700	397.85	43.38	83.43	218.54	52.50
305		<800	435.44	47.32	83.43	250.03	54.66
306		<900	470.76	52.58	83.43	277.81	56.94
307		<1000	509.84	58.42	83.43	308.68	59.31

立井开拓风井措施工程费　　　　　　　　单位：一个广场

指标编号	投产时巷道工程总工程量（m）	井深（m）	井筒净径<6m				指标编号	井筒净径<7m			
			指标（万元）	其中：（万元）					指标（万元）	其中：（万元）		
				施工设备运输费	土建	安装	井筒装备			施工设备运输费	土建	安装	井筒装备
308	<20000	<200	260.33	27.04	84.62	104.96	43.71	335	286.75	28.28	84.62	119.63	54.22
309		<300	270.57	28.50	84.62	112.23	45.22	336	300.80	29.75	84.62	130.24	56.19
310		<400	308.91	31.82	84.62	145.63	46.84	337	320.77	33.12	84.62	144.71	58.32
311		<500	317.35	33.19	84.62	150.95	48.59	338	339.91	35.51	84.62	159.19	60.59
312		<600	336.65	36.82	84.62	164.74	50.47	339	375.73	38.66	84.62	189.42	63.03
313		<700	404.13	44.49	84.62	222.52	52.50	340	460.41	46.74	84.62	263.38	65.67
314		<800	442.29	48.43	84.62	254.58	54.66	341	530.86	72.75	84.62	304.99	68.50
315		<900	478.24	53.81	84.62	282.87	56.94	342	575.69	80.83	84.62	338.88	71.35
316		<1000	518.02	59.79	84.62	314.30	59.31	343	625.29	89.81	84.62	376.53	74.33
317	<30000	<200	311.48	32.26	112.13	123.38	43.71	344	347.67	33.49	112.13	147.83	54.22
318		<300	322.40	33.71	112.13	131.34	45.22	345	357.17	34.97	112.13	153.88	56.19
319		<400	357.92	37.43	112.13	161.52	46.84	346	369.79	38.73	112.13	160.61	58.32
320		<500	366.41	38.82	112.13	166.87	48.59	347	381.18	41.12	112.13	167.34	60.59
321		<600	389.30	42.45	112.13	184.25	50.47	348	392.52	44.28	112.13	173.08	63.03
322		<700	488.12	50.08	112.13	273.41	52.50	349	472.58	52.31	112.13	242.47	65.67
323		<800	528.52	54.02	112.13	307.71	54.66	350	549.09	56.60	112.13	311.86	68.50
324		<900	570.99	60.02	112.13	341.90	56.94	351	592.88	62.89	112.13	346.51	71.35
325		<1000	618.02	66.69	112.13	379.89	59.31	352	641.35	69.88	112.13	385.01	74.33

续表

指标编号	投产时巷道工程总工程量（m）	井深（m）	井筒净径<6m					指标编号	井筒净径<7m				
			指标（万元）	其中：（万元）					指标（万元）	其中：（万元）			
				施工设备运输费	土建	安装	井筒装备			施工设备运输费	土建	安装	井筒装备
326	>30000	<200	336.67	34.73	115.31	142.92	43.71	353	367.22	35.97	115.31	161.72	54.22
327		<300	347.74	36.19	115.31	151.02	45.22	354	382.46	37.44	115.31	173.52	56.19
328		<400	384.25	39.69	115.31	182.41	46.84	355	396.11	41.00	115.31	181.48	58.32
329		<500	393.95	41.08	115.31	188.97	48.59	356	408.72	43.38	115.31	189.44	60.59
330		<600	418.68	44.71	115.31	208.19	50.47	357	421.89	46.53	115.31	197.02	63.03
331		<700	486.51	52.36	115.31	266.34	52.50	358	502.84	54.60	115.31	267.26	65.67
332		<800	528.46	56.29	115.31	302.20	54.66	359	580.17	58.86	115.31	337.50	68.50
333		<900	570.57	62.54	115.31	335.78	56.94	360	627.06	65.40	115.31	375.00	71.35
334		<1000	617.20	69.49	115.31	373.09	59.31	361	678.97	72.67	115.31	416.67	74.33

立井开拓风井揩施工程费　　　　　　　　　　　　单位：一个广场

指标编号	投产时巷道工程总工程量（m）	井深（m）	井筒净径<8m				
			指标（万元）	其中：（万元）			
				施工设备运输费	土建	安装	井筒装备
362	<30000	<200	333.28	36.54	112.13	123.96	60.65
363		<300	347.05	38.02	112.13	134.00	62.90
364		<400	384.72	41.76	112.13	165.52	65.31
365		<500	407.93	44.91	112.13	183.00	67.89
366		<600	425.73	47.60	112.13	195.32	70.68
367		<700	505.31	55.86	112.13	263.65	73.67
368		<800	535.19	59.59	112.13	286.58	76.89
369		<900	577.86	66.21	113.13	318.42	80.09
370		<1000	624.93	73.57	114.13	353.80	83.43
371	>30000	<200	358.41	39.02	115.31	143.43	60.65
372		<300	372.31	40.39	115.31	153.71	62.90
373		<400	411.02	44.01	115.31	186.39	65.31
374		<500	435.46	47.16	115.31	205.10	67.89
375		<600	455.11	49.86	115.31	219.26	70.68
376		<700	535.54	58.12	115.31	288.44	73.67
377		<800	569.29	64.71	115.31	312.38	76.89
378		<900	614.39	71.90	115.31	347.09	80.09
379		<1000	664.28	79.89	115.31	385.65	83.43

斜井、平硐开拓措施工程费　　　　　　　　　　　　单位：一个广场

施工区	投产时巷道总工程量（m）	斜井开拓									
		井筒斜长（m）										
		<400					<800				
		指标编号	指标（万元）	其中：（万元）			指标编号	指标（万元）	其中：（万元）		
				设备运输	土建	安装			设备运输	土建	安装
主副井	<3000	380	61.56	6.54	16.49	38.53	394	65.99	7.04	16.49	42.46
	<5000	381	83.83	8.84	30.77	44.22	395	88.65	9.43	30.77	48.45
	<7500	382	128.99	13.85	61.55	53.59	396	134.52	14.58	61.55	58.39
	<10000	383	196.61	21.67	109.95	64.99	397	203.12	22.67	109.95	70.50
	<20000	384	219.68	24.08	118.24	77.36	398	227.41	25.08	118.24	84.09
	<30000	385	316.98	33.32	174.90	108.76	399	322.66	34.28	174.90	113.48
	>30000	386	394.58	37.15	225.29	132.14	400	401.44	38.15	225.29	138.00

续表

施工区	投产时巷道总工程量（m）	斜井开拓									
		井筒斜长（m）									
		<400					<800				
		指标编号	指标（万元）	其中：（万元）			指标编号	指标（万元）	其中：（万元）		
				设备运输	土建	安装			设备运输	土建	安装
风井	<3000	387	41.19	3.52	9.61	28.06	401	46.10	3.85	9.61	32.64
	<5000	388	55.35	4.86	17.92	32.57	402	60.54	5.23	17.92	37.39
	<7500	389	83.55	7.81	35.85	39.89	403	89.39	8.35	35.85	45.19
	<10000	390	125.10	12.43	64.02	48.65	404	131.86	13.24	64.02	54.60
	<20000	391	146.64	13.95	69.28	63.41	405	150.82	14.75	69.28	66.79
	<30000	392	180.52	17.07	77.87	85.58	406	186.38	17.87	77.87	90.64
	>30000	393	210.38	19.32	80.52	110.54	407	217.17	20.06	80.52	116.59

斜井、平硐开拓措施工程费　　　　　　　　　　单位：一个广场

施工区	投产时巷道总工程量（m）	斜井开拓					平硐开拓				
		井筒斜长（m）							其中：（万元）		
		<1200									
		指标编号	指标（万元）	其中：（万元）			指标编号	指标（万元）	设备运输	土建	安装
				设备运输	土建	安装					
主副井	<3000	408	73.67	7.72	16.49	49.46	422	25.31	1.96	11.95	11.40
	<5000	409	97.18	10.28	30.77	56.13	423	43.53	3.66	22.30	17.57
	<7500	410	144.83	15.95	61.55	67.33	424	84.40	7.3	44.60	32.50
	<10000	411	216.06	24.89	109.94	81.23	425	136.79	13.04	79.64	44.11
	<20000	412	239.80	27.3	118.24	94.26	426	167.06	15.17	86.82	65.07
	<30000	413	337.87	36.51	174.90	126.46	427	253.29	24.17	141.74	87.38
	>30000	414	416.14	40.34	225.29	150.51	428	290.04	27.62	154.42	108.00
风井	<3000	415	54.64	4.24	9.61	40.79	429	16.44	1.2	7.21	8.08
	<5000	416	70.14	6.22	17.92	46.00	430	28.87	2.15	13.45	13.27
	<7500	417	100.13	9.57	35.85	54.71	431	54.23	4.32	26.91	23.00
	<10000	418	144.71	15.28	64.02	65.41	432	88.14	7.72	48.05	32.37
	<20000	419	166.92	16.8	69.28	80.84	433	118.44	9.35	52.89	56.20
	<30000	420	202.02	19.91	77.87	104.24	434	131.99	11.17	61.04	59.78
	>30000	421	232.23	21.93	80.52	129.78	435	144.59	11.5	63.12	69.97

附表：

三项费用划分表

序号	工程名称	费用划分		
		凿井措施费	临时设施费	辅助费
	一、冻结工程			
	1. 土建工程			
1	冷冻机房	√		
2	变电所	√		
3	机修房	√		
4	盐水干管沟槽及环行沟槽	√		
5	钻场基础（由灰土盘、枕木和环行轨组成）	√		

续表

序号	工程名称	费用划分		
		凿井措施费	临时设施费	辅助费
6	设备基础	√		
7	泥浆池及泥浆泵房	√		
8	配管房	√		
9	清水泵房	√		
10	测斜、测温房	√		
11	冷却水池	√		
12	临时宿舍		√	
13	临时办公室		√	
14	临时浴室、食堂		√	
15	临时仓库、设备栅、临时道路		√	
	2. 安装工程			
16	钻机、泥浆泵安装	√		
17	变电所设备安装	√		
18	冷冻设备安装	√		
19	管路安装（保温、刷油）	√		
20	测温系统安装	√		
21	机修设备安装	√		
	二、大钻机钻井			
	1. 土建工程			
22	绞车房	√		
23	变电所	√		
24	泥浆化验室	√		
25	砂泵房	√		
26	机修厂	√		
27	泥浆搅拌站	√		
28	地磅房	√		
29	设备基础	√		
30	挖掘机跑道	√		
31	砂泵房挡墙	√		
32	泥浆沟	√		
33	电缆沟	√		
34	新浆平衡池	√		
35	砂泵池	√		
36	泥浆池、加药池	√		
37	龙门吊车轨道铺设	√		
38	混凝土计量平台	√		
39	法兰盘制作平台	√		
40	预制井壁制作用基础	√		
	2. 安装工程			
41	井架安装	√		
42	龙门吊车安装	√		
43	绞车及液压站安装	√		
44	钻台平转盘安装	√		
45	泥浆搅拌机安装	√		
46	旋流器安装	√		
47	钻杆仓	√		
48	封口平车安装	√		
49	发电机组安装	√		

续表

序号	工程名称	费用划分		
		凿井措施费	临时设施费	辅助费
50	压风机安装	√		
51	风包安装	√		
52	砂泵安装	√		
53	耐酸泵安装	√		
54	水泵安装	√		
55	管路安装	√		
56	电气设备安装	√		
57	动力网路敷设	√		
58	出浆槽安装	√		
59	造粒机安装	√		
	三、地面预注浆			
	1. 土建工程			
60	发电机房	√		
61	配电室	√		
62	泥浆或注浆泵房	√		
63	灰土盘及环行轨	√		
64	机修厂	√		
65	搅拌站	√		
66	测斜房	√		
67	设备基础	√		
68	水池、泥浆池、沉淀池	√		
	2. 安装工程			
69	水泵、泥浆泵或注浆泵安装	√		
70	钻机安装	√		
71	泥浆搅拌机安装	√		
72	电气设备、设施安装（包括动力网路敷设）	√		
	四、普通凿井			
	1. 土建工程			
73	主副井绞车房、风井绞车房、矸石绞车房	√		
74	压风机房	√		
75	地面电机车房	√		
76	井口房	√		
77	扇风机房	√		
78	机修房、矿车修理间	√		
79	矸石栈桥	√		
80	地面翻笼房	√		
81	井口混凝土搅拌站	√		
82	矿灯房及充电室	√		
83	坑口锅炉房	√		
84	井口暖料机房	√		
85	井口上料房	√		
86	矿场变电所（6kV、3kV）	√		
87	材料库、材料棚		√	
88	材料装车站台		√	
89	设备库、设备棚		√	
90	稳车房（棚）	√		
91	浴室		√	
92	广场轻轨、矸石山轻轨			√

续表

序号	工程名称	费用划分		
		凿井措施费	临时设施费	辅助费
93	生活用锅炉房		√	
94	广场给水排水管路		√	
95	临时贮水池、沉淀池		√	
96	广场排水沟、防洪沟		√	
97	地面临时泵房		√	
98	临时化粪池		√	
99	场内临时道路		√	
100	广场临时围墙		√	
101	居住区全部临时工程		√	
102	临时宿舍		√	
103	临时食堂		√	
104	临时办公室		√	
105	木工房、门卫室等		√	
106	火药库（临时）	√		
	2. 安装工程			
107	提升系统安装	√		
108	金属井架安装（临时）	√		
109	矸石溜槽安装	√		
110	井盖门、卸矸门绞车安装			√
111	推车机、阻车器安装			√
112	井上下摇台安装			√
113	井盖及各类盘安装			√
114	稳车安装	√		
115	井下主排水泵安装	√		
116	井下其他水泵安装			√
117	井上下供水、洒水管路敷设			√
118	井上下排水管路敷设			√
119	地面主扇风机安装	√		
120	井下风机安装			√
121	井下临时风筒敷设			√
122	井上下轻轨敷设			√
123	井上下电机车架线			√
124	井下翻车机安装			√
125	矸石山绞车安装			√
126	地面翻罐笼安装			√
127	斜井地面栈桥安装			√
128	地面矸石仓安装			√
129	井上下运输绞车安装			√
130	地面变电所安装	√		
131	井下变电所（含配电点设备）安装			√
132	电机车变流设备安装			√
133	矿灯房设备安装			√
134	井上下临时动照网安装			√
135	生产用锅炉安装	√		
136	压风机安装	√		
137	井筒临时改绞安装	√		
138	井筒临时改绞用材料摊销费（电缆、风筒、钢管等）			√
	3. 井筒装备			
139	多层吊盘安装	√		
140	天轮平台改制	√		
141	稳车安装	√		

第十一章 水工及水电站建筑物的价值评估

第一节 水工建筑的基本概况

一、概述

水工建筑的价值评估和其他专业工程的价值评估方法基本相同，只是涉及的专业不同而已。水工建筑的价值评估比较烦琐，因为涉及的评估项目范围太广，多数项目都具有个性化，几乎没有可比性。评估方法一般只有三种，概预算法、竣工结算调整法、造价换算法。这些方法都是普通的、规范的评估方法，在方法上没有难度，但评估过程较烦琐。例如，重力坝评估项目就包括土石方工程（含爆破、开挖等）、坝体混凝土浇筑、钢筋、帷幕灌浆、地基固结灌浆加固、排水廊道、溢洪道、冲砂洞、排水设施（如防渗设施、排水井及管道等）等子项。因此，重力坝是一个包含很多子项工程的综合评估项目，评估过程比较烦琐。

水工建筑包括的范围很广，凡是涉及水的建设工程都属于水工建筑，它包括一般的水利工程建设项目、水运工程建设项目、水电站工程建设项目等。在资产评估中，水电站工程的估价一般列为一个单独的专业，因为水电站工程不仅要涉及水工建设，也包含许多陆地上的建筑物和构筑物，还有发电设备和发电相配套的其他设备和专业配套实施。在专业划分上，水电站被列为一个独立的专业，码头建筑物也列为一个独立的专业，属于水运工程。

水利上为满足防洪、发电、灌溉、航运等兴利除害的要求，通常要建造控制水位、调节流量等作用的水工建筑物。

水工建筑物系控制和调节水流、防治水害、开发利用水资源的建筑物，是实现各项水利工程目标的重要组成部分。水工建筑物涉及许多学科领域，除基础学科外，还与水力学、水文学、工程力学、土力学、岩石力学、工程结构、工程地质、建筑材料以及水利勘测、水利规划、水利工程施工、水利管理等学科密切相关。

水工建筑的评估目前面临水工建筑的专业评估人员贫缺的问题，很多情况下，都是由房屋建筑估价人员去估价。由于他们缺乏水工建筑的专业知识，因此在估价中困难较多。为了弥补这方面的不足，在本章的内容中尽可能介绍一些水工建筑的基本知识，以帮助非专业人员提高水工专业的知识水平和评估技能。本章对水工建筑专业名词的介绍尽可能做到准确、规范，但难免有欠缺之处，请读者多参阅水工建筑其他方面的书籍，以补不足之处。

二、水工建筑物的主要特点

水工建筑物的主要特点是：

（1）水工建筑物因受自然环境的限制，选址难度较大。水工建筑大部分处于山沟、丘陵地带，水文、地质、气候变化较大，水下建筑多，施工复杂，工程投资很大。

（2）水中建筑物要承受流水和地下基岩渗流水渗透的双重压力，这将会对建筑物的强度和稳定性产生不利的影响。泄水建筑物在排水时，水压力较大，直接冲刷河床和岸坡，需增加防护设施。由于水工建筑构造复杂、建设困难较大，因此给水工建筑的设计带来较大的难度。

（3）很多水工建筑建造在江河中，需要提前进行施工导流、截流，提前组织搬迁和施工期度汛，施工前期工作比较复杂。

（4）水工建筑要求高，地质情况复杂，地基的处理工作很麻烦，施工工期长，增加了投资。

三、水工建筑物的分类

水工建筑物一般按其作用、使用性质和使用期限等进行分类，现作如下分述。

1. 按作用分类

水工建筑物按其作用可分为挡水建筑物、泄水建筑物、输水建筑物、取（进）水建筑物、整治建筑物以及专门为灌溉、发电、过坝需要而兴建的建筑物。

（1）挡水建筑物

挡水建筑物是用来拦截水流、抬高水位及调节蓄水量的建筑物。如各种坝和水闸以及沿江河海岸修建的堤防、海塘等。

（2）泄水建筑物

泄水建筑物是用于宣泄水库、渠道及压力前池的多余洪水，用于排放泥沙和冰凌，为了人防、检修而放空水库、渠道等，以及为了保证大坝和其他建筑物安全而泄水的建筑物。如各种溢流坝、坝身泄水孔、岸边溢洪道等。

（3）输水建筑物

输水建筑物是为了发电、灌溉和供水的需要，从上游向下游输水用的建筑物。如引水隧洞、引水涵管、渠道、渡槽、倒虹吸等。

（4）取（进）水建筑物

取（进）水建筑物是输水建筑物的首部建筑物。如引水隧洞的进水口段、灌溉渠首和供水用的扬水站等。

（5）整治建筑物

整治建筑物是用以改善河流的水流条件、调整河势、稳定河槽、维护航道以及为防护河流、水库、湖泊中的波浪和水流对岸坡冲刷的建筑物。如顺坝、丁坝、导流堤、护底和护岸等。

（6）专门建筑物

专门建筑物是为灌溉、发电、过坝等需要而兴建的建筑物。如专为灌溉用的沉砂池、冲砂闸；专为过坝用的升船机、船闸、鱼道、过木道等。

2. 按使用性质分类

水工建筑物按其使用性质可分为通用性建筑物和专门性建筑物。

（1）通用性水工建筑物

通用性水工建筑物是具有广泛性用途的水工建筑，在各个专门性水工工程中也经常使用这些建筑。

通用性水工建筑物主要包括：①挡水建筑物，如各种坝、水闸、堤等；②泄水建筑物，如各种溢流坝、溢洪道、泄水隧洞、分洪闸等；③进水建筑物，也称取水建筑物，如进水闸、深式进水口、泵站等；④输水建筑物，如引（供）水隧洞、渡槽、输水管道、渠道等；⑤河道整治建筑物，如丁坝、顺坝、潜坝、护岸、导流堤等。

(2) 专门性水工建筑物

专门性水工建筑物只实现其特定的用途。专门性水工建筑物主要有下列种类。

1) 水电站建筑物

水电站建筑物主要有水力发电主厂房、拦河坝、压力前池、调压室、引水建筑（如水渠、隧洞）、水闸等。

2) 水运建筑物

水运建筑物主要指兴建的人工河道、码头、船闸等。

3) 农田水利建筑物

农田水利建筑物主要是为农田兴建的排灌系统，其中包括进水闸、冲砂闸、沉砂池等。

4) 给水排水建筑物

给水排水建筑物主要是指将天然水源中取出的水进行净化，然后加压通过管网输送给用户使用而设置的各类建筑物。例如，取水口、水源泵站、水净化建筑物及各类池槽等；还有污水净化的建筑，主要是污水处理厂所属的各类建筑物和配套的构筑物。其中大部分项目已划分到工业与民用建筑工程中，水工建筑中真正的给水排水建筑物很少。

5) 防洪工程

防洪工程一般包括兴修水库，在汛期可以拦蓄洪水，减免洪灾，同时可以利用水库的水解决部分社会用水，还可以用来灌溉农田、发电等；修筑防洪堤坝防止洪灾；其他还有修建分洪闸、排洪道，确保河道两岸生命财产的安全。

6) 过鱼建筑物

过鱼建筑物主要有过鱼闸、鱼道等，目的是让鱼能够从水闸的上游去到下游。

3. 按使用期限的长短分类

水工建筑物按其使用期限的长短分为永久性建筑物和临时性建筑物。

(1) 永久性建筑物

永久性建筑物是指工程运行期间长期使用的水工建筑物，根据其重要性又分为主要建筑物和次要建筑物。

(2) 临时性建筑物

临时性建筑物是指工程施工期间暂时使用的建筑物，如施工导流明渠、围堰等。主要作用是为永久性建筑物的施工创造必要的条件。

第二节　挡水建筑物

水工建筑的挡水建筑物有各种坝、水闸、堤等。

一、水坝

1. 水坝的分类

(1) 按坝体材料划分

水坝按坝体材料划分有混凝土坝、浆砌石坝、草土坝、橡胶坝、钢坝、木坝、土石坝等种类。

(2) 按坝体结构特征划分

水坝按坝体结构特征划分有重力坝、拱坝、支墩坝三种。

(3) 按坝的高度划分

水坝按坝的高度划分可分为高坝、中坝和低坝。此标准各国不一。我国规定：坝高70m以上为高坝，坝高30~70m为中坝，坝高30m以下为低坝。此外，还可以由两种或多种坝构成混合坝型。

2. 重力坝的主要特征和分类

(1) 重力坝的主要特征

重力坝是水工建筑应用最广的水坝。重力坝是利用坝体本身的重量承受上游水的压力，使坝体保持稳定，不产生任何位移的水坝。在筑坝之前，先要准确地计算出坝的本体重量、静水压力、地基渗水的扬压力、地震时的蓄水波动压力等，以免水坝滑动或崩裂，因此重力坝常用自重较大的混凝土或浆砌石等材料建造。重力坝坝体断面大致呈三角形，如图11-1、图11-2所示。

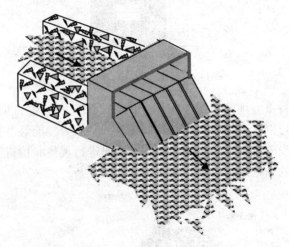

图11-1 重力坝外观示意图

重力坝的构造是将坝体垂直于坝轴线横向分割为若干坝段，用以减小坝体及其地基温度伸缩应力，减少变形。水工建筑一般要设立施工缝以便于施工，在相邻坝段之间需设置横缝。为减小渗水对坝体产生的应力及满足施工和运行的需要，通常在坝的上游一侧设置排水管网，在坝体内设置廊道系统便于排除地基的渗水。

重力坝的主要优点是稳定性能好，安全可靠，对地形和地质条件适应性强，坝身可溢流，便于施工导流，施工方便；缺点是坝体积大，耗用水泥多，材料强度未充分发挥，施工期对混凝土的温度控制要求较高。总的来讲，重力坝仍然是当今水工建筑中应用最为广泛的一种坝型。

(2) 重力坝的分类

1) 重力坝按结构形式分类

重力坝按结构形式分为实体重力坝、宽缝重力坝、空腹重力坝。

①实体重力坝。结构全部为实体材料做成的坝。

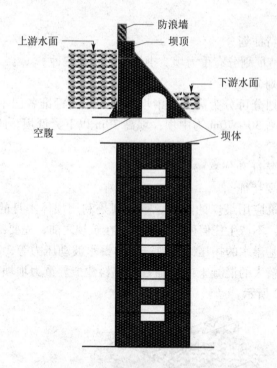

图 11-2 重力坝构造示意图

②宽缝重力坝。将重力坝的横缝中间部分扩宽成为空腔的重力坝,如图 11-3 所示。将重力坝用横缝分割可以减小坝底面积,降低坝底的扬压力,能够节省坝体混凝土量,节约资金;利用坝内留设的宽缝空间,便于对坝体情况进行观察和检查,以及对坝体进行维护修补和对地基出现的问题进行处理。施工工序比较复杂。

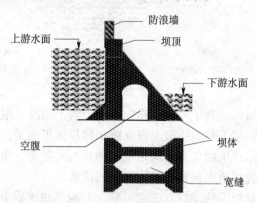

图 11-3 宽缝重力坝示意图

③空腹重力坝。沿坝轴线方向设有大型纵向空腔的重力坝,如图 11-4 所示。这是近几十年发展起来的一种新坝型。它可以节省材料,节约建设资金,大的空腹内可以安置水电厂房。但模板施工比较复杂,浪费大,钢筋使用量比较多。

空腹重力坝的空腹下面一般不做底板,如果空腹内设置水电站时,在空腹底部必须设置底板。顶拱常采用椭圆形或复合圆弧形。

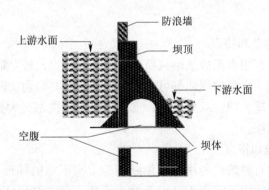

图 11-4　空腹重力坝示意图

2）重力坝按使用功能分类

重力坝系由非溢流重力坝和溢流重力坝两部分组合而成。这两种坝存在于一个共同体中，由于重力坝都是分段建造的（碾压混凝土重力坝除外），因此两种坝段是相互独立的。

①非溢流重力坝。非溢流重力坝的主要功能是阻挡上游的水，没有泄水的设施。

②溢流重力坝。溢流重力坝兼有挡水和泄水双重功能，当上游水位超过设定的最高水位时，溢流重力坝可以排泄洪水。

3. 拱坝的主要特征和构造

拱坝也是一种常见的坝，外形为弧形，凹向朝向坝的下游，凸向朝向坝的上游。设计成弧形的目的，是把水的压力沿弧形分散到坝的两侧，降低坝的负荷。从坝顶到坝基同一圆心的，叫同心拱坝；坝基半径大于坝顶半径的，叫变心拱坝。拱坝常用混凝土或浆砌石等材料建造。拱坝的形式，如图 11-5 所示。

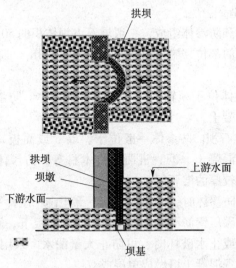

图 11-5　拱坝形式示意图

4. 不同材料组成的水坝类型及特点

（1）混凝土坝的构造和特点

混凝土坝系由钢筋混凝土浇筑而成的水坝。常见的重力坝和拱坝通常都是混凝土坝。混凝土坝坚固、耐久，抗水压、耐腐蚀性能好，因此一般比较重要的水坝都用混凝土浇筑。

(2) 浆砌石坝的构造和特点

浆砌石坝系采用块石用水泥砂浆砌筑而成。浆砌石坝也比较坚固耐用，石料的来源比较丰富，因此，一般中、小型的坝体都可以采用浆砌石坝。目前，除实体重力坝可以采用浆砌石坝外，还有空腹重力坝、双曲拱坝、重力拱坝、连拱坝、大头坝、梯形坝等，也采用了浆砌石制的材料筑坝。

(3) 土石坝的构造和特点

土石坝系由土和砂石料筑成的坝，坝体断面为上窄下宽的梯形断面，坝体体积较大，稳定性较好；坝顶不能溢洪，需要单独设置排水设施，通常在坝体的下游一侧增设排水。土石坝的结构简单，工作可靠，便于维修、加高和扩建，可以就地取材，节省成本；土石坝的施工技术简单，工序少，便于组织机械化快速施工。缺点是施工导流比较困难，坝体的沉陷和不均匀沉陷大。

为防止风浪和雨水冲刷，坝体两侧应设置护坡。护坡可以用块石或混凝土材料制作。土石坝按组成材料可分为土坝、土石混合坝和堆石坝。

1) 土坝的简单构造

土坝是用黏土堆积而成的水坝。按照建造方式，土坝可以分为匀质坝和填心坝。

①匀质坝。坝体全部为黏土填筑，要求采用较强的防渗性能的黏土材料填筑。

②填心坝。在坝体内设有防渗体的土坝。防渗体一般都是在坝心内填塞防渗能力强的黏土，也可用混凝土、钢筋混凝土或沥青混凝土等做成不透水层。

2) 土石混合坝的简单构造

土石混合坝是在土质坝的基础上增加部分砂砾石材料填筑的坝。

3) 堆石坝的简单构造

堆石坝的坝体由堆石和防渗体组成，一般堆石占坝体积的50%以上，经抛填或碾压而成土石坝。按防渗体设置的部位、施工方法及运用方式划分，堆石坝的构造形式主要有以下几种。

①心墙堆石坝。防渗体位于坝轴线处，两侧为堆石体。防渗体可以为高黏性黏土材料、沥青混凝土、钢筋混凝土。

②斜墙（或面板）堆石坝。防渗体一般位于斜墙（或面板）堆石体上游，防渗材料有高黏性黏土材料、钢筋混凝土、沥青混凝土、木材等。防渗体除可以放在堆石体上游外，也可在土斜墙上设置较厚的堆石层。

采用钢筋混凝土作为防渗体时，一般在斜墙下部干砌一层片石作垫层，以防止面板出现裂缝漏水。后来发展的碾压钢筋混凝土面板堆石坝，面板下一般设置一层垫层料和一层过渡层，当面板出现裂缝或止水破坏时，可防止大量漏水。采用沥青混凝土作防渗体时，根据坝体的防渗要求，沥青混凝土可做成单层或双层。

③重力墙式堆石坝。坝的上游为用混凝土、浆砌石或干砌石筑成的重力式墙，下游为堆石体。上游用钢筋混凝土或沥青木板防渗。

(4) 橡胶坝的构造和特点

橡胶坝是用高强度合成纤维织物内外涂敷橡胶加工成胶布，制作成封闭状的坝袋，然后按设计尺寸要求将其锚固于底板上，通过充排管路用水（气）将其充胀形成的袋式挡水坝。不挡水时，排空袋内的水（气），坝即恢复原状。坝顶可以溢流，可以通过充排管路用水（气）调节坝高，控制上游水位，不需要闸门。可以用于灌溉、发电、供水、航运、防洪、挡潮等工程。

5. 坝基处理

坝基处理是水坝工程开始建设之前一道非常重要而且是不可缺少的工序，其任务是采取措施对坝基进行加固处理，使其具有较高的承载能力、较好的整体性和较均匀的沉降变形，并减少地基的渗水性。通常采取的措施有坝基开挖、固结灌浆、帷幕灌浆以及进行排水减压和断层破碎带处理等。重力坝坝体施工前的地基加固处理是整个水坝建设中一道重要而且不可缺少的工序，也是建设造价不可忽视的组成因素，所发生的工程费用应列入水坝的造价中。

坝基处理的方法主要有以下几种。

(1) 坝基开挖清理

水坝的坝体必须建造在符合坝体承载能力要求的良好地基上，如果地基处于弱风化或微风化的基岩上，必须对弱风化或微风化的基岩进行爆破清理，直至清理到地基土质达到设计承载力要求为止。如果仍然达不到坝的承载力要求，还需按设计要求对地基进行加固处理。

(2) 固结灌浆

固结灌浆系在坝的地基上采用浅孔低压灌注水泥浆对地基进行加固的方法。固结灌浆能够提高地基的强度和整体性，有效降低地基的透水性。

固结灌浆孔的布置、孔径和孔深应根据设计图纸方案确定，灌浆孔一般呈梅花形排列。

(3) 帷幕灌浆

帷幕灌浆是在靠近上游闸坝的岩石或砂砾石地基中布设数排钻孔，采用高压灌浆的方式建造防渗帷幕的地基加固工程。帷幕顶部与混凝土闸底板或坝体连接，底部深入不透水岩层一定深度，以阻止或减少地基中地下水的渗透；与位于其下游的排水系统共同作用，还可降低渗透水流对闸坝的扬压力。防渗帷幕的排数、排距、孔距及孔深由设计图纸确定。

(4) 软弱地基的处理加固

经过开挖清理以后，坝基仍然处于软弱地基或断层破碎带时，通常采用回填混凝土对地基进行加固，还可以采用钻孔灌浆的方法，以提高坝基的承载能力。具体的加固方法由设计确定。

6. 重力坝的组成结构构造

水坝类型很多，以重力坝应用最为广泛，因此，有必要重点阐述一下重力坝的简要结构组成。

(1) 非溢流重力坝和溢流重力坝的组成

重力坝分为非溢流重力坝和溢流重力坝两种，两种段体交叉布置组成整个重力坝体。非溢流重力坝和溢流重力坝的结构组成基本相同，但溢流坝能够在汛期当洪水超过水坝设计的最高水位时泄洪与放水，而非溢流坝不能排洪，因此，它们在构造上仍有一定区别。

1) 非溢流重力坝的组成

非溢流坝系由实体、深孔、引水孔、廊道、闸门槽、基础、宽缝、空腹、排水设施等组成。

2）溢流重力坝的组成

溢流坝系由实体、底孔、深孔、泄水孔、廊道、闸门槽、基础、宽缝、空腹、排水设施等组成。

(2) 重力坝结构构造和做法

1）坝体。重力坝的坝体由溢流坝段和非溢流坝段分段体组成，大多数为直线形布置，有时受坝址地形、地质条件的限制，采用折线或曲线布置。水坝的结构做法按照选定的坝型由设计图纸确定。常见的重力坝有混凝土坝、浆砌石坝、土石混合坝、堆石坝等。详细做法详见本节一、(四) 的相应内容。

坝顶在最高洪水位上要留有一定的安全超高。坝顶宽度视坝顶建筑物的总体布局和交通的需要而定，坝顶的面积应充分利用，进行可能的建筑物建设。坝的上游面通常做成竖直面，或略向上游倾斜，一般坡度为 0～0.2；坝的下游面通常为坡面，一般坡度为 0.6～0.8。坝底宽一般为坝高的 7/10～9/10。坝体断面需根据稳定和应力要求进行优化设计，求出坝体混凝土方量为最小的优化设计断面，并考虑布置和运行需要，作某些修正。

2）廊道。廊道是检查坝体内部工作状态和设置排水设施的辅助工作场所，也是坝体内的工作通道和进行基础灌浆的施工场地。廊道可以根据工作需要沿坝高设置一层或多层。为了增加施工工作面，应尽量少设廊道。在廊道内可以布设各种测量仪器，进行施工操作。一般在廊道内设置排水管道，管道间距 2～3m，内径 7～15cm。坝体内要设置竖井，将坝体内的水通过竖井排至下游。

3）分缝。坝体使用中，为防止地基产生不均匀沉陷和温度变化产生坝体的变形，需将坝体沿坝轴线方向设置变形缝隔开，通常是在各坝段之间设置横缝，坝段宽度通常为 12～20m。横缝缝面通常不设键槽，不灌浆，保持各坝段独立工作。为防止混凝土在施工过程中产生的温度变化对混凝土收缩的影响，每个施工段必须按设计要求的位置设置施工缝，施工缝分纵缝和水平缝。纵缝的间距一般为 15～30m，水平缝按水工建筑施工规范规定设置。施工缝属于临时性分缝，待混凝土温度稳定以后将缝面凿毛清理干净，最后要用高强度混凝土填补，将结构连成整体。

4）止水。坝体所有接缝处都必须采用止水，防止地下水和上游压力水对坝体的侵害。主要止水的接缝部位系坝体横缝，坝段与基础接触面以及廊道和孔洞穿越横缝处的周围，重要缝隙必须设置两道止水。止水材料应具有柔性，可以用金属片、橡胶、塑料片或沥青做成。高坝上游面的横缝止水需用两层止水铜片中间设一防渗沥青井。

5）坝顶防浪墙。非溢流坝的坝顶上游一侧应设置防浪墙，防浪墙通常采用钢筋混凝土材料浇筑，高度一般为 1.2m。位于坝体横缝处要留伸缩缝，和坝体横缝一同设置止水。防浪墙的形式，如图 11-4 所示。

6）排水设施

首先了解一下扬压力对坝体应力的影响。坝体在上下游水位差的作用下，水将会渗入坝基和坝体的孔隙内，形成孔隙水压力，所取截面上的孔隙内向上的水压称为扬压力。扬压力抵消了部分坝体的重量，对坝体的稳定不利，减少了上游坝踵的压应力，对坝的应力不利，因此必须对坝基和坝体设置排水设施。

①坝基排水设施

为了降低坝底的扬压力,一般可以在坝基防渗帷幕后设置排水孔幕,它和坝体的排水共同作用形成一个重力坝的排水系统,能够有效地降低坝底的扬压力。排水孔的深度、排数以及布置位置由设计确定。

由于基岩裂隙水的存在,增加了坝基的渗水并形成较大渗透压力,渗水将侵蚀破坏帷幕,导致坝基扬压力增加,影响大坝的稳定性和强度。若遇到基岩裂隙水发育,基岩渗透水的扬压力较为严重地影响到水坝的应力时,除了增加地基加固的措施以外,还必须增加排除裂岩渗透水的措施。一般可以在基岩表面设置排水廊道或排水沟(管)。排水沟(管)一般纵横设置形成排水网,还应在坝基上布置集水井,将渗水排入集水井,然后用抽水泵排出到下游。

②坝体排水

为了减少渗水对坝体的渗透压力,在坝体下游一侧布设一排排的水管幕,排水管常使用无砂混凝土或多孔混凝土管,管径15~25cm,间距为2~3m,将坝体的渗水由排水管汇入廊道,再由廊道排至排水井,用抽水机排到下游。上下层廊道之间的排水管应垂直或接近垂直布置。

7)溢流坝和泄水孔的布置

在进行坝体布置时,溢流坝和泄水孔口的位置必须考虑满足泄洪与放水的需要,保持水流的平稳,尽量减少或避免水流对坝基、岸坡和相邻建筑物基础的冲刷。泄水孔口高程和尺寸应根据水库调洪计算和水力计算,结合闸门和启闭机条件确定。溢流面要求有较高流量系数,同时不产生空蚀。坝下要设置消能工。消能工系为消耗、分散下泄水流的能量,防止或减轻水流对水工建筑物及其下游河床、河岸等的冲刷破坏而修建的工程。其类型有:底流消能工、挑流消能工、面流消能工、戽斗消能工、沿程消能工、自由跃落式消能工、宽尾墩消能工和洞内消能工以及混合形式消能工等。

二、水闸

1. 水闸的概念

水闸是修建在河道、渠道或湖、海口,利用闸门控制流量和调节水位的水工建筑物。关闭闸门,可以拦洪、挡潮、蓄水抬高上游水位,以满足上游取水或通航的需要。开启闸门,可以泄洪、排涝、冲沙、取水或根据下游用水的需要调节流量。水闸在水利工程中的应用十分广泛,多建于河道、渠系、水库、湖泊及滨海地区。

2. 水闸的类型

(1) 水闸按其所承担的主要任务划分

水闸按其所承担的主要任务,可分为:节制闸、进水闸、冲沙、分洪闸、挡潮闸、排水闸、船闸等。其中:

1)节制闸。节制闸是调节上游水位,控制下泄流量的水闸。

2)进水闸。建在渠首,从河道、水库、湖泊引水并控制进水流量的水闸。又称引水闸、取水闸或渠首闸。

3)冲沙闸。由于水库、河道的水中还有泥沙淤积在河底,天长日久越积越多,逐渐抬高河床,影响水流,减少储水量,严重的将威胁水库安全,引起河流的洪涝灾害,因此设立冲沙闸,开启之后,把淤积的泥沙冲走。

4）分洪闸。分泄河道洪水的闸，建于河道一侧蓄洪区或分洪道的首部。当上游来水超过下游河道安全泄水量时，为确保河道下游地区免受洪灾，将超过下游河道安全泄量的洪水经分洪闸泄入湖泊、洼地等预定的滞洪区暂时存蓄，待洪水过后再排入到下游河道，确保下游人身和财产的安全。

5）挡潮闸。建于滨海地段或河口入海附近，涨潮时关闭闸门，防止潮水倒灌进入河道，也可用来拦蓄内河淡水，提供供水的水源。

6）排水闸。排水闸是用以排泄洪涝渍等多余水量的水闸，常建于江河沿岸堤防的排水渠末端。当江河水位上涨超过安全水位时，关闭闸门，可防外水倒灌；退落时，打开闸门，用以排除洪涝渍多余水量。

7）船闸。通过输水系统调整闸室内水位使其与上游或下游的水位齐平，从而使船舶、船队顺利通过航道上集中水位差的一种通航建筑物。船闸系统由闸室、上下闸首、闸门、输水系统、引航道及相应的设备组成。

船闸是应用最广的一种通航建筑物，多建造在河流和运河上。为克服较大的潮差，也可建造在河道的入海口和海港港池口门处。

(2) 水闸按闸室的结构形式划分

水闸按闸室的结构形式可分为下列类型：

1）开敞式水闸。当闸门全开时通过水闸的水流通畅，适用于有泄洪、排冰以及排漂浮物等任务要求的水闸。

2）胸墙式水闸。是位于闸孔上部，处于闸室胸位的挡水墙，当水闸设计挡水位高于泄流控制水位且差值较大时，它可以代替部分闸门挡水，以减少闸门和工作桥的高度。

3）涵洞式水闸。是用于涵洞穿堤引（排）水的水闸，在涵洞的进口或出口处设闸门，洞顶填土或其他填充物，与整个堤坝顶面相平，可以建造道路而不需另设交通桥。

三、堤

1. 堤的含义及作用

堤是沿江、河、湖、海及渠道岸边修筑的挡水建筑物。筑堤是人们为了抵御洪水泛滥，挡潮防浪，保护堤内安全而设置的防御措施。

河（江）堤：沿河（江）道两岸用土或石垒成似墙的构筑物，让河水按照既定的方向流动，防止河水溢出河床，减少或者避免河流造成下游人类的灾害。

2. 堤的类型和构造

按照堤所在位置可分为河（江）堤、湖堤、海堤、水库堤和围堤。

(1) 堤的类型

1）湖堤。沿湖四周岸边修建的挡水建筑。因为湖水风浪较大，临水的堤面必须作防浪护面。

2）海堤。是为防止海水入侵、海岸线遭到破坏，保障沿海城镇的安全而在海岸边沿海岸线修筑的防护性建筑物。在海水涨潮或面临台风袭击时，海浪对堤岸冲击力很大，因此海堤的建造要求比河堤的高，堤的断面积大，要有防浪消浪设施。

3）水库堤。水库堤和一般堤的作用基本相同，它的作用是承受水库的水压力，保护水库，限定水库的水不要溢出库外。

4）围堤。围堤一般用于临时蓄水的围壁建筑，亦可用于围海造陆，应水利工程建设的需要，可以围地建造施工临时建筑等。

（2）堤的结构构造

堤的结构构造大多数为土石结构或草土结构，混凝土结构的很少，下大上小呈梯形，堤的一侧或两侧常用块石砌筑边坡，防止水的冲刷，保护大堤。堤的顶部一般设置汽车公路或一般道路，根据堤顶的宽度和需要设置。有坝的地方经常以坝为堤，俗称"堤坝"。

第三节　输、泄水建筑物

输、泄水建筑物有溢流坝、溢洪道、隧洞、分洪闸、渡槽、水渠等。

溢流坝已在水坝中作了介绍，这里不再重复。

一、溢洪道

1. 溢洪道的作用和类别

（1）溢洪道的作用

溢洪道是水库枢纽为宣泄超过水库调蓄能力的洪水或降低水库水位，保证堤坝安全而设置的泄水建筑物。溢洪道多筑在水坝的一侧，当水库里水位超过安全限度时，水就从溢洪道向下游流出，防止水坝被毁坏。它包括：进水渠、控制段、泻槽、出水渠。溢洪道按泄洪标准和运用情况，分为正常溢洪道和非常溢洪道。前者用以宣泄超过水库库容的洪水，后者用于宣泄非常情况的洪水。

（2）溢洪道的类别

溢洪道按其所在位置，分为河床式溢洪道和岸边溢洪道。河床式溢洪道设置在坝身的一旁经由坝身溢洪。岸边溢洪道系在坝体以外的岸边或天然哑口处建造的溢洪道。本节只介绍常见的岸边溢洪道。

2. 岸边溢洪道的类型

岸边溢洪道分为以下几种类型。

（1）正槽溢洪道。溢洪道的泄槽轴线与溢流堰轴线正交，过堰水流与泄槽轴线方向一致。

（2）侧槽溢洪道。通过溢流堰的水流与堰的轴线方向大致平行的侧槽。水流经过弯转后流向下游。

（3）井式溢洪道。洪水流过环形溢流堰后，经竖井和隧洞流向下游。

（4）虹吸溢洪道。利用大气压强的虹吸作用进行泄水，水流出虹吸管后，经泄槽流向下游。虹吸溢洪道可建在岸边，也可建在坝内。

3. 岸边溢洪道的组成

岸边溢洪道通常由进水渠、控制段、泄水段、消能段组成。

（1）进水渠。主要是通过进水渠将水库的水引进溢流堰，并可以同时调整水流速度。进水渠通常用于地形比较复杂、溢流堰不能直接靠近库岸而需另辟渠道引水的情况。进水渠的断面形式一般为矩形。

（2）控制段。是控制溢洪道泄流能力的关键部位，它按照断面形式可分为薄壁堰、实用堰和宽顶堰。溢流堰常选用实用堰或宽顶堰。采用何种形式根据水渠流量系数和水库的规模确定，一般大中型水库多采用实用堰。

（3）泄水段。将溢洪道的水通过泄槽或泄水隧洞排入下游，它的出口与消能段相接。为保护泄槽免遭冲刷和岩石不被风化，一般都用混凝土衬砌。

（4）消能段。多用挑流消能或水跃消能。当下泄水流不能直接归入原河道时，还需另设尾水渠，以便与下游河道妥善衔接。溢洪道的选型和布置，应根据坝址地形、地质、枢纽布置及施工条件等，通过技术经济比较后确定。

二、水工隧洞

1. 水工隧洞的含义和分类

在水利工程中起输水、引水或泄水作用的过水隧洞，称为水工隧洞。

（1）按用途划分

水工隧洞按用途分为输水隧洞、引水隧洞、泄水隧洞、排沙隧洞等。

1）输水隧洞。用来输水，提供工业与生活用水。

2）引水隧洞。用来引水灌溉、发电。

3）泄水隧洞。汛期用来排洪、水电站排放尾水、为检修枢纽建筑物或因战备等的需要而放空水库，同时在兴建水利工程时用以导流。

4）排沙隧洞。用来排放水库的泥沙，保护水库的正常使用。

（2）按水流压力划分

按水流压力分为无压隧洞和有压隧洞。

1）无压隧洞。水流在洞内具有自由水面的隧洞，称为无压隧洞。

2）有压隧洞。充满整个断面，使洞壁承受一定水压力的隧洞，称为有压隧洞。

2. 水工隧洞的组成建筑物

水工隧洞的组成建筑物一般包括进水口、洞身和出水口三个主要部分。

（1）隧洞进水口建筑物的含义

隧洞进水口建筑物系从江河、湖泊、人工渠道等水源将水引入渠道、隧洞、管道等进水口的建筑物。进水口一般应包括拦污段、进水喇叭口、闸门及其控制建筑物、通气孔道、进口渐变段（从安装闸门地段的矩形断面过渡到洞身断面）。作用是：从水库引水并控制水流，使水流畅通平稳，保证过水能力。

（2）隧洞进水口建筑物的类型

隧洞进水口位于输水建筑物和深式泄水建筑物的首部。进水口可分为开敞式进水口和深式进水口。开敞式进水口一般用于无压隧洞，深式进水口用于有压隧洞。由于通常都是有压隧洞，因此通常所称的进水口，多指深式进水口。

1）开敞式进水口

开敞式进水口以引进表层水为主，也称无压进水口，位置位于灌溉渠道或引水式水电站等的首部。采用开敞式进水口，可以在岸边的适宜地点修建进水闸，可以设闸门，也可以不设闸门，多数情况下不需要设闸，即可在河道的一侧设置进水口引水，称为无坝取水进水口。

根据水位的情况，设计要求需要建闸取水时，可以采取拦河建造溢流坝（因溢流坝较低，也称壅水坝或溢流堰）或拦河闸，以抬高水位。在坝端岸边建造进水闸取水，即为有坝取水进水口。

2) 深式进水口

淹没在水下一定深度,以引进深层水为主,深层水有一定水压,也称有压进水口。

深式进水口按其所在位置和结构形式分为:坝式、竖井式、塔式、岸塔式和斜坡式等类型。

(3) 隧洞进水口的组成

深式进水口通常包括:拦污栅、进水喇叭口、闸门及闸门室、渐变段、通气孔和平压管等部分。除发电引水用的进水口外,一般流速较高,需要采取措施使水流平稳,减少水头损失。下面对其中的拦污栅、进水喇叭口、闸门及闸门室、渐变段作简要介绍。

1) 拦污栅。设在进水口前,用于拦阻水流夹带的水草、漂木等杂物(一般称污物)的框栅式结构。拦污栅由边框、横隔板和栅条构成,支承在混凝土框架上,一般边框用角钢或槽钢制作,栅条采用扁钢制作,焊接在边框上,然后安装在混凝土框架上。拦污栅可以做成平面式或多边形式。

2) 喇叭口。喇叭口断面一般为矩形,当流速较低时,也可采用圆弧曲线。

3) 闸门。在坝身需要设置两道闸门。一是检修闸门,位于进口,为工作闸门或隧洞(管、孔)等发生事故需要检修时使用,一般采用平面闸门;二是工作闸门,用来调节流量、封闭孔口。常用的工作闸门是平面闸门。

4) 渐变段。闸门室一般都做成矩形,有压洞(管、孔)身多用圆形,从矩形口过渡到圆形接口需要设置断面逐渐变化的过渡段。渐变段不宜太长,一般为洞径的1.5~2.0倍。

3. 隧洞的构造

隧洞洞身是隧洞的主体,其断面形式和尺寸取决于水流条件、施工技术和运用要求等情况。

(1) 隧洞断面

隧洞一般断面形式,如图11-6所示。其中:有压隧洞一般采用圆形断面,而无压隧洞则采用圆拱直墙或曲墙形。隧洞断面尺寸必须满足设计流量的要求。为保证无压隧洞的明流状态,在水面以上应留有一定净空。

(2) 洞身材料

洞身使用的衬砌材料应根据洞身内部围岩的种类和水流压力确定。一般情况下,有压隧洞的衬砌需要坚固的材料。衬砌可以加强内壁承载水压及围岩的能力,保证隧洞的安全以及减少内壁的粗糙度,使水流畅通。

1) 无压隧洞如果岩石比较坚固,可以设置不承载的护面结构,如浆砌石、喷射混凝土等。

2) 一般的有压隧洞可以采用混凝土、钢筋混凝土或喷锚支护的衬砌材料。

3) 在有压隧洞压力较大时,可以采用内层为钢板、外层为混凝土或钢筋混凝土的护壁。

(3) 隧洞出水口建筑物

隧洞出水口建筑物的组成和功用因隧洞类型而定。无压泄水隧洞出口处不设闸门,有压泄水洞口设立闸室,圆形隧洞出口由圆形变为闸口的方形需增加变断面段,水流的出口段一般设置消能设施,使水流平稳。

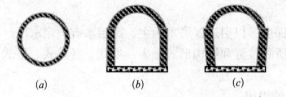

图 11-6 隧洞断面形式示意图
(a) 圆形，(b) 拱形，(c) 曲墙形

三、渡槽的作用和构造

1. 渡槽的作用

渡槽系输送水流跨越渠道、河流、道路、山冲、谷口、凹地等的架空输水建筑物。渡槽的作用主要是输水，还可以用它排沙、排洪、导流。

2. 渡槽的结构

渡槽系由进口连接段、槽身、支承结构和出口连接段组成。渠道、河道和渡槽之间一般采用渐变段相接。渡槽基础通常都是采用钢筋混凝土基础或桩基础；槽身一般采用预制钢筋混凝土制作。较小的渡槽其支承结构一般采用预制钢筋混凝土柱式结构，横向用斜拉杆支撑连接；较大的渡槽其支承结构必须采用组合式腹杆结构作支柱，同时槽底要加梁板底座。大型水工渡槽槽身结构，由拱桁架片（或纵梁）及其横向连系梁、槽身底板、侧墙所构成。

3. 渡槽的断面形状

渡槽的断面一般有矩形、U 形、圆形和抛物线形等形状。

渡槽因跨越空间不同以及水流量、水流压力的不同有多种建造方法，应由设计确定。

四、渠道的作用和构造

1. 渠道的含义和作用

渠道通常指水渠、沟渠等人工开凿的引水通道。常利用江河之水，通过地面上所开之人工水道引入农田、水库，用于灌溉、给水、排水和发电。渠道有长渠道与短渠道之分，有干渠、支渠之分。

2. 断面形式和尺寸

（1）渠道横断面

常用倒梯形形状，上宽下窄；断面尺寸可根据给定的设计流量、纵坡、糙率和边坡系数等条件确定。用于发电的动力渠道的断面尺寸，要综合考虑动力水流的冲击、水能损失及经济合理的原则，进行功能效果和经济比较后确定。

（2）边坡

两侧边坡系数根据土质情况和开挖深度或填筑高度选定，土渠一般用 1:1~1:2，石渠可用到 1:0.1，具体系数由设计确定。

（3）主要参考尺寸

1）渠高。渠道两侧堤堰的填筑高程应为渠内最高水位加预留高度，一般预留高度不小于 0.25m。

2）渠宽。堤顶宽度根据交通要求和维修管理条件确定。渠底宽度取决于设计要求和土方开挖方式：人工开挖的，一般不小于 0.5m；机械开挖的，不小于 1.5~3.0m。渠的上部宽度根据渠道开挖的边坡系数确定,边坡系数由设计确定。

(4) 渠堤的构造

渠堤通常采用土或石垒,渠道两侧有时采用石砌护坡,以防止水流的冲刷。大的水渠水流冲力较大,渠道两侧一般应采用混凝土浇筑。

长渠道通过非密实的黏土层、无黏性土层或裂隙发育的岩石层的渗漏损失,有时可达引水量的50%~60%。渗漏不仅损失水量,影响工程效益,而且还将引起地下水位升高,使土地盐碱化、沼泽化,对填方渠道甚至出现塌滑破坏。为此,需要在渠床表面加做护面等渠道防渗措施。护面可以采用混凝土或浆砌石。

第四节 水电站建筑物

一、水电站的概念

1. 水电站的工作原理

水电站系由拦蓄河水、抬高水头、装设机电设备以及将水引经水轮发电机组发电的各种建筑物组成的建筑体系。

水电站是将水能转换为电能给社会提供电的能源的综合设施,又称水电厂。它包括为利用水能生产电能而兴建的一系列水电站建筑物及为水力发电而安设的各种运行设备。利用这些建筑物集中大自然水流的落差形成水头,汇集、调节天然水流的流量,并将它输向水轮机,经水轮机与发电机的联合运转,将集中的水能转换为电能,再经变压器、开关站和输电线路等将电能输入电网。有些水电站除发电所需的建筑物外,还常有为防洪、灌溉、航运、过木、过鱼等综合利用目的服务的其他建筑物。这些建筑物的综合体称为水电站枢纽或水利枢纽。

按集中水头的方法和水电站的设置形式,水电站可分为坝式水电站、引水式水电站和混合式水电站三种基本类型。这是工程建设中最通用的分类方法。

通常用堤坝拦蓄水流、抬高水位形成水库,并修建溢流坝、溢洪道、泄水孔、泄洪洞等泄水建筑物宣泄多余洪水。水电站引水建筑物可采用渠道、隧洞或压力钢管,其首部建筑物称进水口。

引水建筑物系将水流导入水轮机,经水轮机和尾水道排至下游。当有压引水道或有压尾水道较长时,为减小水击压力常修建调压室。而在无压引水道末端与发电压力水管进口的连接处常修建前池。

从水电站进水口起到水电站厂房、水电站升压开关站等专供水电站发电使用的建筑物称为水电站建筑物。

2. 水电站厂房建筑

水电站厂房分为主厂房和副厂房。主厂房包括安装水轮发电机组或抽水蓄能机组和各种辅助设备的主机室,以及组装、检修设备的装配场所等。副厂房包括水电站的运行、控制、试验、管理和操作水电站的人员工作、生活的用房等。为了将电厂生产的电能输入电网还要修建升压开关站。此外,尚需兴建辅助性生产建筑设施及管理和生活用建筑。

3. 水电站其他建筑物

水电站除水电站厂房以外的其他建筑物有:

（1）挡水建筑物。有拦蓄河水的拦河坝、引水发电的水库、控制水流流量的水闸等。

（2）泄水建筑物。有下泄多余洪水的溢洪道、水工隧洞，降低水库水位的泄水孔等。

（3）水电站进水口。有发电用水的引水道入口。

（4）水电站引水建筑物。有输送给水轮发电机组压力水的引水渠道、水工隧洞和压力水管等。

（5）平水建筑物。当水电站负荷变化时，用于平稳引水道中流量及压力变化的建筑物，如压力前池、调压室等。

（6）尾水道。通过它将发电后的尾水自机组排向下游。

（7）变电和配电建筑物。安放变压器及高压开关等设备的水电站升压开关站。

（8）为水电站的运行管理而设置的必要的辅助性生产、管理及生活建筑设施。

二、水电站的分类

1. 按集中河段落差方式的不同分类

按集中河段落差方式的不同，可分为坝式水电站、引水道式水电站和混合式水电站。

（1）坝式水电站

坝式水电站主要是在大坝的附近建筑拦河坝，坝前壅水，在坝址处形成落差所建的水电站。

坝式水电站装机规模都比较大，能充分利用水的能量，综合利用率比较高，适用于河流水头高、流量大、具备筑坝建库条件的情况，应根据河流坝址的地理环境选择厂房的具体位置。一般坝式水电站按坝的不同建设位置有很多种形式，现介绍主要的几种类型。

1）坝后式厂房。厂房位于坝址的下游，不承受上游水压力，适用于中、高水头的情况。采用混凝土坝后式厂房时，通常将厂房和坝用缝分开，分别受力。

2）坝内式厂房。厂房布置在坝体内腔，和坝体共同承受上游的水压力，适用于泄洪量大、河谷狭窄、无法选择筑坝地址的情况。

3）河床式厂房。厂房位于河床中，同时起挡水作用，适用于水头较低、流量较大的情况。

4）地下式厂房。厂房设置在地下的水电站。它一般是由立体交叉的硐室群组成。其主要优点是厂房不占地面位置，与地面水工建筑物施工干扰较少，工期较短。采用这种厂房形式的首要条件是地质上能满足硐室对稳定性的要求。

（2）引水式水电站

引水式水电站是在河段上游筑闸或低坝（或无坝）取水，经人工引水道引水到河段下游来集中落差所建的水电站。它根据压力特征分为无压引水式和有压引水式两种。其中，无压引水式水电站引水道没有水压；有压引水式水电站引水道有水压。引水式水电站一般适用于山区河流的流量不大，但天然河道的落差较大，可通过修造引水明渠或引水隧洞引水集中水头发电的情况。

（3）混合式水电站

混合式水电站是在同一河段上用坝集中上游部分落差，再通过有压引水道集中水坝下游部分落差而形成总水头所建的水电站。

当水坝上游部分有良好筑坝建库条件、下游部分坡降较大时，可以采用混合式水电站。

(4) 引水式和混合式水电站的选址类型

引水式和混合式的水电站都具有引水发电的特征，厂房的布置可以根据厂房所在地域的地理状况和地质条件选择建设位置，一般分为地面式、地下式、半地下式三种布置类型。

1) 地面式厂房。厂房布置在水电站引水建筑物末端的河岸上。

2) 地下式厂房。地形复杂、不能在地上建造厂房的情况下，将厂房建于地下山岩中，要求地下具有坚固的地岩条件。地下式厂房的布置流程，如图11-7所示。

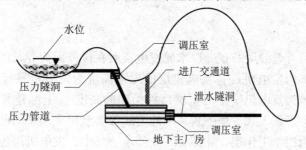

图11-7 地下水电站水工隧洞示意图

3) 半地下式厂房。半地下式厂房有三种不同的布置方式：第一种是厂房部分建造在地下、部分建造在地面上的半地下式厂房；第二种是跨上下游的厂房，厂房上游部分建造在地下、下游露出地面的半地下式厂房，这种厂房通常是地下窑洞式；第三种是竖井式厂房，机组等主要设备安设在地下的竖井中，厂房的上半部和副厂房等建造在地面上。

2. 按厂房上部结构划分

(1) 户内式厂房。主、辅设备布置在有墙壁和屋顶的厂房内。

(2) 露天式厂房。厂房上部结构没有墙壁和屋顶，露天设置。

3. 按机组装置方式划分

(1) 立式（竖轴）机组厂房。沿机组主轴竖直布置的厂房，适用于大中型厂房。

(2) 卧式（横轴）机组厂房。沿机组主轴水平布置的厂房，适用于装设卧轴反击式水轮机、卧轴冲击式水轮机或贯流式水轮机的厂房。

4. 按水电站利用水头划分

按水电站利用水头划分可分为高水头、中水头和低水头水电站。世界上对水头的具体划分没有统一的规定。有的国家将水头低于15m作为低水头水电站，15~70m为中水头水电站，71~250m为高水头水电站，水头大于250m时为特高水头水电站。我国通常称水头低于30m为低水头水电站，30~70m为中水头水电站，高于70m为高水头水电站。这一分类标准与水电站主要建筑物的等级划分和水轮发电机组的分类适用范围，均较适应。

5. 按水电站装机容量划分

按水电站装机容量划分可分为大型、中型和小型水电站。各国一般把装机容量5000kW以下的水电站定为小水电站，5000~10万kW为中型水电站，10万~100万kW为大型水电站，超过100万kW的为巨型水电站。我国规定将水电站分为五等，其中：装机容量大于75万kW为一等〔大（1）型水电站〕，75万~25万kW为二等〔大（2）型水电站〕，25万~2.5万kW为三等〔中型水电站〕，2.5万~0.05万kW为四等〔小（1）型水电站〕，小于0.05万kW为五等〔小（2）型水电站〕；但统计上常将1.2万kW以下作为小水电站。

三、主厂房的组成

主厂房是布置水轮发电机组和各种辅助设备的主机室（主机间）及组装、检修设备安装间的总称。是水电站厂房的主要组成部分。

主厂房主机室一般随发电机组主轴方向布置，有竖直和水平两种不同的布置方式，因而分为立式机组主机室和卧式机组主机室两大类；而主厂房即可分为立式水电站厂房和卧式水电站厂房。

1. 立式机组厂房组成

立式机组厂房通常是分层布置。以水轮发电机所在楼板面为界，以上为上部结构，以下为下部结构。上部为发电机层，发电机层的屋顶高度为发电机层楼面至厂房屋顶的高度，该层的层高应该为发电机层楼面至檐口板板面的高度。上部建筑构造形式因厂房采用户内式、露天式、半露天式、地下式、半地下式等类型而采用不同的结构形式。通常立式机组主机室共分为四个工作层，如图11-8所示。其中，发电机层位于厂房的上部，其他各层位于厂房的下部。自上而下为：

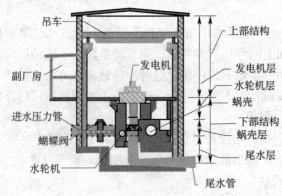

图11-8 立式机组厂房示意图

（1）发电机层。是装设发电机组及与发电机组相配套的其他设备的工作层，如调速器操作柜、油压装置、机旁盘、励磁盘等设备，还有上下通行设施及检修设备的场所。为了装卸机组及其他的辅助设备，其柱的上部应安设移动式起重吊车。

（2）水轮机层。系发电机层楼板以下与蜗壳顶部混凝土以上的空间。在机组部位有支承水轮发电机定子支座的发电机机墩（机座）。机墩上需要装设各种管道和布线。机墩的形式随机组容量不同而分为：块式机墩（矮机墩）、圆筒式机墩、环梁立柱式机墩和刚架式（框架式）机墩等。

水轮机层主要是布置水力机械设备（油、气、供水、排水系统设备和管道等）和电气设备（母线、电缆、互感器及厂用电配电设备等），有时在这层还布置励磁盘和能抽出深处积水的深井水泵。当发电机层楼面与水轮机层地面高差较大时，可考虑在其间加设出线层，设置水轮发电机的进出线路和接地装置。

（3）蜗壳层。反击式水轮机进水设备形似蜗牛外壳，故称为蜗壳。蜗壳及其外包的混凝土结构的空间部分称为蜗壳层，是将引进的水输入到水轮机的通道。在蜗壳层安置的引水设备分为金属蜗壳和混凝土蜗壳，根据水头的大小选用。一般水头大于40m时，要采用铸铁、铸钢或钢板焊接的金属蜗壳;反之,则可采用钢筋混凝土蜗壳。金属蜗壳的断面形状为圆形,混凝土蜗壳通常为梯形。

(4) 尾水层。该层系排放水轮机尾水的空间层,位于反击式水轮机泄水设备(称为尾水管或吸出管)的顶部与基础板之间混凝土中。尾水管有直锥形和弯肘形两种。前者用钢板焊接而成,部分埋入混凝土中,仅适用于小型反击式和贯流式水轮机;后者用钢筋混凝土浇筑,适用于大中型立轴反击式水轮机。采用冲击式水轮机的高水头水电站厂房,就无需设尾水管而仅有尾水室。尾水管的底板混凝土厚度应为 $1\sim2m$。

2. 卧式机组厂房组成

卧式机组厂房的主轴是水平装置的,又称为横轴机组主机室。厂房分为发电机层和尾水室层,如图 11-9 所示。

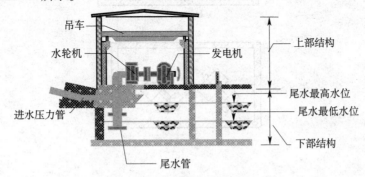

图 11-9 卧式机组厂房示意图

(1) 发电机层

指装设机组的楼板以上的空间。上部结构系布置水轮发电机、励磁机、金属蜗壳、水轮机、飞轮、尾水管弯段、调速器、配电盘、开关柜和梁式电动或手动吊车等机电设备。机组在发电机层布置方式有三种:横向布置,机组轴线与厂房纵轴线垂直,厂房跨度较大、长度较短,适用于机组台数较多的情况;纵向布置,机组轴线与主厂房纵轴线平行,厂房长度长而跨度小,适用于地形狭长及机组台数在 3 台以下的情况;斜向布置,机组轴线与厂房纵轴线成斜交布置,厂房长度、宽度介于上述两种布置形式之间,适用于机组较多又要减小厂房尺寸的情况。卧式机组的布置方式,如图 11-10 所示。

(2) 尾水室层

尾水室设立在机组以下的地下层。尾水室装有直锥管,通过 90°的弯头和蜗壳出口连接。发电后的尾水从直锥管排入尾水渠,由尾水渠流入下游河道。尾水管出口必须置于尾水室最低水位以下 30~50cm。

3. 主厂房安装间

在主厂房的一端应设立安装间,用于主厂房机组的安装和修理。安装间布置在主厂房机组安装、修理和运输方便的一端。当机组台数较多时,根据机组安装、修理繁忙的需要,可以在主厂房的另一端加设装配场。

四、主厂房的结构构造

1. 主厂房主要尺寸的确定

主厂房的主要尺寸为长度、宽度和高度,具体尺寸由设计图纸确定。下面简要介绍关

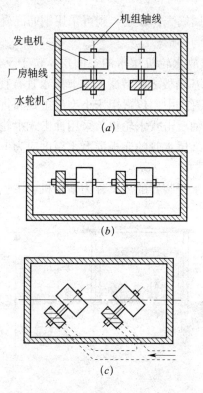

图 11-10 卧式机组的布置方式
(a)横向布置；(b)纵向布置；(c)斜向布置

于确定主厂房尺寸的主要因素。

(1) 立式机组主厂房

1) 长度。主厂房总长度是由若干机组段构成的机组段和安装间长度的总和。其中，机组段的长度取其蜗壳、尾水管或发电机风道中的最大平面尺寸，边机组的尺寸比中间机组尺寸适当加长 1~2m。装配场的长度一般为中间机组段长度的 1.2~1.5 倍。

2) 宽度。主厂房的宽度应从上部结构和下部结构的不同因素来考虑。上部宽度取决于吊车标准跨度、水轮发电机的定子外径、最大部件吊运需要的空间，还要增加辅助设备的布置和人行通道所需宽度。下部宽度应由蜗壳型号和尾水管排水要求的尺寸确定。当设有主阀时，下部还要加宽，上部要考虑安装和检修主阀所需要的宽度。最后，以上、下两部分中宽度较大的尺寸作为厂房的宽度。

3) 高度。主厂房的总高度应根据主厂房上、下部结构层设备安装运行的要求由设计确定。应首先确定发动机安装高程及上部结构的地面标高；然后，根据这个标高，按照各层安设的主要设备的布置及运行、检修等对高度的要求，分别定出上部和下部各结构层的高度。

(2) 卧式机组主厂房

1) 长度和宽度。主厂房的平面几何尺寸应根据机组的选型、设置的组数由设计确定。一般应满足整台机组安置、安装、检修和操作的足够空间，还要留有必需的工作通道。装配场的长度和宽度，一般可以按一台机组修理的最大部件尺寸确定。

2) 高度。卧式主厂房的建筑高度基本上根据设备安装、运行和修理需要的高度由设备工艺流程图来确定。

2. 主厂房结构构造

主厂房分上部结构和下部结构。上部结构为厂房的发电机厂房，通常都是排架结构，其结构构造和一般工业厂房构造相同。下部结构为蜗壳层和尾水层，它分为底板、墙体和设备基础三个部分，都是混凝土结构或钢筋混凝土结构。在房屋建筑物估价时，应按照水电站预算定额规定的分项子目进行工程量计算，然后套用相应定额单价计算造价。

五、副厂房

1. 副厂房的功能和设置原则

副厂房是水电站运行、控制、试验和管理人员工作、生活的处所。

副厂房可以设置在主厂房的上游或下游一侧或交通方便的端头，每个设置位置都有利弊，应根据主厂房的平面尺寸和所建的地理位置选择，一般应考虑有利于生产、有利于工作联系，还要考虑副厂房的工作环境。副厂房的工作室应根据水力发电站的规模和需要设置。大、中型规模的水电站设置比较齐全，小规模的水电站可以适当少设，有些小水电站在主厂房一侧扩大空间，将中控室及一些附属设施和线路布置在主厂房内而不设副厂房。

2. 副厂房的房室设置

（1）中央控制室（中控室）

中控室是水电站指挥与调控的中枢，负责水电站设备的运行、调度、控制、监视和保护，确保发电系统正常运转。中控室的位置应靠近主厂房，应保持良好的工作环境，室内要求通风良好，光线均匀，无噪声干扰，注意防潮。

（2）通信类房室

通信类房室包括载波电话通信室、自动交换机室、微波通信室和远动装置室，主要用来与电力系统中心联系，对机组运行进行调度。位置应靠近中央控制室，并要求隔声、通风和采光良好。

（3）电力管理类房室

电力管理类房室包括电力配套的房室，主要有电缆室、充电机室、蓄电池室、继电保护室、开关室、电工修理室、发电机配电室等。

（4）办公类房室

办公类房室主要设置计算机房、生产技术办公室、厂长室、资料室等。

（5）生产类房室

生产类房室主要设置为生产服务的配套房室和场地，主要有机加工车间、油化验室、运行分场、水工分场、检修分场等。

（6）试验类房室

试验类房室主要是为配合生产试验、检验而设置的房室，一般应包括继电保护试验室、高压试验室、精密仪器试验室等。

（7）生活类房室

生活类房室属后勤服务的房室，如休息室、浴室、更衣室、厕所、洗手间、工具间等。

3. 副厂房结构构造

副厂房一般为2~3层的框架结构，也可以是砖混结构，构造上和一般工业与民用建筑房屋相同，但可以套用地方土建定额或水力发电的土建定额。副厂房的设置规模应根据主厂房的需要确定。

第五节 码头建筑物

一、概述

1. 码头的含义

码头早已被人们所熟悉，它是船客上岸、下岸或货物装船、卸船的处所。码头有人工修建的，也有自然形成的。自然形成的码头多数位于比较小的河岸，用于停靠小船。人工修建的码头有大有小。小的形式和结构比较简单，往往利用天然河岸进行改造，然后增加客人上下或货物装卸的通道就成了码头，这种码头也只能停靠小型船只。在比较大的河流、湖、海沿岸都是修建人工码头，规模比较大，通常称为港口。现在所称的码头都是指修建的人工码头。因此，码头的科学含义应为：码头是水岸专供船舶停靠、装卸货物和上下旅客用的建筑物和场所。这里强调的是：码头是水岸边人工建造的一种建筑物，它属于港口与航道工程，是港口的水工建筑。

2. 码头的种类

（1）按码头的建造形式分类

按码头的建造形式分类可分为直立式码头、斜坡式码头、浮码头三类。

1）直立式码头

直立式码头为前沿靠水面直立或近于直立的码头，船舶和机械可以直接停靠码头前沿，靠泊方便，安全；同时，减少了货物装卸转机的环节，装卸方便，提高了效率，节约了成本。

2）斜坡式码头

斜坡式码头是前沿临水面呈斜坡状的码头，常用于内河水位差大的地区，斜坡道前方设有趸船作码头使用。这种码头由于装卸环节多，机械难于靠近码头前沿，装卸效率低。

3）浮码头

由趸船和活动引桥组成的码头，有时候靠岸的岸边可以再接一段固定引桥，借助活动引桥把趸船与水岸连接起来，因趸船随水位的变化作垂直升降，趸船的甲板面与水面的高差是不变的。一般适用于水位变幅较大、掩护条件较好的客货码头、渔码头、轮渡码头以及其他辅助码头等。

（2）按码头的平面布置划分

按码头的平面布置划分有顺岸式、突堤式、墩式等。

1）顺岸式码头

顺岸式码头是指码头线与原岸线平行或基本平行的码头。

2）突堤式码头

突堤式码头是指码头线与原岸线成直角或斜角伸入水域的码头。它又分为窄突堤码头和宽突堤码头。

窄突堤码头：突堤是一个整体结构。

宽突堤码头：两侧为码头结构，当中用填土构成码头地面。

3）墩式码头

墩式码头的前沿结构不连续，由靠船墩、系船墩、工作平台、连接桥、引桥等组成。该码头分为与岸用引桥连系的孤立墩码头或用联桥连系的连续墩码头。其中，孤立墩码头是仅有一个墩的墩式码头。

（3）按码头的结构形式划分

按码头的结构形式可分为重力式、高桩式、板桩式等。

1）重力式码头

重力式码头靠建筑物自重和结构范围内的填料重量保持稳定和承受水流的侧压力，结构整体性好，坚固耐用，损坏后易于修复，有整体砌筑式和预制装配式，适用于较好的地基。

2）高桩码头

高桩码头系由基桩和上部结构组成，桩的下部打入土中，上部高出水面，上部结构有梁板式、无梁大板式、框架式和承台式等。高桩码头属透空结构，波浪和水流可在码头平面以下通过，对波浪不发生反射，不影响泄洪，并可减少淤积，适用于软土地基。近年来，广泛采用长桩、大跨结构，并逐步用大型预应力混凝土管柱或钢管柱代替断面较小的钢筋混凝土桩而成管柱码头。

3）板桩码头

板桩码头系由板桩墙和锚碇设施组成，并借助板桩和锚碇设施承受地面使用荷载和墙后填土产生的侧压力。板桩码头结构简单，施工速度快，除特别坚硬或过于软弱的地基外，均可采用，但结构整体性和耐久性较差。

（4）按码头的用途划分

码头按用途划分可分为一般件杂货码头、专用码头（渔码头、油码头、煤码头、矿石码头、集装箱码头等）、客运码头、供港内工作船使用的工作船码头以及为修船和造船工作而专设的修船码头、舾装码头等。

杂货码头系指除专用码头之外广义货物装卸的码头。专用码头系指专为某种专业装卸货物而建设的码头，这种码头通常由企业自己建造，为企业所拥有。专用码头的布局都是按专业需要进行规划的，机械设备的安排必须按照专业要求选择和设置，专业性较强。

二、重力式码头的分类和结构构造

1. 重力式码头按照结构材料分类

重力式码头按照结构材料基本上可分为浆砌石块码头、预制混凝土块码头、沉箱码头、现浇混凝土码头四种。

2. 重力式码头结构构造

重力式码头结构构造分为基础、墙体、胸墙、填料等部分。重力式码头示意图，如图11-11所示。

（1）砌块码头

砌块码头包括块石码头和预制混凝土块码头，其结构构造为：

基础：一般采用块石或混凝土块。

墙体：通常采用浆砌块石或预制混凝土砌块。
胸墙：通常采用现浇钢筋混凝土。
填料：一般为砂石材料。

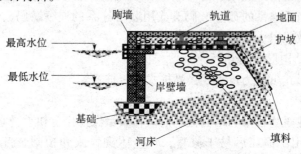

图 11-11 重力式码头示意图

（2）沉箱码头

沉箱码头系用沉箱作结构主体的重力式码头，沉箱为预制钢筋混凝土的箱形体，然后放置在水下作为码头。

（3）现浇混凝土码头

现浇混凝土码头的基础和墙体全部为水工混凝土浇筑。该码头的整体性、稳定性、抗水流侧压力的性能都优于其他重力码头。

三、集装箱码头

1. 集装箱码头的基本概念

集装箱码头是一个具有比较特殊的使用功能的综合性码头。它是一个包括码头和与码头功能运作相配套的其他设施的复合性建筑体系，在港口工程中占有非常重要的地位。为了装卸和运输方便，以及便于机械化操作，把各种繁杂的货件包装组成规格化的、统一形体的集装箱进行装卸和运输，这就形成了集装箱码头。

集装箱码头系指包括码头建筑物及码头所拥有的水域以及为完成集装箱装卸工作而配套的其他陆地设施。水域应包括码头、港池、泊位等，陆地设施应包括码头前沿、货运站、集装箱专用堆场及集装箱场内运输道路、办公场所以及其他与集装箱运作相关的陆地建筑物。

为提高集装箱装卸的工作效率，集装箱装卸和运输的整体结构，除了建造必需的、专用的码头和建筑设施外，还配备了专门的大型装卸、运输设备，形成了集装箱一套完整的运作体系，以保证货物装卸、运输工作的顺利进行。

2. 集装箱码头的主要任务

集装箱码头是物流的重要环节，也是货物水运和陆运的集散地，各地运达的货物在这里吞吐。

集装箱码头主要承办水运与陆运货物的交接运输，包括整箱运输和拆装运输；可以实行货物存储、保管和运输的一条龙服务，对需要运输、但短期不能运出的货物可以办理先存储后运出的货物储运业务。

3. 集装箱码头运作的必备条件

集装箱码头运作必须具备下列条件：

(1) 拥有集装箱的专用码头及堆放场所，配置集装箱装卸和运输作业所需的各类机械，实行全方位的机械化操作。

(2) 具备足够船舶停靠的水域、前沿水深、岸线和所需的泊位，保证船舶能够顺利行驶和安全停靠。一般情况下，泊位岸线长为300m以上，陆域纵深为350m以上。

(3) 具备码头前沿所需要的机械作业、运输道路、集装箱堆场的宽度，一般情况下，码头的前沿宽度约40m左右；具备码头足够的纵深及堆场面积。

(4) 具备足够的集装箱运输车辆行驶通道及停放场地。

(5) 必须具备现代化的科学管理水平和拥有一批高素质的科技人员、管理人员和作业人员。

4. 集装箱码头的主要建筑物

集装箱码头的主要建筑物系指直接为码头集装箱装卸服务的建筑物，其中有码头、码头前沿、集装箱编排（组）场、集装箱堆场、集装箱货运站等。

(1) 码头。包括码头实体、水域、岸线、岸壁等。

(2) 码头前沿。前沿是指沿码头岸壁到集装箱编排场（或称编组场）之间的码头岸边面积。它是码头船运装卸的工作场地，场地内设有岸边集装箱起重机及其运行轨道，码头前沿的宽度可根据装卸机械种类的跨距而定，一般岸边集装箱起重机的跨距为40m左右。

(3) 集装箱编排（组）场。集装箱编排（组）场，又称前方堆场，系将准备出港或已经进港的集装箱进行编号，而后有规则地堆放在该场地上，以确保集装箱能够有次序地装船或运出码头送到集装箱堆放场地。通常，在集装箱编排（组）场上按集装箱的尺寸预先画好箱位线，箱位上编上"箱位号"，当集装箱装船时，可按照船舶的配载图找到这些待装箱的箱位号，然后有次序地进行装船。

(4) 集装箱堆场

集装箱堆场又称后方堆场，是集装箱码头存放集装箱（包括底盘车）、保管重箱的场所。集装箱进港或出港都在这里进行交接和安全检查。堆场面积的大小应根据集装箱的吞吐量、出港船型的装载能力及到港的船舶密度和卸载能力、集装箱装卸机械要求的工作平面尺寸、集装箱在堆场上的排列形式等因素综合确定。

集装箱在堆场上一般有两种排列形式：①纵横排列法。即将集装箱按纵向或横向排列，这种排列形式整齐，场地利用率高，应用较广。②人字形排列法。即集装箱在堆场成"人"字形排列，适用于底盘车装卸作业方式。

(5) 集装箱货运站

集装箱货运站主要处理各类拼箱货物的拆箱和装箱作业，对出口货物进行拼箱，对进口货物进行拆箱，并对这些货物进行储存、防护和收发交接。货主托运的拼箱货，凡是出口的，均先在码头集装箱货运站集货，然后拼箱，转往出口堆箱场，准备装船；凡是进口的，均于卸船后，运至码头集装箱货运站拆箱，然后向收货人送货，或由收货人提货。一般的集装箱码头，均设有集装箱货运站，也有将货运站设置在集装箱码头之外的地方。

货运站应配备拆装箱及场地堆码用的小型装卸机械及有关设备，货运站的规模应根据预测的拆装箱量及拆装箱量不平衡情况综合确定，应考虑货运高峰期的因素。

第六节　水力发电工程建设费用计算标准及计算方法

本书介绍的水力发电建筑安装工程费用计取标准系根据1997年颁布的《水力发电工程设计概算编制办法及费用标准》编写,如果现行有新的标准,以新的标准计取费用。至目前尚未见到新的规定,建议估价时"其他直接费"可按取费表区间指标的偏上线取值。

前期及其他费用一律按照国家及地方规定的取费标准计取。资金成本按火电厂正常评估规定计取,详见本书第九章第五节二、3实例一主厂房的资金成本计算方法及相关内容。

1. 直接工程费

直接工程费分为基本直接费和其他直接费。

（1）基本直接费

基本直接费由材料费、人工费和机械费组成,这些费用由预算定额确定。

（2）其他直接费

其他直接费包括冬雨季施工增加费、特殊地区施工增加费、夜间施工增加费、小型临时设施摊销费及其他费用。

1）冬雨季施工增加费

冬雨季施工增加费费率,如表11-1所示。

冬雨季施工增加费费率表　　　　　　　　　　　　　　　表11-1

地区	西南、中南、华东	华北	西北、东北
费率（%）	0.5~1.0	1.0~2.5	2.5~4.0
取值说明	其中不计取冬季施工费的地区取小值,计取冬季施工费的地区可取大值	其中内蒙古等较为寒冷地区取大值,一般地区可取中、小值	其中陕西、甘肃等省取小值,一可取小值,其他省、市、自治区可取中或大值

计算方法：　　冬雨季施工增加费 = 基本直接费 × 费率

2）特殊地区施工增加费

特殊地区施工增加费中的高海拔地区的高程增加费应根据定额规定计算,无定额规定的其他增加费（如严寒、酷热、风沙）应根据工程所在地区的规定标准计取,无规定的不得计取。

计算方法：　　特殊地区施工增加费 = 基本直接费 × 费率

3）夜间施工增加费

其中：建筑工程为0.5%,安装工程为0.7%。

计算方法：　　夜间施工增加费 = 基本直接费 × 费率

4）小型临时设施摊销费

其中：建筑工程为1.5%,安装工程为2.0%。

计算方法：　　小型临时设施摊销费 = 基本直接费 × 费率

5）其他

其中：建筑工程为1.6%,安装工程为2.4%。

计算方法: 　　　　其他 = 基本直接费 × 费率

6) 其他直接费汇总表

其他直接费费率汇总系将上述各类取费费率进行汇总，汇总数据表，如表 11-2 所示。

其他直接费费率汇总表　　　　　　　　表 11-2

地区		西南、中南、华东	华北	西北、东北
费率(%)	建筑	4.1~4.6	4.6~6.1	6.1~7.6
	安装	5.6~6.1	6.1~7.6	7.6~9.1
取值说明		其中不计取冬季施工费的地区取小值，计取冬季施工费的地区可取大值	其中内蒙古等较为寒冷地区取大值，一般地区可取中、小值	其中陕西、甘肃等省取小值，其他省、市、自治区可取中或大值

计算方法: 　　　　其他直接费（合计）= 基本直接费 × 汇总费率

2. 间接费

建筑工程间接费费率表，如表 11-3 所示。

建筑工程间接费费率表　　　　　　　　表 11-3

序号	工程类别	费率(%)	包括内容	备注
1	土石方工程	13.5	包括土石方开挖、填筑、砌石、抛石工程等	
2	混凝土工程	9	包括现浇和预制各种混凝土、碾压混凝土、沥青混凝土；钢筋制作、安装、喷锚；伸缩缝、止水、防水工程以及保温工程	包括如果采用外购砂石料可以适当降低费率
3	基础处理工程	10	包括钻孔灌浆、地下连续墙、振冲桩、高喷灌浆工程	
4	疏浚工程	11.3	指大型船舶疏浚河、湖的工程	
5	其他工程	11.5	指上述工程以外的其他工程	

计算方法: 　　　　建筑工程间接费 = 直接工程费 × 间接费费率

3. 企业利润

企业利润 =（直接工程费 + 间接费）× 7%

4. 税金

计算税率表，如表 11-4 所示。

计算税率表　　　　　　　　表 11-4

序号	工程所在地点	计算税率
1	市区	3.41
2	县城、乡镇	3.35
3	市区、县城乡镇以外地区	3.22

计算方法: 　　　　税金 =（直接工程费 + 间接费 + 企业利润）× 计算税率

第七节 水工建筑评估计算

一、评估方法的选择

水工建筑的主要评估方法一般有三种，即竣工结算调整法、概预算调整法和概预算编制法。除此以外，还有一种单方造价查表法。单方造价查表法是通过概预算方法将变化有规律的应用数据事先制定好应用数据表供评估作价时查找使用，因此它属于概预算法的另一种估价形式，常用于构筑物的估价中，使用非常方便。单方造价查表法详细估价方法详见第八章第四节"构筑物价值的评估方法"相关内容。

水工建筑应采用水工建筑概预算定额和水工工程设计概算编制办法及费用标准进行评估作价，由于水工建筑涉及的专业范围很广，概预算定额及取费文件较多，这里无法一一列举，估价人员估价时应根据估价专业项目的专业类别寻找相应的定额标准进行计算。

二、实例

为使大家进一步了解水电站的构成，本例首先将××水电站主要项目的基本概况作一概要的介绍，然后列举其中的主厂房和重力坝两个例子进行评估作价。

【实例】西北部××水电站

本实例只计算发电机主厂房及重力坝两个项目的评估价值。

1. 水电站的建筑概况

（1）发电建筑物

该水电站位于我国西北部偏远地区，水电站形式为引水式发电站，发电机厂房系统由主、副厂房，尾水工程，进厂拱桥等组成。主、副厂房为南北轴线统一布置，总体轮廓尺寸为（长×宽）55m×15.7m。主、副厂房均为钢筋混凝土框架结构。2002年8月1日竣工投入使用。评估基准日为2009年10月31日。该水电站发电的主要流程，如图11-12所示。

它的发电系统有下列主要建筑物。

1）发电机主厂房

主厂房长36.5m，宽15.7m，高22m，共分3层，建筑面积1 719.15m²。地上为1层，地面以下自上而下分2层。

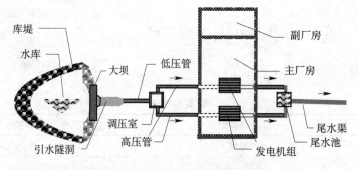

图11-12 水力发电流程平面示意图

地面1层为发电机层。发电机层平面与室外地面同高，其高度为22m，房内装有2台发电机，型号为SF10-14/3250，机组配有调速器为BDT-100，蝶阀为PDF70-WY-

200。起吊设备为50/10t桥式起重机。地下第一层为水轮机房，其高度为6m，水轮机房内装有2台10万kW水轮机组，水轮机型号为HLA153-LJ-140；地下第二层为蜗壳层，层高4.46m。

2) 发电机副厂房

该厂房长18.5m，宽15.7m，高22m。地面以上分为3层，自下而上分别为：高压开关室，层高15.36m；电缆夹层，层高3m；中控室，层高3.64m。副厂房地面以下分2层，自上而下第一层与主厂房水轮机层平齐，层高6m，内设高压线室、排污管室、厂用变电室和楼梯间；第二层为厂用空压机室，底部高程与主厂房蜗壳层平齐，层高4.46m。

主厂房及副厂房地面以下基础、墙体以及楼板等全部为钢筋混凝土现浇结构，采用水工高强度密实性防渗混凝土，墙体及底板并作了相应的防水防渗处理，确保墙体及地板不渗漏。地上建筑为钢筋混凝土框架柱、梁、板承力结构，加气块围护墙，钢网架屋顶；门窗采用钢大门，铝合金窗；地面为水泥砂浆抹面，内墙面喷刷涂料。

3) 尾水渠

尾水渠为钢筋混凝土结构，形状为矩形断面，总长20.89m。其中，尾水池长2.96m，闸室段长4.34m，末段采用1:3反坡与尾水渠相接，反坡段长10m，尾水反坡底板厚度60cm。尾水闸孔尺寸5.0m×1.732m，门前设挡水胸墙。尾水室设2扇检修钢闸门，尺寸为6.85m×2.1m，配置1台QPQ2×10t移动式启闭机。

4) 进厂拱桥

进厂拱桥属单孔双曲拱桥，钢筋混凝土结构，桥宽9m，桥长32m。

5) 送变电工程

送变电工程由升压站110kV输电线路组成。

升压站长92m，宽41m，钢筋混凝土结构。

(2) 重力坝

大坝为重力坝，混凝土结构，包括溢洪道、冲砂洞和观测排水廊道等工程。水库总容量1350万m^3，其中调级库容为285万m^3。

大坝坝长112m，坝高最高41.8m，平均高度40m，坝顶宽6m，最大底宽63.3m，平均底宽60m，设计水头68m。坝前设有15m宽、3m厚的阻滑板。

地基进行了加固处理，挖土石方48850m^3，帷幕灌浆3588m，固结灌浆4759m。

溢洪道分为3孔，每孔净宽7m，高5m，坝体部分长度85m，闸底为驼峰堰，闸室上部设启闭机室。

冲砂洞，全长70m，洞口3m×3m。

观测排水廊道，纵向廊道长77m，横向廊道长30m，断面为城门洞形，宽2.6m，高3.3m。

(3) 土石坝

土石坝为副坝，内设土工织物布防渗砂壳坝，最大坝高6.3m，坝长265m，坝顶宽5m，上游边坡1:2.75，为混凝土预制板，下游边坡1:2.5，为块石边坡。

(4) 引水系统

引水系统包括进水闸、低压输水管道、高低压输水隧洞、溢流阻抗式调压井、高压钢管等。其中，进水闸为钢结构，溢流阻抗式调压井为钢筋混凝土结构，管道为钢管外包混凝土。

厂房配套设施有给水、排水、供暖、电气照明及通信。供暖一般为自建锅炉房，自供暖。其他配套设施均为一般常规做法，不再详述。

2. 主厂房评估计算

（1）建筑结构状况

主厂房长 36.5m，宽 15.7m，高 22m，共分 3 层，建筑面积 1719.15m^2。地上为 1 层，地面以下自上而下分 2 层。

地面一层发电机房。发电机层平面与室外地面同高，其高度为 22m，地下第一层水轮机房，其高度为 6m，地下第二层为蜗壳层，层高 4.46m。2002 年 8 月投入使用。

主厂房及副厂房地面以下基础、墙体以及楼板等全部为钢筋混凝土现浇结构，采用水工高强度密实性防渗混凝土，墙体及底板并作了相应的防水防渗处理，确保墙体及地板不渗漏。地上建筑为钢筋混凝土框架结构，钢筋混凝土框架柱、梁、板承力结构，400mm 厚加气块围护墙，钢网架屋顶；屋面彩钢板，门窗采用钢大门，铝合金窗；地面水泥砂浆面层，内墙面喷刷涂料，PVC 板吊顶，外墙瓷砖贴面。

现场勘察，房屋使用功能完善，使用状况良好。

（2）评估方法

本次评估的水电站主厂房采用竣工结算调整法。

本次评估的水电站主厂房是企业自建工程项目，故决定采用重置成本法进行评估。由于该项目竣工决算资料齐全，因此决定以主厂房原竣工决算书直接费为基础进行人工、材料、机械费用的调整，然后按水力发电工程设计概算编制办法及费用标准和计价规定算出工程造价，其中人工费、材料费按地方现行市场价格进行调整，机械费无价格资料可询，一般可以按 25% 进行调差，不会影响评估值。评估计算的公式为：

工程直接费 = 项目竣工结算直接费

工程造价 = 工程直接费 + 各项调价 + 现行定额规定的取费

重置价值是在工程造价的基础上加上前期和其他费用及资金成本而求得。

前期和其他费用根据水电站的总体建设规模来确定。其中包括，建设单位管理费、建设项目前期工程勘察设计费、工作咨询费、工程建设施工监理费和招投标交易服务费等。

资金成本按照水工建筑物合理工期和评估基准日中国人民银行规定的贷款利率计算。

评估价值 = 重置价值 × 综合成新率

其中，综合成新率由主厂房的经济使用年限和现场勘察情况综合确定，主厂房的经济使用年限按照水工建筑规定计取。

（3）建筑造价计算

1）土建直接费

本例经查阅，该工程竣工决算报表齐全，决定采用原工程竣工决算价值及相应工程造价计算出直接费、人工费、材料费和机械费。

2）原建筑工程结算数据表

根据原建筑工程审定的结算书的各类结算费用，经整理归纳确定主厂房结算投资为 6623083.31 元，其中，建安成本 4956049.12 元，待摊费用为 1667034.19 元。经测算，建安成本中的基本直接费为 3802565 元。

3）工程造价计算

根据水力发电工程设计概算编制办法及费用标准计算该项目的工程造价。其计算过程，如表 11 - 5 所示。

工程造价计算表　　　　　　　　　表 11 - 5

序号	费用名称	计算基数	费率（%）	金额（元）
一	基本直接费			3802565
1	其中人工工资			570384.75
2	机械费			228153.9
二	其他直接费	1 + 2 + 3 + 4 + 5		288994.95
1	冬雨季施工增加费	一	4	152102.6
2	特殊地区施工增加费	一		0
3	夜间施工增加费	一	0.5	19012.83
4	小型临时设施摊销费	一	1.5	57038.48
5	其他		1.6	60841.04
三	间接费	一	9	342230.85
四	利润	一 + 二 + 三	7	310365.356
五	调价	1 + 2 + 3		1246370.42
1	人工工资调整	(46.6 - 25.48) /25.48	83	473419.34
2	材料价差	材料差价表		715912.60
3	机械费	一 - 2	25	57038.48
六	费用合计	一 + 二 + 三 + 四 + 五		5990526.571
七	税金	六	3.22	192894.96
八	基本工程造价			6183421.527
九	建筑面积（m²）		1719.15	
十	单方造价（元/m²）			3597.00

材料调价按工程结算时的材料数量乘以 2009 年 9 月份地方材料价格和竣工结算时的材料价格之间的价差计算，计算过程如表 11 - 6 所示。

材料差价表　　　　　　　　　表 11 - 6

材料调价	单位	数量	定额单价（元）	市场单价（元）	差价（元）	合价（元）
钢筋（10 内圆钢）	t	36.06	2520.00	4250.00	1730.00	62384.00
钢筋（10 外螺纹钢）	t	74.28	2565.00	4235.00	1670.00	124048.00
型钢	t	120	2496.00	4230.00	1734.00	208080.00
32.5 水泥	t	195.88	255.00	395.00	140.00	27423.00
42.5 水泥	t	283.88	267.00	450.00	183.00	51950.00
砂	t	946.52	38.00	65.00	27.00	25556.00
石子	t	645.36	35.30	62.00	26.70	17231.00
块石	t	650	33.00	62.00	29.00	18850.00
砖	千块	0	325.00	365.00	40.00	0
木材（圆木）	m³	15.49	820.00	1800.00	980.00	15180.00
主材小计						550702.00
其他材料	%				30	165210.60
合计						715912.60

单方工程造价合计 = 3597 元/m²

（4）前期及其他费用的确定

前期和其他工程费用，又称间接工程费用，它是指一个建设项目在建设过程中除直接工程费用(即建安造价)以外所发生的与整个建设工程过程相关而又不能列入直接成本费用项目的其他费用支出。根据国家及地方有关部门文件的规定,前期及其他费用的计取标准,如表11-7所示:

前期及其他费用表　　　　　表11-7

序号	名称	取费基数	费率(%)	文件号
1	建设单位管理费	工程造价	1.50	财政部财建[2002]394号
2	建设项目前期工作咨询费	工程造价	0.75	国家计委计价格[1999]1283号
3	工程勘察设计费	工程造价	3.50	国家计委、建设部计价格[2002]10号
4	工程建设施工监理费	工程造价	1.50	发改价格[2007]670号
5	招投标交易服务费	工程造价	0.35	国计价(2002)1980号
	合计		7.60	

前期及其他费用标准按建安造价的7.6%计取。

单方前期和其他费用 = 3597 × 7.6% = 273.37 元/m²

(5) 资金成本的计算

该工程机房内装有2台10万kW水轮发电机组以及相配套的水工建筑物,分两个不同比例投资,资金成本按评估基准日中国人民银行贷款利率计算。资金成本计算,如表11-8所示。

资金成本率测算表　　　　　表11-8

机组台数	2台	总工期(月)	32	
基础数据				
机组编号	1号	2号	合计	
占总投资的比例	60.00%	40.00%	100%	
施工工期(月)	27	32		
3年期年贷款利率	5.40%			
施工工期计划分配表				
工期分配	第一年	第二年	第三年	合计
第一台机组施工工期 n_i (月)	12	12	3	27
工期系数 C_i ($C_i = n_i/12$)	100%	100%	25%	
第二台机组施工工期 n_i (月)	12	12	8	32
工期系数 C_i ($C_i = n_i/12$)	100%	100%	67%	
逐年投资计划分配表				
项目年资金流分配计划	20.00%	50.00%	30.00%	100.00%
第一台机组投资比例	0.3	0.5	0.2	100.00%
投资系数	18.00%	30.00%	12.00%	60.00%
利息系数	0.49%	1.78%	0.73%	3.00%
第二台机组投资比例	0.12	0.5	0.38	100.00%
投资系数	4.80%	20.00%	15.20%	40.00%
利息系数	0.13%	0.80%	1.17%	2.10%
利息系数合计				5.10%

利息系数的计算方法:

设　施工工期 n_i　　　　n_i 按月计算

　　工期系数 c_i　　　　$c_i = n_i/12$

第一台机组利息系数计算方法

$$n_1 = n_2 = 12\%$$
$$c_1 = c_2 = 12/12 = 100\%$$
$$n_3 = 27 - 12 \times 2 = 3$$
$$c_3 = 3/12 = 25\%$$

第一年　利息系数 $= 18\% \times 5.4\% \times 0.5 \times 100\% = 0.49\%$
第二年　利息系数 $= (18\% + 30\% \times 0.5) \times 5.4\% \times 100\% = 1.78\%$
第三年　利息系数 $= (18\% + 30\% + 12\% \times 0.5) \times 5.4\% \times 25\% = 0.73\%$
3 年利息系数合计 $= 0.49\% + 1.78\% + 0.73\% = 3.00\%$
第二台机组利息系数计算方法
$$c_2 = (32 - 24)/12 = 67\%$$
第一年　利息系数 $= 4.8\% \times 5.4\%/2 \times 100\% = 0.13\%$
第二年　利息系数 $= (4.8\% + 20\% \times 0.5) \times 5.4\% \times 100\% = 0.80\%$
第三年　利息系数 $= (4.8\% + 20\% + 15\% \times 0.5) \times 5.4\% \times 67\% = 1.17\%$
3 年利息系数合计 $= 0.13\% + 0.8\% + 1.17\% = 2.10\%$
2 台机组利息系数合计 $= 3.00\% + 2.10\% = 5.10\%$
具体详见资金成本率测算表，表 11-8。
单方资金成本 $= (3597 + 273.37) \times 5.10\%$
$\qquad = 197.39$ 元/m^2

（6）重置价值计算
单方重置价值 $= 3597 + 273.37 + 197.39$
$\qquad = 4068$ 元/m^2
重置价值 $= 4068 \times 1719.15$
$\qquad = 6993502$ 元

（7）评估值计算
1）成新率确定
该建筑物 2002 年 8 月 1 日竣工投入使用，评估基准日为 2009 年 10 月 31 日，已使用 7.25 年，尚可使用年限为 22.75 年。
理论成新率 $= 22.75/(7.25 + 22.75) \times 100\%$
$\qquad = 75.83\%$
经现场勘察，认为房屋维护较好，勘察成新率定为 76%。
综合成新率 $= 75.83 \times 40\% + 76 \times 60\%$
$\qquad = 76\%$
2）评估值计算
$$评估值 = 6993502 \times 76\%$$
$$= 5315062 \text{ 元}$$

3. 重力坝评估计算
（1）建筑结构概况
重力坝，混凝土结构，包括溢洪道、冲砂洞和观测水廊道等工程。水库总容量 1350 万 m^3，其中调级库容为 285 万 m^3。大坝的主要构造和尺寸为：

大坝坝体：坝长112m，坝高最高41.8m，平均高度40m，坝顶宽6m，最大底宽63.3m，平均底宽60m，设计水头68m。坝前设有15m宽、3m厚的阻滑板。大坝挖土石方48850m³，帷幕灌浆3588m，固结灌浆4759m。大坝于2002年8月1日投入使用。

1）大坝混凝土体积

大坝混凝土体积 = ［112 ×（60 + 6）×0.5 ×40］= 147840m³

2）坝体溢洪道：分为3孔，每孔净宽7m，高5m，坝体部分长度85m，闸底为驼峰堰，闸室上部设启闭机室。

3）冲砂洞：全长70m，洞口3m×3m。

4）观测排水廊道：纵向廊道长77m，横向廊道长30m，断面为城门洞形，宽2.6m，高3.3m。

(2) 评估方法

本次评估的重力坝采用概预算编制法。

本次评估的重力坝是企业自建工程项目，故决定采用重置成本法进行评估。由于该项目竣工决算资料不全，因此决定以大坝的构造参数计算分项子目的工程量，然后按概预算的编制方法及水力发电工程设计概算编制办法和费用标准、计价规定计算出工程造价，其中人工费、材料费按地方现行市场价格已在各预算单价中进行了调整，不再另行调整差价。评估计算的公式为：

工程直接费 = Σ各子目预算价值

= Σ（子目工程量×对应预算单价）

工程造价 = 工程直接费 + 相关取费

重置价值是在工程造价的基础上加上前期和其他费用及资金成本而求得。

前期和其他费用根据水电站的总体建设规模来确定。其中包括，建设单位管理费、建设项目前期工程勘察设计费、工作咨询费、工程建设施工监理费和招投标交易服务费等。资金成本按照水工建筑物合理工期和评估基准日中国人民银行规定的贷款利率计算。

评估价值 = 重置价值×综合成新率

其中，综合成新率由主厂房的经济使用年限和现场勘察情况综合确定，主厂房的经济使用年限按照水工建筑规定计取。

(3) 建筑造价计算

1）土建直接费

本案例经查阅，将大坝工程竣工决算报表的结构构造，经整理后套定额计算直接费。其计算过程，如表11-9所示。

重力坝直接费计算表　　　　　　　　表11-9

编号	项目名称	单位	工程量	单价（元）	合价（元）
1	混凝土坝				
2	土石方工程（爆破、开挖等）	m³	48850.00	54.36	2655486.00
3	坝体混凝土工程	m³	147840.00	314.09	46435065.60
4	钢筋	t	220.00	4723.11	1039084.20
5	帷幕灌浆	m	3588.00	572.06	2052551.28
6	地基固结灌浆加固	m	4759	215.00	1023185.00
7	排水廊（2.6m×3.3m）	m	107.00	128.00	13696.00

续表

编号	项目名称	单位	工程量	单价（元）	合价（元）
8	溢洪道（7m×5m）	m	85.00	226.00	19210.00
9	冲砂洞（3m×3m）	m	70.00	135.00	9450.00
10	小计				53247728.00
11	排水设施（防渗设施、排水井及管道等）	2.8%			1490936.38
	合计				54738664.38

以上为现行价格，不再进行各种因素的调价。

2）工程造价计算

根据水力发电工程设计概算编制办法及费用标准计算该项目的工程造价。其计算过程，如表 11-10 所示。

工程造价计算表　　　　　表 11-10

序号	费用名称	计算基数	费率（%）	金额（元）
一	基本直接费			54738664.38
1	其中人工工资		15	8210799.66
	机械费		6	3284319.86
二	其他直接费	1+2+3+4+5		3612751.86
1	冬雨季施工增加费	一	4	2189546.58
2	特殊地区施工增加费	一		0
3	夜间施工增加费	一	0.5	273693.32
4	小型临时设施摊销费	一	1.5	821079.97
5	其他	一	1.6	875818.63
三	间接费	一	9	4926479.79
四	利润	一+二+三	7	4467769.787
五	调价	1+2+3		0
1	人工工资调整		0	0
2	材料价差		0	0
3	机械费			
六	费用合计	一+二+三+四+五		68293052.46
七	税金	六	3.22	2199036.289
八	基本工程造价			70492088.75
九	长度（m）		147840.00	
十	单方造价（元/m）			476.81

单方工程造价合计 = 476.81 元/m

（4）前期及其他费用的确定

本次评估的重力坝工程和主厂房属同一个工程项目，其前期及其他费用的计取标准同主厂房，取值为 7.6%。

单方前期和其他费用 = 476.81 × 7.6% = 36.24 元/m

（5）资金成本

该工程水轮发电机组与水力发电相配套的若干水工建筑物，由于建设资金是混合使用的，无法区分，因此大坝的资金成本率应按综合资金成本率计算，资金成本率取值为 5.10%。

$$单方资金成本 = (476.81 + 36.24) \times 5.1\%$$
$$= 26.17 \text{元/m}$$

(6) 重置价值计算
$$单方重置价值 = 476.81 + 36.24 + 26.17$$
$$= 539.22 \text{元/m}$$
$$重置价值 = 539.22 \times 147840$$
$$= 79718285 \text{元}$$

(7) 评估值计算

1) 成新率确定

该建筑物2002年8月1日竣工投入使用，评估基准日为2009年10月31日，已使用7.25年，尚可使用年限为22.75年。

$$理论成新率 = 22.75/(7.25 + 22.75) \times 100\%$$
$$= 75.83\%$$

经现场勘察，认为房屋维护较好，勘察成新率定为76%。

$$综合成新率 = 75.83 \times 40\% + 76 \times 60\%$$
$$= 76\%$$

2) 评估值计算

$$评估值 = 79718285 \times 76\%$$
$$= 60585897 \text{元}$$

第八节 风电场建筑物的价值评估

一、概述

1. 风力发电的原理

风力发电，是利用大自然的风力带动塔顶的风车叶片旋转，再通过增速机将旋转的速度提升，促使发电机发电。依据目前的风车技术，大约达到3m/s的微风速度便可以使发电机开始发电。风力发电已在世界上得到广泛使用，由于风力发电是利用自然风力，因此节省了大量的燃料资源和资金，又由于没有燃料的燃烧，因而不会对环境产生辐射或空气污染，取得了环保效果。

风力发电机的发电量非常小，在现代风力发电机上，最大电力输出通常为500~1500kW。

2. 风电场的组成

风电场是风力发电的场所，包括与风力发电相关的发电设备、变电设备、电力输出设备、升压站设备、建筑场地以及在风电场范围内的建筑物等。

(1) 风机发电系统的组成

风机发电的整个外形构造系由设备基础、风轮、机舱、塔筒、变压器等组成。所有发电设备都安置在机舱内，因此机舱设备是风力发电机发电的核心部分。风机外形构造示意图，如图11-13所示。

(2) 升压站

升压站是将风力发电机输出的低电压经过升压变电设备变为高电压，而后输入电网。

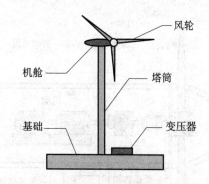

图 11-13 风机外形构造示意图

升压站的电压输出等级通过为 10kV、35kV、110kV、220kV、550kV、750kV、1000kV。风力发电机直接输出的电压通常为 690V，经过外设的箱式变压器变压成为 35kV 后送入升压站的主变压器。

升压站的设备包括：

1）主变压器。是将低电压变为高电压的变电设备。
2）无功补偿设施。当电网中的电压不稳定或降低时用以补偿电压的设备或设施。
3）风机进线部分。风力发电机输出的电进入升压站的进线装置。

（3）风电场建筑物

风电场建筑物主要指风电场场界范围内的建筑物。其中，有和风力发电相配套的房屋建筑物及构筑物，例如水泵房、中央控制室、变电所、升压站混凝土地面等；有服务性房屋建筑物及构筑物，例如办公楼、综合楼、仓库、道路、围墙等。

上述风电场的组成中，只有风电场内的房屋建筑物、构筑物及设备基础属于风电场建筑物的评估范围；其他项目，包括塔筒等，都属于设备的评估范围，由机器设备评估人员评估作价。有时，塔筒基础也随塔筒一起在设备项目中评估作价。评估人员应注意及时和设备评估人员取得联系，不要重复估价，也不要漏项。

3. 风力发电机系统的组成

风力发电机系统系由机舱：机头、转子、叶片、转体、轴心、低速轴、齿轮箱、发电机、电子控制器、液压系统、尾翼等组成。所有发电系统的设备都集中安置在机舱内，机舱就相当于发电主厂房。机舱设备的各部分功能为：叶片用来接受风力并通过机头转为电能；尾翼使叶片始终对着来风的方向从而获得最大的风能；转体能使机灵活地转动以实现尾翼调整方向的功能；机头的转子是永磁体，定子绕组切割磁力线产生电能。风力发电机因风量不稳定，故其输出的是 13~25V 变化的交流电，必须经充电器整流，再对蓄电瓶充电，使风力发电机产生的电能变成化学能，然后用有保护电路的递变电源，把电瓶里的化学能转变成交流 220V 市电，以保证稳定使用。风力发电机系统简单构造，如图 11-14 所示。

二、风电场建筑物的价值评估

1. 风电场建筑物评估项目的范围

风电场的建筑物和一般的工业与民用建筑物所包括的结构类型相同，但房屋的规模比火力发电厂、水电站的房屋建筑物小得多，没有独立的发电主厂房。风电场内基本上都是

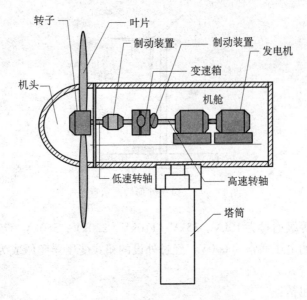

图 11-14 风力发电机系统示意图

间隔布置的风电塔筒,所有的风电发电设备都布置在塔顶的机舱内,一个塔就是一部风力发电机。风力发电的塔筒属于发电设备的一部分,不在建筑物评估范围内。

2. 评估方法

风电场建筑物的评估方法一般都是重置成本法,但不包括商品房。

(1) 工程造价的确定方法

风电场的建筑物包括房屋建筑物、构筑物,一般采用各地区现行概预算定额及取费定额计算工程造价。计算方法详见本书第五章、第六章的相关内容。

(2) 前期和其他费用的确定

风电场建筑物的前期和其他费用应按照 2007 年 8 月水电水利规划设计总院颁发的《风电场工程可行性研究报告设计概算编制办法及计算标准》的规定内容进行计算(详见附录)。如果发现在计取的前期和其他费用项目中有该文件中查找不到的取费项目,应参照国家相关部委或地方政府的有关规定标准进行计算。

风电场的建筑安装工程在计取《风电场工程可行性研究报告设计概算编制办法及计算标准》费用时的计算基数应为"建筑工程费 + 安装工程费"。评估中不得计取费用项目中的生产准备费、静态预备费、涨价预备费。

(3) 资金成本的确定

资金成本根据待估项目的合理建设工期,按照中国人民银行现行贷款利率,以建筑安装工程费、前期和其他费用之和为基数,以平均投入进行计算。计算公式为:

资金成本 = (建筑安装工程费 + 前期和其他费用) × 贷款利率 × 1/2

(4) 综合成新率的计算

综合成新率可按下列公式计算。

1) 按照设计使用年限成新率调整计算

房屋建筑的综合成新率应由理论成新率、现场勘察成新报率综合确定。

综合成新率 = 理论成新率 + 现场勘察成新率调整值

理论成新率=（设计使用年限-已使用年限）/设计使用年限×100%

2）按照经济使用年限成新率计算

综合成新率=尚可使用年限/（已使用年限+尚可使用年限）

尚可使用年限由现场勘察确定。

风电场一般建筑物的设计使用年限可参见本书第五章第二节进行计算。风电的专业配套建筑设计使用年限原则上应按照风电的专业设计规定使用年限进行计算，由于风电场的风电数量较多，建造年代有先有后，因此，风电场风电专业配套建筑物的使用年限应按照风电场风电专业配套建筑物开始投入生产的日期起至风电场最后一个风电设备停止使用日期止的区间内的使用年限来计算，这个使用年限应称为风力发电的服务年限。这样，风电专业配套建筑物存在两个使用年限，一个是建筑物自身的经济使用年限，一个是为风力发电配套使用的服务年限。在风电场的各类建筑物的评估计算时，风电专业配套建筑物的经济使用年限应按上述两种使用年限中较短者取值。

例如，风电场内建造了一道围墙，围墙自身的经济寿命年限为30年，已使用了3年，尚可使用年限为27年，而设计规划的风电场发电设备运转期的尚可使用年限只有22年，在该围墙评估计算时，围墙的尚可使用年限应按22年取值。

三、例题

评估案例——生产综合楼

1. 建筑物概况

评估的风电场坐落在吉林省××市郊区，距离城市约23km，四周均为农田。委估的生产综合楼系风电场的主要建筑。

生产综合楼，单层，房屋形状呈Π字形，建筑面积1445.94m²，檐高5.6m，层高5.2m。2010年6月30日建成投入使用。评估基准日为2010年10月30日。

主要建筑结构及装修做法：

抗震设防烈度：7度。

基础：现浇钢筋混凝土独立基础、地基梁。

结构：现浇钢筋混凝土框架柱。

墙体：外墙、内墙均采用轻质混凝土砖，外贴聚苯乙烯保温板。

屋面：钢筋混凝土屋面板贴聚苯乙烯保温板，上面铺瓦。

楼地面：高级玻化砖、防静电地板、实木地板。

顶棚：轻钢龙骨石膏板吊顶。

外墙面：粗磨花岗石，蘑菇石花岗石墙裙。

内墙面：涂料，花岗石踢脚线。

门窗：外门为玻璃弹簧门，内门为木门，窗为双玻塑钢窗。

配套设施：水、电、消防、供暖、通信、空调系统等设施齐全。

经现场勘察，该建筑物施工质量较好，基础无不均匀沉降，承重结构稳定；室内地面完好平整；屋面不渗漏，屋面保温层、隔热层、防水层完好；外墙完好；水电系统运行正常。总体使用情况较好。

2. 重置全价测算

因建筑物新近建成，直接根据竣工决算造价及评估基准日当地建筑材料的市场价格和电力行业的调价办法计算材料价差,确定建筑工程费。根据《风电场工程可行性研究报告设计概算编制办法及计算标准》,确定前期费用和其他费用。根据评估基准日贷款利率和该风电场的合理工期,确定资金成本,最后计算出重置全价。

(1) 建筑工程费

依据综合楼结算书,按当前《吉林省建筑工程计价定额》、《吉林省安装工程计价定额》、《吉林省装饰装修工程计价定额》的计算规定,参照《××市建设工程造价信息》(2009年)计算出建筑安装工程造价,如表11-11所示。

建筑安装工程造价表　　　　　表11-11

序号	项目名称	单方造价(元/m²)
1	土建工程	2048.34
2	装饰工程	1365.56
3	给水排水工程	121.93
4	电气工程	183.86
5	通信工程	48.77
6	空调工程	1108.54
7	合计	4877

(2) 前期费用及其他费用

根据《风电场工程可行性研究报告设计概算编制办法及计算标准》,确定前期费用及其他费用,如表11-12所示。

前期费用及其他费用计算表　　　　　表11-12

序号	费用名称	计算基础	计算费率(%)	单方费用(元/m²)
一	建设管理费			
1	工程前期费(特许权前期工作费)	建筑工程费+安装工程费	1.00	48.77
2	建设单位管理费	建筑工程费+安装工程费	3.00	146.31
3	建设监理费	建筑工程费+安装工程费	1.30	63.40
4	项目咨询评审费	建筑工程费+安装工程费	1.00	48.77
5	工程验收费	建筑工程费+安装工程费	0.80	39.02
6	工程保险费	建筑工程费+安装工程费	0.50	24.39
二	勘察设计费			
1	勘察设计费	建筑工程费+安装工程费	2.40	117.05
2	竣工图编制费	设计费	8.00	9.36
3	施工图预算编制费	设计费	10.00	11.70
三	其他			
1	工程质量监督检测费	建筑工程费+安装工程费	0.11	5.36
2	工程定额测定费	建筑工程费+安装工程费	0.13	6.34
3	风电技术标准编制费	勘察设计费	1.20	1.40
四	合计			521.88

单方前期费用及其他费用为521.88元/m²

(3) 资金成本

合理工期为1年,资金均匀投入,贷款利率5.4%×0.5=2.655%,则:资金成本=(建筑安装工程造价+前期费用及其他费用)×综合贷款利率

$$= (4877 + 521.88) \times 2.655\%$$
$$= 143.34 \text{ 元}/m^2$$

(4) 重置价值的计算

单方重置全价 = 建筑安装工程造价 + 前期费用及其他费用 + 资金成本
$$= 4877 + 521.88 + 143.34$$
$$= 5542 \text{ 元}/m^2$$

重置价值 $= 5542 \times 1445.94$
$$= 8013399 \text{ 元}$$

3. 综合成新率的确定

(1) 勘察成新率

经现场勘察，房屋结构坚固，墙体完整牢固，屋面无渗漏，室内设施较好，整体外观情况较好，室内电气照明、给水排水设施功能完好齐备，满足正常使用要求。

(2) 理论成新率

该房屋2010年6月30日建成投入使用，截至评估基准日已使用0.33年，经济使用年限确定为50年。风电场的使用年限没有明确规定，所以，房屋的理论使用年限确定为50年。则：

理论成新率 = (理论使用年限 - 已使用年限)/理论使用年限 × 100%
$$= (50 - 0.33)/50 \times 100\%$$
$$= 99\%$$

(3) 综合成新率

由于该建筑系新建房屋，故综合成新率可以按理论成新率计算，确定为99%。

4. 评估值的确定

评估值 = 重置全价 × 成新率
$$= 8013399 \times 99\%$$
$$= 7933265 \text{ 元}$$

附 录 风电场工程可行性研究报告设计概算编制办法及计算标准（摘录）

风电场工程可行性研究报告

设计概算编制办法及计算标准

第一章 总 则

第一条 为适应投资体制改革的需要，规范风电场工程设计概算的项目划分、费用构成和计算标准，统一编制内容、深度和表现形式，合理确定工程投资，特修编《风电场工程可行性研究报告设计概算编制办法及计算标准》（以下简称本办法）。

第二条 本办法适用于规划建设的大、中型风电场工程可行性研究报告设计概算的编制，其他风电场项目可根据具体情况参照执行。编制上述项目预可行性研究报告投资估算时也可参考。

第三条　设计概算是可行性研究报告的重要组成部分，是进行项目经济评价的基础，设计概算经核准后，是控制固定资产投资规模和进行工程审计、项目法人筹措建设资金和控制、管理工程造价的依据。

第四条　设计概算的编制单位应具备相应的工程造价咨询资质；概算编制人员应具备相应的工程造价专业执业资格和从业资格，掌握政策，熟悉工程，坚持原则，实事求是；在编制过程中应充分了解工程建设条件、收集相关工程资料，严格按照国家有关规定，合理选用定额、费用标准和价格。

第五条　风电场工程可行性研究报告设计概算，应按编制年的价格水平及国家有关政策进行编制。

第二章　项目划分

第六条　风电场工程项目划分包括设备及安装工程、建筑工程和其他费用三部分。

（一）设备及安装工程

指构成风电场固定资产的全部设备及其安装工程。由以下内容组成：

1. 发电设备及安装工程，包括风电机组和塔筒（架）、机组配套电气设备、机组变压器、集电线路等设备及安装工程。

2. 升压变电设备及安装工程，包括主变压器系统、配电装置、无功补偿系统、所用电系统和电力电缆等设备及安装工程。

3. 通信和控制设备及安装工程，包括监控系统、直流系统、通信系统、远动和计费系统等设备及安装工程。

4. 其他设备及安装工程，包括采暖通风和空调系统、照明系统、消防系统、生产车辆、劳动安全与工业卫生工程及全场接地等设备及安装工程。

（二）建筑工程

风电场建筑工程由以下内容组成：

1. 发电设备基础工程，包括风电机组和塔筒（架）、机组变压器等设备的基础工程。

2. 变配电工程，主要指主变压器、配电设备基础和配电设备构筑物的土石方、混凝土、钢筋及支（构）架等。

3. 房屋建筑工程，包括中央控制室、配电装置室、辅助生产建筑、办公及生活文化建筑及其室外工程等。

4. 交通工程，包括新建及改扩建的公路、桥梁及码头等。

5. 施工辅助工程，包括施工电源、施工水源、施工道路、风力发电机组安装平台场地平整、施工围堰及大型专用施工设备（如大型吊车）安拆及进出场等。

6. 其他，包括环境保护与水土保护工程、劳动安全与工业卫生工程、变电所场地平整工程和其他工程等。

环境保护与水土保护工程指为减轻或消除项目施工过程中对环境的不利影响而采取的各种保护工程和措施所发生的费用，主要包括环境保护和水土保持等工程。

消防设施指消防水池等土建设施。

劳动安全与工业卫生工程指劳动安全和工业卫生中的土建工程。

变电所场地平整指风电场变电所场地平整及其土石方工程。

（三）其他费用

1. 建设用地费，包括土地占用费、旧有设施迁移补偿费和余物拆除清理费。

2. 建设管理费，包括工程前期费、建设单位管理费、建设监理费、项目咨询服务评审费、工程验收费和工程保险费。

3. 生产准备费，包括生产人员培训及提前进厂费、办公及生活家具购置费、工器具及生产家具购置费、备品备件购置费和联合试运转费。

4. 勘察设计费，包括勘察费、设计费、施工图预算编制费及竣工图编制费等。

5. 其他，包括工程质量监督检测费、工程定额测定费、风电技术标准编制费及在工程实施过程中发生的有关税费。

第七条 项目划分表

（一）设备及安装工程项目划分表（见表1）

设备及安装工程项目划分表　　　　　　表1

序号	一级项目	二级项目	三级项目	技术经济指标
一	发电设备及安装工程			
1		风电机组		元/kW
			风电机组本体	元/台
2		塔筒（架）		元/kW
			塔筒	元/t
			塔架	元/t
			基础环	元/t
3		机组配套电气设备		元/kW
			电气设备本体	元/台
			母线	元/m
			支架	元/t
			引下（出）线	元/m
4		机组变压器		元/kW
			箱式变电站	元/台
			其他变压器	元/台
5		集电线路		元/kW
			电缆敷设	元/km
			电缆连接设备	元/套
			架空线路	元/km
二	升压变电设备及安装工程			

续表

序号	一级项目	二级项目	三级项目	技术经济指标
1		主变压器系统		元/kW
			主变压器	元/台
			隔离开关	元/台
			避雷器	元/台
			电流互感器	元/台
			变压器系统调试	元/项
2		配电装置		元/kW
			断路器	元/台
			电压互感器	元/台
			电流互感器	元/台
			隔离开关	元/台
3		无功补偿系统		元/kW
			电容器	元/台
			低压电抗器	元/台
4		所用电系统		元/kW
			所用变压器	元/台
			所用配电装置	元/套
			所用电系统调试	元/项
5		电力电缆		元/kW
			电缆本体	元/m
			电缆辅助设施	元/项
			电缆防火	元/项
			母线系统调试	元/项
三	通信和控制设备及安装工程			
1		监控系统		元/kW
			风电场监控系统	元/套
			监控光缆	元/m
			变电所监测系统	元/套
			控制电缆	元/m
			继电保护	元/项
			中央信号系统调试	元/项
2		直流系统		元/kW
			充电装置	元/套
			直流屏	元/台
			蓄电池	元/组
3		通信系统		元/kW
			光纤通信	元/套
			行政通信	元/套
			调度通信	元/套
			通信光（电）缆	元/km
4		远动及计费系统		元/kW
			远动系统	元/套
			电量计费系统	元/套
四	其他设备及安装工程			元/kW
1		采暖通风及空调系统		
2		照明系统		
3		消防系统		

续表

序号	一级项目	二级项目	三级项目	技术经济指标
4		生产车辆购置		
5		劳动安全与工业卫生设备及安装工程		
6		全场接地		
7		其他		

(二) 建筑工程项目划分表（见表2）

建筑工程项目划分表　　　　　　　　　　　　　表2

序号	一级项目	二级项目	三级项目	技术经济指标
一	发电设备基础工程			
1		风电机组塔筒（架）基础工程		元/座
			土方开挖	元/m³
			石方开挖	元/m³
			土石方回填	元/m³
			混凝土	元/m³
			钢筋	元/t
			基础灌浆	元/m
			桩	元/m³（m）
2		机组变压器基础工程		元/座
			土方开挖	元/m³
			石方开挖	元/m³
			土石方回填	元/m³
			混凝土	元/m³
			钢筋	元/t
3		集电线路基础工程		元/km
			土石方开挖	元/m³
			土石方回填	元/m³
			混凝土	元/m³
			钢筋	元/t
			铺砂盖砖	元/m
			桩	元/m³（m）
二	变配电工程			
1		主变压器基础工程		元/kW
			土方开挖	元/m³
			石方开挖	元/m³
			土石方回填	元/m³
			混凝土	元/m³
			钢筋	元/t
2		配电设备基础工程		元/kW
			土方开挖	元/m³
			石方开挖	元/m³
			土石方回填	元/m³
			混凝土	元/m³
			钢筋	元/t

续表

序号	一级项目	二级项目	三级项目	技术经济指标
3		配电设备构筑物		元/kW
			构架	元/m³
			电缆沟	元/m³（m）
三	房屋建筑工程			元/m²
1		中央控制室（楼）		
			中控室（楼）建筑	元/m²
2		配电装置室		
			配电装置建筑	元/m²
3		辅助生产建筑		
			污水处理室 消防水泵房 锅炉房 事故油池 设备仓库 车库	元/m²
4		办公及生活文化建筑		
			办公用房 值班宿舍 食堂	元/m²
5		室外工程		
四	交通工程			
1		公路		元/km
2		桥梁		元/座
3		码头		元/座
五	施工辅助工程			元/kW
1		施工电源		元/项
2		施工水源		元/项
3		施工道路		元/km
4		安装平台场地平整工程		元/m²
			一般场地平整	元/m²
			土方开挖	元/m³
			石方开挖	元/m³
			土石方回填	元/m³
5		施工围堰		元/项
			土方开挖	元/m³
			石方开挖	元/m³
			土石方回填	元/m³
			抛石	元/m³
			冲泥管袋	元/m³
			土工布	元/m²
6		大型专用施工设备安拆及进出场费		元/项
六	其他			
1		环境保护与水土保护工程		
			环境保护	元/项
			水土保持	元/项
2		消防设施		元/项
3		劳动安全与工业卫生工程		元/项
4		变电所场地平整工程		元/m²

续表

序号	一级项目	二级项目	三级项目	技术经济指标
			一般场地平整	元/m²
			土方开挖	元/m³
			石方开挖	元/m³
			土石方回填	元/m³
5		其他		

(三) 其他费用划分表（见表3）

其他费用划分表　　　　　　　　　　　　　　　　　　　表3

序号	一级项目	二级项目	三级项目	技术经济指标
一	建设用地费			
1		土地占用费		
			永久用地	
			临时用（租）地	
2		旧有设施迁移补偿费		
3		余物拆除清理费		
二	建设管理费			
1		工程前期费		
2		建设单位管理费		
3		建设监理费		
4		项目咨询服务评审费		
5		工程验收费		

续表

序号	一级项目	二级项目	三级项目	技术经济指标
6		工程保险费		
三	生产准备费			
1		生产人员培训及提前进厂费		
2		办公及生活家具购置费		
3		工器具及生产家具购置费		
4		备品备件购置费		
5		联合试运转费		
四	勘察设计费			
1		勘察费		
		设计费		
2		其他		
			施工图预算编制费	
			竣工图编制费	
			其他	
五	其他			
1		工程质量监督检测费		
2		工程定额测定费		
		风电技术标准编制费		
3		其他		

第四章 概算编制及费用标准

第二十七条 设备及安装工程费用编制

设备费按设备原价、运杂费、运输保险费、特大（重）件运输增加费、采购及保管费分别计算。

（一）设备原价

国产设备以出厂价为原价，进口设备以到岸价加进口征收的税金、手续费、商检费、港口费之和作为原价。

（二）设备运杂费

1. 设备运杂费，分主要设备和其他设备，均按占设备原价的百分率计算。

主要设备运杂费率表（%） 表8

设备分类	铁路		公路	
	基本运距1000km	每增运500km	基本运距50km	每增运50km
风电机组本体	2.99	0.70	1.85	0.12
塔架	3.50	0.56	3.50	0.50
主变压器	2.97	0.56	2.00	0.20

其他设备运杂费率表 表9

运输里程	取费基础	费率（%）
500km以内	设备原价	4.0
1000km以内	设备原价	5.5
1500km以内	设备原价	6.8
2000km以内	设备原价	7.5
2000km以上每增加200km	设备原价	0.2

2. 运输保险费率（国内段）：设备的运输保险费率可按工程所在省、自治区、直辖市的规定计算。省、自治区、直辖市无规定的，可按中国人民保险公司的有关规定计算。如无其他相关资料，费率可按0.4%估列。

3. 特大（重）件运输增加费率：特大（重）件运输增加费可根据设计方案确定，如无相应设计方案，可按设备原价的0.5%~0.9%估列。

4. 采购保管费率：按设备原价和运杂费之和的0.5%计算。

（三）生产车辆购置费

生产车辆购置费按配备的生产车辆数量乘相应单价计算，具体配备的数量见表10。

生产车辆数量表 表10

装机容量（MW）	100MW以下	100~200WM	200MW以上
生产车辆数量	2~3	3~4	4

(四) 安装工程费

安装工程按设计的设备清单工程量乘安装工程单价计算。

第二十八条　建筑工程费用编制

(一) 主体建筑工程费用应按照可行性研究报告所确定的设计规模、建设标准和主要工程量乘以相应工程单价进行编制。

(二) 房屋建筑工程可根据设计采用的不同类型房建工程面积乘工程所在地相应的房屋建筑工程单位造价指标进行编制，室外工程按设计提供的项目和工程量分别计算。

(三) 交通工程应根据设计提供的工程量乘单价或按单位造价指标两种方式编制工程所在地相应交通工程单位造价指标进行编制。单位造价指标应分场外、场内公路，根据调查或类似工程资料经分析后确定。

(四) 其他建筑工程

其他建筑工程按设计工程量乘单价或采用扩大单位指标编制，也可按设计要求分析计算。

第二十九条　其他费用编制

(一) 建设用地费

计算方法：根据设计确定的建设用地、临时用地面积和各省、自治区、直辖市人民政府制订颁发的各项补偿费、安置补助费标准分类进行计算。耕地占用税应根据国务院发布的《中华人民共和国耕地占用税暂行条例》和地方规定的具体标准计算。

(二) 工程前期费

管理性费用可根据项目实际发生和有关规定分析计列。

规划及预可行性研究勘察设计工作所发生的费用，包括风电场选址、测量、资源评估等工作，其计算标准按有关规定计算，如无相关规定，可按一至二部分投资合计的 0.9~1.1% 计列。

风电特许权项目如发生工程咨询代理费，其计算标准按有关规定计算。

(三) 建设单位管理费

计算标准：

工程建设管理费 = (建筑工程费 + 安装工程费) × 费率1 + 设备购置费 × 费率2

费率1：2.0%~3.5%

费率2：0.3%~0.55%

按照风电场工程等级划分标准，规模大的取中值或小值，规模小的取大值。

(四) 建设监理费

建设监理费 = (建筑工程费 + 安装工程费) × 费率1 + 设备购置费 × 费率2

费率1：1.2%~1.5%

费率2：0.1%~0.15%

按照风电场工程等级划分标准，规模大的工程取中值或小值，反之取大值。

（五）项目咨询服务评审费

项目咨询服务评审费 =（建筑工程费 + 安装工程费）× 费率1 + 设备购置费 × 费率2
费率1：0.8%~1.2%
费率2：0.2%~0.35%

按照风电场工程等级划分标准，规模大的工程取中值或小值，反之取大值。

（六）工程验收费

计算标准：

工程验收费 =（建筑工程费 + 安装工程费）× 费率
费率：0.5%~1.0%

（七）工程保险费

计算标准：

工程保险费 = 一至二部分投资合计 × 费率
费率：0.4%~0.5%

（八）生产准备费

1. 生产人员培训及提前进厂费

计算标准：

生产人员培训及提前进厂费 =（建筑工程费 + 安装工程费）× 费率
新建工程　费率：0.8%~1.1%
扩建工程　费率：0.6%~0.8%

按照风电场工程等级划分标准，规模大的工程取中值或小值，反之取大值。

2. 办公及生活家具购置费

计算标准：

办公及生活家具购置费 =（建筑工程费 + 安装工程费）× 费率
新建工程　费率：0.5%~1.0%
扩建工程　费率：0.4%~0.7%

按照风电场工程等级划分标准，规模大的工程取中值或小值，反之取大值。

3. 工器具及生产家具购置费

计算标准：

工器具及生产家具购置费 = 设备购置费 × 费率
新建工程　费率：0.1%~0.2%
扩建工程　费率：0.1%~0.15%

按照风电场工程等级划分标准，规模大的工程取中值或小值，反之取大值。

4. 备品备件购置费

计算标准：

备品备件购置费 = 设备购置费 × 费率

新建工程　费率：0.5%

扩建工程　费率：0.3%

当机组采购设备清单中列出备品备件的明细项目时，需按备品备件各自的单价计算，不作为计算基数再按上述标准另外计算。当扩建工程风电机组与上期工程类型不同时，备品备件购置费率按新建工程计算。

5. 联合试运转费

联合试运转费 = 安装工程费 × 费率

费率：0.4%～0.7%

（九）勘察设计费

勘察费、设计费、施工图预算编制费、竣工图编制费按《国家计委、建设部关于发布〈工程勘察设计收费管理规定〉的通知》（计价格［2002］10号）及相应释义的规定计算。

（十）其他

1. 工程质量监督检测费

计算标准：根据《国家计委、中国人民建设银行关于工程质量监督机构监督范围和取费标准的通知》（计施［1986］307号）的规定执行。

工程质量监督检测费 = （建筑工程费 + 安装工程费）× 费率

费率：0.05%～0.15%

2. 工程定额测定费

计算标准：

工程定额测定费 = （建筑工程费 + 安装工程费）× 费率

费率：0.13%

3. 风电技术标准编制费

计算标准：

风电技术标准编制费 = 勘察设计费 × 费率

费率：1%～1.5%

人生有我的艰辛，也有我的快乐

（作者人生片段的追忆）

这是我部分人生经历的追忆。漫漫人生路，饱含着我的艰辛，也饱含着我的快乐！

我1936年10月出生于江苏省高邮市。1950年以名列第二的入学考试成绩考进了高邮中学初中班，1953年7月以优秀的成绩初中毕业。因家母病逝，家里弟妹较多，全都幼小，父亲是当时苏北治淮工程部的普通技术人员，当时处于解放初期，工资不高，家境十分困难，需要我早日工作给予家庭经济帮助。适逢同济大学南京同济高工招生，我参加了该校土木工程专业的应试，在录取率很低的情况下我荣幸地被录取了，1956年7月毕业，取得了同济大学的大专学历。

1956年9月参加工作，1996年11月退休。退休前为高级经济师，土木工程师，中国房地产估价师，中国注册会计师。曾任中国建筑一局第五建筑工程公司第一工程处经营主任，审（会）计师事务所资产评估部主任。

下面是我工作后部分情况的回忆。

黄河、长江伴随我成长，北京使我事业有了辉煌

记得大约在1956年8月下旬的一天，随着开往兰州的列车一声长鸣，我离开了令我依依不舍的南京，离开了曾经培育我三年让我拥有知识技能的母校，也离开了我自己的亲人，心情久久不能平静。我被分配到建筑工程部兰州建筑工程总公司第一建筑工程公司（后改为国家建委第七工程局第三建筑工程公司）工作，当时兰州的建设是国家第一个五年计划156项重点工程的基本建设。从此，我带着党、祖国、人民和家庭对我的期望参加了工作。

兰州位于中国的西北黄河上游的河西走廊，建设工程所在地区位于兰州西部、距离兰州市区20公里的西固城，当时的西固城一片荒寂，黄沙飞扬，渺无人烟。

我们单位承担的工程是前苏联援助中国的兰州炼油厂、兰州自来水厂、兰州铝厂等基本建设项目，规模都比较大，兰州炼油厂是当时全国最大的炼油厂。我担任现场技术员工作。1959年，曾受单位指派参加建筑工程部组织的施工验收规范的修订工作。1960年，我被调往我国西北部另一个地区参加二机部国营404厂（国家保密工程）的建设工作，该工程项目简称为"西线工程"。西线工程地处偏僻，冬天北风呼啸，灰沙弥漫，气候寒冷，条件非常艰苦。一开始，我担任质量检查工作。由于我对概预算报价的擅长，后来改做合同预算工作。

1966年，跟随单位去宁夏参加石嘴山电厂、第一机械部西北轴承总厂的建设工作。西

北轴承总厂在当时是继洛阳轴承总厂以后的中国第二大轴承厂，是国家的重点建设工程。直至1969年单位奉命调迁才离开了大西北。

在大西北，无论是甘肃还是宁夏，都能见到泥沙滚滚的黄河，河水滔滔不停地从我的身旁流过。荒无人烟的黄土高原，寸草不生的戈壁沙漠，还有灰沙漫卷的西北寒风伴随我走过了13年的人生道路，艰苦的环境锻炼了我，使我得到了成长。在大西北这块我曾经为祖国建设奋斗过的土地上留下了我人生难以忘记的回忆，大西北的岁月光辉了我的人生，使我感到无上荣光和自豪。

1969年9月，我跟随单位调迁到湖北省宜昌市，参加六机部规模最大的万吨级造船机械厂——宜昌造船机械厂的基本建设工作。昔日滔滔黄河水，今日滚滚长江浪，在祖国这片辽阔的土地上，到处都有我成长的足迹。

宜昌市位于长江上游，环境仍然较差，处处都是山丘，夏天酷热，冬天阴冷，气候潮湿，号称"天无三日晴，地无三尺平"。造船机械厂位于距宜昌市约10公里的山丘地带，地区荒僻，人烟稀少，住的是席棚，艰苦的环境再次给了我人生的考验。

在宜昌工作期间，本人先后从事过施工技术、材料管理、合同预算等工作，后来担任合同预算组组长。在宜昌工作期间，本人已开始对经营报价、概预算的造价编制方法进行了深刻的研究，积累了许多概预算方面的资料。1974年，在我的倡导下，单位组织编制了《工程预算工作手册》一书，指定本人担任主编。

由于国家建设任务的需要，企业再次调迁。从进入大西北直到离开宜昌不觉已经渡过我人生的22年，我经历了若干国家重点而且是规模较大的基本建设工程。22年中，由于企业任务地点调迁较多、加上我的工作变动也频繁，曾给我生活上、工作上带来了许许多多困难，由于我的努力，这些困难都迎刃而解了；22年中，艰苦的环境考验了我，增强了我克服困难的意志，增强了我为事业奋斗的信心，使我的人生得到了全面的成长；22年中，我从事过工程技术工作、质量检查工作、技术准备工作、材料管理工作、合同预算工作等。工作内容从技术、材料到工程造价几乎都涵盖了，从而大大地扩大了我的知识视野，取得了各方面丰富的工作经验，使我在技术经济领域里的知识得到了全面的增长和发展。

1978年10月，我离开了宜昌，来到了首都北京。到北京以后，我们企业主要从事北京市的城市建设工作，楼堂馆所较多，工业建设比以往少多了。本人的主要工作还是担任合同预算部门负责人。1980年，我取得工程师职称。在北京曾参加过北京民航总医院、外交总台、中国国际展览中心、北京第二外国语学院、航天部625研究所、中国文联大楼、农业部办公大楼、中国广播电视办公大楼等工程的技术经济与合约工作。1988年，单位安排我参加了北京大型外资建设工程——中国国际贸易中心（简称国贸）一期工程的经营报价、经营管理工作，任中国建筑第一工程局第五建筑工程公司国贸经营部经理，于1990年任企业工程处经营主任。在从事概预算及企业经济管理工作中，发挥了自己对外经营的能力，为企业经济效益作出了重大贡献。

1991年8月，一次资产评估工作的偶然机遇，配合原立达审计事务所组织了一次位于天津市塘沽海边某企业的海边码头及其配套的房屋建筑的资产评估工作，在这次评估的组织工作中，本人发挥了资产估价突出的组织能力和技术能力，该次技术报告阐述的评估方法和技术说明报国家国资局审批时，得到了国家国资局的高度评价。1992年2月，我被北京立达审计事务所聘用担任该所资产评估部主任，从此改变了我人生的历程，使我跨入了资产评估的行列。由于我的努力，保证了事务所资产评估工作的高质量，高水平。由于该所房屋建筑的资产评估实力占据全国资产评估行业中绝对领先的地位，经国家国资局审定于1993年给予了北京立达审计事务所证券上市的资产评估资格，排列第三，应该说这与我的工作努力息息相关。

本人于1992年取得了高级经济师职称，1994年又相继取得了中国房地产估价师和中国注册会计师的资格，为我今后长期从事资产评估工作创造了优越的条件。在北京立达审计事务所评估任职期间一直担任带队的负责人，先后评估过北京国际饭店、上海金山石化总厂等中外合资及境外上市的重大项目，曾带领评估小组进入山东，跟随山东省体制改革委员会评估了十余项山东省定向募集证券的资产评估项目，足迹几乎踏遍了大部分山东省，以高质量、高速度、高水平得到了山东省体改委的信任和好评，评估报告得到了山东省国资局的高度评价，被刊载在山东省国资局的内部刊物上作为范本。1993年曾被北京国资局邀请参加北京市房屋估价方法的经验介绍。1995年曾受事务所的指派参加国资局资产评估规范——房屋建筑部分的规范制定工作。

1996年11月退休，同年被原中青会计师事务所（现已更名）聘用为资产评估部主任，并同时兼做北京市其他各大评估机构的资产评估工作，如中企华、中联、中华财务评估二部、国友大正、利安达、海峡、同仁和、中磊以及原卓德（境外）、西门（境外）等数十家资产评估机构。二十年来总共评估项目达200余项。其中，较大的评估项目有：中国石油化工、中国石油以及其他的石油化工企业评估项目；中国铝业、铜矿、钢铁、煤炭、机械企业等评估项目；酒厂上市的资产评估项目；热电厂的评估项目；水泥厂评估项目；银行上市评估项目；飞机场评估项目；水电站评估项目；码头评估项目；井巷工程的评估项目；航空、航天评估项目；城市建设的楼、堂、馆、所评估项目；山东省体制改革委员会的定向募集评估项目；还有宾馆、饭店、商场收益法评估项目等；另外，还有基建投资评审工作一项。评估项目包括证券上市、外资、合资以及企业改制等各方面的资产评估工作。对于不同类型和用途的资产评估中所采用的各种评估方法，如房屋重置成本法、市场比较法、收益还原法等都能熟练地操作，并能进一步阐述自己新的见解。在我20年的资产评估工作中，我的足迹踏遍了除西藏以外的所有省、直辖市、自治区。由于勤学苦钻，我的房地产估价技能得到了全面的发展，积累了丰富的估价经验，在房地产估价方法上取得了多项成果，在评估界享有较高的声誉。

勤于栽种　劳于培育　桃李满天下

在北京工作期间，曾多次参加建筑工程概预算的培训教学，曾任建筑工程定额、概预算、建筑制图的主讲教师。1984年被聘为电视中专概预算的主讲教师，1995年曾被中央工艺美术学院聘为概预算的兼职教师，开始几节课由该校的几位教授参加试听，试听后对我的教学效果给予了高度的评价。

在概预算教学中，我的教材没有什么"定理"、"定义"的条文，学生也没有买过教科书，教科书就是定额，所用的讲解教材就是定额名词解释，怎样使用定额，套用定额，要求学生学了以后都要会用，所有培训和教学使用的讲稿都由我自己编写，教学效果得到了学生的赞佩。桃李满天下，有些学生现在已成为企业的骨干、经营部门经理。由于我所编写的教材具有较强的教学系统性和适用性，在历次教学中收到了良好的教学效果，后来被原建设部采用，确定为原建设部全国施工员和技术员的岗位培训教材之一，1988年由中国建筑工业出版社正式出版，书名为《建筑工程定额与预算》。

刻苦钻研　著书立说　含辛茹苦　功不负人

早在1974年，在本人的倡导下，由原国家建设委员会第六建筑工程局组织了《工程预算工作手册》的编写工作，本人担任主编。当时未于付印，直至1980年才由企业内部印刷，供企业内部使用。

由于本人具有较强的写作能力与专业水平，同时拥有丰富的概预算理论与应用资料，在《建筑工程定额与预算》一书出版以后，中国建筑工业出版社先后继续向本人约稿，1994年出版了《建筑工程概预算编制手册》。该书160余万字，被中国建筑工业出版社评为优秀书籍，两次荣获优秀书籍奖，随后又于1996年出版了《房屋建筑估价手册》，170余万字，两部著作中介绍了本人所创立的"分间法"，"综合计算法"等新的概预算编制方法，将建筑概预算的编制方法纳入到规范化、条理化、格式化的轨道上，从而为建筑工程量的电算化计算奠定了基础，创立的方法具有极大的应用价值。该书中又介绍了本人研究创立的"基础放脚体系"和"弧形屋架杆件系列"等完善的工程量计算通式，突破了以往不能用公式计算的难关。1997年，又应中国建筑工业出版社的委托担任过概预算书籍方面的审校工作。

长期以来，本人一直从事造价体系的方法与理论的研究，先后著书5次（含本书），达450余万字，著作中融入了本人长期倾心研究的成果，在建筑工程造价体系的理论与实践等方面的研究取得了较好的成绩。

自1992年从事资产评估工作至今，曾对房屋估价的各种方法作了进一步的研究，创立了"分级计价法"及"基准单方造价比较法"等新的评估方法，在实际应用中取得了显著效果。先后在《房地产估价》、《中国资产评估》等国家级的刊物上多次发表过论文和实例，其中有"求取重置成本的几种方法"、"基准单方造价比较法及其在房屋估价中的应用"（中国资产评估2002年第四期，论文已被收入百度文库）、"重置成本法及其在房屋估价的应用和分析"（中国资产评估2003年第四期，论文已被收入百度文库）等具有较强影响力的论文以及多项评估实例。其中，"基准单方造价比较法及其在房屋估价中的应用"一文荣获2002年《中国资产评估》杂志三等奖，近年来又对全国各区域的单方造价做了较广泛的研究，掌握了常用结构类型的造价数据。研制创造了"基准单方造价比较法"的估价方法，建立了Excel计算机的应用程序，使得"基准单方造价比较法"能够运用计算机的特有功能实现计算机计算的程序化、自动化，简化了人工计算的烦琐操作，提高了评估效率，有效地保证了房屋建筑物的评估质量。

在本人工作生涯中，工作上一贯兢兢业业，刻苦钻研，坚持廉洁奉公，坚持评估原则，遵纪守法。长期以来，从事技术、经济、报价与估价工作，通晓建筑、经济、投资、估价的理论与实践，曾多次参加国家重点建设项目的经营管理、报价与估价，评估项目达200余项，以高效率、高质量而居于行业的前茅，并取得了学术上的多项成果，在行业内享有较高声誉。业绩已被海内外多家典籍刊载与收录，近年来又被载入《世界人物辞海》网络第五版，荣获中国当代名人、世界优秀专家等的荣誉称号，在建筑、经济和资产评估行业中享有盛誉。

名门之后　祖辈熏陶　友情关爱　难以忘怀

本人是出生在一个书香门第、人才辈出的名门之家。曾祖父王铭卿在清代曾在福建为官，历任福清、邵武、同安等县知事；祖父王陶民为清代书画大师，中国著名国画家，在世时曾与张大千、徐悲鸿、吴昌硕、黄宾虹等名人一同共事。1925年以后曾任上海新华艺专国画系主任，兼上海美专国画系教授；堂祖父王荫之，中国书法家，曾在清代海关为官；堂伯父王绳祖，中国历史学家，中国国际关系研究会理事长，中国国际关系学奠基人，南京大学历史系教授，系主任。还有现代其他的家族名人不再列举。本人深受祖辈的熏陶，立志要在自己的人生事业征途中，为社会做出突出的贡献。

本人自小喜爱数学、作文，曾在中学的作文比赛中获奖，平时作文经常受到表扬，数学成绩大都在九十分以上，有时能得满分，这给了我后来的著书和创造奠定了基础。在进入南京同济高工以后，对力学、结构颇有兴趣，长期钻研，一心想未来做一个结构设计工程师，但由于那个时期的工作都是由组织分配的，自己未能有机遇，很觉遗憾。但只要自己付出努力，行行出状元。后来的概预算教学和房地产估价工作却给了我施展才艺的机会，我抓紧机遇，付出了我的努力，终于迈出了成功的一步，从此改变了我人生的前程，鼓舞了我继续奋斗的信心。我在中国建筑工业出版社出版的概预算教材以及两部长篇著作，在社会上产生了很大影响。关键不在出书，而是书的内容有无创新，有无特色，在这一点上我非常自信。我的书稿内容除国家的法律、法规、名词定义、法定的计算公式必须照本引用以外，书中的主题思想和主要内容都是由自己撰稿，每本书籍都融入了自己的创新或创造。

在我人生的历程中，使我人生事业辉煌的是我的著作。著书立说是我梦寐以求的愿望，现在已经不再是幻梦了。我出版的书稿融入了我毕生的精华，如今通过我的作品进入到社会，和广大读者建立了交流的平台，使我感到无限的欣慰和荣光。

在我人生的征途中，使我人生发生改变的是资产评估的事业，是它给了我人生事业许多发展的机遇，因而才使我有了今天的成就和作品。我衷心地感谢曾经和我在一起共同工作过的各评估单位领导和评估人员，是他们给了我许多工作锻炼和发挥技能的场所以及施展才艺的机会，是他们为我的人生事业搭建了发展的平台，才会使我的事业有了今天的辉煌，其中特别感谢在火力发电工程、井巷工程、水工建筑及水电站工程、飞机场工程，用收益法估价的宾馆、饭店、商场等方面的项目评估中曾共同合作过的资产评估单位。由于他们对我工作的支持与配合才使我拥有专项工程方面的特殊估价技能，使我积累了丰富的工作经验，为我这次著书奠定了良好的基础。

在我房屋估价的工作中，使我难以忘怀的是给过我特别帮助的同志。其中，有电力资深专家教授级高级工程师许守澄同志，是他把我领进电力建设工程资产估价的行列里，并亲自给予技术指导；还有我的亲密战友已故的房屋评估资深专家李春才同志，他在世时我们经常在一起工作、商讨问题。他工作兢兢业业，一丝不苟、和善待人，是我学习的榜样，我终身难以忘怀。

以上只是我人生中的片段，我深深体会到，人生道路总是曲曲弯弯，任重而道远，有艰辛，也有快乐，可是，谁能知道人生的这种快乐是用了多少个艰辛的代价换取得来的啊！当你看到自己已经白发苍苍时，如果能有这样的快乐相伴于你，你会感到怎样的幸福！

作者 王 杜
2013 年 3 月 25 日于北京